中国各地区
金融稳定报告摘要
（2013）

ZHONGGUO GEDIQU JINRONG WENDING
BAOGAO ZHAIYAO

中国人民银行上海总部金融稳定分析小组

中国金融出版社

责任编辑：王雪珂
责任校对：潘　洁
责任印制：丁淮宾

图书在版编目（CIP）数据

中国各地区金融稳定报告摘要（2013）（Zhongguo Gediqu Jinrong Wending Baogao Zhaiyao）（2013）/中国人民银行上海总部金融稳定分析小组编．—北京：中国金融出版社，2013.8
ISBN 978 -7 -5049 -7061 -9

Ⅰ.①中…　Ⅱ.①中…　Ⅲ.①区域金融—研究报告—中国—2013　Ⅳ.①F832.7

中国版本图书馆 CIP 数据核字（2013）第 166782 号

出版发行 中国金融出版社
社址　北京市丰台区益泽路 2 号
市场开发部　(010)63266347，63805472，63439533（传真）
网上书店　http://www.chinafph.com
(010)63286832，63365686（传真）
读者服务部　(010)66070833，62568380
邮编　100071
经销　新华书店
印刷　北京松源印刷有限公司
尺寸　210 毫米×285 毫米
印张　26.5
字数　688 千
版次　2013 年 8 月第 1 版
印次　2013 年 8 月第 1 次印刷
定价　98.00 元
ISBN 978 -7 -5049 -7061 -9/F.6621
如出现印装错误本社负责调换　联系电话（010）63263947

目　　录

北京市金融稳定报告摘要

2012年，北京市金融业总体稳健运行，与地区经济形成良性互动。金融业总体运行平稳，银行业金融机构本外币存贷款继续平稳增长，信贷资产质量良好，法人机构风险抵御水平充足；证券公司盈利能力回升，基金份额净值快速增长；产寿险保费收入稳步增长，业务结构继续优化；金融市场运行平稳，资金净融出规模同比翻番；支付、征信、反洗钱、外汇检查等金融服务及基础设施建设取得新成效，跨境人民币结算业务稳步前行，金融业发展环境持续改善，为确保北京金融体系的稳健合规运行提供了有力保障。

一、区域经济运行与金融稳定

2012年，全年经济呈现温和回升态势，总体运行基本平稳。在保持经济平稳运行的同时，更加注重质量和效益的提升。2012年北京市进一步加快转变经济发展方式，积极调整产业结构和培育新的经济增长点，为北京市金融的平稳运行提供了良好的经济环境。

（一）区域经济运行情况

1. 全年经济增长放缓，财政、居民收入稳步增加

2012年，北京市实现地区生产总值17 801亿元，按可比价格计算，比上年增长7.7%，增幅比上年低0.4个百分点。第一产业实现增加值150.3亿元，增长3.2%；第二产业实现增加值4 058.3亿元，增长7.5%，其中工业实现增加值3 294.3亿元，增长7%；第三产业实现增加值13 592.4亿元，增长7.8%。全年地方公共财政预算收入3 314.9亿元，比上年增长10.3%。城镇居民人均可支配收入36 469元，实际增长7.3%，增幅高于上年0.1个百分点。农村居民人均纯收入16 476元，实际增长8.2%，增幅高于上年0.6个百分点。

2. 产业结构持续优化调整，企业效益有所提升

2012年，第一产业和第二产业在地区生产总值中占比有所下降，第三产业占比持续上升，北京市三次产业结构由上年的0.85:23.40:75.7变为0.84:22.80:76.36。北京市规模以上工业企业利润在7月止跌回升后保持增势，全年实现利润1 216.6亿元，同比增长6.4%。

3. 投资结构不断改善

2012年，北京市完成全社会固定资产投资6 462.8亿元，比上年增长9.3%。其中，完成基础设施投资1 789.2亿元，增长27.8%；完成房地产开发投资3 153.4亿元，增长3.9%。

4. 消费品市场缓中趋稳

2012年，北京市实现社会消费品零售额7 702.8亿元，比上年增长11.6%，增幅高于上年0.8

个百分点，年内增势缓中趋稳。其中，吃类、穿类和烧类商品分别增长7.5%、7.9%和5.7%，用类商品增长14.7%，较上年同比增加9.7个百分点。网上销售受众面愈加广泛，限额以上批发零售企业实现网上零售额596.8亿元，比上年增长近1倍。

5. 进出口总值增长率有所回落，外资利用持续增长

2012年，北京地区进出口总值4 079.2亿美元，比上年增长4.7%。其中，进口3 482.7亿美元，增长5.3%；出口596.5亿美元，增长1.1%；全年实际利用外资80.4亿美元，比上年增长14%，增幅比上年提高3.1个百分点。

6. 消费价格涨幅有所回落，工业生产价格由升转降

2012年，北京市居民消费价格比上年上涨3.3%，涨幅较上年回落2.3个百分点。其中，消费品价格上涨2.7%，服务项目价格上涨4.2%。在八大类商品和服务中，食品类、居住类仍是带动价格上涨的主要力量，食品类价格上涨6.6%，居住类价格上涨3.9%，共拉动总指数上涨2.8个百分点。2012年，北京市工业生产者出厂和购进价格比上年分别下降1.6%和1.3%，2011年比上年分别上涨2.3%和8.4%。

（二）需要关注的问题

1. 通货膨胀反弹压力上升

新一轮全球宽松货币政策、大宗商品价格走高和短期资本回流，这些因素共同作用有可能推高CPI数值。北京地区居民消费价格指数2012年末为3.55%，比全国高出1.05个百分点；1－8月涨幅降至2.7%，回落到宏观调控目标区间，物价整体水平回稳，但结构性矛盾仍然突出，从9月开始出现缓慢回升，重回“3”时代，其中食品类和居住类指数反弹更加明显，食品类价格涨幅过大对中低收入者生活的影响较大，并会加大其他消费品生产成本上升压力，物价上涨压力上升。

2. 北京市建设资金需求总量较大与金融机构贷款的有效需求不足并存

2012年以来，辖内银行普遍反映贷款的有效需求出现不足。人民银行营业管理部银行家调查问卷显示，贷款需求指数前三个季度连续下降，第四季度虽有所回升，但与往年相比贷款的有效需求仍然较少，尤其是中长期资金的有效需求。与此同时，北京市建设资金需求总量较大，轨道交通等基础设施建设和保障性住房建设等都需要大量的资金投入，但由于政府融资平台贷款约束增强和保障性住房开发贷款抵押担保落实难等问题，这部分建设资金需求转化为有效信贷需求受到较大的限制。

3. 多因素叠加引起的投资过热可能进一步积累金融风险

新一轮稳增长政策以及政府换届效应催生了一批基础设施投资项目，地方政府不仅通过银行贷款，还通过债券、信托、民间融资等银行贷款之外的融资方式获得部分资金支持，新一轮的投资过热短期内可能会加大能源和资源的供求压力，加大经济波动风险；长期可能会导致经济结构再次恶化，积累金融风险，影响经济的可持续发展。

4. 住房供求矛盾加剧可能增加北京市的房价上涨压力

2012年12月，北京市新建住房价格环比上涨0.8%，同比涨幅进一步扩大，同比上涨1.6%；二手住房价格环比继续上涨1%，同比上涨1.6%。从供需平衡角度看，虽然目前北京市商品住房库存约有5.5万套，已开工未预售商品住房约有1 200万平方米，但在2012年住房销售面积同比增长35%的情况下，住房新开工面积同比下降37.3%，短期内住房供求矛盾可能难以解决，未来房价或因调控政策、通货膨胀、实际供求关系等因素产生波动。

二、金融业与金融稳定

（一）银行业经营情况

2012年，北京市金融机构（含外资，下同）信贷资产规模稳步增长，资产质量继续提高，银行业整体运行平稳。但同时，银行业也面临着金融机构利润增速放缓、少数机构不良贷款反弹压力较大等一系列可能影响金融稳定的潜在风险。

1. 银行业整体运行平稳，信贷资产规模及质量继续提升

（1）本外币贷款增长平稳，信贷资金主要投向首都经济发展支柱行业。2012年末，辖内金融机构本外币各项贷款同比增长8.90%，辖内金融机构本外币短期贷款同比增长14.37%，新增短期贷款占各项贷款新增额的46.71%。中长期贷款则受政府融资平台贷款监管约束增强、债券融资替代等多重因素影响，增速有所放缓，本外币中长期贷款同比增长5.83%。同时，票据融资受管理部门规范业务因素影响，规模自9月以来持续收缩。辖内金融机构票据融资同比增长39.95%，较年内最高增速下降71.39个百分点。

由于受监管部门规范海外代付及人民币对美元持续走强等因素影响，9月以来境内贸易融资增长较快，相应带动外币贷款较快增长。2012年末，外币各项贷款同比增长7.49%。

2012年全年，辖内银行业金融机构贷款增加最多的六大行业分别为采矿业，交通运输仓储和邮政业，批发和零售业，制造业，公共管理、社会保障和社会组织，信息传输、软件和信息技术服务业，占全部新增贷款（不含贴现）的77.08%。

（2）本外币存款继续平稳增长，个人存款增长较快。2012年末，辖内金融机构本外币存款同比增长13.11%。其中，单位存款由于季节因素增速有所提高。本外币单位存款同比增长9.71%，增速较上月提高2.17个百分点。个人存款受理财产品年底增发及理财资金从表外转向表内存款等因素影响而继续保持较快增速，个人存款同比增长17.08%，其中结构性存款同比增长60.91%。

（3）信贷资产质量良好，法人机构风险抵御能力继续提高。2012年，北京地区银行业金融机构不良贷款继续低位“双降”，信贷资产质量整体良好。2012年末，辖内银行业金融机构不良贷款余额同比下降7.42%；不良贷款率0.48%，同比下降0.10个百分点。

从贷款五级分类来看，辖内银行业金融机构贷款结构健康，未出现向下迁徙现象。2012年末，辖内银行业金融机构关注类贷款同比增长6.37%，低于各项贷款平均增速；次级类贷款、可疑类贷款和损失类贷款同比分别下降7.85%、5.06%和14.29%。

同时，法人金融机构拨备覆盖率继续提高，风险抵御水平充足。2012年末，辖内法人金融机构拨备覆盖率同比提高1.41个百分点，其中，法人银行拨备覆盖率同比提高6.99个百分点。

2. 需要关注的问题

（1）银行利润增速放缓，盈利模式转型压力增大。2012年，利率市场化迈出重要步伐。受此影响，辖内商业银行净息差不断收窄，利润也持续受压。2012年末，辖内银行业金融机构利润增速较上年同期大幅下降12.85个百分点。从机构类型来看，政策性银行、大型银行和外资银行利润水平较上年同期下降，其他类型银行业金融机构不同程度盈利，但利润增速也大幅下滑。此外，银行业金融机构经营效率也明显下降。2012年末，银行业金融机构资产利润率同比下降0.13个百分点；成

本收入比率同比提高 1.34 个百分点。

由于北京地区非金融企业债券发行量增长对信贷产生明显的替代效应，金融脱媒态势明显，因此可能进一步挤压银行利息收入。加之商业银行中间业务的发展也仍显疲弱，银行业利润的可持续增长正在经受挑战，盈利模式转型压力骤增。

（2）辖内法人银行压力测试结果显示：房地产信贷风险可控，存贷款利率非对称调整将对利润造成较大压力。人民银行营业管理部采用2012 年末静态数据，对北京银行和北京农村商业银行两家法人银行开展了房地产信贷和利率风险情景压力测试。结果显示：一是重度压力下房地产贷款不良率上升幅度有限，房地产信贷风险基本可控；二是存贷款利率的非对称调整将较大程度影响银行净利息收入及净利润，尤其是在重度压力下，北京银行和北京农商银行净利润降幅较大。

（3）少数机构不良贷款反弹压力较大。2012 年末，辖内银行业金融机构不良贷款继续实现“双降”，但少数机构不良贷款余额反弹，资产质量恶化压力仍然存在。城市商业银行、非银行金融机构及外资银行不良贷款余额分别较年初不同程度增加。由于近期企业盈利波动性较大，经济运行中的不确定因素也仍然存在，部分机构不良贷款有可能继续反弹，对此需持续关注。

（4）银行业金融机构信贷客户集中现象仍未有效改善。2012 年，银行业金融机构信贷客户集中度仍然较高。2012 年末，辖内银行业金融机构最大十家集团客户贷款占各项贷款比例同比提高 5.07 个百分点，辖内法人银行单一客户集中度同比提高 0.76 个百分点。银行业金融机构客户集中度较高，一方面表明银行业与地方经济发展的联动程度提高；另一方面，也从侧面反映中小企业贷款投放量在未来仍有较大改善空间。

（5）信托行业发展迅速，相关风险值得关注。2012 年，北京地区信托业快速发展，全年信托产品发行规模超千亿元。此外，商业银行与信托公司合作的银信理财产品规模也在快速增长，其中的风险也不可小视。一是信托项目的到期兑付风险。随着房地产市场调控的持续从紧，部分还款困难的项目通过延期或金融机构之间相互续接的方式继续运行，违约风险被暂时掩盖。二是政策性风险。管理部门不断出台的管理政策使银信合作业务面趋窄，一些业务合作模式可能随时被叫停。

（6）融资性担保公司违规经营风险暴露。2012 年，北京地区个别融资性担保机构发生风险事件，暴露出部分融资性担保机构运营中的多项风险点。一是担保机构不专注本业而过多通过委托贷款参与高利贷业务；二是融资性担保机构抽逃资本金现象严重，或虚假注册资本，或注册后挪用资本金。

（7）政府融资平台贷款风险仍需持续关注。2012 年辖内银行业实施多项清理措施后，政府融资平台贷款整体质量良好。但仍需关注以下风险：一是部分重点客户被调回监管类后将接受更为严格的监管，融资需求可能无法满足，平台现金流紧张的风险仍然存在；二是部分土地开发类平台贷款面临土地一级市场上市风险；三是2012 年及2013 年为平台贷款到期还款小高峰，加之地方融资平台债券发行量也有所增加，土地收入下降对地方融资平台债务偿还能力的影响仍然值得关注；四是预计 2013 年平台贷款需求仍然非常旺盛；五是近期地方政府投资规模有进一步扩大的迹象，政府融资平台贷款有可能进一步增加。

（二）证券业经营情况

2012 年，北京市证券业总体经营状况有所好转，证券公司利息收入大幅增加，基金份额和净值均大幅增长，期货公司资产总额和代理交易额出现回升，上市公司数量小幅上升。

1. 证券市场行情继续震荡，基金份额和净值大幅上升

（1）证券市场活跃度持续下降，证券公司盈利能力小幅回升。2012 年末，北京市共有正常经营的法人证券公司 18 家，与上年末持平；证券公司在京营业部 267 家，比上年增加 5 家。2012 年，北京地区证券市场交易额继续下降，证券公司营业收入和净利润指标小幅回升。全年，证券市场交易额比上年下降 6.55%，其中股票基金交易额比上年下降 28.16%，证券市场活跃度持续下降。北京地区证券公司营业收入比上年上升 2.54%。全年，北京地区证券公司实现净利润同比上升 5.62%，证券公司客户交易结算资金余额同比下降 14.22%。

（2）基金份额大幅增加，基金净值快速增长。2012 年末，在京注册的法人基金管理公司 10 家，比上年增加 1 家。其中，中外合资基金公司 8 家。法人基金公司共管理基金 140 只，较上年末上升 32.08%；其中封闭式基金 7 只，与上年持平，开放式基金 133 只，较上年大幅增加 34 只。全年，管理基金份额规模同比上升 28.65%，基金管理净值比上年大幅上升 39.47%。年末，法人基金公司 QDII 份额总规模较上年小幅上升 6.10%，基金净值较上年上升 21.99%。

（3）期货公司资产总额增速回升，代理交易额同比增加。2012 年末，北京市共有期货经纪公司 20 家，资产总额和净资产同比增速分别比上年提高 14.26 个和 42.86 个百分点。2012 年，北京地区期货市场交易活跃性有所回升，期货公司期货代理交易额较上年上升 14.40%；累计利润较上年大幅上升 64.20%。

（4）上市公司当年累计募集资金规模继续缩减，上市公司总市值小幅上升。2012 年末，北京地区境内上市公司共 217 家，其中，主板上市公司 126 家，中小板上市公司 38 家，创业板上市公司 53 家，无暂停上市公司；北京地区境内上市公司当年累计募集资金较上年大幅缩减 46.35%，募集资金规模连续快速下降；境内上市公司总市值较上年末小幅上升 3.84%。

2. 需要关注的问题

（1）证券公司核心盈利模式仍然有待完善。2012 年，北京地区证券公司尽管实现了营业收入和净利润的小幅上升，但资产利润率由 2011 年的 2.46% 下降至 2.03%，显示出其盈利能力仍有待提高。证券公司普遍缺少核心的盈利能力，收入增长与资本市场行情相关性较高等问题仍然明显。

（2）对于证券行业的投诉量居高不下。2012 年，北京地区对于证券行业的投诉案件达到了 365 起，主要反映的内容包括上市公司的信息披露、公司内部管理、公司重组、内幕交易以及非法证券投资咨询活动等。在打击非法活动的同时，对投资者教育的工作力度需要进一步加大。

（3）证券行业信息系统安全问题仍需关注。近年来，证券行业信息系统建设逐步完善，但仍需关注部分薄弱环节。证券公司交易系统一旦发生故障，很容易引发风险。从 2012 年信息系统发生的故障来看，证券公司交易系统故障等原因导致的突发安全事故仍会发生。

（三）保险业经营情况

2012 年，北京保险市场总体平稳发展，服务领域不断拓宽，产品创新取得新进展。受自然灾害影响，全年财产险公司经营效益下滑，保险行业增长的可持续性面临压力。

1. 保费收入稳步增长，服务领域不断拓宽

（1）机构数量略有增加，保费规模位居全国前列。2012 年末，共有在京保险分公司和直接经营业务的保险总公司 99 家，较上年增加 4 家。其中，产险公司 39 家，寿险公司 55 家，再保险公司 4

家，政策性保险公司1家。保险公司总资产较年初增长15.2%，全年实现原保险保费收入[1]同比增长12.5%，保费规模居全国第4位。

（2）产寿险保费收入稳步增长，业务结构继续优化。2012年，财产险公司保费收入同比增长15.5%，人身险公司保费收入同比增长11.2%。财产险中，车险保费收入同比增长15.3%，占比同比下降0.1个百分点。寿险中，分红险保费收入占比90.9%，同比下降0.7个百分点；普通寿险占比8.4%，同比上升0.8个百分点；银邮渠道保费收入占比同比下降4.3个百分点，个人代理渠道占比同比上升0.1个百分点。

（3）财产险经营效益下滑，人身险退保率低于全国水平。2012年，受“7·21”特大自然灾害影响，财产险公司经营效益有所下滑。各产险公司累计支付赔款同比增长28.4%，综合费用率上升1.7个百分点，行业承保利润率同比下降4.3个百分点。人身险公司寿险业务新单期交率同比上升4.3个百分点，人身险公司退保率为2.3%，低于全国0.4个百分点。

（4）保险产品创新取得新进展。责任保险方面，一是开展了政府机构公众责任保险试点，二是启动养老服务机构综合责任保险。寿险方面，推出了我国首款将被保险人健康状况细分为6个等级的定期寿险，打破了仅将被保险人分为健康体和非健康体的传统做法。

（5）专项领域保险取得新进展。截至2012年末，北京市政策性农业保险全年实现保费收入同比增长20.1%，风险保障金额同比增长21.4%，赔付支出同比增长59.5%。同时，健康险信息平台数据收集、信息查询和统计分析功能已经开发完成。某健康保险公司与平谷区政府新农合“共保联办”项目成效显著，“共保联办”项目减少参合农民自负医疗费用近4 000万元，约占农户当年医疗保健支出的8.5%。

（6）外资保险公司市场份额及集中度基本稳定。截至2012年末，在京经营业务的外资产险公司保费收入同比增长14.7%，市场份额3.9%，与上年基本持平；保费规模居前5位的外资产险公司市场份额占比为3.1%，同比下降0.2个百分点。在京经营业务的外资寿险公司保费收入同比增长占比为16.9%，市场份额占比为16.3%，同比上升0.8个百分点；保费规模居前5位的外资寿险公司市场份额占比为10.8%，同比上升1.6个百分点。

2. 需要关注的问题

（1）投资型寿险产品占比较高，保障型产品有待发展。2012年，北京市寿险业务中投资型产品占比仍然很高，容易引发寿险产品销售中夸大收益、回避风险，以及由于收益达不到预期而引起退保的问题，也使整个寿险行业的产品与银行理财产品，以及证券基金行业的投资产品趋同，造成保险行业缺乏核心竞争力。

（2）寿险公司现金流压力增大，保险机构资金运用风险值得关注。首先，寿险公司面临增长乏力问题，加上集中退保风险，以及满期给付等问题，可能导致其现金流压力增大，2012年末，个别保险公司偿付能力充足率已低于100%。其次，随着保险资金投资范围的放宽，相应的投资风险进一步加大。

（3）保险业持续增长的压力仍然很大。保险行业的可持续增长面临压力。财产险中车险业务受限购政策影响增速有限，非车险业务受宏观经济形势影响面临瓶颈；寿险产品较为单一，且与银行理财产品等相比竞争力不强，寿险新单业务已连续两年负增长。

---

① 以下简称保费收入，是执行财政部《企业会计准则解释第2号》后的口径数据，与2010年及以前不具有可比性。

（4）银行系保险公司的加入，使其他中小保险公司竞争压力增大。目前国有五大行中除了中国银行尚未控股（参股）寿险公司外，其他大行旗下均有经营银保业务的寿险公司。这些公司的加入，给缺乏银行背景的中小保险公司带来一定冲击。

（5）行业长期积累的矛盾和问题需要进一步解决。首先，保险行业依然存在市场秩序不规范的问题，表现在销售误导和理赔难等方面。其次，保险行业粗放式发展模式没有根本转变，产品创新不足，公司间的竞争大多体现为非理性价格竞争。保险公司应注重这些制约行业发展的传统问题的解决。

三、金融市场运行与金融稳定

（一）金融市场运行情况

1. 货币市场交易活跃，净融出资金规模快速增长

一是金融机构①同业拆借成交量显著增长，资金流向为净拆出。2012 年，北京地区网上拆借累计成交金额同比增长 35. 57%，占全国交易量的 53. 53%，占比较 2011 年同期下降 1. 61 个百分点。二是债券回购成交量大幅上升，买断式回购交易量接近翻番。2012 年，北京地区债券回购累计成交金额同比增长 46. 11%，占全国交易量的 43. 29%，占比较 2011 年提高 1. 07 个百分点；金融机构通过回购净融出资金同比增长 91. 86%。

2. 现券交易成交量小幅减少，金融机构持债意愿增强

2012 年，北京地区金融机构现券买卖累计成交金额同比下降 13. 07%，占全国交易量的 19. 94%，占比较 2011 年下降 7. 64 个百分点。信用债券成交量逆势增长，在全部债券交易量中占比近半。全年信用债券累计成交金额同比增长 15. 69%，占全部债券交易量的 48. 27%，占比较 2011 年提高 11. 69 个百分点。远期交易成交量大减，参与机构单一。远期交易累计成交金额同比下降 47. 24%，交易品种包括 7 天、14 天、21 天、1 个月和 2 个月。

3. 非金融企业债券融资大幅增长，超短期融资券发行占比第一

2012 年，北京地区非金融企业发行债券金额同比增长 42. 1%，占全国非金融企业发行债券总额的 45. 6%，在全国各省市中排名第一位。超短期融资券、短期融资券和中期票据是北京地区企业通过债券市场融资的主要方式，在发行总额中的占比合计达到 72. 9%。

4. 结售汇总量稳中有升，外汇衍生品交易总体快速增长

2012 年，北京地区即期外汇交易稳定，交易量略有增长。即期外汇买卖成交量折合美元金额同比增长 6. 41%；外汇远期交易量大幅减少，掉期交易量显著增长。外汇远期交易买卖累计成交折合美元金额同比下降 57. 51%；外汇掉期交易买卖累计成交折合美元金额同比增长 44. 80%。

外币对交易量明显减少，欧元/美元与美元/港元是交易主力品种。外币对买卖累计成交折合美元金额同比下降 43. 17%。交易最活跃的外币对为欧元/美元、美元/港元、澳元/美元，买卖累计成交金额占比分别为 32. 68%、29. 67%、17. 13%。

---

① 指在北京地区营业的所有金融市场成员，包括各政策性银行、各国有商业银行总行及北京市分行、各股份制商业银行总行及在京营业机构、北京银行、北京农村商业银行、中国邮政储蓄银行、各外资银行在京营业机构，在京各证券公司、财务公司、基金公司、保险公司、信托投资公司、资产管理公司等。

5. 黄金市场交易活跃度有所下降

2012 年，北京地区交易所会员黄金买卖累计成交量同比下降 24.1%。其中，黄金买入成交量同比下降 25.57%，卖出成交量同比下降 22.75%；自营交易成交量同比下降 27.66%，代理交易成交量同比下降 17.79%；实际提货量同比增长 7.26%。

（二）需要关注的问题

1. 货币市场利率波动性增加中小金融机构流动性管理难度

2012 年，货币市场利率的波动幅度依然很大。从政策因素来看，货币市场利率受到 2 次存款准备金率调整、2 次基准利率调整及公开市场操作等的影响比较明显；从外部因素来看，货币市场利率又受到外汇占款、节日资金需求，以及债券发行等因素变化的影响。如果作为资金净融出方的大型银行融出资金量减少，中小型金融机构则会面临资金价格上升的压力，给流动性管理带来一定影响。

2. 债券市场信用风险事件逐渐增多

2012 年，全国共发生 5 起债券到期兑付的信用风险事件，北京地区也发生了 2 起中小企业集合债到期不能兑付由担保公司代偿事件。一是 1 月“10 中关村债”联合发行人地杰通信偿债困难由中关村担保履行担保责任；二是 10 月“10 京经开 SMECN1”联合发行人康特荣宝无法兑付由北京首创担保履行担保代偿责任。债券市场信用风险事件逐渐增多趋势需要关注。

四、金融基础设施与金融稳定

（一）支付体系不断完善，支付环境日益优化

2012 年，北京市支付系统覆盖面不断拓展，各类支付系统参与机构不断增加。大额支付系统业务金额连续五年位居全国第一位，小额支付系统处理业务接近 1 亿笔，支付系统在加速社会资金流转、畅通货币政策传导等方面发挥着积极作用。依托账户电子化审批系统，人民银行核准类银行结算账户行政许可效率进一步提高，审批时间明显缩短，支持了北京经济平稳运行。非现金支付环境进一步优化，电子商业汇票推广力度加大，全年承兑和贴现金额分别同比增长 124.49% 和 85.99%，位居全国前列。2012 年，北京地区银行卡市场稳步发展，银行卡助农取款服务进展顺利，全年共发展助农取款点 223 个，交易笔数 700 余笔。非金融支付服务机构监管工作成效显著，多层次的支付机构监管体系初步建立，截至 2012 年末，已有 47 家机构获得支付业务许可证。

（二）征信服务及监管体系进一步完善，社会信用环境继续提升

2012 年，北京地区累计发放机构信用代码证 78.42 万户，发放比例接近 100%，发证数量居全国各省市第 6 位，有效推动了社会信用体系建设。全年，个人征信服务窗口提供查询服务 11.5 万人次，同比增加 88.5%；企业征信服务窗口共办理贷款卡行政许可 1.5 万户，同比增长 38.7%。通过督导辖内金融机构建立个人信用报告查询管理系统、集中管理授权档案、建立内部自查机制，商业银行违规查询比例大幅度下降。推动建立辖内信贷市场评级机构总经理联席会议制度，扩大评级行业影响。深入开展海淀区中小企业信用体系试验区建设，会同北京市经济和信息化工作委员会等部门落实试验区工作方案中各项任务措施。拓展延伸服务，在海淀园企业服务大厅设立征信服务窗口，

为中小企业建立征信服务绿色通道。

（三）逐步转变反洗钱监管理念，反洗钱监管效能显著提升

2012 年，反洗钱监管贯彻落实“以风险为本”的核心理念，按照“整体推进、分类监管、点面结合、突出转型”的工作思路，以全面提高辖内金融机构反洗钱工作的有效性为主线，引导辖内机构建立风险为本的反洗钱内控体系。全年，共对辖内 8 家金融机构和 1 家支付机构进行了现场检查，被查金融机构内控问题同比下降近 50%，反洗钱监管成效显著。2012 年，辖内金融机构一般可疑交易报告量同比下降 41.65%，可疑交易报告质量进一步提高，可疑交易分析识别水平持续提升。通过深入开展可疑交易监测和定期筛查分析，广泛开展跨部门协调合作，通过反洗钱机制发现并协助破获了多起案件，维护了社会公平与正义，净化了首都金融环境。

（四）创新外汇检查工作手段，遏制异常跨境资金流动

2012 年，人民银行营业管理部组织或参与了对多家银行及大型企业外汇业务专项检查，通过专项检查工作，提高了银行和企业的合规经营意识，为完善外汇管理政策提供了事实依据。为了解北京地区保险公司外汇业务开展情况，完善保险公司外汇管理，对北京地区 28 家保险公司外汇业务开展情况进行了首次摸底调查，并组织了对 4 家保险公司进行现场检查。通过此次调查工作，对北京地区保险公司的外汇业务有了全面了解，分析研究其发展的制约因素，并提出合理化建议，为辖内保险公司外汇业务发展出谋划策。为了打击外汇违法违规行为，遏制异常跨境资金流入，人民银行营业管理部加大了案件查处力度。2012 年共立案 700 余件，结案率达到 98.4%，收缴罚没款人民币 300 余万元。

（五）跨境人民币业务稳步前行

2012 年，北京地区银行办理跨境人民币实际收付额达到 4 452.26 亿元，同比增加 629.53 亿元，增长 16.47%。全年跨境人民币实际收付额占地区跨境收支总额的 10.51%，同比增加 0.49 个百分点。其中，经常项目人民币结算增长平稳，资金双向流动规模扩大。资本与金融项目人民币结算快速增长，资金流入加快。从收支结构看，2012 年北京地区银行跨境人民币实际收入 1 209.13 亿元，同比增长 82.39%；实际支出 3 243.13 亿元，同比增长 2.64%；净流出 2 034 亿元，同比下降 18.54%。2012 年北京地区银行为 4 690 户企业办理跨境人民币结算，同比增加 1 757 户；共办理业务 24 367 笔，同比增加 11 870 笔。

（六）首都金融生态环境建设稳步推进

2012 年，北京市出台了《关于做好 2012 年金融服务工作支持首都实体经济健康发展的意见》，从服务科技文化创新双轮驱动、支持小微型企业、夯实金融服务基础等七个方面提出 28 条政策措施和工作意见，提高金融服务实体经济水平。大力推动跨国公司外汇资金集中运营管理，顺利启动货物贸易外汇管理改革，促进首都开放型经济发展。成功举办第八届北京国际金融博览会和第七届中国北京文化创意产业国际博览会，金融交流与合作不断加强；开展金融安全、IC 卡应用、反假货币、信用北京行、反洗钱、农村支付、诚信兴商等宣传活动，加强金融知识宣传和普及，提高社会公众金融意识。

五、总体评估和政策建议

（一）总体评估和定量评价

2012 年，北京地区经济增速有所放缓，银行业资产规模稳步增长，资产质量继续改善；证券业及保险业健康发展，金融市场运行基本平稳，社会融资结构继续优化，金融基础设施建设继续改善。

人民银行营业管理部2012 年金融稳定定量评估模型结果显示，北京市2012 年金融稳定状况综合得分较2011 年微幅下降。此次金融稳定综合得分下调主要有三个原因，一是经济增速放缓导致宏观经济和企业部门的增长指标有所恶化；二是存贷款利率非对称调整导致银行业利润增速明显放缓；三是2012 年“7・21”特大自然灾害等多重因素使保险行业经营环境有所恶化。

（二）政策建议

1. 妥善处理稳增长、调结构与控物价的关系

一是执行稳健的货币政策来严防通货膨胀风险，防范国外宽松货币政策推高中国通货膨胀，密切监测热钱流入；二是深化金融财税体制改革，营造有利于中小企业可持续发展的经济金融环境；三是继续严格执行差别化的住房信贷政策，支持保障性住房、中小套型普通商品住房建设和居民首套自主普通商品住房消费，抑制投机投资性购房。

2. 鼓励商业银行加强资产负债管理水平，加快业务模式转型步伐，积极应对金融脱媒挑战

利率市场化深入推进对商业银行资产负债管理水平提出新挑战，建议商业银行主动提高科学定价水平，合理应对利率风险。此外，存贷款非对称调整使银行净利息收入减少，建议商业银行加强全面创新，从战略、管理、业务、产品等多个维度挖掘新的收入增长点。鉴于大型企业金融脱媒态势更为明显，银行业金融机构还应及时调整客户结构，积极拓展中小企业及零售客户金融服务。

3. 提高证券公司盈利能力，降低传统业务的经营成本

解决证券公司盈利能力问题，一是开展多元化经营，分散经营风险；二是大力进行业务品种创新，增加盈利渠道；三是改变传统经纪业务，在构筑全新价值链的基础上降低传统业务的经营成本。

4. 增强社会风险保障意识，回归保险业基本保障功能

当前，北京市保险产品中，投资类产品占了很大比例，风险保障类产品比例仍然偏低。这一定程度上反映出居民的风险保障意识不强，造成了保险公司为达到保费增长计划而虚假宣传，以及保险产品与银行理财产品趋同等问题。对此，相关部门应加大保险知识宣传，增强社会的风险保障意识；完善保险公司激励考核机制，避免主要以保费增长作为考核指标；保险公司应加强风险保障产品的开发研究，回归行业的基本保障功能。

5. 加强信用债券信息披露，强化信用评级机构作用

随着个别中小企业集合债风险开始暴露，应加强对信用债券的监管。首先，应明确发债主体信息披露责任，加强信息披露的全面性和真实性；其次，按照建立自律处罚体系的整体要求，充实完善信息披露违规处罚体系。同时，信用评级机构要发挥其在信用风险方面的优势，强化持续跟踪安排。

6. 密切监测交叉性金融业务创新情况，防范交叉性金融风险

针对交叉性金融产品设计复杂、传染性风险较强等特点，加强对金融机构之间交叉性金融业务和产品创新情况的跟踪分析，扎实开展风险监测与评估，提升风险预警水平，切实防范交叉性金融业务风险。

总　　纂：严宝玉
统　　稿：董洪福
执　　笔：齐　川　田　娟　钱　珍　陈　苇　张素敏　马凌霄
其他参与写作人员（按姓氏笔画排序）：
卜国军　王　栋　王利生　王新宇　甘　瀛
李长卿　李雪飞　李瑞敏　陈　岩　张　丹
赵晓英　贺　刚　徐海勇　戴　兵

天津市金融稳定报告摘要

2012 年，天津市经济继续保持良好发展势头，经济结构不断调整优化，市场主体数量快速增长，发展活力进一步提升。全年金融业在对关键环节和重点领域保持资金有效供给的同时，对经济发展薄弱环节的支持力度继续加大，对国民经济的贡献度进一步提升，金融业呈稳健运行的态势。

一、经济与金融稳定

（一）天津市经济继续保持良好发展势头

2012 年，天津市完成生产总值 12 885. 18 亿元，同比增长 13. 8%，增速在全国名列前茅。分三次产业看，第一产业增加值 171. 54 亿元，同比增长 3. 0%；第二产业增加值 6 663. 68 亿元，同比增长 15. 2%；第三产业增加值 6 049. 96 亿元，同比增长 12. 4%。其中，滨海新区完成生产总值 7 205. 17亿元，同比增长 20. 1%，对天津市经济增长的带动效应明显。

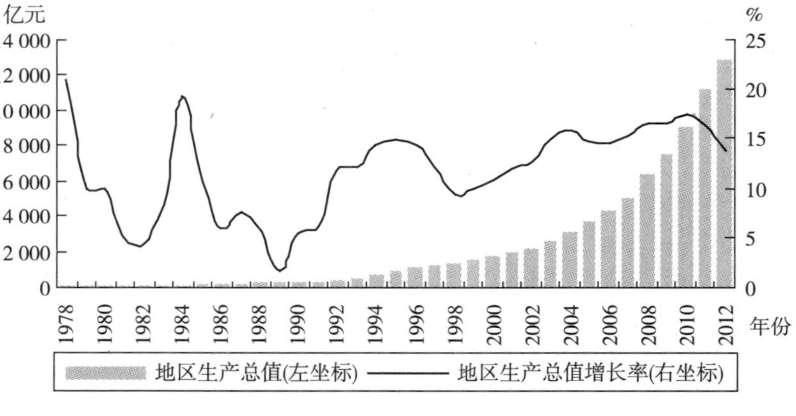

数据来源：天津市统计局相关资料。

图 1　1978—2012 年天津市地区生产总值增长情况

1. 产业结构优化升级，聚集效应进一步显现

2012 年，天津市第一、第二、第三产业占全市生产总值的比重分别为 1. 3%、51. 7% 和 47. 0%，第三产业占比持续上升，同比提高 0. 9 个百分点。都市型现代农业稳步发展，粮食生产喜获丰收，主要农副产品产量持续增长。工业保持平稳较快增长，实现增加值 6 122. 92 亿元，同比增长 15. 8%，拉动全市经济增长 7. 8 个百分点，贡献率达到 56. 3%。主要服务行业增势较好，以服务外包、会展经济为代表的新兴服务业发展驶入快车道。全年港口吞吐量 4. 77 亿吨，同比增长 5. 2%，集装箱吞

吐量 1 230. 30 万标箱，同比增长 6. 2%；旅游外汇收入 21. 40 亿美元，同比增长 22. 0%。

2. 社会总需求协调增长，对外贸易规模继续扩大

投资需求增长较快，全年全社会固定资产投资 8 871. 31 亿元，同比增长 18. 1%。其中，民间投资 4 105. 48 亿元，同比增长 32. 8%，占全社会投资总额的 46. 3%，占比比上年提高 2. 3 个百分点。消费市场交易活跃，全年社会消费品零售总额 3 921. 43 亿元，同比增长 15. 5%。外贸进出口规模继续扩大，全年外贸进出口总额 1 156. 23 亿美元，同比增长 11. 8%。其中，出口 483. 14 亿美元，同比增长 8. 6%；进口 673. 09 亿美元，同比增长 14. 3%，高于出口增速 5. 7 个百分点。全年天津市新批外资项目 632 个，合同外资金额 185. 9 亿美元，同比增长 10. 4%，实际利用外资金额 150. 2 亿美元，同比增长 15. 0%。

3. 财政收入增速放缓，居民收入水平持续提高

全年地方财政收入 1 760. 02 亿元，同比增长 21. 0%，增速比上年回落 15. 1 个百分点。税收增速明显放缓，全市地方税收收入 1 105. 56 亿元，同比增长 10. 1%，增速比上年回落 19. 2 个百分点。城乡居民可支配收入保持两位数增长，全年城市居民人均可支配收入为 29 626 元，同比增长 10. 1%。其中，工资性收入同比增长 14. 5%，拉动可支配收入上升 9. 0 个百分点。农村居民人均可支配收入为 13 537 元，同比增长 13. 8%，高于城市居民人均可支配收入增速 3. 7 个百分点。

4. 价格指数逐渐走低，上行压力得到有效控制

2012 年，天津市主要价格指数涨幅呈现震荡走低的态势。全市居民消费价格同比上涨 2. 7%，涨幅比上年回落 2. 2 个百分点。食品类及衣着类价格是推动物价上涨的主要因素，食品类价格同比上涨 6. 4%，影响居民消费价格总水平上涨 1. 9 个百分点，影响程度为 70. 0%；衣着类价格同比上涨 7. 0%，影响居民消费价格总水平上涨 0. 6 个百分点，影响程度为 21. 2%。全市工业生产者出厂价格和购进价格同比均下降 3. 0%，呈现前三个季度大幅下降，年末收缩、尾部抬高的走势。

5. 社会融资规模扩大，企业债券融资活跃

2012 年，天津市社会融资规模为 4 440 亿元，同比多增 1 306 亿元。其中，银行体系本外币各项贷款、表外信托贷款、委托贷款和银行承兑汇票等融资 3 770 亿元，同比多增 943 亿元；企业债券和股票等直接融资 560 亿元，同比多增 343 亿元；非银行金融机构融资 110 亿元，同比多增 20 亿元。天津市企业通过债券市场直接融资量增长迅速，全年净融资 535 亿元，约为上年融资量的 3 倍；发债品种日益丰富，增加了公司债、资产支持票据、集合票据和中小企业私募债，全年合计净融资 37 亿元，占全部企业债券融资的 7%。

（二）经济运行中需关注的方面

1. 主要经济指标增速放缓，工业企业亏损面扩大

2012 年，天津市主要经济指标增速放缓。全年地区生产总值、社会固定资产投资、社会消费品零售总额和外贸出口额增速分别比上年回落 2. 6 个、13. 0 个、2. 2 个和 10. 1 个百分点，投资和出口增速的降幅相对较大。工业企业亏损面扩大，全市规模以上工业企业实现利润 1 939. 96 亿元，同比增长 11. 7%。全市独立核算工业企业亏损面达到 19. 2%，同比提高 2. 2 个百分点。工业企业效益下滑和亏损面扩大对银行的资产质量带来不小的隐患，需密切关注。

2. 房价上涨预期加强，未来调控压力显现

2012 年，天津市房地产市场呈现出投资建设持续增长、房价涨幅有效控制、信贷总量平稳增加

的局面。全年天津市房地产完成投资额1 260.0亿元，同比增长16.7%；新建住宅销售同比价格指数为99.4，同比下降4.7个百分点；房地产信贷余额3 066.78亿元，同比增长7.4%。受房价上涨预期加强以及开工施工面积下滑等因素影响，下半年以来房地产市场呈现出“价量齐升”的局面，新建住宅销售环比价格指数自7月以来连续提高，使抑制房价过快上涨的压力增大。

二、金融业与金融稳定

2012年，天津市金融业认真贯彻落实国家金融调控政策，积极推进金融改革，努力增强经营效益，创新服务手段，金融服务能力得到有效提升，在支持天津市经济发展方面发挥了积极作用。

（一）银行业稳健性增强

2012年，天津市银行业金融机构强化风险控制措施，不断完善金融服务体系建设，行业发展性指标稳步增长，稳健性指标持续优化。

1. 银行业基本情况

截至2012年末，天津市共有中外资银行业金融机构76家。其中，在51家中资银行业金融机构中，法人机构18家，二级以上分行33家；在25家外资银行业金融机构中，法人机构3家，二级以上分行22家。

截至2012年末，天津市银行业金融机构资产总额35 115.19亿元，同比增长24.9%。其中，本外币各项贷款余额18 396.81亿元，同比增长15.5%，增幅同比缩小0.2个百分点。负债总额33 730.91亿元，同比增长25.1%。其中，本外币各项存款余额20 293.79亿元，同比增长15.4%，增幅同比上升8.7个百分点。2012年，天津市银行业金融机构实现净利润485.41亿元，同比增长24.3%，增幅同比缩小21.8个百分点。

2. 银行业稳健性评估

（1）资产质量“双降”。2012年，天津市银行业金融机构不良贷款余额和不良贷款率继续实现低位“双降”。截至年末，天津市银行业金融机构不良贷款余额125.11亿元，比年初减少15.78亿元；不良贷款率为0.6%，比年初下降0.2个百分点。

（2）风险抵补能力增强。截至2012年末，天津市银行业金融机构贷款损失准备金余额为409.14亿元，同比增长10.8%；贷款损失准备充足率为295.6%，同比上升1.7个百分点；拨备覆盖率为327.0%，同比上升65.0个百分点。

（3）盈利能力持续提高。2012年，天津市银行业金融机构资产利润率为2.0%，同比提高0.06个百分点，成本收入比率为28.6%，同比下降0.8个百分点；中间业务收入保持快速增长，中间业务收入比率为15.0%，比上年提高了1.5个百分点。

（4）贷款结构进一步调整。2012年，天津市银行业金融机构短期贷款所占比例持续提高，由年初的26.2%上升到年末的27.9%，提高了1.6个百分点，而中长期贷款占比在年内下降了4.0个百分点。

（5）政府融资平台贷款质量良好。截至2012年末，天津市政府融资平台贷款余额5 783.54亿元，比年初增加329.13亿元，占全市银行业金融机构各项贷款余额的31.4%，同比下降2.8个百分点。年末，政府融资平台无不良贷款。

3. 国有商业银行管理创新不断深入

2012 年，工商银行天津市分行积极推进落实“四有”内部控制要求，严格按照操作风险变化趋势，细化运行管理专业制度建设，提升岗位履职标准。农业银行天津市分行加强创新工作管理，强化创新激励考核，办理了首笔融资租赁和信托受益权转让业务，创新推出了商贸市场二次清算、首张手机移动支付联名 IC 卡等产品。中国银行天津市分行确立了加强业务数据预警监控和员工行为监督管理的总体思路，完成了授权交易的集中上收，增强了对基层机构的管控。建设银行天津市分行积极推进机构调整，不断优化辖区内网点结构，年内新开业网点型支行 23 个，筹建机构 7 个，并对 12 个分理处以下的营业机构实施了升格管理。交通银行天津市分行完善了客户咨询投诉反应机制，严格执行首问负责制，建立了客户咨询投诉联络网。

4. 银行业发展中需要关注的方面

（1）关注部分行业、部分机构资产质量下滑的风险。2012 年，天津市部分行业不良贷款余额出现反弹。其中，交通运输、仓储和邮政业，住宿和餐饮业以及农、林、牧、渔业三个行业不良贷款余额增加较多，同比分别增加 6.42 亿元、1.88 亿元和 1.33 亿元，信用风险呈加速扩散的趋势。部分机构资产质量出现下滑。分类型看，外资机构整体不良贷款余额、不良贷款率出现“双升”，中资机构中有 8 家机构不良贷款余额、不良贷款率同时出现反弹。据调查，个别大企业经营不善以及个人经营性贷款集中违约是导致资产质量出现下滑的主要原因。

（2）关注理财业务快速增长蕴藏的风险。截至 2012 年末，天津市主要银行①理财业务余额 1 781 亿元，比年初增长 62.6%。理财业务的快速发展对于我国利率市场化改革、宏观流动性管理和商业银行战略转型起到积极的推动作用，但其暴露出的会计处理方式有待规范、信息披露不充分、规避监管以及对信贷政策和产业政策的有效实施产生干扰等问题需要引起关注。

（3）关注信托资产超常增长带来的潜在风险。2012 年，天津市信托资产规模成倍增长。截至年末，2 家法人信托公司管理的信托资产总额同比增长 110.5%。从企业类型上看，资金信托业务投向大型企业的占比较高，近三年一直保持在 60% 以上，且呈现逐年提高的趋势；从行业分布上看，信托资金主要投向租赁和商业服务业、建筑业、水利环境和公共设施管理业、批发和零售业以及制造业，五个行业信托资金占比为 51.8%。资金投向的过度集中易使信托资产质量受个别企业、行业经营波动的影响，一旦形成集中违约，不仅给信托公司带来巨大亏损，还可能影响社会稳定。

（二）证券期货市场创新步伐加快

2012 年，天津市证券期货市场创新发展不断推进，法人证券公司盈利水平成倍提高，法人基金公司和法人期货公司业务稳步发展，上市公司融资规模不断扩大，股改工作基本完成。

1. 证券业基本情况

截至 2012 年末，天津市共有法人证券公司 1 家，证券分公司 2 家，证券营业部 105 家；证券投资咨询公司 2 家，资信评价公司 1 家；基金管理公司 1 家；期货公司 6 家，期货营业部 21 家；上市公司 38 家。天津市开展融资融券业务的证券营业部有 85 家，累计开户 6 377 户，收入 4 998.37 万元，为期货公司提供中间介绍业务的营业部有 43 家，累计开户 1 193 户。

---

① 主要银行包括：天津银行、天津农商银行和滨海农村商业银行 3 家法人机构以及 5 家国有商业银行天津市分行、11 家股份制商业银行天津分行、11 家城市商业银行天津分行和中国邮政储蓄银行天津分行共 28 家分支机构。

2. 稳健性评估

（1）法人证券公司业务范围拓宽。2012 年，渤海证券不断扩大业务范围，逐步进行产品创新，积极抓好多层次市场建设，稳步推进分支机构新设工作。截至年末，资产总额 116.16 亿元，比年初增加 8.6 亿元；净资本 34.32 亿元，比年初增加 5.02 亿元；自营业务余额 28.08 亿元，比年初减少 9.9 亿元。受投资收益和公允价值变动收益大幅增加的影响，全年公司实现盈利 1.84 亿元，为上年同期的 6.73 倍。

（2）法人基金公司业务稳步发展。截至 2012 年末，天弘基金资产总额 1.93 亿元，比年初增加 0.43 亿元；负债总额 0.84 亿元，比年初增加 0.37 亿元。本年度公司旗下新成立 3 只基金，其中发起式基金和安康养老基金均为行业首只，年末公司管理的基金总数达到 10 只，基金总份额 120.73 亿份，基金净值 99.5 亿元。

（3）法人期货公司业务规模扩大。截至 2012 年末，天津市 6 家法人期货公司资产总额 23.75 亿元，比年初增加 3.29 亿元；负债总额 17.73 亿元，其中客户保证金余额 17.38 亿元，比年初增加 3.02 亿元。全年代理交易量 2 455.9 万手，代理交易额 2.38 万亿元，手续费收入 9 679.66 万元，同比分别增长 22.4%、5.8% 和 12.3%。年末，天津市有 4 家期货公司和 21 家营业部具有金融期货业务资格。

（4）上市公司股改工作基本完成。截至 2012 年末，天津市有境内上市公司 38 家，上市公司总股本 411.47 亿股，总市值 2 802.71 亿元，其中流通市值 2 500.53 亿元。2012 年，天津市有 1 家公司实现首发上市、4 家公司（5 家次）完成再融资和重大资产重组，境内融资额 57.38 亿元，同比增长 78.0%。SST 天海股权分置改革方案获得股东大会审核通过，正式进入实施阶段。天津市上市公司将全部完成股改工作。

3. 证券业发展中需要关注的方面

（1）关注业务创新可能隐藏的风险隐患。2012 年，渤海证券、天弘基金积极推进业务创新，不断谋求转型发展，为公司的可持续发展打下了坚实基础。然而两家公司需进一步完善风险控制与合规管理制度，切实防范新业务产生的利益冲突和风险传递。

（2）关注法人期货公司的持续发展问题。天津市法人期货公司受资本金规模限制，市场占有率低，盈利能力弱，核心竞争力不强，制约期货公司对天津经济发展的支持力度。

（三）保险业服务社会和经济作用持续加强

2012 年，天津市保险业继续保持良好发展势头，保险保障覆盖面不断扩大，服务社会和经济作用持续加强，较好地发挥了经济补偿和社会风险管理功能。

1. 保险业基本情况

（1）经营主体稳步增加。2012 年，华夏人寿总公司迁入天津，紫金财险、泰康养老先后设立分支机构。截至年末，天津市保险市场共有总、分公司 53 家，专业中介机构 95 家，兼业代理机构 3 000余家，基本形成了种类齐全、布局合理的保险市场体系。天津市保险公司总资产为 880.72 亿元，比年初增长 19.6%。其中，财产险公司资产总额为 58.37 亿元，比年初增长 13.4%；人身险公司资产总额 822.35 亿元，比年初增长 20.0%。

（2）保费收入稳步增长。2012 年，天津市保险业共实现保费收入 238.16 亿元，同比增长 12.5%。其中，财产保险业务实现保费收入 90.79 亿元，同比增长 20.9%；人身保险业务实现保费收入 147.37 亿元，同比增长 7.9%。人身保险中，寿险业务实现保费收入 126.98 亿元，同比增长

7.1%；健康险和意外险分别实现保费收入14.81亿元和5.58亿元，增幅分别为15.4%和7.7%。

（3）赔款给付支出持续增加。2012年，天津市保险业赔付支出81.02亿元，同比增长22.4%。其中，财产险赔付支出44.74亿元，同比增长26.0%；人身险赔付支出36.28亿元，同比增长18.3%。人身险赔付支出中的满期给付为18.53亿元，与上年基本持平。

（4）保险保障覆盖面扩大。2012年，天津市保险业新增承保保单696.06万件，同比增长34.6%；新增保险金额46 556.89亿元，同比增长9.0%。其中，财产险公司新增保险金额37 744.65亿元，同比增长8.3%；人身险公司新增保险金额8 812.24亿元，同比增长12.2%。

（5）专项领域保险取得新进展。一是引入医疗责任保险机制解决医患纠纷。2012年，天津市所有二级以上医院投保医责险，提供风险保障1.07亿元。二是探索保险资金支持保障性住房建设。太保集团将通过“太平洋—天津公共租赁住房债权投资计划”募集100亿元保险资金投资于天津市公租房建设，年末首期50亿元资金已募集到位。三是稳步发展政策性农业保险。天津市财政局、天津市农委和天津保监局印发了《关于修订政策性农业农村保险保费财政补贴政策的通知》，将7个政策性农业保险险种的保费补贴比例由70%提高至80%。

2. 保险业稳健性评估

（1）财产险公司赔付效率持续提高。2012年末，天津市财产险公司应付赔付款0.93亿元，同比下降46.9%；结案率为83.8%，同比上升1.3个百分点。其中，车险业务结案率84.6%，同比上升1.2个百分点。业务结构小幅调整，全年车险业务占财产险保费收入的比例为71.5%，同比下降3.4个百分点，特殊风险保险、工程保险和保证保险比例同比分别上升1.2个、1.2个和0.6个百分点。

（2）寿险产品向传统业务回归。2012年，普通寿险和分红险分别实现保费收入13.29亿元和111.44亿元，同比分别增长4.6%和7.4%，占全市寿险业务的比重分别为10.5%和87.8%；投资联结保险实现保费收入0.14亿元，同比下降12.9%。人身险业务期限结构持续优化，续期业务发展较快。全年续期业务规模83.57亿元，同比增长23.7%，占比达到57.4%。

（3）法人机构经营较稳定。2012年末，光大永明、恒安标准、渤海财险、爱和谊日生同和财险偿付能力充足率分别为287.7%、206.8%、512.4%和2 040.3%。全年四家公司分别实现投资收益8.72亿元、2.51亿元、1.16亿元和0.09亿元，同比分别增长83.2%、35.9%、27.4%和39.4%。

3. 保险业发展中需要关注的方面

（1）关注车险费率市场化对财产险市场带来的挑战。2012年，天津市车险业务在财产险市场中仍居主导地位，车险保费收入占财产险保费收入的比例为71.5%。2012年3月，保监会发布的《关于加强机动车辆商业保险条款费率管理的通知》中规定，对商业车险税率将有限度放开，对保险公司的经营管理提出更高的要求。

（2）银保合作低迷拖累天津人身险市场发展。2012年以来，受政策约束、宏观经济形势变化以及竞争加剧等多重因素的影响，天津市银保合作业务的发展进入了低迷期，拖累了人身险市场的整体发展。全年天津市人身险市场共实现保费145.48亿元，同比增长7.1%。其中，银行代理渠道实现保费收入40.96亿元，同比下降2.0%，银行代理渠道占全部保费收入的比例为28.2%，同比下降2.8个百分点。

三、金融市场与金融稳定

2012年，天津市金融市场总体呈现健康发展态势，货币市场交易活跃，债券市场运行平稳，外汇市场交易量保持较快增长。

（一）货币市场交易活跃

1. 交易量稳步增长

2012 年，天津市银行间同业拆借市场共完成信用拆借 2 134 笔，拆借金额 9 421. 5 亿元，与上年基本持平；净融入资金 2 989. 3 亿元，同比下降 52. 6%。债券回购交易量继续保持较快增长，全年成交额 40 541. 1 亿元，同比增长 14. 1%。其中，质押式回购成交 40 407. 7 亿元，同比增长 14. 0%，占全部回购交易的 99. 7%；买断式回购成交 133. 4 亿元，同比增长 63. 5%。

2. 交易期限仍以短期为主

天津市同业拆借市场上，隔夜和 7 天拆借作为同业拆借市场的主要交易品种，占全部拆借成交金额的 88. 3%，与上年基本持平。在质押式回购交易中，期限在 7 天以内的投资品种也是主要交易对象，全年交易金额达到 38 453. 8 亿元，占全部质押式回购交易量的 94. 9%。

3. 市场利率有所回落

受市场融资供求变化的影响，全年天津市银行间市场同业拆借利率总体上呈逐渐回落的态势。同业拆借拆入加权平均利率为 3. 1289%，同比下降 0. 2585 个百分点；同业拆借拆出加权平均利率为 2. 7616%，同比下降 0. 6943 个百分点。

4. 市场集中度依然较高

2012 年末，天津市同业拆借市场共有成员机构 18 家。从资金拆借量分布看，依然集中于天津银行和渤海银行两家规模较大的法人金融机构。全年，两家机构合计拆借资金 7 945 亿元，占全市拆借总量的 84. 3%。

（二）银行间债券市场运行平稳

1. 交易量持续下降

自 2010 年以来，天津市银行间债券市场成员现券买卖成交量不断下降。2012 年，现券买卖成交金额为 8 180. 3 亿元，同比下降 34. 9%，较 2010 年同比下降 65. 1%。其中，现券买入量为 3 879. 6 亿元，同比下降 36. 0%；现券卖出量为 4 300. 7 亿元，同比下降 33. 9%。

2. 市场收益率整体攀升

2012 年，天津市银行间债券市场成员现券买入收益率为 5. 5434%，现券卖出收益率为 5. 3727%，同比分别提高 0. 9561 个和 0. 8259 个百分点。从交易券种看，政策性金融债、企业债和中期票据仍是现券市场的主要交易券种，市场占比达 80. 5%。

3. 结算代理业务呈下降态势

天津市具有结算代理资格的金融机构仅有天津银行一家。近年来，受部分客户转为乙类自营账户或重组改革等因素的影响，该行债券结算代理业务规模出现下降，年末还有 46 家机构与该行建立了债券结算代理关系，全年完成代理结算量 36. 47 亿元，同比减少 258. 40 亿元。

（三）外汇市场交易量保持较快增长

1. 结售汇逆差有所扩大

2012 年，天津市结售汇规模持续增长。全年结售汇总额 854. 3 亿美元，同比增长 17. 2%；结售汇逆差119.9亿美元，同比扩大71.0%。分项目看，经常项目与资本项目呈现“双逆差”格局。其中，货物贸易逆差80.7亿美元，同比扩大53.6%；资本项目逆差8.5亿美元，逆转了上年顺差的局面。

2. 银行间外汇市场成交量稳步上升

2012年，天津市银行间外汇市场成交额同比增长14.9%。其中，人民币外汇即期成交额同比增长8.5%，人民币外汇掉期成交额同比增长3 005.8%，人民币远期市场成交额同比下降31.4%。外币买卖市场交易略有减少，全年成交额同比下降6.5%。

四、金融基础设施与金融稳定

2012年，天津市支付结算系统安全高效运行，支持了天津经济金融稳定增长；信用体系建设稳步推进，社会信用平台网络初步建成；反洗钱协调机制成效显著，在防范和打击洗钱方面发挥了积极作用；跨境人民币业务结算大幅增长。

（一）支付体系建设取得新进展

1. 支付系统应用进一步推广

一是滨海新区商业银行变更支票影像系统接入方式，扩大截留业务受理范围。2012年末办理支票截留提入业务的银行已达20家，日均可使约3 300万元资金提前1~2个工作日到账。二是组织商业银行开发二代支付系统圈存功能，拓展支票圈存业务在业务量大的领域、行业的应用，同时指导商业银行改造POS机具终端设备，节约圈存时间。三是推动集中代收付中心在公共服务领域的推广工作。全年共处理业务13.46万笔，清算资金6.31亿元，在方便缴纳各类费用、有效节约社会资源、提高资金清算效率、降低资金风险方面发挥了积极作用。

2. 农村地区银行卡受理环境建设持续改善

一是推进农村地区助农取款服务。加大政策扶持力度，优惠手续费折扣率，提高持卡人取现和商户代办点拓展业务的积极性。二是探索农村地区便民新举措。以蓟县为试点，签订《特约商户代理银行卡自助缴费业务协议书》，采取“三方合作售电”模式，在村服务站、小商店、社区物业等地放置移动缴费POS机，实现村民就近持银行卡购电，为农民生产生活提供便利。

3. 银行卡产业发展加速

一是金融IC卡应用范围拓宽。率先开展金融IC卡在公共交通和公用事业缴费行业领域的全面应用，滨海新区公交系统受理环境改造已完成，并逐步向市内各区过渡。二是继续推动天津特色银行卡发行。积极完善“医达通”、“津通卡”和“社保卡”的相关配套设施，银行卡便民利民效果进一步显现。三是银行卡发卡量持续扩大。2012年末累计发卡7 625万张，比年初增长13.0%；全年POS清算金额3 802.78亿元，同比增长23.4%；银行卡持卡消费交易（剔除房地产和大宗商品交易后）占全市社会消费品零售总额的比重达48.9%。

（二）征信体系建设不断完善

1. 中小企业和农村信用体系建设成效显现

一是推进滨海高新区中小企业信用体系试验区建设，初步建成包括中小企业政策环境扶持、融资平台对接、信用担保评级增信、金融资源支持、信用激励机制在内的中小企业信用体系建设框架，试验区123户企业累计获得信贷资金支持26.58亿元，其中信用贷款13.86亿元，提升了试验区融资环境和信用环境。二是依托涉农金融机构建立了32万户农户电子信用档案，评定信用户16.8万户，对已建立信用档案的农户累计发放贷款485亿元。

2. 征信市场规范发展

一是完成了对天津市110家融资性担保机构、179家借款企业的信用评级工作，保持信用评级业务量平稳增长。二是将信用评级报告作为融资性担保机构经营许可证年审的要件，建立了信用评级长效机制。三是完善了天津市信用评级自律公约，保证信用评级工作公正开展。四是组织开展评级执业行为现场检查，提升融资性担保机构信用评级工作质量。

3. 征信宣传教育工作有效推进

一是组织开展“信用记录关爱日”、动产融资租赁登记公示等专项宣传活动，面向不同社会群体开展针对性宣传，普及征信知识，扩大社会影响。二是编辑出版《征信概论》，为社会公众获取征信知识提供有益读本。三是继续探索征信知识宣传教育新模式，与天津大学等5所高校签订开设征信知识选修课合作协议，正式确立合作关系，推动天津大学等3所高校将征信知识选修课纳入2013年教学计划、天津师范大学将征信知识嵌入《诚信文化导论》全校选修课中。

（三）反洗钱工作有效开展

1. 反洗钱协调机制作用突显

一是反洗钱协调机制在天津市金融稳定工作中的地位和责任得到进一步确立。市政府办公厅印发《关于严格防范依法处置各类非法金融活动确保安全稳定的意见》，明确了通过加强反洗钱工作维护天津市金融稳定的相关要求。二是部门间反洗钱合作不断加深。2012年全年与本市侦查、司法部门举办反洗钱司法会商8次，与市公安局联合举办了大型社会宣传和金融从业人员培训等活动，与天津证监局共同商定了加强证券期货业金融机构反洗钱工作的措施。三是反洗钱合作的制度化水平进一步提高。制定了《反洗钱奖励办法》，明确对办理洗钱案件作出贡献的司法部门及其办案人员的奖励措施。

2. 反洗钱监管水平持续提升

2012年，着力开展对金融机构反洗钱“差别化”监管和法人监管。在“差别化”监管方面，制定了《银行机构洗钱风险控制工作报告模板》和《证券业金融机构反洗钱风险评估办法（试行）》，通过非现场手段分行业指导金融机构开展洗钱风险水平及防控成效评估。在法人监管方面，一是遴选推荐渤海银行成为中国人民银行反洗钱局确认的大额和可疑交易报告综合试点单位，指导其优化可疑交易分析和报告模式；二是组织27家法人金融机构开展可疑交易报告工作自查，规范可疑交易报告工作流程；三是推动银行机构应用机构信用代码辅助开展客户身份识别；四是推动特定非金融机构开展反洗钱基础建设。

3. 金融机构反洗钱工作水平持续提升

2012年，各金融机构着力提升可疑交易报告质量，进一步完善客户洗钱风险等级划分流程，逐步加强对客户实际控制人和交易实际受益人的身份识别，不断丰富核对客户身份证件的技术手段，大力升级改造客户信息留存检索系统。全年共报告有合理理由认为交易或客户与洗钱、恐怖主义活动及其他违法犯罪活动有关的可疑交易32件，其中30件具有深入调查或直接报案价值。

（四）跨境人民币业务稳步前行

1. 跨境人民币业务结算量大幅增长

2012 年，天津市共办理跨境人民币结算633 亿元，同比增长47.0%。全年共有41 家银行为千余家企业办理了6 000 余笔跨境人民币结算业务，主要集中在批发业、物流业、金属矿产销售、棕榈油类加工生产、租赁业等行业。跨境人民币结算业务涉及的地域不断扩大，已经覆盖中国香港、德国、新加坡、英国、美国、韩国、法国、日本等68 个国家和地区。

2. 跨境人民币业务工作水平持续提升

一是确立考核评价机制。制定了《天津市银行机构跨境人民币业务考核办法》，定期通报各银行业务量和考核结果，有效发挥考核机制的正向激励作用。二是进一步完善工作模式。深入银行和重点企业“面对面”交流，将跨境人民币政策直接送达企业管理人员，提供“量身定做”的解决方案。三是不断加强培训工作。实行按需培训，帮助银行和企业充分利用相关政策，全年对20 余家银行和千余家企业进行了政策业务培训，提高了培训的针对性和有效性。

3. 跨境人民币业务宣传工作不断推进

2012 年，组织开展了大规模“跨境人民币结算政策宣传月”活动，鼓励银行充分依托电视、报纸、网络、通讯、政府会议等平台，进行广泛宣传。天津市 1 200 余家银行网点参加宣传月活动，向企业发放跨境人民币结算政策宣传手册20 余万份，发送跨境人民币结算政策宣传短信 5 万余条，营造了良好的舆论氛围，大力提升了企业使用人民币进行跨境结算的积极性，扩大了政策的覆盖面。

五、政策建议

1. 加快转变经济发展方式，夯实金融体系稳健运行基础

一是要进一步调整经济结构，在大力发展先进制造业和高技术产业的同时，把发展服务业放在扩大内需更加突出的位置，加快发展生产性和生活性服务业。同时，要以提升综合效益为核心，采取有效措施，加速形成以创新技术品牌、绿色低碳、质量服务为核心的出口竞争新优势，提升市场份额和地位。二是要加强技术改造，着力提高企业效益。要注重企业技术创新能力的增强和创新成果的产业化，注重信息技术的集成应用，推进信息化与工业化深度融合，大力提升企业的核心竞争力。三是要加大金融体系对实体经济的支持力度，实现金融业与实体经济的良性互动。要合理引导信贷资金进入实体经济，加大对天津市优势行业和新兴行业的支持力度，要大力加快发展天津多层次金融市场，拓宽实体经济通过金融领域获得资金的渠道，要不断推进金融产品和服务方式创新，提高金融服务效率。

2. 推动金融机构切实转换发展模式和经营机制，走可持续发展之路

大型商业银行要紧密结合宏观调控政策，主动调整贷款结构和投向，要加大对重点领域信用风险的管理力度，强化对投向交通运输、仓储和邮政业等行业贷款的风险管理。中小银行应充分利用自身优势，逐步摆脱过去主要依靠大客户的同质化经营模式，有针对性地开发中小企业客户群、零售客户，实现从成立初期规模扩张的粗放式管理模式向精细化管理模式转变。证券期货公司应依据自身资源、客户结构明确发展重心，实现特色化经营，做专、做精，以业务量的大幅增长，促进服务能力水平的提升。保险公司要准确把握天津市保险市场发展形势，从产品自主创新、服务创新出

发，科学发展保险业务，扎实搭建运营平台，着力加强成本管理，切实推行精细管理。

3. 加快金融改革创新，提升金融业发展的效益和质量

一是要积极推动天津优质企业上市规模，鼓励上市公司通过增发、配股和公司债等方式拓宽再融资渠道，提高上市公司质量，增加股市供给，满足投资者需求。发展和完善资金拆借市场、票据市场、外汇市场，建设多层次的金融市场体系。二是要以产业金融、科技金融、商贸金融、消费金融、航运金融、农业金融和矿业金融等为重点，建立以产业金融为特色的金融服务体系。三是要完善私募股权基金产业体系。整合投资机构、银行和企业信息与资源，积极推动委托贷款与股权投资相结合的模式，推动股权投资基金与拟融资企业对接，在金融创新方面发挥产业与金融相结合促进实体经济发展的作用。

4. 加强对具有融资功能的地方非银行金融机构的监管，防范体系外风险向金融体系传导

在宏观上，要健全对具有融资功能的地方非银行金融机构的风险监测体系，加强对此类机构的监测评估；建立覆盖此类机构的社会融资总量统计制度，强化对其监测；尽快实现各监管机构和行业协会统计标准的统一，定期汇总、分析并发布市场数据。在微观上，要明确监管主体，强化对此类机构准入、经营管理的日常监督；建立包括机构、产品和交易方式等内容的信息披露激励和惩罚机制；要建立机构与商业银行之间的风险防火墙，降低风险的外溢效应；要建立机构的危机自救方案，明确对资本金和流动性的要求。

总　　纂：李文茂

统　　稿：李泽军　夏江山　李晓迟

执　　笔：李晓迟　么英莹　曾薇　刘振斌

其他参与写作人员：杨冬梅　李文君　钟　辉　赵建斌　周中明　宁　悦　徐　力　张世展　崔　乐　安瑞萍　贾　科　李　师　王贵鹏　李　磊　刘志军　张　真

河北省金融稳定报告摘要

2012年，河北省经济总体实现稳中有进，为金融业安全稳健运行提供了有利环境。金融业抗风险能力不断增强，在创新中保持平稳健康运行，大力支持了河北经济发展，经济金融呈现协调互促的良好态势。

一、河北省宏观经济

2012年，河北省深入贯彻落实科学发展观，牢牢把握稳中求进的工作总基调，突出科学发展主题和加快转变经济发展方式主线，经济运行总体平稳，发展方式转变取得新进展。

（一）运行态势基本良好

总体运行基本平稳，经济实力得到提升，下行压力依然较大。2012年，河北省实现国民生产总值26 575.0亿元，同比增长9.6%，超过全国增速1.8个百分点，连续五年高于全国总体增长水平。但同时，受复杂严峻的国内外经济形势影响，河北省国民生产总值增速较2011年放缓1.7个百分点，为十年来最低增速水平，经济下行压力较大。

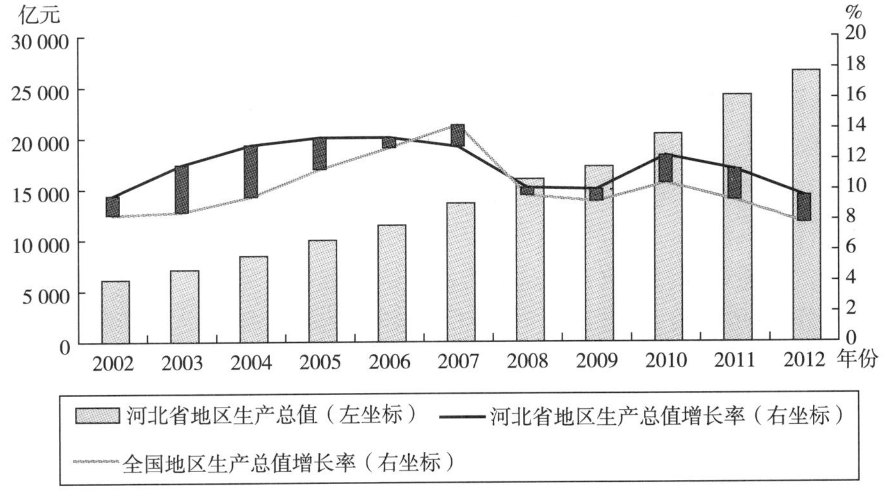

图1 2002—2012年河北省年度地区生产总值与增速

三次产业保持增长，增长速度普遍趋缓，工业产业企稳回升。全年第一产业完成增加值3 186.7亿元，同比增长4.0%，增速同比放缓0.2个百分点；第二产业完成增加值14 001.0亿元，同比增长11.5%，增速同比放缓1.9个百分点；第三产业完成增加值9 387.3亿元，同比增长8.4%，增速同比放缓2.1个百分点。三大产业对经济增长贡献率分别为4.9%、64.6%和30.5%。

投资结构得以优化，消费市场增长平稳，利用外资实现突破。三大需求对经济增长的拉动总体呈现“投资、消费小幅提高，外需持续回落”的态势。其中，投资需求对经济增长的贡献率为60.9%，较上年提高0.9个百分点，投资结构得以优化和改善，工业投资和技改投资比重提高，民间投资同比较快增长27.5%，占固定资产投资的77.0%，房地产开发投资同比增速快速下降至1.0%，较上年大幅回落33.9个百分点；消费需求对经济增长的贡献率为43.2%，较上年提高0.4个百分点，消费市场平稳增长，全年社会消费品零售总额实现9 154.0亿元，同比增长15.5%，升级步伐加快，需求结构向均衡方向调整；外需对经济增长的贡献率为-4.1%，较上年回落1.3个百分点，进出口总值仍然保持了500亿美元以上规模，出口总值296.0亿美元，同比小幅增长3.6%，进口总值209.4亿美元，同比减少16.3%。

财政收入继续递增，企业效益增速下降，居民收入较快增长。2012年，河北省财政收入3 479.3亿元，同比增长15.3%；全部财政收入占地区生产总值的比重提高到13.1%，较上年提高0.8个百分点。企业效益增速下降，但年内实现由降转升，全年规模以上工业企业实现利润2 296.9亿元，增速较上年大幅度下降18.7个百分点，回落至5.3%的国际金融危机期间低增长水平。城乡居民收入较快增长，农村居民收入增速快于城镇。物价延续上年持续回落的态势，工业生产者出厂价格和购进价格同比下降，居民消费价格回归合理增长水平。

（二）经济运行中需关注的问题

经济企稳回升基础尚未稳固。投资方面，受市场前景不明朗、预期收益不确定等因素影响，企业增加投资的能力和意愿有所减弱，基础设施大规模建设受到筹资能力、还债压力等方面制约，保持投资较快增长面临较多困难；消费方面，社会消费品零售总额增速持续下滑，服务消费需求潜力虽大但有效供给不足，中低收入者消费能力有待逐步提升，消费内生增长动力有待增强；出口方面，出口增速明显低于历史同期，国际市场需求尚无改善迹象，部分对外企业可能面临多重经营风险，外贸出口持续增长难度加大。

企业生产经营面临较多困难。国内消费需求仍不足以消化过剩产能，主要产成品价格可能低位徘徊，原材料工业面临“去产能化”的压力，规模以上工业企业利润增速处于低位水平，市场需求的小幅回升无法从根本上改变企业经营状况，企业盈利能力短期内难有大幅提高；煤电油气运供需强约束、紧平衡的态势没有改变，能源要素价格居高不下，要素保障存在较大的不确定性；中小企业经营形势未见起色，市场竞争力及应对挑战能力较弱，潜在经营风险有积累发展态势。

产业结构调整任务艰巨繁重。通过存量调整和产业重组化解产能过剩面临债务处理、人员安置、财政收支等方面的困难，已经成为影响河北省产业结构调整的突出问题；发展战略性新兴产业、调优增量受制于技术水平偏低、人才储备不足等短板，任务艰巨，总体形势不容乐观；企业效益下滑，压减了企业产品研发创新力度，制约现有企业产业转型升级，企业资金趋紧，制约了节能技术改造和污染治理投入，节能减排难度加大。

资金获取渠道仍然比较单一。一方面，信托等融资机构发展严重滞后于河北省经济发展，融资产品数量较少且缺乏创新；政府融资能力偏弱，债务负担较重；中小企业融资难的问题仍较突出，资金相互拖欠增多，资金来源渠道过于单一，制约经济快速走出低谷。另一方面，工业经济持续低迷，企业低利润水平可能持续较长时间，依靠增加信贷投放无法根本改善企业经营状况，省内经济支柱行业信贷集中度已处于高位，获取资金渠道缺乏，一旦经营形势恶化，企业偿债能力下降，将会形成连锁反应，对河北省经济造成更大冲击。

物价上涨压力仍需密切关注。受节能减排工作、资源价格改革、税费工作改革等多重因素影响，物价上涨的压力仍然存在，由结构调整、价格改革和工资上涨等因素引发的物价温和上涨仍会持续一个时期。同时，经济持续低迷引发相关行业景气度不断下降，导致大量从业人员收入预期降低，对消费能力提高形成较大阻力。在一定时期内，有可能出现经济增速下行与物价上涨压力并存的矛盾，需要对下阶段的经济及物价走势加以综合关注。

二、河北省银行业

2012 年，河北省银行业改革持续深化，在有效防范风险的前提下加大对“三农”、县域等实体经济的支持力度，整体抗风险能力显著增强，总体保持了安全稳健。

（一）总体发展情况

组织体系进一步完善。2012 年“引银入冀”有新突破，汇丰银行唐山分行、渤海银行石家庄分行相继开业；下延步伐加快，股份制银行区市覆盖面达到 81.82%，城市商业银行县域覆盖率达到 74.26%，村镇银行 23 家；河北钢铁集团财务公司开业，河北建投集团财务公司筹建顺利，财务公司将增至 5 家。

资产负债规模继续扩大。截至 2012 年末，河北省银行业金融机构资产总额 41 431 亿元，较年初增加 5 900 亿元，增长 16.6%。负债总额 40 272 亿元，较年初增加 5 681 亿元，增长 16.42%。

存款总体保持稳步增长，个人存款增速明显。截至 2012 年末，河北省银行业金融机构本外币各项存款余额 34 257.16 亿元，居全国第 9 位，较年初增长 15.14%，高于全国平均增速 1.71 个百分点。个人存款增速快于单位存款增速。

贷款投向重点突出，信贷结构进一步趋向优化。截至 2012 年末，全省银行业金融机构本外币贷款余额 21 317.96 亿元，居全国第 9 位，比年初增长 15.44%。贷款投向突出，绿色信贷、涉农、小微企业和县域等薄弱领域、行业和区域得到大力支持，全年累计投放绿色信贷 3 821.36 亿元，涉农、小微企业、县域新增贷款分别占全部新增贷款的 55.9%、48.8% 和 43.0%。政府融资平台类、房地产等国家政策限制类行业贷款得到有效控制。

改革和创新取得成效。农业银行“三农”金融事业部改革成效显著，县域贷款和涉农贷款均实现了“两个高于”①，“三农”金融服务水平和能力显著提升，服务覆盖面持续拓宽。惠农卡对农户覆盖率达到 21.8%，助农取款服务点乡镇覆盖率达到 88.9%；农村信用社股份制改造稳步推进，全省农合机构（除蠡县外）投资股占比达到 100%，提前 3 年完成银监会工作目标，在全国处于领先地位；城市商业银行转型加快，不断优化信贷结构，持续加强对地方经济发展的信贷支持力度，全年新增贷款 231 亿元，增速达 20.4%，高于全省贷款平均增速 4.4 个百分点，主要监管指标表现良好；新型农村金融机构迅猛发展，基本实现了乡镇基础金融服务全覆盖。

---

① 指增数高于全部贷款增数，增量高于上年水平。

（二）稳健性评估

经营效益继续保持增长，但盈利能力有所下降。2012 年，河北省银行业金融机构累计实现净利润 505.51 亿元，较上年增加 75.26 亿元，增长 17.5%，同比回落 10.9 个百分点。

不良贷款余额和比例"双下降"，资产质量持续好转。截至 2012 年末，河北省银行业金融机构不良贷款余额 566.03 亿元，较年初减少 108.59 亿元；不良贷款率 2.65%，比年初降低 1.00 个百分点。

法人机构资本充足率提升，风险抵补能力明显增强。2012 年末，河北省法人银行业核心资本充足率 8.18%，同比提高 1.28 个百分点；资本充足率为 10.01%，同比提高 1.65 个百分点；拨备覆盖率 76.82%，比上年提高 26.94 个百分点；流动性比例 59.08%，同比提高 2.34 个百分点；存贷比 59.14%，同比下降 0.92 个百分点。

三、河北省证券期货业

2012 年，河北省证券期货业运行平稳，融资功能进一步显现，资本市场为全省经济提供了多层次资本支持。

（一）总体发展情况

证券市场平稳运行，市场活跃程度有所下降。全年实现证券交易额 9 940 亿元，同比下降 10.18%；融资融券业务发展迅猛，年末融资融券余额达 7.8 亿元，同比增长 1.6 倍。

证券机构数量增势减缓，经营效益明显下滑。截至 2012 年末，河北省共有 1 家法人证券公司、3 家证券分公司、164 家证券营业部（其中，外埠证券营业部 71 家）、1 家证券投资咨询机构，营业部数量居全国第 12 位。全年证券营业收入 12.86 亿元，同比下降近三成；利润总额 2.84 亿元，同比下降 56%；净利润 2.56 亿元，创 2006 年以来的年度新低。

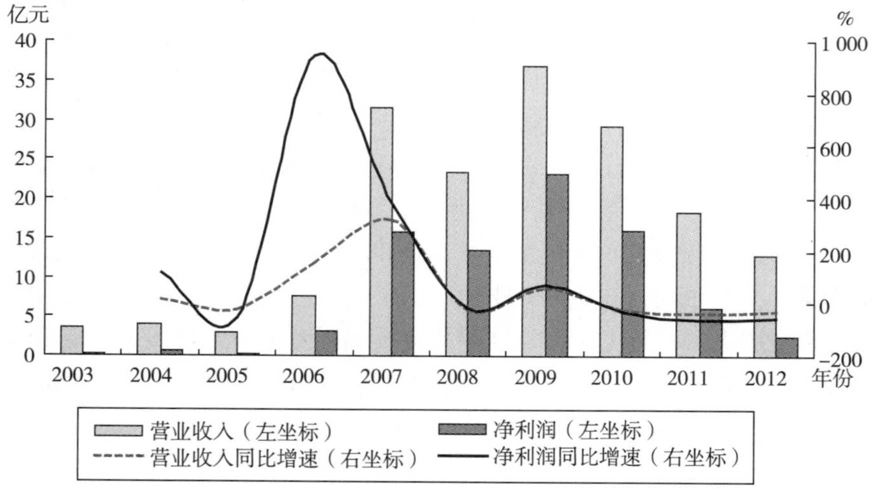

图 2　河北辖区证券经营机构营业收入和净利润变化示意图

期货市场趋于活跃，股指期货交易额逾四成。全年代理交易量和代理交易额分别为 2 528. 39 万手和 24 870. 85 亿元，同比分别增长 48. 11% 和 30. 20%。股指期货业务平稳开展，2012 年末股指期货客户数 1 083 人，同比增长 59. 03%；全年代理交易额 10 199. 44 亿元，在全部期货交易额中占比逾四成。

期货机构经营趋向好转，但仍有过半经营机构和七成交易客户亏损。截至 2012 年末，河北辖区共有 1 家法人期货公司，32 家期货营业部（其中，外埠期货营业部 26 家）。全年营业收入 9 931. 07 万元，同比增长 16. 67%；净利润 393. 58 万元，同比增长 76. 27%。期货客户数 3. 63 万户，同比增长 14. 72%，参与交易的客户七成亏损。

上市公司直接融资额较上年锐减，但仍处历史较高水平。截至 2012 年末，河北省共有 48 家在境内上市的公司，占全国境内上市公司规模的 1. 92%。直接融资额 164. 26 亿元，同比下降 62. 87%，占全国境内上市公司直接融资额的 2. 93%，较上年下跌 3. 59 个百分点。

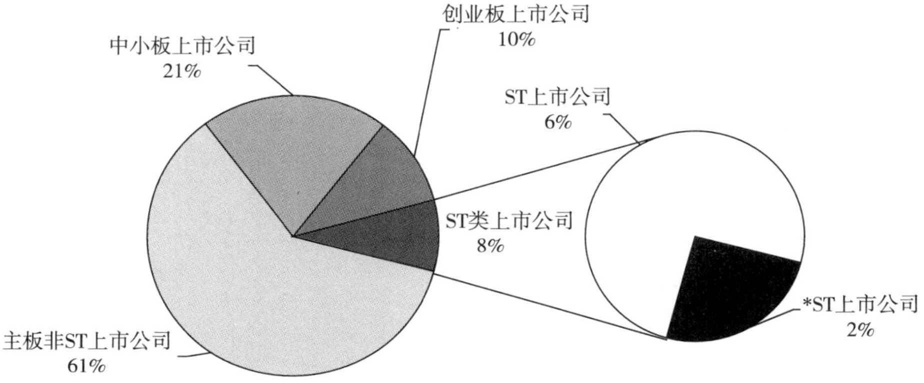

图 3　2012 年河北省境内上市公司板块分布占比示意图

（二）稳健性评估

1. 证券公司

财达证券有限责任公司是河北辖区唯一一家证券法人机构，在全国设有 106 家证券营业部。截至 2012 年末，注册资本 14. 17 亿元，净资产 31. 16 亿元，净资本 23. 91 亿元，营业收入 8. 55 亿元，全年累计实现利润总额 1. 89 亿元，净利润 1. 41 亿元。

公司建立以净资本为核心的风险监控体系，进行了年度压力测试，并根据新业务规划，对公司申请新业务、扩大自营投资规模、设立集合资产管理计划等专项工作的实施对净资本等各项风控指标的影响进行专项压力测试，测试结果均显示各项风险控制指标符合监管要求，抵御市场的风险能力较强。公司 2010 年、2011 年、2012 年连续三次获评 A 类券商。

2. 期货公司

河北恒银期货经纪有限公司是河北辖区唯一一家期货法人机构，注册资本 5 000 万元，设有营业部 6 家。截至 2012 年末，公司净资产 4 440. 64 万元，净资本 3 470. 21 万元，代理交易额 2 536. 55 亿元，全年实现营业收入 1 706. 8 万元，同比增长 8. 06%。各项风控指标均符合监管规定。

3. 上市公司

2012 年，河北省上市公司发挥市场优化资源配置作用，主动实施战略性重组，推动优质公司进一步做优做强，推动绩差公司利用重组化解风险，按照风险分类，高风险和次高风险公司占全部上市公司 16.67%，比 2011 年下降 0.72 个百分点。整体盈利能力有所下降，特别是钢铁、房地产、新能源行业受政策影响较大。

四、河北省保险业

2012 年，河北省保险业立足河北省经济发展重点，克服宏观经济放缓、经济下行压力加大的不利因素，保持了总资产额、保费收入等主要指标持续上涨，总体呈现平稳较好发展态势。

（一）总体发展情况

市场主体继续增加，营业网点覆盖较广。2012 年，河北省保险公司省级分公司总数达到 57 家，其中，财产保险省公司 25 家，人身保险省公司 32 家，中资保险省公司 52 家，外资保险省公司 5 家；保险分支机构 4 052 家，较上年增加 143 家，营业网点不断增加。

整体实力不断增强，总资产增速低于全国水平。2012 年末，河北省保险业总资产达到 1 839.62 亿元，全国排名第 6 位，其中，财产保险公司总资产为 109.87 亿元，人身保险公司总资产为 1 729.75亿元，同比分别增长 24.90% 和 15.34%。增速降至 2007 年以来的最低水平，五年来首次低于全国增速。

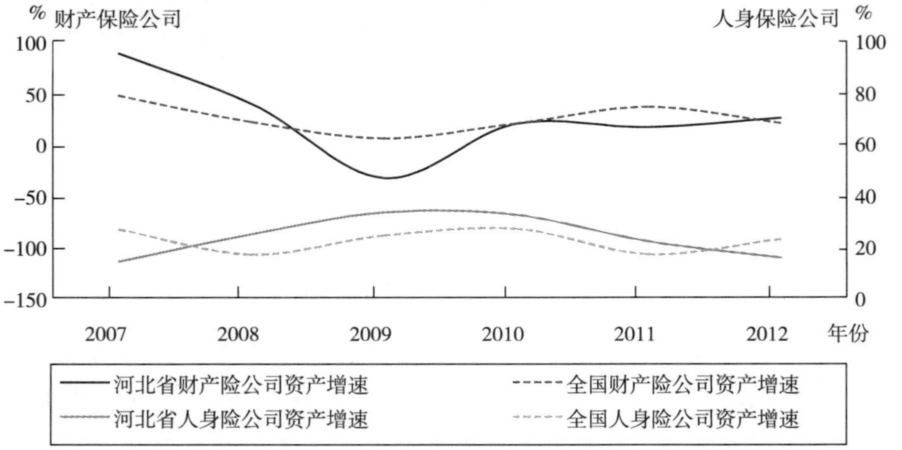

图 4　2007—2012 年河北省保险公司资产增速与全国比较

保费收入增速趋缓，人身保险业务负增长。2012 年，河北省保险业累计实现原保险保费收入 766.16 亿元，同比增长 4.54%，居全国第 9 位。财产保险业务原保险保费收入 258.66 亿元，同比增长 16.03%；人身保险业务原保险保费收入由增转降，共实现 507.50 亿元，同比下降 0.48%。增速较上年同期回落 1.55 个百分点，低于全国增速 3.47 个百分点。

保险密度深度出现"双降"，与全国整体水平差距增大。2012 年，河北省保险深度为 2.88%，初步推算保险密度为 1 054.73 元/人，与全国整体水平的差距进一步增大。保险深度较上年同期下降 0.14 个百分点，降幅高出全国降幅水平 0.08 个百分点；保险密度较上年同期增加 38.66 元/人，增幅低于全国增幅水平 40.93 元/人。

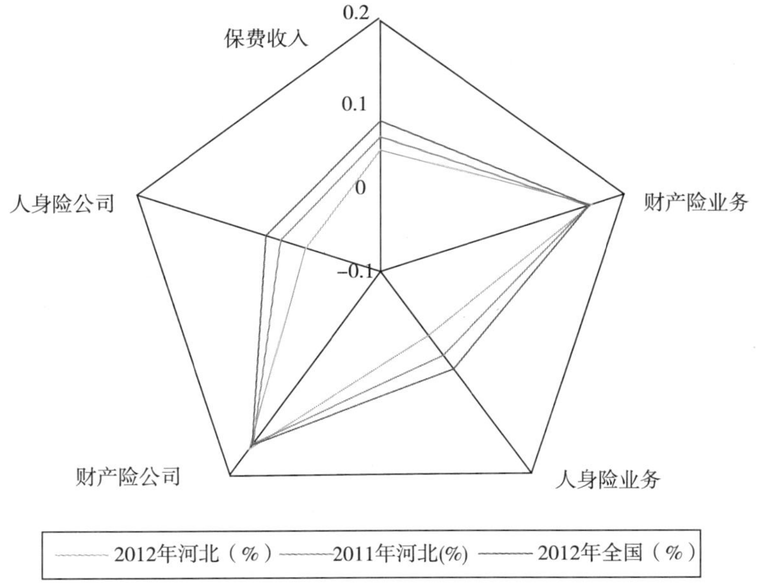

图5 2012年河北省保险业原保险保费收入增速与2011年河北省及2012年全国增速比较

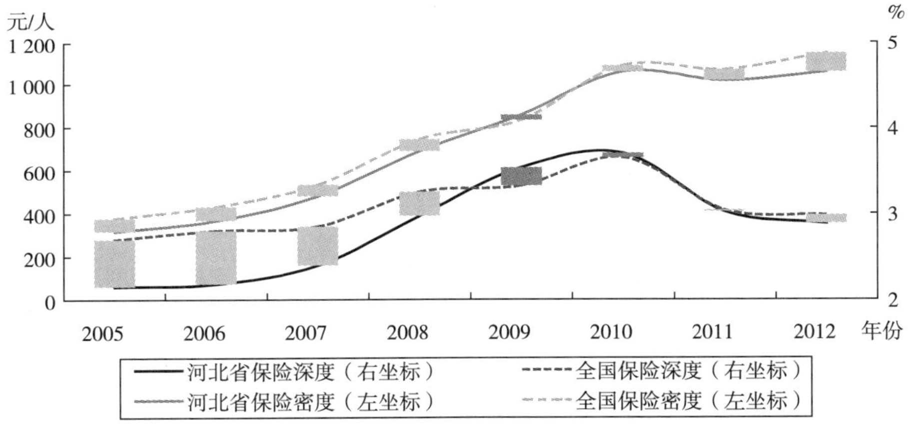

图6 2005—2012年河北省保险深度和保险密度与全国总体情况比较

承担风险总额快速增长，累计赔付支出同比增加。2012年，河北省保险业累计承担风险总额10.43万亿元，同比快速增长32.46%，为近年来最高增速。其中，财产保险业务承担保额5.40万亿元，同比增长25.95%；人身保险业务承担保额5.03万亿元，同比大幅增长40.26%。累计赔付支出223.89亿元，同比增长22.03%。其中，财产保险业务赔款支出133.58亿元，同比增长29.61%；人身保险业务赔付支出90.31亿元，同比增长12.31%。

改革和创新取得成效。2012年，河北省政府与中国保监会签署了战略合作备忘录，双方将以完善区域保险市场体系、支持保险资金运用和推进保险创新为重点，共同协作，着力在河北省构建出主体多元、创新活跃、服务优质、运行稳健的现代保险业，更好地服务河北地区发展与经济战略。深入推进“保险信誉工程”、“保险护城河工程”和“绿色保险工程”，取得实效。扎实开展保险消费者保护工作，实施保监局局长信访接待日制度，在全国首批开通12378保险消费者投诉维权热线；

综合治理车险理赔难和寿险销售误导问题，成效显著。

（二）稳健性评估

与经济发展的协调程度：正在逐步改善。从近几年河北省保险业主要指标增速与河北省当年地区生产总值增速对比来看，保险业总资产及原保险保费收入增速与地区生产总值增速具有较为紧密的联动性，赔付支出和承担风险总额增速与地区生产总值增速关联性相对较弱。辖内保险深度与地区生产总值增速的关联性近几年逐步加强，保险业发展与省内经济发展适应度与协调度得以逐步改善，但尚未完全协调统一，保险市场健康成熟程度还远远不够，保险业综合实力、服务能力、行业地位和社会影响力尚有较大发展空间，可持续发展能力应逐步予以增强。

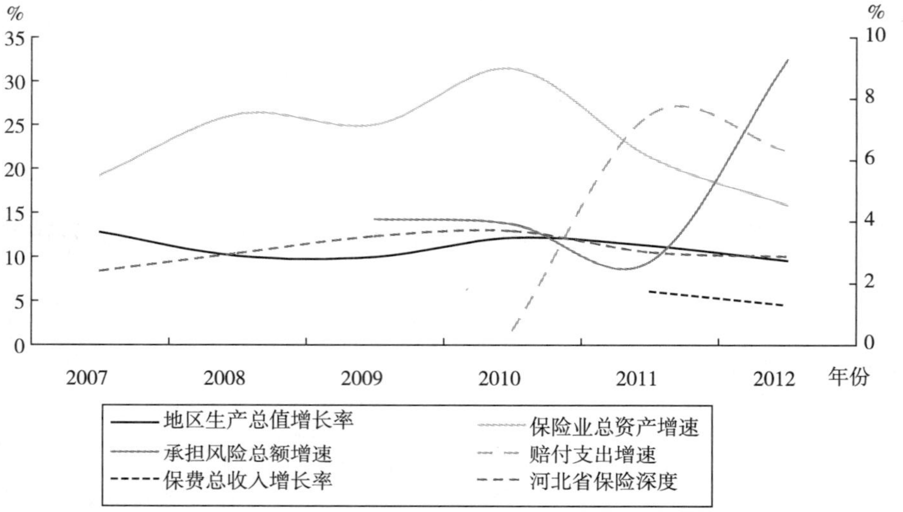

图7 河北省部分保险业运行指标增速与河北省年度地区生产总值增速比较

行业风险：整体运行稳定。2012 年，河北省人身保险公司退保率为 2.51%，低于全国退保率 0.25 个百分点，连续两年好于全国总体水平，远低于 5% 的退保风险警戒线，退保风险基本可控。财产保险公司平均应收保费率 2.22%，同比增长 0.88 个百分点，低于全国平均水平 1.70 个百分点；批减保费率 1.81%，同比增长 0.04 个百分点，低于全国平均水平 2.48 个百分点，风险控制良好。没有发生重大群体性事件和突发事件，未出现非正常集中退保事件，行业整体保持稳定，风险得到有效防范。

市场竞争：主要机构市场集中度下降。2012 年，河北省财产保险公司和人身保险公司 CR4（业务规模前 4 位的公司保费收入总和占全部保费收入的比重）分别为 74.53% 和 71.50%，同比分别下降 3.42 个和 2.58 个百分点，机构市场集中度进一步降低，各机构在市场中的竞争更加充分。

业务结构：险种集中度仍然偏高。2012 年，河北省保险业继续推进业务结构调整，人身保险公司内涵价值高的产品比重上升，保障型产品（普通寿险、意外险和健康险）在人身保险公司保费收入中的占比同比提高 1.47 个百分点，为 16.81%。非车险业务保费收入占财产保险公司保费收入的 16.39%，同比提高 1.82 个百分点。其中，农业保险、保证保险、信用保险、责任保险等关系国计民生的重点险种增长较快，保费收入在财产保险公司保费收入中的占比达到 8.87%，同比提高 2.25 个百分点。但同时，产品集中度过高的局面依然没有根本改变，机动车辆险、分红险仍是财产保险、人身保险发展的主要力量。

营销渠道：均衡协调发展。2012 年，河北省保险公司营销人员达到 17.54 万人，通过保险中介渠道实现保费收入 669.11 亿元，占河北省保费收入总额的 87.33%。营销渠道向着均衡方向协调发展，过度依赖某一渠道的被动营销局面有所改善。

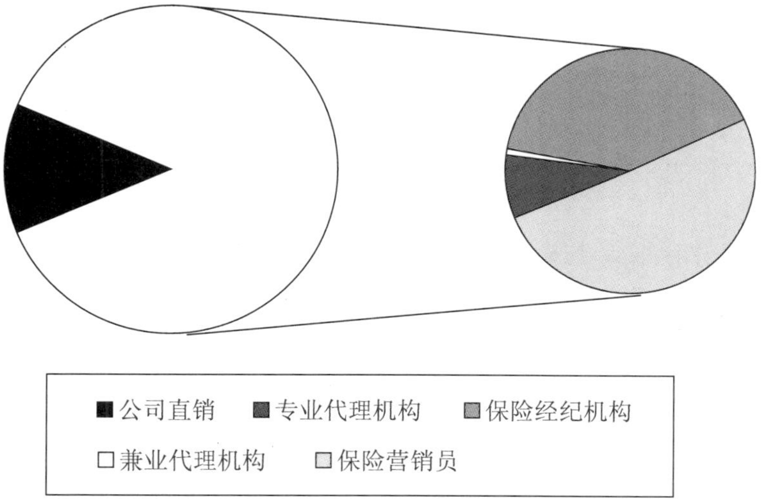

图 8　2012 年河北省各保险营销渠道保费收入在全省总保费收入中占比

中介机构：规模实力不断壮大。截至 2012 年末，河北省有保险专业中介法人机构 108 家，分支机构 600 家；保险兼业代理机构有 12 228 家，基本满足了河北省保险市场的发展需要。保险专业中介机构规模化趋势加速推进，代理保费金额超 1 亿元的机构达到 9 家。保险中介机构改革创新更趋活跃，开始涉足电销及互联网销售业务，尝试以“保险进社区”的方式开展“门店销售”，探索建立新的银保合作体制。车商兼业代理专业化试点积极推进，保险公司投资设立专属保险代理机构得到推广。

盈利能力：财产保险公司效益持续提升面临压力。2012 年，河北省财产保险公司累计实现承保利润 10.91 亿元，各项主要效益指标继续领先全国，但主要停留在单一产品的低水平竞争上，部分财产保险公司进行非理性价格竞争，业绩发展不够稳定。

五、河北省社会金融活动

2012 年，河北省小额贷款公司、融资性担保公司、典当行等机构发展迅速，业务规模快速增长，融资补充功能有效发挥，第三方支付机构刚刚起步，融资渠道进一步拓宽。

小额贷款公司发展速度、经营效益均有所提高，一定程度上支持了县域经济和小型微型企业发展。截至 2012 年末，小额贷款公司总数已达 418 家，覆盖了河北省 11 个设区市，注册资本合计 243.43 亿元，全部是民营资本，从业人员 7 100 余名。2012 年全年累计发放贷款 257 亿元，同比增长 59.20%，实现净利润 15 600 万元，同比增长 80.50%，上缴税金 15 600 万元，同比增长 40.09%。河北省小额贷款公司服务能力不断提高，担保体系取得积极进展，覆盖省、市、县三级的融资性担保体系基本形成。截至 2012 年末，河北省融资性担保机构共 610 家，注册资本金 431 亿元，其中，财政出资的担保机构63家，民营担保机构556家；已经开展担保业务的共323家，累计完成担保业务49 182笔，累计担保总额1 464.08亿元。

典当行业较快发展，对缓解小微企业贷款难发挥了积极作用。截至2012年末，河北省共有典当企业223家，分支机构61家。实收资本47.9亿元，资产总额53.4亿元，负债1.5亿元。2012年全年典当总额261.6亿元，同比增加34.7%；典当余额34.7亿元；营业收入5.2亿元，同比增加36%，营业利润2.0亿元，同比增加33%；从业人数2 889人。

第三方支付机构刚刚起步。截至2012年末，河北省共有3家获得支付许可的预付卡机构，已在河北省备案并设立分公司的非法人支付机构共14家，其中省外9家。2012年，河北省3家预付卡机构支付业务总量达80.44万笔、1.64亿元，同比分别增长28.98%及17.42%。备付金余额为488.75万元，同比下降81.84%。

河北省农民专业合作社迅速发展，较好地促进了当地农业增效、农民增收。截至2012年12月末，河北省在工商行政管理部门登记的农民专业合作社已达3万多家，覆盖了全省近90%的行政村。基本涵盖了种植、畜牧、林业、渔业等各个行业，覆盖范围从本村本乡向跨乡镇、跨县域，甚至向跨省、跨市域拓展。

企业民间融资①规模呈先升后降趋势。人民银行石家庄中心支行对河北省11市204户企业和60家民间融资中介机构每季度开展的问卷调查显示：企业民间融资规模呈先升后降趋势。经测算，2012年第一至第四季度末全省企业民间融资借入资金余额分别为535.6亿元、604.1亿元、584.2亿元和515亿元，企业民间融资借入资金余额占同期金融机构对企业贷款的4.4%、4.61%、4.34%和4%，占全部人民币贷款余额的2.8%、3.1%、2.9%和2.5%。

六、河北省金融生态环境

2012年，河北省各级政府对金融业的重视程度日趋增强，行政环境逐步优化，金融基础设施建设稳步推进，金融生态环境得到持续改善。

行政环境进一步优化。河北省委、省政府不断加强对金融工作的统筹协调，出台相关政策措施，加大对金融发展的支持力度，大力推进金融生态市、县建设，积极营造有利于河北金融产业发展的环境和氛围。良好的行政环境促进地方金融机构进一步发展壮大，为河北省金融组织体系的不断完善提供了有力保障。

金融基础设施不断完善。2012年，河北省征信体系建设稳步推进，支付清算体系安全高效，反假币工作持续深入，反洗钱工作卓有成效，区域信用环境不断优化，为金融生态环境的进一步改善奠定了良好基础。

金融环境进一步净化。金融监管机制不断健全，监管有效性显著增强，金融秩序更加规范。金融监管合作逐步深入，多层次的金融稳定协调机制健康运转，整体合力进一步发挥。金融知识宣传培训和投资者风险教育力度加大，金融消费者维权意识及投资者风险意识不断提高。

---

① 本文涉及的民间融资是指为满足企业生产需要或其他合法目的的融资活动，它是游离于国家正规金融机构、金融市场之外，以资金筹借为主的融资活动，主要包括企业和民间融资中介机构的融资活动。

七、总体评估与政策建议

（一）总体评估

当前，受国内外经济金融形势不确定性的影响，河北省金融稳定整体形势仍然比较复杂，老风险和新问题都将对金融体系的稳健运行产生较大影响，金融领域存在的潜在风险不容忽视。

1. 经济持续稳定增长存在一定压力

经济企稳回升基础尚不稳固，企业生产经营困难依然较大，消化过剩产能和稳定就业之间存在两难选择，潜在风险有积累发展态势。资源要素和区域环境约束加剧，节能减排反弹压力增大，产业结构调整任务艰巨。企业融资渠道狭窄，科技创新能力不足，偿债能力下降可能对经济金融带来连锁反应。生产要素供给趋紧与经济内在扩张需求的矛盾将导致物价上涨的压力依然存在。

2. 金融业稳健发展仍存在薄弱环节

银行业资产质量风险隐患上升。地方政府融资平台贷款集中到期，还款压力加大，偿债风险后移需予以关注；房地产及相关行业贷款信贷质量下降明显，行业潜在违约风险较大；信托贷款、理财产品、票据业务等商业银行表外业务风险难以有效监控，对商业银行管理水平提出挑战。资本市场与经济发展协调程度不匹配。全社会固定资产投资增速与全国水平持平，但证券化率却显著落后于全国 30.2 个百分点；证券期货业经营机构经纪业务收入为主的单一盈利模式仍未改变，盈利持续性和稳定性有待增强；上市公司发展滞后，总市值和流通市值分别仅占全国的 1.52% 和 1.15% 。保险业持续发展存在压力。市场集中度过高局面依然存在，后续增长动力不足；非理性价格竞争加剧，行业经营效益下滑，市场秩序有待进一步规范；保险销售中银保渠道调整难度较大，中介机构创新发展中潜在的问题应予以关注。

3. 社会金融活动中存在的问题不容忽视

融资性担保业发展中存在超比例投资、超比例担保、违规收取保证金等不规范行为，风险隐患较大。个别典当企业违规超范围经营，有的地方非法典当盛行，投资公司、房屋中介等机构也从事典当业务，正规典当企业受到冲击。第三方支付机构资金管理漏洞和风险隐患值得关注。民间融资缺乏有效监管，部分产业资金，甚至银行信贷资金受利益驱动进入民间借贷市场，潜在风险不容忽视。

4. 金融生态环境尚需继续优化

金融基础设施有待进一步完善，征信市场发展较慢，业务范围有待拓宽；支付清算系统对参与者的服务和支持力度有待加强。非法集资等非法金融活动仍然活跃，非法集资手段更加多样和隐蔽，更具欺骗性和传播度，对河北省金融和社会稳定产生了影响和冲击。复杂多变的外部经济金融形势和金融行业的快速发展，使金融监管能力面临新的挑战，对金融监管合作提出新的要求。

（二）政策建议

1. 加快经济结构调整，防范实体经济风险向金融体系传导

一是发挥政策引导作用，推动经济转型升级。在发展方向上，既要瞄准高精尖产业，也要因地制宜发展特色优势产业，合理引导金融机构信贷投放，充分发挥金融在促进经济发展方式加快转变

中的“杠杆”作用。二是加大政策扶持力度，助推经济加快发展。拓宽企业融资渠道，推动扩大直接融资，鼓励优质企业上市融资；研究可持续的市政建设投融资机制，利用市场机制通过资产转让、市政债等形式解决融资平台问题，引导社会资金投入城镇建设。三是密切关注实体经济发展中的薄弱环节和风险隐患，防范企业资金链断裂等实体经济风险向金融体系传导和扩散。

2. 深化金融体系改革创新，促进金融支持实体经济发展

紧紧围绕党的十八大报告中对金融工作提出的“深化改革、完善监管、推进创新、维护稳定”总体要求，在风险可控的前提下，大力推进地方金融改革和创新，有效提升金融业整体实力，提高金融服务实体经济的质量和水平。围绕河北发展战略，继续引导金融资源向重点区域加速聚集，加大对国家重点在建续建项目、“三农”、小微企业、新兴产业、现代服务业等领域的金融支持。大力发展多层次资本市场，加快“新三板”市场、区域性股权市场和公司债、中小企业私募债券等多层次债券市场建设。鼓励保险业机构结合自身优势走差异化发展道路，实现从价格、规模等非理性竞争转向产品、服务和管理质量的理性竞争。建立促进多元融资体系健康发展的正向激励机制，对小额贷款公司和融资性担保公司进行评级，加大对典当行业的政策支持力度，推动微型融资组织良性发展。

3. 强化重点领域风险管控，突出防范系统性、区域性风险

关注地方法人金融机构经营稳健性，督促其加强内控及风险管理，实现可持续发展。合理运用压力测试等手段，加强对政府融资平台、房地产等重点领域和行业的风险预警，推动风险管控关口前移。密切监测具有融资功能的非金融机构、第三方支付机构及民间融资活动发展中出现的不规范行为，增强风险敏感性，防范非正规金融及相关领域风险向金融体系传导。关注交叉性金融业务发展中存在的突出问题，防止风险跨行业、跨市场、跨区域传染。

4. 加强部门协调合作，进一步优化金融生态环境

发挥政府职能作用，通过搭建平台，推动金融与实体经济之间有序、高效对接。不断完善和加强信用环境建设，利用第三方评级、征信系统等平台为投融资环境提供信用保障。继续优化金融司法环境，严厉打击逃废金融债务行为，维护金融机构合法权益。严厉打击高利贷和非法集资、地下钱庄、非法证券等非法金融活动，积极开展投资者教育宣传，建立防范非法金融活动的长效机制。进一步健全金融消费者权益保护机制，维护金融消费者合法权益。加强金融监管能力建设，完善监管规则，不断提升监管有效性。改进和完善金融监管合作机制，推进监管协调工作规范化、常态化，合力维护河北省金融秩序的稳定。

总　　纂：贾广军
统　　稿：李　伟　陈　芳　王丽英
执　　笔：白　倩　杨辉平　孟会娟　李　鹏　林红家
　　　　　杨　冀　靳凤菊　王聿孜
其他参与写作人员：薛秀丽　张皓阳　杜彦尊　苏　烨　肖正午
　　　　　　　　　韩艳霞　谢瑞芬　高宏业　黄艳霞　赵　娜
　　　　　　　　　王治宇

山西省金融稳定报告摘要

2012年，面对复杂严峻的外部经济环境，山西省积极贯彻落实各项宏观调控政策，扎实推进转型综改试验区建设，经济总体平稳发展，各项主要经济指标较快增长。金融业保持平稳健康运行，资产质量整体提升，抗风险能力显著增强，直接融资规模大幅增长，服务和支持经济发展的能力有效提升，实现了经济金融的良性互动，金融法制环境持续改善，支付体系运行良好，征信与社会信用体系建设系统推进，反洗钱监管持续深入，全省金融生态环境持续向好。

一、区域经济运行与金融稳定

2012年是山西省实现转型跨越发展的关键一年，面对复杂多变的国际、国内经济环境，全省经济保持了平稳增长的发展态势，主要经济指标保持较快增长，综改试验区建设稳步推进，为区域金融稳定奠定了基础。

（一）经济持续健康发展

1. 经济增长缓中趋稳

2012年，山西省完成生产总值12 112.8亿元，增长10.1%，增速比上年回落2.9个百分点，高于全国平均水平2.3个百分点。第一、第二、第三产业增加值分别完成697.9亿元、7 009.1亿元和4 405.9亿元，分别增长6.0%、10.9%和9.5%。

2. 经济结构进一步优化

2012年，各项支农惠农政策效应显现，农业生产能力明显提高。粮食生产再创新高，总产量127.4亿公斤，增长6.8%。工业生产增长放缓，全年规模以上工业增加值累计增加6 421.8亿元，增长11.9%，增速较上年同期回落6个百分点。第三产业增速快于上年同期0.9个百分点，三次产业占地区生产总值的比重由2011年的5.8:59.3:35.0变为5.8:57.9:36.4，经济结构进一步趋好。

3. 固定资产投资结构更趋合理，消费拉动经济增长作用增强

2012年，山西省固定资产投资完成9 176.3亿元，增长24.5%；第一、第二、第三产业投资占比分别较上年同期提高0.9个、下降1.6个和提高0.7个百分点，投资结构更趋合理。全年实现社会消费品零售总额4 375.8亿元，增长16%。消费增速与投资增速的差幅由上年的10.5个百分点缩小为8.5个百分点，消费拉动经济增长的作用进一步增强。

4. 财政收入快速增长

全年全省财政总收入完成2 650.4亿元，增长17.2%；一般预算收入完成1 516.4亿元，增长25.0%。一般预算支出完成2 761.5亿元，增长16.6%；教育、文化体育和传媒、医疗卫生、社会保

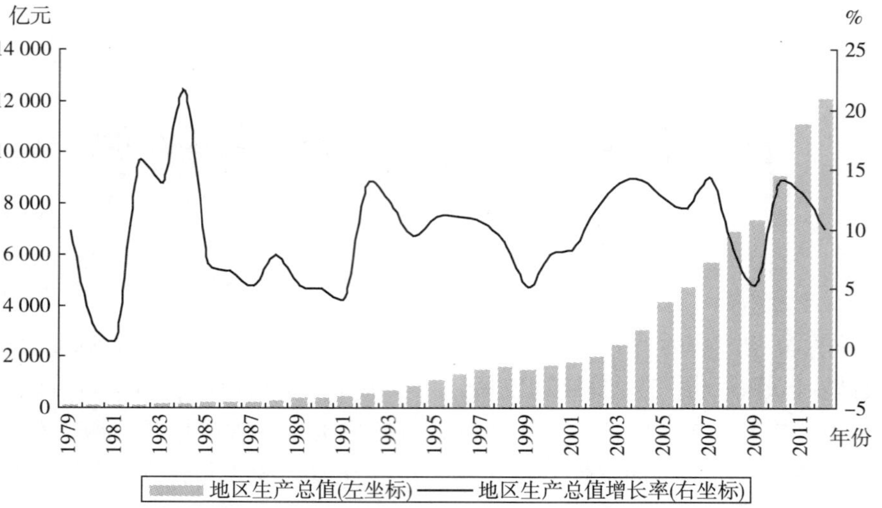

数据来源：山西省统计局相关资料。

图1　山西省生产总值及其增长率

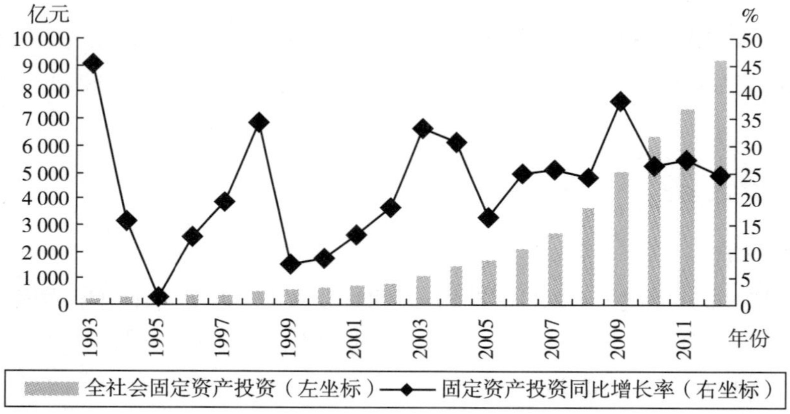

数据来源：山西省统计局相关资料。

图2　山西省固定资产投资及其增长率

障和就业支出分别增长 32.1%、22.3%、12.6%、10.3%。

5. 物价涨幅放缓，民生得到有效改善

全年居民消费价格指数上涨 2.5%，涨幅较上年收窄 2.7 个百分点。城乡居民收入继续增加，2012 年城镇居民人均可支配收入 20 411.7 元，同比增长 12.6%；农民人均纯收入 6 356.6 元，同比增长 13.5%，增幅快于城市居民人均可支配收入 0.9 个百分点。城镇新增就业总体稳定，截至 2012 年末，全省城镇新增就业 51 万人。城乡消费市场协调发展，城镇、乡村消费品零售额分别增长 16.3% 和 14.3%，消费市场增长较快。

6. 对外经济缓慢恢复，逆差缩小

全年全省进出口总额 150.4 亿美元，增长 2.0%。其中，出口总额 70.2 亿美元，增长 29.4%；进口总额 80.3 亿美元，下降 13.9%；进出口逆差额由 2011 年的 39 亿美元下降为 10.1 亿美元。国际收支总额219.1亿美元，同比增长15.9%。其中外汇收入99.8亿美元，同比增长18.0%；外汇支出119.3亿美元、同比增长14.2%，逆差额比上年减少0.4亿美元。

（二）经济运行中需关注的问题

1. 经济增长动力不足，投资对经济增长拉动作用减缓

2012年第一至第四季度，山西省地区生产总值增速分别为10.3%、10.1%、10%和10.1%，经济增速减缓。第三季度以来，消费需求和出口贸易不足，投资拉动经济增长的作用减缓。2012年，全省限额以上企业零售额增速低于同期1.6个百分点，固定资产投资增速较上年回落3.6个百分点，出口占地区生产总值的比重较小且进出口净额为逆差，对经济带动作用不明显。微观层面，企业各项投资指数出现下跌，投资意愿不强。人民银行太原中心支行对全省103家企业问卷调查显示：2012年第四季度，企业固定投资指数和土建工程投资指数分别为6.8%和-8.7%，已连续3个季度下跌；设备投资指数为-2.9%，较上期下降5.8个百分点，已连续4个季度下跌。

2. 支柱工业企业效益下滑

受市场需求不足、产品价格回落、生产成本上升等因素影响，工业企业实现利润增幅下降，企业亏损面扩大，亏损额增幅上升。全年规模以上工业实现利税总额1 576.2亿元，下降19.7%；亏损企业数同比增长21.9%，比上年同期提高16.2个百分点；亏损企业亏损总额同比增长68.8%，比上年同期提高59个百分点。煤炭、冶金、焦炭等主导行业仍然面临产能过剩、供大于求的局面，部分行业和企业亏损严重，效益持续下滑，生产经营困难，中小煤焦企业“三角债”问题显现。

3. 房地产市场交易量价齐升，市场调控面临较大挑战

受推进城镇化政策、刚性需求逐步释放等多重因素影响，山西省房地产市场量价齐升，涨价预期较强。一是交易量大幅上升。2012年，山西省商品房销售面积、商品房销售额分别增长16.6%和31.5%，增幅比上年加快7.8个和24.4个百分点。二是新开工项目储备不足，房地产投资增速回落。2012年，山西省房地产开发企业完成投资1 010.5亿元，同比增长27.9%，增幅比上年回落5.5个百分点。三是太原市新建商品房价格略有回升。太原市2012年新建商品住宅价格同比上涨1%，环比上涨0.6%，前10个月新建商品住宅销售价格相对平稳，11月和12月略有上涨。

二、金融业与金融稳定

2012年，山西省金融业认真贯彻落实国家宏观调控政策，巩固和保持了平稳健康运行的良好态势，社会融资规模快速扩大，服务和支持经济发展的能力有效提升，实现了经济金融的良性互动，但制约金融业稳健发展的因素犹存，需引起关注。

（一）银行业

2012年，山西省银行业经营规模持续扩大，存贷款结构不断优化，资产质量和盈利水平稳步提高，总体呈现稳健发展态势。

1. 银行业运行和发展情况

（1）经营规模稳步扩大，存贷款业务快速发展。截至2012年末，山西省银行业资产总额2.89万亿元，同比增长15.4%；负债总额2.82万亿元，同比增长15.2%。本外币各项存款2.32万亿元，

同比增长 14. 73%，比年初增加 2 982. 5 亿元，同比多增 703. 26 亿元；本外币各项贷款 1. 32 万亿元，同比增长 18. 04%，比年初增加 2 019. 33 亿元，同比多增 492. 27 亿元，存贷款增量均创历史新高；存贷比为 56. 85%，同比提高 1. 60 个百分点。

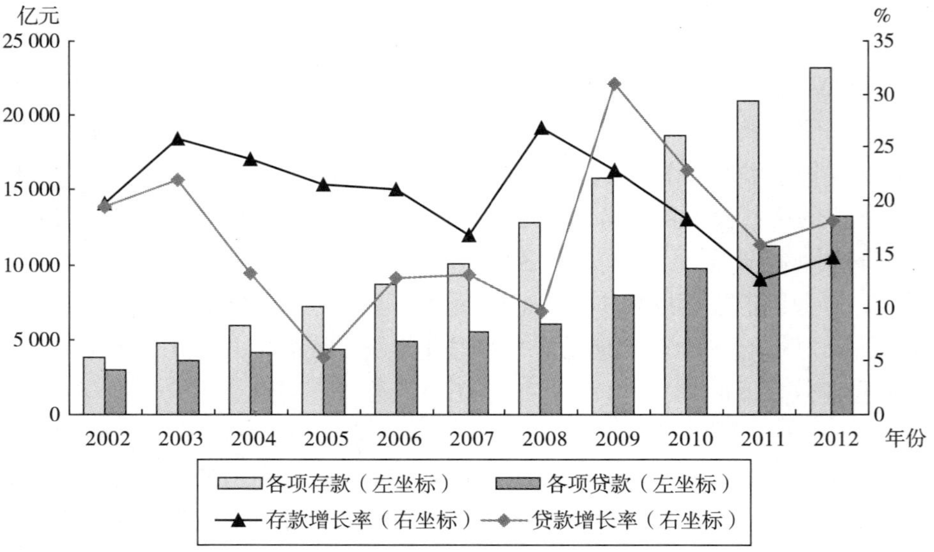

数据来源：人民银行太原中心支行相关资料。

图 3 山西省各类银行业金融机构存贷款余额及其增长率

（2）单位定期存款增长较快，贷款期限结构改善。截至 2012 年末，山西省单位定期存款 2 278. 36亿元，同比增长 28. 99%，新增 512 亿元，同比多增 183. 22 亿元，占单位存款增量的 34. 9%。短期贷款和票据融资增长快于中长期贷款。截至 2012 年末，短期贷款 5 275. 26 亿元，新增 985. 4 亿元，增量占全部新增贷款的 51. 16%；票据融资 733. 08 亿元，新增 204. 95 亿元，增量占全部新增贷款的 10. 59%。

（3）法人机构运行质量持续向好，抗风险能力进一步增强。截至 2012 年末，山西省法人银行业机构资本充足率 11. 25%，核心资本充足率 9. 49%，其中，城商行分别为 15. 93% 和 14. 46%、农村中小金融机构分别为 9. 92% 和 7. 64%；贷款损失准备充足率 96. 12%，比年初提高 1. 72 个百分点；流动性比例为 63. 63%。

（4）不良贷款持续“双降”，盈利水平稳步提高。截至 2012 年末，山西省银行业不良贷款余额 433. 84 亿元，较年初减少 24. 46 亿元；不良贷款率 3. 28%，比年初下降 0. 78 个百分点，连续 9 年保持余额和比率“双降”；账面利润总额 348 亿元，同比增长 27. 07%。

2. 银行业稳健性评估

（1）资产质量整体提升，部分机构不良贷款反弹压力加大。截至 2012 年末，山西省 5 家国有商业银行、8 家股份制商业银行和 6 家城市商业银行不良贷款和不良贷款率均实现“双降”，同时，农村中小金融机构和 2 家股份制银行不良贷款余额增加，不良贷款反弹压力加大。

（2）部分业务快速发展，风险管理较为薄弱。2012 年，山西省银行票据业务保持高位运行，业务风险有所上升。截至 2012 年末，承兑汇票、贴现及买断式转贴现余额分别同比增长 38. 23% 和 38. 81%。部分银行票据业务授权管理不严格，业务风险有所显现。同时，跨市场、跨机构业务合作

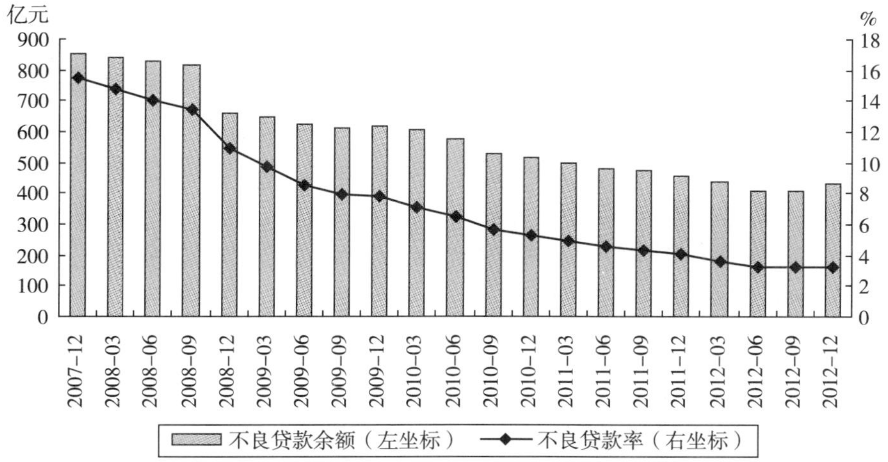

数据来源：山西银监局相关资料。

图4　山西省银行业金融机构不良贷款情况

的风险隐患较大，银信、银银、银证、银保、银担合作特别是理财等业务快速发展，但风险管理明显滞后。

（3）矿产资源信托发展迅速，兑付风险不容忽视。2012 年，山西省矿产资源信托上半年发展迅速，下半年急转直下。截至 2012 年 6 月末，矿产资源信托融资规模 49.11 亿元，在所有地区分布中名列第二位，全国占比 15.59%；下半年受煤炭市场不振和中诚信托事件影响，矿产资源信托急转直下，发行规模很小。同时，矿产资源信托存量较高，2011 年矿产资源信托融资规模 201.12 亿元，占全国同期的 41.79%，信托产品平均期限为 1.5～2 年，集中到期或因风险事件引发的兑付风险不容忽视。

（4）银行间债券市场参与主体增多，内部管理有待提升。截至 2012 年末，山西省加入银行间债券市场的金融机构为 60 家，较上年增加 10 家，市场交易量持续上升，累计成交 2.23 万亿元，同比上升 6.26%，银行间市场成为金融机构调节流动性的重要方式。但同时，金融机构尤其是农村金融机构市场专业人才不足，内部管理能力有待进一步提升。

（5）利率市场化步伐加快，商业银行业务调整压力加大。2012 年，央行两次下调存贷款基准利率，同时扩大利率浮动区间。执行中，山西省商业银行存款利率不降反升，而贷款利率上调幅度有限，实际存贷利差缩小，以利差收入为主的盈利模式受到挑战，业务调整压力加大，风险定价能力有待提升。

（6）具有融资功能的非金融机构发展迅速，相关风险需密切关注。截至 2012 年末，山西省共有小额贷款公司 522 家，贷款余额 247 亿元；融资性担保公司 223 家，担保余额 194 亿元；典当行 187 家，典当总额 19 亿元。积极支持了“三农”和小微型企业发展，发挥了社会投融资功能，但内部管理较为薄弱，风险管理能力较差，外部监管有限，违规行为时有发生，加之与正规金融体系联系紧密，自身风险及其对正规金融体系的渗透不容忽视。

（二）证券期货业

2012 年，山西省证券期货业总体经营稳健，资本市场平稳健康发展，上市公司退市风险逐步化解，政策支持力度加大。但是，受经济趋缓及市场因素影响，证券期货业务规模萎缩，转型压力加大，上市公司退市风险隐患仍需关注。

1. 证券期货业运行和发展情况

（1）证券期货营业机构稳步增加，网点覆盖面不断扩大。截至2012年末，山西省共有2家法人证券公司，3家证券分公司，123家证券营业部，其中法人证券公司营业部73家，比上年增加8家，异地证券公司营业部50家，与上年持平；共有4家期货公司，28家期货营业部，3家期货交割库和31家IB证券营业部，比上年新增2家期货营业部。

（2）证券期货业务规模萎缩，期货公司利润实现增长。截至2012年末，2家法人证券公司总资产143.47亿元，同比下降1.59%；总负债76.12亿元，同比下降4.83%；期货公司资产总额14.02亿元，同比下降2.97%；手续费收入1.76亿元，同比下降4.82%，因交易所返还佣金，利润总额1 323.96万元，比上年同期增长109%，实现较大幅度增长。

（3）直接融资方式多样，融资规模实现较大突破。2012年，全省直接融资近1 000亿元，其中，非公开发行股票再融资52.61亿元；债券融资881亿元，其中企业债融资103亿元、中期票据融资90亿元、短期融资券融资80亿元、非公开定向融资工具融资397亿元、公司债融资146亿元、地方政府债券融资65亿元；资产证券化融资53.5亿元；创投基金、股权融资等其他方式融资10.44亿元。

（4）上市公司平稳发展，再融资规模大幅增长。截至2012年末，山西省共有A股上市公司34家，与上年持平，其中主板29家，中小板3家，创业板2家；总股本495.22亿股，流通股本467.60亿股；总市值（含限售）4 502.89亿元，流通市值4 349.78亿元，总市值在全国排第9位，在中部六省排第1位。2012年上市公司再融资198.61亿元，同比增长27.26%，其中增发52.61亿元，公司债146亿元。

（5）上市公司并购重组有序推进，ST公司重整激活实现突破。2012年，＊ST漳电、＊ST关铝、＊ST太工、ST东碳、永泰能源、山西证券和＊ST宏盛涉及并购重组，拟重组规模196.01亿元。其中，＊ST漳电、＊ST关铝、＊ST太工3家公司并购重组取得实质进展，涉及金额74.72亿元，并涉及拟配套融资10.24亿元。并购重组加快，公司持续经营和盈利能力问题得到解决，上市公司退市风险逐步化解。

2. 证券期货业稳健性评估

（1）证券公司总体经营稳健，抗风险能力较强。截至2012年末，2家法人证券公司净资产67.35亿元，净资本48.91亿元，均比上年有所增加；净资本/净资产、净资本/负债、净资产/负债连续三年保持平稳，高于40%、8%、20%的监管标准，流动性充足，负债水平较低，抵御风险能力较强。

表1　　山西省法人证券公司经营及风控指标情况　　单位：亿元、%

项目	2010年	2011年	2012年
资产总额	205.51	145.79	143.47
负债总额	137.54	79.99	76.12
净资产	67.97	65.80	67.35
净资本	52.89	47.73	48.91
营业收入	15.80	11.00	9.32
净利润	5.78	2.49	2.34
净资本/净资产	77.81	72.53	72.62
净资本/负债	38.45	59.67	64.25
净资产/负债	49.42	82.26	88.47

数据来源：山西证监局相关资料。

（2）证券公司利润下滑，业务结构有待改善。2012 年，山西省证券机构实现营业收入同比下降 18.13%，法人证券公司营业收入同比下降 15.29%，净利润同比下降 6.27%。其中，代理买卖证券业务收入占营业收入的 57.03%，低于上年 71.10% 的水平，但仍占绝对比例；资产管理、财务顾问等业务收入规模较小且出现下滑，收入结构仍倚重经纪业务，业务和产品同质化特征明显，专业服务水平有待提升。

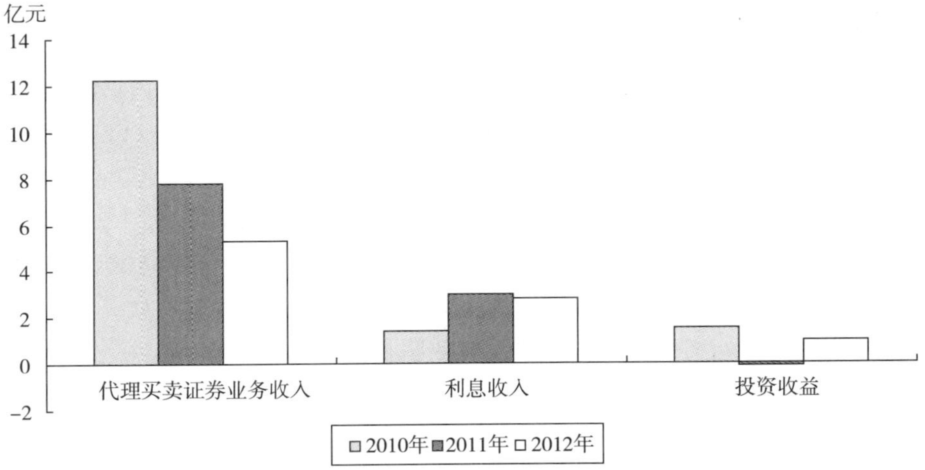

数据来源：山西证监局相关资料。

图 5　山西省法人证券公司收入结构对比

（3）上市公司退市风险有效化解，后续风险仍需关注。随着退市新规的出台，2012 年，山西省面临退市风险的公司有 2 家，通过重大资产重组等方式运作，退市风险得到平稳化解。ST 公司仍有 7 家，超过上市公司总数的 1/5，如果公司持续经营和盈利能力得不到改善，退市风险将加大。公司一旦退市，将会给投资者带来较大的经济损失，极易引发较大规模的群体性事件，相关风险还需关注。

（4）上市公司储备资源不足，资本运作水平不高。截至 2012 年末，山西省共有企业十几万家，规模以上企业近 4 000 家，而实现股份制改制的仅 360 家左右，上市公司后备资源较少，2010—2011 年每年新增 2 ~ 3 家上市公司，2012 年没有新增上市公司。企业现代金融意识不强，融资思路不开阔，加之缺乏私募股权投资基金，大量中小企业、创新型企业和农业龙头企业长期缺乏早期培育和专业指导，难以有效利用和发挥资本市场的作用。

（三）保险业

2012 年，山西省保险业保持平稳健康的发展态势，市场秩序有效规范，消费者权益保护工作有序推进，重点领域业务发展取得新突破，但保费收入增速有所趋缓，业务结构有待优化。

1. 保险业运行和发展情况

（1）保费增速缓中趋稳，赔付支出较快增长。截至 2012 年末，山西省保险业实现原保险保费收入 384.65 亿元，同比增长 5.48%。其中，财产险公司保费收入 131.78 亿元，同比增长 13.1%；人身险公司保费收入 252.87 亿元，同比增长 1.9%。从月度保费增速走势来看，上半年增速呈现波动，7 月降至最低点，8 月以后增速保持在 5% 左右，12 月有小幅上升。赔款和给付支出 119.33 亿元，同比增长 15.25%。其中，财产险公司赔款支出 67.01 亿元，同比增长 24.58%；人身险公司赔款与给付支出 52.31 亿元，同比增长 5.17%。

（2）市场主体建设步伐放缓，准入退出机制不断完善。截至 2012 年末，山西省共有保险法人机构 1 家；省级分公司 42 家，其中财产险公司 23 家，寿险公司 16 家，专业健康险公司 1 家，养老险公司 2 家，新增省级分公司 1 家，地市及以下分支机构 117 家，机构增量较上年同期减少 17.32%。保险中介方面，保险代理法人机构 65 家、保险公估法人机构 4 家、保险经纪分支机构 10 家，保险兼业代理机构 5 321 家。全年依法注销 92 家兼业代理机构、2 家专业代理机构，清退 12 家私设网点。

（3）重点领域业务快速发展，保险保障功能进一步发挥。2012 年，农业保险保费收入同比增长 50.7%；提供风险保障同比增长 49%；赔款支出同比增长 73.21%，受益农户 23.6 万户。责任保险快速发展，保险业联合安监、煤炭部门分别出台《关于在非煤矿山、危险化学品、烟花爆竹等高危行业开展安全生产责任保险试点工作的实施方案（试行）》和《关于推行煤矿安全责任服务保险的指导意见》，推动煤炭安全责任保险发展，启动非煤矿山等高危领域责任保险试点。全年责任保险保费收入同比增长 57.2%，提供风险保障和赔款同比分别增长 60% 和 48%。

（4）险资入晋力度加大，支持重点项目建设成效明显。2012 年，华泰、平安、太平洋等保险机构与山西省有关企业共发行债权投资计划 5 项，其中 4 项已经监管部门备案并实施，累计投资金额 116 亿元，涉及煤炭企业兼并重组整合、铁路等基础设施建设、环保领域。

（5）市场秩序有效规范，消费者权益保护工作取得新进展。2012 年，山西保险监管部门现场检查和处罚力度加大，对 12 家保险公司、4 家中介机构和 16 名责任人进行了处罚，吊销 1 家兼业代理机构许可证，市场秩序得到有效规范。保护消费者权益工作取得新进展，车险理赔难、寿险销售误导等损害消费者利益的问题得到改善，保险服务的质量和社会满意度不断提升。

2. 保险业稳健性评估

（1）保费收入增速较低，业务增长压力加大。2012 年，山西省保费收入增长 5.48%，低于全国 8.01% 的平均水平和全省 10.1% 的经济增速，保费规模在全国排名第 16 位。同时，宏观经济增长下行压力加大，将通过实体经济、金融市场和消费者需求等多种渠道传导至保险业，对业务发展、资金运用和偿付能力等产生多方面的影响，增加了保险市场稳定运行和风险防范的难度与压力。

（2）市场集中度较高，中小保险机构业务发展缓慢。截至 2012 年末，财产险市场共有 23 家公司，其中人保财险 1 家公司市场份额占 45.95%，最大五家公司市场份额占 85.31%，而最小十家仅占 3.17%。人身险市场共有 19 家公司，其中中国人寿 1 家公司市场份额占 39.29%，最大五家市场份额占 84.46%，而最小十家市场份额仅占 5.04%。财产险和人身险市场主体发展不均衡，中小保险机构业务发展缓慢，市场份额占比偏小。

（3）风险保障型险种增势较好，“一险独大”局面仍未根本改变。2012 年，山西省财产险市场非车险保费收入增幅 23.95%，高于车险 10.77% 的增幅，非车险占比同比提高 1.7 个百分点，达 19.42%。人身险市场承保保额与收取保费的比例为 52.2:1，远高于上年同期 38.92:1 的水平。普通寿险新单保费收入同比增长 53.5%，占总保费收入的 12.66%。同时，车险保费收入在财产险保费收入中的占比和分红险保费收入在人身险保费收入中的占比分别为 80.58% 和 79.31%，仍然占据绝对比例。

（4）法人机构偿付能力充足，风险管理能力需持续关注。截至 2012 年末，法人保险机构中煤财险偿付能力充足率为 569.64%，远高于 150% 的监管要求。中煤财险恢复营业两年来，业务发展速度

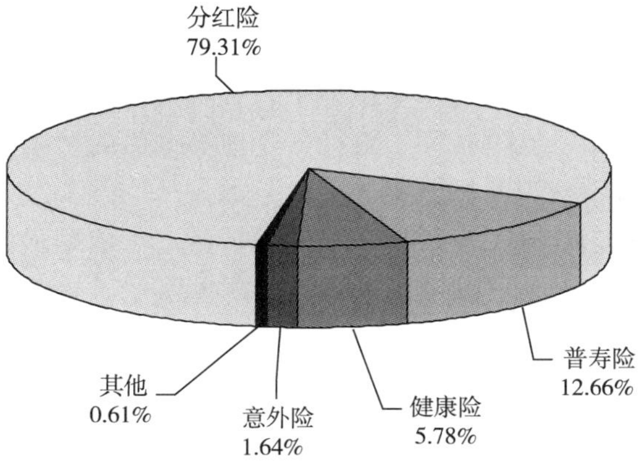

数据来源：山西保监局相关资料。

图6 2012 年山西省寿险主要险种占比

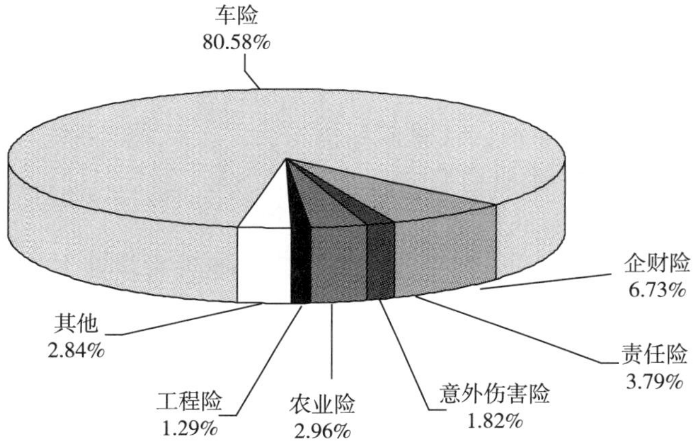

数据来源：山西保监局相关资料。

图7 2012 年山西省财产险主要险种占比

比较缓慢，2012 年实现原保费收入 2. 18 亿元，占全省市场份额的 1. 66%。受业务发展缓慢、未决赔款准备金提取较大、资金投资渠道有限等因素影响，中煤财险持续亏损。中煤财险主要定位于煤炭行业，以服务高危企业、高危行业人群为主，与山西经济实际紧密结合，有广阔的发展前景，但“高危性”也对其业务拓展能力和水平提出了挑战，后续业务发展和风险管理需要持续关注。

三、金融基础设施与金融稳定

2012 年，山西省金融基础设施建设不断稳固和加强，金融法制宣传及重点领域执法活动加强；支付体系平稳高效运行，支付结算环境继续改善；征信体系建设成效显著，社会信用环境不断改善；反洗钱工作深化和创新并重，金融生态环境持续改善。

（一）金融法制环境进一步优化

金融业运行的法制基础进一步夯实。《刑事诉讼法》、《民事诉讼法》、《证券投资基金法》等法律的修订以及《征信业管理条例（草案）》的审议通过，为金融业的持续健康发展创造了更为公平的市场环境。在人民银行太原中心支行的牵头组织下，金融机构采取多种形式面向社会开展了反洗钱、征信、票据管理、反假货币、支付结算、银行卡管理等方面的金融法制宣传活动，社会公众遵守金融法律的自觉性和依法维权意识明显提高。

开展假币违法犯罪重点整治活动，反假货币工作保持常态。依据国务院反假办《关于对假币违法犯罪活动突出县（市、区）进行重点整治的函》，山西省原平、闻喜、孝义三县（市）开展了重点整治工作并取得良好成效。截至2012年末，三县（市）累计收缴假币3 268张、面额30.36万元，有效维护了人民币信誉。全省各级公安部门认真做好涉嫌假币犯罪监控，立案23起，破案14起，收缴假币8 183张、79.0万元；金融机构收缴假币90 683张、825.4万元。

积极推进金融消费者权益保护工作。截至2012年末，全省共有71家人民银行分支机构开展了金融消费者权益保护试点工作，成立金融消费者保护中心22个，共受理消费者投诉、申诉366件，均得到妥善处理，投诉满意度100%。

（二）支付结算环境持续改善

支付系统参与者规模及业务量持续增长。2012年，山西省101家新增机构加入大额实时支付系统、小额批量支付系统、支票影像系统，61家新增机构加入账户管理系统和联网核查系统，19家金融机构加入电子商业汇票系统，11家机构参加同城票据交换。各类支付系统①全年共处理人民币支付业务笔数和金额同比分别增长30.86%和22.44%。

非现金支付工具投放和使用量持续上升。2012年，山西省票据业务笔数和金额同比分别增长3.31%和6.12%；银行卡发卡量同比增长34.70%；全省特约商户、POS机、ATM累计数量同比分别增长104.28%、78.61%和27.10%；农村地区新增助农取款受理终端1.7万台，发展助农取款服务点6.8万个、乡村覆盖率达到100%；银行卡交易66 131.76万元，笔数和金额同比分别增长40.75%和13.31%。

支付服务市场日趋规范。大额支付系统查询查复率达100%的机构由2011年的10家增加到2012年末的18家。非金融机构支付业务监管工作长效机制初步建立，共11家非金融机构提出支付业务许可申请、3家获准行政许可；22家退市非金融机构中，6家停止新增发卡，16家商业企业发卡机构中15家完成退市工作。

（三）征信与社会信用体系建设系统推进

征信系统运行平稳，防范信贷风险和社会服务功能日臻完善。截至2012年末，山西省企业和个人征信系统共为全省21.08万户企业和1 408万自然人建立信用档案，全省金融机构查询企业系统48.5万次、个人系统170万次，系统信息量及查询量均比上年同期有明显上升。金融机构通过查询征信系统拒绝有潜在风险的企业信贷业务申请1 251笔、366.36亿元和个人贷款申请11 256笔、

---

① 包含大额实时支付系统、小额批量支付系统、同城票据清算系统、银行业金融机构行内支付系统、银行卡跨行支付系统和全国支票影像交换系统。

4.47 亿元，累计受理公检法案件查询及审计、保险、海关等部门各类查询 1 722 次。

中小企业和农村信用体系建设有效推进。中小企业信用信息数据库建设以市为单位推进，全年全省累计补充完善中小企业信息 49 902 户。农户、农企信用信息数据库以县（市）为主体建立，全年共评出信用户 262.4 万户、信用村 6 731 个、信用乡（镇）190 个，累计发放支农贷款 1 898.8 亿元、优秀农村青年和大学生“村官”创业支持贷款 44.89 亿元。

信用评级业健康有序发展。积极开展融资性担保行业外部信用评级工作，2012 年评定 37 户；加大对违规评级机构处罚力度，针对辖内 2 家评级公司不遵守收费公约，破坏信用评级市场秩序的行为，责令其停业整顿。

机构信用代码逐步推广应用。2012 年山西省共发放机构信用代码证 37.66 万户，实现银行业金融机构全覆盖，累计开通各类用户 3 400 个。机构信用代码的全面推广，机构主体标识不一、信息整合与共享困难等问题的较好解决，对落实金融账户实名制、开展反洗钱和预防腐败工作具有重要意义。

（四）反洗钱监管不断深入

一是健全制度。出台了《关于进一步加强山西省县（市）人民银行反洗钱工作的指导意见》、《中国人民银行太原中心支行反洗钱现场督导管理办法（试行）》及《山西省金融机构反洗钱宣传长效机制的工作指引》，有效指导、督促反洗钱工作的开展，实现宣传工作的常态化、长效化。二是严格管理。对新设金融机构从反洗钱内控制度、宣传培训、大额和可疑交易系统、客户风险等级划分、交易记录保存等方面进行现场核验、耐心辅导，有效提高从业人员的反洗钱工作技能；规范非金融支付机构服务行为，组织召开非金融支付机构反洗钱工作座谈会，加强政策辅导及风险提示，促进支付服务市场的健康发展；对辖内 91 家金融机构进行了现场检查，针对检查情况召开高管约见座谈会进行风险提示，并对其中 4 家违规机构进行了经济处罚，10 家机构给予警告，责令限期整改。三是综合试点。选取法人机构山西证券股份有限公司进行可疑交易报告的综合试点，指导其建立科学、合理的异常交易筛选指标、客户风险等级划分标准，识别、评估和防范洗钱风险。四是探索创新。组织银行业金融机构应用机构信用代码系统，对机构客户进行身份识别，查询约 44.8 万笔，发现异常或可疑线索 6 笔，有效防范风险。五是作用彰显。全年共接收重点可疑交易线索 37 份，上报总行重点可疑交易报告 6 份，与公安和检察院情报交流 4 份，其中 1 份被公安机关立案侦查；积极配合查办案件 7 起，破获涉嫌洗钱案件、POS 机套现案件、涉嫌诈骗案件各 1 起。

四、总体评估与政策建议

（一）总体评估

参照人民银行上海总部定量评估方案，采用专家调查法、层次分析法等技术方法，对山西省金融稳定状况进行了综合评价。结合山西省经济金融发展对部分指标阈值及标准值计算方法进行修正，在纵向比较中为排除指标权重变化对评价结果的影响，全部采用 2013 年专家调查法的权重进行计算。评估结果表明，2012 年山西省综合得分保持在金融稳定等级评估 B 类良好区间，经济增长以结构调整和质量提升为主要特征，规模性指标对评估结果贡献度降低；对比三年的评估结果，区域经济和金融业基本摆脱了金融危机的严重打击，进入持续稳定发展的通道。总体上区域金融稳定基础稳固、状况良好，但经济增长和转型发展压力仍较大，重点支柱工业企业效益下滑，企业亏损面扩大，亏损额增幅上升；部分银行机构不良贷款反弹压力加大，在利率市场化步伐加快背景下，商业银行业务模式、利率定价能力和风险管控能力亟待改进，票据业务和跨市场、跨机构业务合作，以及具有融资功能的非金融机构和组织发展较快，风险关联性增强，潜在风险不容忽视；资本市场震荡低迷，证券机构业务规模萎缩，盈利状况较差，上市公司储备资源不足，部分上市公司仍存在退市风险；保险业业务增长压力较大，市场集中度较高，结构调整仍需持续推进，保险风险保障功能有待进一步有效发挥。

（二）政策建议

1. 扎实推进转型综改试验区建设，实现经济金融的良性互动

以扩大消费、投资合理增长、大力发展实体经济为基础，促进经济持续健康发展；以改造提升传统产业、培育壮大新兴产业、大力发展服务产业为重点，加快转变经济发展方式；围绕产业转型、生态修复、城乡统筹、民生改善，全面推进转型综改试验区建设。在解决产能过剩问题中寻求新的发展机遇，促进高碳资源低碳发展、黑色煤炭绿色发展，提高企业盈利能力和抗冲击能力，在经济健康持续稳定发展的同时，促进金融业的稳健发展。

2. 深化宏观审慎管理和金融业改革，提升服务实体经济的能力和水平

一是强化货币信贷政策、产业政策、财政政策、土地政策的协调配合，有效指导金融机构资金合理投放。二是有效实施准备金动态调整、逆周期调控政策，避免超风险承受能力盲目扩展。三是加快推进金融业转型发展，实现差异化、特色化、精细化、综合化发展，提高利率定价和风险管控能力。四是在重视业务和产品创新，加大表外业务、跨行业、跨市场发展的同时，筑牢风险隔离墙，防止风险的扩散和蔓延。要严格监管要求，建立机制，加大对交叉性金融业务的检查和监督力度，回归金融服务实体经济的本质。五是完善农业银行“三农”事业部制改革，推进农信社股份制改革和新型农村金融机构的建设，进一步健全农村金融体系，有效落实优惠政策，坚守经营方向，支持中小微企业发展壮大。六是加快证券保险业发展，积极参与综改试验区建设，充分发挥资本市场作用，扩大保险在涉农、环保等领域的覆盖面，在服务实体经济同时，实现自身经营实力和抗风险能力的增强。

3. 准确把握金融业风险防线，强化重点领域的风险防控

结合山西实际，围绕经济发展形势和金融业运行情况，深入研究风险特征，认真分析风险成因、演变规律，把握风险防控的主动权，将守住不发生系统性和区域性金融风险、不发生大案要案和重大单体风险事件的底线作为首要任务。进一步做好风险监测、排查、防范和处置工作，高度警惕、严密布防各种风险，全面提高风险防控能力，尤其要加强对政府融资平台、房地产、产能过剩行业等重点领域，票据、理财、各类跨业合作等重点业务的风险防控，严防民间融资、融资担保、非法集资等外部风险的渗透。

4. 加快制度队伍建设，改善金融生态环境

加大金融执法力度，提高金融机构、其他单位和个人遵守金融法律法规的自觉性，完善金融机构市场退出的配套机制，积极推进金融消费者权益保护工作；加大反假货币宣传的力度、广度和深度，推进城市社区、农村反假货币网络建设；加快对非金融机构支付业务监管、处罚等方面制度和

办法的建立和完善，加大监管人才队伍的培养，在有效防范风险的基础上，有序发展支付业务；创新征信宣传模式，加大对违规评级机构处罚力度，净化评级市场环境；建立健全反洗钱制度，实现宣传工作的常态化，加大对金融机构的现场检查力度，扎实推进反洗钱工作。

总　　纂：赵志华　熊　俊
统　　稿：孟来亮　任桂花
执　　笔：张晓红　吴晋科　李坚强
其他参与写作人员：王　军　武　洋　刘仕俊　苏和平　张小红
薄利华　马　丽　余海霞　刘　飞　马儒静

内蒙古自治区金融稳定报告摘要

2012年，内蒙古自治区经济金融继续保持平稳增长，呈现出经济与金融良好互动的局面。各主要经济指标总量稳步增长，部分指标实现新突破，投资和消费平稳增长，民生支出持续增加，农牧民收入增长加快，物价走势平稳可控。经济的健康稳定发展为金融业发展奠定了良好的基础。银行业各项运营指标保持稳定，资产质量持续好转，抗风险能力不断提高；证券期货业向好发展，业务量稳步增长，盈利能力逐步提升；保险业缓中趋稳，机构数量稳步增加，保费收入继续增长；金融市场融资业务大幅增长，融资工具日渐丰富；金融基础设施建设得到加强，金融服务水平不断提升。整体看，内蒙古金融体系继续保持平稳运行的态势，稳定状况良好。

一、区域经济运行与金融稳定

2012年，内蒙古自治区经济平稳发展，各项指标总量稳步增长，呈现出稳中有进、转型加快、重点突破、物价稳定和民生改善的特点。但同时受国内外经济环境复杂多变的影响，经济下行压力加大，工业企业效益下滑，重点领域、重点行业风险显现。

（一）经济运行基本情况

1. 经济增长平稳回落，人均生产总值取得新突破

2012年，全区实现生产总值15 988.34亿元，居全国第15位；增长11.7%[①]，增速回落2.6个百分点，但高于全国平均增速3.9个百分点，居全国第13位。人均生产总值10 189美元[②]（64 319元），首次超越1万美元，超全国平均水平近4 000美元，增长11.3%。

2. 产业结构继续调整，三次产业稳步发展

2012年，全区实现第一产业增加值1 447.43亿元，增长5.8%；第二产业增加值9 032.47亿元，增长14%；第三产业增加值5 508.44亿元，增长9.4%。三次产业结构由上年的9.1:56:34.9调整为9.1:56.5:34.4。

农牧业产量创新高，农业机械化水平不断提高。2012年，内蒙古粮食产量达505.7亿斤，首次突破500亿斤大关，创历史新高，居全国第10位，是全国13个粮食主产区之一。主要畜产品产量稳定增长。全区羊肉和牛肉产量分别为88.6万吨和51.2万吨，分别增长1.6%和3%；牛奶产量910.2万吨，增长0.2%。农业机械化水平不断提高，综合机械化水平达73%，提高2.4个百分点，为近10年来最高水平。

---

① 按可比价格计算。

② 按年均汇率折算。

工业结构进一步优化，民营经济和中小企业扶持力度加大。2012 年，全区规模以上工业增加值增长 14.8%，高于全国平均增速 4.8 个百分点；实现利润 1 754.23 亿元，增长 4%，增速回落 46.8 个百分点。化工和有色产业实现快速发展，分别增长 17.7% 和 20.8%。能源和钢铁等传统产业增速放缓，能源工业增长 14.4%，增速回落 5.5 个百分点；钢铁工业增长 8.5%，增速回落 11.3 个百分点。针对民营经济和中小企业发展，自治区在政策和资金上都给予大量支持，制定出台了促进民间投资和小微企业健康发展的 59 条政策措施，筹集中小企业发展专项资金 3.6 亿元、资助近 400 个项目，全区近 61% 的贷款投向中小企业，这些举措有力地促进了民营经济和中小企业发展。2012 年，私营工业企业增加值增长 21.3%，高于国有企业增速 10.1 个百分点；中小企业对工业增长的贡献率达到 75.5%。

服务业平稳发展。2012 年，服务业对经济增长贡献率达 28.6%。交通运输业平稳增长，完成货运量 19.4 亿吨，增长 12.5%；旅游业蓬勃发展，接待旅游人数和旅游业总收入增速连续 5 年保持在 20% 以上。

3. 固定资产投资持续增长，保障房建设任务超额完成

2012 年，全区 50 万元以上项目固定资产投资额完成 12 986.04 亿元，增长 20.4%，增速回落 1.1 个百分点。从产业看，第一产业完成投资 637.91 亿元，增长 33.7%；第二产业完成投资 6 526.27亿元，增长 26.6%，其中，工业完成投资 6 410.48 亿元，增长 27.3%；第三产业完成投资 5 821.85 亿元，增长 13%。项目个数稳步增加。全年施工项目数 17 560 个，增加 2 215 个；全年新开工项目数 14 023 个，增加 1 613 个；全年投产项目数 13 567 个，增加 2 032 个。

保障房建设任务超额完成。2012 年，全区新开工各类保障性住房 29.3 万套，超额完成国家下达的目标任务 1.5 万多套；已基本建成 13.8 万套，超额完成 8 000 套，完成投资 480 亿元，对解决困难群体住房难问题起到了积极作用。

4. 内需市场平稳增长，外需市场有所下滑

2012 年，全区社会消费品零售总额完成 4 534.55 亿元，增长 14.9%，增速回落 3.1 个百分点，高于全国平均增速 0.6 个百分点。乡村市场销售增长好于城镇市场。乡村实现社会消费品零售额 566.56 亿元，占全部消费品零售总额的 12.5%，增长 16.7%，增速高于城镇市场 2.1 个百分点。

受全球经济低迷、回升缓慢的影响，全区对外贸易有所下滑，贸易逆差继续扩大。2012 年，全区海关进出口总值 112.57 亿美元，下降 4.9%，增速回落 41.8 个百分点。其中，出口总值 39.7 亿美元，下降 15.3%；进口总值 72.86 亿美元，增长 1.9%；贸易逆差 33.16 亿美元，扩大 7.51 亿美元。从贸易方式看，边境小额贸易进出口总额 43.66 亿美元，占全区贸易总额的 38.78%。从贸易对象看，全区对外贸易的主要贸易国仍是蒙古国和俄罗斯，贸易额合计 59.84 亿美元，占全区总贸易额的 53.2%。从商品类别看，出口最多的商品是普通钢材，达 2.24 亿美元；进口最多的商品是煤，达 17.54 亿美元。

5. 财政收入稳步增长，民生支出持续增加

2012 年，全区地方财政总收入完成 2 497.28 亿元，增长 10.4%；其中，公共财政预算收入完成 1 552.75 亿元，增长 14.5%。全区公共财政预算支出达 3 429.41 亿元，增长 14.7%，其中，用于教育、医疗卫生、社会保障和就业等民生方面支出增长 16.1%，高于公共财政预算支出增幅。另外，2012 年全区财政补贴资金“一卡通”发放达到 201.2 亿元，覆盖 447 万户城乡居民；发放额增加 56.9 亿元，增长 39.4%。

6. 农牧民收入增长加快，居民消费价格温和上涨

2012 年，全区城镇居民人均可支配收入达 23 150 元，增长 9.8%[①]。农牧民人均纯收入达 7 611 元，增长 11.8%，高于城镇居民收入增速 2 个百分点，高于全区生产总值增速 0.1 个百分点，不仅超过了城镇居民收入增速，而且“跑赢”了地区生产总值增速。

全区居民消费价格上涨 3.1%，控制在预期目标之内。从城乡看，城市上涨 3.3%，农村牧区上涨 2.5%。从商品或服务类别看，八大类别中仅有交通和通信价格下降，下降 0.3%；食品价格上涨 5.8%；居住价格上涨 2.4%，其中房租特别是城市房租价格上涨较快。从工业生产者角度看，工业生产者购进价格上涨 2%，出厂价格下降 3%。

（二）经济运行中仍存在不利于金融稳定的因素

1. 整体经济环境仍较为复杂，经济下行压力加大

受国际经济形势和国内宏观环境变化的影响，内蒙古经济增长放缓，各主要经济指标增速明显回落，其中规模以上工业企业利润总额和外贸进出口总额大幅回调，经济下行压力加大。经济环境的变化给金融机构的稳健运营带来新的挑战，风险防控难度加大，不确定性因素增多。同时也使金融机构发放贷款更为谨慎，实体经济资金供应较为紧张。

2. 地方政府债务不够规范、透明，系统性财政金融风险进一步累积

地方政府债务不够规范透明主要表现在三个方面：一是举债主体多元化。目前，除财政部门管理一部分政府性债务外，大量债务由政府融资平台公司或其他部门举借，难以全面、准确地掌握债务的整体运行情况和实施统一管理。二是部分债务不透明。主要是地方融资平台债务和其他负有担保责任的或有债务，这些债务长期游离于监管之外，具有较强的隐蔽性。三是举债信息不透明。地方政府的负债水平、还款能力、偿债资金安排计划特别是政府债务资金使用情况等重要信息不对外公布，外部监督乏力。

据不完全统计，2012 年末，地方政府债务 1 955 亿元，增长 12.6%，其中地方政府融资平台贷款 1 869.78 亿元，增长 11.54%；地方政府债券 85 亿元，增长 41.7%，仅这两项债务已占地方财政收入的 78%，比公共财政预算收入多 402 亿元，未来偿债存在一定风险，一旦偿还出现困难，财政风险就会转向金融机构，容易引发系统性金融风险。

3. 工业企业整体经营效益下降，民营企业资金链断裂风险显现

受市场需求下行、主要工业品价格下降等因素影响，全区工业企业效益偏差，利润增长偏低。从企业规模看，大企业利润持续下降，下降 5.8%[②]；从亏损额看，全区亏损企业亏损额 162.42 亿元，增长 90.9%，高于上年同期 80 多个百分点；从亏损面上看，在全区 4 318 户规模以上企业中，亏损企业有 930 户，亏损面为 21.5%。

同时，民营企业虽然在政策和资金上得到大力支持，取得较快发展，但仍有部分企业经营困难，资金紧张，存在资金链断裂风险。

4. 房地产市场投资和销售下滑，行业风险传染性增强

在经济增长放缓、国家宏观调控等因素的影响下，全区房地产市场整体趋冷，房地产投资及销售下滑，去库存压力较大。2012 年，全区房地产开发完成投资 1 291.44 亿元，下降 21.7%；商品房

---

① 城镇居民人均可支配收入和农牧民人均纯收入增速已扣除价格因素。

② 企业利润和亏损数据都是 2012 年 1 月至 11 月数据，数据来源于内蒙古自治区统计局相关资料。

销售面积下降30.3%，商品房销售额下降24.8%；可售面积增长37.67%，库存大幅增加。房地产市场的低迷，造成企业资金回笼困难，资产负债率较高，部分企业出现资金链断裂。同时，与房地产直接相关的行业及上下游产业的生产、销售均受到较大影响。

房地产市场风险的传染性也在增强。一方面对金融机构资产质量的影响加大，房地产业关注类贷款和损失类贷款增长较快，关注类贷款增长35.14%，损失类贷款增长1倍；另一方面，房地产市场与民间融资市场风险相互交织，目前民间融资市场趋冷，对房地产造成的冲击仍在持续，一旦出现较大风险，会影响到整个地区经济的长远发展和社会稳定。

（三）政策建议

1. 继续优化信贷投放结构，有力支持实体经济发展

充分发挥信贷政策的产业结构调整作用，协调各金融机构推动结构优化升级。继续加大对中小企业、“三农三牧”的支持力度，确保其贷款总量不低于上年、贷款增速不低于全部贷款增速。继续加大对保障和改善民生领域的支持力度，重点支持民生工程建设，如保障性安居工程建设。引导金融机构适当放宽扶贫贴息贷款条件，扩大扶贫贴息贷款规模，加大对贫困落后地区信贷支持力度。

2. 大力发展非公有制经济，引导民间投资健康发展

进一步贯彻落实中央和地方鼓励民间投资的一系列政策措施，全面清理和取消歧视性、限制性政策规定，最大限度降低准入门槛。引导民间资本进入实体经济领域，投资到生态、基础设施、公益事业、战略新兴产业、现代服务业等领域。对适合民间投资、成熟度高的中小项目，做好项目推介和对接工作，减轻民间资本投入的成本负担和风险。

3. 加强风险监测，提高突发性风险应对能力

相关部门应加强对重点地区、重点行业和重点领域的风险监测和排查，对可能导致区域性金融风险的事件及时进行风险提示。加强联系与沟通，及时商讨有关维护地区经济秩序与金融安全的政策措施。提高主动防范应对意识，建立突发性经济金融风险预警机制和应急预案，必要时组织开展应急演练，提高快速反应处置能力。

二、银行业与金融稳定

2012年面对严峻复杂的经济形势，全区银行业金融机构积极贯彻落实国家和地方宏观调控政策，坚持以创新提升金融支持实体经济的能力，不断改进金融服务，优化信贷结构，各项运营指标保持稳定，抗风险能力不断提高。

（一）银行业总体运行情况

1. 机构数量稳步增加，资产负债规模稳步扩大

2012年，全区银行业金融机构及营业网点5 234个，从业人员95 101人。其中，各类银行业法人金融机构共有161家，新增9家。2012年末，全区银行业金融机构资产总额为18 813亿元，增长15.83%；负债总额为17 981.93亿元，增长14.85%。人民币各项存款余额13 612.72亿元，增长12.84%，增速下降4.56个百分点，低于全国同期0.53个百分点，增速居全国第27位，西部第12位；各项贷款余额11 284亿元，增长16%，增速比去年同期下降7.63个百分点，高于全国同期

1.04个百分点，增幅居全国第16位，西部第10位。新增人民币存款1 549亿元，居全国第27位；新增人民币贷款1 542亿元，居全国第16位。

2. 盈利水平保持平稳增长

2012年，受到利率市场化推进及中间业务收入比率下滑的影响，全区银行业利润增长面临较大压力，增速明显放缓。2012年末，全区银行业金融机构中间业务收入比率为7.92%，下降1.85个百分点；成本收入比率35.63%，下降2.28个百分点；资产利润率1.91%，上升0.11个百分点；实现税后利润334.64亿元，增长26.12%，增速下降10.44个百分点。

3. 银行贷款增长放缓，涉农贷款和中小微企业贷款稳步增长

2012年，全区银行业金融机构累计投放贷款7 235.09亿元。1－10月，人民币各项贷款增速均在20%以上，后两个月增速明显回落。中小微企业、农牧区经济得到信贷的大力支持。2012年末，涉农贷款余额3 967.08亿元，增长26.82%，高于人民币各项贷款增速10.86个百分点；中小微企业贷款余额4 545.92亿元，增长23.08%，高于人民币各项贷款增速7.11个百分点。

4. 地方法人银行金融机构积极支持地方经济发展

2012年，全区地方法人银行金融机构支持地方经济发展的力度继续增强。全区地方法人银行金融机构新增人民币存款469.99亿元，占全部新增额的30.33%，占比下降14.42个百分点；新增人民币贷款424.92亿元，占全部新增额的27.56%，占比上升3.33个百分点。

（二）银行业稳健性评估

1. 资产质量好于预期，但不良贷款存在被低估风险

截至2012年末，全区银行业金融机构不良贷款余额为183.49亿元，比年初减少0.52亿元，下降0.28%；不良贷款率为1.59%，下降0.26个百分点。尽管目前全区不良贷款情况好于预期，但仍然存在以下潜在风险：一是部分金融机构的不良贷款可能存在被低估。2012年末，全区农村金融机构、股份制商业银行和城市商业银行的逾期90天以上贷款与不良贷款的比例分别为134.67%、109.17%和108.34%，分别比上年同期上升39.15个百分点、42.88个百分点和－5.08个百分点。逾期90天以上贷款与不良贷款的比例高于100%，表明这些金融机构贷款风险分类出现偏离。结合全区关注类贷款占比连续4个月上升的异常表现，可以看出全区整体的不良贷款存在被低估的风险。二是不良贷款具有趋势性上升的压力。近几年，得益于全区经济的飞速发展和银行业金融机构快速扩张，全区金融机构的不良贷款率一直处于下降态势。但随着全区经济增速、信贷增速的放缓及房地产市场调控更趋严厉，不良贷款出现反弹可能性较大。

2. 法人机构运行平稳，各项指标总体向好

全区银行业地方法人金融机构流动性相对宽松，资本充足指标超过监管要求且基本稳定。2012年末，全区银行业法人金融机构流动性比例为50.54%，上升4.31个百分点；全区地方法人银行机构平均存贷比为55.02%，上升0.22个百分点，低于75%的监管阈值，流动性较为充裕。全区银行业地方法人金融机构整体资本充足率为15.72%，上升1.79个百分点；整体核心资本充足率为15.42%，上升1.75个百分点；资本净额568.42亿元，新增135.6亿元，增长31.33%。其中，城市商业银行和农村合作金融机构的资本充足率分别为16.68%和13.77%，核心资本充足率分别为16.03%和13.06%。全区银行业地方法人金融机构资产利润率为1.7%，下降0.1个百分点，但远高于0.6%的监管要求。

3. 贷款利率小幅下行，金融机构定价能力增强

2012 年，全区金融机构贷款加权平均利率为 9. 27%，略降 0. 02 个百分点。金融机构执行上浮利率贷款占比为 71. 40%，上升 4. 2 个百分点；基准利率贷款占比为 26. 40%，上升 0. 60 个百分点；下浮利率贷款占比为 2. 20%，下降 4. 90 个百分点。金融机构定价能力的提升，一方面与银行综合考虑成本、收益及利率定价的精细化、差异化程度进一步提高有关，另一方面与金融机构提升中小企业贷款占比有关。2012 年末，全区中小微企业人民币贷款占全部企业贷款的 60. 70%，上升 1. 67 个百分点。

4. 农村金融机构产权改革稳步推进

2012 年，随着农村金融机构产权制度改革不断推进，全区农村商业银行数量不断增加，年内新组建农村商业银行 4 家，其中农村信用社改制农村商业银行 2 家，农村合作银行改制农村商业银行 2 家。全区农村信用社通过市场定价、溢价发行增扩股金 30 亿元，增扩股金溢价部分达 22. 3 亿元，其中用于增加资本公积 16. 9 亿元，用于消化不良贷款 5. 4 亿元，农村金融机构资本充足状况明显改善。2012 年末，农村金融核心资本充足率与资本充足率分别为 14. 81% 和 14. 74%，分别上升 2. 07 个和 1. 98 个百分点。

5. 融资平台贷款总体运行平稳，但潜在风险不容忽视

截至 2012 年末，全区地方政府融资平台贷款余额总计 1 869. 78 亿元，增长 11. 54%，增速上升 7. 17 个百分点。全区地方政府融资平台不良贷款余额和不良贷款率呈现第一、第二季度迅速升高，第三、第四季度迅速回落的态势。截至 2012 年末，全区地方政府融资平台不良贷款余额总计 7. 91 亿元，减少 0. 26 亿元。不良贷款率为 0. 42%，下降 0. 04 个百分点。总体而言，全区地方政府融资平台不良贷款尚处于一个较为平稳的阶段，但抵押物风险和集中还款问题仍然不容忽视。目前地方政府融资平台贷款不良率虽未显著上升，但由于地方政府财政收入增速下滑及民生支出压力增加，可能会出现还款意愿和还款能力下降的情况。

6. 房地产贷款占比逐年上升，潜在行业风险值得警惕

截至 2012 年末，全区房地产贷款余额 1 890. 73 亿元，增长 18. 49%，占全区各项贷款的 16. 41%，占比上升 0. 32 个百分点。如果考虑政府融资平台贷款中涉及的房地产贷款，以及各项贷款中以房地产作为第二还款来源的贷款，全区房地产贷款占各项贷款的比例还要偏大，这进一步加剧了房地产行业的风险集中度。若房地产进入下行周期，不仅房地产贷款损失风险加大，而且其作为第二还款来源，对其他行业的保障能力也将下降。

7. 影子银行快速发展，隐含的风险不容忽视

近年来影子银行扩张较快，参与主体较多，其资金与传统银行体系和实体经济高度关联，且游离于监管之外，杠杆率和流动性风险较高，信息不透明，各种投机及违规行为普遍存在。一是影子银行体系的快速扩张，增加了实体经济融资总量，改变了市场资金结构和流向，且资金投向房地产、融资平台等领域，在一定程度上影响了国家宏观调控效果。二是影子银行体系参与主体众多，其资金来源与传统银行体系高度关联，资金运用大量投向资本市场、投机性的交易活动及实体经济部门，大大提高了整体金融体系的关联度，潜在系统性风险值得关注。三是部分影子银行机构和业务内在脆弱性凸显，防止风险向银行体系传导成为关注的焦点。大量具有融资功能的中介机构快速扩张，违规经营现象较为普遍。银行理财业务、信托业务监管深度不足，特别是理财产品建立的资金池和银行代销第三方理财产品等受到业界高度关注。2012 年，民间借贷市场活跃度呈现下降趋势，但民

间借贷主体及其业务所带来的债务风险问题仍在继续发酵。

（三）政策建议

1. 建立动态资本补充和拨备机制，提升银行业稳健性标准

银行业应根据自身风险特征和运营复杂程度建立完善的资本评估程序，确保资本能够充分覆盖其所面临的各种风险。结合《巴塞尔Ⅲ》监管理念和措施，建立动态拨备机制，强化核心资本要求；进一步完善流动性监管框架，逐步建立流动性监管和管理体系。

2. 积极推进地方法人金融机构产权改革，逐步提升经营管理水平

随着农村金融机构股权改制工作的积极推进，截至2012年末，全区共有8家农商行，农信社增资扩股也取得了积极进展，鉴于取得的良好效果，农村金融机构要继续以产权改造为核心，积极构建“架构清晰、评价有效”的法人治理结构。以提高风险管控能力和经营管理水平为核心，实行经济资本约束下的稳健、可持续发展，实现发展规模、质量、速度和效益的协调统一。

3. 关注地方融资平台贷款风险，确保地区金融稳定

密切关注地方融资平台贷款风险。今后几年随着平台贷款的陆续到期及地方财政收入增速下降，地方财政的还款压力将持续加大，同时，新一轮经济增长周期需要各级政府加大财政支出。在这样的背景下金融机构要做到有保有控，严密关注平台贷款的风险，做好预案，确保资产安全。

4. 加强银行信贷管理，防范和化解房地产贷款潜在风险

密切关注房地产市场变化，严格执行有关房地产信贷政策，促进房地产业健康发展。加强房地产信贷管理，严禁信贷资金违规进入房地产投资投机领域。同时，合理调整信贷投向和期限结构，降低贷款集中度风险。

5. 加强影子银行监管，防范潜在风险

关注非银行金融机构与银行的关联风险，进一步加强对信托公司集合资金信托、银信合作等创新业务的管理。继续完善监管制度框架，完善理财产品风险监测系统等基础设施建设，严格监管产品设计、销售和资金投向。加强对具有融资功能的非金融机构的风险监测，完善行业规则，加大监管力度，打击各种违法行为。加大金融行业对内开放力度，引导民间融资的合理发展。

三、证券业与金融稳定

2012年，面对复杂的国际国内经济形势，内蒙古证券业紧抓市场发展的机遇，坚持业务与风险控制并重的原则，落实各项内部制度和风控措施，进一步增强行业竞争力，法人证券公司运行良好，经营稳定。

（一）证券业总体运行情况

2012年末，内蒙古有恒泰证券股份有限公司和日信证券有限责任公司2家法人证券公司，其下设营业部58家，增加2家，其中区内42家、区外16家，从业人员1 177人。区外11家法人证券公司在内蒙古境内设立的营业部19家。

1. 法人证券公司总体经营情况

截至2012年末，2家法人证券公司股民开户总数547 084户，增加49 254户；托管股票总市值

337.81亿元，增长5.98%。通过增资扩股，年末总资产达到111.89亿元，总负债59.78亿元，净资产52.11亿元，分别增长14.41%、16.89%和11.66%。证券交易金额4 636.23亿元，增长8.30%；实现营业收入8.38亿元，增长35.34%，实现利润总额1.82亿元，同比多盈利1.98亿元。辖内有期货公司营业部10家，增加1家；开户数3 663户，增长154.55%；员工总数87人。客户保证金3.9亿元，增长67.58%；成交量、成交金额分别为935.59万手和15 291.77亿元，分别增长372.37%和152.34%；总收入3 244.52万元，增长172.99%；全年总利润858.68万元，同比多盈利905.74万元，实现了扭亏为盈。

2. 上市公司总体情况

2012年，内蒙古积极培育上市资源，不断开辟融资渠道，资本市场融资规模明显增加。截至2012年末，全区有境内上市公司24家，新增2家；总市值2 969.48亿元，流通市值2 319.11亿元，分别增长16.65%和27.55%。2012年募集资金总额176.44亿元，增长190.9%，其中股票市场融资66.34亿元，债券市场融资110.10亿元，分别增长116.44%和267%。有1家上市公司在中小企业板上市，募集资金4.9亿元；有1家在创业板上市，募集资金5.15亿元。

（二）证券业稳健性评估

2012年，内蒙古证券、期货行业总体经营稳健，抗风险能力较强，各项风险控制指标符合监管要求，总体流动性充足，负债水平较低，抵御市场风险能力增强。但也存在一些不容忽视的问题。

1. 证券业持续经营能力不足

2012年，内蒙古证券业在债券发行、撮合交易、债券投资业务中实现了较好的收益；资产管理业务取得了新发展；在市场交投清淡、同业竞争加剧等不利条件下，经纪业务托管资产规模与市场份额仍保持增长，行业竞争力进一步增强。虽然自营业务发展良好，投资收益和公允价值同比增加，年内营业收入、利润总额和净利润均呈现出同比增长态势，但利息收入、证券发行收入以及手续费和佣金净收入均出现下滑，代理买卖证券业务、代理销售金融产品以及证券承销业务净收入同比减少，传统业务不容乐观，持续经营能力面临挑战。

2. 法人证券公司规模较小，业务创新不足，收入结构单一

虽然在新产品的开发方面作出了一定努力，自营业务在逐步开展，但各项业务和产品的同质化特征明显，专业服务水平和创新能力有待加强，服务的深度和广度难以满足实体经济多样化的投资需求。盈利模式单一的状况未得到根本性改变，传统的经纪业务手续费收入占比仍然较大，尚未走出主要依赖于行情走势的经营方式，收入受市场波动影响明显，抵御市场下跌风险的能力不足。

3. 市场规模偏小，融资渠道狭窄

辖内资本市场总体规模偏小，企业包括上市公司信用水平有限，证券市场直接融资比例较低，且融资渠道狭窄，证券市场直接融资功能未能充分发挥，对实体经济的支持力度有限。

（三）政策建议

1. 注重创新发展

证券公司要进一步壮大资本实力，提高盈利能力和核心竞争力。大力开展资产管理业务，发展融资融券等新业务，开发新产品，努力改变以传统的经纪业务手续费为主的收入结构，尽快转变经营方式，减少行情走势的影响，拓宽盈利渠道，不断提高市场适应能力。

2. 强化风险防控工作

证券期货公司要继续重视风险管理，在建立健全和严格落实各项风险防控制度、监测系统的基础上，经常性地开展合规专项检查活动，将合规管理渗透和嵌入各项业务的各个环节，提升风险控制和风险管理水平，确保证券业稳健运行。上市公司要坚持不懈地开展法人治理工作，完善各项制度建设，加大制度执行力度，防止各类风险发生。在《加强证券期货监管合作共同维护金融稳定备忘录》的框架下，加强协调沟通、建立合作机制、制定实施方案，为防范和化解金融风险、维护金融稳定发挥积极的作用。

3. 加强资本市场建设

地方政府应继续大力培育上市后备资源，加快推进企业改制上市工作，通过挖掘和培育，以及对后备上市企业的调研和政策指导，及时协调解决企业上市过程中的困难和问题，推动符合国家产业政策、自主创新能力强、成长性高、效益好的企业改制上市。同时，加大融资工作力度，不断通过银行间市场发行短期融资券、中期票据、集合票据和银行间私募债等方式，拓展融资渠道，优化直接融资与信贷融资并重的梯次融资结构，迅速发展壮大自己，发挥龙头作用，更好地支持实体经济发展。

四、保险业与金融稳定

2012 年，内蒙古保险业积极应对宏观经济下行等多方面不利因素影响，扎实推进改革发展工作，保险市场呈现稳中有进、进中趋好的发展态势。

（一）保险业总体运行情况

2012 年末，全区已开业保险省级分公司 36 家，中心支公司（分公司）244 家，支公司及以下分支机构 1 627 家[①]；其中，全年新开业保险省级分公司 4 家、中心支公司 33 家、支公司及以下分支机构 112 家。全区共实现原保险保费收入 247. 74 亿元，增长 7. 82%；累计赔付支出 85. 36 亿元，增长 19. 85%。

保险业运行呈现以下特点：

一是财产险市场运行缓中趋稳，人身险市场运行稳中趋快。全年保险市场整体维持低速增长，但增速逐季缓慢提高。上半年，财产险发展低迷，下半年在农业保险的带动下，发展有所好转，增长 3. 19%，扭转了一度出现的负增长态势。人身险业务发展稳中趋快，其中健康险表现突出，增长 33. 96%，对保险市场保费增长贡献率达到 18%。

二是农业保险步入平稳发展期，成为财产险增长主力。农业保险累计实现保费收入 19. 21 亿元，增长 12. 97%，对财产险保费增长贡献率达到 58%。农业保险累计为农牧业生产提供保险保障 253 亿元，支付赔款 11. 03 亿元，增长 9. 54%，为西部遭受洪涝灾害严重的地区恢复生产提供了有利支持。

三是车险低迷发展态势尚未好转。车险累计实现保费收入 87. 24 亿元，增长 0. 85%，低于全国平均增速 13. 43 个百分点。主要是商业车险保费收入大幅下降，下降 3. 26%，低于全国平均增速 17. 87 个百分点，辖区房地产、能源经济不景气对车险业务造成较大影响。

---

① 机构数据来源于保险机构和高管人员管理信息系统，不含批准筹建的机构。

四是人身险公司发展喜忧参半。人身险规模保费增长12.87%，增速提高3个百分点，但标准保费增长3.04%，增速下降3.46个百分点。续期保费增长18.14%，成为市场增长主力；而新单期缴保费持续负增长达2.7%，较上半年下降1.61个百分点，较全国平均增速低2.1个百分点。

（二）保险业稳健性评估

随着保险机构的不断增加，保险业竞争日趋激烈，也存在着一些风险隐患。

1. 应收风险和退保风险隐患较大

在居民投资渠道多元化的趋势和日趋激烈的竞争压力下，保险产品过多强调投资价值，而忽略了保险核心保障功能。当前寿险市场分红险“一险独大”，但分红水平受到经济大环境影响，未能达到客户的预期水平，甚至低于银行理财产品的收益，容易导致退保；而财产险应收保费率相对较高，保险业应收风险和退保风险隐患不容忽视。

2. 销售误导现象频发

一方面是保险公司对销售人员的培训滞后，销售人员的保险专业知识和销售技能无法满足形势要求，混淆产品属性、夸大投资收益，导致销售误导；另一方面由于销售人员需要承担多项业务指标，使部分销售人员企图通过“投入少、见效快”的误导途径获得业绩，使公众对保险产品心存芥蒂，影响保险行业的持续发展。

3. 县域保险市场秩序不规范

据对县域保险市场调查了解，县域保险市场除存在“销售误导”现象外，还存在部分公司恶性竞争、市场秩序混乱，保险赔付不及时，银行代理保险业务规范性较差等问题。

4. 保险公司的风险管理水平有待进一步提高

保险公司风险管理人才缺乏、风险管理理念落后，对风险进行有效识别、衡量和控制的能力不足，在当前经营环境越来越复杂的背景下，风险管理面临挑战。

（三）政策建议

1. 不断推进保险业转变发展方式，更好地服务社会经济发展

一是进一步改善经营管理，增强自主创新能力，提高保险业的投入产出效率。二是走差异化发展道路，进一步优化市场主体结构、业务结构、渠道结构和区域结构，促进保险市场的均衡协调发展。三是充分发挥保险业在应对突发事件、安定社会等方面的积极作用。拓宽服务领域，继续推动税延型养老保险试点，积极参与多层次医疗保障体系建设，推进健康保险和养老保险专业化经营，大力推动旅游、环境保护、安全生产领域的责任保险发展。

2. 加强保险市场监管，规范保险市场秩序

进一步规范县域保险市场营销行为、保险公司中介管理和经营活动，大力提高保险从业人员素质，建立健全保险消费者权益保护制度，切实保护被保险人利益。防范和化解区域性金融风险，促进保险业稳定运行。

3. 完善资金运用监管制度，提高风险管理水平

监管机构和各保险公司要加强风险管理和防范工作，特别要防范应收和退保风险。对于应收未收、退保金支出增长较快和应收率、退保率较高的保险公司，要加强监测分析，积极采取有效措施，防止因个别机构和个人退保处理不当演化成群体性、系统性风险。健全风险管理机制，完善对风险

识别、衡量和控制的技术方法，有效防范和化解系统性风险。人民银行和保险监管机构要探索研究加强保险监管合作、共同维护金融稳定事宜，要在保险监管机构的指导下，充分发挥人民银行盟市、旗县分支机构的优势，加强协调沟通、制定合作监管方案，共同建立维护金融稳定的监管合作长效机制。

五、金融市场运行与金融稳定

（一）金融市场运行总体态势

1. 同业拆借交易量高速增长，利率在波动中回落

2012 年，全区银行间同业拆借市场成员中有 9 家机构发生了业务，累计进行信用拆借交易 411 笔，增加 383 笔，总成交金额 1 082. 85 亿元，增长 671. 54%。从利率走势看，随着人民币存款准备金率及人民币存贷款基准利率的下调，市场流动性得到释放，银行间市场的资金面逐渐宽松，资金利率从 1 月的相对高位显著回落，12 月的加权平均利率为 3. 02%，较 1 月下降 2. 28 个百分点。

2. 债券市场交易持续升温，利率走势与同业拆借保持同步

2012 年，全区债券回购市场累计成交 10 970 笔，成交金额 27 971. 88 亿元，增长 136. 62%。其中，质押式回购金额 24 849. 88 亿元，增长 114. 97%，仍然是债券市场的主流；买断式回购金额 3 121. 99亿元，增长 1 092. 83%。从利率走势看，全年债券回购市场利率与同业拆借利率走势保持同步，市场利率呈走低态势。12 月债券市场加权平均利率最低为 3. 47%，较 1 月下降 2. 11 个百分点。

2012 年，全区现券交易累计成交 13 438 笔，金额 9 952. 84 亿元，增长 193. 71%。现券市场收益率水平总体震荡下行，12 月现券市场加权收益率为 4. 96%，较 1 月下降 0. 89 个百分点。

3. 企业融资工具种类日渐丰富，直接融资占比大幅提升

2012 年，全区非金融机构通过贷款、债券和股票共融资 2 146. 70 亿元，增加 38. 75 亿元，增长 1. 84%。直接融资和间接融资比为 28. 18:71. 82，直接融资占比上升 17. 33 个百分点。其中，有 14 家企业发行短期融资券 118 亿元、9 家企业发行中期票据 120 亿元、2 家企业发行中小企业集合票据 1. 1 亿元、12 家企业发行企业债 143 亿元、4 家企业发行公司债 67. 1 亿元、2 家企业发行非公开定向债务融资工具 30 亿元、1 家企业发行中小企业私募债券 2. 5 亿元，债券融资规模达 481. 7 亿元，增加 284. 70 亿元，增长 2. 45 倍；6 家企业在股票市场筹资 123. 3 亿元，增长 3. 9 倍。直接融资企业数量和融资金额均较上年有了较大幅度的增加，融资种类也明显增多，为优化企业融资结构，缓解企业融资难题发挥了重要作用。

4. 银行承兑汇票业务小幅增长，贴现业务较快增长

2012 年，全区金融机构累计签发银行承兑汇票 2 993. 6 亿元，增长 3. 3%，全区金融机构累计办理商业汇票贴现 1 747. 4 亿元，增长 37. 2%，贴现余额 139. 2 亿元，增长 65. 7%。承兑、贴现业务以股份制商业银行和地方城市商业银行为主的格局仍在延续。农村信用社和财务公司成为票据融资新成员，2012 年累计办理贴现业务 128. 4 亿元，占全部金融机构业务量的 7. 3%。

（二）金融市场发展中需关注的问题

1. 金融市场成员功能尚未发挥

内蒙古仍处于经济快速发展的关键时期，资金需求量大，但区内中小金融机构和企业利用银行

间同业拆借、债券市场等渠道融资的意识不强。如2012年同业拆借成员增加了11家，达到34家，只有9家发生了业务。

2. 部分地区银行承兑汇票逾期垫款问题值得关注

全区票据业务主要为银行承兑汇票，而随着鄂尔多斯市经济环境的变化，经济主体普遍资金吃紧，部分企业出现暂时资金周转困难的状况，导致部分金融机构银行承兑汇票形成垫款。截至2012年末，全区农村合作金融机构共垫款7.17亿元，增长71.76%，其中鄂尔多斯地区农村合作金融机构垫款5.82亿元，占全区农村合作金融机构垫款额的81.17%。银行承兑汇票逾期垫款快速增长，且机构集中，部分农村合作金融机构面临较大的风险压力。

六、金融基础设施建设与金融稳定

2012年，内蒙古金融基础设施建设稳步推进，支付结算体系建设不断完善，征信体系建设有了新突破，反洗钱和反假人民币工作进一步深入，法律服务工作有效实施，为维护辖区金融稳定奠定了基础。

（一）支付体系建设取得新进展

2012年，人民银行呼和浩特中心支行全面推进支付体系建设，完善重要支付系统评估机制，支付系统保持了平稳、高效运行。一是非现金支付工具业务量持续增加，电子支付业务发展迅速。全区各类支付系统共处理支付业务笔数和金额分别增长24.6%和27.4%，办理非现金支付业务笔数和金额分别增长27.9%和16.3%。二是全面推进改善农村牧区支付服务环境建设工作。全区农村牧区现代化支付系统覆盖率达91.9%，农村信用社和村镇银行全部实现接入支付系统开办支付业务。三是推动银行卡产业实现跨越式发展。截至2012年底，全区累计发行银行卡5 835.42万张，增长25.4%。全年累计银行卡消费交易量和金额分别增长64.8%和21.9%，银行卡渗透率为41.2%，提高3.2个百分点。银行卡支付范围不断扩大，持卡人多层次和多元化的支付需求不断得到满足。

随着经济社会持续快速发展，交易活动日益频繁，支付服务需求日趋旺盛，支付系统的安全、稳定运行面临着严峻挑战。

（二）反洗钱工作继续稳步推进

2012年，内蒙古全面推行风险为本的反洗钱监管理念，以法人为重点、以风险为导向、以洗钱防范为目标的工作框架初步形成，反洗钱监管的有效性和针对性得到加强，金融机构反洗钱工作的积极性和主动性得到提高。一是反洗钱制度体系进一步完善。按照FATF新标准的要求，制定了《上报重点可疑交易线索内部工作制度》、《内蒙古自治区报告机构反洗钱报送主体资格申请及信息变更管理实施细则（试行）》、《内蒙古自治区大额交易和可疑交易报告互联网报送数字证书管理实施细则（试行）》、《银行业金融机构洗钱风险评估管理办法》，编写了《支付机构反洗钱和反恐怖融资执法检查及评价标准化指引》，修订了《内蒙古自治区金融机构重点可疑交易报告管理办法》，在工作实践中取得了明显成效。二是反洗钱监管手段进一步丰富。建立金融机构反洗钱监管档案，对部分金融机构及非金融支付机构实施了反洗钱现场检查，对部分保险业金融机构和非金融支付机构开展了反洗钱现场巡查工作。三是反洗钱调查和协查力度进一步增强。对3起重点可疑交易线索实施反洗钱调查30多次，调查次数以及调查质量较上年有大幅度提高，发现并向公安、司法部门报告了许多有重要价值的可疑交易线索，破获了一批重要案件。四是反洗钱交易监测分析体系日趋成熟。共发现和接收可疑交易线索19起，金融机构报送的可疑交易线索已经成为人民银行可疑交易线索的最主要来源。

当前，面对洗钱与恐怖活动猖獗、上游经济犯罪与严重刑事犯罪发案率攀升的严峻形势，进一步提高对反洗钱工作重要性的认识，加快完善反洗钱工作机制，提高金融机构风险防范意识，强化风险控制和管理，加强员工职业道德教育，对全区经济社会发展具有十分重要的意义。

（三）征信体系建设和服务有了新突破

2012年，制定了《内蒙古自治区金融机构征信业务管理指引》和《内蒙古自治区金融机构征信管理业务考核办法》，征信体系建设和服务有了新的突破。扩大系统应用范围，有效防范信贷风险。通过查询企业和个人征信系统，被调查的10个金融机构网点共拒绝企业贷款91笔，金额30.9亿元；共拒绝个人贷款393笔，金额5 926万元。拓宽便民绿色渠道，信用报告查询量增长迅速。为个人查询信用报告14.1万人（次），增长33%。稳步推进社会信用体系建设工作，积极为中小企业与金融机构搭建交流平台。全区累计建立中小企业信用档案36 630户，新增贷款180亿元。农户电子信用档案建设工作已覆盖全区81%的农村信用社，为全区67%的农户建立了信用档案。评定了191万信用农户，对近200万户已建立信用档案的农户累计发放贷款776亿元。

征信系统运行中需关注的问题：一是征信系统数据覆盖面尚不完全，影响了征信系统的公信力，不利于防范信贷风险。二是征信系统产品单一，衍生产品不足，不能完全满足金融机构多层次产品需求。三是金融机构对信用报告的解读过于刚性，虽然可以控制风险，但也使一些实际信用状况良好的客户丧失获得贷款的机会，影响征信系统效能发挥。

（四）反假货币工作扎实开展

2012年，内蒙古以假币“零容忍”为目标，扎实推进反假货币工作。组织开展了银行业金融机构对外误付假币专项治理行动；通过多种方式加大反假货币宣传力度；扩大反假货币培训范围，对全区9 554名金融机构临柜人员进行反假货币专业知识上岗资格电子化培训、考试，向6 111名通过考试人员颁发了上岗资格证书。对银行业金融机构建立健全反假货币工作各项规章制度和制度执行情况进行检查指导，强化堵截假币防线。假币违法犯罪案件明显减少，全年共收缴假人民币5.97万张，面额合计548.44万元，分别下降10.09%和4.76%。

当前，流通中假人民币问题仍很突出，必须引起高度重视，增强反假币工作的紧迫感和主动性，建立健全防范和打击制贩假币违法犯罪活动的长效机制，切实维护经济金融秩序、维护人民币信誉和人民群众切身利益。

（五）法律服务工作有效实施

2012年，金融管理部门发布实施了多项与金融业务和金融基础设施建设相关的重要规范性文件，进一步规范了银行、证券、保险等多方面的业务活动。制定了《中国人民银行呼和浩特中心支行非银行机构和民间融资风险事件应急管理及处置预案》、《内蒙古金融风险监测评估工作指引（暂行）》等10余项与维护金融稳定相关的工作制度、办法；深化“两管理、两综合”工作，进一步完善“两管理、两综合”管理办法，组织对部分金融机构进行了综合执法检查，依法查处违法违规行为，金融机构贯彻金融方针政策、执行金融法律法规的自觉性明显增强，金融秩序进一步改善。积极配合司法部门做好案件协查工作，参与了打击经济犯罪“破案会战”专项行动，打击“非法集资”专项行动，清理整顿各类交易场所专项行动和银行卡犯罪、重大金融安全隐患大检查专项行动等活动，各级司法机关金融案件执行率和结案率不断提高。金融消费者权益保护工作已经启动，金融生态环境进一步改善，为维护金融稳定发挥了重要作用。

总　　纂：余文建　朱新春
统　　稿：尹志成　赵建国　高晓芬
执　　笔：高晓芬　师月娟　赵玉亮　吕明旭　方松叶　道日娜
其他参与写作人员：侯　伟　赵　婧　伊丽琪　李晓霞　李英俊
王禹人　王　璐　张海霞　周雪峰　王志鹏
李　岩　肖　文

辽宁省金融稳定报告摘要

2012年，辽宁省面对严峻复杂的内外部经济环境，深入贯彻落实国家各项宏观调控措施，继续深入实施三大区域发展战略，积极促进产业结构调整，国民经济企稳回升。金融业稳健发展，运行质量不断改善，金融市场资源配置功能继续发挥，金融基础设施建设成效显著，金融稳定状况总体良好。

一、区域经济运行与金融稳定

（一）辽宁省经济运行状况

1. 国民经济企稳回升，增速高于全国水平

2012年，辽宁省地区生产总值达到2.48万亿元。全年地区生产总值增速为9.5%，增幅高于全国水平1.7个百分点。从产业结构上看，第一、第二、第三产业增加值同比分别增长5.1%、9.8%、9.9%，增速较上年有所回落；第一、第二、第三产业增加值占地区生产总值比重分别为8.6%、53.7%、37.5%。

2. 投资增速回落，实际消费较快增长，对外经济增长放缓

2012年辽宁省固定资产投资21 535.4亿元，增长23.5%，增速高于全国水平2.9个百分点。名义社会消费品零售总额9 256.6亿元，同比增长15.7%。扣除物价因素后，实际增速为12.9%，比上年增加0.6个百分点，高于全国1.2个百分点。实际使用外商直接投资267.9亿美元，同比增长10.4%，高于全国水平14.1个百分点。根据辽宁省直接投资外汇管理信息系统统计，外商直接投资流入109.69亿美元，主要集中在大连、沈阳等中心城市，大连市外商直接投资流入44.17亿美元，约占全省的40%；沈阳市流入29.41亿美元，约占全省的26.81%。进出口总额1 039.9亿美元，同比增长8.4%，增速高于全国水平2.2个百分点，低于上年10.6个百分点。

3. 居民消费价格涨幅显著回落，生产领域价格水平负增长

居民消费价格上涨2.8%，高于全国水平0.2个百分点，低于上年2.4个百分点。生产领域价格负增长，工业生产者出厂价格下降0.1%，工业生产者购进价格下降1%。

4. 跨境收支总量增长趋缓，人民币结算业务量大幅增长

2012年，辽宁省跨境收支总量1 201.8亿美元，同比增长3.8%，比上年增幅低15.9个百分点。其中，收入655.9亿美元，同比下降3.6%；支出545.9亿美元，同比增长14.3%，比上年增幅低11.5个百分点。共办理跨境人民币结算金额631亿元，同比增长125%，是全国增幅的1.3倍，约占同期国际收支总额的8.5%，高于上年同期4.7个百分点。

5. 企业效益有所改善，居民收入较快增长，财政收入缓慢增长

2012年，辽宁省规模以上工业增加值增速为9.9%，同比下降5个百分点。城镇居民人均可支配

收入为23 223元，比2011年增加2 756元，同比增长13.5%，扣除物价因素实际增长10.3%，在全国31个省（区、市）中排第9位。公共财政预算收入3 103.7亿元，同比增长17.4%。公共财政预算支出4 550.2亿元，同比增长16.5%。

6. 房地产市场平稳运行，主要城市房价微幅调整

2012年，辽宁省房地产开发投资5 455.8亿元，增长21.6%，同比少增7.9个百分点。商品房销售面积8 827.9万平方米，增长17.1%，同比多增5.9个百分点，全年住房消费呈现出了逐渐回升态势。12月末，沈阳、大连、丹东、锦州新建商品住房价格分别同比增长了－0.3%、1.4%、－0.1%、－0.1%，分别环比增长0.2%、0.2%、0.3%、－0.2%。

（二）经济运行中需要关注的问题

1. 实体经济增长乏力，企稳基础不牢

2012年辽宁省地区生产总值增速回落，固定资产投资全年呈现持续小幅下降的走势，企业家对宏观经济的信心不足，辽宁省企业家问卷调查显示，第四季度企业家对宏观经济形势感受指数为－32.8%，企业家对宏观经济形势判断预测感受指数为－30.2%。

2. 工业企业运行困难，企业效益下滑

一是规模以上工业增加值增速为9.9%，低于全国平均增速0.1个百分点，同比下降5个百分点。二是工业企业利润下降，亏损企业亏损额521.4亿元，同比增长59.9%。企业效益下滑将会影响税收收入和个人收入，如果不能扭亏为盈，一些企业可能会被兼并重组甚至破产倒闭，影响经济稳定和社会稳定。

3. 外贸出口面临挑战，增长步伐放缓

一是外部需求疲软。美日等发达国家经济增长乏力，进口需求不足；欧债危机致使欧洲国家进口需求下降，传统出口市场的萎缩对辽宁外贸出口产生了冲击。二是面临人民币升值压力及汇率波动的风险。自2012年4月起，人民币对美元的浮动幅度扩大，出口企业的汇率风险加大，同时，人民币升值使出口企业的竞争力减弱。三是原材料、劳动力等要素成本持续上涨使出口企业的价格优势逐渐丧失。2012年辽宁省出口增速同比回落4.9个百分点。辽宁省货物贸易累计顺差53.4亿美元，同比下降43.4%。

4. 房地产市场观望氛围较浓，销售增速趋缓

房地产市场受到多方面的影响，一是投机性需求被抑制，在限购、限贷、限价等多种手段打压下，投机性需求下降。二是刚性需求经过前几年的释放后，增速趋缓，加上保障性住房、公租房分流了一部分需求，这一变化对房地产市场具有重要影响。在目前的形势下，房地产企业资金回笼压力较大，一些中小房地产企业可能面临着资金链断裂的风险，要重点关注房地产企业的资金流情况，防范其财务风险向银行传导。

二、金融业与金融稳定

（一）银行业稳健性评估

1. 运行状况

存款平稳增长，贷款趋于常态。本外币各项存款余额35 303亿元，同比增长14.5%，增幅比同

期高 4.5 个百分点；比年初增加 4 473 亿元，同比多增 1 631 亿元。贷款余额 26 306 亿元，同比增长 15.22%，比同期下降 1.98 个百分点；比年初增加 3 466 亿元，同比多增 107 亿元，信贷投放逐步回归常态。

贷款利率水平总体呈下降态势。金融机构各期限贷款利率水平整体下降，加权平均利率由年初的 7.90% 下降至年末的 7.18%，金融支持实体经济取得了实质性的让利效果。

现金投放呈现净投放态势，全年现金投放总量同比增长 3%，回笼总量同比增长 7%。由于消费渠道多元化，现金使用占比下降，净投放同比下降 70%。

2. 审慎性分析

不良贷款余额、比例呈现“双升”态势。2012 年末，辽宁省银行业金融机构不良贷款余额 797.1 亿元，比年初增加 233.58 亿元；不良贷款率 3.03%，比年初上升 0.56 个百分点，连续保持 8 年的不良贷款余额、比例“双降”局面被打破。

盈利水平保持平稳，全年累计实现利润总额 497.35 亿元，较同期增加 52.98 亿元，同比增长 11.9%。5 家大型银行盈利 177.85 亿元，同比增长 0.02%；10 家股份制银行盈利 112.24 亿元，同比增长 19.96%；城市商业银行盈利 99.89 亿元，同比增长 30.52%；农村信用社盈利 13.87 亿元，同比下降 17.59%。

信贷结构持续优化。中小微企业贷款余额比年初增加 1 646 亿元，同比增长 16.54%。“三农”资金需求得到有效保障，涉农贷款余额 3 414.61 亿元，同比增长 21.67%，增量占全部贷款增量的 26.6%。

3. 需要关注的问题

资产质量恶化趋势开始显现。2012 年，辽宁省银行业不良贷款呈现“双升”态势，银行业整体防范和化解不良贷款的形势依然十分严峻。资产质量呈向下迁徙趋势，部分集团客户信用风险开始暴露。

政府融资平台贷款风险加大。2012 年末，辽宁省银行业金融机构政府融资平台不良贷款余额 8.01 亿元，比年初增加 6 亿元。有 37 家银行机构、42 户平台的贷款出现逾期。

房地产贷款风险管理亟待加强。2012 年，辽宁省银行业金融机构土储贷款增幅 37%，增速过快。此类贷款主要以土地使用权作为抵押担保，以土地出让收入作为还款来源，受政策和市场变动的影响较大，面临的不确定、不稳定因素较多。同时，部分银行机构房地产贷款占比过高，贷后管理相对薄弱，甚至个别银行还出现虚假交易问题。

银行理财业务问题较多。部分银行理财业务内部管理不够规范，风险意识不强，理财产品存在恶性竞争，个别理财产品未切实履行对客户进行信息披露的责任。

（二）证券业稳健性评估①

1. 运行状况

上市公司运作规范，融资再融资活动进展顺利。截至 2012 年末，辽宁省共有 43 家境内上市公司（含同时发行 H 股公司 2 家、同时发行 B 股公司 2 家），同比增加 4 家。上市公司总股本 330.54 亿股，同比增长 9.3%；当年募集资金 108.42 亿元，同比增长 43.6%，其中 5 家公司首发上市，融资总额 21 亿元；另有 2 家上市公司实现再融资，共募集资金 87.42 亿元。公司并购重组工作顺利开

① 本部分内容除特别标注外，均不包含大连。

展。和光商务完成资产重组并恢复上市，丹东化纤的重组工作也基本完成；森远股份、营口港完成重大资产购买。

证券期货公司经营逐步专业化，业务范围不断扩大。截至2012年末，辽宁省有法人证券公司2家，证券公司分公司7家，证券营业部161家（含已批准尚未开业的营业部2家）；证券投资咨询公司1家，证券投资咨询分公司1家，基金分公司3家。辖区有具有证券期货业务资格的资产评估公司2家和分公司8家，具有证券从业资格的会计师事务所分所14家。证券类外资代表处1家，期货公司3家，期货营业部31家。各证券期货机构经营业务逐步多元化，业务范围不断扩大，在经纪业务、基金代销业务等基础上，新增了融资融券、期货介绍（IB）、约定购回、报价回购、客户交易结算资金现金管理等业务，客户交易结算资金存管模式向“单客户多银行”存管模式转变。截至2012年末，辽宁省共有114家营业部备案开展融资融券业务，49家营业部获准进行IB业务，92家营业部备案开展“单客户多银行”业务。证券交易佣金下降趋势减缓，基本保持在1.07‰左右，略高于全国平均水平。

证券市场交易活跃。截至2012年末，辖区证券投资者开户数达到477万户，同比增长13%，证券交易额达到13 857亿元；股票交易额为10 381亿元；基金交易额227.4亿元，同比增长24.9%。

2. 风险分析

经济下行风险增加，上市公司经营受到影响。自2011年以来，经济增速放缓的势头初步显现，对辖区上市公司的经营带来不利影响，作为辽宁省龙头企业的鞍钢股份，2012年业绩预亏公告预计其2012年全年亏损41.6亿元。同时，辽宁省上市公司数量与发达省份尚有较大的差距，质量仍有待提高，共有5家公司被特别处理，其中暂停上市2家，退市风险警示2家，其他特别处理1家。

证券公司业务单一，受外部经济环境影响较大。辽宁省2家法人证券公司规模相对较小，创新业务较少，在目前传统业务利润率水平逐步下滑、创新成为证券公司业绩增长主要来源的大背景下，公司的发展受到较大制约。由于市场竞争日趋激烈，证券机构仍主要采取降低交易佣金等手段获取市场份额，随着佣金水平的下降，证券机构亏损面已扩大至40%。

（三）保险业稳健性评估[①]

1. 运行状况

截至2012年末，辽宁省共有保险经营主体60家，其中，财产险公司23家，人身险公司37家；保险公司法人机构1家。共有保险专业中介法人机构101家，分支机构144家，保险中介从业人员10.2万人。2012年，辽宁省保险业共实现保费收入402.4亿元[②]，规模居全国第13位，保险公司资产合计1 163.9亿元，资产规模同比增长13.6%。保险深度（含大连）为2.3%，保险密度（含大连）为1 323元/人。

财产险经营规模扩大，保费收入增加。2012年，辽宁省财产险经营主体23家，比2011年增加3家，财产险公司分支机构674家，比2011年增加23家。财险公司资产总额70.4亿元，同比增加17.5%。累计实现保费收入143.2亿元，同比增长6.4%，赔款累计支出78亿元，同比增加12.6%。

人身险保费收入增加，赔付支出减少。2012年，辽宁省人身险经营主体37家，比2011年增加2家，人身险公司分支机构1 190家，比2011年增加24家。人身险公司资产总额1 093.5亿元，同比增加13.3%。人身险实现保费收入259.2亿元，同比增加6.4%，赔付和给付支出59亿元，同比减少4.2%。

---

① 本部分内容除特别标注外，均不包含大连。

② 本文的数据根据《企业会计准则解释第2号》实施后的口径计算。

2. 发展状况

风险保障功能有效发挥。在管理自然风险方面，全年累计为社会提供风险保障8.9万亿元，累计赔付支出137亿元，及时发挥了风险保障和经济补偿功能。在管理社会风险方面，一是责任险保费收入达4.3亿元，同比增长17.2%。环境污染责任保险发展战略稳步推进，道路客运承运人责任保险实现省内全覆盖。二是不断加大农业保险政策协调力度，有效解决农户参保难题，惠农成果不断显现，农险业务规模已达6.9亿元，同比增长26.6%，参保农户已达217.1万户。

人身险业务结构调整持续优化。一是内含价值有效提升。辽宁省人身险公司共实现标准保费53.2亿元，同比增长2.9%，高于全国同期3.7个百分点；新单折标率为46.4%，同比上升2.3个百分点，高于全国同期4.8个百分点。二是期限结构日趋优化。辽宁省新单期缴业务增幅高出新单趸交业务15.3个百分点，新单期缴保费占比为32.1%，高于全国同期1.8个百分点；5年期以上新单期交缴保费占比53.4%，高于全国同期1.3个百分点。三是保障型业务积极推进。辽宁省普通寿险新单保费同比增长44.9%，而同期分红、投连和万能寿险等新单业务均为负增长；保障功能较强的长期健康险保费收入11.3亿元，同比增长20.1%，其新单保费增幅更是高达43.9%。

财产险服务质量，特别是车险理赔服务水平，显著提升。一是结案速度逐步加快，结案率为89.1%，同比上升2.5个百分点；金额结案率为65.5%，同比上升3.2个百分点。二是积压赔案情况有所缓解，已决赔案件数同比增长28.9%，高于同期未决赔案件数增速26个百分点；已决赔款同比增长24.9%，高于同期未决赔款增速16.1个百分点。

3. 风险分析

人身险增速趋缓，潜在风险值得关注。一是投资型产品占比过高，产品创新能力不强，竞争力有待提高。由于银行理财产品收益率持续高于保险分红收益率和万能结算利率，导致保险投资产品竞争力下降，新单业务增长乏力。二是退保风险尚未有效释放，特别是前期大量销售短期产品和销售误导埋下的退保隐患正在逐渐显现。2012年，辽宁省寿险公司退保率为2.2%，尽管比2011年略有下降，但仍高于2010年0.7个百分点。

财产险市场竞争压力加大，产品结构亟待优化。一是财产险保费收入增速下降明显，业务持续发展能力亟需提高。2012年辽宁省财产险保费收入增速为6.4%，2007年以来首次降至个位数，分别比2011年和2010年低7.1个和30.7个百分点。随着财产险市场竞争日趋激烈，高成本投入、高费用消耗的扩张方式仍占据市场主流，经营成本不断增加，业务持续发展能力有待提高。二是车险占比过高，业务创新不足，结构失衡成为产险面临的首要挑战。2012年，辽宁省车险保费收入在财产险保费收入中占比达到79.82%，其他非车险险种占比不到30%，责任险、家财险、货运险等业务发展仍不充分。随着车险业务增速下滑，财产险业务发展动力有限。2012年，辽宁省车险保费收入增速为5.4%，分别比2011年和2010年低3.7个和40.98个百分点。

三、金融市场运行与金融稳定

（一）金融市场运行情况

1. 同业拆借市场交易大幅下滑，拆借利率总体下降

2012年，受两次降准、两次降息及人民银行连续开展逆回购操作影响，金融机构流动性总体较

为充足，辽宁省辖内机构成员在全国银行间同业拆借市场交易大幅下降。全年累计拆借资金 560 笔，金额 2 241. 22 亿元，同比减少 909. 96 亿元，同比下降 28. 88%。资金流向以拆入资金为主，净融入资金 2 035. 06 亿元。拆借利率总体呈下降趋势，由 1 月的 4. 3013% 下降到了 12 月的 3. 1298%，下降 1. 1715 个百分点。

2. 债券市场弱势小幅震荡，交易量小幅上升

2012 年，全省机构成员全年交易总量 62 975. 06 亿元，同比增长 2. 6%。其中，债券回购交易相对活跃，交易量有所减少，成交 38 766. 4 亿元，同比下降 2. 37%；现券买卖交易大幅增长，成交 24 205. 45亿元，大幅增长 14. 24%。发售储蓄类国债 153. 70 亿元，同比下降 7. 33%。记账式国债柜台交易量为 2 942. 19 万元，同比下降 54. 20%。

3. 票据市场票据签发量增长较快，余额冲高回落

2012 年末，辽宁省内票据签发余额 3 431 亿元，同比增加 918 亿元，增长 36. 5%。全年票据融资新增 41 亿元，同比多增 224 亿元。12 月末，辽宁省金融机构本外币票据融资余额 820 亿元，同比增长 5. 3%，增幅较年内最高点回落 63. 1 个百分点。

4. 黄金市场呈弱势震荡态势，黄金投资需求减少

2012 年，金价全年大幅波动，投资黄金风险加大，商业银行全年黄金业务累计交易量、交易金额较上年均有所下降。全省上海黄金交易所会员机构累计成交量 18 863. 2 千克，比上年同期减少 29. 9%；累计成交金额 63. 4 亿元，比上年同期下降 27. 9%。各商业银行代理上海黄金交易所业务全年累计成交 9 042. 2 千克，比上年同期减少 56. 2%。全年成交金额累计 30. 3 亿元，比上年同期减少 69. 4%。个人账户金本币累计成交 35 760 千克，比上年同期减少 21. 6%；成交金额 123. 1 亿元，比上年同期减少 20. 2%。个人账户金美元金累计成交 99 644 盎司，比上年同期减少 51. 3%；成交金额 17 106 万美元，比上年同期减少 30. 1%。

5. 外汇市场总体运行平稳，交易量有所下降

2012 年下半年，部分国际市场资金从中国等新兴市场流出或流入减少，同时人民币汇率单边升值预期减弱、双向波动态势明显，市场主体的结汇增速逐渐慢于售汇，结售汇顺差呈下降趋势。2012 年，辽宁省银行间外汇市场即期交易同比略有下降。全年共成交 4 628 笔，成交金额折合 901 956. 2万美元，同比下降 3. 31%。辽宁省银行间外汇市场外币对交易同比大幅下降。全年共成交 2 964 笔，成交金额 517 059. 6 万美元，同比下降 14. 83%。

（二）存在的问题

1. 黄金市场方面法律法规滞后于市场发展

现行的黄金市场监管法规仍是 1983 年国务院颁布的《金银管理条例》以及人民银行发布的《金银管理条例实施细则》。自 2001 年黄金流通管理体制改革以来，我国黄金市场发展十分迅速，初步形成了现货与衍生品相结合、面向机构和个人的多层次黄金市场格局，原有的规定已明显不适应新形势下黄金市场管理的需要。同时，黄金现货交易与黄金期货交易具体条款存在差异，交割环节没有打通，使得某些同时是两个交易所会员的机构投资者较其他投资者具有即时跨市套利的便利。

2. 外汇交易方式陈旧单一，进入门槛较高

新的外汇交易方式仍未形成规模，主要原因是外汇市场的发展虽然取决于投资主体的意愿，更要取决于我国外汇市场开放的进度，在当前的资本管制条件下，基于交易的实需原则，银行间外汇

市场实际上更多的是一种结售汇头寸的平补市场，主要是配合结售汇制度下外汇指定银行平衡结售汇交易产生的头寸。此外，金融机构通过外汇市场达到规避风险的意识不高，加之非金融企业加入银行间外汇市场以及外汇衍生产品交易的门槛仍然较高，使得市场交易主体增加较难，以避险和盈利为目的金融性交易占比不大。

四、金融基础设施与金融稳定

（一）支付结算体系

1. 辽宁省支付结算体系现状

2012 年，全省大额支付系统业务共处理 2 656.16 万笔、金额 85.15 万亿元，同比分别增长 23.23% 和 15.36%。小额支付系统共处理业务 3 413.56 万笔、金额 3 929.07 亿元，同比分别增长 42.96% 和 35.17%。支票影像交换系统共处理支票业务 61 837 笔、金额 52.60 亿元，同比分别增长 2.26% 和 2.98%。

继续推动农村支付环境建设，积极开展银行卡助农取款服务宣传。截至 2012 年底，全省农村地区银行机构网点 3 558 个，同比增长 2.86%。农村地区银行卡发卡量 2 857 万张，同比增长 24.11%。银行卡特约商户 3.38 万户，布放 POS 机具 5.65 万台，同比分别增长 8% 和 12.11%，农村地区人均持卡 1.22 张。实现农信银清算系统全面覆盖所有营业网点。

启动十二届全运会支付环境建设工作。人民银行沈阳分行、辽宁银监局、辽宁省公安厅、旅游局、服务委联合印发了《十二届全运会支付环境建设的指导意见》和《十二届全运会支付环境建设工作方案》。开展“辽宁省刷卡无障碍示范街（区）”建设活动，进一步推动服务行业的电子化支付进程。

2. 支付结算体系建设中需要关注的问题

随着我国支付结算体系的完善，各种新型支付组织及支付方式有了长足的发展，由于相关约束机制尚不健全，相关单项办法尚未出台，对非金融支付机构的监管不足，潜在风险不容忽视。

（二）法律环境

1. 辽宁省法律环境有关情况

全省法律环境发展态势良好，立法机制不断健全，立法质量显著提高，立法工作取得新成效，全年提请省人大审议地方性法规草案和制定省政府规章 60 件。有效履行层级监督职能，充分发挥行政复议化解行政争议主渠道作用，全年共受理行政复议案件 401 件。行政执法工作机制不断完善，体制改革不断深入，决策机制逐步健全，制度建设不断健全，执法行为更加规范，监督机制日趋完善，执法水平不断提升。全省法院系统全年累计受理各类案件 534 688 件，审执结案件 486 227 件。全省检察机关全年批准逮捕各类犯罪嫌疑人 30 828 人，提起公诉 48 779 人。通过多种形式的金融法律宣传，广大人民群众的金融风险防范意识和法律意识得到提高。

2. 法律环境需要关注的问题

一是当前我国尚未建立银行业存款保险制度，人民银行作为最后贷款人承担救助责任，容易引发严重的道德风险。二是全球金融危机及欧债危机爆发以来，国际上对金融创新进行有效监管，形成了大量的研究成果，出台了《第三版巴塞尔协议》（Basel Ⅲ）等一些国际监管准则。如何将国际监管规范与中国国情接轨，是摆在中国金融立法者面前的一道现实难题。

（三）反洗钱体系

1. 辽宁省反洗钱工作开展情况

反洗钱监管模式全线升级。2012 年，将辽宁省 8 家支付组织纳入反洗钱监管范围，下发《关于加强辖区支付机构反洗钱监督管理工作的通知》，强化对各支付机构起步阶段的指导与管理。在全省推广非现场监管创新举措，建立并下发统一的风险评估模板，按月对基层金融机构进行评估。积极探索法人监管模式，结合法人机构分布特点，为 63 家法人机构建立监管档案，实时掌握反洗钱工作开展情况。首次尝试非模块化反洗钱检查模式。

反洗钱合作机制向深入推进。2012 年，结合保险业反洗钱工作现状，人民银行与辽宁省保监局达成反洗钱合作协议。至此，人民银行与银、证、保三家省级监管机构的反洗钱合作机制全部正式建立。围绕“区域金融合作”理念，组织召开了冀、辽、蒙三省三市区域反洗钱合作机制研讨会。全面推行风险为本反洗钱工作方法，共接收金融机构上报的重点可疑交易线索 1 006 笔，根据可疑程度采取差异化的监控措施。共对 96 条线索展开调查，向公安机关报案 4 起，涉及金额 1. 44 亿元，公安机关立案 2 起，协查案件 4 起，涉及金额 22 亿余元。

开展大规模宣传培训，增强社会公众反洗钱意识。2012 年，集中组织开展了全省大规模反洗钱宣传月活动。全省 3. 4 万人参加了宣传工作，累计受众人数 300 余万人，社会公众及媒体广泛关注，金融时报、辽宁日报等予以报道。重点发挥网络培训成本低、范围广、收效好的优势，全省 2. 96 万人进行了电视电话及网络培训。

2. 反洗钱工作需要关注的问题

人民银行分支行反洗钱职能有待加强。一是风险为本和法人监管的总体思路对分支行履职提出了更高要求。近两年，辽宁省纳入反洗钱监管的 63 家法人机构有 54 家分布在各地市中支和县行层面，人民银行分支行监管力量相对薄弱。二是随着网上银行业务的广泛开展，洗钱犯罪出现了向中小城市，尤其是向县域地区转移的现象，对市、县级反洗钱监管提出了更大挑战。

（四）征信体系

2012 年，辽宁征信体系建设稳步推进，征信系统覆盖范围进一步扩大，金融业统一征信平台建设取得新突破，机构信用代码推广应用工作扎实开展，中小企业和农村信用体系建设成功经验进一步推广，信用评级业务实现大幅增长，社会公众信用意识继续增强。

1. 辽宁征信体系现状

征信系统建设稳步推进。截至 2012 年末，企业征信系统共征集辽宁省 33. 9 万户企业的信用信息，开通查询用户 7 465 个，月均查询量 10. 4 万次，比上年同期增长 26. 3%；个人征信系统共收录 1 370 万人、2 959 万户个人信贷账户，收录 2 936 万个自然人，开通查询用户 12 271 个，月均查询量达 43 万次。应收账款质押和融资租赁登记公示系统运行稳定，全省累计审核通过用户 161 个，接受登记 11 242 笔，查询量达到 15 315 次。征信系统覆盖范围进一步扩大，初步确定了小额贷款公司和村镇银行接入征信系统方案。

机构信用代码推广应用工作扎实开展。截至 2012 年末，人民银行分支行和银行业金融机构累计发放机构信用代码证 453 090 张，正常账户的机构信用代码证发放任务已全部完成。

征信系统服务水平进一步提升。全年累计提供信用报告查询服务 339 349 次，受理异议申请 78 笔。信用报告的应用范围进一步扩大，在省内诚信示范企业、百强民营企业等评选工作中广泛应用。征信系统继续在扩大信贷投放、防范信贷风险、改善社会信用环境等工作中发挥重要作用。

中小企业信用体系建设继续推进。全省累计建立中小企业信用档案 61 042 户，比上年同期增长 14%，已有 14 840 户中小企业取得了金融机构授信意向。农村信用体系建设继续深化，全省共征集 459 万户农户信用档案，对其中的 346 万农户进行了初步信用评价，对已进行信用评价的 340 万农户累计发放贷款 1 281 亿元，贷款余额 663 亿元。

辽宁信用评级业务实现大幅增长。2012 年，全省开展评级业务 923 笔，比上年同期提升 31.29%，其中借款企业评级 515 笔，担保机构评级业务 302 笔。信用评级已经基本覆盖省内开展业务的担保机构，小额贷款公司评级业务从无到有，评级业务达 106 笔。

2. 征信体系建设中需要关注的问题

一是征信法规制度尚不健全，缺乏征信管理的专项法规、征信机构及业务管理制度、信息主体权益保护制度和征信业标准，严重制约了我国的征信体系建设。二是征信联动工作机制尚不完善，征信体系建设与司法公信、社会诚信建设尚未形成有效合力，守信激励和失信惩戒机制尚不健全。

（五）金融生态环境

2012 年，辽宁省扎实推进“信用辽宁”建设工作，以对省直部门和各市政府目标绩效考核为手段，以工程建设领域诚信体系建设为契机，进一步扩大征信领域及应用范围，建立健全信用奖惩联动机制，全省信用环境水平不断提高。

1. 辽宁省金融生态建设情况

2012 年，辽宁省制定了《辽宁省失信投诉举报管理办法（试行）》，开通公益举报电话 12346，广泛接受社会投诉举报。出台了《辽宁省失信黑名单企业惩戒联动实施办法（试行）》，在明确失信黑名单认定标准的基础上制定了 14 条失信惩戒联动措施。曝光了第四批典型失信案件 6 起、第五批典型失信案件 7 起，有力地惩戒了失信行为。印发了《辽宁省诚信示范企业创建工作实施意见（修订）》，明确了诚信示范企业的申报条件、创建程序和监督指导等具体工作。

为增加环境失信企业成本，公布了沈阳市第一批企业环境信用等级评价结果，通过环境政策手段提高环境守信企业效益。表彰了第二届辽宁省诚信示范企业 156 户，提高了企业信用意识和整体竞争力。工商、税务、质监、人社、建设、国土、海关、法院、中小企业、农户等行业社会信用体系建设稳步开展。全省信用环境水平有了显著提升，为辽宁老工业基地振兴提供了软环境支持。

2. 金融生态环境建设中需要关注的问题

企业信用信息应用工作有待进一步加强。应以失信惩戒工作为突破口，加强失信信息的征集和使用，研究制定部门联动惩戒办法，提高失信成本。此外，重点领域和行业信用信息的联动监管有待进一步强化。

五、总体评估及政策建议

（一）总体评估

2012 年，人民银行沈阳分行继续采用层次分析法和专家评价法相结合的多指标综合评价法，从宏观经济、金融机构和金融生态环境三方面对辽宁省的金融稳定状况进行定量评估。经过计算，2012 年辽宁省金融稳定状况综合得分为 80.5 分，较上年的 79.5 分上升 1 分，稳定状况良好，属 B 类地区。

辽宁省金融稳定状况出现好转的主要原因，一是 2012 年经济增速虽然比上年回落，但产业结构调整取得新进展，第三产业占比有所提升，物价水平稳定，居民消费者价格指数涨幅显著回落；二是银行业金融机构资产负债规模增长较快，不考虑农村商业银行和农村信用社的特殊情况，全省金融机构不良贷款额继续呈下降趋势；三是金融生态不断改善，金融机构服务效率和服务质量明显提升。

（二）政策建议

1. 多措并举，促进实体经济健康发展

一是巩固农业，奠定经济运行的良好基础；抓好工业，促进实体经济健康运行；提升服务业，促进辽宁经济结构调整。二是改善民生，提高城乡居民收入水平。增加就业，鼓励创业，提高社会保障水平，加大对困难职工、失业人员、伤残人员等弱势群体的关注力度，扩大保障性住房、公租房的覆盖面，提高社会底层居民的生活水平和生活质量。三是转变方式，提升经济发展内在质量。由消耗型增长向效率型增长转变，由“粗放型”向“集约型”转变，由“外延型”向“内涵型”转变，由要素投入驱动向创新驱动转变，由投资和出口驱动向“三驾马车”协调推动转变。四是积极稳妥地推进城镇化。以辽宁沿海经济带和沈阳经济区建设为契机，加大县城和中心镇的建设，确保“十二五”规划中城镇化目标的实现。五是转变观念，大力拓展对外经济深度，一方面拓展出口产品的深度，另一方面拓展出口市场的深度。

2. 采取针对性措施，积极化解银行业潜在风险

一是银行机构要密切关注资产质量变化趋势，加大清收处置力度，防止不良贷款反弹。同时，各银行机构要密切关注产能过剩、受经济波动影响较大行业和集团客户的授信风险，坚持有保有压、区别对待，实行动态差异化管理，确保信贷资金安全。二是严密防控融资平台贷款风险。坚持“降旧控新”，不新增平台贷款规模，确保总量控制。继续做好合同修订补正、追加抵质押物、置换无效担保等工作，持续化解存量贷款风险。三是切实防范化解房地产信贷风险。审慎确定土储机构贷款规模，对房地产开发贷款，积极开展企业流动性和清偿能力的风险排查，房地产贷款总量偏多、占比偏高的机构，要切实加强集中度管理。深入开展房地产信贷风险压力测试，加强测试情况反馈。四是密切关注理财业务关联风险。要在理财销售中将风险提示放在首位，建立风险“防火墙”和风险代偿机制，防止风险转移到银行表内。

3. 积极推动证券公司业务创新，不断发掘新的利润增长点

一是全面提升服务质量，推动传统经纪业务转型。引导证券公司向提供更丰富的投资理财产品和咨询产品的综合性服务机构转变，充分利用制度变革的深入，积极开展业务创新，在直投、资产管理、“新三板”场外交易方面创造利润增长点。二是加强新型业务的监督管理，引导投资者理性参与交易。三是加大对上市公司的扶持培育力度，提高上市公司核心竞争力。

4. 继续规范保险市场秩序，维护保险市场健康运行

健全和完善保险市场规范运行的制度机制，注重发挥保险核心保障功能，有效保护保险消费者合法权益。引导保险公司树立风险意识，加强各项风险防范，针对退保风险，要密切关注可能出现

群体性、突发性非正常退保的重点业务领域和地区，督促保险公司建立完善风险责任制度。推动保险企业转变发展方式，加大业务创新力度，注重提高产品吸引力和服务质量，通过提高承保服务、推销技术、产品质量方面的良性保险同业竞争，促使保险行业健康有序发展。

5. 完善金融市场法律制度，构建多层次的市场参与主体

尽早出台《黄金市场管理办法》、《场外黄金交易监督管理办法》、《黄金制品进出口管理办法》等一系列关于黄金管理和黄金市场交易的法规，建立综合性的统一监管框架。培育多层次的金融市场参与主体，尤其是以金融机构为代表的机构投资者，更好地发挥市场机制的作用，促进市场稳健发展。加大创新力度，丰富交易品种，完善市场体系，进一步深化金融市场功能，提高市场的规范性和开放性。进一步扩大外汇市场主体，稳步推进人民币可兑换进程。

总　　纂：李立君　薛　静
统　　稿：金庆鹏　刘　涛
执　　笔：由　华　谭福梅　许　胜　姜　林　高　鹏　王　珏
其他参与写作人员（按姓氏笔画排序）：
王占军　王帅佳　王　勇　卢心慧　安英俭
邓吉宁　刘昊然　刘　萍　李士涛　张冰莹
张　莉　陈庆海　罗　勇　郭宝华　赵　越

吉林省金融稳定报告摘要

2012年面对严峻的国际国内经济形势，吉林省认真贯彻落实国家各项宏观调控政策，经济总量保持了稳定增长的良好态势，固定资产投资保持高速增长，物价走势趋于平稳。金融体制改革持续深化，银行业经营质量不断提升，股票市场融资规模创近年新高，保险业社会保障功能有效发挥。金融市场交易活跃，对实体经济支持力度加大，金融基础设施建设不断完善。但在金融稳健运行的同时仍需注意到，吉林省区域金融体系仍然存在结构不完善，法人机构较小，竞争力有待提高等问题。

一、区域经济运行与金融稳定

2012 年，吉林省实现地区生产总值 11 937. 8 亿元，按可比价格计算，比 2011 年增长 12. 0%，比当期全国平均增速高出 4. 2 个百分点，增速居全国第 10 位。

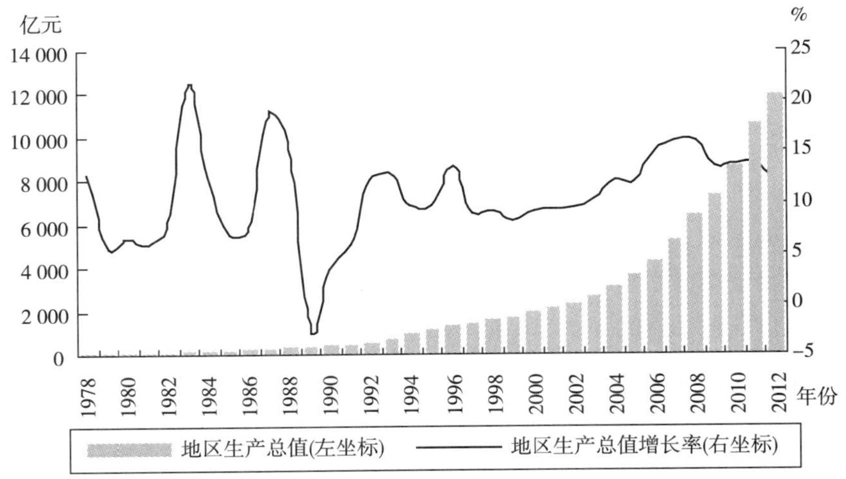

数据来源：吉林省统计局相关资料。

图 1 1978—2012 年吉林省地区生产总值及其增长率

1. 三次产业结构持续调整

2012 年，第一、第二、第三产业分别增长 5. 3%、14% 和 11%，三次产业的结构比例为 11. 8∶53. 4∶34. 8。其中，农业在抵御了台风、虫害等多种重大自然灾害之后，粮食生产再创历史新高，全省总产量达到 668. 6 亿斤，增长 5. 4%，总产量居全国第 5 位；粮食单产达到 966. 8 斤/亩，继续保持全国第一的领先位置。全省规模以上工业完成增加值 5 477. 3 亿元，同比增长 14. 1%，呈现出稳中有升的增长态势。全年轻工业实现增加值 1 562. 5 亿元，同比增长 16. 2%；重工业实现增加值 3 914. 8 亿元，增长 13. 3%，轻重工业增加值之比为 28. 5∶71. 5。汽车、食品行业继续引领增长，对全省工业经济增长的贡献率分别达到 25. 4% 和 20. 6%，占全部规模以上工业增加值的比重分别达到 22. 7% 和 17. 6%。

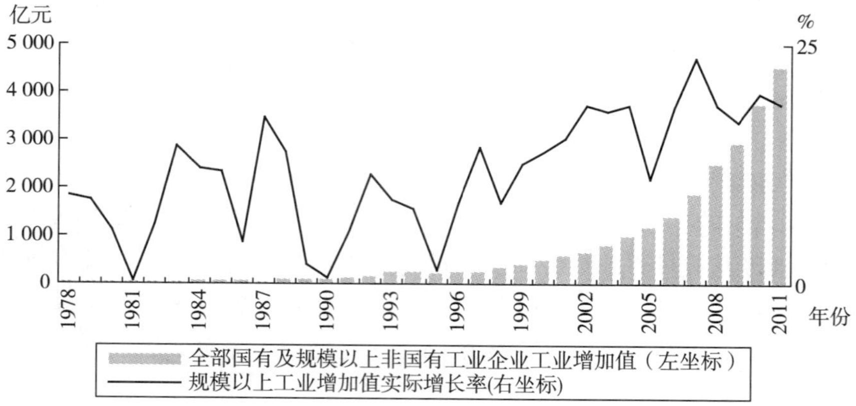

数据来源：吉林省统计局相关资料。

图 2　1978—2012 年吉林省工业增加值及其增长率

2. 固定资产投资继续保持高位平稳增长

2012 年，吉林省实现全社会固定资产投资 9 711. 40 亿元，同比增长 30. 5%。民间投资继续保持投资的绝对主导地位，全年全省累计完成 6 735. 6 亿元，同比增长 33. 3%，占全部投资的比重达到 71. 2%。从项目情况看，2012 年全省亿元以上项目完成投资 3 656. 25 亿元，同比增长 37. 0%；亿元以上项目个数达到 1 758 个，同比增长 32. 9%。其中，亿元以上新开工项目 1 497 个，增长 73. 3%；亿元以上新开工项目完成投资 2 597. 63 亿元，增长 74. 4%。大项目投资的高速增长，带动了全省固定资产投资的总体规模不断扩张。

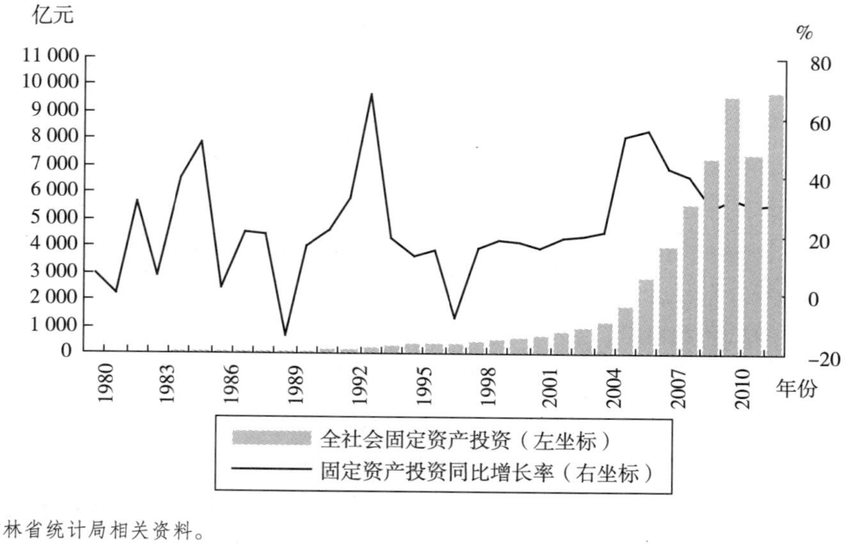

数据来源：吉林省统计局相关资料。

图 3　1980—2012 年吉林省全社会固定资产投资总额及其增长率

3. 社会消费品零售总额稳步增长

全年全省共实现社会消费品零售总额 4 772.9 亿元，同比增长 16.0%。其中，限额以上社会消费品零售额累计 1 960.23 亿元，同比增长 23.1%，占全部社会消费品零售总额的比重达到 41.1%，比上年提高了 4.3 个百分点。由于有一部分促进消费的政策相继退出，和上年相比消费品零售额增速有所回落。

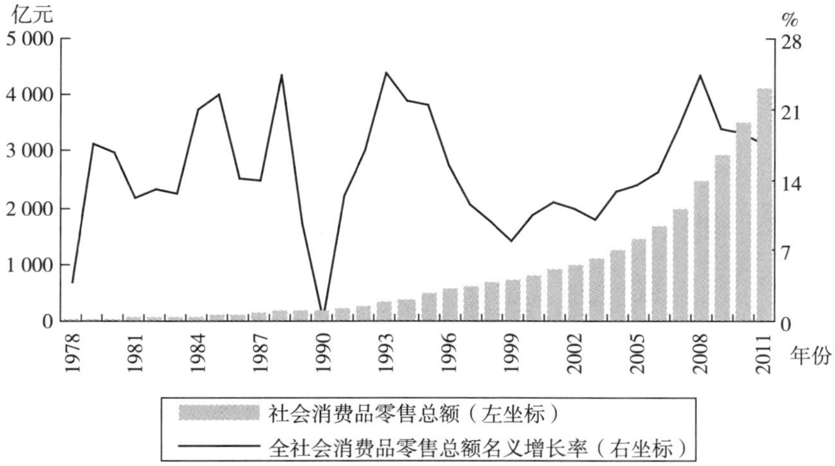

数据来源：吉林省统计局相关资料。

图 4　1978—2012 年吉林省社会消费品零售总额及其增长率

4. 对外贸易稳步发展，利用域外资金金额加速增长，跨境人民币结算业务发展势头迅猛

2012 年，吉林省累计完成外贸进出口总值 245.72 亿美元，同比增长 11.4%。其中，累计完成出口总值 59.83 亿美元，增长 19.7%；累计完成进口总值 185.89 亿美元，增长 8.9%。全年吉林省实际利用外资达到 58.16 亿美元，同比增长 17.6%。其中，外商直接投资 16.49 亿美元，增长 11.3%。全年全省实际利用外省资金 3 832.05 亿元，增长 31.2%。实际利用域外资金的较快增长，为加快吉林投资建设提供了有力的资金保障。

2012 年，吉林省办理跨境人民币结算业务 271.2 亿元，是上年同期业务总量的 3.3 倍。进行了跨境人民币实际收付业务的境外国家和地区由 2011 年的 18 个增加至 28 个，办理跨境人民币业务的银行机构由 2011 年的 7 个增加至 14 个，吉林银行已正式办理跨境人民币业务，农村商业银行正处于系统调试验收中。

5. 消费价格涨幅变动相对平稳

2012 年，全省居民消费价格总水平累计上涨 2.5%，低于全国平均涨幅 0.1 个百分点。其中，食品类价格累计上涨 4.9%，涨幅位居首位，影响 CPI 总水平上涨 1.6 个百分点，是物价上涨的主要推手。全省工业生产者出厂价格下降 0.9%，小于全国平均降幅 0.8 个百分点；工业生产者购进价格下降 0.7%，小于全国平均降幅 1.1 个百分点。

6. 财政收入再上新台阶，民生支出力度进一步加大

2012 年，吉林省累计完成公共预算全口径财政收入 1 920.2 亿元，同比增收 290.2 亿元，增长 17.9%。完成公共预算地方级财政收入 1 041.3 亿元，增长 22.5%。实现税收收入 760.6 亿元，增长 21.8%。全省财政支出 2 471.2 亿元，同比增支 269.5 亿元，增长 12.2%。其中，用于民生方面的支

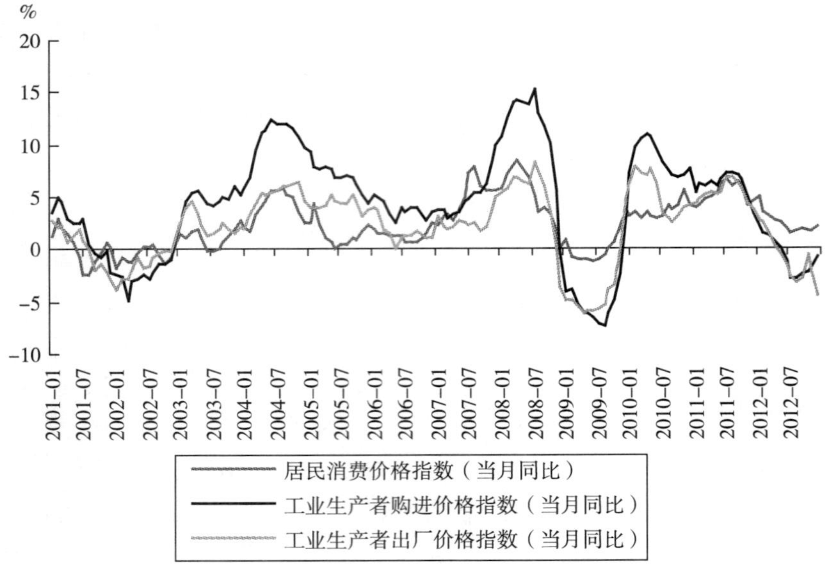

数据来源：吉林省统计局相关资料。

图5　吉林省居民消费价格和生产者价格变动趋势

出达到 1 936.7 亿元，占全部财政支出的 78.4%，自 2007 年以来连续 6 年将新增财力的 70% 用于民生。

二、金融业与金融稳定

（一）银行业分析

1. 资产规模和盈利水平实现较快增长

2012 年末，吉林省银行业金融机构资产总额 18 497.40 亿元，同比增长 25.27%。2012 年，吉林省银行业金融机构累计实现净利润 218.5 亿元，同比增盈 55.3 亿元，增长 33.87%。

2. 存款增速回升，贷款平稳增长

据人民银行统计，2012 年末，吉林省银行业金融机构本外币存款余额 12 812.13 亿元，同比增长 16.9%。在楼市调控、股市低迷、理财产品收益率下降的背景下，社会资金投资较为谨慎，存款意愿增强。全省本外币贷款余额 9 270.49 亿元，同比增长 12.5%。贷款结构不断优化，“三农”、小微企业以及民生领域建设得到有力支持。

3. 资产质量稳步提升

根据吉林银监局统计，2012 年末，吉林省银行业金融机构不良贷款余额比年初减少 32.01 亿元；不良贷款率比年初下降 1.08 个百分点。其中，农村合作金融机构通过市场化运作，政府部门协作的方式，不良贷款余额比年初下降 32.5 亿元，不良贷款率比年初降低 5.49 个百分点。

4. 地方金融机构改革稳步推进

辽源、双阳、蛟河农商行相继开业，全省 9 家农商行实收资本已占农合机构的 51%。吉林银行（法人）资产总额 2 156.66 亿元，同比增长 17.53%；各项贷款余额 1 088.5 亿元，同比增长 16.1%；

实现利润20.54亿元；成功发行20亿元次级债，资本充足率比年初提高1.46个百分点。

当前吉林省银行业虽然继续保持稳健运行，但是对于防控不良贷款反弹，防范房地产行业和政府融资平台贷款潜在风险，以及金融机构内控机制建设和完善等方面仍需密切关注。

（二）证券业分析

1. 证券业经营机构小幅增加，总体结构保持稳定

截至2012年末，吉林省共有法人证券公司2家，即东北证券股份有限公司和恒泰长财证券有限责任公司；证券分公司3家，证券公司营业部97家，新增6家。法人期货公司3家，分别为东方汇金期货有限公司、天富期货经纪有限公司和中融汇信期货有限公司，因天鸿期货迁出，同比减少1家；期货公司营业部19家，新增2家；境外期货业务持证企业1家。

2. 证券市场活跃度不高，交易规模下滑幅度明显

受A股市场整体行情影响，吉林省证券交易规模出现明显下滑。一是从总量规模看，2012年吉林省证券交易总额5 220.04亿元，同比减少11.28%；股票基金交易额3 973.67亿元，同比减少29.18%。二是证券交易月度数据与股市指数变化趋势高度相关。3月证券交易额为全年最高，单月实现交易额610.73亿元，其后逐步震荡下行，11月达到最低值350.7亿元，12月出现大幅反弹。

3. 融资功能有效发挥，直接融资再上历史新台阶

2012年，吉林省A股市场融资量达到59.59亿元，同比增长逾3.2倍。其中，新增首发上市公司1家，即吉视传媒股份有限公司，首发募集资金19.6亿元；东北证券非公开增发股票3.39亿股，募集资金39.99亿元。同时，欧亚集团、华微电子和吉林高速3家上市公司成功发行公司债券，合计募集资金15.9亿元。至此，吉林省辖内上市公司总市值1 884.49亿股，累计募集资金387.66亿元，同比增长24.18%，资本市场直接融资功能得到有力发挥。

4. 法人证券公司资本补充机制取得新进展，行业抗风险能力得到提升

2012年8月，东北证券完成非公开增发股票3.39亿股，共计募集资金39.99亿元，补充了公司净资本水平，进一步改善和优化了资本质量和资本结构，提高抗风险冲击能力。

5. 上市公司保持平稳发展，整体质量不断改善

通过强化上市公司监管，分类分批推动上市公司内控体系建设，全力推进上市公司规范经营。领先科技、石岘纸业等上市公司分别完成重大资产重组和破产重整，通葡股份、领先科技借力重组成功摘掉了“ST”帽子，持续经营能力和质量不断恢复，盈利能力和经济效益明显提升。

（三）保险业分析

1. 保险机构组织体系进一步发展，规范力度不断加大

截至2012年末，吉林省共有法人保险公司3家，分别为安华农业保险公司、都邦财产保险公司，以及新设立的鑫安汽车保险公司。省级保险分公司27家，其中财产险公司12家，人身险公司15家，年内各新增1家。同时，进一步加强市场准入退出机制，全年对3家保险代理机构和117家兼业机构实施了退出措施，规范保险市场建设。

2. 保费收入规模平稳增长，风险保障功能有效发挥

2012年，吉林省实现保费收入232.54亿元，同比增长4.11%。其中，财产险保费收入78.11亿元，同比增长13.2%；人身险保费收入154.43亿元，同比增长0.05%。保险保障功能进一步发挥，

全年累计承担风险保障总额 46 626 亿元，同比增长 24.69%；保险赔款给付 71.45 亿元，同比增长 19.14%。其中，财产险赔付支出 39.93 亿元，同比增长 28.98%；人身险赔付支出 31.52 亿元，同比增长 8.65%。保险密度达到 861.1 元/人，同比增长 6.44%；保险深度为 1.95%，比上年下降 0.2 个百分点。

3. 财产险公司非车险较快增长，服务领域不断拓宽

2012 年，吉林省财产险公司非车险保费收入 23.46 亿元，同比增长 14.01%，比车险保费增幅高 0.93 个百分点。围绕吉林省外向型经济发展战略，扩大出口信用保险覆盖面，全年承保金额 4.67 亿美元，出口渗透率 11.23%。

4. 人身险公司业务结构进一步优化

一是保障型险种占比提高。2012 年，全省普通寿险、意外险和健康险等保障型险种所占比重为 21%，同比提高 2 个百分点。二是个人代理业务占比提升。个人代理渠道占比 58.47%，同比提高 6.06 个百分点；银邮代理渠道保费收入业务占比 32.24%，同比下降 7.62 个百分点。三是缴费结构明显优化。新单期缴占比 33.89%，同比上升 3.64 个百分点；十年期以上期缴保费占比 57.62%，同比上升 6.09 个百分点。

5. 法人保险公司偿付能力水平明显改善，抗风险能力不断提升

继 2011 年安华农业保险公司完成增资改善偿付能力指标后，都邦保险 2012 年 7 月增资 7 亿元，增资完成后注册资本达到 27 亿元。安华农业保险公司抗风险能力继续保持稳定，偿付能力充足率同比提高 21 个百分点。

6. 农业保险持续稳定快速发展，服务“三农”发展成效显著

2012 年是吉林省农业保险历史上承保面积最大、保费收入最多、参保农户最广的一年。全省农业保险保费收入 8.36 亿元，同比增长 10.32%；参保县（市、区）60 个，实现了吉林省县域的全覆盖；参保农户逾 201 万户，占全省农户总数的 64.6%，较上年提高 3.2 个百分点；五大作物参保总面积 272 万公顷，占全省五大作物二轮土地承包面积的 72%，覆盖面较上年提高 4.9 个百分点。

三、金融市场与金融稳定

（一）社会融资与利率走势

据统计，2012 年，吉林省社会融资规模 1 489.5 亿元，同比下降 1.1%。从融资结构看，银行贷款间接融资方式仍占主导，全年贷款新增 1 029.6 亿元，占比 87.1%。直接融资中，全年债券融资量 92.6 亿元，同比下降 26.9%；股票融资量 59.59 亿元，同比增长逾 3.2 倍。债券融资中，中期票据 18.7 亿元，同比下降 70.78%；市政项目建设债券 31 亿元，同比下降 27.9%。

2012 年，在稳健货币政策背景下，受央行两次下调存贷款基准利率影响，吉林省金融机构对非金融机构企业及其他部门贷款利率呈下行趋势。吉林省金融机构贷款加权平均利率为 7.69%，其中 12 月贷款加权平均利率为 7.47%，比上年末低 0.7 个百分点。2012 年下半年，人民银行上调存款利率浮动上限和下调贷款利率浮动下限，缩小了存贷款基准利率的利差空间，利率市场化进程再次提速。

（二）主要金融市场交易

2012 年，随着稳健货币政策的继续实施，吉林省金融机构流动性水平相对宽松，金融市场继续平稳运行，各市场交易量活跃，交易额稳步攀升。全省拥有全国银行间同业拆借市场会员机构 32 家，场外融资电子备案系统备案的会员机构为 78 家，全国银行间债券市场会员机构 29 家，上海黄金交易所会员机构 2 家。约 40 万个人投资者通过商业银行网点和电子银行业务参与国债、黄金、外汇等产品的二级市场柜台交易。

1. 同业拆借市场流动性宽松，机构融资意愿降低，利率水平持续回落

全年 17 家机构累计成交 472.9 亿元，同比下降 14.18%。全年同业拆入加权利率 3.32%，同业拆出加权利率 3.58%，同比分别下降了 98 个和 141 个基点。

2. 银行间债券市场加速发展

吉林省银行间市场进入快速发展阶段，全年累计成交 6.34 万亿元，比上年增长 24%，资金流向净融入特征明显。市场结构和功能进一步优化，回购交易取代拆借市场成为吉林省资金融通主渠道，2012 年继续大幅增长，累计成交 3.33 万亿元，同比增长 25.23%，创历史新高。现券交易全年累计成交 3.01 万亿元，同比增长 22.59%，净卖出债券 145.49 亿元。受央行下调存款准备金率等政策因素影响，市场流动性相对宽松，全年正回购和逆回购平均利率分别为 3.01% 和 2.91%，同比分别下降 23 个和 101 个基点。

3. 票据承兑和贴现业务较快增长

2012 年末，吉林省商业汇票余额 632.3 亿元，同比上升 79.1%，累计签发商业汇票 1 466.8 亿元，同比上升 65.1%，全部为银行承兑汇票。票据贴现全年累计 16 313.6 亿元，同比增长 1.41 倍，贴现余额 250.72 亿元，同比增长 34.5%，票据业务主要集中在通钢集团、一汽集团等大型企业供应链的上下游中小企业，有助于缓解企业流动性资金紧张的矛盾。

4. 外汇市场平稳运行，黄金市场快速发展

人民币汇率形成机制改革后，吉林省企业积极运用外汇交易工具应对汇率波动，全年银行结售汇规模 232.24 亿美元，同比增长 5.97%。黄金市场也呈现良好的发展势头，2012 年通过上海黄金交易所销售黄金 3 716.23 公斤，同比增长 6.62%。商业银行纸黄金业务累计成交 71.21 亿元人民币，同比增长 14.75%，美元业务累计成交金额 1 819.6 万美元，同比增加 8.57%。

四、金融基础设施与金融稳定

（一）征信体系建设

2012 年，吉林省征信体系建设稳步推进，征信系统收录信息数量不断增加，社会信用环境进一步改善。截至 2012 年末，人民银行企业和个人信用信息基础数据库收录吉林省 14.8 万户企业，1 696万自然人的信用信息，全年为省内金融机构提供查询服务 314 万次，为金融机构防范信贷风险、保证金融稳定提供了有效支持。中小企业和农村信用体系建设工作继续深入推进，已为全省 4.5 万户中小企业与 389 万户农户建立了信用档案。金融机构积极应用人民银行长春中心支行开发的“吉林省中小企业融资超市”和“吉林省农村信用信息数据库”筛选优质客户，对中小企业与农村经济

主体的信贷支持力度不断加大。随着信用体系建设的逐步深入，社会信用意识得到进一步提高，区域金融生态环境不断改善，为经济金融发展创造了良好条件。第五届东北四省（区）信用体系建设联席会议召开，进一步落实《东北地区四省（区）区域合作框架协议》和《东北地区四省（区）信用合作战略框架协议》。

（二）支付体系建设

2012 年，吉林省支付体系继续保持平稳高效运行，支付业务量维持稳定增长态势。各类支付系统全年共处理支付业务 2.23 亿笔，金额 57.27 万亿元，同比分别增长 15.08% 和 50.98%。

非现金支付工具业务量平稳增长，为社会资金交易规模持续扩大提供有力支撑。2012 年，吉林省共办理票据、银行卡、汇兑等非现金支付业务 6.48 亿笔，金额 17.83 万亿元，同比分别增长 21.28% 和 34.18%，增速较上年分别加快 3.27 个百分点和放缓 8.84 个百分点，业务量总体呈现上升趋势。

银行卡业务量持续增长，银行卡受理市场环境建设不断完善。2012 年，吉林省共发生银行卡存取现金、消费、转账等交易 6.25 亿笔，金额 4.88 万亿元，同比分别增长 21.91% 和 3.26%，增速分别较上年加快 3.13 个百分点和放缓 19.31 个百分点。银行卡消费业务量稳步增长，全年实现银行卡消费 1.15 亿笔，金额为 2 103.88 亿元，同比分别增长 27.64% 和 30.24%，增速分别较上年减缓 16.18 个百分点和 11.93 个百分点，银行卡消费功能在提升社会公众即期消费意愿、促进社会消费品零售市场发展、推动国民经济发展中所发挥的作用日益显著。截至 2012 年末，吉林省共计布放 ATM 7 727 台、POS 机 99 080 台，特约商户 76 727 户，同比分别增长 25.11%、35.99% 和 41.59%，银行卡受理环境得到持续改善。

信用卡应用进一步深化，逾期半年未偿信贷金额连续 4 年增长，信用卡业务持续较快发展带来的资金风险值得关注。2012 年末，吉林省信用卡信贷总额 407.92 亿元，同比增长 44.87%，增速较上年加快 5.35 个百分点；应偿信贷总额 104.84 亿元，同比增长 86.48%，增速较上年放缓 25.41 个百分点；逾期半年未偿信贷总额 9 615 万元，同比增长 33.45%，增速较上年放缓 59.51 个百分点，逾期半年未偿信贷总额占期末应偿信贷总额的比重连续 4 年下降至 2012 年末的 0.92%。银行业金融机构应进一步加强信用卡资金风险管理，认真把控持卡人偿付能力审核，改善片面强调发卡数量、忽视发卡质量的粗放型经营思路，从源头上降低信用卡坏账风险。

（三）反洗钱体系建设

2012 年，吉林省进一步强化“风险为本”的反洗钱体系建设。初步建立了金融机构自评与人民银行评价相结合、合规性评价与风险性评价相结合的金融机构反洗钱监管体系。通过建立科学的评价体系，准确评估金融机构所面临的风险，针对不同风险等级发出预警信号，并配以相应的监管手段，同时要求金融机构采取有效措施加强风险防范，防止洗钱犯罪、经济损失、名誉损失等不良后果的发生。动态评价和风险预警相结合的工作机制，充分体现了“风险为本”的监管特点。在监管方法的选择上，做到风险等级、行为性质、情节程度和目标相统一，增强了反洗钱监管的针对性和实效性。启动了对支付机构的反洗钱监管工作，规范细化了应用机构信用代码开展反洗钱工作的流程，进一步加大金融机构从业人员的反洗钱业务培训。深化反洗钱联席会议成员单位间沟通协调，与省保监局联合下发了《关于进一步加强全省保险机构反洗钱工作有关问题的通知》。加大反洗钱宣传力度，组织开展了以“警惕网络洗钱陷阱，增强反洗钱意识”为主题的反洗钱宣传月活动。

（四）金融法制环境建设

2012 年，吉林省金融秩序整顿和法制环境建设进一步完善。根据国家处非联办整治非法集资问题专项行动部署，在全省开展了整治非法集资专项行动。制定下发了《关于印发整治非法集资问题专项行动方案的通知》，建立了排查、督办、处置工作机制。公安机关共梳理甄别涉嫌非法集资线索 86 条，挽回经济损失 6.7 亿元。吉林证监局与人民银行长春中心支行在共同打击证券期货违法违规行为、清理整顿各类交易场所、监测非上市公众公司信息披露重大违法线索以及证券期货业应急处置和维稳工作等方面加强合作，建立日常沟通协调机制，加强金融监管，全年查处内幕交易等违法违规案件 10 余件。

2012 年，人民银行长春中心支行全面推进“两管理、两综合、一保护”工作，通过开展综合评价和综合执法工作，有效引导金融机构认真合法合规经营。全年接报金融机构重大事项 1 475 件，对接报的风险事件及时进行了处置，有利于监管部门对辖区风险“早发现、早预警、早处置”。金融消费者权益保护机制不断完善，吉林省政府金融办、人民银行长春中支、吉林银监局、省工商局等部门共同召开金融消费者权益保护履职协调会议，厘清有关金融消费者权益保护方面的监管职责。

五、总体评估和政策建议

（一）总体评估

2012 年，吉林省经济金融运行态势总体良好，体制改革不断深入，金融产品和服务创新成效显著，融资功能进一步发挥。总体来看，经济保持稳定增长势头，物价水平趋于平稳，财政支付能力逐年增强等有利外部因素支撑了区域金融体系持续稳健运行。金融机构改革的深入推进，资本实力的不断充实，整体经营质量的逐年提高，法制环境和基础设施的不断完善，成为促进金融业健康平稳发展、增强抵御风险能力的内部积极因素。在金融业稳健发展的同时，融资功能有效发挥，与实体经济的结合更为紧密，在推动经济发展方面发挥了更为突出的作用。

2013 年，我国将加快经济结构调整、转变经济发展方式的步伐，坚持“稳中求进”的工作总基调，推进吉林省金融体系稳健发展的同时，还需对区域金融稳定的潜在风险因素发展变化情况进行密切关注。国内经济下行压力仍然存在，对金融行业资产质量的影响不容忽视。国家房地产行业调控政策和政府融资平台整治力度不断加强，相关贷款潜在风险上升。金融机构内控制度尚不完善，对于创新性业务的风险控制能力亟需提高。

（二）政策建议

1. 加强宏观政策调控，着力提高调控的前瞻性、针对性和灵活性

处理好稳增长、调结构、控物价、防风险的关系，把握好货币政策调控的重点、力度和节奏。适当扩大社会融资总规模，切实降低实体经济发展的融资成本。不断优化社会融资结构，把金融资源优先配置到自主创新产业、小微企业、战略新兴产业等实体经济重点领域和关键环节，对高耗能、高污染项目和产能落后等行业和企业的融资实施严格控制。

2. 继续深化金融改革，提高金融机构风险管理能力

完善金融机构公司法人治理结构建设，健全内控机制，提高风险防控意识和能力。引导金融机构把经营战略与国家宏观调控政策相结合，着力提高资产质量和效益。强化对金融机构激励约束机制的管理，防止金融机构为追求短期效益盲目扩张，造成新的风险。

3. 加强风险监测与预警，把风险控制关口前移

加强政府及监管部门之间的协调沟通，健全金融稳定协调监管机制。密切关注企业回款速度减缓、房地产行业调控和地方政府融资平台整顿等因素引起的金融系统资产质量变化，加强对金融机构新业务、新产品的监测，及时应对金融突发风险。

4. 完善金融安全网建设，继续打造良好金融生态环境

加大打击非法金融活动的力度，提高支付结算效率，健全反洗钱体系，不断完善和加强全社会信用环境建设；培育良好的市场环境、法制环境，为金融体系的健康较快发展打造良好的外部环境。

主　　任：张启阳
副 主 任：王春生
总　　纂：刘仁龙　李柏秋
统　　稿：刘　健
执　　笔（按姓氏笔画排序）：
于晓东　王春萍　白云峰　冯雪丹　毕　聪
刘　健　刘　镇　吕　斌　安立环　李红梅
连　飞　孟繁博　杨　珩　赵　锋　赵新欣
张永辉　袁春旺　曹　楠　董凯军

黑龙江省金融稳定报告摘要

2012年，黑龙江省牢牢把握“稳中求进”的总基调，全面贯彻落实国家宏观调控政策，始终坚持把稳增长放在更加突出的位置，全省经济呈现稳中有升、质量和效益向好、民生显著改善的良好态势。地区生产总值连续十一年保持两位数增长；农业生产再创辉煌，“现代化大农业”初见成效；财政收支更趋合理，固定资产投资持续高增长；居民消费能力不断提升，物价总水平趋于稳定。金融业认真贯彻稳健货币政策。银行业存贷款规模合理增长，信贷投放重点突出；资本市场发展有所突破，直接融资比重明显提升；保险市场平稳发展，经营质量显著提高。金融市场健康发展，市场交易活跃。金融基础设施逐步完善，金融生态环境持续改善。

一、经济运行与金融稳定

（一）经济运行情况

2012年，黑龙江省继续推进“八大经济区”和“十大工程”建设，加快经济发展方式转变，国民经济总体呈现企稳态势。全年实现地区生产总值13 691.6亿元，同比增长10%，增幅比上年回落2.2个百分点，仍处于较快的增长区间。

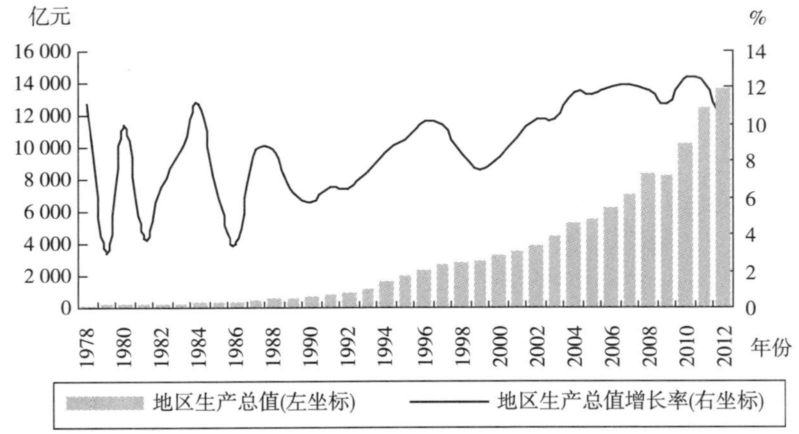

数据来源：《黑龙江统计年鉴》、《黑龙江统计月报》。

图1 1978—2012年黑龙江省地区生产总值及其增长率

1. 经济实力显著增强

2012年，第一、第二、第三产业分别实现增加值2 113.7亿元、6 456.4亿元和5 121.4亿元，同比分别增长6.5%、10.2%和10.7%，三次产业构成比由2011年的12.5∶46.4∶41.1调整为15.4∶47.2∶37.4。人均生产总值达到35 711元，比上年增长9.9%。

农业生产再创新高。2012年，粮食播种面积20 913.1万亩，比上年增加275.3万亩，粮食总产量达1 152.3亿斤，较上年增加38.2亿斤，实现"九连增"，粮食总产量、增量、商品量和调出量四项指标均居全国第一位。

工业生产企稳回升。2012年初，工业生产低速开局，前两个月规模以上工业增加值增幅只有6.9%。针对这一形势，黑龙江省积极调整工业结构，工业增加值增速逐月回升。全年实现工业增加值4 759.9亿元，同比增长10.5%，增速比上半年回升1.4个百分点。

第三产业稳步发展。2012年，作为全国旅游热点省份，黑龙江省旅游业快速增长，冰雪旅游在全国冬季旅游市场的龙头地位得到进一步巩固。金融、物流、信息、商贸、文化等产业继续发展壮大，在国民经济中的地位进一步增强。

2. 物价涨幅平稳回落

全年居民消费价格（CPI）比上年上涨3.2%，低于年初调控目标（3.5%左右）。其中，城市上涨3.3%，农村上涨2.9%。从商品类别看，涨幅居首位的是食品，上涨5.5%，其次是住房，涨幅3.9%，娱乐教育文化用品及服务、交通和通信小幅下降，降幅分别是0.1%和0.5%。

3. 财政支出向民生倾斜

2012年，实现地方财政收入1 630亿元、公共财政收入1 163.2亿元，同比分别增长0.6%和16.6%。全年完成财政支出3 696.2亿元，同比增长8.8%。行政经费得到严格控制，社会保障和就业、城乡社区服务、教育、住房保障等民生类重点支出分别增长16.9%、14.4%、45.7%、19.4%。

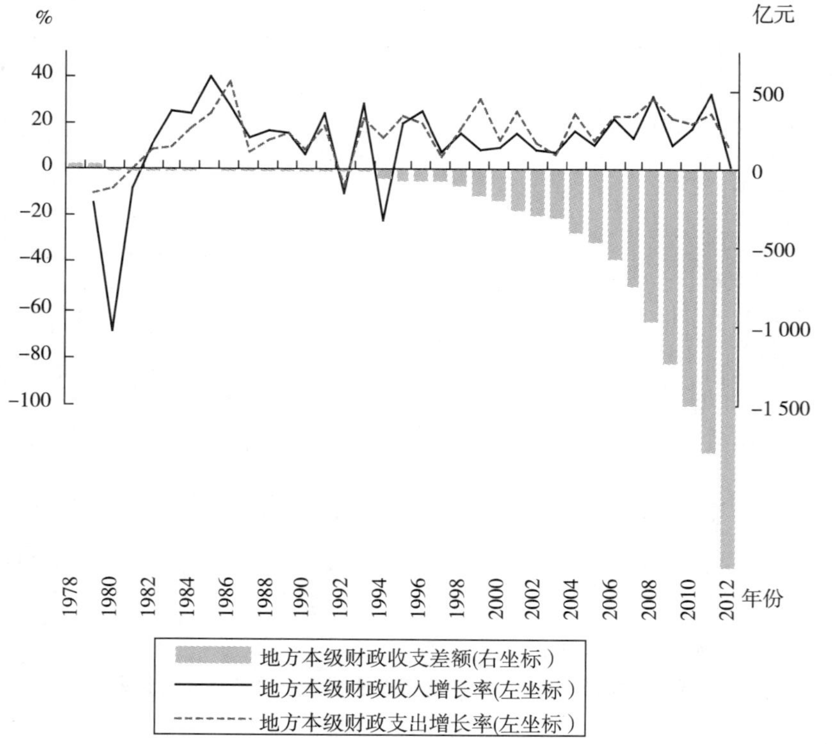

数据来源：《黑龙江统计年鉴》、《黑龙江统计月报》。

图2 1978—2012年黑龙江省财政收支状况

4. 投资保持快速增长

2012 年，完成固定资产投资 9 780. 9 亿元，同比增长 30%。其中，城镇固定资产投资 9 376. 1 亿元，同比增长 30. 1%，高于全国平均水平 9. 5 个百分点，列全国第 5 位。工业项目拉动作用显著，完成投资 4 142. 3 亿元，同比增长 40. 1%。大项目建设成效显著，四大主导产业共完成投资 3 009. 4 亿元，同比增长 38. 2%，占城镇工业投资的 72. 7%。

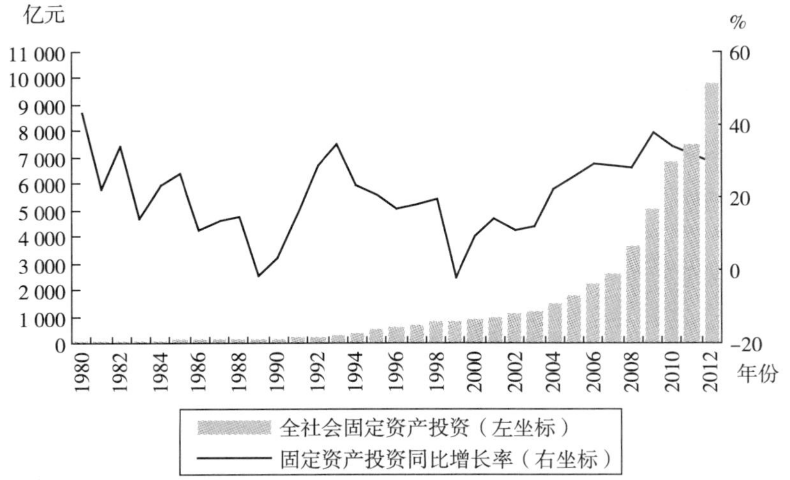

数据来源：黑龙江省发展和改革委员会相关资料。

图 3　1980—2012 年黑龙江省固定资产投资及其增长率

5. 对俄贸易、利用外资成效显著

2012 年，进出口总额 378. 2 亿美元，同比下降 1. 8%，全年累计实现贸易逆差 89. 4 亿美元。对俄经贸合作创新与转型升级，对俄贸易增长 12. 2%，占全国对俄贸易的 24. 2%。全省 98 家外商直接投资企业合同利用外资总额 39 亿美元，增长 10. 8%。成功举办了“黑龙江（香港、广东、浙江）经贸交流”及“招商之冬”、“欧洽会”等大型招商引资活动。

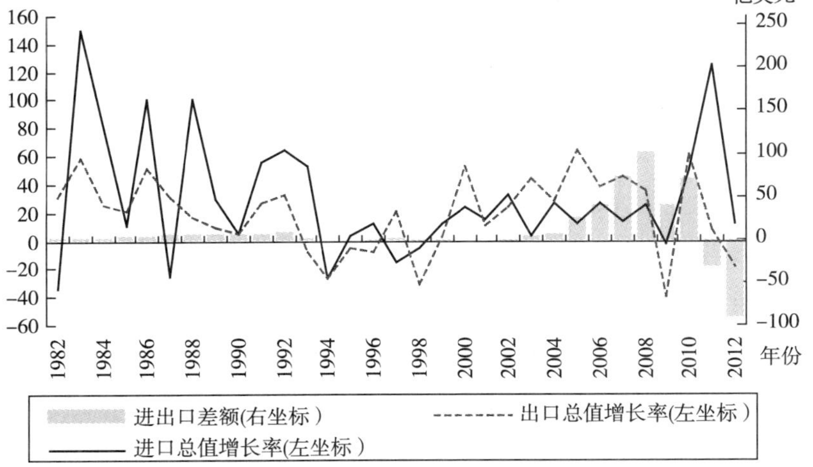

数据来源：《黑龙江统计年鉴》、《黑龙江统计月报》。

图 4　1982—2012 年黑龙江省外贸进出口变动情况

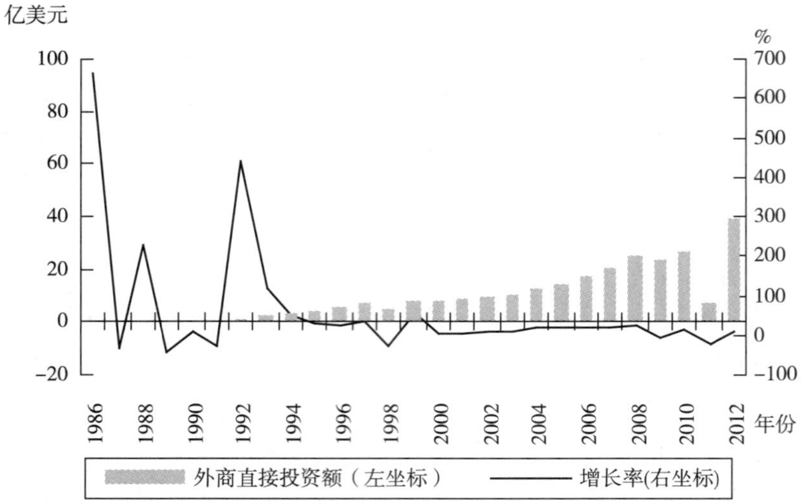

数据来源：黑龙江省统计局。

图5 1986—2012 年黑龙江省外商直接投资情况

（二）重点行业发展情况

1. 房地产调控政策成效初显

2012 年，房地产贷款增速持续回落，市场呈现量平价稳的趋势。全年完成房地产开发投资 1 535. 8亿元，同比增长 26%，增速回落 18. 6 个百分点。保障性住房开发投资进一步加快，保障性安居工程投资 811. 9 亿元，超额完成全年建设任务。全年商品房销售额 1 548. 3 亿元，同比增长 13 7%，增速比 2011 年下降 20. 4 个百分点；商品房销售价格同比上涨 1. 7%，涨幅比上年回落 5. 9 个百分点。

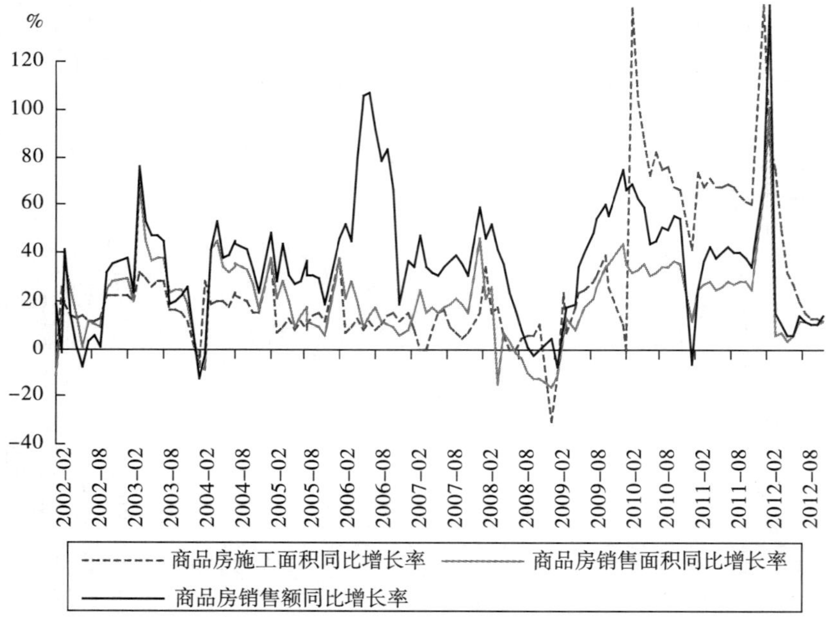

数据来源：《中国经济景气月报》。

图6 2002—2012 年黑龙江省商品房施工和销售变动趋势

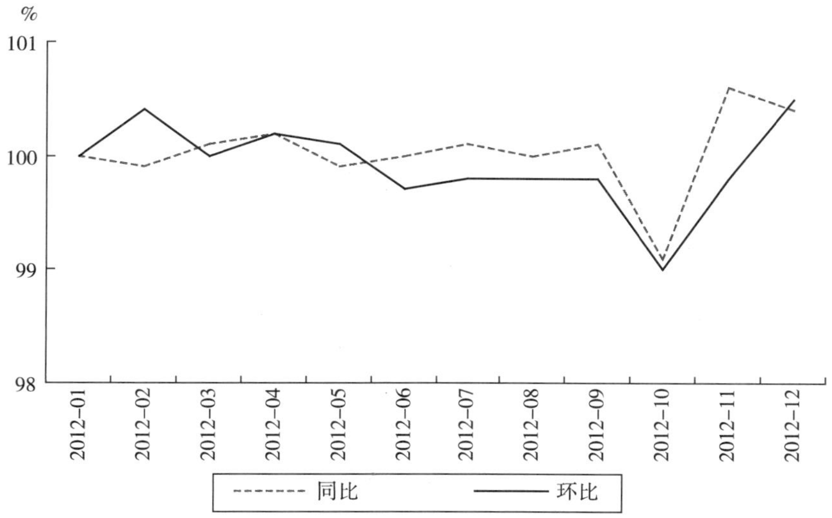

数据来源：《中国经济景气月报》。

图7 2012年哈尔滨市新建住宅销售价格指数变动趋势

2. “四大”建设推动“三农”经济快速发展

积极推进大“水利、大农机、大科技、大合作”建设。农业综合机械化程度整体提升，大面积推广节水灌溉和“旱改水”，各类农民专业合作组织蓬勃发展，农业综合生产能力和农民组织化程度明显提高。大力推进农业结构调整，畜牧业产值增长7.9%；绿色食品种植面积、实物产量继续保持全国第一；蔬菜种植面积668.1万亩，棚室面积不断扩大。农产品精深加工率达到33%，改造和新建423个中新村，农村面貌发生可喜变化。

（三）经济运行中影响金融稳定的风险因素

1. 经济增长驱动因素单一，经济增长点有待挖掘

2012年，黑龙江省经济增长主要是依靠投资拉动。随着汽车、家电等刺激性消费政策陆续退出，政策的释放作用逐步消退，传统产业快速增长难度较大，新的经济增长点有待进一步挖掘。

2. 工业企业盈利下滑，偿债能力下降

全年规模以上工业实现利税2 497亿元，同比下降1.5%。其中，利润1 201亿元，同比下降3.4%。工业经济效益综合指数372.9，下降8.6点。盈利下滑直接导致企业的偿债能力下降，债务链条的稳定程度将影响企业的稳健性经营状态。

3. 外部环境不确定性增加，涉外企业发展受阻

2012年，主要发达经济体复苏步伐缓慢。欧债危机后续影响仍在起作用；美、日实施量化宽松政策，新兴经济体增速放缓。受此影响，黑龙江省部分涉外企业，尤其是出口企业由于原材料涨价、工资上涨、人民币升值，企业生产成本日益攀升，外需萎靡又无法有效转嫁成本，企业只能减少订单量或者降低出口价格。利润空间遭到挤压，经营困难。

二、金融业与金融稳定

（一）银行业

1. 改革进一步深入，呈良性发展态势

2012 年，银行业机构改革不断深化，整体竞争力进一步提高，对经济支持力度持续加大。在全国率先实现了银行机构乡镇全覆盖，全省 64 个县共有银行机构 458 家、3 023 个网点，平均每个县 7 家机构、47 家网点。成功引进了汇丰银行和法国兴业银行（筹）两家外资银行。积极推进哈尔滨银行跨境收购俄罗斯滨海边疆区商业银行工作。

规模效益不断提高。截至 2012 年末，银行业金融机构资产总额达 23 501. 8 亿元，比年初增加 3 656. 7亿元，增长 18. 4%；负债总额达 22 802. 8 亿元，比年初增加 3 494. 6 亿元，增长 18. 1%。其中，本外币各项存款余额 16 540. 7 亿元，比年初增加 2 124. 3 亿元，同比增长 14. 7%；各项贷款余额 10 259. 9 亿元，比年初增加 1 498. 8 亿元，增长 17. 1%。存贷比为 62. 0%，比年初增加 1. 2 个百分点。实现净利润 254. 7 亿元，同比增盈 41. 6 亿元。

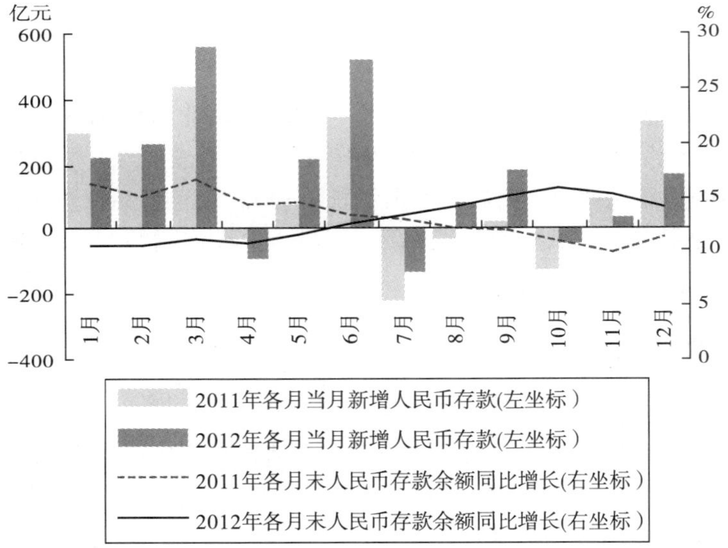

数据来源：中国人民银行哈尔滨中心支行相关资料。

图 8　2011—2012 年黑龙江省金融机构人民币存款增长情况

贷款结构不断优化。截至 2012 年末，短期贷款余额 4 279. 1 亿元，同比增长 20. 7%，当年新增 730. 3 亿元；中长期贷款余额 5 497. 9 亿元，同比增长 12. 8%，当年新增 625 亿元，新增额占全省新增贷款的 49. 5%。政策性银行及国家开发银行、国有商业银行、城市商业银行三类机构全年新增贷款共计 1 285. 9 亿元，占全部新增贷款的 85. 8%。新增贷款重点支持了农业、小微企业等重点领域及实体经济发展。本外币涉农贷款余额 3 769. 9 亿元，当年新增 464. 0 亿元；小微企业贷款余额 1 774. 8亿元，当年新增 141. 9 亿元。

不良贷款持续“双降”。截至 2012 年末，不良贷款率4. 8%，比年初下降1. 6 个百分点（剔除农

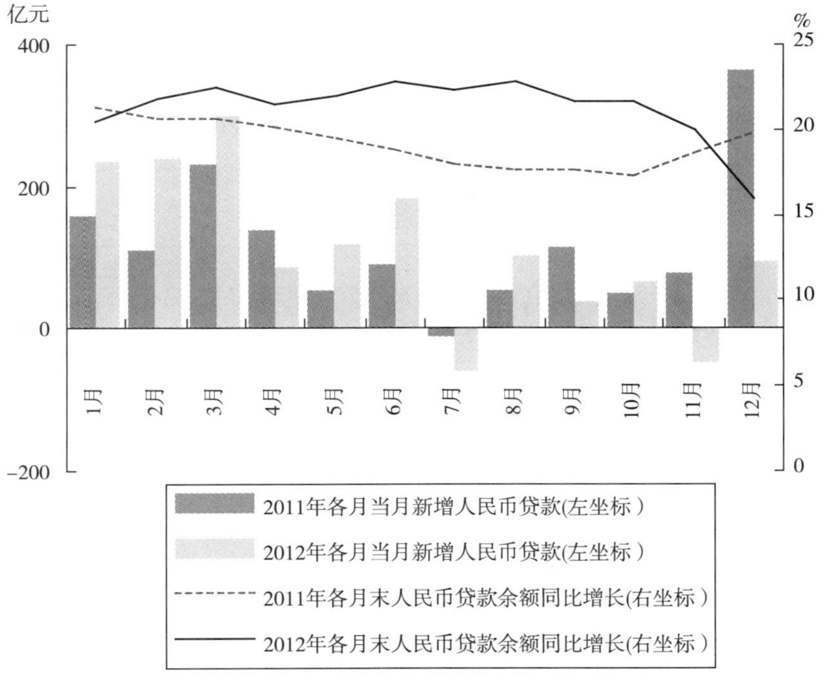

数据来源：中国人民银行哈尔滨中心支行相关资料。

图9　2011—2012 年黑龙江省金融机构人民币贷款增长情况

发行因素）；全省银行业内部保持零发案。

“三农”金融事业部改革稳步推进。黑龙江省农行“三农”金融事业部改革试点以来，建立了省市行“二级督导”，县行“一级经营”的管理架构和相关经营机制，县域经营活力、风险防控能力、支农力度等明显增强。

2. 经营压力增大，潜在风险应予以关注

不良贷款反弹压力加大。全省关注类贷款上升，截至 2012 年末，银行业金融机构关注类贷款余额 315. 7 亿元，比年初增加 40. 9 亿元，增长 14. 9%。其中，农信社、工行及龙江银行关注类贷款新增较多，分别比年初增加 46. 6 亿元、11. 5 亿元和 11. 1 亿元。融资平台贷款余额已达 1 982 亿元，主要集中在交通运输和市政建设领域。2012 年、2013 年两年为融资平台贷款集中还款期，部分贷款按时偿还压力加大。

表外业务风险隐患上升。随着信贷供需结构性矛盾日益突出，在息差趋势性和周期性下行的市场环境下，票据、理财、代销、信用卡等表外业务快速发展，潜在着合规性和监管套利风险。

房地产贷款潜在偿还风险。截至 2012 年末，银行业机构房地产贷款余额 1 529. 4 亿元，占全部贷款的 14. 9%，比年初增加 305. 6 亿元，增长 25%，增速高于全部贷款增速 7. 9 个百分点。在房地产政策宽松无望，市场销售低迷的市场形势下，部分存量开发项目出现了销售停滞、销售进度低于预期的情况，按期偿还贷款压力明显加大。

具有融资功能的非金融机构经营风险渐显。部分小贷公司、担保公司、典当行、投资理财公司、房地产经纪公司等中介机构超范围经营，提高单笔借贷额度，将部分资金投向高盈利行业，背离了“小额”，“分散”和面向农户、微小企业的设计初衷，存在融资风险。

（二）证券期货业

1. 证券市场保持稳定

黑龙江省现有法人证券机构1家——江海证券股份有限公司，辖区证券期货经营机构共计136家，从业人员共计4 739人，投资者开户数230万户。

表1　　2012年黑龙江省证券业基本情况表

项目	数量
总部设在辖内的证券公司数（家）	1
总部设在辖内的基金公司数（家）	0
总部设在辖内的期货公司数（家）	3
年末国内上市公司数（家）	31
当年国内股票（A股）筹资（亿元）	5.25
当年发行H股筹资（亿元）	0
当年国内债券筹资（亿元）	344
其中：短期融资券筹资额（亿元）	49
中期票据筹资额（亿元）	102

数据来源：黑龙江证监局相关资料。

证券机构经营平稳。截至2012年末，外埠证券公司本地分公司3家，辖区证券营业部121家，其中江海证券32家，其他公司89家。营业部资产总额合计116.2亿元，负债总额合计108.3亿元，净资产合计7.9亿元，部均净资产650万元。客户资产总额合计1 416亿元，其中，托管流通证券市值1 112.1亿元，托管限售证券市值200.9亿元，客户交易结算资金101.4亿元。

江海证券总资产合计69.1亿元，同比增长15.2%；净资产21.6亿元，同比增长2.7%；负债47.5亿元，同比增长21.9%；净资本13.4亿元，同比下降2.8%。2012年，共实现营业收入4.2亿元，同比增长100%，营业支出3.9亿元，同比增长1%。辖区证券公司全年实现盈利2 325.4万元。

期货公司盈利大增。截至2012年末，辖区正常经营的期货机构共有15家，其中，期货公司2家，在辖区内各有1家期货营业部，外埠期货营业部11家，从业人员274人。全年代理期货交易量2 576.9万手，同比增长76%；全年代理交易额16 405.2亿元，同比增长10.3%；全年手续费净收入4 835.6万元，同比增长18.6%，利润总额334.2万元，同比增长187.1%。

中间业务发展稳定。辖区从事中间介绍业务的证券营业部共35家，期货投资者开户数5 477户。客户权益1.6亿元；全年代理期货交易额1 380.1亿元，其中，自然人1 367.9亿元，法人12.2亿元；手续费收入328.5万元。

2. 证券期货市场规模偏小、盈利能力亟待提高

市场规模总体偏小。2012年，黑龙江省上市公司总市值占全国上市公司总市值的比重仅为0.7%，而黑龙江省地区生产总值占全国的2.6%，资本市场发展水平与经济社会发展水平不相适应。辖内仅1家法人证券公司和3家法人期货公司，资本实力、盈利水平、人才储备等方面与东部发达地区存在较大差距。

上市公司盈利能力有待提高。受宏观经济不景气、部分原材料成本上升及外需疲软等因素影响，辖区上市公司盈利水平出现下滑。第三季度报显示，辖内31家上市公司，27家实现盈利，4家出现

亏损，亏损面较去年扩大29%；27家盈利公司共实现净利润30.2亿元，同比下降8.4%，第三季度22家上市公司净利润均同比下降。

（三）保险业

1. 盈利能力稳步提高

保险市场主体39家，支公司及以下分支机构2 455家。全年实现保费收入344.2亿元，较上年同期增加26.4亿元，同比增长8.3%。全省发生赔付支出98.3亿元，较上年同期增加11.5亿元，同比增长13.3%。保险公司资产合计939.9亿元，同比增长17.2%。行业提供风险保障49 036.4亿元，同比增长21.4%。保险深度2.51%，保险密度898.33元/人。

表2　　2012年黑龙江省保险业基本情况表

项目	数量
总部设在辖内的保险公司数（家）	1
其中：财产险经营主体（家）	1
寿险经营主体（家）	0
保险公司分支机构（家）	39
其中：财产险公司分支机构（家）	17
寿险公司分支机构（家）	22
保费收入（中外资，亿元）	344
其中：财产险保费收入（中外资，亿元）	101
人身险保费收入（中外资，亿元）	243
各类赔款给付（中外资，亿元）	97
保险密度（元/人）	898
保险深度（%）	2.51

数据来源：黑龙江保监局相关资料。

农业保险快速增长。2012年，农险实现保费收入22.2亿元，比上年同期增加5.8亿元，同比增长35.1%，业务规模居全国第2位。

财险盈利空间收窄。财产险公司实现承保利润5.6亿元，比上年同期减少1.8亿元，同比下降24%；承保利润率为6.4%，比上年同期低3.6个百分点。17家财险公司中，盈利13家，亏损4家。

2. 车险、人身险增长回落

车险业务增速持续放缓。2012年，车险实现保费收入62.9亿元，比上年同期增加5.7亿元，同比增长9.9%；交强险实现保费收入28.1亿元，比上年同期增加2.9亿元，同比增长11.5%，对车险业务的贡献率为51%。车险业务增速低于前三年增速。

人身险业务增长乏力。2012年，全省人身险公司新单业务实现保费收入111.5亿元，比上年同期减少了8.6亿元，同比下降7.2%，占公司业务比重的45.9%，低于上年同期5.9个百分点。个代、银邮等渠道都出现不同程度的回落，业务发展缺乏持续后劲。

中小机构盈利能力堪忧。从市场份额看，人保、平安、太保、阳光农业等几个大公司占据市场份额的75%左右，部分中小机构微利经营，甚至已经出现亏损，发展后劲不足。

三、金融市场与金融稳定

（一）金融市场平稳健康运行

1. 同业拆出资金成倍增长

由于金融机构整体流动性适度充裕，通过同业拆借市场拆出资金意愿强烈。银行间同业拆借市场成员单位累计进行信用拆借604笔，拆借金额1 634.7亿元，同比增加836.7亿元，增长104.8%。其中，拆入金额1 373.6亿元，同比下降88.6%；拆出金额261.1亿元，同比增长2.7倍。

2. 债务融资结构优化

2012年，银行间债券市场累计成交43 237笔，金额77 265.9亿元，同比增加37 713亿元，增幅为95.35%，较上年同期提高88.2个百分点。非金融企业通过发行中期票据、短期融资券、企业债、公司债、股票等直接融资产品实现直接融资349.3亿元，同比增加206.1亿元，创历史新高。中国银行间市场交易商协会与黑龙江省政府、人民银行哈尔滨中心支行联合签署了《借助银行间市场助推黑龙江省经济发展合作备忘录》，建立了黑龙江省企业在银行间市场发债融资的长效合作机制。企业在银行间市场累计发行直接债务工具融资150.5亿元，同比增长114.3%，当年融资额创下历史新高。

3. 票据融资规模大幅增长

2012年，银行承兑汇票余额为997.6亿元，同比增加404.3亿元，同比增长68.1%；累计签发承兑汇票1 579.9亿元，同比多签发654.3亿元；累计办理票据贴现5 188.9亿元，同比增加2 650.1亿元。

4. 黄金市场稳步发展

黑龙江省有10家银行类机构开办黄金业务。2012年，黑龙江省黄金市场成交总量83 849.8公斤，同比增长10.9%。其中，国有银行成交15 802.6公斤，占市场交易总量的18.9%；股份制银行成交68 047.1公斤，占市场交易总量的81.2%。

（二）金融市场发展需关注的问题

1. 货币市场参与主体及其交易权限有待进一步扩大

全省共有11家金融机构获取银行间同业拆借市场成员资格，9家金融机构获取银行间债券市场成员资格，但实际参与同业拆借交易的只有6家机构，参与债券交易的也只有6家机构，且交易成员中没有全国性金融机构。多数商业银行出于风险考虑将交易权限上收总行统一操作，这在一定程度上影响了商业银行省级分行参与银行间市场的程度。

2. 银行通过票据业务抢占贷款规模基数

在稳健货币政策框架下，两次下调存款准备金率和存贷款基准利率，为扩大信贷投放提供了良好的政策环境。一些银行基于企业信贷有效需求不足、优质客户少的情况，多数选择通过票据业务来扩张信贷规模抢占贷款基数，通过压缩票据业务以保证贷款规模和盈利水平，确保盈利水平不受经济形势和金融调控政策发生变化的影响。

四、金融基础设施与金融稳定

（一）金融基础设施建设情况

1. 支付清算体系运行平稳，支付服务进一步加强

2012 年，黑龙江省票据、银行卡、网上支付、电话支付、移动支付等非现金支付工具不断创新，农村支付环境不断改善，对非金融机构支付服务监管增强，支付系统平稳运行。

截至 2012 年末，黑龙江省有商业银行支付系统直接参与者 19 家、间接参与者 2 749 家、无户特许直接参与者 1 家。各类支付系统共处理业务金额 45. 4 万亿元，同比增长 39. 6%；全省支付工具办理支付业务金额 24. 2 万亿元，同比增长 34. 4%。使用电子支付业务的客户数达 1 842. 3 万户，发生业务金额 8. 1 万亿元，同比分别增长 35. 23% 和 33. 29%；全省金融支付终端的行政村覆盖率达 100%，共设立助农取款服务点 7 576 个；共有 2 家法人支付机构获得人民银行总行颁发的支付业务许可证。

2. 征信系统安全平稳运行，社会作用逐步显现

截至 2012 年末，企业征信系统已收录企业及其他组织 15. 7 万户，同比增长 4. 67%；全省接入企业征信系统的金融机构网点 2 634 个，累计开通普通查询用户 2 466 个；个人征信系统收录 2 249 万自然人信息，同比增长 2. 44%，其中有信贷业务记录的 1 043. 82 万人，信贷业务余额 3 207. 98 亿元。全省已采集中小企业信用档案 3. 3 万户，其中 3 696 户获得银行贷款，累计获得贷款 933. 3 亿元。积极推动建立以县域为基础、以农民专业合作社为依托、具有黑龙江特色的农村信用体系模式，全省涉农金融机构共为 388 万农户建立了信用档案。其中，178 万农户录入农户电子信用档案信息管理及评分系统，128 万信用评分良好的农户得到贷款支持，贷款金额 440 亿元。

3. 加强反洗钱监管力度，有效预防遏制洗钱犯罪

2012 年，人民银行黑龙江各分支行通过开展有针对性的反洗钱现场检查、反洗钱现场巡访，加强反洗钱数据收集管理及监测分析等工作，预防和遏制洗钱等违法犯罪活动。深入开展反洗钱调查及案件协查工作，全年协助公安机关对 4 起案件进行调查，接收金融机构上报重点可疑交易线索 11 笔，在全省银行业金融机构开展反洗钱调查 63 次，对 1 700 个账户进行了反洗钱调查，移交公安机关立案侦查 2 起。

4. 多措并举，金融法制与金融生态环境不断改善

2012 年，出台了《关于依法办理金融债权案件、促进我省经济发展的若干意见》。推出了“金融债权案件集中受理、集中审理、集中执行或专项执行”司法措施；围绕“合规经营外汇、诚信发展经济”的主题，结合边贸经济发展的区位优势，向社会公众、企业实体、金融机构普及外汇管理政策法规，全省外汇市场秩序得到了进一步规范；对有代表性的国有及地方商业银行开展了综合执法检查，提高了金融监管效能，对提升辖区金融生态环境质量起到积极促进作用。

（二）金融基础设施建设存在的问题及建议

电子支付体系监管制度还需完善，支付服务农业产业化发展亟待深化。目前，电子支付体系监管制度较为分散，应建立统一、清晰、透明的监督框架，鼓励和促进非现金支付工具的普及与创新。

黑龙江省农业产业化不断深入，需要拓展金融支付机具的服务范围，强化产业链金融服务。

公众“信用身份证”意识有待提高，失信惩戒制度体系需进一步完善。目前，征信系统信用信息应用范围逐步扩大，但在信用信息管理等方面仍存在一些薄弱环节。应加大征信宣传力度，培养公众提高信用和防范风险意识，防止个人信息被盗用而损害自身的信用权益；引导商业银行正确使用征信系统信用信息和信用评级结果，合理确定企业和个人信用状况，完善负面信息解决机制；加强对数据上报机构数据质量管理，从源头上杜绝征集主体对被征集人主体权益的侵害。

反洗钱监管有效性尚需提升，非现场评估体系仍需完善。随着金融产品的创新，利用大额现金存取、网上金融业务、自助金融服务终端等高风险业务进行的违法犯罪活动需要进一步予以关注；应加大对非现场监测评估力度。

五、加强金融业稳健运行的对策建议

（一）贯彻落实宏观调控政策，优化配置信贷资源

继续贯彻国家宏观调控政策，进一步理顺信贷政策与财政政策、产业政策的关系。加大对“八大经济区”、“十大工程”和“十大重点产业”建设的金融支持力度；支持推进农业产业化，加快发展“现代大农业”；支持发展壮大新能源、新材料、节能环保、文化等战略新兴产业；加大对“小微企业”扶持力度。

（二）提高金融监管水平，鼓励金融产品创新

进一步完善法律法规，强化金融风险监测评估和预警提示。在加强对金融创新监管的基础上，积极推进金融产品创新，有效满足实体经济发展的需求。健全资本市场，鼓励直接融资；强化保险社会功能，拓展业务发展渠道。

（三）深化辖区金融改革，规范非金融机构发展

积极推进辖区政策性金融机构、大型国有商业银行、股份制商业银行改革，密切跟踪问效农业银行“三农”金融事业部改革和农村信用社改革。充分发挥对民间借贷、小额贷款公司、融资性担保公司、典当行等监测评估及预警功能，积极配合地方主管部门将非金融机构引入“竞争有序、良性发展”的轨道上。防范非金融体系风险向金融体系传导。

（四）加强部门沟通协作，形成风险防范合力

积极与地方政府沟通、协调，通过市场手段和必要的行政手段，引导金融机构规范经营，强化内部控制和风险防范机制。建立科学的风险防控体系，密切关注银行业机构信贷资产质量变化情况及重大突发事件。进一步提高黑龙江省金融稳定协调机制工作效率，提高金融监管联动合作水平。

六、预测与展望

2013 年，黑龙江省将继续围绕科学发展主题和加快转变经济发展方式的主线，开拓进取、稳中

求进，继续扎实推进“八大经济区”、“十大工程”建设，全力构建“十大重点产业”为主体的现代产业体系。认真贯彻落实稳健货币政策，加大业务创新力度，增强风险防范意识，不断提高金融服务地方经济发展的能力和效果。预计2013年黑龙江省地区生产总值增长11%，固定资产投资增长30%，社会消费品零售总额增长15%，进出口总额增长8%，居民消费价格增长3.5%，单位地区生产总值综合能耗下降3.5%。

组　　长：王　迅
副 组 长：林佐明
成　　员（按姓氏笔画排序）：
王玉凯　孙　清　李大中　陈学斌　何志刚
杨克松　张若鹏　董建华　黄丽新　管公明
总　　纂：黄丽新
统　　稿：关立群
执　　笔：梁　蒙　董　磊
其他参与写作人员（按姓氏笔画排序）：
王　博　包艳龙　卢　刚　孙丽颖　刘　恕
刘　爽　李　丹　杜志文　金明慧　杨　捷
高　磊　高　扬　窦凌蛟　蔡志力　那　颂

上海市金融稳定报告摘要

2012年，上海市积极应对严峻外部环境和自身结构调整的双重挑战，经济企稳回升态势逐步巩固。全市积极推进创新驱动和转型发展战略，现代服务业快速发展，对战略性新兴产业等新增长点的培育力度逐步加大，对投资、重化工业、房地产业和加工型产业的依赖持续减少，经济结构得到明显改善。上海市金融机构认真贯彻稳健的货币政策，国际金融建设、金融支持实体经济工作稳步推进，金融业保持良好发展态势，为上海经济转型提供了有力支持。

一、经济与金融环境

（一）上海经济金融运行总体平稳①

2012年，上海市实现生产总值20 101.33亿元，按可比价格计算，同比增长7.5%；第三产业增加值占全市生产总值的比重首次达到60%。

1. 固定资产投资平稳增长

2012年，上海市完成投资总额5 254.38亿元，同比增长3.7%，增速比2011年提高3.4个百分点。三大投资领域“两升一降”，房地产开发投资同比增长9.7%，工业投资同比增长1.1%，城市基础设施投资同比下降9.8%。

2. 消费增长基本稳定

2012年，上海市商品销售总额53 795.1亿元，同比增长16.8%；社会消费品零售总额7 387.32亿元，同比增长9%。

3. 外贸形势依然严峻

2012年，上海市实现进出口总额4 367.58亿美元，同比下降0.2%。其中，出口2 068.07亿美元，同比下降1.4%；进口2 299.51亿美元，同比增长1%，贸易逆差231.44亿美元。

4. 财政收入增长放缓

2012年，上海市完成地方财政收入3 743.71亿元，同比增长9.2%，增速比2011年下降10.2个百分点。地方财政支出为4 184.02亿元，同比增长6.9%。

5. 工业企业效益略有下降

2012年，上海市规模以上工业企业实现利润总额2 131.33亿元，同比下降2.8%，降幅比2011年扩大1.5个百分点；产成品存货同比下降7%；实现税金总额1 637.28亿元，同比增长6%。

① 此部分数据来源于《上海市国民经济和社会发展统计公报》。

6. 居民收入增长较快

2012 年，上海市城市和农村居民家庭人均可支配收入分别为 40 188 元和 17 401 元，同比分别增长 10.9% 和 11.2%。全年新增就业岗位 61.38 万个，其中农村富余劳动力实现非农就业 11.02 万个。

7. 金融业稳步发展

2012 年，上海市实现金融业增加值 2 450.36 亿元，同比增长 12.6%。全国银行间货币和债券市场成交金额 263.63 万亿元，同比增长 34.1%。上海黄金交易所总成交金额 3.53 万亿元，同比下降 20.5%。上海证券交易所各类有价证券成交金额 54.75 万亿元，同比增长 20.4%。上海期货交易所各品种总成交金额 89.2 万亿元，同比增长 2.6%。中国金融期货交易所总成交金额 75.84 万亿元，同比增长 73.3%。上海市原保险保费收入 820.64 亿元，同比增长 9%。

（二）促进经济增长和金融稳定的重要举措

1. 深化房地产市场调控

2012 年以来，上海市政府积极贯彻落实中央出台的房地产各项调控政策，严格执行差别化住房信贷、税收和限售等规定，加大保障性住房和普通商品住房土地供应力度，认真搞好房产税试点，不断加强房地产市场监管，为上海房地产市场稳定健康发展奠定了良好的基础。

2. 加快经济结构战略性调整

现代服务业加快发展。2012 年，上海市第三产业增加值同比增长 10.6%，增速领先第二产业 7.5 个百分点。全市产业布局进一步优化，战略性新兴产业加快培育。

3. 继续实施稳健的货币政策

2012 年，人民银行上海总部认真落实中央和总行稳增长的各项政策措施，围绕强化金融支持上海经济转型发展这一主题，不断增强各项政策的针对性、有效性和前瞻性，引导金融机构拓展新的贷款增长点，继续加大对保障房建设、小微企业和战略性新兴产业的信贷支持。

4. 深入推进上海国际中心建设

2012 年，上海加快推进上海国际中心建设，各项工作取得显著突破，金融市场体系日益健全。金融机构不断集聚，新型金融机构加快集聚，截至 2012 年末，上海共有 51 家企业获得第三方支付牌照，位列全国首位。金融对外开放进一步扩大，跨境人民币业务规模继续扩张，境外三类机构、人民币合格境外机构投资者（RQFII）等投资银行间债券市场规模稳步扩大。金融发展环境进一步优化。

5. 引导金融支持实体经济

2012 年初，人民银行上海总部出台了《加强和改进金融服务支持上海实体经济发展的指导意见》，加强对金融系统服务实体经济的政策指导。各金融机构加大了支持上海实体经济的力度，上海金融支持实体经济的长效机制逐步形成。优化资源配置，在信贷投向上坚持“四个优先倾斜”；改革管理制度，在服务模式上提倡“提速增效创优”；推动产品和组织创新，以担保方式为核心探索新型金融产品。

（三）经济金融运行中需要关注的方面

1. 关注上海经济增长持续放缓

长期来看，上海依靠大规模投资驱动经济增长的模式不可持续，经济增速放缓是经济结构调整必然要经历的一个过程。但短期来看，在外需依然疲软、消费增长难以显著提升的背景下，投资增长偏低会对全市经济平稳增长形成不小压力。应密切关注上海经济增长放缓对政府财政收入、企业效益、居民收入的影响，以及通过实体经济与金融体系的关联对金融机构资产质量产生的潜在影响。

2. 关注经济结构调整对个别行业的负面冲击

在创新驱动发展战略的推动下，战略性新兴产业较快发展，传统支柱产业竞争优势逐步减弱。一是部分加工型劳动密集型产业向市外转移；二是在国内产能过剩、市场需求不足的情况下，钢材价格总体下行；三是受鼓励消费政策退出、宏观经济放缓等因素影响，汽车制造业产值增速同比回落。应重点关注经济结构调整时期，个别行业的低迷可能带来行业整体资产质量下降，并由此引发的潜在金融风险。

3. 关注政府融资平台贷款风险

截至2012年末，上海市政府融资平台贷款余额5 812.02亿元，仍处于较高水平。部分平台贷款经过“借新偿旧”的期限调整，2016年及以后到期债务占比有所上升。截至2012年末，上海市政府融资平台贷款不良率在可控范围内，债务总体安全；但也应密切关注平台贷款逐渐进入还款高峰期后，各级地方政府的还款能力以及防范财政风险转嫁为金融风险的隐患。

二、银行业

2012年，面对复杂的国际国内经济环境，上海银行业加强风险管控机制，坚守风险底线，确保不发生区域性和系统性风险，为上海市的金融稳定奠定了基础。

（一）上海银行业发展运行情况

1. 资产负债增长平稳，增长幅度回落

2012年，上海银行业资产负债稳中有升。截至年末，上海辖内银行业金融机构本外币资产总额9.03万亿元，同比增长11.91%，增幅回落4.20个百分点。负债总额8.74万亿元，同比增长16.04%，同比增幅回落4.23个百分点。

2. 银行存贷款增速放缓，结构持续改善

截至2012年末，上海市本外币各项存款余额63 555.25亿元，同比增长9.2%，同比增速回落3.1个百分点；上海市本外币各项贷款余额40 982.48亿元，同比增长10.2%，同比增速回落0.1个百分点。人民币贷款投放节奏稳中趋缓，外汇贷款增长较快。贷款期限呈短期化趋势，中长期贷款少增明显。贷款投向进一步优化，继续加大对中小型企业的信贷倾斜力度。

3. 拨备覆盖率保持高位，风险抵补能力增强

截至2012年末，上海辖内金融机构拨备覆盖率平均达到296.23%，贷款损失准备充足率平均达到285.13%；上海法人银行机构资本充足率为14.27%，平均贷款损失准备充足率、拨备覆盖率分别为315.53%和291.61%，远高于监管要求，银行抗风险能力进一步增强。

4. 盈利水平增幅回落，结构趋于改善

截至2012年末，上海辖内金融机构实现净利润1 018.54亿元，同比增长6.67%，增幅同比回落13.02个百分点。2012年，辖内金融机构盈利结构呈现出以下特点：一是存贷款利率浮动范围扩大后，利差收窄，导致存贷款利息净收入增速下降；二是在宏观经济下行和整顿收费双重压力下，银行开展中间业务难度加大；三是投资资产增加拉动投资收益增长。

（二）上海银行机构稳健性评估

1. 资本充足率监管标准不断提高，资本工具创新迫在眉睫

中国银监会发布《商业银行资本管理办法（试行）》实施后，系统重要性银行和非系统重要性银行的资本充足率分别不得低于11.5%和10.5%。在新的资本监管标准下，上海银行业经营规模受到一定资本约束。目前上海经济处于调整结构、转型发展阶段，经济增长速度有所下滑，不良贷款反弹压力加大，资本补充机制亟待完善，迫切需要资本工具创新，提高资本的运作效率。

2. 经济增长放缓，不良贷款反弹明显增加

截至2012年末，上海辖内银行业不良贷款率为0.66%，低于全国不良贷款率0.29个百分点。经济持续下滑，银行业风险形势的复杂性增加，不良贷款余额和不良贷款率反弹压力较大。不良贷款结束了连续9年的"双降"局面，首现"双升"。截至年末，不良贷款余额270.93亿元，比年初增加47.14亿元，同比增长21.06%；不良贷款率较2011年末上升0.06个百分点。

3. 银行存款波动幅度增大，流动性管理压力加大

2012年，上海市辖内各项存款月度波动明显，表现为季初大幅下降，季末快速回升，波动幅度增大。受人民币升值预期减弱、企业持汇意愿增强以及境内外存贷款利差大等多种因素影响，外汇存款保持快速增长势头。2012年，外币存款共增加3 837.51亿元，增幅达30.35%。2012年末，辖内中资法人金融机构存贷比为71.08%，同比提高0.46个百分点；外资法人银行存贷比为65.96%，同比提高0.16个百分点。中资法人金融机构流动性比例为37.99%，同比下降0.04个百分点；外资法人银行流动性比例为64.48%，同比下降1.39个百分点。

4. 业务竞争激烈，创新能力略显不足

近几年上海银行业中间业务发展较快，中间业务收入占比提高，但在中间业务的发展中仍存在诸如盲目追求中间业务收入占比提高、服务质量整体偏下等问题。在目前经营环境（包括整个社会的融资体系）未发生根本性变化的情况下，盲目追求中间业务收入占比提高，有可能导致中间业务发展偏离其本质。

（三）上海银行业发展中需要关注的方面

1. 关注重点行业的信用风险

关注房地产贷款风险。2012年房地产市场步入调整期，相当部分企业的偿债能力面临考验；若房价连续下降，抵押品价值下降，将加剧银行信贷资产质量下滑。目前，房地产贷款质量总体稳定，但个人住房贷款不良率继续攀升。关注钢贸行业及其他部分重点行业风险。目前，钢贸企业贷款集中度偏高，对上海中小银行影响较大。此外，还应高度关注光伏、造船等产能过剩行业的风险以及铜、石材、木材等大宗商品市场的波动，密切跟踪外贸行业下行期间进出口企业违法违规套取资金冲动上升的风险。

2. 关注跨区域信贷风险的传递

2012年受到民间借贷的影响，在长三角经济区设有分支机构的在沪法人银行以及在上海设有分行的长三角地区城市商业银行不良贷款有所回升。民间融资导致资金链断裂的风险进一步加深，易诱发区域系统性风险，应引起充分关注。

3. 关注银行理财业务高速增长下的风险隐患

上海理财产品业务涉及面广，品种丰富，不仅有利于商业银行资产负债结构的调整，还对银行

的资产管理、保险、托管等业务产生良好的促进作用，对提升银行转型和收入多元化、提升竞争力意义重大。但是，目前我国银行理财仍处于初级阶段，各种法律制度和信息披露并不完善，容易产生风险隐患，应密切予以关注。

4. 关注中小银行的可持续经营

截至2012年末，上海中小金融机构各项资产为3 719.71亿元，同比增长16.12%；各项贷款余额为1 986.21亿元，同比增长16.34%；不良贷款率为1.25%，上升0.12个百分点。上海中小银行对支持地方经济企稳回升和加快发展作出了突出贡献，但某些中小银行定位不清晰，与国有、股份制商业银行存在业务上的同质化，信用风险和贷款集中度风险隐患开始显现，内控管理薄弱，操作风险加大。

三、证券业

（一）上海证券业发展运行情况①

1. 上海证券期货经营机构种类齐全，数量位居全国前列

2012年，上海共新增各类证券期货经营机构及其他持牌机构31家。截至2012年末，上海辖区共有证券公司20家，总资产3 884.2亿元，净资产1 592.5亿元，净资本1 139.9亿元。共有基金公司37家，管理公募基金522只，基金总净值9 108亿元。共有期货公司30家，总资产546.28亿元（含客户权益），净资产88.97亿元，净资本82.06亿元，客户权益438.45亿元。

2. 基础制度建设有序推进，行业规范进一步加强

2012年，上海市辖区证券公司进一步完善治理结构，注重优化流程管理、强化合规管理有效性评估和合规问责的实效；继续深化风控指标动态管理，进一步完善以净资本为核心的风险管理体系，优化净资本补足机制。基金业合规内控机制进一步健全，公司治理逐步完善，风险防控建设有效推进。期货公司治理和内控管理逐步完善，有效落实净资本管理和保证金安全存管，基础性建设进一步夯实。

3. 行业创新能力进一步增强

2012年，上海证券公司不断弱化通道业务依赖、拓展理财服务模式，提升投融资服务能力，4家证券公司荣获2012年上海市金融创新奖。新增20家基金公司获批专户理财业务资格，7家公司获得批准受托管理保险资金，6家基金公司荣获2012年上海市金融创新奖。7家期货公司申报并首批获准资产管理业务资格，8家期货公司荣获上海市金融创新奖。

4. 国际化取得新进展

截至2012年末，上海市共有合资证券公司6家，占全国的43%；合资基金公司23家，占全国的53%；合资期货公司1家，占全国的1/3。外资代表处81家，占全国近一半。已有5家证券公司、6家基金公司在香港设立分支机构并取得相关业务牌照。5家证券公司的香港子公司共设立53只基金，受托资产总额达104亿元。4家证券公司、3家基金公司借助香港子公司首批获准开展RQFII业务试点。

① 机构经营数据未经审计。

5. 直接融资比重有所提升

截至2012年末，上海共有上市公司203家，占全国的8.7%，市值约占全国的9.3%。2012年，上海上市公司境内资本市场直接融资688.83亿元，其中，首发上市融资40.45亿元，股票再融资526.38亿元，债券融资122亿元。

（二）上海证券机构稳健性评估

1. 证券公司资产规模增长，风控体系运行良好

截至2012年末，上海证券公司总资产3 884.2亿元，同比增长18.74%；净资产1 592.5亿元，同比增长17.11%；合计净资本、托管证券市值、客户资产、金融资产均较上年末有所上升；净资本与净资产的比例为71.58%、净资本与各项风险资本准备之和的比例为923.0%，证券机构净资本覆盖风险的能力保持在较高的水平。

2. 盈利水平明显下降，盈利模式逐步转型

2012年，上海20家证券公司实现营业收入259.23亿元，同比下降6.31%；实现净利润82.76亿元，同比下降20.19%。5家证券公司出现亏损，亏损总额为2.06亿元。经纪、投行业务收入比重下滑较快，自营、融资融券和资产管理业务比重较上年有所上升，证券公司盈利模式转型初见成效。

3. 经纪和证券承销业务收入下降

2012年，上海证券公司经纪业务收入为97.65亿元，同比减少24.94%；占总营业收入的比重为37.67%，比2011年的47%有较大幅度的下降，但仍为证券公司最主要的收入来源。承销保荐业务净收入合计29.47亿元，比2011年下降9.66亿元，降幅为24.69%；占总营业收入的比重为11.37%，比2011年的14.1%有所下降。

4. 自营及融资融券业务收入增加

2012年，辖区公司证券自营业务净收入67.59亿元，同比增长107.97%。全年实现融资融券息费收入16.31亿元，同比增长68.14%。自营及融资融券业务收入占总营业收入的比重分别为26.07%和6.29%，较2011年有较大幅度的提升。尤其是融资融券业务，自2012年转为常规业务后发展迅速，占营业收入比重已大大超越资产管理业务。上海辖区证券公司融资融券息费收入更是占全国证券公司融资融券息费收入的31.01%。

5. 资产管理规模迅速扩大，收入占比有所提升

截至2012年末，辖区证券公司受托资产为4 989.50亿元，同比增长408.66%。2012年，辖区公司共实现资产管理业务收入6.98亿元，同比增长9.23%。从业务收入占比看，资产管理业务收入占总营业收入的比重为2.69%，比2011年的2.3%有所提升。

（三）上海证券业发展中需要关注的方面

1. 关注创新业务风险的防范

2012年，证券期货业全面进入创新发展的新阶段。2013年，随着创新政策的明朗、行业门槛的降低，各类组织、业务、产品创新将逐步出现，也将带来各种新的风险隐患，包括新业务与新产品仓促上线易产生的各类经营风险，公司发展过快与人员、信息技术储备不足易产生的各类内控风险，公司仅关注自身利益、忽视投资者利益易产生的各类违规风险。

2. 关注跨市场金融风险的传递和叠加

金融行业综合经营和业务交叉的趋势日渐明显，一方面，在同一控股集团下分设银行、证券、保险等法人机构从事金融领域业务的综合化经营趋势越来越明显；另一方面，相关业务领域也出现了相互融合和交叉的趋势。与此同时，在现有的分业经营、分业监管体制下，不同监管部门的监管目标、手段和标准不一致，容易导致缺乏对金融体系整体风险的监测和判断。有必要加强金融管理部门间的信息共享和协调配合，对金融行业实施功能监管，关注金融机构所从事的经营活动而非金融机构本身，共同防范和化解跨行业金融风险。

3. 关注资产管理行业发展面临的挑战

新《基金法》降低了基金管理公司准入门槛，同时商业银行设立基金管理公司试点再度启动，新公司入市步伐继续加快，可能出现行业的并购重组；《资产管理机构开展公募证券投资基金管理业务暂行规定》已正式发布，保险、信托等其他金融机构均可申请公募证券投资基金资格，行业格局进一步打破，财富管理业务发展迅速；市场对外开放步伐不断加快，各类外资金融机构通过各种途径进入中国市场，资产管理行业将面临严峻的外部竞争环境。

四、保险业

2012 年，上海保险业以科学发展观为主题，把握“稳中求进、进中求好”的主基调，统筹推进“抓服务、严监管、防风险、促发展”相关工作，推动行业发展和保险监管呈现新面貌。

（一）上海保险业发展运行情况

1. 保险业保持平稳运行

截至 2012 年末，上海共有 122 家保险公司和 6 家保险资产管理公司。2012 年，上海原保险保费收入累计 820. 64 亿元，同比增长 8. 97% 。赔付支出累计 255. 79 亿元，同比下降 1. 89% 。

2. 保险业改革持续推进

一是着眼于上海国际金融和航运中心建设，充分发挥保险保障国计民生的积极作用。积极推动上海航运保险协会组建，做好个人税延型养老保险试点前准备，鼓励保险机构通过产品、模式和服务创新支持小微企业发展。二是以综合治理车险理赔难和人身险销售误导为重点，逐步建立消费者利益保护体系和长效机制。三是逐步完善保险风险监测体系，防范化解各类风险隐患。以现场检查和非现场监管为支撑，逐步完善风险导向型、功能辅助型的保险监管体系。

（二）上海保险机构稳健性评估

1. 整体实力不断增强，保费收入稳步增长

截至 2012 年末，上海法人保险机构①总资产共计 4 396. 87 亿元，同比增长 27. 55% 。产险公司结构调整稳步推进，业务结构不断优化，责任保险和意外险等业务快速发展，占产险业务比重达 8. 9% ，同比分别上升 0. 66 个和 0. 41 个百分点。

① 包括法人注册地在上海的 36 家保险公司和 6 家保险资产管理公司全国分支机构的汇总数据，具体名单见附录二，未包括东方人寿保险股份有限公司（于 2004 年起停业整顿至今）和中融人寿保险股份有限公司（2011 年注册地迁往北京）。由于太保集团尚未披露 2012 年年报，因此也未包括太保寿险和太保产险。下同。

2. 偿付能力充足率整体良好，风险防范能力得到提高

截至2012年末，上海35家保险公司①偿付能力充足率情况整体良好，有34家保险公司偿付能力充足率高于150%，属于充足II类公司，仅有1家保险公司偿付能力充足率为123%，属于关注类公司。

3. 盈利能力大幅提高，投资收益率明显上升

2012年，上海法人保险公司共实现净利润26.50亿元，同比增长82.92%。其中，产险公司共实现净利润17.40亿元，仅5家出现亏损；人身险公司共实现净利润2.29亿元；6家资产管理公司盈利状况良好，共实现净利润6.80亿元。上海法人保险公司共实现投资收益136.89亿元，同比增长56.76%；投资收益率达3.39%，同比上升0.26个百分点。

4. 保险资金运用渠道进一步放开，资金运用余额大幅增长

截至2012年末，上海法人保险机构保险资金运用余额达4 043.71亿元，同比大幅增长44.84%。保险资金在债券投资、股票投资上的投入继续下降，银行存款和证券投资基金的占比继续上升，在基础设施、不动产和股权上的投资比例仍然较低。

（三）上海保险业发展中需要关注的方面

1. 产险公司综合成本率和风险留存率有所上升

2012年，上海17家法人产险公司平均综合成本率100.84%，同比上升2.52个百分点。其中，平均费用率为41.15%，同比上升1.56个百分点；平均赔付率为59.70%，同比上升0.97个百分点。产险公司自留保费同比增长19.77%，风险留成率为85.53%，同比上升2.47个百分点。

2. 人身险公司业务结构仍待优化

2012年，上海法人人身险公司业务收入大幅增长，但业务结构仍需优化。分红险保费收入占原保险保费收入的比重同比上升2.11个百分点，而保障功能最强的普通寿险收入占比同比下降了0.79个百分点，健康险和意外险保费收入占比同比分别下降0.73个和0.58个百分点。

3. 人身险公司退保风险整体可控，但个别机构仍须保持关注

2012年，上海法人人身险公司退保金共计74.90亿元，同比增长15.12%。其中，分红险退保金共计68.52亿元，同比上涨16.59%，分红险退保金占总退保金的91.48%，是造成退保金上涨的主要原因。2012年人身险公司退保率为3.50%，较2011年下降0.54个百分点。上海各法人人身险公司均未出现群体性退保现象，退保风险管控情况良好，但个别公司的退保率较高，需保持重点关注。

4. 中小保险公司银保业务销售渠道不规范操作仍然存在

保监会和银监会联合下发的《关于加强银行代理寿险业务结构调整促进银行代理寿险业务健康发展的通知》，对规范代理合同和手续费支付行为、严厉查处不正当竞争行为等方面提出明确要求。但同时，中小保险公司银保合作业务大多起步晚、发展时间短，当前仍然存在诸多不规范操作。

五、基础设施建设

2012年，人民银行上海总部坚持稳中求进，切实推动上海市支付体系建设取得新成就；继续深

---

① 不包括长江养老保险公司和6家保险资产管理公司。由于长江养老保险公司经营信托型企业年金管理业务和养老保障委托管理业务，故不适用偿付能力信息披露要求。

入推进企业和个人征信系统建设，深化评级市场的培育与管理，不断完善上海征信体系建设，优化上海金融生态环境；加快落实风险为本反洗钱工作思路，积极探索上海市金融业反洗钱监管合作机制，加强跨境业务等高风险领域反洗钱监管，依法开展对支付机构反洗钱措施的审核，推进支付机构反洗钱工作，各项工作取得积极成效。

（一）支付体系建设稳步推进

2012 年，人民银行上海总部发布了地方性非金融支付监管制度，进一步明确和完善了支付制度和监管规则。组织上海市各支付清算系统参与者建立健全支付清算系统风险管理工作机制，把支付清算系统安全稳定运行放在突出位置；稳步推进综合业务系统二期项目建设，配合做好二代支付系统的联调测试和模拟运行工作，继续加大金融基础设施建设力度。推动票据业务创新，鼓励票据电子化；推广支票授信，缓解中小企业融资困境；继续改善银行卡受理环境，拓展银行卡行业应用领域；加大非现金支付工具的宣传力度，提高社会认知度，逐步推广非现金支付工具使用。加强人民币银行结算账户管理，持续落实银行账户实名制；依法开展违规签发支票行为行政处罚，严控支票账户违规透支风险；强化银行卡风险管理，深化非金融机构日常监管。

（二）征信体系建设不断完善

2012 年，人民银行上海总部探索加强与地方信用体系建设合作，积极推进上海市村镇银行、小额贷款公司等微型金融机构接入征信系统进程，充分发挥人民银行征信体系在社会信用体系建设中的重要作用，引导和推动地方信用体系建设。积极推进企业和个人征信系统应用管理工作，顺利完成信用报告新旧版本的升级切换，扎实开展征信系统数据质量管理工作。全力做好机构信用代码推广应用工作，大力推广应收账款质押和融资租赁登记系统应用，积极服务上海实体经济发展。深化评级市场的培育与管理，促进评级市场的健康发展；不断完善借款企业、担保机构和集团企业归集评级制度，扩大评级覆盖面和评级品种；进一步修改完善评级指标体系，增强评级结果的准确性和科学性。

（三）夯实反洗钱基础，突出反洗钱实效

2012 年，人民银行上海总部进一步加强与上海银监局、证监局、保监局反洗钱牵头部门的反洗钱合作，形成反洗钱监管合力，积极探索发挥同业公会在反洗钱工作中的作用；有效应对反洗钱国际形势变化，积极参与总行 FATF 新标准及国内政策衔接研究；全面落实风险为本反洗钱工作思路，有效推动大额和可疑交易报告综合试点工作；规范开展反洗钱执法检查，依法实施行政处罚；规范开展反洗钱行政调查，提高反洗钱调查工作有效性；推进支付机构反洗钱工作，加强反洗钱监管；认真开展反洗钱调研及宣传培训工作；加强客户身份识别工作，大力推进机构信用代码反洗钱应用工作。

总　　纂：凌　涛
统　　稿：杜要忠　王新东
执　　笔：王新东　谢　斌　张雅楠　张国文　郭　芳
其他参与写作人员（按姓氏笔画排序）：
李冀申　白　龙　叶　芳　司　巍　林春山
金艳平　董宝茹　周　婧　钱国根　徐　昕
杨蓓蓓　唐振宇　曾芳琴

江苏省金融稳定报告摘要

2012年，全球经济复苏放缓。发达经济体经济增长率持续下滑，新兴市场和发展中经济体增速放缓，市场需求仍然疲软。面对复杂严峻的国际经济形势，我国政府沉着应对，按照稳中求进的工作基调，及时加强和改善宏观调控，把稳增长放在更加重要的位置，国民经济运行缓中企稳，经济社会发展稳中有进。2012 年实现国内生产总值 519 322 亿元，按可比价格计算，比上年增长 7.8%，虽然增速回落，但与其他国家相比，仍然处在一个较高的增长平台。

一、江苏经济运行

2012 年，江苏经济向着宏观调控的预期方向发展，经济平稳较快增长的态势进一步巩固，综合实力明显增强。一是经济平稳较快增长，结构进一步优化。据江苏省统计局核算，2012 年全省地区生产总值达到 54 058.22 亿元，同比增长 10.1%。其中，三次产业增加值分别为 3 418.34 亿元、27 121.92亿元和 23 517.96 亿元，同比分别增长 4.6%、11.0% 和 9.6%。二是国内需求稳步增长。2012 年，全省固定资产投资 31 707.20 亿元，同比增长 20.5%，社会消费品零售总额 18 215.33 亿元，同比增长 15%。三是财政收入增长较快，城乡居民收入持续增加。全年全省实现财政一般预算收入 5 860.69 亿元，同比增长 13.8%，城镇居民人均可支配收入和农民人均纯收入分别为 2.9 万元和 1.2 万元，同比分别增长 12.7% 和 12.9%。四是物价水平得到有效控制。截至 12 月末，全省居民消费者价格指数同比上涨 2.4%，较上年末下降 1.2 个百分点。

二、企业与居民部门

（一）企业

2012 年，江苏省企业部门生产经营活动指标总体保持增长势头，但各项指标增速大幅回落。受国内外市场不景气等因素影响，企业资金周转效率比上年有所降低，短期、长期偿债能力基本保持稳定，中小企业信贷占比继续保持高位。

（二）居民

2012 年江苏省住户部门贷款继续保持稳定增长，杠杆率维持在较高水平，居民储蓄意愿继续回升，未来通胀预期有所增强，住户部门贷款质量有所下降，个人汽车消费贷款质量显著下降。

三、金融业

（一）银行业

2012年末，全省非法人银行金融机构共有国有大型商业银行5家，政策性银行3家，邮政储蓄银行1家，股份制商业银行12家，城市商业银行10家，外资银行17家。法人银行业金融机构共有城市商业银行4家，农村商业银行58家，农村信用社4家，外资银行5家，村镇银行52家。2012年，全省银行业金融机构经营总体稳健。截至2012年末，全省银行业金融机构资产总额95 947.46亿元，比年初增加14 494.35亿元，负债总额92 926.59亿元，比年初增加14 139.44亿元，增速分别为17.79%和17.95%。全省金融机构人民币各项存款余额75 481.51亿元，比年初增加9 761.78亿元，同比多增3 031.01亿元；人民币各项贷款余额54 412.30亿元，比年初增加6 550.69亿元，同比多增759.1亿元。

（二）证券业

2012年，全省证券期货业保持了稳定健康发展的态势，资本市场快速发展，创新发展能力显著增强。截至2012年末，全省共有法人证券公司6家，证券营业部364家，法人期货公司11家，营业部101家。法人证券公司资产总额1 142.55亿元，净资产506.61亿元，净资本349.9亿元，与上年同期相比变化不大；法人期货公司资本总额115.63亿元，净资本26.57亿元，与上年同期相比分别增长了9.53%和16.13%。全省期货公司营业部交易量122 812.12亿元，比上年同期增长了21.70%，利润总额3亿元，比上年同期增长了48.51%。另外，不少期货公司以新品种上市为契机，大力拓展业务渠道，积极开展投资咨询、资产管理等创新业务，参与国债和期权仿真交易。

（三）保险业

2012年，全省保险业业务发展基本保持稳定，市场主体活跃程度不断提高。2012年新开业法人机构1家（东吴人寿），截至2012年末，全省共有法人保险公司4家（紫金产险、乐爱金产险、利安人寿、东吴人寿）。全年全省累计实现保费收入1 301.28亿元，保费规模位居全国首位。其中财产险保费收入440.92亿元，人身险保费收入860.36亿元，分别比上年同期增长了16.05%和4.91%。

四、金融改革与创新

（一）银行业

1. 政策性金融改革继续推进

国家开发银行江苏省分行深入探索“开发性金融引领民间借贷规范化”路径，全力推进江苏“人人贷”业务试点工作，完成“开鑫贷”试点方案、模式设计、业务流程设计以及公司筹建方案等多项开创性成果；积极贯彻国家继续坚定不移建设保障性安居工程的精神，截至2012年，累计支持保障性住房项目87个，表内外贷款余额239.2亿元，累计发放表内外贷款262.5亿元。进出口银行江苏省分行加大对实体经济支持力度，重点支持外贸出口稳定增长，2012 年，充分运用出口卖方信贷和买方信贷等传统特色业务品种，支持企业扩大高新技术产品出口，提高出口产品档次和附加值，优化对外贸易结构；深入推进“银政合作”和“金融同业合作”平台建设，截至12 月末，已经与江苏省 13 个地级市中的 10 个城市签署了银政合作战略协议，县级市与国家级开发区签约数量达到 18 个。与主要往来商业银行签署银银战略合作协议，目前签约数量达到 17 家。农业发展银行江苏省分行认真执行支持国家“三农”发展的方针政策，各项业务取得快速健康发展。2012 年粮油购销储贷款投放 429.29 亿元，比上年增长 22.03%；全年实现中间业务收入 9 162 万元，比上年增长 61%。

2. 大型商业银行改革进一步深化

工商银行江苏省分行优化渠道布局，新建网点 46 家，迁建网点 60 家，主要投向县域、新城区及城郊结合部；创新“开发区 + 区内企业”营销方式，批量拓展入园优质企业，以固定资产支持融资为抓手，积极营销高端酒店、大型百货等客户，带动收单、结算业务同步增长；针对资产质量管控的严峻形势，在系统内率先实施违约贷款集中催收和不良贷款集中管理，各二级分行相继设立了“三小贷款”催收中心和不良贷款集中管理专业团队。2012 年，全行累计清收处置不良贷款45.59 亿元，较上年同期增加 23.64 亿元。中国银行江苏省分行落地实施中初级专业序列建设，明确了各领域专业人才培养的总体目标、职责定位以及分级管理体系，建立了明晰的专业队伍授权体系及激励约束机制；进一步丰富高端个人客户产品库，携手美国运通公司，推出国内第一张为私人银行客户量身打造的长城美国运通卡，丰富差异化产品体系服务内涵；持续推动系统优化，2012 年创新实施了尾箱 6S 标准化管理法、ATM 清机合规台账、远程集中授权管理分析系统、清分中心日志等五项管理创新。农业银行江苏省分行“三农”金融事业部改革不断推进，省分行和 13 个二级分行均成立了“三农”金融事业分部和管理委员会。省分行专门设立了“两部五中心”，即农村产业金融部和农户金融部两个前台部门，“三农”信贷管理、风险管理、人力资源管理、资本与资金管理、核算与考评五大支持管理中心。

3. 农村金融改革稳步推进

一是推进省联社行业公共中后台服务能力建设，发挥行业资源集聚优势，加强产品与服务的研发创新，年内已实施创新项目46 个，行业股权登记、远程集中授权等重点项目进入运行，在全国农信系统首家完成金融 IC 卡统一申报。二是农村法人银行机构改革逐步深化。随着徐州睢宁农合行与连云港灌云农合行改制农商行工作的完成，辖内所有农村合作银行均已成功改制为农村商业银行。2012 年共有 11 家农村合作银行和 9 家农村信用社改制为农村商业银行。三是强化现代金融企业建设的基础工作。与南京大学合作完成高管人员现代企业制度课程研修 4 个班，继续推进“六大体系”建设，完成会计业务操作、信息科技工作和岗位标准化建设的行业规范，促进经营管理的标准化、科学化。

（二）证券业

1. 直接融资规模位居全国前列

2012 年江苏共有 22 家公司实现首发，首发直接融资额 135 亿元，分别占全国总量的 14% 和 13%，全年新增上市公司总数列全国第三位，首发募集资金额列全国第四位。截至 2012 年末，全省上市公司总数已达到236 家，累计融资总额超过 2 900 亿元，其中首发融资 1 700 亿元，再融资 1 200

亿元。另外，全省拟上市公司也有200多家。根据已披露的半年年报，上半年在宏观经济减速的背景下，全省上市公司整体业绩基本保持稳定，营业收入略有增加，但归属母公司股东的净利润有所下降。

2. 服务区域经济社会发展功能日益凸显

一是新兴产业成为市场发展的焦点。2012年新增的上市公司中，创业板企业14家，占据全省上市企业六成以上。二是服务业上市公司持续增长。全省全年新增5家服务类上市企业，首发融资额25亿元，服务业新增上市公司数和首发融资额均占全省的1/5。三是民营企业占比不断提升。2012年，江苏新增的上市公司全部为民营资本控股。目前，民营控股上市公司累计已占江苏全部上市公司总量的70%。

3. 证券市场创新发展能力显著提升

2012年，在市场低迷的行情中，江苏券商保持了平稳运行态势。一是市场主体规模不断扩大。目前，江苏共有6家法人证券公司，证券营业部达到364家，南京证券经中国证监会批准，已改制成为股份公司。二是市场主体资本规模总体保持稳定。截至2012年末，全省法人证券公司总资产合计1 142.55亿元，同比减少4.58%，净资产为506.61亿元，比上年同期增长2.58%。

（三）保险业

1. 创新保险行业产品功能和服务，提升行业服务效率

继续深入推进政策性农业保险，2012年，全省农险保费收入及农险基金总计为23.14亿元，为全省农户提供了468亿元的农业生产保障，全省支付各类农险赔款10.23亿元，397万户次农民从中受益。全省实现高效农业保险保费收入6.49亿元，保费同比增长136%。新推出了螃蟹保险、山羊保险、荷藕保险、水蜜桃保险等农户迫切需要的高效农业保险险种。

2. 积极开展社会保障体系建设

截至2012年底，共有中国人寿、太平洋人寿、新华人寿和中华联合4家保险公司为全省15个县市区689万农民提供了新农合管理服务，累计筹集农村医保基金110.34亿元（2012年22.49亿元），为3 473万人次（当年650万人次）农民提供了累计77.57亿元（2012年数19.05亿元）的合作医疗费用补偿。

3. 责任保险快速发展成为江苏产险业发展的一大亮点

截至2012年11月末，全省医疗责任保险投保家数同比增长66%，保费同比增长20%；环境污染责任保险保费2 678万元，投保家数同比增长30%，保费同比增长42%；安全生产责任保险在全省13个市全面推开，实现保费收入7.41亿元，为全省各类企业承担了7 000多亿元的安全生产风险保障。

五、金融基础设施

（一）支付体系

1. 全面推进农村地区银行卡助农取款服务，逐步实现从“全覆盖”向“强质量”转型

人民银行南京分行根据江苏省各地经济发展实际和助农取款业务进展情况，制定“薄弱地区合

理增设 + 成熟地区存量商户筛选优化 + 发达地区布放 ATM”的立体推广原则。截至 2012 年末，江苏省内已布置助农取款服务终端 23 175 台，平均每个行政村 1.69 台，助农取款服务行政村覆盖率已达 100%。

2. 进一步规范支付服务市场管理，初步建立非金融支付机构监管体系

2012 年，人民银行南京分行对非金融支付业务的监管工作由 2011 年的准入审查转向落实总行整改要求、督促支付机构规范经营、防范风险。通过建立重大事项报备、支付业务报表报送、支付业务风险提示等管理机制，对非金融支付业务经营情况开展持续监管。

3. 重视支付系统安全运行管理，进一步强化支付风险防范机制

十八大召开期间，人民银行南京分行密切关注辖内支付系统运行状况，加强预警和巡查工作，建立了支付系统运行情况日报制度，突出“面、线、点”管理要求。组织成立由支付结算、科技等部门相关人员及外部专家组成的评估小组，对江苏省 12 家同城电子清算系统进行评估。

4. 提高银行卡市场管理水平，促进银行卡产业健康发展

人民银行南京分行成立江苏省刷卡手续费标准调整方案实施工作领导小组，负责统一领导、部署和协调过渡期的各项工作。组织对 2 家银行业金融机构和 3 家支付机构在江苏省的 7 个分公司开展检查，对存在的问题督促其及时整改。加强与公安部门的协调配合，强化联合整治银行卡违法犯罪工作机制。据统计，截至 2012 年 11 月底，专项行动期间全省公安机关共立案 4 658 起，破案 3 357 起，共挽回经济损失 8 911.18 万元。

（二）信用环境

1. 大力推动江苏省机构信用代码的推广工作

自 2012 年 3 月人民银行总行在全国范围内开展机构信用代码推广应用工作，至行动结束，江苏省共发放机构信用代码证 155.26 万个，居全国第一位。全省反洗钱业务累计实现信用机构代码查询运用 69.03 万笔，其中对新客户身份识别环节查询 20.72 万笔，在持续客户身份识别和重新识别环节查询 48.31 万笔。

2. 深入推进中小企业信用体系试验区建设工作

2012 年，人民银行南京分行以中小企业信用信息辅助管理系统为抓手，强化信息应用，推动融资培育，努力发挥试验区建设在促进中小企业融资方面的积极作用。截至 2012 年 11 月末，江苏中小企业系统共收录企业 117 万户，采集企业信贷、纳税、社保等各类信息近 2 792 万条，入库贷款余额近 4.14 万亿元。

3. 继续推进农村信用体系建设工作

省内人民银行各市中心支行完善了多部门参与的工作领导机构及联席会议制度，制定符合当地实际的方案及目标，牵头推动及协调农村信用体系建设的各项具体工作。2012 年 6 月组织开展了“农户及农村合作经济组织信用信息系统”在全省的推广应用，截至 11 月末，全省已有 74 个县区开展了农户系统建设工作，共采集 92 万户农户 618 万条信息，1 649 户农村合作经济组织 6 452 条信息。

（三）反洗钱

1. 稳步推行金融机构法人监管制度

人民银行南京分行对全辖 155 家地方性法人机构进行逐一摸底调查，了解各机构反洗钱工作实

际状况及存在问题。选择反洗钱基础工作较好的江苏银行、华泰证券，指导其开展自建可疑交易监测指标工作。对12家反洗钱工作基础较为薄弱的信托公司等六类机构，以及12家新纳入反洗钱义务主体的支付类法人机构，召开专题工作会议，要求其根据法律法规，规范健全反洗钱组织架构，履行反洗钱义务。

2. 提升反洗钱监管效能

2012年，全省共对45家金融机构实施执法检查，对其中8家作出行政处罚决定，罚款金额108万元。持续完善升级“反洗钱客户身份信息核查系统”，以加强对反洗钱监管的数据支持为目标，围绕风险评估和风险监控，开发了“金融机构反洗钱监控系统”，在系统中嵌入风险评估模块，强化了对金融机构的风险监控工作。

（四）金融生态建设

1. 金融生态环境持续优化

2012年，金融生态县普及率进一步提高，品牌内涵更为丰富。目前，全省共有24个金融生态优秀（示范）县，31个金融生态达标县，共覆盖全省65.47%设乡镇的县（市、区）。通过持续推进动态考评机制、“一票否决制”，“金融生态优秀（示范）县”称号满三年重新审核制度和摘牌制度，全省金融生态县创建的良性互动效应和示范引导效应显著加强，有效促进地方经济金融稳健发展。

2. 金融投资者教育和金融消费者权益保护成效明显

2012年以来，全省开展了金融投资风险现场讲座、征信记录关爱日、反洗钱宣传周、支付结算和反假服务宣传等形式多样的金融投资者教育活动，特别是县域金融投资者教育工作覆盖面广、针对性强、实用性高，成效显著。同时，随着金融维权服务站的建立、金融投诉维权渠道的畅通，公众参与打击和防范经济犯罪活动的意识、积极性和主动性进一步提高。

3. 地方金融风险处置应对得力

江苏省部分地市设立应急专项资金，有效应对和防范企业资金链断裂事件；人民银行各市中心支行和县级支行积极协助当地政府组织有关银行和政府相关部门就问题企业召开座谈会，共同研究制定处理方案，对经营不善的企业实施信贷稳步退出政策，对有市场但一时资金紧张的企业实施信贷注入救助政策，有效防控信贷风险。此外，江苏打击非法集资、高利贷等违法行为的专项整治活动不断推进，对已暴露的非法民间融资风险事件处置得当，辖内金融生态环境平稳向好。

总　　纂：李文森
统　　稿：李湘宁　李　军
执　　笔：马军伟　卜建明　宋　磊　张　曦　刘　璐
其他参与写作人员：陈　实　戴国海　王宗林　万　秋

浙江省金融稳定报告摘要

2012年，在国外债务危机肆虐、国内宏观经济增速趋缓的严峻形势下，浙江省经济保持了平稳发展的势头，产业结构继续优化，转型升级步伐加快，为区域金融稳健运行创造了良好的环境。金融业稳步发展，银行业业务总量保持适度增长，对实体经济的支持力度不减，机构改革稳步推进，法人机构经营较为稳健。证券期货机构稳健运营能力加强，创新业务开展情况良好，收入结构进一步优化，风险抵御能力稳步提升。保险业市场体系日益完善，业务规模平稳增长，保险覆盖面持续扩大，法人保险公司偿付能力有所好转。小额贷款公司、典当行、融资性担保公司等具有融资功能的非金融机构较好发挥补充作用，温州、丽水金融改革稳步推进，金融基础设施持续完善，全省金融稳定状况良好。

一、区域经济运行

2012年，在一系列稳增长政策措施下，浙江经济企稳回升态势明显，转型升级与经济结构调整步伐加快。

（一）经济运行概况

1. 经济增长总体平稳，产业结构优化升级

2012年，浙江省实现地区生产总值34 606.3亿元，比上年增长8%，增幅下降1个百分点；人均生产总值63 266元，比2011年增长7.7%，增幅提高0.6个百分点。三次产业结构由2011年的4.9:51.3:43.8变为4.8:50:45.2，第三产业占比稳步提高。工业经济发展总体稳定，规模以上工业增加值10 875.26亿元，比2011年增长7.1%，增幅回落3.8个百分点。

2. 内需支撑作用增强，外需增长明显回落

2012年，浙江省全社会固定资产投资17 095.96亿元，比上年增长21.4%，比2011年下降3.4个百分点。社会消费品零售总额13 546.34亿元，扣除价格因素实际增长11.4%，增速比2011年上升0.1个百分点；进出口增速大幅下滑，进出口总额3 122亿美元，比2011年增长0.9%，增幅回落21.1个百分点。

3. 物价涨幅持续回落，进出价差有所缩小

居民消费价格同比上涨2.2%，涨幅比2011年下降3.2个百分点。从全年价格走势看，年中连续11个月出现下滑。工业品出厂价格和原材料购进价格同比大幅回落，分别比2011年下降2.7%和3.3%，涨幅分别同比下降8.2个和11.6个百分点；进出涨幅差0.6个百分点，比2011年下降2.7个百分点。

4. 转型升级步伐加快，科技创新取得积极成效

2012 年，浙江省战略性新兴产业、高新技术产业和装备制造业成为工业经济发展的新增长点。战略性新兴产业增加值比上年增长 9.2%，拉动规模以上工业增长 2.1 个百分点，占规模以上工业的比重为 23.2%，比上年提高 0.2 个百分点。高新技术产业和装备制造业增加值分别增长 9.9% 和 6.9%，比重分别上升至 24.1% 和 32.7%。全省国内专利申请受理数、授权数分别为 24.9 万件和 18.8 万件，比上年分别增长 40.8% 和 44.7%，高出全国平均增速 13.8 个和 12.7 个百分点。

（二）经济运行中需要关注的问题

1. 有效需求不足影响经济增长

一是浙江省长期以来依靠的低端产业、低成本劳动力、资源消耗型增长模式越来越难以为继，先发优势不断削弱。二是浙江外贸依存度较高，外需增长趋缓对浙江经济冲击较大。三是房地产调控对内需的影响不容忽视。

2. 部分行业出现潜在产能过剩现象

多年来，产能过剩、过度竞争是导致浙江企业利润率低下的首要原因，这一轮的经济下行，使产能过剩的影响更加突出，与浙江省经济关系密切的纺织、造船、光伏等多个行业仍面临较严重的产能过剩。

3. 企业经营困难仍然持续

一方面，受成本高企、市场需求不足等因素影响，全省企业收入增长缓慢，利润下降，亏损增加，小微企业经营状况不乐观；另一方面，当前浙江省工业企业投资意愿依旧低迷，投资前景尚不明朗。

（三）经济形势展望

从浙江省看，2012 年第二季度以来经济呈现止滑企稳、小幅回升的向上态势，一系列扩投资、促转型政策效应开始显现，为 2013 年经济持续健康发展奠定了基础。2013 年，浙江经济回升向好的动力将持续增强，经济总体保持向好态势，预计将延续 2012 年下半年以来的平稳增长态势。

二、银行业

2012 年，浙江省银行业业务总量保持适度增长，为浙江经济平稳发展提供了有力保障，银行机构改革创新稳步推进，但信用风险充分暴露，不良贷款大幅反弹。

（一）银行业稳健性评估

1. 存款增长总体乏力，季末冲高特征明显

2012 年末，浙江省银行业金融机构本外币存款余额 66 679.08 亿元，比上年增长 9.5%，增速回落 2.46 个百分点。存款季末冲高特征明显。3 月、6 月、9 月和 12 月等季末月份新增存款相当于全部新增存款的 119.56%。

2. 贷款增速有所回落，支持实体经济力度不减

2012 年末，浙江省银行业金融机构本外币贷款余额 59 509.22 亿元，比上年增长 11.78%，增速

回落2.06个百分点。中小微企业本外币新增贷款占全部企业贷款增量的81.85%；制造业、批发和零售业贷款增速均高于全部贷款增速，支持实体经济力度不减。

3. 盈利水平有所下降，中间业务收入占比降低

2012年，浙江省银行业金融机构实现本年利润1 193.08亿元，比上年减少184.5亿元；资产利润率2.52%，比年初下降0.06个百分点。受多重因素影响，中间业务收入率比年初下降2.68个百分点，为12.86%。

4. 不良贷款快速反弹，资产质量有所下滑

2012年末，浙江省银行业金融机构不良贷款余额951.51亿元，比年初增加460.1亿元；不良贷款率1.6%，比年初上升0.68个百分点。其中，2011年9月至2012年10月，不良贷款连续14个月呈“双升”态势。同时，全省关注类贷款余额2 121.22亿元，比年初增加272.88亿元；关注类贷款比例3.56%，比年初提高了0.09个百分点。

5. 银行业改革稳步推进，金融体系不断丰富

邮储银行改革稳步推进，全年二类支行共启动改革36家。农村金融改革取得新成果，全年共有8家农商行开业，已开业村镇银行达50家。其他银行业金融机构改革发展齐头并进，金融组织体系建设进一步丰富。

6. 中小法人机构经营状况较为稳健

2012年末，浙江省法人银行机构①存款余额21 235.85亿元，比上年增长17.68%；贷款余额15 152.98亿元，比上年增长17.67%；实现本年利润366.14亿元，比上年增长16.26%；不良贷款率1.29%，低于全部银行机构平均水平；加权核心资本充足率和加权资本充足率分别为11.61%和13.57%，贷款损失专项准备和拨备覆盖率分别高达360.19%和262.50%，抗风险仍然较强。

（二）银行业运行中需要关注的主要问题

1. 不良贷款持续反弹，信用风险管控压力增大

影响银行资产相关风险因素短期难以消除，一是经营环境改善尚需时日，中小企业经营仍然困难；二是担保链风险突出，防范化解难度较大；三是房地产行业潜在风险不容忽视；四是是政府融资平台偿债压力依然存在。

2. 利率市场化开始推进，中小银行机构面临挑战

利率浮动区间的扩大预示着利率市场化的推进，部分中小银行机构尤其是法人银行机构经营模式相对落后、高度依赖利息收入的，产品定价能力、风险管理能力以及存款服务竞争力都将受到一定的考验和挑战。

3. 操作风险不容忽视，案防形势依然严峻

在当前的经济金融环境下，贷款资金挪用、担保链断裂等问题愈演愈烈，这些问题背后涉及的银行员工内外勾结骗贷、民间借贷、受贿等问题有所暴露。尤其是基层银行机构还存在不少案防漏洞。

---

① 包括浙商银行、城市商业银行、农村商业银行、农村合作银行、农村信用社、村镇银行、农村资金互助社、贷款公司和外资法人银行。

（三）银行业发展展望

基于2013年全省经济总体处于平稳、缓慢的上升期，预计浙江银行业存款呈现持续缓慢增长的态势，随着政府扩大固定资产投资，以及对小微企业、“三农”、战略新兴产业等国家重点支持领域的信贷支持进一步加强，预计2013年贷款增势向好。由于从经济增速见底到不良贷款见底之间存在滞后期，预计2013年不良贷款仍存在小幅增长的压力；但在宏观经济趋稳的背景下，不良贷款增长也将趋缓，信贷风险总体可控。

三、证券业

受证券市场整体形势不佳影响，浙江省证券市场交易规模、利润有所下降，期货经营机构效益有所上升；证券公司创新稳步推进，稳健性经营状况不断改善；企业上市步伐有所放缓。

（一）证券业稳健性评估

1. 证券期货市场出现分化，证券机构利润明显下滑

2012年，浙江省证券经营机构累计代理交易额8.87万亿元，比上年下降15.44%，实现利润16.33亿元，比上年下降37.24%。期货经营机构经营状况较好，全年代理交易额39.22万亿元，比上年增长2.16%，实现利润7.98亿元，比上年增长22.39%。

2. 证券公司创新稳步推进，区域性交易市场取得突破

法人证券公司融资融券业务顺利开展，资产管理业务规模扩大，投资银行业务快速发展，业务结构得到优化。2012年10月，浙江股权交易中心正式成立，截至2012年底，已有55家企业挂牌，挂牌企业总股本38亿股，总市值149亿元。

3. 证券公司稳健性提升，期货公司实力不断壮大

3家法人证券公司净资产114.69亿元，净资本89.46亿元。净资本/净资产为78%，净资本/负债为46.16%，均符合监管要求。11家法人期货公司净资产55.71亿元，净资本51.47亿元，净资本/净资产为92.4%，抵御风险能力较强。

4. 企业上市步伐有所放缓，公司债成为融资亮点

2012年，浙江省新增境内上市公司20家，比上年少增20家；境内上市公司累计融资338.17亿元，比上年下降46.14%，其中首发融资142.24亿元，增发融资98.13亿元；公司债成为融资亮点，全年公司债融资97.8亿元，比上年增长57.74%。

（二）证券业运行中需要关注的问题

1. 证券公司业务转型力度仍需加强

省内法人证券公司收入结构中经纪业务占比仍高达60%，依赖程度较高，导致不能有效规避整体市场下探的系统性风险，也制约了创新业务拓展。

2. 上市公司稳健合规经营意识有待提高

一是上市公司审慎经营意识不足，不少上市公司对外提供担保事项较为普遍，相互担保关系盘根错节。二是业务发展规划不足导致经营压力显现，经济下行周期面临较大去“库存化”压力。三

是上市公司违规行为时有发生。

3. 非法证券活动依然存在

受证券市场走势不佳影响，散户投资者依靠正规渠道盈利难度上升，部分正规渠道以外的投资活动出现。例如，在期货配资之后，又出现部分股票配资公司，涉嫌超经营范围从事资金借贷业务。

（三）证券业发展展望

2013 年，浙江省宏观经济有望企稳回升，资本市场基础进一步夯实，证监会将进一步放松管制，推动创新，浙江证券业发展将迎来难得的机遇期。区域股权交易中心、债券市场的发展，将使浙江省多层次资本市场体系进一部完善，为证券经营机构业务多元化以至业务转型提供了很好的机会。

四、保险业

2012 年，浙江省保险业积极推进改革创新，市场体系日益完善，资产规模稳步增长，服务领域进一步拓宽，保险深度达到 2.8%，保险密度达 1 579 元/人，保险经济补偿和风险保障功能有效发挥。

（一）保险业稳健性评估

1. 市场体系日益完善，资产规模稳步增长

2012 年末，浙江省共有保险市场主体 73 家，比年初增加 3 家；保险专业中介机构 127 家，兼业代理机构 9 838 家，保险业总分机构、中介机构、行业社团共同繁荣发展的行业市场格局日益完善。保险公司资产总额 1 998.1 亿元，增长 15.50%。

2. 业务规模增长平稳，保险补偿功能有效发挥

2012 年，浙江省保险业共实现原保险保费收入 984.6 亿元，排名全国第 4 位，收入比上年增长 12.0%。保险业赔付支出 342.6 亿元，增长 33.7%，增幅高于全国 13.7 个百分点。

3. 保险覆盖面继续扩大，服务领域稳步拓宽

2012 年，浙江省保险服务领域不断拓展，政策性农业保险共为 197 万户农户提供 281 亿元的农业保险保障，政策性农村住房保险参保率为 98.5%。出口信用保险保障作用有效发挥，小额贷款保证保险工作实现扩面。

4. 行业效益有所下降，机构盈利能力出现分化

2012 年，财产险公司实现利润总额 23.5 亿元，比上年减少 10.7 亿元，承保利润率仅 6.8%，比上年下降 3.3 个百分点。机构间盈利能力出现分化，大公司盈利能力为中小型公司的 8 倍。寿险公司受满期给付高峰和退保因素影响，亏损额比上年放大 9.17 亿元，创下 2009 年以来新高。

5. 法人机构偿付能力有所改善，投资收益情况良好

浙商财险增资扩股后，偿付能力充足率达 286.87%；信泰人寿当年通过资本补充偿付能力充足率提升 41 个百分点，为 151%，但仅高于保监会 II 类公司监管标准 1 个百分点。法人公司投资收益情况总体良好，浙商财险全年实现市值口径投资收益率 5.8%。

（二）保险业运行中需要关注的问题

1. 业务持续发展与结构调整的矛盾依然存在

一是财产险新业务增长点尚未培育，企业财产险、责任险、工程险、船舶险等重点领域险种占

比仍然较低。二是寿险产品轻保障、重理财的局面没有根本改善，分红险产品“一险独大”的局面已持续多年。

2. 寿险公司保费收入受银保合作政策影响下滑明显

银保新规出台后，寿险公司银保业务增长受到较大影响，银保渠道客户新增能力减弱，寿险公司新单保费收入增速放缓，已连续四个季度呈负增长态势，市场开发能力和发展后劲明显不足。

3. 县域保险监管力量薄弱

县域保险市场监督管理体系尚不完善，面对县域保险市场，管理半径过大，存在队伍力量薄弱、管理经验不足、监管制度不完善等问题，难以对基层保险市场发展中的问题形成有效监督。

（三）保险业发展展望

2013 年，浙江宏观经济环境总体趋稳向好，但经济发展中不平衡、不协调、不可持续问题依旧突出。由于保险业务的特殊性以及浙江保险市场的结构特点，部分领域的政策形势变化，如出口形势、汽车限购政策等都可能对保险业的发展造成不确定性。预计 2013 年浙江保险市场规模有望继续保持温和增长，但盈利能力面临较大挑战。

五、社会金融活动

2012 年，浙江省具有融资功能的非金融机构①业务发展出现分化。小额贷款公司仍然保持了良好的发展势头，典当企业和融资性担保机构业务出现萎缩。

（一）小额贷款公司稳健性评估

1. 基本情况

（1）行业规模进一步扩大。截至 2012 年末，全省新增设立小额贷款公司 91 家，已开业小额贷款公司 277 家；新增注册资本金总额为 159. 27 亿元，注册资本金总额达到 576. 02 亿元，可贷资金规模达到 829. 59 亿元。

（2）贷款总量保持较快增长。2012 年，浙江省小额贷款公司②累计发放贷款 2 657. 39 亿元，比上年增长 45. 79%。年末贷款余额 732. 38 亿元，比上年末增长 36. 81%；单家机构贷款余额 2. 93 亿元，比上年末下降 5%。

（3）贷款方式以保证担保为主。2012 年末，浙江省小额贷款公司抵押、质押和保证等非信用贷款余额共计 716. 62 亿元，占全部贷款余额的 97. 85%。其中，保证贷款余额 629. 77 亿元，占全部贷款余额的 85. 99%。

（4）盈利能力保持稳定。2012 年，浙江省小额贷款公司实现营业收入 111. 61 亿元，比上年增长 46. 53%；实现净利润 61. 17 亿元，比上年增长 40. 59%；但每家小额贷款公司平均实现净利润 2 208. 21万元，比上年下降 11. 68%。

2. 需要关注的问题

一是信用风险持续暴露。部分地区小额贷款公司不良贷款大幅攀升。同时，部分小额贷款公司

① 包括小额贷款公司、典当企业和融资性担保公司。

② 指 250 家上报报表的小额贷款公司，下同。

存在不良贷款少报现象，小额贷款公司实际不良贷款率可能还要高于名义数据。二是内部管理不够完善。小额贷款公司普遍重业务扩张、轻内部管理，存在内控制度不健全、各项内部管理制度执行不到位、人员素质有待提高等问题。三是快速发展带来隐忧。随着机构扩容加速，可选为股东的企业和个人资质、实力等都在递降，而新设小额贷款公司面临较大的业务发展压力和盈利压力，可能导致过度竞争甚至恶性竞争。

（二）典当业稳健性评估

1. 基本情况

（1）机构数目有所增加。2012 年末，浙江省共有 449 家典当企业，比上年末增加 68 家。注册资本总额 75.68 亿元，比上年末增加 12.02 亿元。负债总额 9.76 亿元，比上年减少 1.95 亿元。全行业资产负债率为 10.31%，比上年下降 4.21 个百分点。

（2）典当业务有所回落。2012 年，浙江省典当行业累计发放典当贷款 389 亿元，在典当企业数量增加的情况下仍比上年下降 4.58%。其中，动产质押典当贷款比上年增长 13.33%；房地产抵押典当贷款和财产权利质押典当贷款则分别比上年下降 9.51% 和 5.77%。

（3）经营利润同比下降。2012 年，浙江省典当业实现利息与综合服务费收入 8.33 亿元，仅比上年增长 1.81%；综合息费率 2.14%，较上年上升 0.13 个百分点。全年典当企业实现税后利润 2.23 亿元，比上年下降 3.09%。

2. 需要关注的问题

一是部分典当企业经营风险较高。2012 年以来，受宏观经济环境影响，典当行业业务面临萎缩，盈利能力下降，亏损面扩大，逾期贷款有所增加。二是内部管理尚需加强。典当企业存在组织架构不健全，缺乏优秀管理人员和专业技术人员等问题。三是经营环境有待改善。四是部分寄售行、调剂行、二手车中介等机构超经营范围变相从事典当业务，给典当业整体声誉带来负面影响。

（三）融资性担保机构稳健性评估

1. 基本情况

（1）机构数量大幅减少。2012 年，浙江省共有融资性担保机构 589 家，比上年末减少 87 家。实收资本 353.53 亿元，比上年末减少 9.92 亿元；净资产 359.87 亿元，比上年末减少 9.97 亿元。

（2）业务规模有所萎缩。2012 年，浙江省融资性担保机构担保责任发生额 1 158.92 亿元，比上年减少 76.03 亿元。其中，融资性担保责任发生额 1 051.25 亿元，比上年减少 83.05 亿元。

（3）盈利水平出现下降。2012 年，全省融资性担保机构共实现担保业务收入 15.89 亿元，比上年减少 1.18 亿元。全年共实现净利润 1.31 亿元，比上年减少 0.92 亿元；平均每家机构的利润为 22.24 万元，比上年下降 32.59%。

2. 需要关注的问题

一是代偿风险明显扩大。2012 年，全省融资性担保机构共发生担保代偿 18.09 亿元，比上年增长 184.87%，并有担保公司因代偿损失大而申请退牌。二是持续发展难度加大。部分银行机构合作意愿明显减弱，融资性担保公司业务大幅下降。三是内部管理机制不健全。多数机构内部管理还处于“粗放型”阶段，公司治理结构和内部管理机制尚不完善、专业人员匮乏。

六、区域金融改革

（一）温州金融综合改革

2012 年 3 月 28 日，国务院第 197 次常务会议决定设立温州市金融综合改革试验区。近一年来，浙江省、温州市按照总体方案的主要任务，推进试验区建设。

1. 探索民间融资规范化和阳光化

一是建立民间融资登记服务平台，已开业运营 4 家民间借贷服务中心，借贷总成交金额 3.57 亿元。二是开展民间资本管理公司试点，已开业 6 家民间资本管理公司。三是定期（按周）发布民间融资综合利率指数，即“温州指数”。

2. 推进金融机构和产品创新

深化农村合作金融机构改革，发展新型金融组织，推出小额贷款公司主发起人招投标制度，培育发展村镇银行。设立小微企业融资综合服务中心，发展设备融资租赁，深化小额贷款保证、保险试点，推出科技保险、国内贸易信用险、环境污染责任险。

3. 多渠道破解“两难”问题

建立知识产权交易中心、股权运营中心、大宗商品电子交易中心、文化金融交易中心等平台，打造综合型金融服务平台。设立各类小微企业专营机构 106 家。拓展多元化融资渠道，成功发行 1.5 亿元私募债和 18.7 亿元银行间债务融资工具。储备个人境外投资项目 6 例。

4. 加快金融基础设施建设

初步完成金融业综合统计信息平台和温州金融监测报数平台两大系统建设，首批试点机构进入试报阶段。将征信查询服务延伸到温州市民间借贷登记中心；推动村镇银行、小额贷款公司等接入征信系统，加快农户和中小企业信用信息采集和电子化进程。

5. 加强地方金融管理和风险防范

设立温州市地方金融管理局，在部分县（市、区）设立监管服务中心或金融服务中心，构建市县两级联动监管格局。设立金融犯罪侦查支队、金融仲裁院和金融法庭。开展对融资性担保公司等融资中介机构和寄售行、调剂行、投资机构等市场主体风险专项检查。

（二）丽水农村金融改革

2012 年 3 月 30 日，中国人民银行和浙江省政府联合印发通知，决定在丽水市开展农村金融改革试点工作，采取中国人民银行和浙江省人民政府“行省共建”模式，是到目前为止全国首个经央行批准开展农村金融改革试点的地区。

1. 支农工程持续发展

林权抵押贷款实现扩面增量，累计发放林权抵押贷款 65.14 亿元。创新推出以茶园、生态公益林等为抵押担保的支农产品，稳步推进农户、社区居民和中小企业“三位一体”的社会信用体系建设，探索开展“城乡一体化”的信用体系建设，行政村信用评价面达到 100%。深化“便农支付工程”，在 2 114 个行政村设立了助农取款服务点。

2. 丰富发展农村金融产品

引导各金融机构创新推出石雕抵押贷款、农副产品仓单质押贷款及农民工创业扶持贷款，探索开展小额农贷“整村批发、集中授信”试点工作。创新银保合作信贷产品，推出银保合作金融产品“易保贷”，累计发放小额保证保险贷款6 407万元。采取银政保合作模式在景宁率先开展低收入农户扶贫贷款项目试点。

3. 推动金融基础服务体系建设

设立全省第二家货币兑换公司（渤海汇通兑换公司），并设立全国首个村级外币兑换点，累计办理代兑业务4.44万余笔，金额2.03亿美元。完成17条“省级刷卡无障碍示范街区”建设和所有中心镇“便农支付工程示范镇”创建。推进开展农民担保公司建设，已有9家农民担保公司开展业务，累计为600余户农民担保贷款3亿元。

七、金融基础设施

（一）支付体系稳健性评估

2012年，全省支付体系安全稳定运行，全年未发生一起重大支付清算系统安全事故。电子支付业务应用有效推进，小额支付系统银行本票实现全省通用，电子商业汇票应用更加广泛，银行卡在公共交通、医院、旅游等重难点领域的应用取得新突破。继续深化实施“便农支付工程”，重点深化银行卡助农取款服务，创新推出银行卡代理转账业务，推进“刷卡无障碍示范县、示范镇”创建活动，组织开展互联网支付、移动电话支付应用试点。2012年末，中心镇以上银行网点支付系统覆盖率达到100%，全省助农取款服务点达16 833个。支付机构监管体系初步建立，出台支付机构业务创新管理、分公司管理、突发事件应急管理等系列管理制度，探索建立窗口指导、高管人员谈话、监管评估等监管机制，深化支付机构现场检查及非现场监测，初步建立了较为完善的支付机构监管体系。

（二）征信体系稳健性评估

2012年，征信系统覆盖面进一步扩大，已覆盖全省3 436.3万自然人和56.7万户企业，数据来源日益丰富，涵盖全省所有银行业金融机构、部分微型金融机构、地方政府部门、公用事业单位等。征信系统服务对象日趋广泛，已开通系统查询用户3.5万个，金融机构月均查询量376.4万次，成为金融机构防范信贷风险的重要工具。农村和中小企业信用体系建设加快推进，累计为711.8万农户以及18.5万户尚未与银行发生信贷关系的中小企业建立了信用档案。评级市场格局优化，初步形成涵盖大企业、中小企业、担保机构和小额贷款公司等多主体、多层次的信用评级体系。

（三）反洗钱体系稳健性评估

2012年，全省反洗钱工作有效推进。人民银行省内各级分支行深入贯彻风险为本监管理念，积极开展风险评估试点，努力实现监管方式多样化，提升监管工作科技含量，反洗钱监管水平全面提升。严把支付机构准入关，推进大额和可疑交易综合试点及机构信用代码在反洗钱领域的应用。人民银行向各级公安机关移送涉及洗钱、毒品交易、非法经营票据、地下钱庄、网络赌博、虚假注资等各类案件线索48起，移送并协助破获了萧山某特大非法票据贴现案等一批具有重大影响的案件。组织开展主题为“警惕网络洗钱陷阱、增强反洗钱意识”的反洗钱宣传月活动，共主办或组织各类广场、街头宣传活动3 211次，群众参加34.6万余人次，进一步扩大了反洗钱工作的社会影响。

八、总体评估与政策建议

2012年，浙江省经济增长缓慢回升，金融业总量合理增长，金融改革不断深化，金融结构相对合理，社会金融活动补充功能有效发挥，金融基础设施不断完善。人民银行杭州中心支行运用区域金融稳定定量评估模型对浙江省2012年区域金融稳定状况进行定量评估，结果显示，总分较上年增加3.66分，区域金融稳定状况总体较好。从分项指标看，宏观经济得分较上年增加3.66分，反映出外部经济环境不利因素对浙江经济发展的影响有所显现；金融机构部分指标有所下降，但仍大幅好于最低监管标准，因此得分继续保持满分，金融总体运行质量和效益保持平稳；金融生态环境得分与上年持平，金融活动发展基础持续改善。

总　　纂：赵　军
统　　稿：胡卫华　潘晓斌
执　　笔（按姓氏笔画排序）：
吴　云　刘占稳　芦华征　陈楠希　胡虎肇
洪　昊　翁　磊　黄　河　潘晓斌

安徽省金融稳定报告摘要

一、经济运行与金融稳定

2012 年，安徽省经济继续保持平稳较快发展态势，经济结构调整和承接产业转移成效显现，投资、消费、出口保持较快增长，经济运行质量与效益明显提高，经济增长的持续性、协调性增强，金融业稳健运行的宏观经济环境得到改善。初步核算，全年全省地区生产总值达 17 212. 1 亿元，按可比价格计算，比上年增长 12. 1%，连续 9 年保持两位数增长，全年增速高于全国 4. 3 个百分点。

（一）经济发展特征分析

1. 经济增速企稳回升，长期发展趋势向好

2012 年上半年，安徽省经济增长开始出现筑底企稳迹象，第四季度明显回升，全年地区生产总值增幅比上半年和前三个季度均提高了 0. 1 个百分点，与全国走势基本相同。全省生产总值近五年平均增长 13. 2%，增幅高于全国平均水平 3. 9 个百分点，居全国、中部位次由 2007 年的第 21 位、第 5 位跃升至 2012 年的第 9 位和第 1 位；人均生产总值由 2007 年的 1 万元增加到 2012 年的 28 792 元，占全国比例由 2007 年的 59. 7% 提高到 2012 年的 74. 9%。

2. 需求增长较快，结构有所改善

一是消费环境的不断改善和消费转型升级有力促进了消费增长。全年社会消费品零售总额 5 685. 6亿元，增长 16%，增幅比前三个季度提高 0. 2 个百分点，同比回落 2 个百分点，增幅居全国第 2 位、中部第 1 位。二是基础设施、新兴产业等大项目成为投资增长的重要引领力量，投资持续较快增长。全年固定资产投资 15 055 亿元，增长 24. 2%，增幅比全国高 3. 6 个百分点。分项目看，全年亿元以上新开工项目 1 747 个，增长 14. 9%；完成投资额 2 844. 4 亿元，增长 29. 6%。其中，第一、第三产业投资增速加快，六大高耗能行业投资增速回落。三是对外经济保持较快发展，利用外资快速增长。全年进出口总额 393. 3 亿美元，增长 25. 6%，同比回落 3. 5 个百分点，但增幅比全国高 19. 4 个百分点，居全国第 7 位；实际利用外商直接投资 86. 4 亿美元，增长 30. 3%。

（二）经济运行中应予以关注的问题

当前，安徽省已进入平稳较快的经济发展周期，仍处于承接国内外产业转移的重要窗口期，支撑中长期经济稳步发展的基本面没有改变。同时，经济金融运行中的固有矛盾依然存在，部分行业产能过剩、生产要素成本上升等矛盾和问题依然突出，在经济转型过程中出现的、新老交错的问题

与矛盾可能向金融体系传导。

1. 维持经济高增长需求势头减弱，经济发展的外部环境未见根本好转

一是投资持续较快增长难度加大。承接产业转移难度增加，政府投资资金压力加大，民间投资动力不足，特别是制造业投资明显减速，投资需求面临回落压力。二是人均消费水平较低，服务业相对滞后，难以满足消费转型升级意愿，拉动经济增长的作用比较有限。三是对外贸易产品层级相对较低，科技含量不高，将面临着发达经济体在金融危机后工业回归战略冲击。此外，生产要素成本处于上升态势，可能进一步对中小出口企业生产带来负面影响。

2. 产能过剩压力在未来一段时期将继续存在，“两高一资”行业对经济增长贡献度减弱

一是受需求持续放缓、市场竞争加剧、宏观政策调整等因素影响，传统优势产业甚至部分新兴产业面临产能过剩的压力，企业经营困难增多，发展空间受到挤压。二是当前产业梯度转移与同质布局并存，各地同质布局现象较多，可能会进一步加剧未来产能过剩压力。

3. 通货膨胀预期增加，物价存在反弹上涨压力

多数发达国家为刺激经济增长可能进一步松动货币政策，输入型通胀风险加剧等。2012 年上半年，居民消费价格指数逐步走低，月度涨幅在 7 月达到全年新低点 1.1 以后，物价开始呈小幅上行态势，并于 12 月升至 2.1，物价上行压力逐步显现。

二、非金融部门财务分析

（一）非金融部门财务基本情况

1. 政府部门

一是受企业盈利能力减弱、结构性减税政策实施、物价涨幅回落等因素影响，全省各级一般预算收入增速明显回落，第四季度企稳回升。2012 年，全省各级一般预算收入 3 026.03 亿元，增长 14.9%，增幅同比回落 12.65 个百分点。随着各项“稳增长”政策措施的落实，第四季度一般预算收入增幅分别高出上半年、第三季度 0.14 个、1.19 个百分点。二是一般预算支出增长放缓，年底集中支出现象仍较突出。全年全省一般预算支出为 3 806.82 亿元，增长 16.45%，增幅回落 14.37 个百分点，季末集中拨款现象未得到明显改观。

2. 非金融企业部门

一是工业生产相对较好。全年规模以上工业实现增加值 7 550.5 亿元，同比增长 16.2%，增幅分别高于全国、中部地区 6.2 个和 4.9 个百分点，增速连续 2 个月居全国第 3 位，连续 9 个月居中部第 1 位。二是企业效益逐步提高。全年规模以上工业经济效益综合指数 281.3，比上半年、前三个季度分别提高 14.7 个和 15.6 个百分点；规模以上工业利润增长呈现前高、中低、后升的态势，工业利润由第一季度增长 11.1% 逐月回落到 1－7 月的 0.1%，随后出现回升，全年实现利润增长 11.3%，增幅比前三个季度高 9.3 个百分点，比全国高 6 个百分点，居全国第 5 位、中部第 2 位。

3. 住户部门

居民收入稳定较快增长，但增速有所下降。2012 年，城镇居民人均可支配收入 21 024.2 元，增长 13%，增速同比下降 4.8 个百分点；农民人均纯收入突破 7 000 元，达 7 160.5 元，增长 14.9%，

增速同比下降3个百分点。2007年以来，全省城镇居民人均可支配收入年均增长12.9%，农民人均纯收入年均增长15%，五年城乡居民收入年均增幅分别高于全国0.7个和1.2个百分点。

（二）非金融部分财务稳健性分析

1. 政府财政收支缺口持续，财政偿债压力较大

一是财政收入增收制约因素较多。部分重点税源企业生产经营遇到困难，入库税收出现下降；“营改增”税制改革试点效应初显，但部分行业税负不降反升，局部地区减收压力较大；在“限购”、“限贷”等诸多房地产调控政策影响下，房地产税费收入下降对地方财政影响较大。二是财政支出压力较大。民生领域支出占比稳步提高，全年民生领域支出占一般预算支出总量的73%，同比提高2.36个百分点；地方债进入还款付息期，地方政府融资平台的隐性偿债压力依然存在。

2. 非金融企业生产要素成本上升影响大，盈利能力有待提高

一是企业生产要素成本显著上升。2012年，全省规模以上工业主营业务成本增长18.3%，同比提高0.2个百分点；规模以上工业应付职工薪酬增长21.1%，增幅高于主营业务收入3个百分点。二是企业盈利能力相对较弱。与全国相比，全省工业主营业务收入利润率为5.27%，比全国低0.8个百分点；总资产贡献率为14.19%，比全国低1.06个百分点；工业成本费用利润率为5.67%，比全国低0.93个百分点。三是大型企业效益下滑多，全年全省大型工业企业利润下降12%，亏损企业亏损额占全部工业的比重由上年的45.1%上升到56.8%。

3. 住户部门内部收入分配不均衡，债务负担进一步增加

一是住户部门不同群体及内部差距有拉大趋势，城乡居民收入差距仍然偏大，城乡内部居民差距逐步拉大，低收入行业与高收入行业收入差距持续扩大，地区发展不平衡拉大区域收入差距。二是消费型支出持续增长，债务负担不断增加。在通胀预期增强背景下，住户部门衣食住行刚性消费支出不断攀升，消费支出增长高于收入增长；随着消费升级转型和住房刚性需求，汽车和住房等信贷需求明显增加，居民债务负担增速高于可支配收入的增长。

三、银行业与金融稳定

（一）银行业发展基本情况

截至2012年末，全省银行业机构资产余额2.97万亿元，同比增长21.59%，增幅高于全国3.89个百分点，居全国第10位、中部第1位。其中，银行法人机构资产同比增长27.22%，占全省银行业总资产的29.27%，同比提高1.30个百分点。

1. 各项存款增速高位趋缓，存款稳定性趋强

截至2012年12月末，全省银行业金融机构本外币合计各项存款余额23 211.50亿元，同比增长18.7%，增幅比上年末略升0.1个百分点。新增存款逐季递减，存款季末“冲时点”特征仍较明显，全年四个季度存款分别新增1 541.59亿元、841.67亿元、693.76亿元和587.72亿元。从存款类别看，单位存款增速减缓，个人存款大幅增加。截至2012年末，单位存款余额同比增长14.89%，增幅下降2.31个百分点；个人存款同比增长21.97%，增幅提高2.07个百分点。从存

款期限分析，定期类、结构类以及同业类存款增长较快，定期存款余额同比增长25.30%，增速比活期存款和各项存款分别高13.04个和6.55个百分点；活期存款占总存款的42.01%，同比下降2.7个百分点。

2. 各项贷款平稳增长，投放结构渐趋均衡

截至2012年末，本外币合计各项贷款余额16 795.2亿元，同比增长18.73%，增幅同比回落2.2个百分点。从投放趋势看，信贷投放节奏平稳，但仍存在信贷投放季末集中、季间不均衡现象，四个季度新增贷款分别占全部新增贷款的22.76%、32.10%、23.06%和22.08%，但3月、6月、9月、12月新增贷款均为季度内最高值。从期限结构看，短期贷款和票据融资较快增长，中长期贷款增速持续回升。短期贷款余额增速比各项贷款平均增速和中长期贷款增速分别高1.10个和5.46个百分点；票据融资余额增长62.57%，同比提高19.16个百分点，比各项贷款增速高43.84个百分点；中长期贷款余额增长14%，增幅同比下降2.5个百分点。

3. 经营效益持续增加，法人机构经营效率有所提升

全年银行业机构累计实现利润总额379.46亿元，同比增长19.68%；成本收入比为32.52%，下降2.08个百分点。银行法人机构资产利润率和资本利润率分别为1.23%和17.13%，分别上升0.04个和0.44个百分点。

（二）银行业发展中应予以关注的问题

1. 不良资产反弹压力增加，部分行业企业的资产质量下降

一是关注类贷款比年初增加38.72亿元，制造业、批发业、房地产业以及建筑业表现较为突出。二是逾期90天以上贷款比年初增加15.44亿元，国有大型商业银行增加较多。三是银行业机构贷款向下迁徙率比年初上升0.17个百分点，正常类、次级类贷款向下迁徙率分别比年初上升0.38个和0.60个百分点。四是重点行业和重点领域的信贷风险值得关注。地方政府融资平台信贷增长有所回升，前期债务开始进入集中还款期，潜在偿付风险值得关注；房地产信贷投放快速增长，房地产贷款增量占各项贷款增量的28.0%，同比提高5.0个百分点；钢贸、造船等部分行业企业信用风险开始显现。

2. 银行面临的市场风险、操作风险有增加倾向

一是随着利率市场化改革逐步深化，传统商业银行业务的利率风险管理压力逐步增加，处于快速发展中、对利差敏感度较高的资金业务和理财业务面临较大的市场风险。二是操作风险不断上升，票据诈骗、银行卡犯罪、POS机套现等金融突发案件呈增多趋势。

3. 利润增速明显放缓，盈利能力变化趋势需密切关注

截至2012年末，银行机构累计实现利润额增速比上年同期下降19.42个百分点。其中，国有、股份制商业银行利润增速下降幅度较大，主要原因是中间业务收入增长持续放缓以及净息差下降。

4. 银行表外业务和同业业务快速发展，跨市场、跨机构的交叉性金融风险有所显现

一是表外业务保持较快发展，表外业务垫款增长较快。截至2012年末，销售与购买协议、委托贷款以及承兑汇票余额同比增长147.92%、32.51%和19.36%，垫款余额比年初增长377.88%。二是银行短期及资产池类理财产品快速发展，加剧存款市场分流波动。三是同业类尤其是回购业务增长迅速。同业资产余额同比增长74.57%，其中，买入返售、同业负债业务余额分别增长276.39%和42.36%。

四、证券业与金融稳定

（一）证券业发展基本情况

2012 年，安徽省证券期货业总体保持稳健发展的态势。截至 2012 年末，全省共有法人证券公司 2 家、法人期货公司 3 家、证券营业部 218 家、期货营业部 36 家、证券咨询机构 2 家、证券期货从业人数合计达 4 658 人。

1. 证券交易量大幅下降，期货市场活跃度稳步提升

截至 2012 年末，证券投资者账户数为 208.56 万户，同比增长 4.07%；证券经营机构全年累计交易量和客户保证金余额分别为 10 955.17 亿元和 88.37 亿元，同比分别下降 13.87% 和 2.29%；期货业从业人数 417 人，同比增长 34.95%；期货经营机构全年累计代理交易额和客户保证金余额分别为 14.54 万亿元和 30.52 亿元，同比分别增长 94.91% 和 60.21%。

2. 证券公司盈利水平大幅下滑，期货公司经营效益有所改善

截至 2012 年末，两家法人证券公司总资产同比下降 6%，所有者权益同比增长 4.43%，全年实现营业收入和净利润同比分别下降 10.68% 和 77.57%；3 家法人期货公司总资产同比增长 25.09%，所有者权益同比增长 12.16%，实现净利润同比增长 4.05%。

3. 股票融资大幅减少，上市公司后备资源充足

全年实现 1 家 IPO 融资和 6 家增发融资，募集资金总额 57.16 亿元，同比减少 145.2 亿元。截至 2012 年 12 月末，境内上市公司总数为 78 家，其中主板 46 家、中小企业板 25 家、创业板 7 家，上市公司数量居全国第 10 位；全省过会待发公司 3 家，报会在审公司 24 家，辅导备案公司 22 家。

（二）证券期货业发展中应予以关注的问题

证券期货业总体保持稳健运行态势，但受外部环境复杂、行业整体市场波动以及微观主体综合竞争能力薄弱等因素影响，区域证券期货业发展仍面临较多不确定性因素。

1. 证券公司各项风险控制指标变化平稳，但综合竞争力和市场风险管理能力有待进一步加强

2012 年，法人证券公司各项风险控制指标变化均符合监管标准，面临非预期风险冲击的偿还能力较为稳定，抵御预期损失能力呈现企稳回升态势。自营收入和利息收入增长较快，收入结构有所优化，但仍存在经纪业务收入占比偏高，投行业务受 IPO 审批暂停影响较大，研究服务、资产管理业务等收入占比较小等问题，综合竞争力有待加强。

2. 期货公司风险变化平稳可控，但业务结构、成本控制能力和盈利能力仍有待改善

法人期货公司保持平稳发展势头，净资本稳步增长，风险补偿能力逐年增强，主要风险控制指标符合监管标准。随着期货交易品种的丰富和股指期货成交量的大幅增长，期货公司经纪业务快速上升，但受成本控制能力不强等因素限制，盈利能力增长缓慢。

3. 超募资金使用效率较低，委托投资理财、对外担保风险值得关注

一是超募资金总额规模较大，部分公司对超募资金的使用缺乏明确规划和有效渠道，使用效率不高。截至 2012 年 12 月末，全省共有 11 家中小板公司和 7 家创业板公司超募资金尚未使用完毕，金额分别为 12.77 亿元和 25.25 亿元。二是委托贷款、委托理财规模大幅增长。截至 2012 年末，全

省有 9 家上市公司涉及委托贷款事项，委托贷款本金余额合计 8.31 亿元，较年初增加 1.78 亿元。三是对外担保持续增长。截至 2012 年末，全省有 34 家上市公司涉及对外担保事项，对外担保总额合计 142.98 亿元，同比增长 36.67%。其中，关联方担保余额占对外担保总额的 67.68%。数家公司对外担保金额接近净资产。

五、保险业与金融稳定

（一）保险业发展基本情况

截至 2012 年末，全省共有保险法人机构 1 家，省级分支机构 46 家，专业保险中介机构 49 家；总资产 1 055.76 亿元，同比增长 11.7%；保险深度和保险密度分别为 2.64% 和 757.54 元/人。

1. 保费收入保持增长，服务领域不断拓宽

2012 年，全省实现保费收入 453.61 亿元，同比增长 4.93%，总保费收入居全国第 12 位。其中，财产险业务继续保持较快增长，实现保费收入 169.06 亿元，同比增长 18.37%；受银保新规、货币政策调整影响，人身险业务实现保费收入 284.55 亿元，同比下降 1.70%。出口信用保险、农业保险、小额信贷保险加快发展，医疗责任保险试点扩展至全辖，保险资金在皖投资范围涵盖债权、股权、大额存款、股票基金和后台中心建设等。

2. 保险赔付支出增长较快，保障服务功能进一步发挥

2012 年，全省累计赔款与给付 152.65 亿元，同比增长 21.69%。其中，财产险业务赔付支出 91.48 亿元，同比增长 28.65%；人身险业务赔付支出 61.17 亿元，同比增长 12.59%。全省保险业共为各类经济实体提供保额为 8 934.32 亿元的企财险风险保障和 574.11 亿元的工程险风险保障，小微企业出口信用保险承保数量同比增长 372.73%；2008—2012 年，政策性农业保险累计为农户提供风险保障 1 112 亿元，支付保险赔款 30.4 亿元。

（二）保险业发展中应予以关注的问题

1. 保险业发展进入深度调整期，市场竞争压力增大

寿险市场需面对传统险保证利率放开和营销员管理体制改革的双重压力，以银保渠道为主销售投资储蓄型产品的发展模式继续面临变革压力。全年银邮代理保费收入 125.09 亿元，同比下降 18.88%。产险市场竞争继续加剧，车险费率市场化改革将重新引入价格竞争机制，产险企业的承保盈利将呈现回落态势。全年产险应收保费率为 3.49%，同比提高 0.84 个百分点。

2. 保险业务结构不均衡仍较突出，转型发展困难较多

财产险方面，尽管保费收入实现较快增长，且呈现多元化发展趋势，但财产险产品结构仍不够合理，对车险业务依赖程度依然较高，财产险业务发展将受制于机动车数量的持续增长能力。全年车险业务占财产险保费收入的比重为 78.12%，车险保费增长对财产险保费增长的贡献率仍高达 74.52%。人身险方面，产品结构调整进展较慢，普通型寿险产品发展困难，而投资型业务占比过高。全年普通寿险业务保费收入降幅达 4.82%，分红险在寿险业务中占比达 90.37%。

3. 赔付压力增加，资金管理难度加大

受车险赔付大幅上升及人身险满期赔付等因素影响，保险赔付支出大幅增长。全年财产险赔付

支出增速超出保费收入增速 10.28 个百分点，其中车险赔付同比增长 28.78%；人身险赔付支出同比增长 12.59%，而保费收入则是下降 1.70%。保险退保大幅增多亟待引起关注，全年保险退保率同比提高 0.36 个百分点。特别是近十年来分红险在 2002 年、2007 年经历了两次销售高峰，部分分红险当期收益率远低于预期收益率，人身险公司面临一定的退保压力和满期给付压力。

4. 县域保险发展仍处于初级阶段，市场秩序不规范现象相对突出

各地区不同程度存在违规多支报酬揽保、变相提高手续费用揽保、变相降低保费揽保等现象。

六、金融市场与金融稳定

2012 年，安徽省加强了金融市场政策的协调与监督管理，有力促进了辖内金融市场稳健较快发展。

（一）货币市场逐步成为市场参与者短期头寸调节的重要工具

1. 同业拆借市场交易显著增长，拆借交易机构、品种分布仍不均衡

2012 年，安徽省 4 家金融机构参与同业拆借交易，累计进行信用拆借交易 592 笔，成交金额 2 214.45亿元，同比增长 34.52%。交易品种主要集中在短期品种，资金流向为净融入，拆入资金利率小幅上升，拆出资金利率大幅下降。

2. 债券回购市场快速发展，短期质押式回购交易居主导地位

2012 年，全省 32 家银行间债券市场成员中共有 17 家机构参与债券回购市场，累计成交 60 601.58亿元，同比增长 52.67%。债券回购市场短期化趋势明显，质押式回购占整个回购市场的主导地位，买断式回购业务参与机构较少，质押式回购融入融出利率和买断式回购融入融出利率下降幅度均为 50 ~ 60 个基点。

3. 票据市场利率降中趋稳，利差显著收窄

2012 年，全省金融机构票据贴现加权平均利率为 5.63%，同比大幅下降 246 个基点；转贴现加权平均利率为 5.03%，同比下降 92 个基点。全年贴现利率与转贴现利率变动趋势一致，前 8 个月贴现与转贴现利率持续下降，9 月后贴现和转贴现利率小幅反弹，票据贴现与转贴现之间利差均维持在 50 ~ 60 个基点。

（二）债券交易稳步增长，债务性融资创历史新高

1. 银行间债券交易市场运行平稳，交易机构集中明显

2012 年，全省 12 家机构参与了银行间债券市场现券买卖交易，累计成交 11 993 笔，成交金额 29 638.97 亿元，同比上升 21.85%。交易量前三家机构年度成交量占全省的 96.76%，债券资金净回笼，现券买卖加权到期收益率同比下降 20 个基点。

2. 债务性融资额快速增长，融资结构明显改善

2012 年，全省企业累计发行各类债务性融资工具 872.15 亿元，同比增加 319.65 亿元；占全省直接融资的 93.85%，较上年提高 32.53 个百分点。债务融资工具以中长期融资为主，多家企业成为全国首批通过发行定向债务融资工具的企业。

（三）银行间外汇市场大幅增长，银行结售汇略有下降

1. 银行间外汇市场交易快速增长，以美元结算的交易居主导地位

2012 年，全省累计完成即期结售汇交易 36.99 亿美元，同比增长 68.97%。以美元结算的交易占比 95.66%。

2. 银行结售汇略有下降，经常项目结售汇顺差大幅增长

2012 年，全省结售汇总额分别达 160.09 亿美元和 125.37 亿美元，结售汇顺差 34.72 亿美元，较上年基本持平。

（四）民间借贷活跃程度走低

对全省 222 户企业开展问卷调查，企业通过民间融资方式借入呈现总量下降、参与面逐渐收窄、交易活跃程度降低、不同类型企业对民间融资依赖程度差异较大等特征。其中，租赁和商务服务业对民间融资依赖程度最高，工业和房地产业依赖度较低；小微企业对民间融资的依赖程度越高。民间融资利率呈前高后低态势，与当前宏观经济及货币政策走向基本保持一致；借款期限越短，利率水平相对越高；工业企业融资成本最高且涨势明显，其次是批发零售业、建筑业。

（五）金融市场发展中亟需关注的问题

1. 商业银行代持交易粉饰业绩、规避限额管理和监管要求现象

交易员频繁通过隔夜代持债券交易降低资金占用成本；债券投资部门为规避限额管理，将部分债券交由他方代持，将债券自营投资金额降至限额上限以下；在监管指标考核时点前通过债券代持交易对风险资本占有量等进行调节；通过代持规避企业会计准则关于金融资产不得随意重分类的规定。

2. 远期交易存在不合规现象

金融机构违规开展远期交易现象突出，把本应纳入专项监测的远期交易做成了一笔单纯的现券交易，从而规避了现行政策关于远期交易的各项限制性规定。

七、金融基础设施与金融稳定

（一）支付系统

1. 支付系统业务量和交易金额大幅提高

一是大、小额支付系统安全、平稳运行。2012 年，55 家现代化支付系统直接参与者和 5 042 家间接参与者通过大、小额支付系统共处理支付清算业务 6 534.86 万笔、金额 506 714.96 亿元，同比增幅分别为 36.1% 和 40.4%。二是支票影像交换系统业务平稳增长。2012 年共处理支票业务 10 820 笔，同比增长 46.4%；金额 5.74 亿元，同比减少 6.4%。三是中央银行会计集中核算系统平稳运行。全年处理会计核算业务 47.80 万笔，其中，贷款业务有所增加，存款业务、货币发行略有减少，再贴现业务大幅下降。四是同城票据交换系统业务量处于逐年萎缩态势。全年共处理支付清算业务 302.10 万笔，清算资金 7 156.65 亿元，同比分别下降 15.0% 和 10.8%。五是银行业金融机构行内支

付系统延续增长态势，但增速有所放缓。全年共处理支付业务14 286.75万笔、金额66 864.54亿元，同比分别增加25.7%和6.9%。六是银行卡跨行交易笔数、交易金额持续呈现较大幅度且稳定的增长。全年银行卡跨行信息交换系统成果处理交易26 961.31万笔，同比增长28.9%；清算交易17 608.03万笔，同比增长34.8%。七是中央银行会计核算电子对账系统对账率和对账一致率均进一步提高。全年全省中央银行会计核算电子对账系统各开户单位共计应对账256 095次，对账率99.9988%，对账一致率99.82%。

2. 应予以关注的问题

一是现有法规制度有待完善，部分条款已不能适应当前社会经济活动和人民银行监管的需要。二是缺乏复合型执法人才培养机制，执法人员难以在短时间内熟练掌握并达到独立胜任执法检查的水平。三是非金融支付机构管理不规范，银行卡收单业务违规现象突出，预付卡等业务合作不规范，网络支付业务漏洞较多。四是现行银行账户管理体系监管机制尚不完善，缺乏完备的准入、退出管理机制和违规行为处罚细则等。

（二）征信体系

1. 征信系统功能日趋完善，服务水平进一步增强

一是企业征信系统接入网点数继续增加，查询量稳步增长。截至2012年末，企业征信系统累计接入机构27家，累计收录企业和其他组织约17.54万户，同比增加1.24万户；全年累计查询次数达112.13万次，同比增加13.05万次；日均查询4 449次，同比提高453人次。二是个人征信系统收录人数不断增加，查询量不断攀升。个人征信系统全省自然人数达3 131.63万人，同比增加97.02万人；全年累计查询次数478.33万次，同比增长13.43%；日均查询18 981次，同比提高1 978人次。三是应收账款质押登记公示系统和融资租赁登记公示系统得到广泛应用。截至2012年末，安徽省共审核通过206个常用户，同比增加43个；累计登记19 121笔，同比增长46%；累计查询28 034笔，同比增长50%。

2. 应予以关注的问题

一是系统接入覆盖面有待进一步拓展，小额贷款公司、村镇银行等各类小型贷款机构接入比例较低。二是非银行信息采集征信系统和政府各职能部门的信用信息共享范围狭窄，渠道不畅。三是征信系统产品单一，亟需开发符合市场预期的多元化征信产品。

（三）反洗钱

1. 优化反洗钱监管工作机制，创新现场检查工作方式

一是修订完善了《安徽省金融机构反洗钱工作非现场监管评价暂行办法》，综合运用多种监管手段，提升反洗钱工作效力。二是以非模块化视角引导模块化的检查工作，从流程控制角度考察金融机构反洗钱工作效力。全年共对83家金融机构实施了反洗钱执法检查，其中银行业机构40家、证券业机构3家、保险业机构40家。三是强化反洗钱领域案件线索的收集、研判和移送，完善银警情报信息交流机制。全年开展行政调查23次，参与或指导金融机构协查经济类案件39起，涉及金额19.5亿元，协助破获案件27起，涉及金额5.2亿元。

3. 应予以关注的问题

一是在以风险为本的反洗钱工作理念转型期间，金融机构或多或少存在着对业务内容不熟悉，

对新工作要求持等待、观望态度的现象，一定程度上影响工作成效。二是当前支付机构对于反洗钱业务缺乏足够认识，对洗钱风险理解不深刻，对可能出现的预付卡套现、黑钱融入金融体系等风险的识别能力和控制能力仍待加强。

（四）反假币工作

1. 发挥联席会议机制作用，严厉打击假币犯罪活动

人民银行合肥中心支行定期召开由反假币联席会议成员单位参加的联络员会议，召开“2012 鄂豫皖赣毗邻地区反假货币协作会议”；与安徽省社会管理综合治理委员会联合印发反假货币工作考核评比办法和评比细则。初步统计，全年假币案件立案 68 起，破案 62 起，抓获犯罪嫌疑人 129 名。

2. 组织反假货币宣传，加强业务监督检查

组织开展“人民币防伪知识宣传”、“爱护人民币宣传”宣传月活动，扩大社会公众反假货币知晓率，促进树立“爱护人民币、保护人民币”良好意识。开展现钞处理设备防伪性能检测认定工作，推广开展《反假货币上岗资格证书》电子化考试和年审工作。对问题金融机构实行重点监管，对整改情况跟踪检查。

八、总体评估与政策建议

（一）总体评估

2012 年，安徽省经济持续健康较快发展，金融体系整体保持稳健，但未来一段时期金融稳健运行中的不确定、不稳定因素仍然较多。

1. 宏观经济方面

经济发展的外部环境未见根本好转，维持经济高增长的需求动力不足，产能过剩压力继续存在；地方政府财政偿债压力较大，非金融企业盈利能力有待提高；住户部门收入分配不均衡加剧和债务负担加大。经济运行中的固有矛盾依然存在，经济转型过程中出现的、新老交错的问题与矛盾可能向金融体系传导。

2. 金融业方面

银行业机构信用风险“双控”压力增加，流动性风险管理难度加大，市场风险、操作风险有增加倾向，跨市场、跨机构的交叉性金融风险有所显现；证券期货业机构业务结构单一、综合竞争力不足问题仍然存在；保险业务结构不均衡仍较突出，保险偿付和退保增加，保险公司资金压力逐渐显现；金融市场交易行为规范性有待提升，民间融资市场风险不容忽视，非正规金融发展对金融体系的影响趋增。

（二）相关政策建议

1. 加快经济发展方式转变，为金融稳定创造良好环境

根据行业发展周期和消费升级趋势，充分考虑现实和未来的市场容量，选择正确的产业发展重点和方向，努力使供给结构更好地适应市场需求变化；大力促进科技和经济紧密结合，着力增强创新驱动发展新动力；顺应制造业与服务业融合发展趋势，加快发展生产性服务业。

2. 推进地方金融改革，夯实金融稳定的微观基础

深化农村金融机构改革，完善公司治理结构，健全风险控制体系；促进证券机构内控制度建设和业务流程改造，提高风险管理和风险防御能力；加快保险业机构调整业务结构，创新产品和服务方式，研发契合市场需求的个性化产品；加强融资性担保机构、小额贷款公司、典当行等融资性非金融机构监管管理，提高其制度制定科学性、执行规范性和内控有效性。

3. 建立健全工作机制，提升维护金融稳定合力

建立健全跨区域金融稳定协调、风险监测和信息共享机制，防范风险的跨区域传导；做实人民银行与地方政府、金融监管机构、行业主管部门、行业自律组织以及金融企业之间的长效联络机制，提升维稳工作合力；创新运用“两管理、两综合”在人民银行维护金融稳定中的工作机制，促进金融机构稳健发展。

总　　纂：张　燕
统　　稿：吴丹果　梁　斌
执　　笔：季　军　鲁玉祥　王　亮
其他参与写作人员：孙　韦　石少功　薛晓倩　方德发　宋　莹
肖扬零　方锡华　徐　惬　陈海波　张晓萍
丁成林　周　浩　刘瑛娜　吴文斌　何家贵
王祥峰

福建省金融稳定报告摘要

2012年，随着《海峡西岸经济区发展规划》、《平潭综合实验区总体发展规划》、《海峡蓝色经济试验区发展规划》、《厦门综合配套改革试验总体方案》及《泉州金融服务实体经济综合改革试验区方案》等政策先后获批，福建省紧紧抓住前所未有的发展良机，加快经济发展方式转变和经济结构调整，推进产业优化升级，统筹城乡区域发展，推动平潭开放开发与闽台交流合作，确保了经济社会平稳发展。全年金融业整体运行稳健，金融市场继续保持健康发展，金融基础进一步完善，金融生态环境持续优化，金融服务实体经济发展的成效加大，有力促进全省经济保持平稳发展态势。

一、区域经济运行与金融稳定

（一）区域经济运行总体情况

1. 产业发展步伐稳健

初步统计，全省实现生产总值19 701.78亿元，增长11.4%，比全国平均水平高3.6个百分点。第一产业增加值1 776.47亿元，增长4.2%。第二产业增加值10 288.59亿元，增长14.6%，规模以上工业增加值7 856.29亿元，增长15.2%，增速较上年回落2.3个百分点。第三产业增加值7 636.72亿元，增长8.5%，其中，金融业增加值增长14%，增速较上年加快7.4个百分点；全省海洋生产总值达5 260亿元，增长19%。三次产业分别拉动经济增长0.4个、7.7个和3.3个百分点。

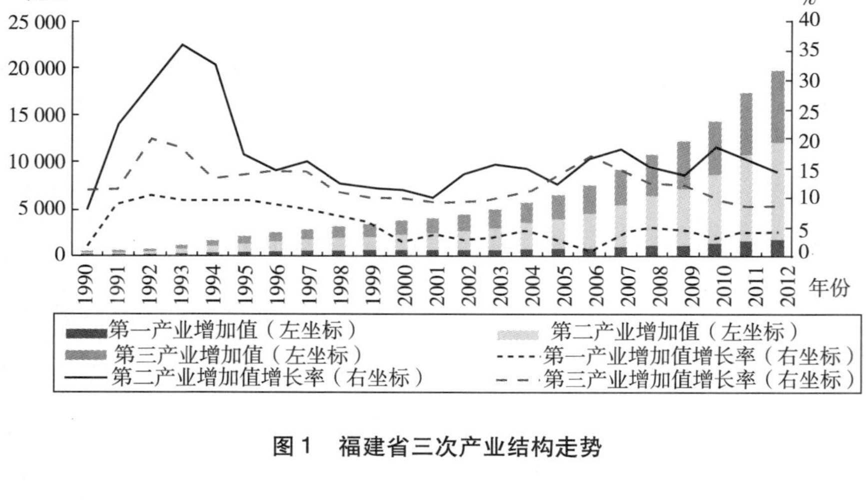

图1 福建省三次产业结构走势

2. 固定资产投资较快增长

全省完成全社会固定资产投资达12 709.66亿元，增长25.5%，比上年回落1.6个百分点，但仍高于全国4.9个百分点。其中，固定资产投资（不含农户）12 452.24亿元，增长25.9%，高于全国5.3个百分点；农户投资257.42亿元，增长10.1%。民间投资贡献提高，全年民间投资6 657.31亿元，增长27.1%。房地产开发投资2 824.12亿元，增长17.4%，增速比上年大幅回落14.7个百分点，其中，全省保障性安居工程完成投资352亿元，完成投资率119.8%，占房地产投资总量的12.46%。

3. 城乡消费增速渐趋平衡

全省社会消费品零售总额7 149.54亿元，增长15.9%，高于全国1.6个百分点，占地区生产总值的比重较上年提升0.9个百分点。城镇消费品零售额6 563.57亿元，增长16%，高于全国平均水平1.7个百分点；乡村消费品零售额585.97亿元，增长14.6%，高于全国平均水平0.1个百分点。城镇市场与乡村市场增幅差距由上年的4.9个百分点缩小至1.4个百分点。吃、穿商品保持热销，零售额分别增长24.9%和32.5%。汽车类增长14.7%，增幅比上年回落5.1个百分点。

4. 对外经贸增长乏力

全年外贸进出口1 559.27亿美元，增长8.6%，同比大幅回落23.4个百分点，高于全国2.4个百分点。其中，进口580.91亿美元，增长14.6%，同比大幅回落21.4个百分点；出口978.36亿美元，增长5.4%，同比大幅回落24.5个百分点；累计实现贸易顺差397.45亿美元。进出口、进口及出口增速分别比同期全国平均水平高出2.4个、10.3个和低于2.5个百分点。利用外资稳步增长，全年新签外商直接投资项目916个，按历史可比口径统计，合同外资金额152.5亿美元，增长12.4%；实际到资121.9亿美元，增长10.3%。闽港澳贸易额89.11亿美元，闽台贸易额119.63亿美元。

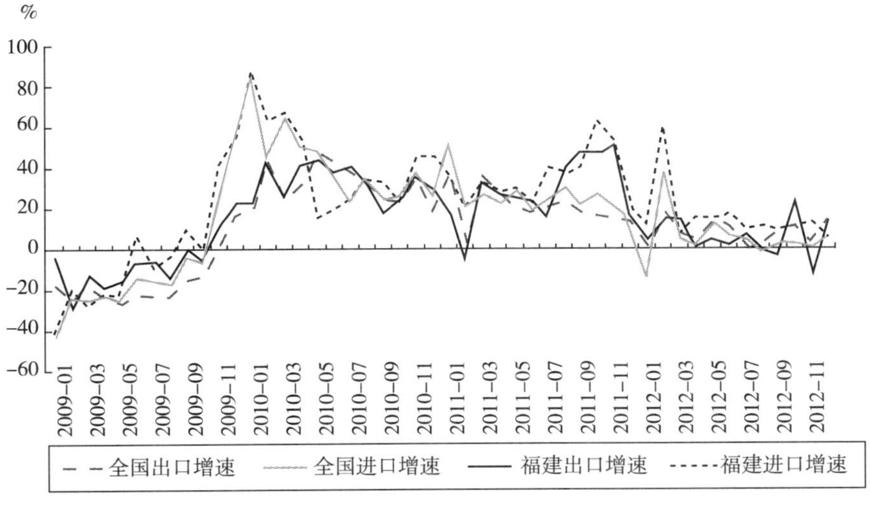

图2 福建省进出口增速与全国比较

5. 财政收支增幅回落

全省财政总收入3 008.91亿元，增长15.9%，增幅比上年回落10.4个百分点。其中，地方级收入1 776.21亿元，增长18.3%，增幅回落12.1个百分点。受经济增速放缓影响，税收收入增速有所回落，税收收入占地方财政收入的比重为81.1%，比上年回落2.4个百分点。全省财政支出

2 601.08亿元，增长18.3%，增幅回落11.4个百分点。财政支出结构进一步优化，全年各级财政与民生直接相关的支出共计1 906.02亿元，占全省财政总支出的73.3%，增长20.4%，增速比上年提升1.6个百分点。

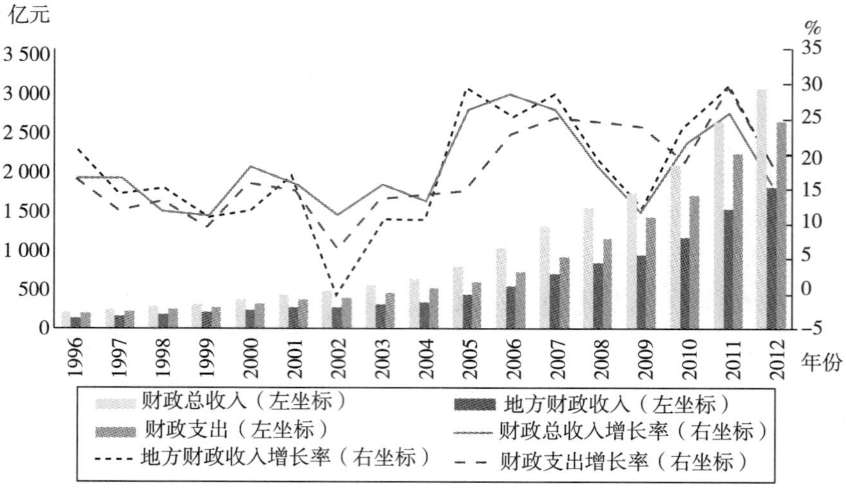

图3 福建省财政收支变动情况

6. 间接融资占比持续下降

2012年，全省社会融资规模6 663.43亿元，增长21.3%。在社会融资的构成中，间接融资占比不断下降，非银行信贷融资高速增长，增量接近于全年新增银行信贷规模。截至年末，本外币贷款新增3 435.6亿元，占社会融资规模的51.6%，比重同比下降1.8个百分点。非银行金融机构继续支持实体经济，以未贴现的银行承兑汇票、委托贷款和信托贷款等表外融资方式合计融资2 479.1亿元，占社会融资规模的37.2%。企业债券和境内非金融企业股票融资合计增加577.6亿元，相当于上年的2.15倍，占社会融资规模的8.7%，比重大幅提高，在资金配置中作用突显。

7. 民生保障全面加强

全省城乡居民收入增长继续保持与地区生产总值同步增长态势，农村居民收入增长幅度快于城镇居民收入。城镇居民人均可支配收入28 055元，增长12.6%。农民人均纯收入9 967元，增长13.5%。全省城镇新增就业65.38万人；城镇失业人员再就业13.91万人，其中城镇就业困难人员再就业4.54万人；城镇登记失业率3.63%；农村劳动力转移就业43.71万人。在上年实现农民养老的新农保制度全覆盖后，又比全国提前半年实现城镇居民养老保险制度全覆盖，并在全国率先启动城乡居民大病保险。

8. 市场价格增幅趋缓

2012年，福建省各类物价指数走势与经济走势基本一致，增幅趋缓。全省居民消费价格上涨2.4%。食品、衣着类价格是拉动居民消费价格上涨的主要因素，二者拉动居民消费价格总水平分别上涨1.48个和0.39个百分点。上半年，房地产市场较为低迷，下半年以来，房地产市场开始回暖，但房屋新开工面积和竣工面积仍持续下滑，后续房价上涨压力仍然较大，全年看，福州市新建商品住宅价格与上年持平，厦门市、泉州市则分别下跌0.4%和0.5%。全年工业生产者出厂价格下降1.3%，工业生产者购进价格下降2.3%，农业生产资料价格上涨3.3%，固定资产投资价格上涨0.3%，商品零售价格上涨1.8%。

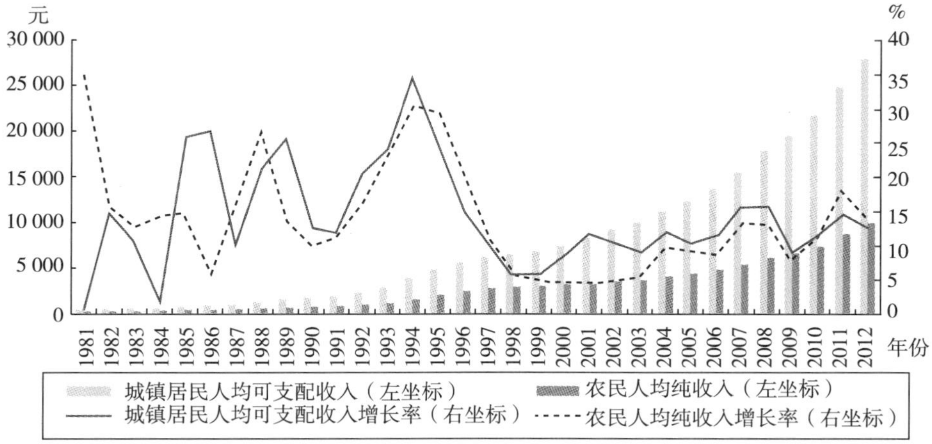

图4 福建省城乡居民收入变动情况

（二）区域经济运行中值得关注的方面

总体上看，福建省经济增速仍处于较高水平，三次产业持续发展，民生保障持续强化，经济发展的质量和效益有了新的提高，多数经济金融指标表现好于全国，但也存在一些不确定的因素。

1. 内外部需求拉动经济增长面临较大不确定性

从投资情况看，福建省固定资产投资约为地区生产总值的64.51%，其中，房地产投资占固定资产投资比例高达22.22%，投资结构有待优化。此外，福建省资源环境约束趋紧，未来一段时间加快经济发展、转变经济发展方式的任务仍然比较繁重，经济发展与节能减排的矛盾较大，生态环境保护的压力也将逐渐加大，投资需求的增长面临较大不确定性。从消费情况看，全省社会消费品零售总额增长15.9%，较上年回落2.3个百分点，消费需求的持续增长面临较大压力。从进出口情况看，国际经济复苏前景不明朗，发达经济体面临债务危机的严峻考验，外贸形势仍不容乐观。全省进出口增幅较上年回落23.4个百分点，进出口差额397.5亿美元，比上年减少24.1亿美元。

2. 宏观调控政策的后续效应逐渐显现

一是房地产行业发展的不确定性加大。随着房地产宏观调控政策的继续推行，房地产行业的发展前景值得关注。一方面，房地产企业的资金链紧张状况仍未得到根本改善，而建安材料、工人工资等刚性上涨，导致开发商财务和管理成本不断增加，进一步加剧了资金紧张；另一方面，房地产调控政策对投机、投资性购房者形成较大压力，增加了炒房者房产转让难度，在经济增速趋缓、家庭刚性支出增加的背景下，房贷借款人按揭还款压力加大，个贷违约现象有所增加。二是部分产能过剩行业风险逐渐显现。部分领域投资冲动持续较强与经济内生增长动力相对不足之间的矛盾导致部分行业产能过剩，如光伏、船舶、钢铁、钢贸、有色金属等行业。在中央“稳增长、调结构、控通胀、防风险”的调控目标下，未来这些行业的发展前景堪忧，信贷违约风险将不断增加。

3. 企业生产经营面临较多困难

一是人民币币值双向波动加大涉外企业经营压力。福建经济外向度高，受外需总体疲软和人民币双向浮动影响，出口形势较为严峻。一方面影响了出口企业的利润率，另一方面升值幅度和速度不确定也影响了企业接大单和长单。二是部分企业面临资金链断裂压力。2012年银行信贷及民间借贷的融资成本仍然保持较高水平，对企业资金承受力形成了较大考验。三是企业生产成本上升压力加大。一方面，企业物流成本不断增加；另一方面，随着产业转型升级步伐加快，技能型人才短缺制约企业发展。同时，用工矛盾持续导致企业劳动力成本走高，2012 年福建省最低工资标准比上年增长 11.5%。此外，不断提高的用电成本、节能减排费用等支出也进一步增加了企业生产经营成本。

二、金融业与金融稳定

（一）银行业稳定评估

1. 银行业运行评估

（1）银行业总体运行稳健。2012 年末，全省银行业金融机构资产总额 41 277.9 亿元，增长 22.2%，其中，各项贷款余额 22 427.5 亿元，增长 18.20%，高于全国 2.6 个百分点，全年新增贷款 3 435.6 亿元，增量创历史新高；负债总额 38 900.1 亿元，增长 21.4%，其中，各项存款余额为 25 057.8亿元，增长 16.20%，高于全国 2.1 个百分点。贷款质量向下迁徙压力增大，不良贷款余额为 172.13 亿元，比年初增加 38.86 亿元；不良贷款率为 0.77%，比年初提高 0.07 个百分点。银行业整体资金运用充分，本外币余额存贷比为 89.5%，比上年末上升 1.5 个百分点；盈利水平显著提高，全年累计实现账面利润 434.3 亿元，增长 12.2%。

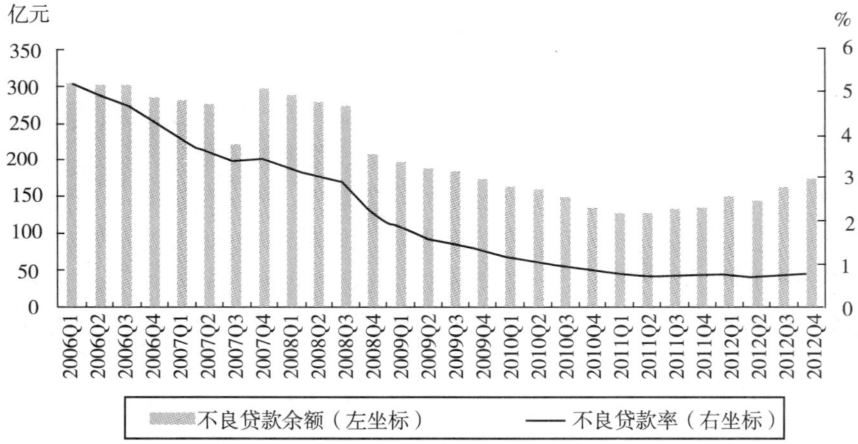

图 5　福建省不良贷款变动趋势

（2）信贷结构逐步优化。全年全省银行业机构共对 151 个福建省级重点项目累计发放贷款 627.57 亿元，其中，在建重点项目 142 个，发放贷款 607.24 亿元；预备重点项目 9 个，发放贷款 20.53 亿元。兴业银行、福建海峡银行、泉州银行发行小微企业贷款专项金融债券 350 亿元；小微企业贷款增加 745.7 亿元，同比多增 54 亿元。“三农”金融服务力度加大，截至 2012 年末，全省中资金融机构涉农贷款余额 7 123.69 亿元，增长 24.02%，高于全省本外币贷款平均增幅 5.87 个百分点，全年新增涉农贷款 1 341.53 亿元，同比多增 266.01 亿元。

（3）中小法人银行机构整体向好。2012 年末，福建省中小法人银行机构各项资产总额 4 109.66 亿元，增长 22.73%。各项存款余额 3 347.71 亿元，增长 19.79%；各项贷款余额 2 190.72 亿元，增长 20.65%。盈利能力显著提升，实现净利润 66.06 亿元，增长 31.62%。资本充足情况稳步提高，城市商业银行、农村合作金融机构和村镇银行的整体资本充足率分别为 13.20%、16.07% 和

27.23%，均大大高于监管要求；不良贷款余额29.48亿元，比年初增加8.85亿元。截至年末，全省共有城市商业银行3家，农村合作金融机构67家，村镇银行10家，中小法人机构经营发展逐步进入良性循环。

（4）组织体系不断健全。2012年，渣打银行、菲律宾首都银行等4家中外资银行业机构在福建省设立分支机构。银行业机构进一步向地市和县域延伸，共新设3家二级分行、93家支行。地方法人银行积极向省外拓展业务，福建海峡银行温州乐清小微企业专营支行获准筹建；4家农村商业银行成功跨区设立分支机构、参股筹建村镇银行。农村商业银行组建步伐加快，新开业5家。

（5）改革创新持续深化。一是国家开发银行、中国进出口银行和中国农业发展银行福建省分行继续深化各项改革，提升支持经济的广度和深度。二是大型商业银行持续深化改革，不断推出改革创新措施，促进经营模式和发展方式的转型，提升了可持续发展能力与企业竞争力。三是农业银行福建省分行持续深化“三农”金融事业部改革，全面启动重点县域支行“121工程”、农村产业金融业务“千百工程”和金穗“惠农通”工程。截至2012年末，全省农行县域支行各项存款余额1 505.88亿元，增长13%；各项贷款余额1 075.98亿元，增长15.08%；涉农贷款余额1 005.78亿元，增长14.20%。四是农村信用社改制取得显著进展，9个设区市所在地和平潭农信社全部改制为农村商业银行。

2. 银行业运行中需要关注的问题

（1）不良贷款反弹压力加大。2012年，全省新增不良贷款38.9亿元，其中下半年新增28.9亿元，占74.3%；年末全省不良贷款率0.77%，较年初提高0.07个百分点。不良贷款“双升”的同时，贷款质量向下迁徙的压力也增大。全年关注类贷款增加138.8亿元，其中下半年增加89.6亿元，占64.55%。特别是钢贸领域信贷风险尤为明显，年末省内（不含厦门，下同）银行钢贸行业授信业务到期违约20.28亿元，违约率2.67%，钢贸企业贷款担保公司代偿余额9.79亿元。

（2）个人授信违约出现快速上升。银行业机构个人授信业务快速发展，近三年来个人贷款增速分别为37.59%、19.58%和22.43%；信用卡每年发卡量近170万张。在业务高速增长的同时，存在片面追求扩大市场占有率和信用卡中间业务收入的现象，导致过度授信、降低客户准入标准等问题。截至2012年末，省内银行业机构个人不良贷款余额28.39亿元，增长38.25%，高于全部不良贷款增幅27.69个百分点。

（3）贷款票据化所蕴含的信号和风险需要关注。全年全省中资银行业金融机构短期贷款增加1 862.19亿元，同比多增539.04亿元；票据融资增加223.30亿元，同比多增163.29亿元，与短期贷款增量的比重同比上升7.45个百分点。调查显示，部分银行盲目追求票据业务发展速度和规模，做大票据业务，蕴含较大风险。此外，随着打击非法票据业务力度的加大，票据市场利率将出现较大波动，金融机构票据资产潜在的利率风险也应引起关注。

（4）房地产贷款潜在风险依然较大。2012年下半年来，福建省房地产市场整体虽有回暖迹象，但在调控未放松情况下，部分地区房地产市场下行压力仍然存在，房地产信贷风险仍应引起关注。同时，部分房地产开发企业通过结构化融资、民间融资等非传统信贷方式多渠道借入资金，多元化和表外化的融资渠道相互交织，增加了银行对房地产开发企业的债务监控难度。

（二）证券业稳定评估

1. 证券业运行评估

（1）证券期货经营机构总体运行平稳。2012年，全省符合条件的证券期货经营机构稳妥有序地开展业务和产品创新，积极探索业务转型升级的路径和方式，探索设立功能层次、定位不同的网点架构和综合金融服务模式。截至2012年末，福建省共有3家法人证券公司和5家法人期货公司，各项风控指标均优于监管标准。3家法人证券公司总资产为286.25亿元，增长2.44%，净资本91.05亿元，增长9.95%，累计实现营业收入27.21亿元，增长12.69%，实现净利润6.76亿元，增长19.43%。5家法人期货公司总资产68.31亿元，增长36.65%，累计营业收入6.03亿元，增长55.81%，实现净利润1.30亿元，增长30%。兴业证券、华福证券2家证券公司受托资产增长1 064%，经纪业务收入占全部营业收入的比重下降25%，业务与收入结构多元化格局初步呈现。

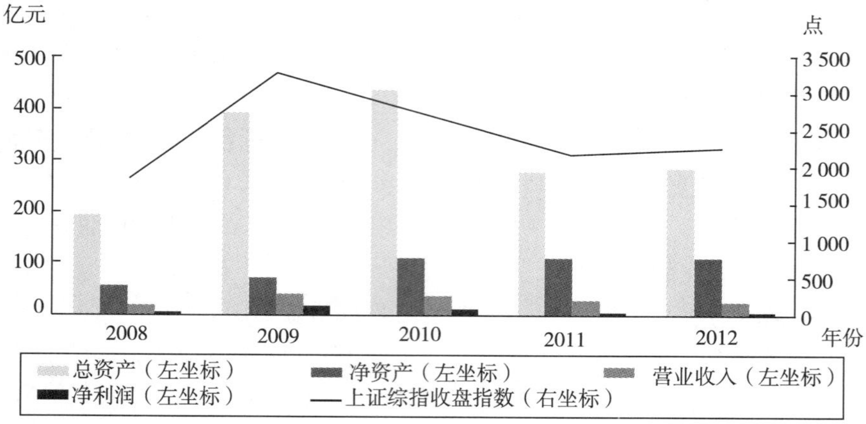

图6 福建省法人证券公司经营情况

（2）上市公司经营状况良好。截至2012年末，福建省共有上市公司223家，其中境内上市公司87家，总市值6 018.54亿元，上市公司数量和总市值居全国第8位。前三个季度，上市公司的平均每股收益、平均净资产收益率分别达0.54元和12.94%，是全国平均水平的1.38倍和1.31倍。

（3）上市公司融资方式多元化。通过增发、配股、债券融资等多种方式筹集发展资金，全年省内上市公司累计实现直接融资385.51亿元。其中，6家企业实现A股首发上市，募集资金26.44亿元；2家上市公司实现定向增发、融资292.07亿元；5家上市公司发行公司债，融资21亿元；11家上市公司通过发行短期融资券、中期票据等方式实现融资46亿元。

（4）资本市场优化资源配置功能得到发挥。优质上市公司以资本市场为平台，以并购重组为手段，优化存量资产配置，促进产业集约化经营、集群式发展，推动了行业整合和产业优化升级，有力提升了福建省产业整体竞争力。近年来，福建先后有5家上市公司完成了重大资产重组，金额达67.57亿元。通过并购重组，一方面实现了原有存量资产的有效配置，另一方面也实现了经济跨地区的优势互补。

（5）市场稳定运行机制初步建立。依托福建省打击非法证券联席会议平台，通过联席会议、商议会谈、联合行动等，建立了长效的打非常规工作机制。保持对非法证券活动严厉打击的高压态势，全年共取缔非法证券期货经营机构2家，出具21份是否具备证券期货从业资质性质认定函，向公安机关移送10起涉非案件，有效维护了资本市场的良好秩序。各市场主体、主流媒体积极开展形式多样、内容丰富的政策宣传和风险警示。内幕交易、非法证券活动、虚假信息披露等各类违法违规行为得到综合防控和查处。

2. 证券业运行中需要关注的问题

（1）上市公司总体质量仍需进一步提高。一是公司发展不平衡，个别公司对上市公司整体资产规模及盈利能力有重大影响。二是民营控股上市公司较多，存在实际控制人利用控股权侵占上市公司资金、损害上市公司利益的风险隐患。三是新上市公司较多且部分公司社会责任意识薄弱，公司治理结构有待进一步完善，规范运作水平尚需进一步提高。四是上市公司再融资和并购重组不够活跃，以做大做强为目标的重大并购重组为数不多。

（2）证券期货业发展模式有待转变。一是省内证券期货公司资产规模偏小、业务同质化明显，经纪业务的佣金仍是证券公司主要收入来源，"靠天吃饭"的局面没有得到根本的改变。二是省内证券机构转型升级尚处起步阶段，人才储备与风险管理能力还不能完全适应创新发展的需要，服务实体经济的能力还有待持续提高，经营业绩分化的格局还可能加剧。三是期货公司现有的营业部数量已呈饱和状态，部分期货经营机构重营销、轻客服，对研发与客服投入不足，服务水平有待提升。

（3）非法证券活动仍时有发生。当前涉非活动更趋小型化、分散化、网络化，不法分子利用投资者迅速致富的想法，以外汇投资、汇市交易、模拟股市等不断翻新的手段从事非法活动，具有更强的欺骗性与隐蔽性。

（三）保险业稳定评估

1. 保险业运行评估

（1）保险业发展基本情况良好。一是行业增加值继续增长，全省保险业实现增加值 51.6 亿元，增长 23.15%。二是保费收入平稳增长，全省保险业累计实现保费收入 477.7 亿元，居全国第 12 位，增长 10.5%。其中，财产险保费 175.3 亿元，增长 16%；人身险保费 302.4 亿元，增长 7.5%。三是保险主体逐步增加，全省保险公司主体数量 51 家，比年初增加 4 家；保险专业中介机构主体 100 家。四是资产规模逐步壮大，全省保险业总资产达到 1 159 亿元，增长 16%。其中，保险公司总资产 1 156亿元，增长 16%；保险专业中介机构总资产 3.1 亿元，增长 24%。

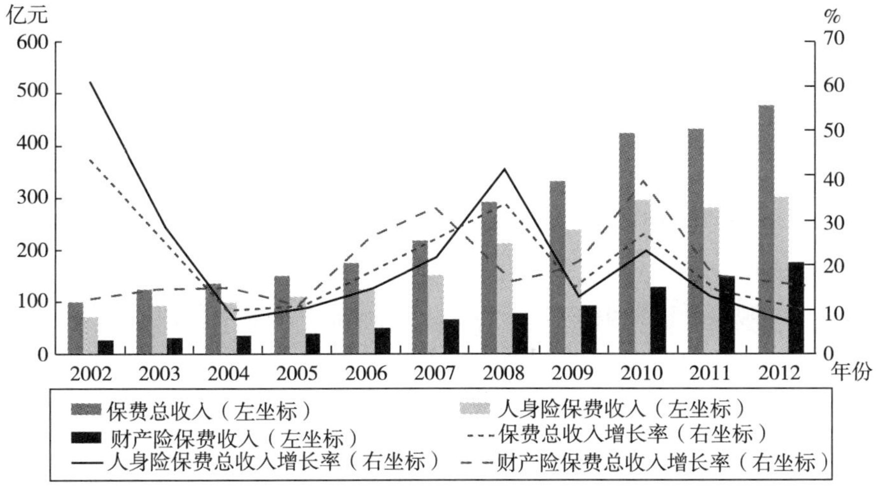

注：2012 年度保险业指标按执行《2 号会计准则解释》后采用的新口径计算。

图 7　福建省保险业保费收入变动趋势

（2）保险市场总体运行平稳。一是财产险市场方面，全省（不含厦门）财产险业务3年年均增幅22.06%，增速逐年趋缓，2012年为15%。财产险公司连续3年实现盈利，全年实现承保利润8.1亿元，增长14.08%，承保利润率7.2%，高于全国4.4个百分点；简单赔付率52.4%，上升1.5个百分点。二是人身险市场方面，人身险业务保费收入增幅连续2年快于全国，全年保费收入增长7.3%，高于全国2.8个百分点。新单结构保持良好，新单期缴率为37.8%，高出全国近8个百分点，中长期业务占比较高，十年期及以上新单期缴业务占比达六成，高于全国7.2个百分点。

（3）助推经济的作用持续发挥。一是保险对社会经济生活的渗透率基本稳定。全省保险密度1 275元/人，增长9.7%；保险深度2.42%，同比基本持平；人均保险消费支出占城镇居民可支配收入的4.5%，保持稳定。二是支持重点项目建设。承保福州市轨道交通等，并投资保险资金参与铁路、电力等重点项目建设达30亿元。三是促进对外贸易增长。福建省出口信用保险创新产品服务、积极支持外向型经济发展，区域统保在全省8个设区市实现全覆盖。全年实现保费收入6.1亿元，增长8.2%；提供风险保障185亿美元，增长27.4%；保险项下为企业提供融资金额达53亿美元，增长49%；赔付支出2.8亿元，同比增长超过3倍。

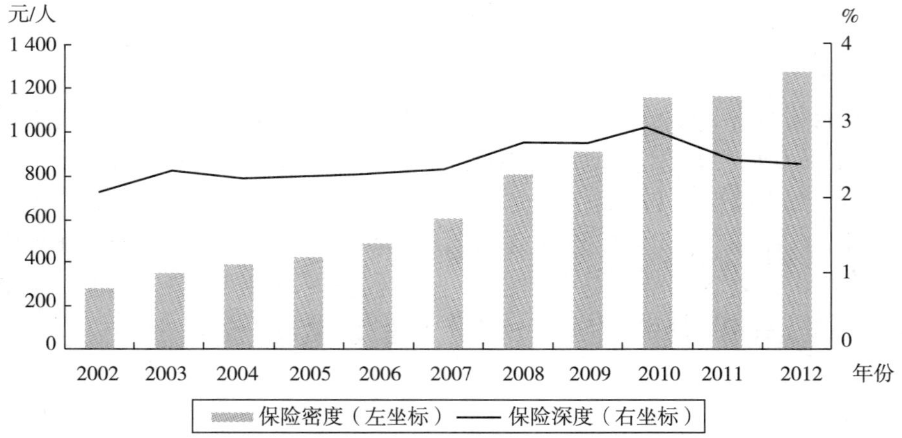

图8 福建省保险密度、保险深度变动趋势

（4）民生保障功能日趋增强。一是总体保障水平提高。全年累计为社会承担风险保障总额13.7万亿元，增长33.8%；累计赔付支出149.8亿元，增长20.9%。二是服务和支持“三农”发展。全年政策性农业保险保费收入达3.8亿元，增长7.6%，累计支付赔款近1.3亿元。三是支持社会保障体系建设。全年累计寿险责任准备金1 059亿元，达到全省社会养老保险基金结余的4倍左右；普通寿险和健康保险业务累计赔付支出26.1亿元，增长26.7%；4家公司承办大病保险，覆盖484万人。“新农合”试点工作稳步推进，为424万农民提供健康保障。责任保险发展迅速，实现保费收入7.4亿元，增长36.9%。

（5）区域特色与服务创新不断推进。一是推动闽台保险业务合作。2012年，台资保险公司新设1家中心支公司、8家营销服务部。截至年末，全省共有台资保险经营主体4家（其中台资保险法人机构2家），各级机构27家；实现保费收入3.5亿元，增长5%。相关台资背景公司积极开展两岸异地核赔理赔、“闽台保险服务一条龙”等对台延伸服务。二是继续推进保险服务海峡旅游发展。大力

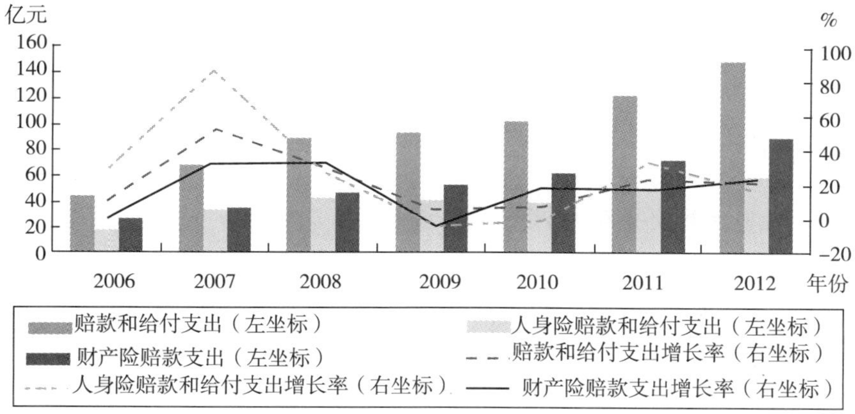

图 9　福建省保险业赔款和给付支出变动趋势

推广赴台旅游保险，探索推出具有福建特色的旅游保险业务，扩大旅游保险覆盖面。三是支持泉州金融服务实体经济试验区保险业发展。累计实现保费收入 99 亿元，增长 7.9%，提供风险保障金额 1.9 万亿元，累计各项赔款给付支出 26.6 亿元，保障泉州实体经济平稳有序运行。四是加大对平潭综合实验区保险服务力度。鼓励境内外保险经营主体加大对实验区的资源投入，实现保费收入 3.3 亿元，增长 26.4%，增速大幅领先全省平均水平，累计赔付支出近 8 000 万元。

2. 保险业运行中需要关注的问题

（1）人身险公司现金流面临压力。一是退保风险依然存在，特别集中在银代渠道。全年省内人身险退保金额在上年同比增近七成的情况下，继续增长 21%，简单退保率达 13.9%，比全国高出 1.2 个百分点。其中，银代渠道退保压力尤为明显。二是满期给付高峰叠加，考验公司现金流。2002 年前后十年期分红险产品和 2008 年前后三五年期趸交型投资型保险产品快速增长，两股业务高峰对应的满期给付在 2011 年已初步显现，并延续到 2012 年。全年寿险满期给付支出 25.7 亿元，继上年增长 46.4% 后，又增长了 20.2%，高于同期人身险保费增幅 13 个百分点。

（2）财产险经营潜在风险。一是市场集中度仍然较高。从公司看，省内保费规模最大的五家公司[①]市场份额合计为 83.6%，占产险公司总承保利润的 90.5%。从险种看，车险占财产险保费比例近八成。从渠道看，来自中介渠道的业务占财产险的六成，保险公司对客户资源掌控能力弱的局面尚未根本扭转。二是综合费用率有所反弹。全年省内财产险公司综合费用率 30.4%，增长 0.9%，反弹到 2010 年水平。三是部分险种增速放缓或亏损。车险中交强险仍亏损 3.2 亿元，承保利润率为 -14.5%。非车险中部分与经济联系较为密切的险种保费收入增速放缓，如全省船舶险、货运险和工程险均出现负增长，船舶险出现亏损。

（3）其他制约保险业发展的问题。主要是市场运行效率不高，粗放经营的发展方式尚未根本改变；保险产品竞争力不强，同质化问题制约行业发展；保险服务质量和诚信度不高，部分业务领域非理性价格竞争、理赔难、误导消费等侵害消费者权益问题仍较突出；合规操作意识薄弱，违规操作现象仍然时有发生；银保业务出现存款换保费、捆绑销售及寿险产品短期化等现象，不利于保险市场的长期稳健发展。

① 人保产险、平安产险、太平洋产险、国寿产险和中华联合保险。

三、金融市场运行与金融稳定

（一）金融市场运行状况

1. 银行间拆借、债券市场交易较为活跃

全年全省同业拆借、债券回购、现券交易三项成交总额119 545.77亿元，增长37.36%。其中，拆借市场成交42 229.71亿元，增长74.99%；债券回购成交43 878.18亿元，增长55.37%；现券交易成交33 437.88亿元，同比下降3.53%。全省票据融资年末余额（含承兑、贴现、转贴现）4 343.14亿元，同比增加878.84亿元，增长25.37%，全年银行承兑票据签发量为7 978.75亿元，同比增加1 321.31亿元。票据市场利率总体呈现平稳走势，贴现利率全年在5%～7%窄幅波动，转贴现利率在5%左右窄幅波动。人民币衍生品交易显著下降，全年人民币利率互换累计交易额1 924.21亿元，同比下降29.33%。

2. 外汇交易市场总体平稳

2012年，福建省跨境收入和结汇大幅放缓，支出和售汇保持较快增速，净收入和净结汇呈现低位盘整、年末翘尾状态。全省银行累计收汇、结汇同比分别增长6.5%和1.1%；付汇和售汇同比分别增长32.32%和26.1%，净收汇和净结汇同比分别下降30.5%和22.5%。外汇存款余额保持较高增速，于11月末达到128.74亿美元的近年峰值，但12月末环比下降5.59亿美元，为一年来首降。贸易顺收与顺差的差额进一步扩大，全省贸易顺收小于顺差84.3亿美元，差额同比增长2.2倍。远期结售汇业务总体萎缩，全省远期结汇履约同比下降13.2%，远期售汇履约增长36.76%，远期履约净结汇同比下降28.6%。总体来看，2012年福建省外汇收支保持基本均衡状态。

3. 跨境人民币业务显著增长

全年全省共办理各类跨境人民币业务1 064.85亿元，增长101.89%。其中，跨境贸易人民币结算额为812.06亿元，增长92.29%，占同期海关进出口总额的8.24%；资本项下人民币结算额为207.89亿元，增长167.04%。跨境人民币贸易项下和资本项下业务量占跨境人民币业务总量的比重分别为76.26%和19.52%，优于上年的81.17%和17.49%，业务结构进一步优化；全省跨境实收资金623.39亿元，实付资金461.84亿元，资金实收实付比为1.35:1，优于上年的1:1.7，收付平衡状况显著改善。

4. 商业银行黄金交易量下降

一是2012年省内开办纸黄金交易的工商银行、中国银行、建设银行、中信银行福州分行四家金融机构共实现纸黄金交易额359.21亿元，下降20.75%。二是省内商业银行共办理实物黄金23.87亿元，同比下降26.87%。三是省内商业银行共代理金交所黄金交易50.23亿元，同比下降53.7%。省内4家会员单位[①]在上海黄金交易所成交总量33.9万公斤，下降54.84%。此外，商业银行与紫金矿业合作开展实物黄金租赁业务，促进黄金市场多元化健康发展和企业融资结构的改善。截至2012年末，5家金融机构对紫金矿业集团累计办理黄金租赁业务70笔，交易量合计62.62吨，年末黄金

① 包括兴业银行、紫金矿业集团股份有限公司、福州福辉珠宝有限公司、厦门银行。

租赁余额为18.88吨，余额折合人民币合计66亿元。

5. 民间融资呈现“量升价降”的特征

全年全省监测样本[①]共发生民间融资金额约53.24亿元，同比增加10.33亿元，增长24.07%，增速回落28.09个百分点。受人民银行两次下调存贷款基准利率、扩大存贷款利率浮动区间和经济增速放缓导致的各类投机性资本回报率大幅下滑的影响，第四季度福建省监测样本民间融资加权平均利率约为19.61%，比第三季度下降0.5个百分点，同比下降0.67个百分点，民间融资利率呈下行态势。此外，出于风险考虑，资金出借方更倾向于短期借贷，民间融资期限趋于短期化，2012年全省监测样本1年期内民间融资发生额占全部发生额的85.41%。

（二）金融市场运行中应关注的问题

1. 影子银行体系对金融市场正常运行潜在影响

部分影子银行机构和业务内在脆弱性凸显，违规经营现象时有发生，潜在系统性风险值得关注。如部分融资性担保机构在依法合规和风险管控方面缺乏有效约束，热衷于担保业务之外的高风险、高收益活动，存在较大的风险隐患；一些典当行为了扩大资金规模、追求短期利益，超范围经营、多渠道融资等现象时有发生。

2. 票据市场潜藏问题应引起关注

一是民间贴现市场逐渐兴起。据调查，除金融机构外，个别地区存在其他一些从事票据买卖的经济主体，这些机构规模小，分布零散，将票据买卖业务作为经营的一部分。民间票据融资市场虽然在一定程度上缓解了中小企业的融资困难，但存在潜在风险向正规票据市场传递的可能。二是票据品种过于单一。2012年末，福建省银行承兑汇票贴现余额占比为97.23%，而商业承兑汇票贴现仅占2.77%。这种单一的银行承兑汇票格局，使商业银行成为票据风险的最终承担者，既不利于金融体系分散和降低风险，也不利于推动商业信用的票据化和扩大票据融资，阻碍了票据市场的进一步拓展。

3. 民间融资和非法金融活动风险防控压力较大

2012年省内贷款余额500万元及以上公司类借款人中，由于资金链断裂而导致贷款质量向下迁徙的共166户，其中涉及民间融资或非法集资的共74户，占44.6%。全省发生多起涉及多种类的民间借贷案件，个别银行员工涉嫌进行非法金融活动。福州、漳州、莆田、泉州等地有多家大额授信客户资金链断裂、涉及民间借贷导致企业法人代表逃逸事件。此外，金融从业人员面临的道德风险问题更加突出，有的从业人员代客户保管资金和参与民间融资活动，非法集资、民间融资等外部风险可能传递到金融机构。

四、金融基础设施与金融稳定

（一）支付体系

福建省支付体系建设稳步推进，对优化区域金融生态环境起到积极促进作用。一是基本实现金

① 福建省每个县（市）选择民间借贷较为活跃的3个乡镇为监测点，每个监测点选取10户监测对象（包括企业和个人）。目前全省已建立217个监测点，共有2 170户监测对象。

融服务“村村通”。截至2012年末，全省11 737个金融服务空白行政村实现“银行卡自助终端”和“银行卡助农取款服务”的“双覆盖”，县及以下地区共布放自助终端22.5万台，设立助农取款服务点2.34万个。助农取款业务自开办以来交易569.4万笔、金额7.8亿元，业务笔数约占全国的10%，惠及1 800万农村居民，农村居民真正享受到“足不出村的金融服务”。二是金融IC卡产业快速发展。截至2012年末，全省已发行金融IC卡416.39万张（不含社保卡），占新增银行卡总数的29.96%，已成功拓展至交通、缴费等19项行业应用，实现金融IC卡发行市场和受理市场的良性互动。三是非金融机构支付服务业务蓬勃发展。截至年末，全省已有7家机构获得支付业务许可证，14家省外支付机构在福建省备案展业。四是票据、银行卡等违法犯罪行为惩治成效显著。全年共查处80家银行机构；打击信用卡恶意透支专项行动破获3 222起案件，挽回经济损失325万元。五是两岸银行间人民币直接代理清算取得突破。厦门银行/台北富邦银行等共6对12家两地银行机构签订人民币代理结算清算协议，实现两岸人民币业务的直通式处理。全年累计办理实际收付199.2亿元，同比增长19.2倍。

（二）信用环境

福州中心支行坚持“人民银行主导，与发改委密切配合，共同推进社会信用体系建设”的指导思想，联合福建省发改委共同建议省政府成立了福建省社会信用体系建设领导小组，形成社会信用体系建设“双牵头”的组织架构，并积极履行央行征信管理职责。一是企业和个人征信系统的建设和应用进一步加强。截至2012年末，企业征信系统收集福建省各类企业户数约占全省企业总数的70.5%，涉及贷款余额1.52万亿元；个人征集系统入库自然人数约占全省人口总数的63.11%，涉及信贷余额7 807.6亿元；应收账款质押登记公示系统累计登记数量45 600笔，居全国第5位，查询量5.87万笔，居全国第5位。征信服务范围进一步拓宽，除金融机构外，征信系统还为财政、工商、审计等部门提供服务，有效促进“守信激励、失信惩戒”机制的实现。二是中小微企业和农村信用体系建设不断推进。截至2012年末，全省共建立中小企业信用档案100 551户，其中14 364户企业获得银行融资。全省已建信用档案的农户占农户总数的56.66%，累计有180.75万户获得银行贷款支持，累计贷款2 573.62亿元，获贷农户贷款余额795.68亿元。三是机构信用代码推广应用工作顺利完成。截至2012年10月31日，全省共发放机构信用代码52.99万个，其中正常户的发码率为100%。全省利用机构信用代码管理系统开展反洗钱查询40.4万次，发现可疑线索5条。四是信用评级工作稳步推进。建立信用评级业务报备和信用评级报告管理制度，加强银行间债券市场信用评级监管。全年信贷市场信用评级企业4 764家，增加1 576家。

（三）反洗钱

全省人民银行系统紧紧围绕“法人监管”和“风险为本”工作主线，反洗钱工作取得积极成效。一是在全省范围内试行开展法人洗钱风险评估、分支机构履责有效性评估、义务主体洗钱风险自评估三类洗钱风险评估工作。二是合理配置反洗钱监管资源，将揭示“风险漏洞”作为全省反洗钱现场检查的最重要目标，推动现场检查由“合规评估”向“风险评估”转型。全省开展反洗钱现场检查项目48个、合计检查机构数116个，形成36份风险评估报告，同时，启动支付机构等新领域的反洗钱监管工作。三是扎实推动大额和可疑交易报告试点工作，指导试点机构兴业证券完成第1

期系统测试，报告有效性提高12.3倍。全省人民银行系统共收集、分析重点可疑交易线索580条，报案52起、立案22起、破案9起，报案线索总金额达450亿元（同比增长8倍）。四是将洗钱及其上游犯罪，尤其是社会影响力大的、重点督办的、涉案金额大的、危害百姓民生等涉众型经济犯罪案件或线索作为反洗钱调查的重中之重。全省人民银行系统与侦查、司法机关开展案件或情报会商253次，增长178%。全省反洗钱调查立项46项，开展反洗钱调查263次，协查案件30起，破案13起，涉案金额达78亿元。

（四）司法环境

福建省金融司法环境持续优化，金融消费权益保护工作全面推进。省内部分基层人民法院走访商业银行，就金融案件执行中出现的问题、促进银行业金融机构依法维权以及司法协作等议题进行了广泛而深入的探讨。全省法院一审案件中当事人服判不上诉的比率达93.03%，位居全国前列。2012年，全省法院审结涉金融股权案件80 861件，受理涉金融执行案件8 450件，标的639 866.3万元，执结7 994件，执结标的543 699万元，法定审限内执结率不断提高，达到94.60%。人民银行福州中心支行持续推进金融消费权益保护工作，制定了《关于推进全省人民银行系统金融消费者权益保护工作的指导意见》及实施方案，采取多种方式强化督导，省内人民银行系统相继成立金融消费者权益保护领导机构。截至2012年末，全省人民银行系统已有69家分支机构开展金融消费者权益保护工作，成立金融消费者权益保护中心44个，实现全省县级支行金融消费者权益保护工作100%全覆盖。同时，积极配合地方政府和金融监管部门妥善处置突发性金融风险。针对多家购物返利网站相继爆出资金链断裂、企业崩盘并引发群众排队取现等事件，在地方政府的领导下，人民银行与司法机关紧密配合，积极采取措施，有效避免了事态扩大，维护了当地的金融稳定。

（五）金融宣传

福建省金融系统坚持正确舆论导向，整合行业资源，创新金融宣传方式，针对当前老百姓关心的热点金融问题，积极开展专题宣传活动，为全省金融稳定营造了良好的舆论环境。一是借助大型平台资源宣传金融知识。利用第十届“中国·海峡”项目成果交易会平台，宣传金融知识，现场解答公众提问，同时组织地方主流新闻媒体进行全方位报道。二是多渠道开展金融知识宣传，不断扩大信息受众面。人民银行福州中心支行举办“金融服务民生　银行卡走进‘芯’时代”大型户外宣传活动，通过多种方式向市民详细介绍金融IC卡的基础知识、功能特性及应用前景等。牵头组织30多家单位举办以“预防洗钱，安全支付，珍爱信用，走进‘芯’时代，喜迎十八大”为主题的金融知识“进校园”宣传活动，向高校学生普及金融知识。联合福建日报报业集团及金融监管部门举办“第二届海峡金融文化节”和“首届海峡两岸金融峰会”。福建省外汇管理局结合外汇管理业务实际，开展生动活泼、特色鲜明的宣传活动。累计组织活动125次，发放宣传手册、传单6.5万份，发送诚信宣传短信2.5万多条。三是利用新闻通气会形式向全省正面宣传。在新版个人信用报告上线3个月后通报运行情况，介绍新版个人信用报告的变化，7家媒体应邀参加，取得良好正面宣传报道效果。

五、总体评估与政策建议

（一）总体评估

2012 年，在世界环境错综复杂、国内经济运行总体平稳的大环境下，福建省立足省情，“三规划两方案”，“五大战役”和“三维”项目对接工作持续推进，金融、财税等方面扶持实体经济力度不断加大，经济增速虽有所回落但仍处较高水平，多数经济金融指标好于全国。全省金融业健康快速发展，金融体系更加完善，金融改革不断深化，金融生态环境持续优化。2013 年，福建省经济仍有望保持较快增长态势，但内外部经济金融环境依然错综复杂、经济增长内生动力不足、物价上涨压力依然较大、宏观调控后续效应仍将持续显现、金融业稳健运行的压力增大等问题值得关注。

（二）政策建议

1. 调整优化经济结构和信贷结构，促进经济平稳较快发展

一是调整优化产业结构，促进产业升级，形成以高新技术产业为先导、基础产业和先进制造业为支撑、现代服务业全面发展的产业格局。二是扩大内需，平衡经济结构，统筹城乡发展。在加快城镇发展水平的同时，逐步缩小城乡居民差距。三是优化信贷结构，落实有保有控的信贷政策，加强对重点领域和薄弱环节的支持，缓解农户和小企业融资难题。积极扩大直接融资，支持符合条件的企业上市或再融资，推动企业在货币市场发行短期融资券、中期票据等债务融资工具。

2. 加快平潭综合实验区建设，全面深化闽台合作

全面实施《平潭综合实验区总体发展规划》，积极争取国家支持在平潭开展两岸金融合作方面的先行先试，提升平潭金融业服务两岸产业对接的能力和水平。完善闽台产业合作机制，推进台商投资区和台湾农民创业园建设，支持台资企业转型升级。积极推动两岸金融合作在福建先行先试，推动闽台金融机构双向互设，积极引进金融机构。加强闽台金融股权合作，吸引台资入股地方法人金融机构。

3. 深化金融改革，提高金融系统抗风险能力

继续深化政策性银行和大型商业银行改革，扎实推进农业银行“三农”金融事业部改革试点。持续推动中小法人金融机构深化改革，完善公司治理，强化内控制度建设。加快推进农村信用社改革，规范非银行金融机构发展。提高上市公司经营质量，推动证券期货业机构加强内控制度建设和业务流程改造，提高风险防御能力。加快构建多层次资本市场体系，提升资本市场服务实体经济的质量和水平。引导保险公司培育新的业务增长点，充分发挥保险经济补偿、资金融通和社会管理等功能。

4. 提高金融管理水平，切实防范系统性金融风险

加强金融管理部门与相关部门之间的沟通协作，优化金融信息环境，形成政府加强组织协调、职能部门实施有效监管、行业协会严格自律、企业依法治理和规范运作的金融业发展格局。综合运用货币政策工具及金融监管手段，加强对金融机构系统性风险监管，加大银行业、证券业、保险业、跨市场交叉性金融工具以及影子银行的风险监测力度，防范金融风险跨市场、跨行业传递。健全金融风险预警机制和金融突发事件应急处置机制，有效防范和化解各类金融风险。

5. 不断提升金融服务水平，优化金融生态环境

进一步完善支付结算体系，优化支付清算网络，改进支付结算服务，推进农村支付环境建设。深化征信系统建设，继续拓宽企业和个人征信系统信息覆盖面和服务对象，进一步推进中小企业和农村信用体系建设。建立监管部门、行业组织、市场主体和社会公众等多方参与的宣传教育体系，不断提高公众金融风险防控意识。持续推进金融生态县试点工作，打造健康、高效、稳定的金融生态环境。

总　　纂：吴国培
统　　稿：陶　诚
执　　笔：赖永文　杨　敏　沈理明　林　晖　郑　平
江　颖　林路曦　黄　静　郑境辉　魏　芳
胡炎仁

江西省金融稳定报告摘要

2012年是实施“十二五”规划承前启后的关键一年。面对世界经济复苏明显放缓和国内经济下行压力加大的严峻形势，江西省立足省情，全省上下紧紧围绕建设富裕和谐秀美江西的奋斗目标，统筹做好稳增长、调结构、抓改革、优生态、惠民生、促和谐各项工作。经济保持快速发展，区域发展格局基本形成，金融业总体运行平稳，抵御风险能力增强，金融市场稳步发展，业务创新有效推进，基础设施安全高效运行，金融生态环境继续优化，全省金融稳定状况处于稳定的安全区域，经济金融发展呈现稳中有进的良好态势。

一、区域经济运行

2012年，江西省地区生产总值在2011年晋升为“万亿俱乐部”基础上继续保持高速增长，达12 948.5亿元，增长11%，增速高于全国平均水平3.2个百分点。

（一）社会供给稳定增长，金融稳定基础增强

1. 粮食生产再获丰收，农业经济形势稳定

全省坚持把稳定粮食生产作为首要任务，全年农林牧渔业实现增加值1 520.2亿元，同比增长4.6%，同比提高0.4个百分点。全省粮食总产416.96亿斤，增长1.6%，夺得“九连丰”。

2. 工业生产企稳回升，重点行业发展良好

受世界经济持续走缓的影响，全省全年规模以上工业实现增加值4 885.2亿元，增速从前三个季度的同比增长14%，逐月拉升至全年的14.7%，高于全国平均水平4.7个百分点，居全国第13位。全省重点行业呈现增长势头，全年38个工业行业大类全部实现增长。

3. 服务业发展加快，促进产业融合互动

加快全省工业化和城镇化发展进程，加快推进服务业的发展，实现三次产业融合互动。全年全省服务业实现增加值4 460.8亿元，同比增长9.5%，高于全国平均水平1.4个百分点，占地区生产总值的比重为34.5%，同比提高3.4个百分点，出现上升新趋势。全年累计完成货运量增长13.8%，货物周转量增长14.8%。全年房地产开发投资增长11.8%，商品房销售额增长13.5%，商品房销售面积下降0.8%。

（二）三大需求更趋合理，增长动力更加协调

1. 投资保持快速增长，民间投资继续领跑

全省坚定不移实施重大项目带动战略，全年500万元以上固定资产投资完成11 388.9亿元，同

比增长 30.1%，同比提高 2.5 个百分点，居全国第 6 位、同比前移 11 位。二次产业完成投资6 773.1 亿元，增长 30.1%。三次产业投资结构由上年同期的 2.1:59.5:38.4 调整为 2.7:59.5:37.9。全年民间投资完成 7 871.2 亿元，占全省投资的比重为 69.1%，对投资增长的贡献率达 71.1%。

2. 消费保持较快增长，文化健康销售活跃

全省全年社会消费品零售总额 4 006.2 亿元，增长 15.9%，居全国第 11 位、同比前移 6 位。全年城镇市场现社会消费零售总额占全省的 83.2%，增长 16.5%；乡村市场零售总额增长 12.8%。全年体育娱乐用品类实现零售额增长 41.9%，中西药品类、书报杂志类和文化办公用品类的零售额分别增长 31.7%、26.3% 和 22.9%。

3. 外贸出口保持增长，民营企业贡献突出

在世界经济持续低迷严峻挑战下，全省外贸进出口总额 334.1 亿美元，同比增长 6.2%。其中，出口额 251.1 亿美元，增长 14.8%，高出全国平均水平 6.9 个百分点，居全国第 15 位。民营企业出口增长 20.2%，占全省出口的 68.7%，全省民营企业对出口增长的贡献率占全省的 89.7%。

（三）经济结构调整深化，增长后劲持续加强

1. 经济转型升级加速，高新战略产业发展

全省规模以上非公有制工业实现增加值 3 784.9 亿元，同比增长 17.6%，高于全省平均增速 2.9 个百分点，对工业增长的贡献率达 89.9%。全省高新技术产业实现增加值首次突破千亿元，达 1 163 亿元，增长 14.8%。十大战略性新兴产业完成投资 2 668.9 亿元，增长 23.5%，对投资增长的贡献率为 19.3%；实现工业增加值 1 932.4 亿元，增长 15.3%，高于全省平均增速 0.6 个百分点。

2. 生态经济平稳推进，区域经济展现活力

全年鄱阳湖生态经济区区内规模以上工业增加值完成 2 810.9 亿元，同比增长 13.8%；南昌市主要指标总量稳居全省首位，规模以上工业、财政收入分别增长 14.8% 和 25.6%，增速位次大幅前移；九江市财政收入增长 36.5%，居全省首位；赣州市主要指标增速排位同比前移，固定资产投资增速自 9 月起连续 4 个月居全省首位。

3. 外资利用稳步增长，对外开放跃上新高

全省扎实开展“招大引强年”活动，全年累计新批外商投资企业 789 家，实际利用外资 68.2 亿美元，增长 12.6%。引进省外 5 000 万元以上项目 1 457 个，增长 6%，实际进资 3 189.4 亿元，增长 23.7%。其中，亿元以上项目增长 16.3%，实际进资增长 33.4%。

（四）运行质量稳步提高，居民收入较快增长

1. 财政收入较快增长，主体税种贡献突出

江西省财政总收入迈上两千亿元台阶，完成 2 046 亿元，增长 24.4%。全年税收收入完成 1 652.1亿元，增长 20.7%，占财政总收入的 80.7%。其中，增值税、营业税、企业所得税等主体税种收入分别占财政总收入的比重为 21.3%、17.8% 和 15.2%。

2. 工业经济效益稳步回升，主营利润突破千亿元

全省工业经济效益综合指数为 298.28%，同比上升 6.07 个百分点；规模以上工业企业实现主营业务收入接近 2 万亿元，达 19 553.2 亿元，增长 16.8%；实现利润突破千亿元，达 1 077.7 亿元，增长 13.4%。

3. 城乡居民收入增长，增幅高于全国平均

全省城镇居民人均可支配收入 19 860 元，同比增长 13.5%，高于全国平均水平 0.9 个百分点；农民人均纯收入 7 828 元，增长 13.6%，高于全国平均水平 0.1 个百分点。

（五）民生工程扎实推进，物价水平得到控制

1. 财政支出民生倾斜，社会保障水平提高

全省财政支出超过 3 000 亿元大关，达 3 014.5 亿元，增长 18.9%。财政支出用于节能环保、农林水事务、教育、住房保障、社保基金补助等民生支出分别增长 53.3%、32.2%、30%、24.2% 和 21.8%。全年新增城镇就业 53 万人左右，城镇登记失业率控制在 3.5% 以内。

2. 物价水平得到控制，保障住房建设加快

全省居民消费价格总水平同比上涨 2.7%，顺利完成涨幅 4% 的调控目标，食品类价格上涨因素占 57.0%。全省在全国率先推行“三房合一，租售并举”，全年完成保障性住房建设投资 350 亿元，开工建设 30.38 万套，开工率 100.7%；基本建成 30.9 万套，达国家任务的 170%；完成农村土坯/危房改造 17.5 万户。

（六）需要关注的方面

1. 宏观经济逐步回暖，微观经济依然偏冷

宏观经济进一步改善，全省经济正在企稳升温。但是，市场需求不振，企业资金需求低于预期，贷款意愿有所下降，应收账款和产品资金占用持续增加，工资标准上调，运营成本上涨，部分企业效益下滑明显。

2. 投资持续增长困难，项目建设成本攀升

在全球经济增长放缓的大背景下，受企业利润下降、市场预期改变以及融资环境影响，企业投资意愿和投资能力下降。同时，房价调整进入“疲劳期”而销售滞缓，房地产投资难以维持强劲增长势头。项目建设成本上升，建材人工成本、征土和拆迁成本攀升。这些因素制约着投资的增长。

3. 消费热点回归常态，带动经济依然乏力

由于市场和政策的因素，消费热点逐渐回归常态，社会消费品零售总额增速同比回落 2 个百分点。城乡居民消费倾向持续走低，进一步制约了消费带动经济发展的作用。

二、金融业发展与稳定状况

（一）银行业

1. 存款保持较快增长，季节波动特征明显

全省金融机构本外币各项存款余额 16 839.02 亿元，比年初增加 2 517.36 亿元，增长 17.6%，增速在全国排名第十五位、中部六省排名第四位，排名都较 2011 年有所下滑。2012 年末本外币存款余额增长 17.6%，同比下降 2.7 个百分点。存款季节性波动特征明显，各季存款增量之比为 39:24:21:16。

2. 贷款增长进位赶超，信贷结构不断优化

全省金融机构本外币各项贷款余额 11 080. 15 亿元，增长 19. 12% 。全省贷款增量占全国贷款增量的 1. 95% ，同比上升 0. 08 个百分点。贷款增速在中部六省排名第一位、全国排名第七位，比上年前进五位，历史上首次跻身全国前十位。全年新增贷款总额是全省历史第二高位，远超江西年初预定 1 400 亿元目标。

（1）信贷期限结构得到改善。全省银行业短期贷款、中长期贷款和票据融资余额占比分别较年初上升 2. 85 个、下降 3. 46 个和上升 0. 53 个百分点；短期贷款和票据融资增量占各项贷款增量比重同比上升 2. 15 个和 7. 67 个百分点，中长期贷款增量占各项贷款增量比重同比下降 9. 93 个百分点。

（2）实体经济贷款满足程度进一步提高。全省中小企业贷款余额占全部贷款的 40. 26% ，涉农贷款余额占全部贷款比重 37. 8% 。县域人民币贷款余额占全部贷款比重 35. 10% ，县域贷款余额贷存比 51. 90% 。

（3）民生领域信贷支持力度进一步加大。全省下岗失业人员小额担保贷款余额同比增长 58. 39% ，保障性住房开发贷款余额同比增长 79. 39% ，个人消费贷款余额同比增长 19. 99% ，助学贷款余额同比增长 37. 7% 。

3. 资产规模不断扩大，运行效率稳步提高

（1）资产质量基本稳定，风险抵补能力增强。全省银行业金融机构资产总额 2. 15 万亿元，同比增长 20. 32% 。不良贷款率同比上升 0. 08 个百分点。中小法人银行机构风险拨备水平稳步提升，贷款损失准备金余额较年初增加 46. 01 亿元。

（2）盈利能力不断提升，运行效率继续提高。全省银行业金融机构实现利润 347. 80 亿元，同比增长 27. 11% 。2012 年末全省贷存比达到 65. 8% ，同比提高 0. 85 个百分点。

4. 银行改革深入推进，案防基础逐步夯实

（1）组织体系不断完善。华夏银行南昌分行成功开业，全省股份制商业银行①数量达到 7 家；城商银行省外分行达到 5 家。全年共成立 11 家农村商业银行，其中 7 家批准开业。累计批筹和开业新型农村金融机构 43 家，其中法人机构 25 家，涵盖全省 41 个县（市、区）。批准注册小贷公司 47 家，累计批准筹建 200 家，已正式开业 185 家，实现了县域全覆盖；全省融资性担保机构总数 175 家，其中新设 60 家。

（2）经营管理改革不断深化。开展了城商行资产、负债以及表外业务情况调查，城商行落实发展战略，优化股权结构，公司治理主体的职责边界厘清，制衡机制有效加强。邮储银行“达标升级”活动深入推进，风险防控责任有效落实，二类支行改革进度加快。农信社审计实施细则制定，治理结构和稽核监察体系完善。

（3）金融产品和服务方式创新稳步推进。全省银行业积极创新金融产品和服务方式，满足了小企业与个人的多种融资需求。南昌银行研发“1 + N”创业贷，荣获“2012 年服务小微企业及‘三农’十佳特色产品”。

（4）案防长效机制稳步夯实。全省银行业完善了辖内案件处置工作机制、案件（风险）信息报送机制、案防工作联动机制。实行重要岗位轮岗强休等制度，规范和监察重要岗位和人员行为，案件风险的管控能力提高。

---

① 股份制商业银行包括中信银行、光大银行、招商银行、上海浦东发展银行、兴业银行、民生银行和华夏银行。

5. 跨境结算稳步推进，业务领域不断拓展

全省跨境人民币结算实际收付额在全国第三批试点省份中位列第三位。全省跨境人民币累计结算量同比增幅528%，全省已开办跨境人民币结算业务的企业同比增幅504%。辖内企业已累计与境外67个国家和地区发生了跨境人民币结算业务，增加59个。全省已开办跨境人民币结算业务的银行16家，同比增加8家。

6. 需要关注的方面

（1）不良贷款出现局部阶段性反弹应引起重视

一是全省银行业机构不良贷款余额连续三个季度环比增加。二是部分城商银行和农村合作金融机构不良贷款余额和占比“双升”。

（2）房地产信贷风险仍应重点关注

一是关注中小房地产开发商房地产开发贷款风险。二是个人住房按揭贷款违约风险持续上升。

（3）同业业务快速发展可能引发流动性风险

同业业务的资金供给具有短期性、不稳定性的特点，当资金借入方无法及时以合理价格筹集资金偿还到期的同业存放本息时，可能引发流动性风险。

（4）银行表外业务风险不容忽视

部分银行存在以信托、委托理财等方式变相发放贷款的现象，通过用理财资金购买信托收益权、借助同业代付、参与券商定向资产管理计划等途径规避信贷监管约束，实现监管套利。

（5）影子银行机构业务发展不尽规范及其风险隐患问题

存在小额贷款公司账外经营贷款、部分担保公司管理混乱、典当行费率远高于规定标准等业务风险隐患。

（二）证券期货业

1. 股票市场成交量萎缩，证券机构收入出现下降

全省共有法人证券公司2家，证券营业网点126家。累计开立资金账户234.25万户，同比增长4.69%。客户保证金余额86.24亿元，同比增长0.92%；累计成交14 178.88亿元，同比下降2.34%。全省证券经营机构实现营业收入12.64亿元，同比下降14.25%；实现净利润2.98亿元，同比下降40.76%。

2. 证券公司经营稳健，抗风险能力较强

辖内两家法人证券公司资产总额90.2亿元，同比增长3.4%，负债总额61.5亿元，同比增长3.5%；净资产总额28.7亿元，同比增长3.2%；净资本29.6亿元，同比增长10.3%。压力测试结果显示，在面临市场变化、业务发展及政策调整等多方面的压力情境下，证券业总体仍能保持稳健运行。

3. 期货市场运行良好，经营效益继续提升

全省共有法人期货公司1家，期货经营部25家。全省期货投资者开立账户2.62万户，同比增长20.74%；代理交易量2 267.51万手和24 234.81亿元，同比分别增长43.67%和18.61%。期货经营机构实现营业收入1.33亿元，同比增长34.34%；实现净利润2 468.25万元，同比增长101.29%。

4. 企业上市基础夯实，资本市场融资规模扩大

全省已有境内上市公司33家，境外上市公司13家，同比分别增加2家和3家，资本市场融资额80亿元，同比增长30%。首发融资近19亿元，再融资超过61亿元。全省共有8家公司提出9个再融资项

目，拟募集金额64.88亿元。上市公司短期融资券融资32.6亿元，中期票据融资15亿元。世龙实业、鑫星农牧等5家公司在证监会排队审核，20家企业已辅导备案，上市重点后备资源260余家。

5. 资本市场运行环境优化，业务创新发展动力强劲

全省证券经营机构合规管理制度和风控机制建设不断加强，融资融券、资产管理等新业务合规、有序地开展。中航证券取得新三板主办券商资格，国盛证券和中航证券获融资融券业务资格并成功上线，国盛证券获批中小企业私募债承销试点资格。

6. 需要关注的方面

（1）市场规模总体偏小，总体发展水平不高。全省上市公司股票市值占同期全国股票市值的0.99%，这与全省同期地区生产总值占全国2.5%的水平明显不相称。全省两家法人类证券公司净资本和净资产仍偏小，江西唯一法人期货机构注册资本仅为0.56亿元，资本实力较弱小。

（2）机构盈利模式单一，综合实力有待增强。受股市行情低迷影响，经纪手续费收入大幅减少，国盛证券、中航证券实现营业收入分别为3.81亿元、2.12亿元。两家法人证券公司投行、资产管理等业务薄弱，新的业务增长点尚未形成，创新能力有待加强，后续发展动力不足。

（3）经纪业务竞争激烈，营销行为尚需规范。随着证券业新设分支机构的增加，经纪业务竞争加剧，部分营业部经纪业务营销恶性竞争导致违规行为时有发生，证券经营机构相关管理制度亟待健全完善，证券经纪人管理尚待加强。

（4）上市公司质量不高，经营状况出现滑坡。全省上市公司数量较少，整体质量和综合实力有待增强，部分上市公司风险较高，经营压力较大。第三季度末，19家公司的净利润同比出现下滑，亏损公司4家，同比增加2家。

（三）保险业务

1. 市场规模持续扩大，整体实力不断提升

全省保险业总资产599.9亿元，同比增长12%。全年累计实现保费收入271.7亿元，同比增长7.7%。累计赔付支出93.2亿元，同比增长25.3%。

（1）产险业务快速增长，经营效益总体较好。全省产险业务实现保费收入97.49亿元，同比增长14.5%。赔付支出56.55亿元，同比增长37.3%。产险公司累计实现利润4.6亿元。

（2）寿险业务稳中有进，结构进一步改善。全省寿险业务实现保费收入155.24亿元，同比增长2.1%；赔付支出30.96亿元，同比增长10.3%。全年新单期缴业务保费收入23.2亿元，新单期缴率27.2%，同比增加1.8个百分点。

（3）保险服务体系完善，服务社会能力增强。全省省级保险公司34家，其中产险公司16家，寿险公司18家，保险行业累计提供就业岗位8.4万个，纳税9.3亿元。

2. 服务功能有效发挥，保障能力显著增强

（1）农业保险快速发展。全省农业保险保费收入6.2亿元，同比增长26.9%；赔款3.3亿元，同比增长45%，为449万参保农户提供710.9亿元农业风险保障。全省三大农保险种保费规模、承保面积、保险覆盖率三项指标排名全国前列。

（2）社会管理保障功能增强。全省责任保险保费收入3.5亿元，同比增长13.8%；赔款支出1.7亿元，同比增长32.7%。医疗责任保险和科技保险启动创新试点，特种设备责任保险在全省范围内开展。

（3）打造外向型经济“避风港”。全省保险业支持江西外贸出口26.2亿美元，同比增长20.9%。服务出口企业261家，同比增长22%。全年赔款支出1.1亿元，综合赔付率334%，赔款金额达历年之最。

3. 市场协调发展增强，服务水平持续提升

（1）中介销售主渠道地位继续保持。全省保险中介渠道实现保费收入226亿元，占总保费收入的83.1%。

（2）县域市场发展较快。全省县域市场实现保费133.9亿元，增长11.7%，高于城区增速7.6个百分点。全省有21个县保费收入突破2亿元。

（3）行业风险有效防范。全省保险市场秩序有所好转，全省寿险公司综合退保率2.8%，车险滚动立案结案率88%。

4. 需要关注的方面

（1）保险市场增速缓慢。全省保险业务增长速度低于10%，寿险业务增速仅3.9%。与保险相关的支柱产业出口与发展受到不利影响，部分财产险增速将进一步放缓。

（2）业务结构发展单一化，风险聚集度偏高。产险方面，车险占产险公司业务的比例为78.96%；寿险方面，分红险仍占据寿险市场最主要的地位，占比达89.58%。

（3）县域保险资源开发秩序有待规范。县域保险市场仍存在较大发展空间，保险机构服务网点较少，但是存在为抢占现有市场而采取退费、降低费率或提高手续费等行为，给县域保险市场稳健运行和发展带来较大影响。

三、金融市场运行与金融稳定

1. 债券发行规模创历史新高，中小企业融资取得新突破

全省企业累计在银行间市场融资287.3亿元，同比增长79.56%；非金融企业银行间市场债券融资余额548.3亿元。其中，债务融资工具余额187.3亿元，企业债余额361亿元。全省首只中小企业集合票据成功发行1.7亿元。

2. 银行间市场交易活跃，市场利率明显回落

全省金融机构累计债券交易量40 551.41亿元（不含外汇市场交易），同比增长21.4%。其中，同业拆借44.58亿元，债券回购交易28 268.31亿元。全省银行间市场利率呈现高位回落趋势，质押式回购利率和买断式回购利率年末分别回落到2.46%和3.66%；辖内市场成员同业拆借年度加权利率水平3.45%，同比下跌213个基点。

3. 商业票据业务稳步发展，股份制银行占比提高

全省银行业金融机构累计签发银行承兑汇票3 268.54亿元，同比增长3.2%，股份制银行累计签发银行承兑汇票占比同比提高11.5个百分点。全省银行业金融机构累计办理票据贴现业务3 416.69亿元，同比增长35.45%，股份制银行累计办理贴现占比同比提高26.66个百分点。

4. 外汇收支增幅放缓，服务方式不断创新

全省跨境收支总额284.46亿美元，同比增长5.1%；银行结售汇总额213.69亿美元，同比下降3.4%。直接投资外汇管理基本形成“登记为主、银行联动、重在监测”的新模式。建立“一平台三支撑”县域外汇服务模式，11项外汇管理业务授权县支行办理。实行“一案一议”的办法，先后帮

助江西铜业等多家重点企业解决出口退汇、差额核销、逾期未核销等特殊需求难题。

5. 黄金交易品种丰富，价格整体弱势震荡

全省金融机构各类黄金业务交易量累计发生 30.1 吨，同比下降 12.37%，交易金额 102.87 亿元，同比下降 11.4%。辖内中国银行首推黄金远期业务，全年累计办理黄金远期交易 20 895 盎司，累计成交额 3 640.52 万美元。实物黄金价格在第四季度出现了回调，单价仅为 367.57 元/克，同比下降 11%。

6. 需要关注的方面

（1）个别企业偿债能力恶化可能对区域金融生态环境造成不良影响。个别企业近年来亏损严重，面临巨大的流动性风险和偿债压力，一些具有行业代表性的龙头企业甚至出现偿债能力严重恶化的局面。

（2）市场利率波动幅度大给金融机构流动性管理带来较大压力。同业拆借利率最高值和最低值之间相差 242 个基点，同比扩大 92 个基点。

（3）全省债务融资工具总量在全国占比较小的格局仍未发生改变。全省共发行债务融资工具 127.3 亿元，占全国比重的 0.49%；全省中期票据和定向工具发行金额占全国发行金额的比重同比分别下降了 0.3 个和 0.43 个百分点。

（4）城市商业银行大量未兑付银行承兑汇票潜在较大信用风险。全省未兑付银行承兑汇票业务金额为 1 572.75 亿元，其中城市商业银行金额为 720 亿元，占比达 46%。

四、金融基础设施

（一）支付清算体系建设状况

全省支付清算系统高效稳健运行，累计处理业务 18 146.88 万笔。进一步提升非现金支付工具的应用水平，全省共办理非现金支付业务 78 709.08 万笔。积极推行银行卡助农取款服务工作，全省累计设立 6 772 个银行卡助农取款服务点。加强支付结算业务监管，开展省级预算单位银行账户清理工作，认真抓好个人银行结算账户公民身份信息真实性核实工作，联合开展打击银行卡犯罪专项行动。

（二）征信体系建设状况

全省近 22.2 万户企事业单位和近 2 542 万个人信息接入了人民银行金融信用信息基础数据库，查询量 460.9 万次。扎实推进全省机构信用代码推广应用工作，全年共累计发放机构信用代码证 31.2 万张。深入推进中小企业和农村信用体系试验区建设，2012 年末辖内共征集中小企业信用档案 53 568 户。推动借款企业主体信用评级业务的持续发展，年末已签订评级协议企业 236 户。

（三）反洗钱工作状况

深入推行风险为本反洗钱监管模式，全年对 41 家金融机构及其分支机构开展反洗钱现场检查。规范反洗钱案件调查和可疑交易线索移送工作，不断完善反洗钱工作合作机制。构建农村信用联社反洗钱工作模式，督导九江银行开展可疑交易报告综合试点。制定招商引资反洗钱防范措施，将招商引资防范洗钱风险纳入政府年终综合考评。

（四）人民币流通环境建设状况

逐步提高流通中人民币整洁度和券别结构合理性，强化人民币管理和现金服务工作。开展县域商业银行代理发行库试点工作，推广应用人民币回笼券物流管理系统。开展银行业机构对外误付假币专项治理工作，推动各银行业机构加大中小型清分设备及人民币防伪鉴别仪的投入。开展“反假知识伴你行”宣传活动，形成人民币反假良好氛围。

（五）金融稳定制度建设状况

在全省开展金融消费者权益保护工作，抓好银行业金融机构个人金融信息保护工作，建立“一行三局”金融消费权益保护工作会议磋商机制。开展全省邮储银行绩效考核机制专项现场评估，加强地方法人金融机构风险状况的跟踪监测和管理。推进金融服务与管理工作，稳步推进金融风险处置进程，加强抚州“四社”① 资产处置工作协调。印发《江西省非银行机构突发事件应急预案》，强化金融突发事件报告执行力度。

五、政策建议

（一）加快转变经济发展方式，优化结构实现稳定增长

一是着力推进实施“三大”② 国家战略，加快经济结构调整，促进产业转型升级。发展现代服务业和现代农业，提高传统产业发展水平，加快推进城镇化，转变经济增长方式，确保实现稳增长目标。二是贯彻落实国家房地产调控政策，推进民生工程，实施积极的就业和创业政策，增加城乡居民收入，稳步提高社会保障的层次和水平。三是着力提升中心城市的带动力和支撑力，探索具有江西特色的城镇化道路，统筹城乡发展，加速实现城乡一体化。四是进一步调动民间投资的积极性，完善中小企业社会化服务体系，积极引导各类市场要素更多地向实体经济聚集。

（二）继续实施稳健货币政策，稳步推进金融改革发展

一是正确处理好贯彻执行稳健货币政策与支持地方经济发展、维护区域金融稳定三者的关系，优化信贷结构，保持货币信贷总量和社会融资规模平稳适度增长。加大政府对金融机构发债、增加信贷投放奖励的支持力度，引导金融机构加大重点在建续建项目、“三农”、小微企业、现代服务业、新兴产业等的信贷支持。二是建立健全信息共享协调机制建设，加强区域“一行三局”与地方政府间金融政策与财政政策、产业政策等方面的协调配合，增强金融服务于经济科学发展的能力。三是支持和参与地方金融改革试点，推进和深化政策性金融机构商业化转型改革。完善农村金融服务体系，继续加大金融机构引进力度，鼓励发展社区类金融服务企业。

（三）提高金融风险防控能力，有效维护区域金融稳定

一是进一步健全区域金融风险监测和预警体系，注重强化风险管控能力。关注房地产市场、新

---

① “四社”是指江西省抚州市振兴、复兴、银鹰和中心社营业部四家城市信用社。

② “三大”是指江西省深入实施促进中部地区崛起、鄱阳湖生态经济区建设和赣南等原中央苏区振兴发展三大国家战略。

兴产业和传统产业产能过剩带来的信贷风险。跟踪当前地方政府融资平台可能的违约风险，加强监测和防范非正规金融及相关领域风险向金融体系传导。二是继续做好“两管理、两综合”工作，完善区域金融消费者权益保护机制，探索市县人民银行证券期货业监管合作模式。规范和发展融资性担保公司、典当行和小额贷款公司，引导民间借贷，严厉打击高利贷活动和非法集资等非法金融活动。三是做好区域金融风险监测评估工作，深入开展现场评估，掌握辖区金融整体运行情况。组织辖区金融机构开展金融稳定压力测试，完善风险防范处置应对预案，加强非现场监测评估工作，切实防范区域金融风险。

（四）推进资本市场改革创新，加快辖区市场和谐发展

一是加快辖区多层次资本市场发展。参与协调解决企业上市中面临的障碍，促进更多企业首发上市。推动国家级高新区加入“新三板”试点扩容园区，启动区域股权市场建设。支持辖区上市公司实现再融资、并购重组，通过发行债务融资工具，拓宽融资渠道。二是推动辖内证券期货法人机构提高综合素质和核心竞争力。深化基础性制度改革，支持引进有实力的大股东或战略投资者，支持产品和组织创新，转变盈利模式，形成区域行业特色。三是加大证券期货案件的查处力度，加快辖区市场和谐发展。

（五）加大保险转型创新力度，促进保险服务经济社会

一是推进以客户需求为导向的战略转型，开展保险创新，做大做强辖区保险业。推动地方法人财产保险公司的筹建，提高保险密度和深度。二是建立健全保险市场风险监测机制。着力做好大规模集中退保和案件风险的防范化解工作。推进行业诚信建设，规范中介内控管理和经营活动，三是加大保险产品和经营方式创新。发展工程险、货运险等非车险业务，以及农业保险、旅游保险和环境污染责任险，逐步实现保险全覆盖。推动寿险公司发展保障型、长期储蓄型险种业务和小额人身保险产品，增强银邮业务可持续发展的能力。

（六）着力提升金融服务水平，营造良好金融生态环境

一是推动支付结算法规制度完善，加强支付服务市场监督管理，进一步促进支付环境可持续发展。二是强化反洗钱监管力度，引导和督促金融机构提高防范洗钱风险能力。三是健全人民币流通预警监测体系，加强人民币流通管理和反假币工作，完善人民币冠字号码管理与涉假投诉机制。四是提升信息主体权益保护意识，强化征信市场管理。加强金融业统一征信平台建设，推动地方构建守信激励、失信惩戒机制，优化辖区金融生态环境。

总　　纂：吴豪声
统　　稿：赵峰林　刘向东　曹军新
执　　笔：曹军新　孙　静　丁林江
其他参与写作人员：侯　佳　郭　斐　钱　正　朱　锦　章　璇
袁晋华　彭振江　谢云峰　周迎春　黄　昕
宋名穗　欧阳坚　曾坚明　吴　琼　贾　健
徐展峰　黄　晖　黄春华　王晓峰　刘　强

山东省金融稳定报告摘要

2012 年，山东省深入贯彻科学发展观和中央各项决策部署，积极应对复杂严峻的国内外经济形势，全省经济继续保持平稳健康发展，经济运行的质量和均衡性稳步提升。全省金融系统认真执行宏观调控政策，金融监管政策和省委、省政府“稳增长”的有关要求，社会融资总量稳定增加，对经济社会的支撑保障作用增强。但同时，受外部环境和国内经济转型等因素影响，经济运行中的深层次矛盾依然突出，各类风险因素明显增多，维护金融稳定面临较大压力。妥善应对当前面临的困难和问题，应继续坚持“稳中求进”的工作总基调，优化金融资源配置，深化金融改革与创新，完善金融服务与管理，切实提高风险监测、防控与处置水平，严守不发生区域性金融风险底线。

一、宏观经济与金融稳定

（一）经济运行基本情况

1. 经济增长稳中有进

2012 年，山东省实现地区生产总值 50 013.2 亿元，增速 9.8%，高于全国平均水平 2 个百分点，较上年回落 1.1 个百分点。三次产业比例由上年的 8.8:52.9:38.3 调整为 8.6:51.4:40.0，第三产业占比连续十年上升，产业结构更趋优化。

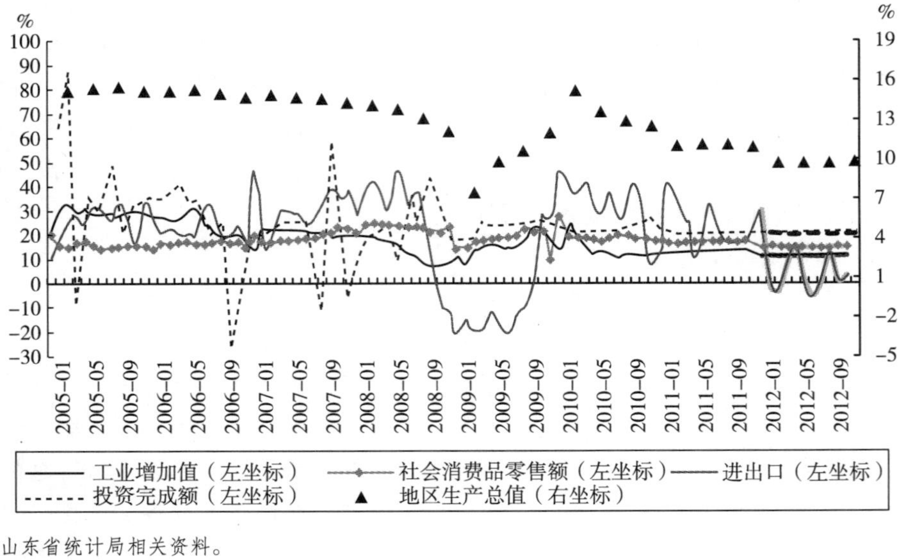

数据来源：山东省统计局相关资料。

图 1　2005—2012 年主要经济指标月度增速变动图

2. 内需拉动作用增强

全年固定资产投资保持20%以上的较快增长，改建和技术改造、高新技术产业、民间投资增速分别高于全社会投资增速3.4个、13.3个、2.8个百分点。社会消费品零售总额增长15.0%，高于全国平均水平0.7个百分点，城乡消费增幅差距缩小至0.9个百分点。进出口总额增长4.1%，增幅回落20.7个百分点。

3. 经济运行质量提升

规模以上工业企业增加值和利润分别增长11.4%和10.9%，分别高于全国平均水平1.4个和5.6个百分点。单位地区生产总值能耗下降4%。财政预算收入增长17.5%，高于全国平均水平4.7个百分点；财政预算支出增长18.0%，民生领域支出额占比较上年提高1.2个百分点。城镇居民人均可支配收入增长13%，农民人均纯收入增长13.2%。地方财政收入超过10亿元的县（市、区）达到94个，增加14.6%。城镇化率提高1.5个百分点。

4. 物价水平和就业形势基本稳定

居民消费价格上涨2.1%，低于全国平均涨幅0.5个百分点。城镇新增就业119.9万人，新增农村劳动力转移就业137.4万人，分别较上年多增1.2万人和1.5万人。城镇登记失业率3.33%，与上年基本持平。

（二）经济运行中存在的问题

基于超效率DEA方法和因子分析法的评估模型显示，山东省经济结构和增长方式仍然存在较多缺陷，以政府预算收入、居民收入和企业利润衡量的经济总体产出率偏低，经济运行效率与江、浙、沪、粤等省份仍存在差距。

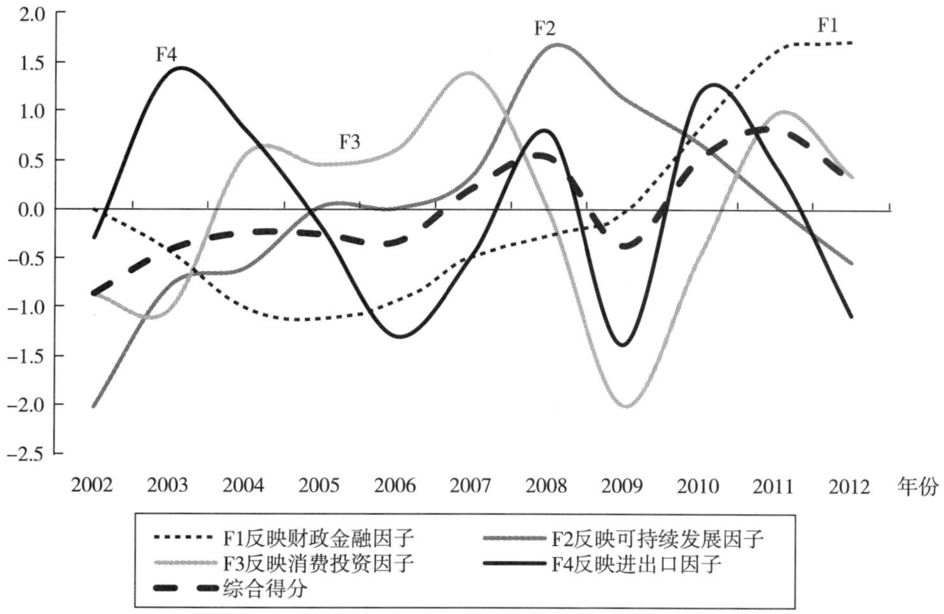

数据来源：山东省统计局相关资料。

图2 经济增长因子分析图

当前经济运行面临的突出问题有以下四个方面。

1. 外贸出口持续低迷

2012 年山东外贸出口增速大幅回落，各季度增速分别为 1.3%、1.6%、-0.2% 和 2.4%，对欧盟、美国、日本和韩国等主要市场出口增速分别下降 10.6 个、6.1 个、24.7 个和 12.2 个百分点。

2. 企业经营压力增大

据统计，全省工业企业利润总额较上年回落 16.3 个百分点，部分行业原材料和工资涨幅超过 20%。企业盈利能力和预期指数均创 2009 年第二季度以来的最低点。受产能过剩与需求萎缩的双重挤压，部分周期性和外向型行业经营风险加大，实际负债率和杠杆率上升，企业债务风险加重，企业间广泛存在债务担保网络等成为区域性、系统性风险的重要诱因。

3. “转调创”任务艰巨

因子分析显示，山东省产业结构合理性自 2008 年以来持续走低。传统产业仍占全部工业比重的 70% 以上，六大高耗能行业增速高于规模以上工业增速 2.3 个百分点。多数新兴产业发展仍处于起步阶段，经济“转、调”进程缓慢，金融资源配置效率难以有效提升。

4. 消费持续快速增长难度较大

社会消费品零售总额增速较上年回落 2.3 个百分点，特别是汽车、住房等对消费的拉动作用趋缓，商品房销售额下降 3.5%，汽车类销售额增速较上年回落 13.1 个百分点。

二、金融业与金融稳定

2012 年，全省金融业整体运行平稳，社会融资规模稳定增长，融资结构更趋优化，金融机构资产质量和效益进一步提升。在经济转型和增速趋缓背景下，部分重点领域风险有所显现，金融机构风险管理和案件防控压力加大。

表 1　　山东省金融机构业务发展状况　　单位：亿元、%

	第一季度	同比	第二季度	同比	第三季度	同比	第四季度	同比	合计	同比
本外币各项存款新增额	3 282.96	30.92	2 176.71	10.07	1 066.79	923.96	1 792.35	80.42	8 318.81	55.51
本外币各项贷款新增额	1 585.41	18.04	1 450.12	4.60	1 442.06	36.78	857.36	-31.15	5 334.95	6.08
股票基金交易额	7 054.23	-31.38	6 635.17	-27.56	5 492.54	-38.69	5 479.50	-25.26	24 661.44	-30.98
期货交易额	16 437.59	-11.53	20 628.89	-9.47	27 935.89	156.22	25 086.68	-9.53	90 089.05	12.61

数据来源：中国人民银行济南分行、山东证监局、山东保监局相关资料。

表 2　　山东省金融业服务可得性及服务效能

	机构数量（个）	同比（%）	从业人员（万人）	同比（%）	服务密度①（万元/人）	同比（%）	服务深度②（万元/人）	同比（%）	服务效能③	同比（%）
银行业	14 158	2.88	21.53	4.31	4.43	0.54	85.76	3.17	3.07	-0.03
证券业	361	24.91	0.95	10.47	2.60	-29.73	49.30	-37.28	1.69	62.50

注：①银/证/服务密度分别以贷款/总人口和证券交易量/总人口衡量；

②服务深度以贷款总量/地区生产总值 ×100% 和证券交易量/地区生产总值 ×100% 衡量；

③服务效能以营业净收入/营业费用衡量。

数据来源：中国人民银行济南分行、山东银监局、山东证监局、山东保监局相关资料。

（一）银行业

1. 总体发展状况

（1）信贷投放增速趋缓。银行业机构资产、负债总额分别较上年增长 19.83% 和 19.72%。本外币存、贷款分别增长 18.1% 和 14.21%，分别低于近 5 年年均增速 1.25 个和 4.39 个百分点。

（2）账面资产质量保持稳定。全省银行业金融机构不良贷款率下降 0.21 个百分点。风险抵补能力不断增强，年末拨备覆盖率 156.58%，同比提高 26.49 个百分点；贷款损失准备充足率 177.36%，提高 20.08 个百分点。

（3）法人机构资本充足率提高。法人银行机构资本净额增长 33.07%，简单加总计算的资本充足率为 11.08%，提高 1.28 个百分点。农村金融机构（不含村镇银行）资本充足率达到 8% 的机构 95 家，增加 12 家。

（4）法人机构流动性较为充裕。2012 年末全省法人银行机构流动性比率 50.84%，上升 0.76 个百分点；备付率 5.06%，与上年持平；核心负债率 54.36%，同比降低 1.19 个百分点，仍处于合理区间；存贷比 66.55%，同比降低 3.23 个百分点。

（5）利润增速回落。全省银行业净利润增长 17.25%，同比降低 11.41 个百分点。资产利润率 1.52%，降低 0.01 个百分点；成本收入比率为 32.51%，降低 0.32 个百分点；中间业务收入占比 13.04%，降低 0.96 个百分点。

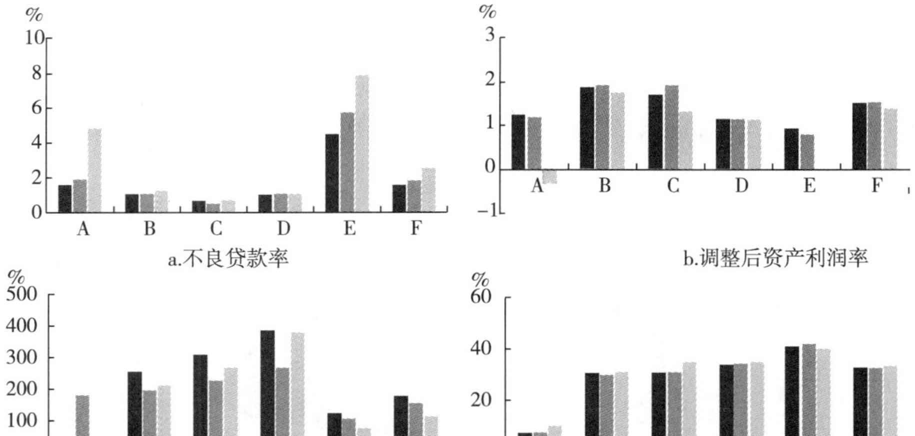

注：A为政策性银行，B为国有商业银行，C为股份制商业银行，D为城市商业银行，E为农村合作金融机构，F为银行业机构合计。

■2012年 ■2011年 ■2010年

数据来源：山东银监局相关资料。

图 3　2009—2012 年银行业主要评价指标状况

2. 改革进展与成效

（1）银行业机构改革进一步深化。农业银行深入推进“三农”金融事业部改革，“三农”贷款增量居四大行首位和系统内第二位。国有银行、股份制银行全年新设县域支行 44 家，城商行县域覆盖率已达 88.5%。农信社股份制改革加快推进，已有 39.1% 的机构完成股份制改革，12 家农商行新开业。财务公司增至9家，村镇银行增至55家，覆盖16个地市48个县级经济区域。小额贷款公司增至296家，贷款余额374.8亿元，较年初增长58.29%。

（2）对“三农”和小微企业信贷支持力度加大。涉农贷款增速高于全部贷款增速3.99个百分点，涉农贷款占比提高1.4个百分点。累计发放支农再贷款110.26亿元，增长13.32%。新增小微企业贷款1 331.56亿元，增幅高于各项贷款增幅7.3个百分点。

（3）跨境人民币业务快速发展。全省共有47家银行的700多家分支机构办理了跨境人民币结算，涉及企业近3 200家，覆盖境外144个国家和地区。2012年实现跨境人民币收付额3 284.8亿元，同比增长137.3%；在全省涉外收支中占比16.5%，上升8.7个百分点。

3. 主要问题与风险点

（1）银行业面临的资本约束增强。新《资本管理办法》于2013年初正式实施，按照新办法测算，各类银行机构资本充足率将普遍下降，资本补充压力加大。2012年末，全省仍有32.61%的农村信用联社资本充足率低于8%。

（2）部分法人银行机构潜在流动性风险。2012年末仍有24%的农村金融机构存贷比超标，村镇银行存款集中度普遍偏高。部分银行机构负债业务高度依赖货币市场、金融同业和理财资金，潜在较大流动性风险。

（3）信用风险防控压力加大。全年银行业机构发出风险预警的大客户较上年增加25.88%，部分机构不良贷款反弹明显。压力测试显示，房地产相关资产占银行总资产比重较高，压力状态下不良贷款率上升明显。担保圈成为信贷风险扩散的重要渠道，具有融资功能的非金融机构和民间借贷风险向金融机构传递增多。

（4）银行业内部管理基础薄弱。对20家金融机构的稳健性评估显示，部分机构公司治理机制不健全，内部控制体系、信贷制度执行、票据业务和会计柜面等方面存在问题与漏洞。

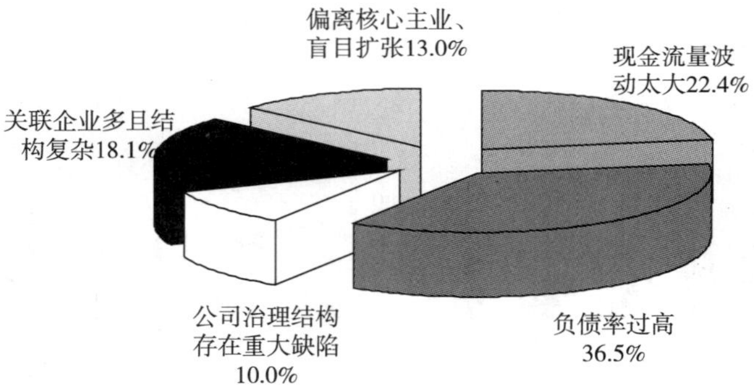

数据来源：中国人民银行济南分行相关资料。

图4 2012年山东省主要商业银行大客户预警原因占比

（二）证券期货业

1. 总体发展状况

（1）证券机构规范发展。2012年，山东省新增证券分公司6家，营业部24家，证券投资咨询机构1家。投资者股东开户数突破千万，同比增长16.03%。2家法人券商连续两年被评为A级、AA类，净资产同比增长2.06%。非经纪业务创新取得较大突破，齐鲁证券获得现金管理产品股票要约式购回、转融通等8项业务准入资格，融资融券开户数从1 707户增加到1.9万户。

表3　　2012年山东省法人证券机构净资本核心风险监控指标

项目	齐鲁证券	中信万通	预警标准	监管标准
净资本（亿元）	73.5	24.5	>2.4	>2
净资本/各项风险资本准备之和（%）	511.05	1 086.41	>120	>100
净资本/净资产（%）	65.81	90.26	>48	>40
净资本/负债（%）	133.89	555.42	>9.6	>8
净资产/负债（%）	203.47	615.38	>24	>20
自营权益类证券及证券衍生品/净资本（%）	16.48	4.08	<80	<100
自营固定收益类证券/净资本（%）	72.17	10.80	<400	<500

数据来源：中国证监会山东监管局相关资料。

（2）市场融资较快增长。全省境内上市公司153家，总股本989.4亿股，同比分别增长5.51%和15.11%。8家企业境内IPO融资39.14亿元，6家境外上市融资14.9亿元。各类债券发行155只，融资1 527亿元，同比分别增长89%和81%。全年共有10家上市公司完成重组并纳入资产170.6亿元。

（3）期货市场发展平稳。全年新增期货营业部5家，投资者开户数、保证金余额同比分别增长1.6%和12.9%，全年累计交易量增长12.6%。3家法人期货公司总资产、净资本、净利润分别增长29.6%、57%和3.8%。

2. 主要问题与风险点

（1）券商盈利下滑，业务结构不合理。2家法人券商客户保证金余额同比减少21.1亿元，经纪业务量下降11.43%，营业收入和净利润分别下降7.6%和5.5%。业务收入结构单一、产品与服务创新缓慢等问题突出。

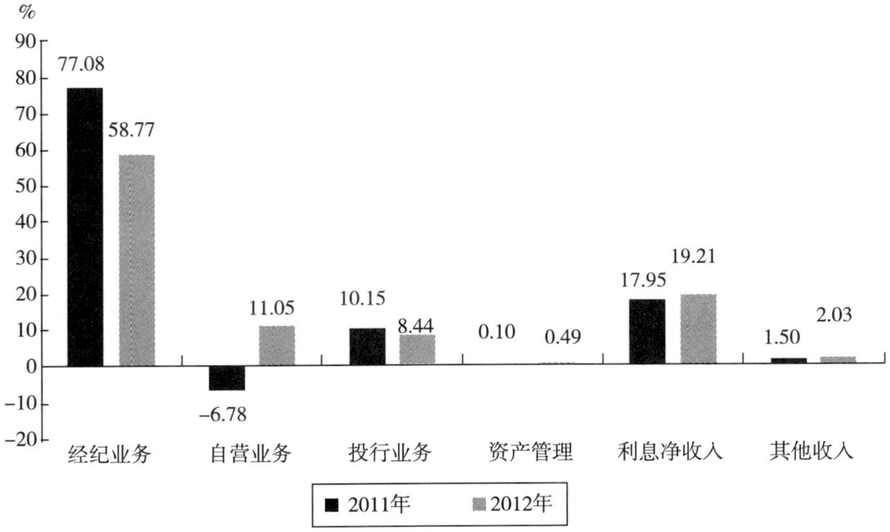

数据来源：齐鲁、中信万通证券公司年度报表。

图5　山东省法人证券机构业务收入增长情况

（2）证券期货资源总量不足，对区域经济贡献度偏低。全省券商资产规模、股票基金交易量分别占全国的2.21%和7.82%，股票交易率（境内股票交易金额/地区生产总值）低于全国水平11.4个百分点。上市公司总市值仅占全国的3.93%，证券化率（上市公司总市值/地区生产总值）为18.1%，同比下降1个百分点。期货机构实力不强，期货市场套期保值产品利用率较低。

（3）部分上市公司潜在退市、同业竞争、违规担保等重大违法违规风险。

（三）保险业

1. 总体发展状况

（1）经营质量稳步提升。2012年，全省新增保险公司2家，总数达77家；各保险公司分支机构新增54家，共计6 191家，居全国首位。2012年底，全省保险业总资产2 531.18亿元，较年初增长15.41%。全年实现原保险保费收入1 128.03亿元，同比增长8.88%，高于全国0.87个百分点，较上年降低1.9个百分点。其中，财产险保费收入增长15.13%，较上年提高1.58个百分点；人身险保费收入增长5.93%，较上年下降4.33个百分点。财产险公司经营状况持续好转，全年实现承保利润30.58亿元，居全国首位，同比增长15.61%。人身险公司业务结构不断优化，普通寿险、分红险新单期交率较上年分别提高13.55个和4.8个百分点。

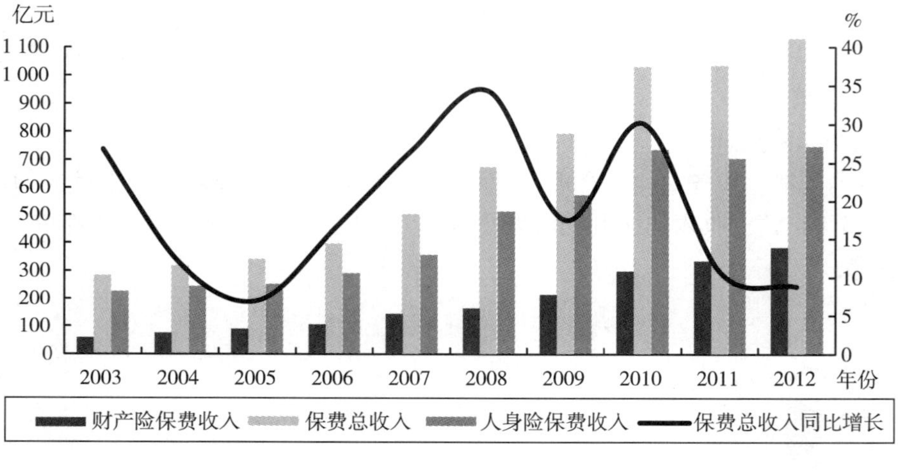

数据来源：山东省保监局相关资料。

图6　2003—2012年山东省保费增长状况

（2）保险覆盖面扩大。农业保险开办县（市）扩展到103个，实现保费收入8.57亿元，同比增长168.63%，较上年提高139.11个百分点。“新农合”大病保险率先实现全省统筹，覆盖6 500万农村居民。全年保险业承担各类风险责任19.4万亿元，同比增长23.33%，较上年提高17.48个百分点；保险赔付支出324.56亿元，同比增长19.66%，较上年下降1.84个百分点。

2. 主要问题与风险点

（1）险种结构不均衡。财产险中车险保费收入占比高达81.52%，企业财产保险占比仅为5.49%。人身险标准保费收入下降6.06%。寿险产品轻保障、重投资，其中分红险“一险独大”，占比高达88.33%。

（2）保费增长乏力。保费收入增幅下降 0.69 个百分点。其中，银邮保费收入同比下降 9.42%。

（3）手续费恶性竞争问题仍然突出。全年保险业业务及管理费率、佣金手续费率同比分别增长 19.35%、8.65%。

（4）退保率有所提高。全省退保金同比增长 20.57%，为 2010 年的 2.1 倍；退保率为 2.11%，较上年提高 0.05 个百分点。

（5）中小公司经营压力加大。部分公司受渠道转型和业务增长乏力等因素制约，面临现金流、人员稳定性和内部管控等多方面风险。

（四）金融业综合经营

1. 金融控股公司

（1）发展状况。山东辖内有省国际信托有限公司（以下简称山东信托）和莱芜钢铁集团有限公司（以下简称莱钢集团）两家金融控股公司。2012 年，两家金融控股公司总体运行平稳。山东信托控股泰信基金 1 家金融子公司，参股公司 6 家。2012 年，山东信托营业收入增长 66.43%，净利润增长 206.58%。莱钢集团控股齐鲁证券 1 家金融子公司，合并报表中金融资本占总资本的比重为 44.32%。莱钢集团在与齐鲁证券合并报表后，营业收入、利润等指标得到改善，全年实现营业收入、净利润同比分别下降 13.08%、86.46%。

表 4　　山东信托、莱钢集团主要参（控）股子公司情况　　单位：亿元、%

	参控股子公司名称	出资金额	持股比例	备注
山东信托	泰信基金管理有限公司	0.9	45	控股
	山东鲁信保险代理公司（已停业）	0.02	40	控股
	富国基金管理有限公司	0.2	16.68	参股
	民生证券有限责任公司	0.63	2.9	参股
	邹平浦发村镇银行股份有限公司	0.18	10	参股
	德州银行股份有限公司	0.88	5	参股
	泰山财产保险股份有限公司	2	9.85	参股
	中国重汽财务有限公司	0.093	0.81	参股
莱钢集团	齐鲁证券有限公司	23.82	45.71	控股
	莱商银行股份有限公司	2.03	20.29	第一大股东
	泰山财产保险股份有限公司	1.5	7.39	参股

数据来源：中国人民银行济南分行相关资料。

（2）存在的问题。一是信托业规模增速较快。2012 年，山东信托资产规模增长 85%，公司风险管理资源相对不足。二是莱钢集团资金压力凸显。受市场低迷和调控政策影响，莱钢集团主业面临的不确定、不稳定因素增多，资金处于紧张状态。

2. 交叉性金融业务

（1）发展状况。2012 年，金融综合经营和金融工具创新平稳推进，531 家样本金融机构（包括银、证、保、信托业）开办的跨市场交叉性金融业务额增长 7.35%。

表 5　　山东省交叉性金融工具调查表　　单位：亿元、%

分类	工具名称	业务额	同比（+/-）
各类投资理财类产品	银行理财产品、万能保险、分红保险、投资连接保险、信托投资产品、证券公司受托理财	22 996.49	13.82
金融机构间跨市场融资	银行间市场同业拆借、回购、股票质押贷款、保单抵押贷款	846.93	-34.72
跨市场履约保证类保险	住房贷款配套保险、汽车履约保险、个人贷款附加意外伤害险	1 429.35	15.14
资金结算类产品	证券交易结算资金第三方存管、银基通、银保通、银信通、银期通、银金通、银关通等	4 940.44	-13.27
合作代理类产品	代理保险、基金、债券、信托产品、黄金产品等	5 203.17	11.69
综合类工具	外汇衍生工具、资产证券化业务	404.24	-5.70

数据来源：中国人民银行济南分行相关资料。

一是银行理财产品保持快速增长。银行发行及代销理财产品募集资金增长 22.41%。资金投向相对集中于债券及货币市场工具，二者募集资金占比 55.09%。

二是金融机构跨市场融资量大幅缩减。银行与证券、基金、信托及保险类机构开展债券回购交易额同比下降 41.98%。

三是资金结算类产品增势强劲。银信通、银期通发生额分别增长 135.13%、117.78%，银关通及其他业务增长 114.42%。

四是合作代理类业务保持分化态势。全省银行机构代理保险产品、国债及黄金产品业务量均与上年基本持平；基金产品、信托产品及债券（不含国债）代理业务额分别增长 108.32%、47.92% 和 46.96%。

（2）存在的问题。一是投资理财类产品存在较多不规范问题。部分机构的银行理财产品、分红保险、万能保险及信托产品的资金运作流程、投向、内部控制、风险评级等透明度低，投资者风险信息获取不充分，产品营销存在误导。

二是理财产品运作模式存在风险隐患。多数银行通过滚动发行、短筹长用实现收益，潜在流动性风险。

三是银证信合作业务规模增长明显，部分业务创新规避了监管和货币信贷调控。

（五）金融业管理

1. 人民银行履职效能持续提升

一是认真贯彻执行稳健的货币政策。制定出台金融支持重点区域带动战略的一系列专项信贷政策，与有关部门和市政府联合召开 15 场银企合作促进会，协议金额 8 134 亿元。加强差别存款准备金动态调整管理，深入开展中小企业信贷政策导向效果评估，推动优质企业利用银行间市场融资。二是创新外汇管理和服务方式。连续七年以鲁汇发 1 号文出台支持涉外经济发展的指导意见，推出 22 条改革和服务措施。三是加大金融管理和维护金融稳定工作力度。组织对全省 103 家省级金融机构 2011 年度执行人民银行政策措施、管理规定等情况进行全面综合评价，对 20 家金融机构开展稳健性现场评估，对金融机构票据业务开展专项检查。全力协调支持齐鲁银行和烟台银行风险化解工作，联合省金融办召开全省金融稳定工作座谈会。

2. 专业监管力度进一步加大

银行业监管部门进一步整合监管资源，强化对省局直管机构的监管。全年完成现场检查项目47个，其中对地方法人机构的检查项目占比63.8%；推动城商行配齐和更换核心管理层；对不规范经营行为开展专项整治。证券业监管部门对3家证券公司营业部开展全面检查；督导齐鲁证券有限公司针对新业务建立风控制度；对上市公司实施现场检查39家次，实施行政监管措施15次。保险业监管部门突出治理车险理赔难和寿险销售误导，在全国率先建立销售人员评价管理体系；组织69家保险公司开展中介业务合规自查；加强与银监局的监管合作，建立银保业务风险共同处置机制。

3. 地方金融管理进一步强化

组织开展全省地方金融风险集中排查，共排查地方法人金融机构1 208家，上市公司130家，清理整顿各类交易场所51家；开展小额贷款公司分类评级和行业年审；完成首次融资性担保机构年审工作，对12家机构实行了市场退出。

三、金融市场与金融稳定

（一）货币市场交易活跃，成交利率小幅下行

2012年，货币市场成员同业拆借成交额同比增长25.3%，拆入、拆出加权平均利率分别下降40个和37个基点；债券回购成交额增长27.5%，回购市场短期化趋势显著；现券买卖成交额增长90.3%，收益率同比下降33个基点；持债余额保持相对稳定。货币市场交易机构集中特征明显，拆借交易量和现券交易量最大的三家机构合计分别占全省的87.1%和70.9%；全省法人银行机构同业存放、同业拆入、卖出回购三项主要的同业负债余额增长56.5%，潜在较大流动性风险。

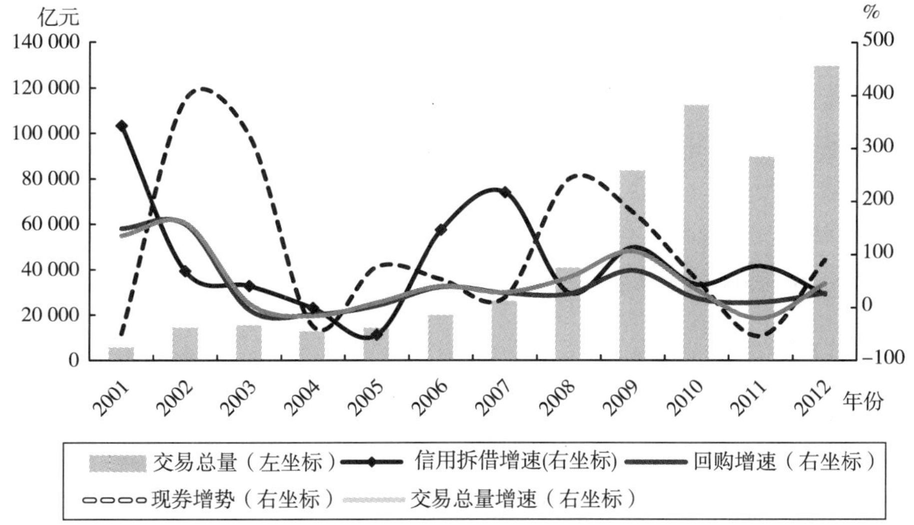

数据来源：中国人民银行济南分行相关资料。

图7 2001—2012年货币市场成员交易量变动状况

（二）债券发行再创新高，融资规模不断扩大

2012 年全省共发行短期融资券 55 只、中期票据 42 只、中小企业集合票据 7 只，较上年分别增加 27 只、18 只和 4 只，融资总额增长 104.86%。中小企业集合票据累计发行量约占全国的 1/3，融资规模居全国第一位。中小企业私募债券发行成功破题，6 家企业完成备案，2 家企业成功融资 4 亿元。

（三）票据市场量升价跌，融资额增势强劲

全省金融机构票据融资余额增长 51.7%，累计发生额增长 44.34%。成交价格呈下行态势，直贴和转贴现买断价格较年初分别下降 5 个和 3 个百分点。全年累计签发银行承兑汇票同比上升 24.3%，保证金比例为 43.8%。票据市场中存在的真实贸易背景审核不严、票据背书不完整、质押业务手续不完善以及电票系统登记不及时等问题仍较突出。

（四）黄金交易活跃度下降，纸黄金价格小幅上涨

受美元指数上升等因素影响，黄金市场交易活跃度下降，全省 13 家上海黄金交易所会员企业全年累计成交量增长 19%，增幅下降 31 个百分点；产金炼金企业累计净卖出 110.2 吨，累计成交量增长 10.5%，增幅下降 10.1 个百分点。纸黄金交易量同比下降 2.7%，成交额及成交价格分别小幅上涨 1.6% 和 1.9%。

四、金融基础设施与金融稳定

2012 年，山东省金融基础设施建设稳步推进，金融生态环境持续优化，增强了金融体系稳健性。

（一）金融法治基础增强

金融管理部门新制定或修订 130 余项与金融业和金融基础设施相关的重要制度性文件，规范了征信业、非公募基金、期货业和农业保险等多方面的业务活动。全省共有 116 家人民银行分支机构开展了金融消费权益保护试点工作，成立金融消费者权益保护中心 106 个，全年共受理金融消费者投诉 611 件，办结 609 件，办结率 99.7%。协助公安机关先后组织开展了“天网行动”、“破案会战”等一系列专项打击行动，挽回经济损失 16.78 亿元。

（二）支付体系平稳运行

2012 年，人民银行济南分行共印发 8 项支付结算相关制度，加强了农村地区支付服务、信用卡、电子商业汇票等业务管理。新增大、小额支付系统间接参与者 1 407 家，各银行机构通过支付系统办理结算笔数增长 34.45%，结算金额增长 33.51%。电子商业汇票系统处理商业承兑汇票和银行承兑汇票笔数分别增长 95.4% 和 54.1%，银联信息转接系统处理银行卡跨行清算的笔数和金额分别增长 26.8% 和 41.4%。农村支付环境建设实现了“行政村金融基础设施 100% 全覆盖、100% 的县域以下各类银行机构参与农村支付环境建设”的双百目标，全省县及县以下地区 ATM、农民金融自助服务终端、POS 机布放量分别增长 38.1%、80.2% 和 52.8%。

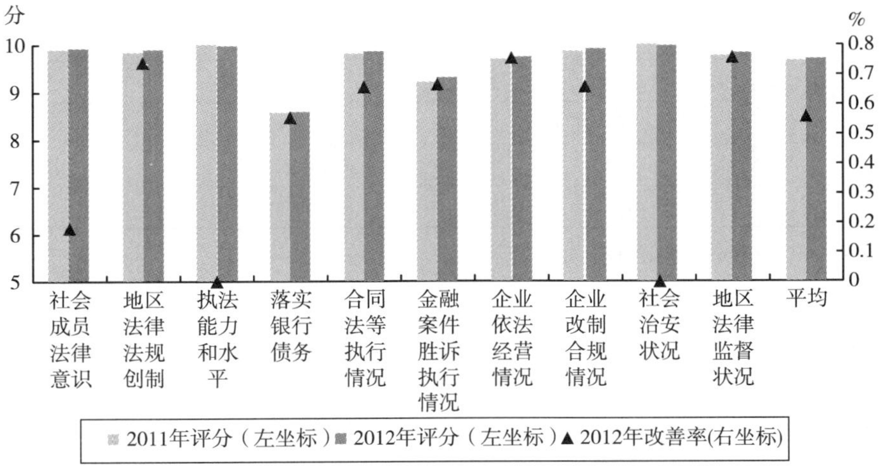

数据来源：中国人民银行济南分行相关资料。

图 8　山东省法制环境综合评价调查情况

表 6　　2010—2012 年山东省支付体系运行情况　　单位：万笔、亿元、年

系统名称	日均结算笔数			日均结算金额		
	2010	2011	2012	2010	2011	2012
大额支付系统	14.24	20.42	26.95	3 008.65	3 534.94	3 891.91
小额支付系统	11.99	16.86	18.53	24.78	36.79	39.36
同城票据交换系统	7.7	6.9	5.9	223.8	217.9	185.1
商业银行行内汇兑系统	53.18	76.2	97.1	592.4	732.6	697.1
银行卡跨行信息交换系统	84.34	96.3	120.9	15.18	19.7	25.8
支票影像交换系统	0.13	0.12	0.11	0.78	0.81	0.77

数据来源：中国人民银行济南分行相关资料。

（三）金融机构内部治理不断改进

全省政策性银行、国有商业银行、股份制银行、城市商业银行、农村合作金融机构全面实施新会计准则。地方金融风险排查发现的风险点已整改到位 91.9%，地方法人金融机构共修订完善制度 5 000 余项。

（四）信用体系建设持续推进

企业征信系统全省企业及其他组织收录量增长 5.9%，日均查询量增长 48.3%；个人征信系统全省自然人收录量增长 1.8%，涵盖的信贷账户增长 18.8%。全省各级人民银行受理个人信用报告查询数量增长 66.24%，受理企业征信查询数量减少 7.63%，依法为公安、检察、法院等部门提供查询数量增长 98.92%。采集公积金缴存、社保缴存及发放信息分别为 596.9 万户、266.7 万户和 74.9 万户。组织对 191 家小额贷款公司、397 家融资性担保公司开展信用评级。推进中小企业信用体系和农村信用体系试验区建设，累计入库中小企业 16.1 万户，为 1 115 万农户建立信用档案，评定信用农户 999.7 万户。

表 7　　2011—2012 年征信系统基本情况　　单位：万户、万笔、年

项目	年份	入库户数	日均查询笔数
企业信用信息系统	2011	57.6	2.6
	2012	61	3.9
个人信用信息系统	2011	6 065.58	5.8
	2012	5 488.6	5.7

数据来源：中国人民银行济南分行相关资料。

（五）反洗钱工作力度加大

制定金融机构反洗钱工作考核评估办法和自律评估办法。全年组织完成对全省 1 072 家市级以上金融机构的自律考核评估和 35 家县级以上金融机构现场检查工作。共接收金融机构报送重点可疑交易报告 227 个，向相关部门移交 63 个；开展行政调查 19 次，发现和接收线索 281 个。与检察院、反贪局、海关、工商、税务等部门举行情报会商 52 次。配合总行及相关执法部门协查案件 14 起，涉及账户 970 个。

（六）货币流通管理成效显著

人民币反假工作站点增长 17.65%，义务宣传员增长 6.67%，累计认定鉴别师和识别师分别增长 48.51% 和 15.66%，累计收缴、没收假人民币金额同比上升 7.13%。有序推进机具设备人民币冠字号码识别记录进程，运用动态最优化理论合理安排发行基金调拨工作，金融机构监测网点及企事业单位对各券别满足率分别提高 3.73 个、2.47 个百分点；对市场现金整洁度认可率分别提高 4.19 个、3.33 个百分点。

表 8　　2011—2012 年山东省收缴假币情况　　单位：万元、年

年份	收缴假币总额	其中：金融机构收缴额	其中：公安部门收缴额
2011	2 431.9	2 025.3	406.6
2012	2 605.3	2 435.3	165.8

数据来源：中国人民银行济南分行相关资料。

（七）金融知识宣传培训和投资者风险教育工作深入开展

全年开展征信、反洗钱、反假币宣传逾 9 640 场次，受众超过 232 万人次，发放宣传资料近 463 万份，提供咨询逾 91 万人次，开展专业培训近 1 750 次，培训人数逾 14 万人。组织“送金融知识进村社企校”活动 2 229 次，发放宣传资料 382.8 万份，受众 1 112.6 万人次，媒体发稿量 2 000 余篇，村庄、社区、企业和学校的影响面分别达到 59.3%、49.8%、40.3% 和 39.5%。

五、总体评估与政策建议

按照统一的层次分析模型和权重，对山东金融稳定状况定量评估，结果显示：2012 年综合评分 78.85 分，比上年略降 0.21 分，总体保持稳定。其中，银行业及金融生态环境分别提高 0.57 分、0.28 分，为区域金融稳定提供了重要支撑，证券业、保险业受利润降低及发展速度减缓影响，同比

略降 0.09 分、0.12 分；宏观经济得分同比下降 0.87 分。

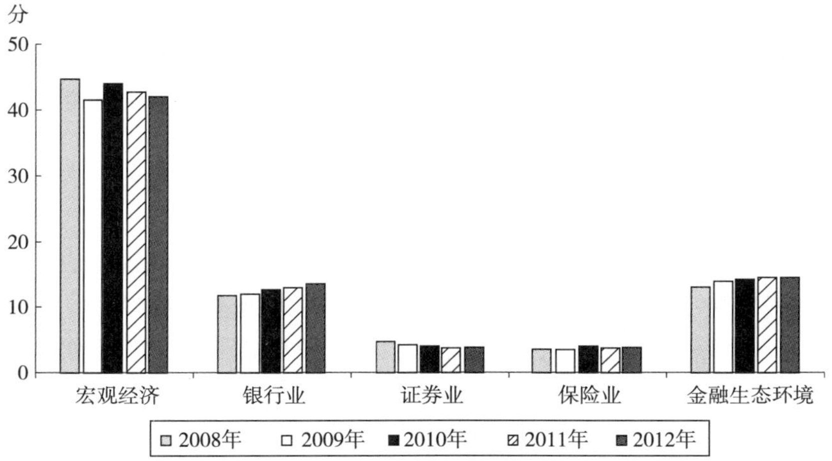

数据来源：中国人民银行济南分行相关资料。

图 9　2008—2012 年金融稳定综合评价模型分项得分状况

2013 年是全面深入贯彻落实党的十八大精神的开局之年，全省经济金融发展既面临新的机遇，也存在许多困难和挑战。一方面，国际金融危机和欧债危机的深层次影响仍在显现，全球经济复苏进程曲折缓慢，我国经济运行的外部环境复杂严峻；另一方面，国内经济正处于成本上升阶段，转型压力加大，经济企稳回升基础不稳。经济下行期是各类风险高发期，地方融资平台、房地产、部分周期性行业等领域风险将长期存在，债务担保网络、影子银行体系和非法金融活动等仍是区域金融风险的重要诱因。妥善应对当前面临的困难和问题，应继续坚持“稳中求进”的工作总基调，优化金融资源配置，深化金融改革与创新，完善金融服务与管理，切实提高风险监测、防控与处置水平，严守不发生区域性金融风险。

（一）创造稳定的宏观货币环境

认真贯彻稳健的货币政策，落实好差别存款准备金动态调整措施，均衡把握贷款投放总量和节奏，保持银行体系流动性和社会融资总量适度合理，为实现金融稳定目标创造良好的宏观货币环境。

（二）加大金融支持实体经济工作力度

紧紧围绕实体经济趋稳回升的资金需求，加强产品、服务和管理创新。推进多层次资本市场建设，积极搭建依法合规的要素市场平台，丰富直接融资产品，拓宽实体经济融资渠道。强化对“三农”、小微企业、海洋经济、战略新兴产业等重点领域和薄弱环节的金融支持，助推重点区域带动战略实施。

（三）强化金融风险监测、评估和预警

不断拓展金融风险监测覆盖面，高度关注地方政府融资平台、房地产、产能过剩行业、区域担保债务网络、具有融资功能的地方非金融机构以及交叉性金融业务等领域的潜在风险。深化金融机构稳健性现场评估工作，探索构建金融风险监测预警指标体系。

（四）推动金融机构强化内部管理

推动各金融机构深刻汲取风险教训，健全公司治理和内部控制机制，确保各治理主体在职权范围内依法、规范履职，全面提升风险管理水平。建立收益与风险相匹配的激励约束机制，着力培育风险合规文化。

（五）不断完善金融风险应对和处置机制

建立健全地方政府主导下的风险应对和处置机制，制定管用好用的金融突发事件应急预案，强化各职能部门在应急管理中的职责和工作配合关系，防止由于处置不及时、措施不当等导致区域性风险。开展金融市场秩序综合治理，严厉打击非法吸存、发放高利贷、集资诈骗、融资性非金融机构超范围违规经营、非法金融宣传以及其他金融违法犯罪活动。

总　纂：苑治亭
统　稿：刘云昭　霍成义
执　笔：王　冠　林　毅　张　诚　于明星
张　宁　居　立　杨　猛　孔　哲

河南省金融稳定报告摘要

2012年，面对严峻的外部形势和繁重的改革发展稳定任务，河南省深入贯彻科学发展观，全面实施中原经济区建设，着力扩需求、创优势、破瓶颈、惠民生，全省经济保持了平稳较快发展态势。新型农业基础更加巩固，经济发展方式转变加快，对外开放带动作用增强，民生保障力度加大，居民收入持续增长，市场物价总体回落，生态环境继续改善。但同时，经济中影响金融稳定的因素仍很突出，外部需求持续低迷，企业活力回升不稳；经济结构仍需优化，粗放增长不可为继；企业经营形势严峻，破产风险不容低估。金融体系运行总体保持平稳，金融稳定性进一步增强。银行业快速健康发展，规模、效益、质量同步提升；证券市场稳步发展，创新能力不断增强，风控水平持续提高；保险功能较好发挥，理赔质量得到改进，风险因素整体可控。金融市场稳健运行，货币市场交易活跃；利率水平波动较大；债券发行大幅增加，期限结构趋于稳定；金融基础设施不断完善，支付体系高效运行，信用建设深入推进，反洗钱、反假币工作力度进一步加大。然而金融运行中仍有不稳定的因素，企业效益回落，银行不良贷款反弹；非法集资的潜在风险没有完全化解；证券市场规模体量较小，市场主体活力不够；保险业务结构发展失衡，内控不严风险凸显；金融市场主体实力不均，缺乏利率自主定价能力。

一、经济运行与金融稳定

（一）基本情况

2012年，河南省深入贯彻落实科学发展观，着力扩需求、稳增长、调结构、促转型、破瓶颈、惠民生，持续求进、务实发展，全省经济保持平稳较快增长，主要经济指标增速继续高于全国平均水平，质量效益持续提升，为河南省金融稳定创造了良好的外部经济环境。

1. 经济平稳较快增长，结构优化质量提升

2012年，河南省地区生产总值29 810.14亿元，同比增长10.1%，高于全国平均水平2.3个百分点左右，绝对量居全国第5位、中部六省第1位；固定资产投资增长23.2%、社会消费品零售总额增长15.7%，分别高出全国平均水平1.4个、2.6个百分点；规模以上工业增加值增长14.6%。产业结构持续优化，三次产业结构为12.6:57.1:30.3，第三产业占比提高1.5个百分点，第二、第三产业对经济拉动作用增强，对经济增长的贡献率分别为67.6%、26.7%，共同拉动经济增长9.5个百分点。

2. 新型农业基础巩固，粮食产量再创新高

2012年，河南省新型农业化基础地位更加巩固，重点实施了高标准粮田“百千万”建设工程和

现代农业产业化集群培育工程，建成高产稳产田 248 万亩，新增万亩方 459 个、千亩方 1 320 个、百亩方 4 670 个。粮食总产量达到 1 127. 7 亿斤、增产 19. 2 亿斤，实现“九连增”；建成新型农村社区 300 个以上，近 120 万农村居民入住社区。

3. 发展方式转变加快，生态环境继续改善

2012 年，六大高成长性产业增加值占全省规模以上工业比重达到 57%、同比提高 1. 7 个百分点，战略性新兴产业主营业务收入突破 6 000 亿元、增长 30% 以上，物流、金融、文化、旅游、信息等现代服务业快速发展。产业集群式发展态势更加明显，产业集聚区规模以上工业主营业务收入占全省的比重达到 47. 9%、同比提高 5. 4 个百分点左右；自主创新能力持续提升，新增 14 个国家级技术中心、工程实验室。全年节能 130 万吨标准煤，节能减排完成国家下达目标任务，生态环境继续改善。

4. 对外开放势头强劲，综合带动作用增强

2012 年，河南省实际利用外商直接投资 121. 18 亿美元，同比增长 20. 2%，总量及增速均居中部地区首位；实际到位的省外资金 5 026. 6 亿元，增长 25. 2%；合同利用外资 117. 3 亿美元，增长 52. 8%；进出口总额突破 500 亿美元，其中出口总额 296. 8 亿美元、进口总额 220. 7 亿美元，分别增长 54. 3%、64. 9%，增速居全国前列。一批基地型、集群型项目落户河南，瑞典山特维克、美国空气化工、美国卡特彼勒和法国液化空气四家世界 500 强企业在豫展开战略布局，在豫投资世界 500 强企业达到 76 家。

5. 财政实力不断增强，民生保障持续提升

2012 年，河南省地方公共财政预算收入 2 040. 6 亿元，增长 18. 5%，其中，地方税收收入完成 1 469. 5亿元，增长 16. 3%，占公共财政预算收入的比重为 72%。全年地方公共财政预算支出 5 006 亿元，增长 17. 8%，其中，财政用于民生支出 3 611 亿元，增长 19. 8%，占公共财政预算支出的比重为 72. 1%。全年城镇新增就业 135 万人，新增农村劳动力转移就业 105 万人。城乡居民社会养老保险制度实现全覆盖。新开工保障性住房 43 万套，竣工 22. 5 万套。

6. 居民收入持续增长，市场物价总体回落

2012 年，在工资性收入较快增长带动下，河南省城镇居民人均可支配收入保持稳定增长，全年城镇居民人均可支配收入扣除价格因素后实际增长 9. 5%，全年农民人均现金收入扣除价格因素后实际增长 11. 3%。全年居民消费价格同比上涨 2. 5%，较上年回落 3. 1 个百分点。全年工业生产者出厂价格和购进价格同比分别下降 0. 6% 和 0. 8%，较上年分别回落 7. 8 个和 10. 9 个百分点。

7. 中原经济区建设整体推进，新的经济动力源泉显现

2012 年 11 月 17 日国务院正式批复《中原经济区规划》，标志着中原经济区上升为国家战略的“三步走”工作部署全面完成，中原经济区建设进入了整体推进、全面实施的新阶段。河南省打造内陆开放高地、集聚高端生产要素、构筑参与国际分工新平台、创造区域竞争新优势的战略突破口已经打开。受此带动，“米”字形高铁框架、中石油商丘炼化基地等一批事关河南长远发展的重大项目相继纳入国家规划，郑州机场二期、郑徐客专等一批重大项目通过国家审核并开工建设，南水北调中线一期工程河南段、郑州富士康航空港区项目、连霍高速河南段改扩工程、郑州城市轨道交通一号线一期工程等重点项目建设进展顺利，中原经济区已成为新的推动河南经济社会发展的强大动力源泉。

（二）经济运行需要关注的问题

2012 年，河南省经济虽然整体保持了平稳较快增长态势，但制约河南经济发展的深层次矛盾仍

很突出，经济运行中仍存在一些需要着力解决的问题，特别是伴随着宏观经济环境中不确定、不稳定因素的增加，经济运行中一些隐患有可能进一步强化，需要引起关注。

（三）外部需求持续低迷，企业活力回升不稳

受当前国际金融危机深层次影响，2012 年河南省进出口已经受到外需不足的严重影响，剔除富士康进出口因素外，河南省进出口总额、出口总额、进口总额三者增速分别下降 3.5%、2.5%、5.2%。在需求下降，原材料、用工成本不断上升的情况下，部分能源、原材料企业、小微企业面临较大的生存压力，资金链较为紧张，并波及上下游行业，造成资金链、产业链双向趋紧，部分企业应收账款不能按时收回或产品价格大幅下降，导致还款意愿及还款能力下降，银行信贷风险上升。

（四）经济结构仍需优化，粗放增长不可为继

河南省能源、原材料行业仍占有相当比重，在经济下行背景下，部分行业和企业面临的需求下降、产能过剩等问题尤为突出，钢铁、有色金属、电力、煤炭、光伏等行业经营困难、效益大幅下滑，对经济的快速增长产生较大不利影响。钢铁、有色金属、煤炭行业全年利润分别下降 6.8%、11.9% 和 34.9%。高投入、高消耗、高污染、低效益的外延式增长方式无以为继，竞争力弱的行业发展环境越来越严峻，在加快中原经济区建设的热潮下，如果把握不好经济结构优化的力度，将延缓河南省经济发展方式的转变步伐，对经济可持续发展产生严重影响。

（五）企业经营形势严峻，贷款偿还能力减弱

2012 年，河南省规模以上工业企业主营业务收入、利润总额较上年分别大幅回落 22.1 个和 26 个百分点，亏损企业数同比增长 23.2%，亏损额同比增长 33.2%；一些大型传统骨干企业出现亏损。企业面临的生产经营形势较为严峻，导致银行贷款质量面临下迁风险，多家银行反映，虽然加强清收和核销后，账面不良贷款余额和不良贷款比率“双降”，但新发生不良贷款有增多迹象，主要集中在中小微民营企业，行业主要分布在房地产、制造业和批发零售业。同时，由于部分地区、企业较多选择互保的银行授信模式，有关各方应密切关注资金状况和贷款偿还能力。

二、银行业与金融稳定

2012 年，河南省人民银行系统按照“稳中求进”的工作总基调，全面加强金融管理，切实维护金融稳定与安全，全省金融运行稳健，银行业快速健康发展，改革不断深化，规模、效益、质量同步提升；证券市场规模不断扩大，上市融资保持活跃，风控水平持续提高；保险理赔质量得到改进，服务大局作用彰显。

（一）基本运行情况

2012 年，河南省银行业保持了稳健的发展态势，存贷款增长较快，资产规模快速扩张，质量和效益稳步提高，银行改革不断深化，机构体系日趋完善，法人金融机构风险化解取得突破，风险状况有较大改观，抗风险能力进一步增强。

1. 存款快速波动增长，单位定期化特征突出

2012 年末，河南省银行业本外币各项存款余额 31 970. 43 亿元，比年初增加 5 195. 69 亿元，同比多增 1 573. 09 亿元；增长 19. 41%，高于全国平均水平 5. 35 个百分点，优势较上年同期扩大 3. 26 个百分点。存款余额、增量、增幅在中部六省继续保持首位。但同时，存款波动较大，月初下降、月末激增的冲时点现象依然显著，季度时点波动特征更为明显，存款增长的稳定性不足。单位存款定期化趋势明显，全年单位定期存款新增 831. 83 亿元，同比多增 446. 72 亿元，增速 44. 58%，高于各项存款增速 25. 17 个百分点。在股市低迷、房地产市场观望情绪较浓、民间借贷风险暴露的背景下，人民银行扩大存款利率浮动上限，实际存款利率由负转正，居民储蓄意愿增加，个人储蓄存款比年初增加 2 819. 08 亿元，同比多增 1 029. 43 亿元，增长 19. 17%。

2. 各项贷款稳定增加，信贷结构调整优化

2012 年末，河南省银行业本外币各项贷款余额 20 304. 09 亿元，比年初增加 2 653. 18 亿元，同比多增 840. 70 亿元；比年初增长 15. 03%，低于全国 0. 6 个百分点；剔除农信社通过资产置换、核销、股权溢价发行购买不良共造成贷款减少 262. 6 亿元的因素，贷款实际新增 2 915. 78 亿元。贷款投向结构得到优化，全年新增贷款重点投向个人贷款以及制造业、批发零售业、交通运输业和建筑业五大行业，上述领域合计新增贷款 1 989 亿元，占全部行业新增贷款的 83. 6%。全省中小微企业贷款增长 20. 7%，高于全部贷款增速 6. 3 个百分点；涉农贷款增长 16. 2%，高于全部贷款增速 1. 8 个百分点。

3. 资产规模快速扩张，质量效益稳步提高

2012 年，河南省银行业金融机构资产总额同比增长 20. 35%，增速同比提高 5. 41 个百分点。负债总额同比增长 20. 22%，增速同比提高 5. 86 个百分点。资产质量稳步提升，年末不良贷款余额较年初减少 223. 48 亿元，不良贷款率为 2. 19%，较年初下降 1. 6 个百分点，不良贷款余额和不良贷款率整体表现为“双降”。盈利水平持续提高，累计实现盈利 495. 91 亿元，同比增盈 86. 3 亿元。

4. 银行改革不断深化，综合实力持续增强

2012 年，河南省银行业金融机构改革稳步推进，政策性银行积极扩展商业化经营之路，国有商业银行内部管理体制更加完善，“三农”金融事业部改革试点工作扎实推进，全国性股份制商业银行加快了在河南省内的网点建设。地方法人金融机构改革步伐加快，11 家城商行完成增资扩股，资本总额达到 175 亿元。新设农商行 1 家，总数达到 20 家。村镇银行资本金增长 102%，盈利增长 175%，全省 69 个县（市）设立村镇银行，占全省县（市）总数的 64%。百瑞信托成功引进摩根大通，中原信托成功引入战投新增资本 3 亿元，宇通财务公司、电力财务公司河南分公司成功挂牌，平煤神马集团财务公司筹建申请报银监会。

5. 机构体系不断完善，竞争活力逐渐显现

2012 年，郑州郑东新区金融集聚核心功能区及金融同城建设成效明显。15 家金融机构完成向金融集聚核心功能区入驻签约。郑州、开封金融同城建设有效推进，交通银行、浦发银行成功入驻开封，华夏银行、平安银行郑州分行顺利开业。股份制银行在 8 个“空白地市”均形成设立意向，广发银行三门峡分行获准批筹，浦发银行禹州支行开业，是河南省首家股份制银行县域支行；城商行新增分支机构 37 家，县域覆盖率达 89%；村镇银行新设支行 39 个，新覆盖 28 个市县，18 个省辖市实现“全覆盖”，5 个地市实现县域“全覆盖”。

6. 地方法人金融机构资产质量进一步改善，抵抗风险能力增强

2012 年末，河南省辖区共有地方法人银行类金融机构 207 家，其中，城市商业银行 17 家，农村商业银行 19 家，农村信用社 124 家，村镇银行 47 家。从全年情况来看，辖区地方法人银行类金融机构总体运行平稳，资产质量持续向好，全省城商行累计处置不良资产 19 亿元，资本充足率、拨备覆盖率分别是 16% 和 375%，均创历史新高；88 家 5 级农信社通过清收、现金购买、政府优质资产置换等方式共处置不良贷款 262 亿元，增资扩股 34 亿元，5 级社基本实现达标升级；亏损挂账比年初减少 26 亿元；拨备覆盖率、资本充足率、核心资本充足率比年初分别提高 114 个、5. 1 个和 5 个百分点；全省法人银行业金融机构拨备覆盖率 188. 21%，比年初增加 131. 7 个百分点；全省法人银行业金融机构统算资本充足率 13. 28%，比年初增加 3. 67 个百分点，风险抵补能力进一步增强。

（二）银行业发展需关注的问题

1. 结构性问题较突出，信贷行业较为集中

根据调查，目前河南省银行业金融机构已审批未投放的项目贷款有效储备大多集中在公路、电力、城建、房地产四大行业，而文化旅游、现代物流、先进制造业、食品加工、现代农业等优势产业项目拓展缓慢，有效储备总量不足、结构不合理等问题较为突出，先进制造业、战略性新兴产业、现代服务业和文化产业等新兴市场的项目尚处于前期营销对接阶段，进入审批流程的优质项目数量和额度还比较有限。分企业类型看，垄断行业及优质、大型客户融资渠道多样，对银行信贷资金的有效需求降低。民营企业、中型客户、小微企业贷款需求旺盛，但因公司治理机制不健全、担保资源较少，融资难度较大。

2. 表外业务快速发展，潜在风险不容忽视

2012 年以来，河南省银行业金融机构表外理财、银行承兑、信托等表外业务迅速发展，全年全省表外贷款新增 610 亿元，同比多增 152 亿元，其中与房地产行业融资关系密切的信托贷款新增 443 亿元，同比多增 245 亿元。在房地产调控持续强化的背景下，大量资金通过表外途径流到了房地产行业，存在一定的风险。2012 年，全省出现多笔保函垫款、承兑垫款等表外业务垫款，明显高于往年发生率。

3. 银行利润空间多方挤压，盈利模式亟待转变

一是传统收入来源收窄。2012 年，人民银行总行扩大存款上浮和贷款下浮区间，推动利率市场化，存贷款利率浮动区间调整导致银行净息差减少，随着利率市场化深入，净息差会继续收窄。二是非利息收入增长压力凸显。主要是社会舆论监督与监管约束使银行收费业务进入规范整顿期，经济增长下行压力和市场行情等因素影响中间业务收入。

4. 企业担保链成为风险扩散的重要渠道

目前很多企业采取联保、互保、交叉担保、连环保等方式获取银行贷款，形成一环扣一环的担保链，企业多头贷款、多头担保，易引发跨机构、跨区域的风险传递，增强了风险传染性，成为产生区域性风险的隐患。

5. 民间借贷风险隐患加大

2011 年以来，非正规金融较为活跃，个别甚至演化为非法集资。一方面这些非正规金融利率水平较高，部分已超出了生产经营的实际承受能力；另一方面借贷主体不断扩大，借贷数量也在增多，借方资金链日益紧张，风险隐患加大。

三、证券期货业与金融稳定

（一）证券期货业基本运行情况

2012 年，河南省证券期货业市场规模不断扩大，融资功能得到充分发挥，经营主体质量不断提高，市场运行规范有序，整体形象持续改善。

1. 市场稳步健康发展，创新能力不断增强

2012 年，河南省辖区境内上市公司融资额及并购重组注入资产共计 480.65 亿元，比 2011 年增长 84.33%。有 43 家境内上市公司现金分红 33.81 亿元，分红总额同比增长 38.17%；现金分红率 26.04%，提高 3.74 个百分点。创新加快发展。中原证券从制度、组织、业务和产品等方面开展深层次创新，取得现金管理等四项创新业务资格。万达期货取得资产管理业务资格，并积极筹备现货风险管理子公司业务。

2. 上市数量继续增加，市场规模不断扩大

2012 年，在新股发行节奏明显放缓的情况下，河南省新增境内上市公司 3 家，募集资金 46.09 亿元。截至 2012 年末，全省共有境内上市公司 66 家，居全国第 13 位；上市公司境内总市值 4 027.69亿元，比 2011 年增长 14.4%，居全国第 13 位。证券化率为 13.4%，比 2011 年提高了 0.5 个百分点。全省上市后备企业 250 多家，已过会待发行公司 2 家，已上报在审核公司 20 家，已备案在辅导公司 20 家，上市后备资源较为丰富。

3. 市场主体持续活跃，上市公司质量提高

2012 年，河南省上市公司实现资产注入和再融资共计 434.56 亿元，比 2011 年增长 153.14%。其中，双汇发展、郑州煤电等公司通过并购重组注入资产 278.59 亿元，宇通客车、大有能源等 5 家公司通过配股、增发，实现股权再融资 124.97 亿元，中孚实业、新野纺织等 4 家公司通过发行公司债券实现再融资 31 亿元。上市公司通过并购重组、再融资解决了同业竞争，改善了财务结构，提高了公司质量，影响市场稳定的高风险公司数量处于历史最低水平。

4. 机构发展势头良好，风控水平持续提高

2012 年末，河南省共有证券期货经营机构 231 家，其中法人机构 4 家。证券和期货投资者分别达到 408.28 万户和 13.44 万户，同比分别增长 3.62% 和 41%。中原证券以业务转型应对资本市场的不利局面，经营效益逆势上扬，2012 年营业收入、净利润分别比 2011 年增长 40.12% 和 75.24%，传统经纪业务收入占比由 80% 降至 50% 以下；公司分类评价结果连续四年在 BBB 级以上，IPO 申请材料已被证监会受理。辖区期货经营机构全年手续费净收入 5.9 亿元，同比增长 25.53%；净利润 2.11 亿元，同比增长 46.53%。辖区期货公司资本实力得到提升，万达期货注册资本由 2.4 亿元增至 5.06 亿元，国信期货注册资本由 3 亿元增至 6 亿元。万达期货分类评价结果连续三年保持 A 级。

（二）证券业发展需关注的问题

1. 市场规模体量较小，行业结构仍需转变

河南省境内没有 1 家市值过千亿元的上市公司，市值超过百亿元的上市公司只有 9 家，45 家公

司市值在50亿元以下，全省的证券化率远低于全国的平均水平。河南省66家境内上市公司中有37家分布在钢铁、煤炭、化工、有色金属、造纸、机械设备制造6个传统行业，市值占整个全省上市公司总市值的57.06%。现代服务业和高新技术产业的上市公司相对较少，尤其是没有一家金融、旅游业上市公司，在服务经济发展方式转变方面仍需加力。

2. 科技创新意识不足，市场主体活力不够

与科技创新对接不足，市场主体的创新意识和能力不足。不少上市公司、拟上市公司集约化、国际化程度低，仍主要靠引进产品、技术和生产线，追踪模仿维持生产，缺乏产品服务技术、商业模式和管理的创新，可持续发展后劲不足。2012年季报显示，全省上市公司整体平均每股收益0.23元，低于全国平均0.39元的水平。证券期货经营机构创新发展的意识不强，服务同质化现象仍没有根本改变，结合市场需求提供专业化、差异化、特色化服务的水平不高。

3. 诚信规范意识缺乏，违规行为时有发生

部分市场主体诚信和规范意识缺乏，市场违法违规行为仍有发生。个别上市公司没有切实履行公开承诺，少数公司高管违规买卖股票时有发生，非法证券活动依然存在，投资者权益保护机制还不够健全。要从全局和战略高度充分认识加快发展河南资本市场的重要意义，立足河南经济社会发展的实际、特点，努力补短板、破瓶颈，统筹规划，持续推进资本市场各项工作，为建设中原经济区提供更好的服务，提供更加有力的支持。

四、保险业与金融稳定

（一）保险业运行基本情况

2012年，河南省保险业紧紧围绕中原经济区建设大局，按照“抓服务、严监管、防风险、促发展”的总体要求，着力加强监管，狠抓风险防范，保险市场保持平稳健康运行，呈现缓中趋稳、稳中向好的良好态势。

1. 保险市场稳步发展，综合实力不断增强

2012年，河南省保险市场实现保费收入841.13亿元，规模居全国第5位、中部六省第1位，增长速度为0.16%。其中，财产险业务保费收入195.77亿元，同比增长19.86%，人身险业务保费收入645.36亿元，同比下滑4.6%。全省共有省级保险分公司58家，较年初新增2家；地市及以下分支机构5 548家，新增52家；专业中介机构349家，新增32家；兼业代理机构8 503家，新增608家；从业人员35.49万人，较上年增加2.12万人；保险业总资产达1 820.77亿元，保险密度801.08元/人，保险深度达到2.82%。保险机构、从业人数在全国均位居前列，成为全国重要的区域性保险市场。整体来看，保险市场竞争更加充分，保险产品不断增加，市场供给更加丰富，保险需求满足程度不断提高。

2. 保险功能较好发挥，服务大局作用彰显

2012年，河南省保险业积极发挥保险保障功能作用，全行业累计提供风险保障8.09万亿元，同比增长27.8%，支付赔款和给付199.55亿元，同比增长16.6%。其中，财产险业务赔款102.5亿元，同比增长27.27%；人身险业务赔付97.05亿元，同比增长7.12%。累计为人民群众未来养老和健康积累准备金2 550.57亿元，同比增长19.36%，增加就业岗位2.07万个。积极服务河南“走出

去”战略，出口信用保险累计提供出口保障41.79亿美元，同比增长32.3%，对全省一般贸易出口支持率达35.1%，同比提高8.7个百分点。新农合经办“郑州模式”逐步在全国形成示范效应，商业保险承办城乡居民大病保险工作顺利启动。

3. 农业保险快速发展，公益林保险开始实施

2012年，河南省农业保险发展较快，全省小麦保险实现承保面积2 825.07万亩，占全省小麦种植总面积的35.27%，增长4.26倍，累计提供风险保障88.75亿元，创造了全省政策性农业保险单一品种覆盖面积最广、提供保障最高的新纪录；积极服务粮食核心区建设，农业保险财政补贴险种从8个增加到12个，全年实现保费收入11.79亿元，同比增长175.16%，全国排名从上年第15位跃居第9位；已决赔款4.02亿元，同比增长96.11%，受益农户95.22万户次，同比增长39.48%。2012年河南省公益林森林保险统保协议正式签约，投保公益林面积2 032.74万亩，涉及全省16个省辖市的59个县（区）、72个国有林场（森林公园、自然保护区），省级以上重点公益林森林保险试点工作进入实施阶段，也为商品林等森林保险工作的启动打下坚实基础。

4. 违法行为有效整治，风险因素整体可控

2012年，河南省保监局严格落实《保险案件风险监管考核办法》，制定河南省案件管理办法细则，建立高管报告审核机制，不断提升案件风险管理水平。强化与司法、金融监管等部门联合执法，积极配合公安机关开展“破案会战”活动，累计移交线索30条，涉案金额608万元。对于违法违规行为，严格落实双罚原则，共实施行政处罚52项。其中，警告39次，罚款312万元，吊销许可证7家次，责令停止接受新业务2家次，有力震慑了违法违规行为，促进了市场秩序持续好转。财产险保费批退率、应收保费率分别比全国平均水平低0.26个和1.2个百分点。寿险退保率为3.31%，退保风险基本可控。

（二）保险业发展需关注的问题

1. 业务结构发展失衡，产品同质创新不足

河南保险业多数公司对外延式增长形成路径依赖，非理性竞争反弹，运行成本增加；一些保险公司急于扩大规模，注重保费增长，轻视业务内含价值和风险防范，忽视了险种结构，寿险公司分红险占比82.9%、产险公司车险占比81.46%，其他险种占比严重偏低。产品缺乏创新的内在动力，产品的同质化现象严重，替代性强，营销和服务的差异化程度低。

2. 非正常退保风险加剧，满期给付风险严峻

2012年，受到产品收益、通胀预期以及销售误导等因素的影响，退保大幅增长，全省人身险公司退保金达到91.55亿元，为历年最高值，退保率为3.31%，较上年上升0.6个百分点，8家公司超过5%预警线，面临较大非正常退保风险。2008年销售的趸交分红险产品进入满期给付高峰，给付总额将大幅增加，部分公司出现资金流动性紧张。产品满期收益水平普遍低于同期存款利率，部分公司个别产品满期金甚至低于所交保费，与客户预期差距较大，极易引发矛盾纠纷。

3. 不规范经营问题突出，内控不严风险凸显

在粗放的发展方式下，一些公司管理不严，弄虚作假，搞非理性价格竞争，部分公司采取大幅提高手续费、账外支付等方式争夺保费，甚至不惜违法违规经营。部分公司在承保、保全、理赔等业务流程和单证、收付费等环节存在漏洞，基层机构销售人员代收保费、代领保险金等行为难以杜绝，侵占挪用保险金等案件风险仍然存在。

4. 保险改革发展中出现的新问题值得关注

2012 年，随着保险业改革发展深度的不断推进，步伐的不断加快，一些新情况、新问题值得关注。一是农业保险快速发展，承办机构增加，有可能引发恶性竞争风险。二是商业车险条款费率改革开启，需密切关注新旧制度衔接，确保改革平稳运行。三是投资新政出台，2012 年保监会连续出台 12 项资金运用监管政策，保险资金运用市场化改革取得新成效，这对于保险市场乃至金融市场发展将产生深远影响，需高度关注其可能存在的风险。

五、金融市场与金融稳定

（一）金融市场运行情况

2012 年，河南省金融市场运行总体平稳，货币市场业务稳步发展，其中现券交易同比大幅增长，回购业务同比小幅增加，信用拆借同比减少较大，票据业务持续健康发展，黄金和期货业务平稳发展。

1. 货币市场交易活跃，现券融资大幅增长

2012 年末，银行间同业拆借市场成员 17 家；全年全省银行间市场业务累计成交 58 360 亿元，同比增长 21.13%，交易品种较为集中，主要以现券和质押式回购为主，两者占总交易量的 98.5%；市场成员积极利用货币市场加强流动性管理，全年净融入资金 6 624.38 亿元，其中现券、质押式回购、信用拆借净融入资金较多。全年成交利率波动较小，融入、融出资金加权平均利率分别为 3.44%、3.58%，各交易品种利率在加权平均利率上下 0.5% 范围波动。

2. 票据融资交易下降，利率水平波动较大

2012 年，河南省银行承兑汇票累计发生额 5 889 亿元，同比增长 17.8%，省内企业承兑的汇票占票据承兑总量的 95.16%。其中，第四季度采矿、制造、建筑业和电力、燃气及水的生产和供应业累计承兑汇票占比为 55%。但同时，受市场资金趋紧的影响，金融机构办理贴现意愿减弱，全年票据贴现累计发生额 7 334 亿元，同比下降 88.3%；第四季度直贴业务和转贴业务均出现大幅的下降，分别下降 32%、93.3%。票据市场贴现利率波动较大，上半年从 9% 跌破 5%，9 月后，企业贷款需求上升，银行紧急转卖票据为贷款发放释放规模，票据转卖利率上升，出现利率倒挂现象，贴现利率重回 6%，之后一直在 5% ~6% 震荡徘徊。

3. 债券发行大幅增加，期限结构趋于稳定

2012 年末，河南省银行间债券市场成员 114 家，较年初增加 6 家。2012 年，河南省 26 家企业在银行间债券市场发行债务融资工具 380.8 亿元，比上年同期增加 131 亿元，是 2011 年的 1.5 倍。其中短期融资券 96.5 亿元，中期票据 144 亿元，中小企业集合票据 6.3 亿元，非公开定向债务融资工具 134 亿元。从发行期限的角度看，1 年期以下债券发行量占比最高，为 42.86%，1 ~3 年期发行量占比 33.33%，同比增长了 11.11 个百分点；3 ~5 年期发行量占比 21.43%，同比下降 11.9%，债券发行的期限结构趋于稳定。

4. 外贸形势整体向好，跨境资金增长较快

2012 年，河南省进出口总额 517.5 亿美元，同比增长 58.6%，外贸历史上首次突破 500 亿美元大关，进出口顺差 76.1 亿美元，同比增长 31.2%。外贸进出口总值在全国排名第 12 位，比 2011 年

提高两位，增速居全国第3位。全年跨境资金总规模594.4亿美元，同比增长53.8%。银行结售汇总额284.4亿美元，同比增长13.8%，结售汇顺差47.6亿美元，同比增长16.1%。

5. 理财业务发展较快，发行资质机构较少

2012年末，河南省金融机构理财产品余额2 933.4亿元，比年初增长54.6%。其中，个人理财产品余额1 237.5亿元，机构理财产品余额1 695.9亿元。截至12月末，处于存续期的理财产品共37个，理财资金32.78亿元。其中个人客户理财产品29个，理财资金12.32亿元；机构客户理财产品4个，理财资金8.35万元；个人和机构兼有理财产品4个，理财资金12.11亿元。

6. 期货交易下降较多，交易热点转换明显

2012年，郑州商品交易所商品期货累计成交量为69 418万手，同比少增14.6%；累计交易金额347 349亿元，同比下降48.03%，增幅较上年同期下降56.23个百分点。交易热点转换明显，优质强筋小麦WS、一号棉CF、玻璃FG、白糖SR和PTA成为主要交易品种，优质强筋小麦WS交易金额增加226%、甲醇ME交易金额增加1 101%；新上市品种主要有菜籽油OI、普麦PM、早籼稻RI、菜粕RM、菜籽RS、优质强筋小麦WH。

（二）金融市场运行中需要关注的问题

1. 市场主体实力不均，利率定价缺乏自主权

从市场结构看，仍然存在拆借主体地位不对等的情况，大银行从中小金融机构拆入资金容易，而中小金融机构从大银行拆入资金则相对困难。从交易过程看，拆借市场成交7天以内的拆借利率与Shibor基本相同，但成交7天以上的拆借业务利率要大大高于Shibor利率，在资金拆出机构确定拆出利率时，中小金融机构在拆借利率定价方面缺乏自主权。

2. 票据市场多头监管，权责不清管理低效

长期以来，除银监会之外，人民银行的支付结算、货币信贷管理部门也都参与票据市场监管，但管理范围、权责、管理政策不够明确。当前，地方法人中小金融机构把票据融资、贴现作为头寸管理、资产配置、赚取低风险收益的主要工具，利益冲动下容易出现违规行为，需要进一步加强票据市场管理，促进票据市场健康发展。

3. 银行理财监管缺失，对冲政策蕴藏风险

当前各商业银行存款营销竞争激烈，纷纷发行高息短期理财产品来吸引客户，存在诸多隐患，应予以关注。一是易形成监管真空。二是有变相高息揽存的嫌疑。三是风险提示不充分，易误导投资者。

六、金融基础设施与金融稳定

2012年，河南省金融基础设施建设稳步推进，支付清算系统安全运行，社会信用体系建设深入开展，反洗钱、反假币工作进一步深入，金融稳定工作得到有效提高，为切实维护区域金融稳定提供了重要保障。

（一）金融司法联合创新，金融环境得到优化

2012年河南省金融消费权益保护工作稳步推进，人民银行郑州中心支行出台了《关于大力开展

金融消费权益保护工作的意见》，全省建立了金融消费者保护工作机制和保护中心，全年处理消费者投诉、申诉416件，群众满意度超过95%。为加强金融债权维护，优化金融司法环境，维护金融安全，河南省设立专业化金融审判和执行机制，出台了《关于在全省法院推广金融审判庭的意见》。省高院、18个省辖市中院及56家基层法院均设立金融审判庭，包括99家金融审判庭、33家金融执行庭。2012年累计受理金融案件近1.9万件，审结1.5万余件，进一步优化和改善了河南金融诚信环境，提升了中部地区金融集聚力和影响力。

（二）支付清算系统安全运行，支付结算服务水平不断提高

2012年，组织开展支付清算系统安全排查、ABS系统实环境应急演练和同城清算系统安全性评估，稳步实施二代支付系统和ACS系统上线准备，全省支付系统安全运行率达到100%；积极申请农村支付服务环境建设财政补贴政策，开展两次大规模宣传活动，推动农村支付服务环境建设向纵深发展。银行卡助农取款服务全面铺开，实现交易5.1亿元，农民工银行卡特色服务交易量连续5年稳居全国第一位，乡镇以上区域实现支付结算基础设施全覆盖。

（三）征信系统稳健运行，社会信用体系建设深入开展

2012年，中国人民银行郑州中心支行征信系统共收录借款企业40万户，收录自然人4 299万人。推动建立了社会信用体系建设工作机制，圆满完成全省机构信用代码推广应用工作。全省共发放机构信用代码证731 120个，占全省基本存款账户总数的96.75%。开发县域中小企业信用信息数据库管理平台，以汤阴县中小企业信用体系试验区为载体，探索创建中小企业信用体系，建立了风险补偿机制，培育企业达88户，其中已获得贷款支持86户。全省纳入中小企业档案库的中小企业为94 613户，信息征集中为中小企业办理贷款卡21 331张；建立农户信用档案数605万户，评定信用农户数372万户，分别占辖内农户数的28.67%和18%。

（四）上下联动横向合作，反洗钱监管效率明显提升

2012年，人民银行郑州中心支行制定了《河南省金融业反洗钱工作转型2013—2015年实施方案》，严格依法开展反洗钱调查，加大了对地方法人金融机构现场检查力度，全年现场检查94家法人机构；强化反洗钱非现场监管，对482家金融机构进行了综合评价，积极协助公安机关开展破案会战，协助公安机关成功侦破“5·29非法经营案”、成功堵截2起巨额票据诈骗案、破获了金融凭证诈骗案、推动周口“12·5”特大挪用公款案取得重大进展。全面推动河南省金融机构反恐怖融资试点工作，制定了《河南省金融机构反恐怖融资试点经验推广工作方案》，与河南省反恐办建立了“反恐情报会商工作机制”，协助配合国家安全部门开展涉恐融资协查7次，向金融机构发放协查通知书83份，协查涉及全省所有银行业金融机构，涉及嫌疑人和关联人30余人，涉及账户百余个，交易数万笔。

（五）履行管理人民币流通职责，反假币工作成效显著

2012年，人民银行郑州中心支行积极发挥河南省反假货币工作联席会议办公室组织协调作用，认真组织银行业金融机构，发挥好发现假币收缴优势作用；加强反假货币信息交流工作，促进全省反假货币斗争整体联动，全年全省收缴假人民币3 326.6万元，同比增加99.36%。其中，公安机关破案没收假币 2 077. 4 万元，同比增加 259%；银行业金融机构发现收缴假币 1 249. 2 万元，同比增加 14. 59%。全省反假货币斗争形势得到明显好转，有力促进了全省社会经济金融秩序稳定。

七、总体评估与政策建议

（一）河南省金融稳定状况总体评估

2012 年，人民银行郑州中心支行继续加强对金融稳定定量评估方法的研究与运用，借鉴人民银行上海总部制定的区域金融稳定定量评估方案，通过建立多层次指标体系，结合专家评价结果，对辖区金融运行状况进行了定量评估分析，最终计算得出 2012 年河南省金融稳定综合评价值为 79. 23 分，参考金融稳定得分对应评估表，得出 2012 年河南省金融稳定状况属于“B 类地区较好地区 +”。从金融稳定评价指标综合评价值来看，河南省的金融稳定状况持续向好。

定量分析结果表明，在外部环境趋紧、区域竞争加剧、自身结构性矛盾仍然突出的背景下，2012 年河南省经济继续保持良好的发展态势，地区生产总值继续以两位数的增速快速增长，投资、消费等主要经济指标增速高于全国平均水平，经济结构持续优化，发展方式加快转变，生态环境继续改善，区域竞争力明显增强。金融运行稳中向好，银行业快速健康发展，存贷款均创历史新高，信贷结构不断优化，银行规模、效益、质量同步提升，不良贷款整体“双降”，银行改革不断深化，综合实力持续增强，地方法人金融机构拨备覆盖大幅提高，抗风险能力进一步增强；证券市场稳步发展，创新能力不断增强，上市融资持续活跃，市场规模不断扩大，后备资源逐步增加，机构发展势头良好，风控水平持续提高；保险功能较好发挥，服务大局作用彰显，理赔质量得到改进，投诉渠道进一步畅通，违法行为得到有效整治，风险因素整体可控；金融基础设施不断完善，支付体系高效运行，信用建设深入推进，反洗钱工作力度进一步加大，全省金融体系运行总体保持平稳，金融稳定性进一步增强。

然而，由于国际金融危机深层次的影响仍在持续，国内经济进入实质转型期，河南省经济金融运行中仍然存在一些影响金融稳定的不利因素，值得高度关注。外部需求持续低迷，经济回升基础不稳，经济结构仍需优化，粗放增长不可为继，利率市场化进程加快，银行盈利模式亟待转变，企业效益回落较多，银行不良贷款有所反弹，非法集资的潜在风险没有完全化解；证券市场规模体量较小，诚信规范意识缺乏，科技创新意识不足，市场主体活力不够；保险业务结构发展失衡，产品同质创新不足，内控不严风险凸显；金融市场主体实力不均，利率定价自主权缺乏。

（二）维护河南省金融稳定的政策建议

1. 把握稳中求进的总基调，认真落实稳健货币政策

一是围绕中原经济区规划和河南省“稳增长、促转型、保态势行动计划”，积极加大有效信贷投放，不断增加非信贷融资渠道，切实提升金融服务水平，促进全省经济平稳较快发展。二是加大信贷结构调整力度，促进信贷资源优化配置。实施强农惠农农村金融创新工程、“小巨人”企业融资培育工程、创业富民金融服务工程、信贷扶贫工程等“四大民生金融工程”，加大对“三农”、小微企业等薄弱环节、经济结构调整、重大项目、战略性新兴产业等的金融支持，严格控制“两高一剩”

行业新增贷款。三是以河南省农村改革发展综合试验区建设为机遇，深入推进河南省农村金融创新示范县建设，加大对金融支持全省农村发展的探索，提高金融支农惠农的力度和水平。

2. 着力提高风险管控能力，切实维护区域金融稳定

一是扎实开展风险排查和金融风险监测评估，准确掌握辖内金融机构整体运行情况，对信贷投放较为集中的钢铁、有色金属、机电、煤炭等行业及外向度较高行业的客户，及时了解企业发展前景、生产销售情况、盈利能力和偿债能力，引导银行业机构对风险隐患做到早发现、早预警、早处置、早报告，加强对非银行机构的风险管控，及时了解动态变化，识别可能出现的金融风险隐患，制定有针对性的风险处置预案，完善应急措施管控体系。二是保持案防高压态势，引导银行业进一步建立健全内控管理机制，筑牢案防制度防线，完善案防制度体系。强化宣传教育，强化制度落实，强化隐患排查，强化责任追究，努力构建案防长效机制。三是严防社会融资风险向银行业传染，防止非法集资、民间融资、社会担保等风险向银行业转移，彻底消除案件风险隐患。

3. 加快资本市场发展，提升上市公司质量

一是支持资本市场发展，促进机构做大做强。要抓住市场发展机遇，鼓励有实力的战略投资者和风险资本参与全省资本市场建设，大力推进创业投资基金、股权投资基金和房地产信托基金的发展。加大对上市公司政策扶持力度，积极培育上市后备资源，扩大河南上市板块。二是创新经营业务品种，逐步优化盈利结构。证券机构要大力开展组织创新、业务创新、产品创新、管理创新和服务创新，转换业务发展模式，在稳固经纪业务市场份额的基础上研究和探索新的业务品种，满足客户多元化投资理财需求；进一步加强对创新产品及服务的监管，有效化解风险隐患。三是继续完善上市公司治理结构，建立健全各项内部控制制度，完善股东外部制衡机制。鼓励上市公司依托主业基础，做大做强主业，延伸产品服务范围，形成完整产业链；加大新技术、新产品的研发力度，推动产业升级，提升公司核心竞争力。

4. 加大保险产品创新力度，规范保险市场营销行为

一是建立产品创新机制。要将产品创新纳入重点考核内容，充分发挥保险分支机构、保险行业协会和保险中介在产品创新中的作用，建立合理的激励机制。建立产品开发、人员培训、产品销售、售后服务等环节之间的合理流程，实现产品研发、产品管理和产品销售“一体化”研发模式。加强产品跟踪与反馈工作，实现根据消费者需求修正保险产品的动态管理。建立创新风险管理体系，确保风险在可控的范围内。二是规范保险市场营销行为。明确要求银保专管员、客户经理及银行销售保险产品的柜面人员必须获得保险从业资格，持证上岗。严格要求保险代理机构统一使用保险公司印制的宣传资料，业务拓展内容必须符合监管部门相关要求，杜绝误导性宣传。妥善处理客户信访投诉，加强退保实时监测，开展风险排查防范工作。

5. 完善金融基础设施建设，优化金融生态环境水平

一是进一步完善支付体系，提高系统运行效率，扩大支付系统在农村地区的覆盖面，加强对非银行支付机构的管理；创新各类支付工具，逐步加大银行卡等非现金工具的使用宣传力度，巩固打击银行卡犯罪行动成果，积极营造安全用卡环境。二是深化信用体系建设，继续完善企业和个人征信基础数据库，加强对征信数据系统的监测分析，提高征信工作水平；加大征信知识宣传力度，增强全社会的信用风险意识和诚信意识；继续推动企业信用评级，完善信用惩戒制度，依法加大对不讲信用、破坏信用行为的惩戒力度，努力在全社会形成诚实守信的氛围，营造良好的金融生态环境；

扩大信用信息使用范围，推进评级报告和信用报告的应用。三是加强金融机构反洗钱监管协作，建立以风险管理为基础的可疑交易报告工作机制。四是建立反假币工作长效机制，深化反假币网络建设，提高反假币工作效率。

总　　纂：张正杰　程康宁　何庆文　谭　论
统　　稿：王树生　寇　川　蒋红华　邹陵曦
　　　　　王　勐　索　佳
执　　笔：尹志刚
其他参与写作人员（按姓氏笔画排序）：
王春锋　王　莎　石彦杰　仇慧敏　宋鹏飞
吴成荫　张青华　陈冰鑫　武松会　杨　蕾
徐红芬　曹琳琳　琚亚利

湖北省金融稳定报告摘要

2012年，国际金融危机的深度影响不断显现，面对日趋复杂的经济金融环境，湖北省继续深化科技金融改革创新试点，打造湖北特色金融创新模式。银行业认真贯彻宏观调控政策，加大逆周期信贷投放，整体呈现稳中求进态势。证券业稳健运行，融资功能进一步凸显。保险业呈现平稳发展态势，市场秩序基本稳定。总体上，湖北省经济金融呈现稳健协调发展的良好态势，区域金融体系保持稳定。

一、经济与金融稳定

（一）运行状况

经济总量持续增长，产业结构调整优化。2012年，全省完成生产总值22 250.16亿元，按可比价格计算，比上年增长11.3%，连续九年保持两位数增长。其中，第一产业完成增加值2 848.77亿元，增长4.7%；第二产业完成增加值11 190.45亿元，增长13.2%；第三产业完成增加值8 210.94亿元，增长10.8%。三次产业结构由2011年的13.1∶50.1∶36.8调整为12.8∶50.3∶36.9。

消费保持平稳，出口有所下降。2012年，全省实现社会消费品零售总额9 196.8亿元，增长16.0%，增幅较上年回落2.0个百分点。限额以上企业零售额增长较快，全省限额以上企业实现零售总额5 255.73亿元，增长21.8%，高于全省平均水平6.8个百分点。

固定资产投资增长较快。2012年，全省累计完成固定资产投资16 504.17亿元，增长27.6%，增幅比上年回落1.1个百分点，但仍处于较高水平。高新技术产业投资增长较快，占比上升。2012年，全省高新技术产业累计完成投资647.61亿元，同比增长70.5%，占全省投资比重的4.0%，较上年提高1.0个百分点。2012年，全省房地产开发累计完成投资2 539.46亿元，同比增长22.9%，增幅比上年回落4.6个百分点。全年商品房销售面积4 037.85万平方米，同比下降3.6%。

外经贸总量增速下降。2012年，全省进出口总额319.6亿美元，同比下降4.8%；全省外商直接投资合同外资额36.4亿美元，同比下降26.8%，实际利用外资56.7亿美元，同比增长21.7%。

市场价格涨势平稳。2012年，全省居民消费价格累计上涨2.9%，与1－11月持平，同比回落2.9个百分点；全省工业生产者出厂价格累计上涨0.3%；全省工业生产者购进价格下跌1.1%，跌幅环比扩大0.1个百分点。

财政、居民收入质量继续向好。2012年，全省累计完成财政总收入3 115.63亿元，增长18.0%；累计完成地方公共财政预算收入1 823.05亿元，增长19.4%。自5月扭转下滑势头后，全省工业企业利润逐月回升。2012年，全省城镇居民人均可支配收入20 839.59元，实际增长10.3%。

农村居民人均纯收入 7 851. 71 元，实际增长 10. 5%。

金融运行呈现平稳健康发展态势。2012 年末，全省金融机构本外币各项存款余额 28 258 亿元，同比增长 17. 02%，增幅比上年加快 1. 98 个百分点；全年本外币存款增加 4 110 亿元，比上年多增 941 亿元。本外币各项贷款余额 19 032 亿元，年末贷款增幅为 17. 19%，高于中部平均增幅 0. 34 个百分点，高于全国增幅 1. 55 个百分点，高于全省地区生产总值增速 5. 89 个百分点。

（二）经济运行稳健性分析

2012 年，在一系列宏观调控的政策作用下，经济增长复苏、物价逐步趋稳、产业结构继续调整。但同时，在增长动力、金融资源配置、信贷资产质量等方面仍存在不确定因素，对经济稳健运行可能存在潜在影响。

财政收入增长减缓，支出压力加大。2012 年，湖北省地方公共预算收入 1 823. 05 亿元，增长 19. 4%，同比下降 26. 0 个百分点。与此同时，全省公共预算支出较快增长。2012 年，全省地方财政支出 3 801. 79 亿元，增长 18. 3%，同比下降 8. 0 个百分点。在财政收入增幅快速回落的形势下，全省面临的支出压力将不断加大。

金融资源配置不均衡。一是地区间不均衡。武汉市是湖北省唯一贷款余额过万亿元、新增额过千亿元的城市，超过全省贷款总量的五成，神农架最少，2012 年末贷款余额仅约 8 亿元。二是城乡间不均衡。2012 年末，湖北省县域贷款余额占全省贷款余额的比重约为 18%，不仅与占据湖北省经济半壁江山的县域经济比重不相匹配，也低于湖北省县域贷款比重 7. 4 个百分点。三是渠道间不均衡。湖北直接融资占社会融资规模的比重为 12%，比全国平均水平低 4. 1 个百分点。

有效信贷需求不足和社会总需求旺盛并存。主要表现在：地方政府投资意愿迫切与经济下行周期金融机构的谨慎放贷意愿相违背；相当多的中小微企业需要资金，但由于难以满足银行的贷款条件，其信贷需求难以变成有效信贷需求；信贷资源配置与经济结构调整不匹配，新兴产业很难获得充足的信贷支持；产能过剩及房地产等一些受调控行业的信贷需求也难以变成有效信贷需求。

信贷资产质量问题不容忽视。在间接融资比例过高的背景下，信贷总量的快速增长和结构的不合理都可能潜藏着一定的金融风险。特别是在经济下行周期，一些产能过剩行业、周期性行业的系统性风险不断加深，如钢铁、船舶制造、航运、光伏、有色金属等行业中的部分企业出现了现金流量紧张的问题，部分民营企业在前期盲目扩张的风险也开始显现，一旦突然放大并出现连续反应，就可能危及经济金融体系的安全。

外资过半流入房地产行业值得关注。近期湖北房地产市场交易量有所回升，开发商拿地热情较高，但国家对房地产行业的调控政策取向暂未改变，商业银行的信贷政策也并未放松。关于房地产行业境外资金流动对房地产市场调控效果的影响，应予以关注。

二、银行业与金融稳定

（一）运行状况

资产规模稳步增长。截至 2012 年末，湖北省银行机构资产总额 35 775. 69 亿元，同比增长 18. 93%；负债总额 34 763. 60 亿元，同比增长 18. 90%。银行业本外币存款余额 28 257. 85 亿元，同比增长 17.02%，高于全国增速 2.9 个百分点；本外币贷款余额 19 032.20 亿元，同比增长 17.19%，高于全国平均增速 1.6 个百分点，全年新增贷款 2 818.67 亿元，居中部六省第 1 位，同比多增 276.8 亿元。

资产质量总体良好。截至 2012 年末，湖北省银行业金融机构不良贷款余额 335.69 亿元，同比增长 2.87%；不良贷款率 1.76%，同比减少 0.24 个百分点，不良贷款率连续八年下降。法人机构拨备覆盖率 194.1%，其中农村合作金融机构、城商行拨备覆盖率分别为 159.8%、283.1%。

流动性较为充裕。截至 2012 年末，湖北省银行业机构存贷比为 67.35%，法人银行机构流动性比率为 52.97%，两项指标均在监管范围内，流动性较为充裕，资金运用效率较高。

资本充足水平稳中有升。2012 年，全省中小法人机构资本充足率为 12.8%，同比提高 0.7 个百分点，核心资本充足率为 10.85%，同比增加 0.03 个百分点，核心资本净额为 529.71 亿元，同比增长 30.84%。经营效益显著提升。

经营效益显著提升。2012 年，全省银行业实现利润 464.9 亿元，同比增长 21.1%。其中，邮政储蓄银行、外资银行、农村合作金融机构、股份制银行利润增长较快，分别同比增长 378.3%、122.6%、63.8% 和 31.08%。

金融服务能力明显改善。2012 年以来，辖内银行业深入开展不规范经营整治，加强自查和整改。活动开展以来，全省 31 家银行机构收费项目减少 55 项，清退不合理收费 825 万元。虽然收费水平下降 11.4%，但切实减轻了实体经济负担。

服务区域经济更加均衡。2012 年，银行业围绕湖北省"一主两副"、"一元多层次"的发展战略，积极开展银企融资对接，加大对市州的金融支持。12 月末，武汉市各项贷款余额同比增长 14%，低于全省平均增速 3.2 个百分点，而其他 12 个市州中有 11 个市州贷款增速高于全省平均水平，信贷资金逐步向武汉市外市州倾斜，区域结构更加均衡。

金融市场平稳运行，融资结构多元化发展。一是同业拆借交易大幅增长，拆借利率整体下行。2012 年，湖北省同业拆借累计成交 1 806 亿元，同比大幅增长 114%。二是债券质押式回购交易稳步增长，回购利率低位运行。2012 年，湖北省银行间债券市场质押式回购累计成交 47 391 亿元，同比增长 14%。三是银行间债券市场现券交易活跃，收益率曲线先降后升。2012 年，湖北省银行间债券市场现券交易累计成交 32 267 亿元，同比增长 48%。四是金交所黄金交易持续增长，商业银行黄金业务发展迅速。2012 年，湖北省 4 家上海黄金交易所会员企业累计买卖黄金 52 703 公斤，同比增长 76%。五是银行间外汇市场稳步发展，整体规模偏小。六是债务融资工具发行量快速增长，融资结构不断优化。2012 年，湖北省债务融资工具发行量占银行贷款、股票和债券融资总量的 22.8%，较 2009 年大幅上升 16.8 个百分点。债务融资工具已成为发债企业重要的资金来源，拓宽了企业融资渠道，降低了融资成本。

（二）改革进展与成效

武汉区域金融中心建设成效显著，武汉市金融业的影响力、辐射力和吸引力不断彰显。2012 年，新的银行机构不断增加，中后台服务和管理机构发展迅速，银行业务发展中部领先，武汉金融改革开放力度进一步加大。股份制商业银行加快设立分支机构步伐，股份制银行在武汉以外的市州设立分支机构 7 家。三菱东京日联银行武汉分行、韩国企业银行武汉分行等外资银行相继开业，在鄂外资银行数量达到 8 家，居中部第一位。湖北能源集团财务公司正式开业，是全省首家省属企业集团设立的财务公司；航天科工财务公司武汉分公司挂牌营业，使辖内财务公司数量达到9家，数量居中部六省之首。后台中心建设不断加速。2012年末，全国已有28家大型金融机构在武汉设立金融后台服务机构，另有20多家金融机构已明确表示将本机构后台服务中心建在武汉，数量与北京、上海比肩，武汉成为全国性金融后台服务中心的雏形显现；武汉金融支付处理中心建设取得重大进展，助推全省实现科学发展、跨越式发展，ACS武汉业务处理中心筹备工作进展顺利。

地方法人银行机构改革取得突破。截至2012年末，全省批复成立农村银行机构38家，较上年新增12家，获批筹建农商行9家，较上年新增4家，服务“三农”金融组织体系不断健全；同时，全省农信社改制农商行共置换不良资产115.92亿元，弥补亏损45.15亿元，不良贷款率由2009年初的11.6%下降到目前的2.7%，资本充足率由-0.95%提高到11.5%，各项监管指标有了质的飞跃。湖北银行恩施分行、汉口银行襄阳分行、汉口银行荆门分行在地市纷纷开业；湖北银行开展增资扩股工作，汉口银行成功发行19亿元次级债和50亿元小微企业金融债，是全省银行业首次发行新资本工具，金融债规模居全国城市商业银行第二位。

农行“三农”金融事业部服务“三农”效力提升。截至2012年末，69家县域事业部贷款余额561.91亿元，存款余额1 806.14亿元，分别比年初增加110.64亿元和237.92亿元，增幅比以往有所扩大，增速略快于农行省分行水平。贷款增速24.5%，比同期存款增速高9.3个百分点，增量存贷比为46.5%，同比提高20.43个百分点，存量存贷比31.11%，同比提高2.33个百分点。盈利水平有所提升。2012年，湖北省农行县域中间业务收入13.8亿元，拨备后利润36.2亿元，比上年分别增长16.9%和23.5%。总体资产质量有所提高，拨备提取较为充足。截至12月末，69家县域事业部不良贷款余额4.32亿元，比年初减少0.72亿元；不良贷款率0.77%，比年初下降0.35个百分点；拨备覆盖率达219.1%，比上年提高47.2个百分点。

金融支持城市圈建设进程加速，促进了区域金融与经济社会协调发展。2012年末，城市圈各项存款余额为19 485.73亿元，较年初增加2 770.26亿元，占全省存款比例为68.95%；城市圈各项贷款余额为14 266.38亿元，比年初增加1 887.91亿元，占全省贷款比例为74.95%。城市圈金融一体化提升了区域金融要素优化配置水平，支持城市圈区域经济社会可持续发展。

县域资金回流加快，促进县域经济较快发展。2012年，辖内银行业开展“三个全覆盖工程”，丰富了县域银行体系。目前，已组建48家新型农村金融机构（46家村镇银行，2家贷款公司），布设电话银行2.6万台，提高了“三农”金融服务的便利性。截至2012年末，全省县域贷款余额达到3 424亿元，同比增长21.95%，高于全省贷款增幅4.76个百分点；比年初增加616亿元，同比多增66亿元。全省县域余额贷存比和新增贷存比分别为42%和46.2%，同比分别提高0.8个和1个百分点。

加大金融创新力度，中小企业融资渠道进一步拓宽。2012年7月26日，汉口银行发行50亿元小微企业贷款专项金融债。12月22日，全省首只中小企业“区域集优”票据在襄阳成功发行，共募集资金2.3亿元，武汉、黄石、荆门等地区的“区域集优”工作正在积极推动中，为拓宽中小企业融资渠道、破解融资瓶颈开辟了新的思路。

小额贷款公司总体发展稳健，部分缓解农户和小企业融资困难。截至2012年末，全省17个市州向省政府金融办报送了试点方案，申请设立的小额贷款公司共计278家。已批准设立的小额贷款公司238家，注册资本金合计213.48亿元；已开业小额贷款公司203家，累计发放贷款642.42亿元，贷款余额196.15亿元。国家开发银行湖北省分行已与62家小额贷款公司开展融资合作，向小额贷款公司累计发放贷款约合18亿元，有效缓解了小额贷款公司的资金需求。

（三）银行稳健性评估

2012 年，随着经济增速回调、利差收窄、跨行业金融产品涌现等形势变化，全省银行业总体稳健，但部分领域的风险和问题值得关注。一是融资平台贷款风险更加复杂，二是部分领域信用风险上升，三是理财业务存在潜在风险，四是大额授信风险持续暴露。

三、证券业与金融稳定

（一）运行状况

多层次资本市场建设加快，直接融资比重持续提高。2012 年，湖北省资本市场建设取得新的进展，湖北省首批进入中小企业私募债发行试点省份，9 家企业通过发行该类债券募集资金 11 亿元；武汉东湖高新区进入全国中小企业股份转让系统，10 家企业进入系统挂牌；在全国 IPO 审批进度大幅放缓的同时，湖北省新增报会企业 8 家，其中 2 家企业成功首发上市，募集资金 14.68 亿元。同时，多家上市公司利用资本市场平台开展再融资，全年 8 家企业通过发行公司债、配股、增发等募集资金 187.58 亿元。总的来看，2012 年湖北省实现直接融资 253.13 亿元，同比上升 16.16%，融资额居全国第 6 位。

经营主体网络不断扩大，创新业务发展继续加快。2012 年，湖北省辖内 2 家法人证券公司（长江证券、天风证券）及 5 家异地券商（华泰证券、国信证券、中信建投证券、兴业证券和招商证券）均在省内设立分公司，有效加强其对湖北辖区营业部的整合管理。同时，在监管部门的引导下，各证券公司创新业务产品力度进一步加强，有效地支持了地方实体经济发展。2012 年，长江证券、中信证券、海通证券和国信证券开展的股票约定式购回业务，已为湖北省中小企业提供融资近 7 000 万元；各证券机构通过承销发行城投债、金融债为地方经济筹集资金约 103 亿元。

上市公司经营业绩提升，并购与重组取得新进展。2012 年，尽管宏观经济增速继续放缓，但湖北省 84 家上市公司总体保持良好运转，经营业绩稳中有升，前三个季度营业总收入达 2 896.47 亿元，同比增长 4.91%。同时，全年共有 5 家上市公司通过定向增发完成重大资产重组，涉及金额达 117.38 亿元，为公司发展增添了新的活力。

法人券商收入状况好转，风险抵补能力逐步增强。截至 2012 年末，湖北省两家法人证券公司资产总额 344.76 亿元，同比增长 4.52%；净资产总额 137.93 亿元，同比增长 10.68%；尽管受股市持续低迷影响，全年经纪业务手续费收入 9.63 亿元，同比下降 22.73%，但总营业收入 23.82 亿元，仍增长 33.69%。

（二）改革进展与成效

退市风险得到有效化解。随着中国证监会有关退市制度的正式实施，上市公司退市将常态化。按照 2012 年 6 月中国证监会上市部召开的公司退市风险处置工作会议安排，湖北省化解处置退市风险的时间较为紧迫。但在各相关部门多方沟通和共同努力下，武锅 B 和天发石油避免了直接退市。同时，监管部门对省内可能存在退市风险的上市公司进行了全面排查，并敦促相关公司切实做好了风险处置预案。

内幕交易受到及时查处。2012 年，湖北省政府办公厅下发《关于进一步做好打击和防控资本市场内幕交易工作的通知》，就如何做好打击和防控内幕交易工作提出明确要求。在湖北省政府金融办牵头组织下，各相关部门定期召开联席会议，并明确提出将内幕交易发案率纳入省金融生态环境监测评价体系，使地方政府在打击防控内幕交易工作中的职责进一步强化。在上述多种举措的共同作用下，湖北省内幕交易防控与处置工作取得了显著成效，全年共查处内幕交易 10 件，市场秩序日趋良好。

非法活动打击力度加大。2012 年，湖北省制定出台《湖北省公安厅、中国证监会湖北监管局办理证券期货违法犯罪案件执法衔接工作细则》，完善联合执法机制，继续加大对非法证券期货活动的打击力度。湖北省证监局全年办理非法证券期货活动案件 17 起，协查案件 8 起，向公安机关移送湖北力智成等非法投资咨询案件及线索 42 件次，有效保障市场秩序逐步趋好。

四、保险业与金融稳定

（一）运行状况

总体运行较为平稳。2012 年，湖北省保险市场运行总体呈现“缓中趋稳、稳中趋快、快中趋好”的运行特点。全省保险业全年累计实现原保险保费收入 533. 31 亿元。

市场体系不断完善。截至 2012 年末，全省各级保险分支机构合计达 3 553 家，其中总公司 2 家，省级分公司 62 家，中心支公司 364 家，支公司 718 家，营业部 421 家，营销服务部 1 986 家。全省共有保险专业中介机构 218 家，同比增加 31 家。

各项业务稳步发展。从财产险领域看，企财险、家财险、车险分别实现原保险保费收入 9. 13 亿元、0. 99 亿元、103. 31 亿元，同比增幅分别为 10. 39%、113. 73% 和 18. 37%；责任保险、信用保险和保证保险分别实现原保险保费收入 5. 46 亿元、2. 05 亿元、2. 55 亿元，同比增幅分别为 26. 38%、8. 39% 和 86. 85%。从人身险领域看，健康险、意外险分别实现保费收入 25. 78 亿元和 7. 88 亿元，同比增幅分别为 22. 04% 和 10. 03%。

服务水平显著提高。2012 年，全省农业保险覆盖领域不断扩大，全年累计实现签单保费 6. 29 亿元，同比增长 14. 05%，赔款同比增长 17. 69%。全省出口信用全年签订有效保单数 339 张，累计服务支持客户 473 家；完成短期贸易险保额 25 亿美元、保费 994 万美元，同比分别增长 71% 和 40%。同时，各财产险公司积极采取措施提高车险理赔服务水平，2012 年全省车险金额结案率 66. 74%，较上年提高 5. 01 个百分点；结案率 87. 27%，较上年提高 5. 85 个百分点。

（二）保险业稳健性评估

总体看，湖北省保险业目前基本保持平稳发展态势，但部分领域的矛盾与问题依旧存在，行业健康可持续发展基础有待进一步夯实。一是保险业覆盖面有待拓宽，二是发展转型速度有待加快，三是部分领域发展质量有待提高。

五、金融基础设施与金融稳定

（一）支付体系继续平稳运行

一是支付清算系统建设稳步推进。截至 2012 年末，辖内银行机构新增 284 个间接参与者办理支付业务，共计30个直接参与者、3 875个间接参与者、9个代理间接参与者（村镇银行）加入支付系统，辖内支付结算业务覆盖面进一步扩大、支付清算网络进一步完善。二是创新支付业务应用不断突破。在电子商业汇票应用方面，新增了18家商业银行分支机构加入电子商业汇票系统，全年共办理电子商业汇票承兑业务4.21万笔，金额840.39亿元，同比分别增长38.3%和22.1%；办理电子商业汇票贴现业务2.34万笔，金额374.73亿元，同比分别增长31.7%和21.1%。在移动支付应用方面，不断拓宽手机支付业务的应用范围。目前，湖北省现场支付业务已覆盖百货零售、娱乐、餐饮、服务类等领域。在支付密码应用方面，湖北省所有开办票据业务的银行机构均启动了支付密码应用工作，2012年全省无一起业务因使用支付密码器产生客户投诉和发生票据案件。三是非现金支付业务管理逐步规范。建立了银行卡特约商户登记系统，通过对银行卡特约商户信息采集，实现商户信息的电子化、影像化管理，截至2012年末，该系统已在襄阳、黄石、恩施、孝感、随州等地区推广。加大了银行卡市场整顿力度，湖北省8家收单机构因违规开展收单业务受到处罚，银行卡受理市场秩序有明显好转。人民银行武汉分行、湖北省公安厅等相关部门的合作进一步深化，对银行卡违法犯罪行为的打击力度持续加强。第三方支付业务管理机制得以完善，初步形成了“准入审查流程化、日常监管制度化、协调沟通常态化”的良好局面。2012年，共4家支付机构通过了人民银行武汉分行的支付业务许可证初审。

（二）法律环境不断优化

一是立法、司法、执法建设不断加强，维护金融债权的外部环境不断改善。《湖北省优化经济发展环境条例》、《湖北省农村土地承包经营条例》、《湖北省构建促进中部地区崛起重要战略支点条例》等法规出台，为优化区域经济发展环境、促进农业农村经济发展、实现富民强省提供了立法支持。为建立保险纠纷与调解对接机制试点工作、防范化解金融风险和推进金融改革发展提供司法保障的工作进一步加强；关于办理证券期货违法犯罪案件工作等规范性文件出台，依法审判、执行金融案件、维护金融债权的外部环境持续改善。二是金融消费权益保护工作持续开展，金融发展环境趋于和谐稳定。2012年，湖北省内所有市州和28个县市的金融消费权益保护工作进一步推进，金融消费者申诉得到更加妥善的处理，金融消费纠纷得到及时化解，金融知识得到更加广泛的宣传，金融机构经营更加规范，金融服务进一步改善，金融消费者认知金融和参与金融的意识和能力进一步增强，金融消费者合法权益得到进一步维护，金融稳定、可持续发展的基础进一步巩固。

（三）征信体系和金融生态环境建设稳步推进

一是企业和个人信用信息基础数据库快速发展。截至2012年末，人民银行企业和个人信用信息基础数据库录入湖北省企业及各类机构户数32.9万户，全年共新发放1.11万户企业贷款卡，企业贷款余额为15 053亿元，同比增长15.82%；收录自然人数3 642万人，个人信贷账户数2 780万户，个人信贷余额4 362亿元，同比增长20.5%；湖北省各金融机构共查询个人征信系统326万次，查询企业征信系统145万次，同比增长23.93%。二是中小企业信用体系建设得到加强。截至2012年末，湖北省建档中小企业达10.65万户。2012年累计新发生信贷关系的有2 491户，累计支持金额1 229.58亿元。三是农村信用体系建设快速推进。截至2012年末，累计有837.9万户农户建立了信用档案，其中获得信贷支持的建档农户累计达311.8万户，占全部建档农户的36.70%；累计信贷支持金额951.4亿元。累计建立农村青年档案5.8万户，评定农村青年信用示范户1.9万户，获得信贷支持的青年信用示范户近 1. 3 万户，贷款余额 8. 54 亿元。四是机构信用代码成功推广应用。截至 2012 年末，全省累计配发机构信用代码 584 480 户，其中存量 531 756 户，增量 52 724 户，存量机构代码配发比例达到 99. 26%。机构信用代码证已逐步在人民银行和银行业金融机构征信业务、信贷业务、账户业务、反洗钱等领域得到推广应用，为服务经济发展发挥了作用。五是以“信用企业、信用社区、信用农村、信用区域”建设为主线的四大信用工程创建深入推进，金融扶弱能力持续增强。截至 2012 年末，全省共对中小企业发放人民币贷款余额 7 162. 75 亿元，对下岗失业人员和劳动密集型小企业累计发放小额担保贷款 44. 39 亿元，助学贷款 33. 6 亿元，涉农贷款 4 631. 86 亿元；全省 17 个市州、74 个县市区被评为“2011 年度湖北省金融信用市、州、县”。

（四）反洗钱、反假货币工作取得新进展

一是反洗钱工作方法得到进一步提高。2012 年，人民银行武汉分行共完成对 40 家证券保险机构的反洗钱阶段评估工作，现场检查的针对性进一步增强。2012 年，在对 4 家金融机构的综合执法检查活动中开展了反洗钱检查，完成对 7 家金融机构的反洗钱专项执法检查。二是打击洗钱犯罪工作取得新成果。2012 年，第六次湖北省反洗钱工作联席会议顺利召开，人民银行武汉分行分别与省检察院、武汉海关签订了合作协议，并与有关单位进行情报会商 14 次，成立湖北省反洗钱促进会，破获湖北首例破坏金融管理秩序洗钱案件，通过指导、协商，促成湖北首例金融诈骗洗钱案在黄石立案。2012 年，共发现和接收案件线索 51 个，调查案件线索 32 个；向公安机关移交可疑交易线索 3 个，涉及金额 4. 42 亿元；协助公安机关破获案件 3 起，涉案金额 7 859 万元。三是反假货币工作持续加强，假币收缴量总体平稳。2012 年，湖北省共收缴假人民币 542. 6 万元，同比增加 12. 2%。其中金融机构柜面收缴 524. 4 万元，占比 96. 6%；公安机关案件解缴 16. 1 万元，占比 3%；人民银行清分复点送交 1. 9 万元，占比 0. 3%；其他来源 0. 2 万元，占比 0. 05%；假币收缴来源结构与上年相比变化幅度较小。四是反假货币宣传力度不断加大，反假培训效果显著。2012 年，全省共投入 1. 5 万多人次参与了反假货币宣传活动，共接待咨询群众超过 200 万人次，发放各类反假宣传资料 100 多万份。2012 年，对全省 7 222 名金融机构临柜人员开展反假货币上岗资格集中培训和电子化考试。

六、区域金融定量评估与对策建议

近年来，我们持续开展对区域金融稳定性定量评估方法的探索与研究，并通过实践不断调整与完善我们的定量评估体系。本报告采用综合分析法，计算出 2007—2012 年湖北省金融稳定性量化评估结果。

（一）总体评估

评估结果显示，2012 年，受宏观经济形势下行趋势影响，湖北省金融稳定性得分总体上有所下降。银行业方面，近年来，湖北省银行业综合实力不断增强，资本充足率持续提高，不良贷款率持续下降，资产质量不断改善，是湖北省银行业得分持续上升的主要原因。截至 2012 年末，湖北省银行资本充足率已达 10. 85%。证券业方面，受流动性比率和资产利润率下降因素影响，证券业总体得分由上年的 66. 23 下降至 57. 56。保险业方面，市场秩序日趋良好，市场功能逐步完善，寿险公司退保率和财险公司应收保费率等指标持续下降，保险业得分随之逐年提高，成为近几年湖北省综合得

分稳步提高的重要动力。金融生态环境方面，近年来，湖北省大力开展四大信用工程建设，稳步推进征信体系建设，进一步完善金融生态环境监测评价系统，金融生态环境得到不断优化。2011 年开展了历史债券的集中清理，因此最近两年金融生态环境得分因金融债权执结率的降低而有所下降。

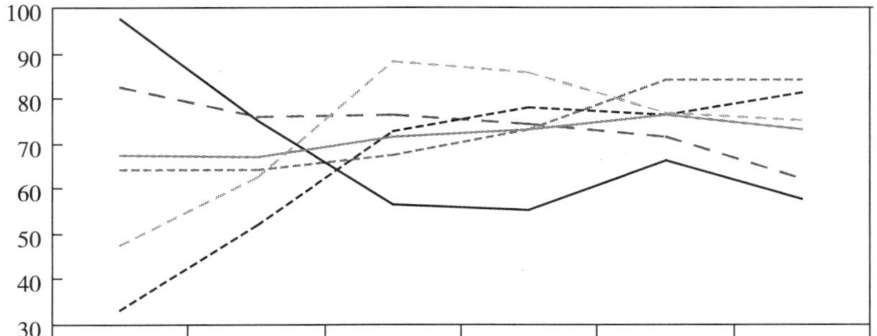

	2007年	2008年	2009年	2010年	2011年	2012年
宏观经济	82.60	75.92	76.31	74.43	71.53	61.95
银行业	64.18	64.18	67.38	73.26	83.94	84.27
证券业	97.73	75.15	56.48	55.42	66.23	57.56
保险业	33.08	52.14	72.90	78.06	76.48	81.12
金融生态环境	47.57	62.57	88.10	85.58	76.93	75.27
总分	67.57	66.94	71.40	73.11	76.45	73.32

— — 宏观经济　---- 银行业　—— 证券业　---- 保险业　- - - 金融生态环境　—— 总分

图 1　2007—2012 年湖北省金融稳定量化评估情况

（二）湖北省城市商业银行风险压力测试

1. 利率风险压力测试

情景设置：利率下降 200 个基点。

参数设置：

（1）利率下降对风险加权资产和资本净额的影响相同；

（2）净利息收入的时间权数：1 个月内为 1.917%，1～3 个月为 1.667%，3 个月至 1 年为 0.75%。

测试结果显示，湖北城商行利率敏感性缺口是负缺口，当基准利率下降 200 个基点时，利率下调对 2 家城商行资本充足率的影响是正面的，汉口银行资本充足率将上升 0.39 个百分点，湖北银行增幅达到 0.92 个百分点。

2. 信贷风险压力测试

截至 2012 年 12 月末，湖北城商行不良贷款率 0.88%，比年初上升 0.01 个百分点；不良贷款余额 8.75 亿元，相比年初增加 2 亿元，出现了不良贷款率和不良贷款余额双升的现象。假如未来一年内，不良贷款率继续上升造成一定规模的新增不良贷款，通过准备金计提将压力传导至资本，进而导致资本充足率的下降。

情景设置：新增不良贷款上升，假设轻度、中度、重度三种情景。

参数设置：

（1）全部新增不良贷款按照 50% 的比例扣减资本；

（2）轻度、中度、重度情景分别为新增不良贷款上升比率100%、150%、200%。

在轻度、中度、重度的情景下，未来湖北城商行整体的资本充足率分别为12.82%、12.71%、12.60%，相比目前13.04%分别下降0.22个、0.33个、0.44个百分点。测试结果显示，目前，湖北城商行信用风险状况整体较好，不良贷款的增长可能对湖北城商行的信用风险产生一定影响，但总体风险可控。

3. 总体结论

总的来说，随着2012年宏观经济增速放缓，个别机构相应风险指标下滑幅度较大，对资本补充形成一定压力。当前宏观经济形式更趋复杂，发展方向存在不确定性，这将对各银行机构资本充足情况形成一定冲击，对城商行加强信贷资产质量的能力和手段提出了更高要求。因此，城商行应积极拓展资本补充渠道，不断提高信贷资产的管理能力，确保经营的稳健性。

（三）宏观经济对区域金融稳定影响的定量分析

为研究宏观经济发展状况对湖北区域金融稳定的影响，采用计量模型定量研究宏观经济发展指标对湖北省金融风险的冲击。具体做法是选取金融风险作为被解释变量，湖北省宏观经济指标作为解释变量，分析宏观经济指标的变动对湖北金融风险的影响。

选取的金融风险代理变量为金融机构不良贷款率（NPL），解释变量包括贷款利率（I）、预期通货膨胀率（EP）、国内生产总值增长率（DGDP）、房地产业增长速度（DCRB）。将上述宏观经济代理变量对金融机构不良贷款率（NPL）进行回归检验，可以判断各宏观指标变动对金融系统稳定程度的影响。基本的计量模型为

$$NPL = \alpha_0 + \alpha_1 I + \alpha_2 EP + \alpha_3 DGDP + \alpha_4 DCRB + \varepsilon$$

选用Stata10.0统计软件，进行OLS回归得到的计量结果为

$$NPL = -22.55 + 3.76 \times I - 0.715 \times EP - 0.386 \times DGDP - 0.054 \times DCRB$$

回归方程的拟合优度为0.8879，调整后的拟合优度为0.8581，方程拟合优度较高，说明采用该计量模型解释宏观经济变量对金融稳定的影响在统计上是显著的。计量结果显示：贷款利率（I）对不良贷款率的影响最为显著且为正向，表明贷款利率上升将导致不良贷款率有较大上涨；而预期通胀（EP）、国内生产总值（DGDP）、房地产业增长速度（DCRB）对不良贷款的影响为负向，说明三者的上升会降低不良贷款率，三者下降会增加不良贷款率。

表1　　不良贷款率压力测试结果

经济金融变量冲击	压力情景一	压力情景二	压力情景三
贷款利率	上升25个基点	上升50个基点	上升75个基点
预期通货膨胀率	下降2%	下降3%	下降5%
国内生产总值增长率	下降1%	下降2%	下降3%
房地产业增长速度	下降10%	下降15%	下降20%
不良贷款率	上升1.17%	上升2.25%	上升3.40%

如果未来贷款利率上升，通货膨胀有所降低，国内生产总值增速减缓，房地产行业景气状况下降的情况下，金融机构不良贷款率潜在风险加大，一旦引起连锁效应，容易诱发区域系统性金融风险。

计量结果的政策含义在于监测贷款利率、通货膨胀率、国内生产总值、房地产业景气情况，有

助于有效预测金融风险，加强对上述指标的监测有利于更好地维护区域金融稳定，防范系统性金融风险。

七、进一步提高湖北省区域金融稳定性的相关建议

多措并举，共促经济平稳较快发展。积极扩大消费需求，大力发展新型消费业态，培育消费热点，努力提高消费对经济增长的贡献率；保持投资合理增长，继续做好项目储备和推进工作，有序启动列入“十二五”规划的大交通、大流通、大产业、大生态建设项目。着力改造提升传统支柱产业，坚决贯彻实施“支柱产业倍增计划”和先进制造业振兴工程，支持现有七大支柱产业向更高层次迈进。进一步深化循环经济示范试点，支持一批循环经济重点项目建设，着力发展工业循环经济，大幅减少资源、能源消耗；大力发展清洁能源、环保等低碳产业，推动低碳技术产业化。继续推进国家级和省级现代服务业示范区建设，建议选择部分大中城市开展服务业综合配套改革试点。大力发展生产，保障主要农产品、基本生活必需品、重要生产资料的生产和供应；建立重要生活必需品储备专项补助资金，落实粮油、蔬菜等重要商品的储备调控制度，完善价格调节基金制度，增强价格调控监管能力；做好价格舆论引导工作，稳定社会预期。

贯彻落实稳健型货币政策，加强信贷结构调整。各金融机构应结合湖北省经济社会发展的实际，准确把握和科学执行稳健的货币政策，合理安排贷款投放节奏，保持信贷合理增长。各金融机构应优先保证中央投资计划内的在建、续建项目信贷配套资金足额到位；对符合条件的拟开工中央投资项目及新增投资项目，应积极做好信贷资金安排。各金融机构应按照有关文件精神努力提高将县域吸收存款用于当地的比例，同时，积极探索银行支持农业产业化发展、农村基础设施建设的有效渠道和方式，增强金融惠农、强农的服务能力。建立适应中小企业发展的授信和信贷管理体制，创新中小企业金融服务模式和业务流程。适当放宽对高技术产业和战略性新兴产业的风险容忍程度，以信贷支持培育湖北省新的经济增长点。银行业机构应加快调整信贷期限结构，拓宽中长期负债渠道，有效改善资产负债结构错配问题，谨防流动性风险。

充分利用和发展资本市场，有效提高直接融资比重。完善升级上市后备企业的遴选渠道和办法，优化上市后备企业资源库；加快培育科技含量高、发展潜力大、竞争实力强的后备企业；加快发展创业投资等风险投资和私募股权投资，引导各类政府项目扶持资金及各类社会风险投资向上市后备企业倾斜。通过配股、非公开发行等再融资方式，着力将优质上市公司打造为行业龙头，促进产业集群发展；应鼓励有条件的上市公司通过整体上市和行业整合做大做强；积极推动高风险上市公司优化重组，有效化解市场风险。围绕十大产业调整振兴和战略性新兴产业培育发展，着力推动湖北省传统优势行业和重点企业的发债融资工作；支持符合发债条件的投融资平台公司发行企业债券；积极推进上市公司债和银行间债券发行。引导重点龙头企业以套期保值为方向，利用期货市场规避市场风险；扶持湖北辖内期货经营机构做优做强，支持有条件的期货公司进行增资扩股和并购重组，提高核心竞争力；大力发展期货交割库，促进实体经济发展。

稳步推进保险业发展，充分发挥保险的保障功能。大力引进有经营特色的健康保险、农业保险、责任保险、企业年金等专业性保险公司在湖北省设立分支机构。积极引导保险机构稳步推进分支机构建设，优化省内各地区保险机构网点布局，为扩大保险覆盖面夯实基础。积极创新保险产品，满足不同行业、不同领域需要，大力发展小额信贷保险、出口信用保险、科技保险、民营企业保险、

消费信贷保证保险、弱势群体保险等，提高保险业服务经济社会的深度与广度的同时，寻找新的业务增长点。扩大投保提示制度和理赔服务标准覆盖范围，规范和约束保险公司的理赔程序和时限，提高理赔服务质量；创新销售渠道，鼓励和支持新业务销售模式，继续发展银行、邮政代理保险业务，促进公司销售或直营、个人营销、专兼业代理业务的齐头并进。

进一步完善金融业组织体系。继续推进湖北银行、汉口银行、武汉农村商业银行等地方法人金融机构做大做强，努力实现跨区域发展并择机上市；坚持因地制宜、分类指导的原则，加快农村信用社产权改革步伐；推动银行业从城市向农村发展。引导更多银行机构在湖北省设立新兴农村金融机构，鼓励股份制银行、城商行向地级市、向县域延伸机构和服务；研究建立完善小额贷款公司运行机制、风险防范机制和责任追究机制，充分发挥湖北省小额贷款公司行业协会的桥梁纽带和自律管理作用。积极支持湖北省两家法人证券机构扩充资本实力，开展创新业务，拓展业务规模，提升综合竞争实力；加快推进法人保险机构筹建工作；重点引进金融保险机构的区域性总部、后台服务中心等进驻湖北省；完善市州县保险事业管理体制。加强落实湖北省政府与“一行三会”和20家金融机构的战略合作协议，并逐步拓宽合作领域，扩大合作范围。引导各金融机构与市州县深化合作关系，积极搭建政银企合作平台，支持地方经济发展。

继续推进社会信用体系和金融生态环境建设。一是健全社会信用体系。积极推动武汉地区小企业信用评级试点工作，为商业银行培植优质客户群体。进一步完善中小企业担保机构信用评价制度，推动农村和中小企业信用体系建设，建立健全农户和中小企业信用信息采集、评价机制。不断提升征信服务覆盖面和服务水平，逐步将小额贷款公司等机构和企业环保等信息纳入征信系统。二是优化金融生态环境。继续推进以“企业信用工程、农村信用工程、社区信用工程和区域信用工程”为主体的四大信用工程建设。进一步做好湖北省金融生态环境监测评价系统的维护运行，完善湖北省金融生态环境监测评价数据库。加强预防和打击非法集资工作力度，严厉打击各种金融诈骗行为，切实维护金融消费者及金融机构的合法权益。

总　　纂：陈　玥
统　　稿：刘威林　王邦武　计惠龄
执　　笔：贺　杰　姚　熹　陈　娟　陈　亮
王鹏程　彭　慧　陈　楠　刘鸿伟
其他参与写作人员（按姓氏笔画排序）：
王　莉　刘汉波　陈　阳　陈　波　杨　亮
李作峰　李政为　肖慧敏　周远慧　聂文斌
镇　江　潘　晶　廖昊萌

湖南省金融稳定报告摘要

2012年，湖南省经济总体保持平稳发展，经济企稳回升态势明显，金融业稳健运行的宏观经济环境回暖。银行业资产负债规模适度扩张，经营效益持续提升，资产质量整体改善。资本市场运行稳定，证券期货机构创新力度加大，上市公司合并重组进程加快。保险业呈现稳中向好态势，市场主体不断丰富，盈利能力日益增强。支付体系稳健规范发展，征信服务持续改善加强，反洗钱反假货币机制进一步完善，金融生态环境建设取得成效。总体看，2012年湖南省金融业风险可控，金融体系保持了稳健运行。

一、区域经济与金融稳定

（一）运行状况

经济增长趋于稳定，结构调整继续推进。初步核算，2012年，全省实现地区生产总值22 154.2亿元，增长11.3%，比上年回落1.5个百分点，较2012年第三季度提高0.1个百分点，扭转了连续9个季度下滑的态势。其中，第一产业增加值3 004.2亿元，增长3%；第二产业增加值10 506.4亿元，增长12.8%；第三产业增加值8 643.6亿元，增长12.2%。全省三次产业在经济中的比重从上年的13.9:47.5:38.6调整为13.6:47.4:39.0，产业结构进一步优化。

各项需求平稳增长，发展动力不断增强。投资力度依然强劲。2012年，全省完成固定资产投资14 576.6亿元，同比增长27.5%，快于全国6.9个百分点。消费市场较旺。全年全省实现社会消费品零售总额7 854.9亿元，同比增长15.3%，连续3个月回升，高于全国平均水平1个百分点。进出口贸易较快增长。全年实现进出口总额219.4亿美元，同比增长15.5%，高于全国平均水平9.3个百分点。其中，出口126亿美元，增长27.3%；进口93.4亿美元，增长2.7%。

各项收入持续增加，财政支出结构改善。一是财政收入增长较快。2012年，全省完成财政总收入2 931.8亿元，同比增长16.2%。其中，完成地方财政收入1 776.0亿元，同比增长17.1%。二是财政支出进一步向民生倾斜。全年涉及民生的支出共完成2 694.7亿元，同比增长18.5%，在财政总支出中的比重较上年提高0.4个百分点。三是企业利润保持增长。全省规模以上工业企业实现利润1 322.7亿元，增长10.5%。四是居民收入水平不断提高。全省城镇居民人均可支配收入和农村居民人均现金收入分别增长13.1%和13.3%，扣除价格因素，实际增速分别为10.7%和11.5%，比全国平均水平分别高1.1个和0.8个百分点。

物价指数逐步回落，通胀压力明显减弱。2012年，全省消费者价格指数同比累计上涨2%，较上年回落3.5个百分点。分月看，同比涨幅前高后低，1月上涨3.7%，为年内最高，此后快速回落，10 月跌至 1%，为 32 个月以来涨幅最低。分八大类看，食品和居住仍然是拉动 CPI 快速上涨的主要力量，累计分别上涨 3.3% 和 1.7%，合计拉动 CPI 上涨 1.3 个百分点。2012 年，工业生产者出厂价格指数累计下降 0.9%，比上年回落 9.4 个百分点；工业生产者购进价格指数累计上涨 0.1%，比上年回落 10.7 个百分点。

（二）需关注的问题

经济转型和结构调整压力加大。2012 年，全省经济发展面临的资源、能源、环境约束增多。一方面，随着节能减排、环境治理、产业结构调整不断推进，经济转型升级的短期负面压力加大；另一方面，"十二五"期间，湖南省将实施湘江流域污染治理，部分产能过剩、非法、生产工艺落后企业面临关停、淘汰、搬迁和技术改造等情况，给区域经济带来的不确定因素增多。

企业生产经营企稳回升基础不稳。2012 年第四季度以来，湖南省工业生产增速企稳，企业生产经营各项指标较第三季度出现回升。但调查显示，企业库存仍处高位，第四季度，湖南省企业产成品库存指数为 55.1%，处于 2009 年第三季度以来的较高水平，且企业 2013 年第一季度库存预期指数比 2012 年第四季度提高 0.7 个百分点至 52.7%，后阶段企业生产经营出现根本性改善仍有待观察。

二、银行业与金融稳定

（一）运行状况

资产负债规模稳步增长。截至 2012 年末，全省银行业资产总额 29 912.9 亿元，增长 19.8%；负债总额 29 196.2 亿元，增长 19.7%。各项存款余额 23 148.1 亿元，增长 19.1%；各项贷款余额 15 648.6亿元，增长 16.2%，高于全国 0.6 个百分点。

资产质量总体好转。2012 年末，全省银行机构不良贷款余额 385.5 亿元，同比减少 61.0 亿元；不良贷款比例 2.45%，同比下降 0.85 个百分点。分类型看，次级类、可疑类、损失类不良贷款占全部贷款的比例分别下降 0.26 个、0.44 个、0.15 个百分点。

抗风险能力明显提升。2012 年末，全省银行机构贷款损失准备金余额 391 亿元，较年初增加 51.4 亿元；拨备覆盖率较年初提高 1.7 个百分点，达到 101.4%。全省法人银行金融机构资本充足率 10.5%，同比提高 3.9 个百分点。

经营利润平稳增加。2012 年全省银行机构实现经营利润 393.5 亿元，同比增盈 85.05 亿元。在服务收费水平降低情况下，银行中间业务收入增速持续放缓，全年实现中间业务收入 122.1 亿元，增长 13.2%。

（二）需关注的问题

部分领域不良贷款出现反弹。分行业看，部分亲周期行业如批发零售业、交通运输业、电力热力生产供应业关注类贷款增加，黑色金属、通用和专用设备制造业大额贷款不良率和逾期率双双上升。分客户看，中型企业不良贷款反弹趋势较为明显。

政府融资平台还贷压力较大。目前，全省平台公司贷款余额中近半数将在 2015 年前到期。不少平台公司为弥补资金缺口，转向信托、理财、债券等渠道筹集资金，但这些资金仍主要来自银行机构，银行风险敞口继续扩大。同时，由于土地出让收入大幅下降、平台资产难以转化为现金流，加之部分项目无法实现预期收益，平台违约可能性加大。

跨机构和跨市场风险上升。2012 年末，全省银行机构存放、拆放同业，投资、买入返售等同业资产余额比年初增加 1 505.9 亿元，增长 41.0%。银信、银保、银证、银证信、金交所等理财业务模式创新层出不穷，但银行机构对金融市场风险和交易对手信用风险认识普遍不足，风险管控体系相对薄弱。

三、证券业与金融稳定

（一）运行状况

市场交易相对低迷。2012 年，全省证券市场实现交易量 1.8 万亿元，同比减少 37.6%；客户保证金 142.7 亿元，同比下降 27.8%；托管的客户证券资产总额 1 935.3 亿元，同比减少 17.3%。投资者账户数 622.7 万户，同比增加 21.6%，但机构投资者账户数同比下降 16.7%，减少到 6 810 户。

直接融资大幅减少。2012 年，受宏观经济增速放缓和股市持续低迷影响，湖南省直接融资出现大幅下滑，全年实现直接融资 116.5 亿元，同比减少 42.1%。其中，首发融资 30.9 亿元，同比减少 75.1%，全国排名第 10 位，较上年下降 2 位。然而上市公司债券融资有所突破，国内债券融资 12.8 亿元，同比上升 34.7%。

证券机构经营稳定。2012 年末，全省方正、湘财和财富 3 家法人证券公司经营各项指标均有所提高。其中，净资产 200.2 亿元，同比增加 1.7%；净资本 131.9 亿元，同比增加 6.1%；实现营业收入 29.4 亿元，同比增长 26.3%；实现净利润 4.9 亿元，同比增长 68.3%。

期货市场发展良好。全省 4 家法人期货公司 2012 年末总资产合计 37.8 亿元，同比增长 35.52%；管理客户保证金 29.6 亿元，同比增加 44.5%。全年完成期货交易量 4 939.1 万手，同比增加 44.7%；期货交易额 55 688.6 亿元，同比增长 34.7%。实现利润总额 0.6 亿元，同比增长 114.3%。

（二）需关注的问题

资本市场发展相对落后。资本市场发展深度不够，截至 2012 年底，全省证券化率仅为 15%，远低于 52.3% 的全国平均水平；上市公司整体质量不高，平均营业收入仅为全国的 42.6%，平均净利润仅为全国的 35.4%。

证券机构发展后劲不足。全省证券公司总体规模偏小，自主创新能力不强，特别是两家中小券商平均总资产、净资产、净资本分别仅为全国平均水平的 67.3%、49.4%、50.6%；期货公司资本实力、盈利能力均低于中部平均水平，市场份额仅占全国的 1.6%。

四、保险业与金融稳定

（一）运行状况

市场主体不断丰富。2012 年，湖南省首家法人保险公司吉祥人寿开业。到年底，全省省级保险分公司44家，较年初增加1家。保险专业中介法人机构33家，其中保险代理公司19家，保险经纪公司9家，保险公估公司5家。保险兼业代理机构9 313家，较年初增加457家。保险从业人员14.4万人，较年初精简0.2万人。

资产规模持续扩张。截至2012年末，保险公司资产总额1 203.8亿元，较年初增长14.0%，增速较上年降低5.8个百分点。全省预计保险深度2.3%，比上年同期下降0.2个百分点；保险密度672.5元，比上年同期减少3.0元。

业务收入保持稳定。2012年，全省保险业实现原保险保费收入465.1亿元，同比增长4.9%，保费规模列全国第11位。按险种类别分，财产险保费收入144.9亿元，同比增长17.7%；寿险保费收入283.6亿元，同比下降2.1%；健康险保费收入24.6亿元，同比增长26.7%；意外险保费收入12.0亿元，同比增长6.8%。按公司类型分，财产险公司保费收入151.5亿元，同比增长17.5%；人身险公司保费收入313.6亿元，同比下降0.3%。

赔付支出增加较快。2012年，全省赔付支出142.7亿元，同比上升26.9%。其中，财产险赔款支出74.7亿元，同比上升30.3%；寿险赔付支出57.3亿元，同比上升25.1%；健康险赔付支出7.7亿元，同比增长11.5%；意外险赔付支出3.0亿元，同比增长22.3%。

（二）需关注的问题

人身险业务发展有所回落。2012年，全省人身险保费收入较往年有所降低，同比下降0.06%。主要原因是占人身险保费比重88.6%的寿险业务发展有所回落。2012年，全省寿险实现保费收入283.6亿元，同比下降2.1%。其中，分红寿险251.2亿元，同比下降2.3%；普通寿险29.7亿元，同比下降0.7%。

部分财产险种增速放缓。2012年，全省企财险、家财险和船舶险分别实现保费收入9.0亿元、1.5亿元和0.2亿元，同比分别增长8.5%、9.0%和12.0%，增长速度均远远低于财产险业务平均17.7%的增速。工程险和货运险业务甚至出现负增长，分别实现保费收入1.3亿元和1.6亿元，同比下降56.6%和12.1%。

产品结构调整力度有待加强。一方面，车险业务在财产险中占比过高。2012年，车险业务保费收入占财产险保费收入比重达到73.3%，对财产险增长的贡献度更是高达84.8%；另一方面，人身险对寿险业务严重依赖，寿险占人身险保费比重高达88.6%。

五、金融市场与金融稳定

同业拆借交易快速增长。2012年，湖南省金融机构累计发生同业拆借业务173笔、同比增加71笔，成交金额366.9亿元，同比增长2.3倍。从交易方向看，全省累计拆入资金322.8亿元，同比增加241.1亿元；拆出资金44.2亿元，同比增加16.1亿元。分机构看，城商行成为同业拆入业务的主体，累计拆入252亿元，占拆入总额的78.1%；财务公司同业拆入业务有所萎缩，全年累计拆入资金69.5亿元，较上年减少12.3亿元；农村信用合作机构仍为同业拆出业务的主体，累计拆出资金40.1亿元，占拆出总额的90.7%。

债券业务成交量大幅回落。2012年，全省金融机构在银行间债券市场成交2.4万亿元，同比下降35.0%。分机构看，农信机构成为市场交易主体，全年累计成交1.3万元，同比增长52.6%，占交易总量的比重从上年同期的22.4%提高至52.6%；城市商业银行全年成交1.1万亿元，同比大幅下降60.7%，占交易总量的比重下降20.4个百分点至46.5%；财务公司成交130.1亿元，占比0.54%；证券公司及其资产管理计划成交90.9亿元，占比0.38%。

票据贴现相对活跃，再贴现需求明显下降。2012年，全省金融机构票据贴现相对活跃，业务快速增长，全年贴现累计发生额5 867.9亿元，同比多增3 465.9亿元。受人民银行总行两次下调存款准备金率、连续开展公开市场逆回购操作等因素影响，2012年金融机构再贴现需求明显下降，全年累计办理再贴现34.3亿元，同比少放40.3亿元，大幅下降64.2%。截至2012年末，再贴现余额9亿元，同比减少1.9亿元。

银行间外汇市场平稳运行。2012年，全省参与银行间外汇市场交易654笔，折合43 444万美元，与上年基本持平。从交易类型看，"美元/人民币"交易占主导地位，成交37 860万美元，占交易总量的87.1%；"欧元/人民币"增长较快，成交金额3 359万美元，同比增长57.6%。从交易方向看，外汇买入7 966万美元，同比减少1 978万美元，外汇卖出35 478万美元，同比增加2 178万美元。新增人民币对加元交易，共发生4笔，共计26万美元。

六、金融基础设施与金融稳定

（一）支付体系稳健运行

一是支付清算系统平稳运行。2012年，全省大小额支付系统、网上支付跨行清算系统、电子商业汇票系统、全国支票影像交换系统、银行业金融机构行内支付系统等高效安全运行，各支付系统全年共处理各项业务5.8亿笔，金额54.0万亿元，同比分别增长32.9%和12.3%。

二是非现金支付业务稳步增长。2012年，全省使用非现金支付工具办理业务12.33亿笔，金额22.5万亿元，同比分别增长27.8%和13.1%。银行卡助农取款服务取得新进展，截至2012年末，全省累计发展助农取款服务点44 183个，村级覆盖率达87.6%；全年共办理各项业务629万笔、金额61.1亿元。

三是非金融机构支付业务规范发展。鹰皇金佰仕网络技术有限公司、湖南星广传媒有限公司、长沙商联电子商务有限公司三家公司获得人民银行支付业务许可。截至2012年末，全省有法人支付机构4家、分支支付机构7家，各机构全年共办理支付业务（不含预付卡发行）4.9亿笔，金额2 627.4亿元，发行多用途预付卡1.0亿元。

（二）征信服务持续加强

一是征信系统覆盖面拓宽。截至2012年末，人民银行企业和个人征信系统共收录湖南4 268万自然人、29.2万户企业信用信息，全年新增金融机构分支机构接入企业征信系统15家，建成了快捷便利、功能完善的湖南省中小机构征信系统接入平台。平江汇丰村镇银行、三一汽车金融公司顺利接入征信系统，10家村镇银行在长沙集中签署征信平台接入协议，省内中小机构开始批量接入征信系统。

二是征信服务社会能力增强。全年全省征信柜台共计对外提供个人信用报告查询23.8万次，企业信用报告查询0.9万户，分别比2011年增长68.4%和79.1%。全年累计为省统战部、省财政厅、省商务厅、省证监局、省金融办、省公安厅、长沙县政府等 21 个单位查询个人信用报告 213 次，企业信用报告 5 320 次。

三是征信机构培育和扶持力度加大。现有的 4 家评级机构在市（州）设立分支机构，将业务向市（州）、县域拓展。新引入联合信用管理有限公司在湖南开展业务。重点扶持 1 家地方征信咨询服务公司，支持其开展贷款卡网上年审技术服务，探索开展企业合同履约、商务信用信息的登记应用服务。

（三）反洗钱机制不断健全

一是反洗钱工作有效性不断加强。2012 年，全省金融机构共向反洗钱监测分析中心报送可疑交易报告 60. 0 万份，向当地人民银行报送重点可疑交易报告 58 份，自主向公安部门移交涉嫌洗钱犯罪的可疑交易线索 7 条。2 家法人机构启动大额和可疑交易报告综合试点工作，探索建立“合理怀疑”为基础的可疑交易报告模式。

二是风险为本反洗钱监管力度加大。对全省 586 家金融机构开展洗钱风险评估评级，共评出正常级和基本正常级机构 375 家，关注级机构 144 家，高度关注级机构 42 家，预警级机构 25 家。评估范围由银行业扩大到证券和保险业机构。根据风险评估结果，实施分类监管，全省现场专项检查金融机构 68 家，巡查 85 家，回访 35 家，约见高管谈话 80 次。

三是反洗钱合作机制持续完善。召开了 2012 年湖南省反洗钱工作厅际联席会议，人民银行与长沙海关、湖南证监局、保监局签订反洗钱合作备忘录，同时修订与省高院、公安厅、检察院的合作备忘录，深化重点成员单位间合作。2012 年，全省人民银行系统开展反洗钱行政调查、协查 27 次，涉及账户 365 个，金额 30. 2 亿元。协助公安部门破获案件 38 起，涉案金额 2. 9 亿元。

（四）反假币管理扎实推进

一是全省反假货币工作机制进一步健全完善。2012 年，湖南省反假货币工作联席会议召集人由人民银行长沙中心支行行长变更为湖南省政府副省长，省内各市（州）、县（市）反假货币工作联席会议召集人均由地方政府领导担任。同时，省教育、交通、广播电视、新闻出版等部门成为湖南省反假货币工作联席会议成员单位，反假货币工作纳入湖南省社会管理综合治理考评。

二是银行业金融机构反假货币基础工作不断加强。结合湖南省实际，出台《关于进一步加强湖南省银行业金融机构反假货币工作的通知》，人民银行组织对辖内 18 家银行业金融机构 447 个营业网点反假货币工作制度建设、假币收缴、保管、上缴、反假货币知识宣传和培训等方面工作进行了执法检查，对省级银行业金融机构现钞处理设备防伪性能进行了检测，有效促进各省级金融机构加大现钞处理设备的投入和升级改造。

三是突出重点严厉打击县域制贩假币违法犯罪活动。2012 年，湖南省道县、新化、醴陵、浏阳等地开展了假币违法犯罪活动重点整治工作。全年湖南省假币立案 91 起，破获制贩假币案件 65 起，其中公安部批、督办案件 2 起，抓获犯罪嫌疑人 52 名，刑拘 37 人，缴获假人民币 10. 9 万张（枚）、面额 1 097. 7 万元，分别比上年同期上升 297. 5% 和 378. 7% 。

（五）金融生态创建显成效

一是构建形成金融安全区与金融生态城市多层次创建格局。截至 2012 年末，全省共有 17 个县

（市）通过现场考核验收，并被授予“省级金融安全区创建工作达标单位”称号，51个县（市、区）被授予“市级金融安全区创建工作达标单位”称号。2012年，首先择优确定在长沙、湘潭、株洲、岳阳、娄底、怀化6个城市开展创建金融生态城市试点，并按年度进行现场督察和考核。

二是初步实现“全面评估、整体发布”的金融生态评估发布目标。2012年，首次对外公开发布综合排名前30位的县（市）和前3位的市（州），金融时报、湖南日报、湖南卫视、湖南经视等40余家新闻媒体对评估结果发布情况进行了报道和转载，社会各界反响积极。

三是建立健全金融激励约束机制。2012年，人民银行长沙中心支行牵头与湖南省金融工作办公室、湖南银监局、湖南证监局、湖南保监局共同研究印发了《关于对金融生态环境建设成果突出地区加大金融支持力度的指导意见》，从信贷支持力度、金融服务体系、金融服务环境、工作保障机制四方面提出了十五项具体的金融支持措施，合理引导金融资源的分布和流向。

七、总体评估与政策建议

（一）总体评估

2012年，在外需持续萎靡、内需有效需求不足的情况下，湖南经济发展逐步企稳，经济运行质量和效益有所提升，为金融机构持续稳健发展奠定了基础。金融机构利用外部有利条件，加大业务拓展力度，持续推进机制改革，积极规范自身经营行为，资产质量逐步改善，盈利能力和风险防范能力日趋提升。总体看，虽然部分领域和少数金融机构存在一些风险隐患，但风险可控，全年未发生系统性风险事件，金融体系保持了稳健运行。

（二）政策建议

1. 着力扩大有效投资

进一步激活社会投资，引导资金投入到公共基础设施、节能环保、民生等重点领域和薄弱环节。推动银政银企合作，大力发展资本市场，扩大全社会融资总量，进一步缓解中小企业融资难等问题。落实扩大消费的政策措施，建立消费增长长效机制，切实改善消费环境，进一步扩大居民消费。

2. 增强消费对经济增长的基础作用

落实扩大消费的政策措施，建立扩大消费的长效机制。积极推广节能和新能源汽车，以及节水产品、家庭自给式太阳能产品。促进居民消费升级，培育消费热点，鼓励发展电子商务、无店铺销售、邮政快递等业态，以及社区商业、家政、养老、培训等居民服务业。促进房地产业健康发展，加大普通商品房供给，满足住房刚性需求和改善性需求。

3. 推动优化信贷结构

扎实推进信贷政策导向效果评估，引导银行机构加大对在建续建重点项目、新型城镇化、小微企业、“三农”、消费、创业就业等领域的金融支持，积极发展专利权质押贷款，扎实推进“小额担保贷款+特色种养殖”信贷新模式。支持中小套型普通商品房和保障房建设。

4. 提升经济发展软环境

一是地方政府应为金融促进经济良性发展搭建平台，推动金融与实体经济有序高效对接。二是不断完善和加强信用环境建设，提高社会诚信意识，有效拓展征信系统平台应用范围，为投融资创造良好的信用环境。三是培育良好的法制环境、市场环境，进一步规范经济市场秩序，提升整体抗风险能力。

5. 提高金融风险管理水平

一是加强重点领域、关键环节信用风险的管理，加强对政府投融资平台贷款、房地产贷款等潜在风险的监测分析，及时做好风险预警，切实防范不良贷款反弹形成系统性风险。二是严控表外业务关联风险。严格执行相关授信审批程序，严格核实交易对手方、合作方真实资信，严格审查贸易背景，确保资金真正用于支持实体经济，防止“脱实向虚”。三是认真开展金融机构综合执法检查和综合评价，执行金融机构开业管理和重大事项报告制度，促进金融机构规范发展和金融业稳健运行。

6. 不断优化金融生态环境

一是发挥地方政府在金融生态环境建设中的积极作用，加强银政企沟通协调，构建多层次、高效率的区域金融服务体系。二是加强金融法制建设，深化金融业投资教育，提高投资风险意识，加强各类金融投资管理，规范投资有序竞争。三是完善信用体系建设，创新信用信息产品，促进信用评级机构加快发展，整合信息资源，提高征信体系覆盖面，创造诚实守信的信用环境。

总　　纂：马天禄　罗跃华
统　　稿：尹　侠
执　　笔：刘孟飞　胡丕吉　陈　双
其他参与写作人员（按姓氏笔画排序）：
王　玥　邓建丰　许均平　李远航　陈　靓
赵　晶　殷南明　徐　勇　常　皓　覃兆勇

广东省金融稳定报告摘要

2012年，广东金融业稳健发展的宏观环境总体保持良好，金融业抗风险能力不断提高，体制机制改革加快推进，系统性、区域性金融风险防范机制建设进一步加强，维护区域金融稳定的基础更加牢固。

一、金融业发展环境

2012年，广东经济呈现稳中有进的特征，经济增长企稳趋升，较好地化解了下行压力，物价得到控制，结构进一步优化，内生动力得到增强，协调性、稳定性提升。一是经济增速触底回升，经济增长呈复苏态势。2012年，广东实现地区生产总值57 067.92亿元，比上年增长8.2%，增幅比上年回落1.8个百分点。这一速度虽是近年来最低增速，但这是在较为复杂的国内外环境下取得的，基本实现了预期目标。二是产业结构进一步优化，转型升级取得初步成效。2012年，广东第一、第二、第三产业增加值分别为2 848.91亿元、27 825.30亿元和26 393.71亿元，分别比上年增长3.9%、7.6%和9.2%。三次产业结构为5:48.8:46.2，第三产业的增速、比重和对经济增长的贡献率比2012年分别提高0.1个、0.9个和9.3个百分点。三是内需对经济增长的拉动作用进一步显现，内生动力上升。2012年，广东社会消费品零售总额、完成固定资产投资和进出口总额分别比上年增长12.0%、15.5%和7.7%。在外部需求持续减弱的情况下，内部需求的降幅相对减小，对经济增长的贡献率超过98%，对于经济恢复增长发挥了重要作用。四是物价水平持续下降，通货膨胀压力减缓。2012年，广东物价水平延续上年第四季度以来逐步回落的趋势，各类价格指数同比涨幅逐步下

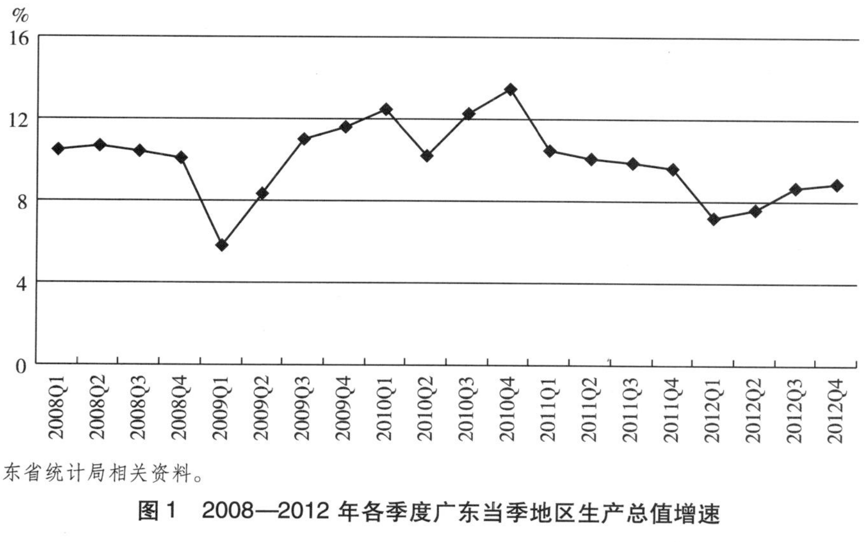

数据来源：广东省统计局相关资料。

图1　2008—2012年各季度广东当季地区生产总值增速

降。居民消费价格指数全年累计上涨2.8%，涨幅比上年降低2.5个百分点，是2010年12月以来的新低。工业生产者出厂价格指数和工业生产者购进价格指数双双持续降低至100点以下，年均累计下降0.5%，“剪刀差”逐月缩小，有利于减缓工业企业经营困难的压力。

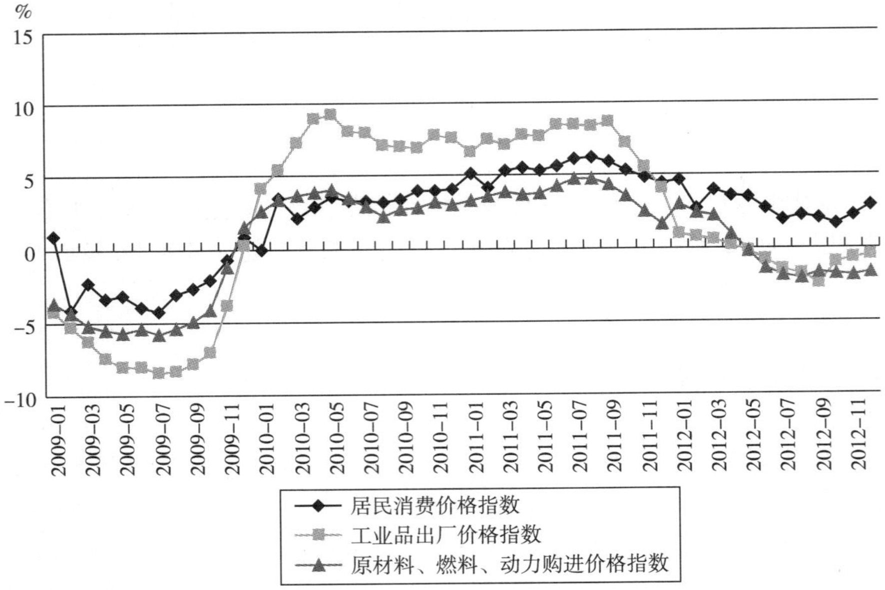

数据来源：广东省统计局相关资料。

图2　2009—2012年各月广东各类价格指数同比增幅

二、银行业

2012年，广东银行业机构认真贯彻执行稳健货币政策以及各项金融宏观调控措施，不断加强对实体经济和薄弱环节的金融支持力度，努力提高经营管理水平，扎实推进机制体制改革，着力提升金融服务水平，各项业务继续保持稳健发展的良好态势。

业务发展保持稳健。2012年末，全省银行业机构总资产余额142 712.85亿元，比年初增长17.87%；本外币各项存款余额和各项贷款余额分别比年初增长14.75%和14.44%，增速分别较上年提高2.95个和1.03个百分点。

法人银行机构资本充足率保持较高水平。省内各法人银行核心资本充足率的加权平均数为14.49%，与上年持平，总体上高于行业监管要求。绝大部分法人银行资本充足率超过12%，能够较好地抵御外部冲击。

不良贷款余额和比例持续下降。按五级分类口径，2012年末，广东银行业机构不良贷款余额为831.76亿元，比上年末减少18.44亿元；不良贷款率为1.24%，比上年末降低0.21个百分点。

拨备水平进一步提升。2012年末，广东银行业机构各项贷款损失准备余额为1 573.55亿元，拨备覆盖率达到189.18%，拨备贷款比为2.35%。

盈利能力稳中有升。2012年，广东银行业机构实现税前利润2 057.88亿元，比上年增加183.16亿元，同比少增249.94亿元。资产利润率达到1.56%，比上年提高0.06个百分点。

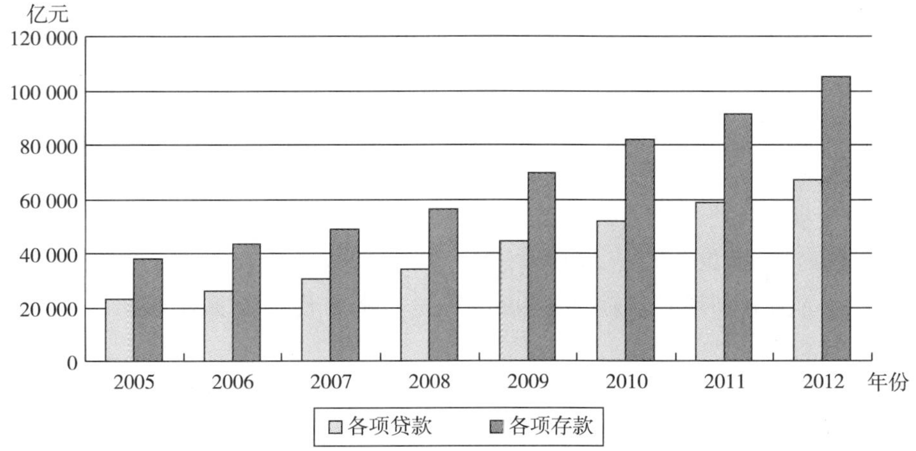

数据来源：中国人民银行广州分行关相资料。

图3 2005—2012 年广东银行业机构存贷款情况

流动性总体上保持充裕。2012 年末，广东银行业机构存贷比为 63.82%，与上年基本持平。新增贷款与新增存款之比为 62.63%，比上年下降 8.57 个百分点，流动性趋于宽松。

银行业改革稳步推进。国有控股商业银行分支行经营管理机制改革继续深化。股份制银行加快资本约束下的经营转型，邮储银行持续深化二类支行改革。农村信用社改制进展顺利，全年共有 9 家农村信用社改制为农村商业银行，2012 年末辖内已开业农村商业银行总数达 21 家，汕头特区联社改革工作取得积极进展，有望于 2013 年 6 月底前全面完成风险处置和改革重组工作。村镇银行发展迅速，全年增设村镇银行 6 家，年末辖内已开业村镇银行总数达 29 家。广州国际信托投资公司重组取得新进展。

应该注意到，广东银行业在保持稳健发展的同时，仍存在一些潜在风险隐患，主要表现为以下四个方面。一是不良贷款反弹压力增大，人民银行广州分行对辖内 134 家样本银行的调查显示，截至 2012 年 9 月末，134 家样本银行中，不良贷款余额比 2011 年末增加的有 33 家，占比 24.63%；不良贷款率比 2011 年末提高的有 22 家，占比 16.42%；不良贷款余额和不良贷款率“双升”的有 20 家，占比 14.93%。二是重点领域风险突出，房地产行业贷款集中度偏高，2012 年末，广东银行业机构房地产贷款余额占全部贷款的比例达到 25.50%。法人机构单一客户贷款集中度长期高位运行。以农村合作金融机构为例，2012 年末广东银监局辖内有 52 家农村合作金融机构单一客户贷款集中度超过 10% 的监管标准，超标机构占比高达 53.10%。三是票据业务超常规增长。2012 年末，广东银行业机构票据贴现（不含转贴现）余额 1 370.54 亿元，比年初增加 466.30 亿元，增速高达 51.57%，高于各项贷款增速 37.13 个百分点。四是部分地方法人银行机构历史包袱沉重，2012 年末，广东省（不含深圳）农村合作金融机构仍有历年亏损挂账 25 亿元，贷款损失专项准备缺口约 40 亿元，31 家农村合作金融机构资本充足率低于 8%，2 家农村合作金融机构当年亏损。

三、证券业

2012 年，广东证券业机构经营状况保持平稳，持续发展能力维持在稳健水平，但受证券市场波动的影响，部分机构经营指标有所下降。其中，证券公司各项业务有所下滑，但综合实力保持平稳；

期货公司和基金公司持续平稳发展。

证券公司部分经营指标有所下滑，但综合实力保持平稳。2012 年，全省 22 家证券公司全年共实现营业收入 379. 39 亿元，同比下降 19. 28%，实现税后净利润 111. 23 亿元，同比下降 31. 86%。截至 2012 年末，全省证券公司总资产 5 207. 08 亿元，比上年末上升 9. 13%，所有者权益 2 091. 76 亿元，同比增长 3. 67%。

期货公司快速发展，综合实力大幅提高。2012 年末，全省期货公司总资产为 424. 13 亿元，同比增长 24. 61%，净资产达 80. 26 亿元，同比增长 29. 7%。全年实现营业收入和净利润分别达到 25. 76 亿元和 6. 73 亿元，同比分别增长 35. 12% 和 58. 29%。全年代理交易额 589 216. 97 亿元，同比上升 34. 61%。

基金公司保持平稳较快发展势头。2012 年末，全省基金管理公司管理的基金数量为 426 只，比年初增加 98 只；基金规模达 13 105. 67 亿元，同比增长 16. 85%；基金净值为 11 613. 01 亿元，同比下降 25. 54%。基金行业总体运行平稳，持续发展能力稳健。

与此同时，证券机构的抗市场风险能力仍有待提高，证券经营机构的经营状况仍然在较大程度上依赖市场行情，抗市场风险的能力依然不足。单一的盈利模式仍未根本转变，以经纪业务收入为主的盈利模式仍未改变。经纪业务手续费收入占全省证券公司和期货公司总收入之比分别为 58. 69% 和 71%。

四、保险业

业务扩张势头趋于平稳。2012 年，全省保险公司原保险保费收入按可比口径比上年增长 7. 2%，低于 2008—2011 年平均增速 19. 2 个百分点，占保费收入 2/3 左右的人寿险保费收入增速放缓明显。

经营发展可持续性略有降低。2012 年，全省产险公司综合赔付率为 58. 9%，比上年上升 1. 8 个百分点，但仍处于 2008 年以来的较低水平；应收保费率为 7. 9%，比上年略有上升。寿险公司退保率为 2. 9%，比上年上升 0. 3 个百分点，但仍处于 2008 年以来的较低水平。

盈利水平略有下降。2012 年，全省保险公司实现承保利润 31. 0 亿元，比上年减少 2. 2 亿元，同比下降 6. 6%。行业承保利润与保费收入之比为 1. 8%，比上年下降 0. 3 个百分点。

各项准备保持充足。2012 年末，全省产险公司未到期责任准备金余额与当年财产险保费收入之比达到 57. 5%，比上年上升 2 个百分点；未到期责任准备金余额与赔款支出之比为 107. 6%，比上年下降 13. 7 个百分点；未决赔款准备金与财产险保费收入、赔款支出之比分别为 42. 1% 和 78. 7%，分别比上年下降 2. 8 个和 19. 5 个百分点。寿险公司寿险责任准备金快速增长，偿付能力进一步提高。

五、具有融资功能的非金融机构

（一）小额贷款公司发展迅速

2012 年末，广东省小额贷款公司达到 234 家，比上年增加 38 家；注册资本达 262. 5 亿元，同比增长 35. 8%；贷款余额 284. 5 亿元，同比增长 53. 0%。小额贷款公司与银行业金融机构实行“错位经营”，定位于专门服务“三农”、中小企业和个体经营者，已经成为服务“三农”以及缓解中小微企业融资难的有益补充。

（二）融资担保公司风险有所暴露并波及银行体系

2012年1月，华鼎融资担保有限公司和广东创富融资担保有限公司因不规范经营出现资金链断裂危机，对相关合作银行及辖区金融稳定造成了不良影响，并凸显出银担合作业务的风险。两家担保公司与广东省内13家银行存在贷款担保合作关系，银行对两家公司的风险敞口高达36亿元，事件涉及418家中小企业，其中近四成贷款出现逾期和欠息。“华鼎担保”事件导致广东部分银行业机构收紧与担保公司合作，使银担合作业务发展的速度放缓，对广东融资担保行业的影响较大。

（三）产权交易所稳步发展

2012年，广东省（不含深圳）三家产权交易所产权交易活跃，产权交易笔数为178笔，同比增长21.1%；产权交易额达62.9亿元，同比增长132.1%；代理手续费收入1 047万元，同比增长22.8%。2012年8月，广东省成立了广州股权交易中心，为各类挂牌企业和投资者提供股权转让、托管登记、增资募股等服务，拓宽了中小微企业直接融资渠道，进一步完善多层次资本市场体系。

六、金融生态状况

2012年，广东大力优化金融业发展的政策环境，加大对金融业发展的法律保护力度，加强对金融业信用体系的建设完善，继续推动支付体系建设，深入推进反洗钱工作，有力地促进了金融生态环境的改善，优化了金融体系稳健运行的基础。

（一）区域政策环境日益优化

2012年，《广东省建设珠江三角洲金融改革创新综合试验区总体方案》、《关于全面推进金融强省建设若干问题的决定》等重要文件相继颁布，为珠三角和整个广东省金融改革创新发展注入新的动力。针对广东省稳增长、调结构、惠民生的工作实际，人民银行广州分行于2012年8月向金融机构提出《关于金融支持广东稳增长调结构惠民生的指导意见》，进一步发挥金融在实体经济发展和社会民生服务中的引导、调节机能。

（二）金融法治状况不断改善

人民银行广州分行牵头广东银监局、广东证监局、广东保监局联合举办“广东金融业保护金融消费者权益公益宣传月”大型活动，牵头联合广东银监局、省公安厅、省高级人民法院共同举办广东“保障用卡安全、维护消费权益”宣传月活动，坚持举办支票法律知识培训班，对多次签发空头支票被列入黑名单的企业和个人进行支票使用和法律知识的培训和考核，提高法律意识和信用意识。

（三）信用体系建设工作进展顺利

继续推进农户电子档案建设，探索建立农户信用评价体系。完善农户电子信用档案，科学开展农户信用评价，积极开展“信用户（村、乡、镇）”评定。完善中小企业信用档案和信用评价机制，提高中小企业信用信息应用效率，改善中小企业信贷服务环境。深入开展征信宣传教育与维权工作，提高社会诚信意识。组织2012年“信用记录关爱日”活动，期间共有9 999个银行业金融机构网点、62 459人参加了宣传活动。

（四）支付体系与金融安全进一步加强

广东省（不含深圳）各支付清算系统业务量稳步增长，尤其是新兴的网上支付业务增长迅猛，纸基票据交换的业务量则略有下降。各支付清算系统共处理业务37 042.65万笔，金额197.16万亿元，同比分别增长25.02%和40.51%。2012年3月，人民银行广州分行和香港金融管理局联合启动粤港集中代收付系统建设项目，实现两地居民跨境缴费、消费等支付服务便利化。推动广东村镇银行结算业务系统于2012年8月建成上线运行，实现了通过客户端模式满足村镇银行基本汇兑功能的第一阶段建设目标。大力推广银行卡助农取款服务，改善农村支付服务环境。

（五）反洗钱监管机制不断健全

稳步推进改革实践，促进反洗钱工作向风险为本转型。坚持以高风险机构和高风险业务为重点开展检查工作。加强支付机构反洗钱规范化建设，认真做好数字证书管理工作，推广机构信用代码在反洗钱领域的应用，提升客户身份识别效率，加大洗钱案件侦破力度。2012年，人民银行广州分行共协助侦查机关成功破获各类洗钱案件27起，其中，侦破地下钱庄案件9起，抓捕犯罪嫌疑人20人，冻结暂扣违法资金2 370万元。

（六）历史遗留风险处置成效显著

全省150家停业整顿城信社基本上完成债权债务清偿处置工作，实现平稳退出市场目标，解决了困扰广东省政府和人民银行多年的一大难题，为进一步优化广东省金融生态环境奠定了基础。人民银行金融稳定再贷款的维权和回收工作成绩突出，诸多历史遗留问题得到进一步解决。

七、总体评估和趋势展望

（一）总体评估

2012年，在错综复杂的国内外环境中，广东经济成功止住下滑势头，实现稳步回升，保持了平稳增长，呈现稳中有进的特征，经济增长的内生动力和协调性增强，金融业稳健运行的宏观经济基础得到进一步巩固。金融体系总体保持平稳运行，银行业、证券业和保险业多数稳健性指标持续改善，抗风险能力保持良好。金融体制机制改革进一步推进，金融生态环境稳步改善，金融体系稳健运行和发展的体制和环境基础更加牢固。总的来看，广东整体金融稳定状况保持在较好水平。

同时，应该注意到，受外部需求放缓的影响，广东经济增速出现一定幅度回落，对外部需求的依赖程度较高的局面没有根本改善，区域和结构不平衡的现象未根本改观，一些领域和行业出现经营困难。银行业不良贷款反弹压力上升，少数中小法人金融机构历史包袱未有效化解，抗风险能力有待进一步提高；证券业传统经营模式尚未根本改变，盈利稳定性有待提高；保险业保费收入增速趋缓而赔付支出增速上升的矛盾未有效缓解；金融行业间的交叉性业务日益广泛和复杂，相互联系更加密切，影子银行体系风险隐患上升。这些因素都对区域金融稳定形成挑战，需要引起密切关注。

（二）趋势展望

当前及今后一个时期，中国经济金融发展还面临着复杂的国内外环境。从国际看，全球经济逐步走出金融危机了最坏境地，欧洲和美国的经济活动在非常低的水平上逐步企稳，全球经济出现复苏曙光，但复苏步伐仍然缓慢，欧洲与美国经济依旧处于波动和低增长的状态之中，全球经济结构脆弱，不排除仍然存在下行风险。世界银行于2013年1月15日将2013年全球经济增速预期下调到2.4%。此外，主要经济体相继推出宽松货币政策，其对全球的负面溢出效应加大。从国内看，经济从2012年下半年以来出现企稳回升，持续增长的动力依然较强，推动内需增长的积极因素增多，宏观政策也趋向于维持经济增长。但同时，经济企稳的基础还不够稳固，部分领域投资冲动持续较强与经济内生增长动力相对不足并存，结构不平衡问题仍比较突出，资源环境约束增强，物价对需求扩张仍比较敏感，预期变化可能对未来物价产生影响，需引起高度关注。

主　　任：王景武
副 主 任：牛晓闽
统　　稿：谢端纯
执　　笔：叶　茂　陈元富　苏宏召　陈育穗　崔荣伟　庄礼焕
金融稳定评估委员会成员：刘云生　张　劲　张清山　陈可嘉　谭志洪
李　波　张　艳　姜小南　许其捷　张铁强
缪铁文　吴燕生　林　辉　何志群　杨白娥
其他参与写作人员：郭红亮　陈志刚　庄礼智　尹青松　郑楚琳
龙永洁　吴　进

广西壮族自治区金融稳定报告摘要

2012年，面对复杂严峻的国内外经济形势，广西着力稳增长、促转型、扩内需、抓改革、促开放、惠民生、保稳定，保持了经济平稳较快发展的势头。广西经济总体平稳较快发展，工业增长缓中趋稳；投资增长势头减弱，内外需求增速放缓；消费价格高位运行，生产者价格同比下降；三项收入增长较快，就业形势基本稳定。广西金融业总体保持了持续健康发展的良好态势，金融改革成效显著，金融市场功能日益完善，金融基础设施建设稳步推进，金融生态环境持续优化。2012年广西仍属于金融稳定状况较好地区，但金融稳定综合评价值近五年来首次出现下降，表明在复杂严峻的经济形势下，广西金融稳定总体状况有所下滑，风险抵御能力有待进一步提高。

一、区域经济运行与金融稳定

（一）区域经济运行总体情况

2012年，广西实现地区生产总值13 031.04亿元，同比增长11.3%，连续9年保持11%以上的增速。

三次产业结构调整，工业增长缓中趋稳。2012年，第一、第二、第三产业增加值同比分别增长5.6%、14.4%、9.5%，三次产业结构由2011年的17.5:48.4:34.1调整为16.7:48.6:34.7，对经济增长的贡献率分别为8.1%、62.5%和29.4%。广西工业增加值同比增长14%，增速同比下降2.5个百分点，工业化率由2011年的41.4%下降至41.2%。

投资增长势头减弱，内外需求增速放缓。2012年，广西全社会固定资产投资同比增长24.4%，增速同比下降4.7个百分点；社会消费品零售总额同比增长15.9%，增速同比下降2.1个百分点；进出口总额同比增长26.2%，增速同比下降5.3个百分点。

消费价格高位运行，生产者价格同比下降。2012年，广西居民消费价格指数累计同比上涨3.2%，增速同比下降2.7个百分点；工业生产者出厂价格同比下降2.2%，增速同比回落10.7个百分点；工业生产者购进价格同比下降0.8%，增速同比下降10.8个百分点。

三项收入增长较快，就业形势基本稳定。2012年，广西财政收入同比增长17.4%；规模以上工业企业利润总额同比增长8.8%；城镇居民人均可支配收入同比增长12.7%，实际增长9.2%，比上年提高4.7个百分点；农民人均纯收入同比增长14.8%，实际增长11.2%，比上年提高3.0个百分点。城镇登记失业率为3.4%，同比下降0.1个百分点。

（二）对金融稳定有较大影响的经济因素分析

1. 扩大需求难度加大，结构调整亟待加强

一是广西基建投资、工业投资、房地产投资叠加下行，导致投资增长后劲不足。2012年，广西

固定资产增速同比回落4.6个百分点；房地产市场继续受宏观调控影响，房地产行业投资增速同比下滑21.9个百分点；土地出让金收入减少以及对政府融资平台进行清理规范，削弱政府投资项目的融资能力，政府投资提速难度增大，基建投资增速同比下降1.4个百分点。二是居民物价感受缓和，但消费意愿仍未走强。人民银行南宁中心支行定点城市储户问卷调查显示，2012年第四季度居民物价感受指数和预测指数分别比上季下降5.75个和1.88个百分点。当前选择“更多地消费”的受访者占比为13.5%，比上季下降4.25个百分点。三是受外部需求放缓影响，外贸形势严峻。2012年广西出口贸易总额154.68亿美元，同比增长24.2%，增速同比下降5.5个百分点。

2. 工业生产受到冲击，部分行业效益下滑

2012年，受欧债危机持续发酵、美国经济起伏不定、地缘政治危机及国内房地产市场宏观调控等因素叠加影响，广西工业生产受到冲击，轻、重工业增加值同比分别增长17.2%和15.4%，增速同比下降2.2个、6.0个百分点，重工业增速放缓趋势明显。2012年，企业生产经营比较困难，工业品出厂价格一路走低，购销价格连续24个月倒挂，部分重点行业市场需求放缓，“需求不足”和“成本上涨”双重挤压导致企业效益下滑，宏观经济形势变化对部分行业影响显著。

3. 换汇成本明显缩小，企业经营压力加大

2012年，广西辖区样本企业换汇成本仅低于同期人民币/美元汇率0.05元，远小于上年同期0.20元的汇价成本差，说明企业对汇率变动的承受能力显著下降，生存压力进一步加大，主要原因在于以下四个方面：一是部分原材料价格涨幅远高于出口产品价格涨幅。如糖蜜价格2012年均价同比上涨32.18%，而相关企业出口的活性酵母均价同比仅增长2.63%。二是劳动力价格明显上升。随着我国收入分配格局逐步调整以及各类生活用品价格上涨等影响，劳动力成本不断增加对辖区劳动密集型企业产生较大冲击。三是海运费大幅提价推高销售费用。海运费的大幅上涨致使辖区样本企业销售费用增长11.33%。四是企业产品开发和技术升级成本上升拉高出口换汇成本。

4. 财政收支矛盾突出，增长质量有待提高

一是非税收入占财政收入比重过大。2012年，非税收入占一般预算收入的比重为34.8%，同比提高2.8个百分点，拉动财政收入增长5.7个百分点。二是土地财政收入对财政收入贡献率过高。2012年，广西与土地出让相关的税收同比增长1.2倍，拉动广西财政收入增长6.5个百分点，同比提高44.8个百分点。三是财政支出对中央财政依存度较高的局面仍未改观。2012年，中央转移支付资金占广西财政支出的60.68%。

5. 物价指数高位回落，结构性特征依然突出

一是食品价格以年均5.2%的增速领跑八大类商品及服务，粮食、蔬菜价格的上涨调动了农民的生产积极性，长期来看为保持价格总水平的基本稳定奠定了基础，有利于农村地区的金融稳定。二是工业生产者价格指数出现负增长，其中工业生产者出厂价格指数回调幅度高于购进价格指数1.4个百分点，进一步挤压了工业生产者的利润空间，导致商业银行信贷资产面临更大的风险，不良贷款比率有可能上升。三是通货膨胀率基本接近名义利率，在一定程度上缓解了居民提取存款用做其他投资的需求，稳定了商业银行的资金来源，降低流动性风险。

6. 房地产市场趋于稳定，警惕风险向影子银行传递

一是投机、投资性购房得到有效遏制。广西全金融机构新发放个人住房贷款中，首次贷款占比由2011年1月的78.5%上升到2012年12月的94.3%；南宁本市居民购房人群占比87.3%，比限购前提高12.5个百分点；商品房销售面积同比降低6%。二是重点城市房价快速上涨势头得到控制。

2012 年 12 月，南宁、桂林、北海新建住房平均售价同比分别下降 0.5%、0.2% 和 0.6%。三是房地产开发投资增长回落企稳。2012 年，广西房地产开发投资同比增长 3.6%，增幅同比回落 20.8 个百分点。四是信贷投入适度合理。2012 年，广西房地产贷款余额同比增长 11.1%，其中，地产开发贷款、个人保障性购房贷款分别新增 3.8 亿元和 20.57 亿元，成为推动贷款增长的主动力。虽然广西房地产市场趋于稳定，但房地产开发金融风险向"影子银行"体系转移风险须予以关注。

二、金融业与金融稳定

（一）金融业与金融稳定

1. 银行业：信贷结构趋于优化，盈利水平稳定增长

（1）银行业稳健性评估。各项存款增长较快，波动幅度明显增大。2012 年，广西银行业金融机构本外币各项存款余额 15 966.65 亿元，同比增长 18.03%，增速高于全国 3.97 个百分点。全年新增存款 2 439.03 亿元，同比多增 714.57 亿元。各项存款波动性较大，各季度表现为逐月上升的阶梯式走势，呈现明显的"季末冲高，季初回落"的特征，全年 79.65% 的新增存款集中于各季度末月。

贷款投放力度较强，信贷结构趋于优化。2012 年，广西银行业金融机构本外币贷款余额 12 355.52亿元，同比增长 16.05%。全年新增贷款 1 708.37 亿元，同比多增 45.31 亿元，年度贷款增量为历史第二高位。大、中、小微企业贷款余额分别同比增长 12.67%、10.81% 和 27.48%，小微企业贷款增长较快。

盈利水平稳定增长，资产质量持续提高。2012 年，广西银行业金融机构实现利润 337.32 亿元，同比增长 18.97%。银行信贷资产质量持续提高，不良贷款余额和不良贷款率实现"双降"，不良贷款余额同比减少 7.96 亿元，不良贷款率同比下降 0.26 个百分点。

（2）银行业发展中需要关注的问题。部分行业不良贷款增加，少数机构较年初略有反弹。一是部分地方法人金融机构通过采取挂息转本重新办理贷款或追加贷款偿还之前所欠本息做法，使贷款由不良贷款等级重新调整至正常贷款等级，仅仅实现了满足监管数据达标的要求，实际风险并未得到有效改善。二是部分不良贷款清收进展缓慢，尤其是可疑类及损失类贷款压降工作，清收阻力大、成本高、执行困难等老问题仍没有得到根本解决。部分行业不良贷款出现反弹，少数机构风险仍需关注。

部分机构流动性趋紧，流动性缺口率增加。2012 年，广西部分银行业法人金融机构流动性有所下降。从指标看，城市商业银行和村镇银行的流动性比例同比分别下降 2.86 个和 1.01 个百分点；城市商业银行和农合机构流动性缺口率有所增加，同比分别提高 3.98 个和 14.56 个百分点。从机构看，3 家城市商业银行和 90 家农合机构中分别有 2 家和 9 家核心负债依存度少于 60%，最低仅为 20.37%，低于监管参考指标 39.63 个百分点。

农合机构成本收入比偏高，盈利效率仍需加强。2012 年，广西农合机构营业支出同比增长 20.03%，成本收入比较上年末下降 3.18 个百分点，但仍有 77 家农合机构成本收入比在 45% 以上，最高达 69.92%。为增强市场竞争力，农合机构普遍将存款利率上浮到 1.1 倍的最高区间，贷款浮动区间则保持原来的浮动水平，从而压缩了利差区间。由于利息收入占总收入比重较大，农合机构成本收入比例居高不下，盈利渠道有待拓展。

经营管理仍需规范，风险控制有待完善。一是存款准备金透支。部分银行业法人金融机构对存款准备金管理工作重视不够，导致账户透支。二是操作风险存在薄弱环节。部分银行业法人金融机构出现系统业务重账、贷款管理不合规、押运管理不到位等问题。三是重大事项报告执行力度有待加强。部分银行业金融机构未及时报送经营管理过程中的重大事项，对报送涉及内容范围理解不到位。

城市商业银行快速扩张，经营效率有待进一步提高。2012 年，广西 3 家城市商业银行已在广西大部分地市设立分支机构，员工和网点呈阶梯状增长，同时，积极发起设立村镇银行，进一步拓宽发展道路。但在快速发展的新阶段，广西城市商业银行逐渐出现了一些新问题和风险隐患，值得高度关注。一是利润、员工和机构的增速不匹配，二是制度落实仍有不足，三是规范经营有待加强，四是票据业务风险有待关注。

农合机构假冒借名贷款清收金额近八成，后续处置工作存在困难。2012 年，农合机构清收处置假冒借名贷款占已发现假冒借名贷款金额的 79.15%。虽然清收处置取得较好成效，但后续工作仍存在三方面困难。一是部分假冒借名贷款成因复杂，相关人员的责任划分存在困难。二是假冒借名贷款金额较大、涉及人员较多、外部社会环境较为复杂，农合机构清收处置难度较大。三是部分责任人自有资金较少，其所拥有的资产无法快速变现，清收处置中现金清收难度较高。

关注理财产品信托受益权转让风险。在宏观调控政策背景下，银行采取“信托受益权转让”方式，通过信托方式发放，较好地满足了企业、银行和信托三方在融资和收益方面的需求。由于“信托受益权转让”不计入表内信贷规模，此交易方式已成为绕开信贷监管的手法。目前，广西银行业金融机构主要通过企业以资产质押设立信托主动募集资金，或是商业银行出资设立信托变相帮助企业完成融资，其风险隐患有三个方面：一是直接绕开了宏观调控部门对银行信贷投放额度的监管，二是造成贷款统计数据失真，三是资金流向宏观调控限制性行业。

（3）银行业金融机构稳健性现场评估。为深入了解金融机构经营发展及风险状况，2012 年，人民银行南宁中心支行组织对广西 15 家银行业金融机构（包括 1 家城市商业银行及其 6 家分支机构、7 家农村合作金融机构、1 家村镇银行）开展了稳健性现场评估工作。通过精心组织安排，广西人民银行系统紧密围绕“稳健性”核心进行评估，探索科学的定量评估指标体系，不断提高评估的深度和精度，积极查找被评估机构在微观经营管理中的风险问题，进一步优化评估程序，在确保客观公正的基础上有效增强了评估效率。

2. 证券业：融资结构不断优化，业务规模稳步扩大

（1）证券业稳健性评估。上市公司融资结构不断优化。据初步统计，2012 年，广西共有境内上市公司 30 家，上市公司总股本达 183.87 亿股，同比增长 15.6%；总市值 1 276.9 亿元，同比增长 6.32%，总市值占全国的比重为 0.48%；上市公司通过资本市场融资 56.06 亿元。上市企业资源培育实现新突破，全年有华锡集团等 10 家企业 IPO 正在证监会审核，数量位居西部第 3 位。

股票交易有所萎缩。2012 年，广西证券经营机构证券交易总额 7 551.38 亿元，同比减少 15.48%，证券交易额占全国的比重为 0.89%；其中，A 股交易额 6 305.54 亿元、B 股 4.65 亿元、基金 38.16 亿元、债券 13.1 亿元、其他证券 1 189.91 亿元。证券投资者开户数 191.67 万户，同比增长 5.31%。

证券期货业规模稳步扩大。2012 年，广西共有 1 家证券公司，1 家基金管理公司，100 家证券营业部，31 家期货营业部，11 家具有证券、期货相关业务许可证的证券中介服务机构。广西证券营业

创新转型取得突破，有31家证券营业部取得债券质押式报价回购业务资格并开展业务；有18家证券营业部取得约定购回证券交易资格，已有1家证券营业部开展业务。

（2）证券业发展中需要关注的问题。上市公司业绩降幅明显。2012年第三季度报告显示，广西30家上市公司中，有7家公司亏损，亏损面为23%；前三个季度共实现营业收入906.94亿元，同比减少3.49%；净利润21.66亿元，同比减少59.01%。

个别上市公司隐藏退市风险。2012年，广西证监局全面开展上市公司退市风险排查，对辖区*ST、ST公司经营情况、财务状况等逐家进行分析，个别公司持续经营能力存在重大不确定性，其隐藏着暂停上市甚至退市风险。

内幕交易防控工作仍需加强。2012年，广西上市公司股价异动频发，内幕交易多发，延误并购重组推进。个别上市公司规范运作水平不高，存在隐瞒披露关联方和关联交易的行为；个别公司在公司治理、财务管理与会计核算等方面也存在一定问题。

证券经营机构管理水平有待提高。业务模式单一、盈利渠道狭窄，行业创新能力不足、证券期货高端人才匮乏等问题连续几年没有大的突破；部分保荐机构、会计师事务所等中介机构在辖区执业过程中服务质量较低、尽责意识有待提高。

3. 保险业：运行态势保持平稳，保障功能不断增强

（1）保险业稳健性评估。业务平稳增长。2012年，广西累计实现原保险保费收入238.26亿元，同比增长12.04%。保险赔付支出74.4亿元，同比增长26.5%。保险密度为516.72元/人，同比增长12.87%；保险深度为1.83%，同比提高0.03个百分点。

市场体系进一步健全。2012年，广西共有保险主体33家，比上年新增2家；保险公司分支机构2 039家，保险从业人员7.3万人，其中营销员5.46万人。保险业总资产达到494.7亿元，同比增长18.48%。

为“三农”提供风险保障。2012年，广西农业保险共提供风险保障99亿元，对各级财政和农民自缴保费放大效应分别高达104倍和283倍，支付农业、林业灾害损失赔款达9 500多万元。

区域市场呈现平稳发展的良好局面。2012年，广西14个地市业务全部实现正增长，11个地市取得2位数增长。其中，北海业务同比增长17.8%，增速列广西第一位。

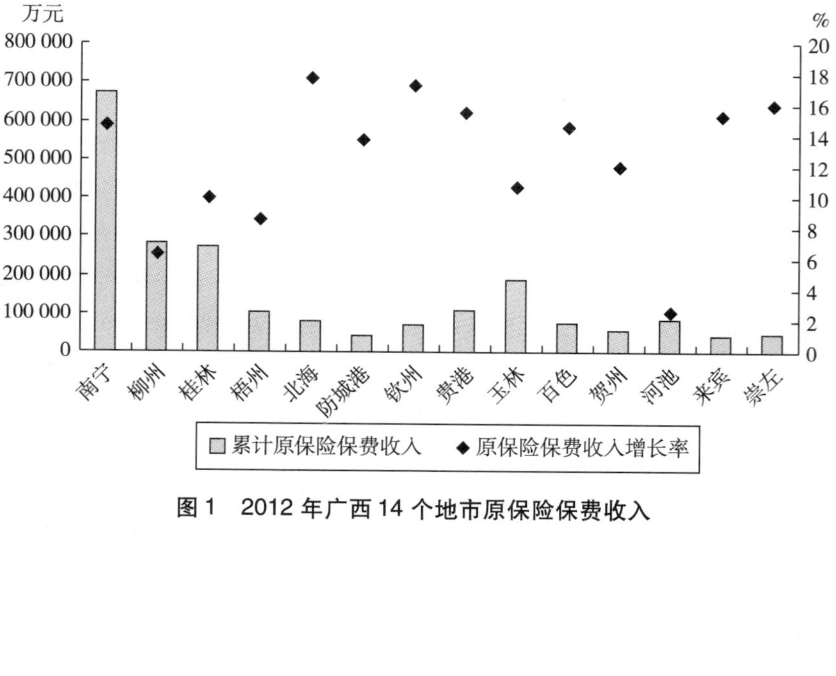

图1　2012年广西14个地市原保险保费收入

（2）保险业发展中需要关注的问题。累积效应逐步显现，退保风险有所增大。2012 年，广西寿险业退保率同比上升 0.27 个百分点。主要原因有：一是部分银保 3～10 年期缴业务陆续将进入缴费期满的敏感期，受前期销售误导因素的影响，退保量和信访量增加。二是部分寿险产品特别是在银行渠道销售的、与储蓄和理财产品直接对比的 3 年期和 5 年期趸交产品因收益率偏低而逐渐失去吸引力，退保风险加大。三是中高收入阶层因资金紧张和进行其他渠道投资而引起退保较多。

粗放经营比较突出，持续发展基础欠佳。一是赔付率不断攀升。2012 年，产险公司综合赔付率同比上升 3.43 个百分点。二是盈利水平明显下降。2012 年，产险公司承保利润同比下降 11.58%。三是产品同质化严重。2012 年，产险主要集中于车险业务，险种占比 76.48%；寿险主要是分红险等投资型险种，险种占比 88.19%。

银保渠道业务下滑，新单业务增长乏力。从渠道看，银保渠道业务大幅下滑，2012 年同比下降 2.89%。从缴费结构看，受宏观经济环境不利影响，寿险新单业务出现萎缩，业务降幅 9.72%。其中，新单期交保费收入同比下降 3.56%，新单趸交保费收入同比下滑 12.78%。

服务能力仍有欠缺，覆盖范围有待拓宽。一方面，保险业在服务实体经济的诸多领域还存在真空和盲区。安全生产责任险、火灾公众责任险等责任险业务在广西还在起步阶段，科技保险、文化保险等在广西几乎还是空白。另一方面，保险赔付占灾害经济损失补偿的比重也很低。覆盖面不宽直接限制了保险功能的有效发挥，导致保险业对实体经济的支撑作用未能充分显现出来。

（二）金融机构改革对金融稳定的影响

1. 国有商业银行改革效果显著，充分发挥主力军作用

2012 年，工商银行、中国银行、建设银行和交通银行在广西的分支机构经营机制、组织结构更趋合理，农业银行广西分行“三农”金融事业部改革试点继续推进，县域业务保持快速发展势头，取得了服务“三农”和自身效益的“双赢”。2012 年，农业银行广西分行县域中小企业贷款余额 199.46 亿元，同比增长 12.28%；重点支持国家级、自治区级农业产业化龙头企业 31 家、166 家，对国家级、自治区级农业产业化龙头企业的服务覆盖率分别为 100% 和 85%；惠农卡发卡总量 455.40 万张，完成全年计划的 170%，覆盖广西县域 93% 的乡（镇）、81% 的行政村、55% 的农户；在县域 9 401 个行政村设立金穗“惠农通”服务点 1.25 万个，对县域行政村的覆盖率达 73.66%。

2. 农合机构改革纵深推进，公司治理水平不断提高

一是省级联社管理体制改革逐步推进。二是县级农商行试点工作不断扩大，分阶段、有步骤地开展农商行达标组建工作。三是合理增资扩股，股权改造工作有序开展。四是条件成熟的农合机构加强金融服务覆盖力度，2012 年 8 月，广西农合机构发起设立的第三家村镇银行——武鸣漓江村镇银行实现了挂牌开业。五是公司治理结构建设持续深入，实现经营机制的科学转化，重点推动农合机构实现由量到质的转变。

3. 互助资金试点成效明显，农村金融体系逐步完善

2012 年，广西 5 市辖区 14 个试点县共 65 个试点村利用贫困村互助资金向农户发放小额贷款，有效缓解贫困农户生产资金不足。一是试点村依法注册成立了扶贫互助协会，制定了各项管理规定，由会员民主推选出理事会，成立监事会，配备专业资格的会计人员。二是试点县扶贫办、财政局制定相应的管理制度和考核办法，对借款程序、借款额度、跟踪管理等各项内容进行规范。三是互助资金由财政扶贫资金、村民自愿交纳的互助金、社会捐赠资金等组成。四是坚持小额、短期、有偿

使用的原则，贷款由会员申请，理事会研究发放，采用会员成立联保小组的方式进行互保。

（三）具有融资功能的非金融机构发展对金融稳定的影响

1. 小额贷款公司发展迅速，经营管理有待规范

2012 年，广西小额贷款公司已开业 191 家，同比增加 64 家。全年累计发放贷款 180.34 亿元，同比增加 75.37 亿元；年平均利润率 14.38%，总收入 9.44 亿元，净利息收入 9.06 亿元。虽然小额贷款公司发展迅速，但其规范持续发展还有许多问题需要克服。一是经营范围狭窄。由于不能吸纳存款，不能开展贷款以外的其他业务，并且放贷对象多为信用等级较低、风险评估较难的小企业，小额贷款公司对不良贷款的控制难度较大。二是后续资金没有保障。现有的制度和规定限制了小额贷款公司补充资金的途径，使公司后续资金难以得到保障。三是税费负担过重。小额贷款公司执行的是工商企业的税制，远高于地方金融机构。四是风险监管制度措施存在漏洞。小额贷款公司经营过程中各类风险的提前预警、及时识别以及风险监测等管理内容和方法尚未健全，对于违规经营行为也缺乏明确的监管和处罚依据。五是小额贷款公司转制为村镇银行的政策还有待完善，不能有效推动小额贷款公司改制村镇银行的进程。

2. 融资性担保公司平稳发展，发展中问题需密切关注

2012 年，广西获得融资性担保机构经营许可证的担保公司共 185 家，注册资本合计 177.98 亿元。与银行开展融资性担保业务的担保公司共有 118 家，占全部法人公司的 73.8%，担保保证金余额 70.96 亿元，在保余额 433.82 亿元，同比增长 13.52%。广西融资性担保业协会于 2012 年 8 月 3 日挂牌成立，标志着广西“政府主导、行业自律、社会监督”的“三位一体”监管机制基本形成。目前，融资性担保公司在发展中仍存在以下问题。一是机构持续发展能力较弱。大多数融资性担保机构在组建之初基本上就一次性注入资本金，没有根据经营情况和市场变化补充资本金。二是融资性担保功能得不到充分发挥。各银行业金融机构在与融资性担保机构开展业务合作的实际操作过程中都很谨慎，融资性担保功能得不到发挥。三是融资性担保机构的风险与收益不对等。银行收取的贷款利息比融资性担保机构收取的担保手续费要高得多，二者之间的风险收益分摊不均显而易见。

3. 受到诸多因素限制，典当行业发展缓慢

一是资金来源有限，资金规模难以扩大。二是主要典当业务存在一定的市场风险。房地产典当业务与国家宏观调控政策密切相关，变现能力相对较差，潜在风险很大；财产权利典当的物品价值也容易随着市场变化产生剧烈波动。三是鉴定评估人才匮乏。目前典当业从业人员多数从其他行业转型而来，缺乏必要的理论知识和专业技能，导致大部分典当行不敢介入艺术品以及珠宝、古董等高档精品行业，经营上难有突破。

4. 清理整顿交易场所，切实防范金融风险

2012 年，根据国务院的要求，经自治区清理整顿各类交易场所工作领导小组批准保留的各类交易场所 63 家，批准关闭的交易场所 21 家。经过清理整顿，一是促进了广西市场体系的规范健康发展，为市场提供了真实经济需要的商品，为要素流转提供正常的交易平台；二是交易所的设置更加科学合理，最大限度地发挥服务功能、最大限度地防范风险；三是交易场所的设立与监管能力及实体经济发展水平相协调。

5. 非金融支付机构从无到有，风险隐患不容忽视

2012 年，广西已有 2 家法人非金融支付机构获得支付业务许可，近 20 家非法人支付机构落户广

西开展业务；支付机构在广西的交易规模已达到4 625万笔、548亿元，为广西带来资金沉淀日均近亿元，对推进广西社会发展提供了有力资金支持。非金融支付机构属于新生事物，在发展过程中存在的风险隐患不容忽视。一是个别支付机构未与银行机构就备付金系统形成对接直连，增加了备付金安全风险和支付业务风险。二是个别支付机构对信息安全的认识及信息安全管理制度的落实不到位，核心业务系统的运行环境和运维体系不完善，容易带来信息安全风险。三是个别支付机构反洗钱内控制度与业务操作规程不配套，反洗钱组织架构不够健全，可能引发洗钱风险。

（四）其他金融风险因素对金融稳定的影响

1. 金融案件不断升级，干扰正常金融秩序

2012年，广西金融案件呈现以下几个特点。一是走私贩毒等违法犯罪行为对边境地区的社会经济稳定仍具有潜在威胁，信用卡伪卡诈骗案、非法集资案、结算型地下钱庄等金融犯罪呈现出跨区域性高发态势。二是民间资本成为银行案件新目标。由于经济增长放缓，企业融资困难，民间借贷盛行，借道银行信誉和以银行为中介来放松民间放贷人戒备心理骗取资金的案件时有发生。三是传销案件仍处高发态势，屡打难绝。传销活动“升级换代”，更具迷惑性和欺骗性，一些群众的暴富梦让传销有机可乘，传销屡打难绝。

2. 反假币工作成效显著，打击力度不断增强

2012年，广西全辖收缴假人民币2 920.09万元，同比增长28.83%，银行柜面及公安破案假币收缴量均呈上升趋势。广西继续坚持“打防并举，标本兼治”方针，加大对假币“堵、查、打”的力度，创新反假货币宣传形式，落实“假币零容忍”新举措，加强督促检查，一系列措施的出台有力阻止了假币的扩散、蔓延和泛滥，维护了地方金融的稳定。随着广西反假货币工作力度不断加大，广西假币生存空间被不断压缩，制贩假币违法犯罪活动对金融稳定不足以构成威胁。但在利益驱动下，社会上滋生假币犯罪的土壤尚未根除，流通中假币仍有一定存量，对金融稳定构成不利影响。

3. 民间借贷利率高企，金融监管亟待加强

人民银行南宁中心支行90家居民民间借贷利率监测点的数据显示，2012年第四季度，广西民间借贷加权平均利率为26.68%，同比提高1.53个百分点。其中，农户类加权平均利率为25.78%，与第三季度基本持平；非农户类加权平均利率为27.3%，同比提高2.51个百分点。民间借贷在企业直接融资方面发挥了重要作用，但其对金融稳定也造成了一定的挑战和冲击。一是非法吸收公众存款案件爆发影响金融稳定，民间融资市场风险时有显露。二是民间融资市场监督管理机制滞后，民间融资市场风险加大。三是民间融资利率水平远高于正规金融机构，高企的利息负担不利于社会的稳定。四是个别地区民间借贷流向六合彩、赌博等非法领域，借助黑社会势力、暴力追贷的现象仍时有存在。五是民间融资冲击正规金融业务，资金流向多为正规金融不支持的领域，同时，民间融资在金融监管的体外循环，均对国家产业政策和货币政策产生负面影响。

三、金融市场运行与金融稳定

（一）金融市场运行情况

1. 同业拆借交易萎缩，市场利率震荡上行

2012年，广西同业拆借业务交易总量持续萎缩，资金流向由融出转为融入，信用拆借累计成交

60笔、金额73亿元，交易金额同比减少84亿元；净拆入资金7.8亿元，同比多融入资金146.6亿元。交易产品仍以7天为主，7天期限信用拆借交易额占总金额的50.68%。由于广西信用拆借以拆入7天居多，信用拆借加权平均利率为4.6%，高于全国平均水平1.99个百分点。

2. 票据市场规模扩大，不断满足短期调剂

一是票据签发规模急剧扩大。2012年，广西商业银行累计签发票据2 425.8亿元，同比多放1 378.1亿元。二是票据贴现保持快速增长。2012年，广西企业贴现累计发生840.8亿元，同比增加92.9亿元。三是转贴现交易异常活跃。2012年，广西票据转贴现累计发生9 230.2亿元，同比多增4 896.1亿元。四是票据市场利率高位回落。12月，广西企业贴现加权平均利率和转贴现加权平均利率分别为5.59%和4.88%，同比分别回落3.25个和3.46个百分点。

3. 债券市场活跃度降低，资金价格震荡下行

一是债券回购交易量回落。2012年，广西银行间债券市场成员累计办理债券回购6 561笔、金额约为1.90万亿元，同比增长15.85%，增速同比大幅回落188个百分点。二是现券交易整体活跃度降低。2012年，广西银行间债券市场成员共发生现券买卖业务1.37万笔、金额1.83万亿元，交易金额同比减少15.71%。三是持券结构总体保持稳定。2012年，广西全国银行间债券市场成员持券余额达420.69亿元，同比增长5.8%。持券结构仍以非政策性债券为主，占全部债券持有余额的72.93%。四是企业利用债券市场融资创历史新高。2012年，广西企业累计发行债券437.9亿元，同比多发198.3亿元，创历史新高。

4. 外汇总量小幅上扬，结售汇呈全线逆差

2012年，广西银行全年结售汇总额171.04亿美元，同比增长14.06%其中，结汇74.87亿美元，同比下降9.12%；售汇96.17亿美元，同比增长42.33%。2012年以来，全球经济复苏显著放缓，发达经济体停滞不前，新兴经济体也出现增速下降趋势，奠定了外汇市场的逆差格局。全年广西累计结售汇逆差21.30亿美元，其中，经常项目和资本与金融项目逆差规模分别为10.02亿美元和11.28亿美元，分别占总逆差的47%和53%。

5. 黄金市场稳步发展，黄金业务交易活跃

2012年，广西共有11家银行业金融机构开办6类黄金交易业务品种，商业银行各类黄金业务累计成交37.48吨，同比增长23.3%；累计成交金额128.1亿元，同比增长20.8%。一是场内黄金交易以代理业务为主。2012年，广西金融机构场内黄金现货自营业务交易0.89吨、成交额3.1亿元，场内黄金代理业务交易6.11吨、成交额22.09亿元。二是账户黄金交易增长迅猛。2012年，广西辖内账户黄金业务成交量累计28.9吨，成交金额97.8亿元，同比分别增长18.1%和17.9%。三是实物黄金销售明显减少。2012年，广西各商业银行共累计成交实物黄金1.46吨、金额5.48亿元，同比分别减少21.1%和17.8%。

（二）金融市场运行中应该关注的问题

1. 村镇银行开展同业拆借业务困难重重

受自身机构限制，村镇银行存在较强的流动性管理需求，对同业拆借的需求不断增强。但目前，村镇银行普遍存在内控制度不完善、无同业拆借交易专业人员和组织机构等问题，其实际开展同业拆借业务政策障碍和自身限制并存。

2. 人民币跨境结算对结售汇的替代效应加剧外汇资金波动

当前，广西跨境人民币结算业务主要基于边境贸易需求，发展较为不平衡，人民币跨境资金流入额远大于流出额，对结汇和售汇的替代规模也极不平衡，从而对结售汇差额波动产生影响。2012年，广西跨境收支净流入和结售汇差额差距高达51.93亿美元，其中人民币跨境净流入贡献比重达98.53%。

四、金融基础设施与金融稳定

（一）支付清算体系建设取得新进展

2012年，广西强化支付清算系统参与者日常管理和风险防控工作，组织开展第二代支付系统联调测试、行内系统改造及接口规范等相关准备工作，积极实施支付结算执法检查，继续推进银行卡安全管理和特色业务应用，深入推进银行卡助农取款服务，成功申请手机支付在农村地区试点，成功辅助2家法人机构获得支付业务许可，建立支付机构备案和业务报告等监管办法，认真履行账户审批职责，稳步实施个人存量银行结算账户核实工作。但同时，广西支付清算体系还存在一些不完善的地方，有待进一步改进。如人民银行在支付业务监管工作中缺乏有效的履职手段，机构的缺失使部分县域农村支付结算管理不到位等，都将在一定程度上对金融稳定产生影响。

（二）信用体系建设日益完善

2012年，广西成功举办第四届中国—东盟金融合作与发展领袖论坛暨中国—东盟征信市场专题活动，构筑中国—东盟征信交流合作平台，启动广西金融业诚信统一平台建设。企业征信系统收录广西企业13万户，入库人民币贷款余额8 077亿元，个人征信系统收录广西自然人信贷账户2 487万户，信贷余额3 955亿元；7.7万户中小企业建立了信用档案，11 375户中小企业获得金融机构1 333亿元贷款支持；为362万农户建立信用档案，已评定326万户信用农户，金融机构向289万建档农户累放贷款1 049亿元；创建信用县1个，信用乡镇41个，信用村693个，有效促进农村经济金融的发展。目前，征信系统采集的非银行信息越来越宽泛，由于缺乏长效机制保障，非银行信息的更新和质量缺乏法律保障，存在法律诉讼错判的可能性，对金融稳定将产生一定的影响。

（三）反洗钱工作实效性进一步增强

2012年，广西加强与相关部门的协调合作，与广西人民检察院共同签署《打击贪污贿赂和洗钱犯罪合作备忘录》，督促法人机构加强风险防范和内部管理，出台北部湾边境特色反洗钱现场巡查工作制度，通过业务培训、壮族山歌、演讲比赛、问卷调查等多种形式开展反洗钱宣传培训活动，广泛普及反洗钱知识。尽管广西反洗钱工作取得重要进展，但各种犯罪活动引发的洗钱风险依然存在。如边远地区群众对出租出借身份证件的洗钱风险认识不高，金融机构对军官证、港澳台通行证、外国护照等非居民身份证件的识别手段有限，犯罪分子利用他人或虚假证件开立账户仍有机可乘。

（四）金融信息化建设取得显著成效

2012年，广西不断完善和优化信息系统功能，利用信息化手段实现金融服务创新，促进科技成果转化；成功完成核心业务系统建设，同城实时清算系统实现省级上收；深入推进信息安全等级保护工作，科学评估信息系统对金融稳定和国家安全的影响；继续完善金融业信息安全协调工作机制，搭建灵活便利的协同交互工作平台；高度重视金融服务连续性管理，完善应急响应措施；大力推进金融 IC 卡应用，加快卡片受理环境改造进程，用卡环境不断改善。虽然广西金融业的信息化建设整体处于上升阶段，但信息安全协调机制还不够健全，部分机构在 IT 外包风险控制、自主运维等方面仍存在一些薄弱环节，可能对金融网络和信息系统的稳定运行产生一定影响。

五、总体评估与政策建议

（一）总体评估

从定量评估的结果来看，2012 年广西金融稳定综合评价值为 83.75 分，较上年下降了 0.85 分，同比下滑 1%，是近五年来首次出现下降。虽然广西仍属于金融稳定状况较好地区，但这一数据表明在复杂严峻的经济形势下，广西金融稳定总体状况有所下降，风险抵御能力有待进一步提高。分项来看，宏观经济和保险业有所下降，银行业、证券业和金融生态环境略有上升（见图 2、图 3）。

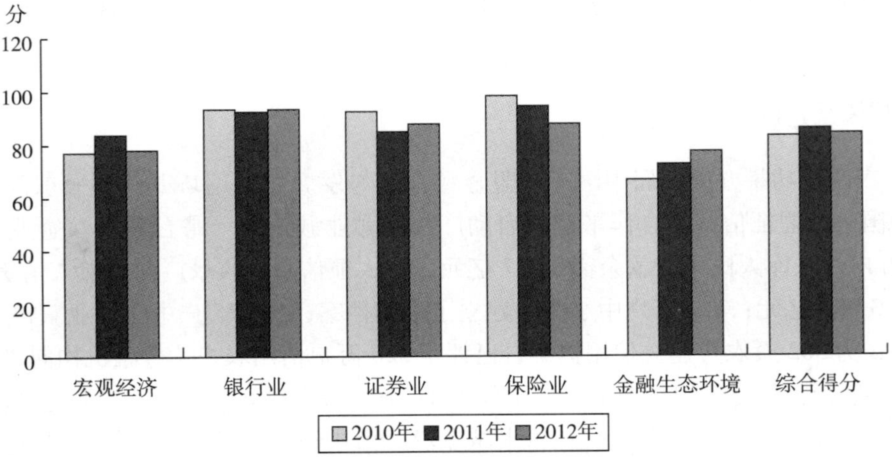

图 2　2010 年、2011 年和 2012 年广西金融稳定状况

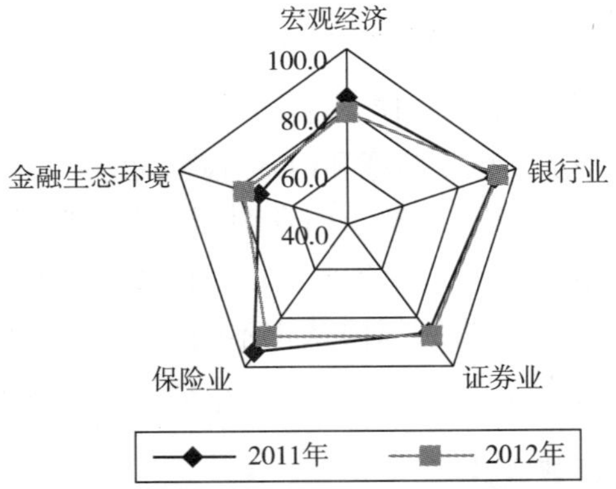

图 3　2011 年和 2012 年广西金融稳定状况雷达图

2012年以来，国内外经济金融形势依然比较复杂，国际上，美国高失业率、欧洲主权债务危机和新兴经济体发展趋缓等困境依然存在，并通过贸易、资本流动以及预期等渠道影响我国。从国内看，我国经济发展中不平衡、不协调、不可持续的矛盾和问题仍很突出，经济下行压力持续增大。受此影响，广西金融稳定整体形势面临新的挑战，存在一系列需要密切关注的风险隐患。

1. 宏观经济方面，关注实体经济风险向金融体系传递的问题

在地方财政体制尚未完善的前提下，政府主导的投资不可持续；受企业投融资能力减弱的制约，企业投资增长乏力；消费热点尚待培育，消费需求增速趋缓；外部需求萎缩，外贸出口形势严峻，企业经营压力加大；受市场需求下降和生产成本上涨的影响，部分行业生产经营困难，利润下降；房地产开发金融风险向影子银行渗透；经济结构不合理等深层次的矛盾日益凸显。这在一定程度上加大了金融资源非均衡配置和金融风险的集中趋势，实体经济风险向金融体系传导的可能性增加。

2. 金融业方面，关注金融业关联度提高、金融风险上升的问题

一是银行业不良贷款反弹压力增大，部分法人金融机构流动性趋紧，风险管理水平仍需完善，表内业务不断表外化，跨市场、跨机构的交叉性金融风险逐渐显现。二是证券经营机构发展遇到瓶颈，上市公司内幕交易频发，资本市场对经济的带动作用没有得到充分发挥。三是保险业粗放经营比较突出，销售误导问题仍然存在，非理性竞争现象时有发生，发展和风险防范的压力与难度增大。四是小额贷款公司、融资性担保公司等影子银行体系的机构和业务内在脆弱性显现，对监管提出更高要求。

3. 金融生态环境方面，关注非法金融活动跨区域发展的问题

信用卡伪卡诈骗、非法集资、地下钱庄、传销等金融犯罪屡禁不止，呈现出跨区域性高发态势，金融生态环境建设有待加强。

（二）化解金融风险、增强金融业稳健性的政策建议

1. 深化经济结构调整，转变经济增长方式

一是重视经济发展的质量和效益，向消费、投资和出口三者协调发展转变，进一步增强内需对经济增长的推动力，避免过度依赖投资和出口对经济的拉动。二是实施开放创新双驱动战略，促进产业结构优化升级，大力推动传统制造业向现代制造业转变，培育发展战略性新兴产业，促进创新要素与生产要素良性互动。三是进一步完善招商引资促进机制，构建高水平引资平台，改善投资环境，增强投资吸引力。

2. 优化信贷资源配置，积极支持经济发展

各金融机构既要着力优化信贷资源配置，加大对经济结构调整的支持力度，加强对中小企业尤其是小微企业，以及科技、文化、旅游、“三农”、战略性新兴产业等领域的金融支持；又要积极稳妥推进广西城镇化建设，提高城镇化质量，走集约、智能、绿色、低碳的新型城镇化道路。与此同时，各金融机构要以新资本监管标准的实施为契机，强化资本约束，推动银行增长从以规模扩张为主，向以质量效益为主转变，切实改变“信贷高速扩张—风险资产累积—再融资—再扩张”的发展模式，走内涵式集约化的发展道路。

3. 做实做强金融产业，提升风险管理水平

一是稳步优化银行业资产质量，科学提升盈利效率，规范经营行为，完善监督机制，强化风险治理，实现稳健发展。二是提高证券经营机构的竞争力，支持国海证券“走出去”，对接东盟平台，

开展跨境业务，支持异地证券公司设立分支机构。三是优化保险产品结构，继续培育和发展新型保险保障产品和保险投资产品，努力满足不同群体的保险需求；转换保险公司经营机制，转变增长方式、管理模式和价值评价方式。

4. 增强风险监测合力，防范系统性金融风险

一是切实做好辖内金融风险监测评估工作，密切关注金融机构跨区域经营、表外业务风险。二是强化辖内地方法人金融机构的公司治理，不断充实其资本金实力，稳步开拓金融市场，切实防范因快速扩张可能导致的风险隐患。三是加强对影子银行的宏观审慎监测分析与管理，建立风险监测评估与预警体系，加强对其资金来源和信贷投向的监测指导。四是进一步完善金融稳定联席会议制度，建立健全风险预警监测管理体系，发挥各有关部门监管合力，切实防范系统性金融风险。

5. 改善金融生态环境，强化金融基础设施建设

一是继续推进农村金融改革工作，不断完善涉农金融组织体系、提高农村金融服务质量，强化金融支农力度。二是强化社会信用体系，充分发挥“中国—东盟征信研究中心”平台作用，稳步推进企业、个人、农村信用体系及广西金融业诚信统一平台建设。三是完善支付体系建设，加大支付信息采集范围，完善支付信息管理制度，扩大支付体系覆盖面，强化对非金融支付机构监管。四是继续完善反洗钱调查工作机制，加强反洗钱现场巡查，严厉打击洗钱犯罪，加强公众金融知识宣传，增强投资者自我保护意识。五是完善应急体系预案制度建设，联合地方政府相关部门和金融机构，开展应急演练，切实增强防范和化解金融风险的实战能力。

6. 抓住人民币国际化契机，推动金融开放合作

一是抓住人民币国际化契机，鼓励银行和企业大胆“走出去”，不断开拓海外市场。二是充分发挥博览会作用，加强高层的交流与合作。三是强化中国东盟双边金融机构的交流，建立完善的跨境人民币清算体系，鼓励东盟金融机构开展人民币业务。四是通过政策、宣传手段，积极引导和鼓励企业使用人民币开展跨境贸易和投资结算。五是促进金融监管合作，建立人民币跨境流动的监控机制，防范跨境金融风险。

总　　纂：关守科
统　　稿：唐剑冰　黄云丰　梁　海
执　　笔：朱燕宇　农丽娜　黄德钊　王　涛　李　雪　莫志胆
其他参与写作人员（按姓氏拼音排序）：
安立波　陈少敏　邓蒂妮　黄　倩　李文明
林启刚　刘广伟　卢　峰　罗顺兴　潘　玉
覃　琪　秦义春　邱　海　夏梦迪　辛悦玲
王效瑜　杨喜孙　易庆玲　袁　泉　曾之莹

海南省金融稳定报告摘要

2012年，海南省深入贯彻落实科学发展观，大力推进“科学规划年”和“项目建设年”各项工作，经济保持平稳较快发展，调结构、转方式、惠民生取得新进展，为区域金融稳定发展创造了良好环境。金融业保持良好的发展态势。银行业继续深化改革，经营业绩提升，风险管理水平提高。证券业平稳发展，资本市场融资功能持续发挥。保险业务稳健增长，市场组织体系继续扩大，经济补偿和风险保障功能持续显现。金融基础设施不断完善，金融服务实体经济的效率和安全性稳步增强，有力地支持了海南国际旅游岛建设。

一、区域经济运行与金融稳定

2012 年，在复杂严峻的国内外环境下，海南省经济实现平稳较快增长，经济结构持续优化，物价相对稳定，转变经济发展方式取得新进展，为金融业安全稳健运行创造了有利环境。

（一）海南省经济运行情况

1. 经济平稳较快增长，结构调整继续推进

海南省统计局初步核算，2012 年实现地区生产总值 2 855. 26 亿元，按可比价格计算，比上年增长 9. 1%，增速较上年回落 2. 9 个百分点。人均地区生产总值 32 374 元，按当年年平均汇率折算为 5 147美元，首次跨上五千美元新台阶。从产业增加值占地区生产总值的比重看，第一产业为

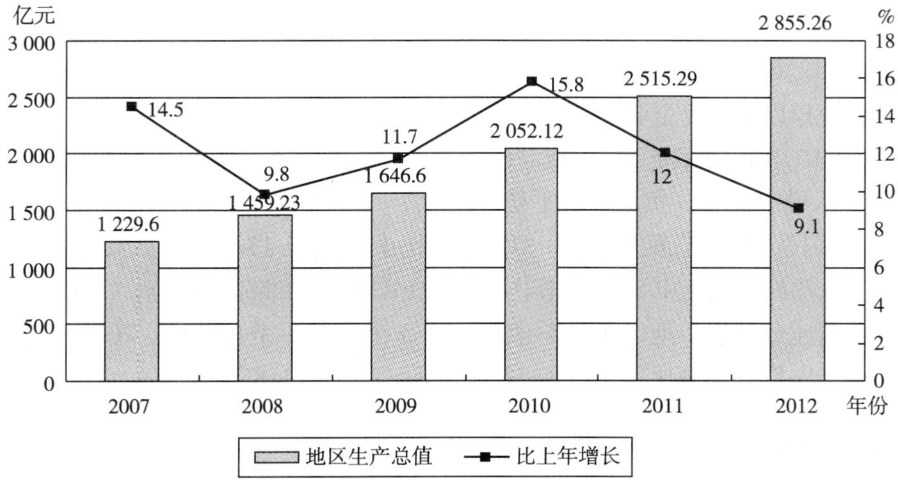

数据来源：海南省统计局相关资料。

图 1　2007—2012 年海南省地区生产总值增长情况

24.9%，比上年下降1.2个百分点；第二产业为28.2%，稍回落0.1个百分点；第三产业为46.9%，上升1.3个百分点。

2. 固定资产投资增长较快，消费需求相对稳定

海南省委省政府“项目建设年”的实施推动了固定资产投资快速增长。2012年，全省固定资产投资2 145.38亿元，比上年增长33.1%。全年施工项目个数为2 485个，比上年增长20.0%。同时，消费需求平稳较快增长。全年社会消费品零售总额852.34亿元，比上年增长15.0%。离岛免税政策效应得到进一步释放，全年免税商品零售额23.88亿元，比上年增长1.2倍。进出口总额143.3亿美元，比上年增长12.3%。

3. 物价指数稳中趋降，通胀压力有所缓解

2012年，居民消费价格（CPI）比上年上涨3.2%，其中，食品上涨5.2%，居八大类价格之首。从动态看，2012年8月以来，居民消费价格呈逐月回落态势，12月居民消费价格（CPI）同比上涨1.8%，增速比8月回落2个百分点。

4. 转变经济发展方式取得新进展，区域发展进一步向好

海南省低碳试点省获批，在全国率先建立逐年增长的生态补偿投入机制，区域发展趋于协调。西部地区固定资产投资增长分别比中部地区和东部地区快14个和26.9个百分点。中部地区地方公共财政收入增长分别比西部、东部地区快11.4个和10.5个百分点。全省地区生产总值超100亿元的市县达到9个，地方公共财政收入超10亿元的市县达到8个。

（二）经济主体财务分析

1. 财政收入增长较快，财政对民生领域的支持力度加大

2012年，全省全口径公共财政收入770.87亿元，比上年增长11.7%。其中，地方公共财政收入409.44亿元，比上年增长20.4%。财政支出向教育、住房保障、医疗、“三农”等民生领域倾斜。2012年，地方公共财政支出918.58亿元，比上年增长17.9%，其中用于教育、医疗卫生、住房保障、社会保障和就业、农林水事务等民生支出占地方公共财政支出的71.5%。

2. 企业效益有所下降，长期偿债能力基本稳定

2012年，列入统计监测的365家规模以上工业企业综合效益指数356.8%，同比下降0.7个百分点；实现利润总额112.61亿元，同比降低9.6%。资产负债率小幅回落，但企业应收账款和库存增长较快。2012年，规模以上工业企业资产负债率50.6%，同比下降2.9个百分点。应收账款同比增长28.9%，增速同比提高16.6个百分点；产成品库存同比增长23.8%，增速同比提高21.9个百分点。

3. 城乡居民收入继续提高，负债增长平稳

2012年，城镇居民人均可支配收入20 918元，比上年增长13.9%，扣除价格因素，实际增长10.4%；农村居民人均纯收入7 408元，比上年增长14.9%，扣除价格因素，实际增长11.4%。城镇和农村居民收入增速分别快于地区生产总值增速1.3个和2.3个百分点。2012年末，海南省银行业金融机构本外币个人贷款余额比年初增加47.46亿元，增长11.85%。

（三）需关注的问题

1. 经济增长内生动力不足

当前，海南省经济增长主要依靠国有企业和政府主导的固定资产投资，民间投资和消费需求尚

未明显提速，内生增长动力不足，经济发展的下行压力依然存在。同时，劳动力成本、资源性产品存在趋势性上涨压力，加之海南省企业自主创新能力较弱，市场地位和经济效益不高，将影响海南省经济的长期可持续发展。

2. 经济结构调整任务艰巨

虽然海南省经济结构进一步向好，但同全国平均水平比仍有一定差距。一是存在工业短腿现象。2012 年第二产业增加值占地区生产总值的比重比全国平均水平低 17.1 个百分点。2012 年，受国内外环境影响，海南省工业增速大幅回落。规模以上工业增加值增长 8.9%，增速比上年回落 5.1 个百分点。二是第三产业结构不优。受益于自然禀赋，海南省旅游业、房地产业和传统服务业发展较好，但生产型服务业和现代服务业发展滞后。

3. 房地产市场持续调整对经济增长的影响

2012 年，海南省房地产业增长放缓，房屋销售增长缓慢。2012 年房地产销售面积比上年增长 4.9%，房地产销售额比上年下降 6.9%。由于房地产业增加值占服务业增加值近 20%，占地区生产总值的 8% 以上，且房地产产业链较长，房地产业增长缓慢使海南省经济增速受到较大影响。同时，由于房地产开发资金来源中银行贷款占比较高，房地产市场持续调整可能增大银行信用风险。

二、金融业与金融稳定

（一）银行业与金融稳定

2012 年，海南省银行业继续深化改革，经营规模不断扩大，风险管理水平提高，稳健运行的基础得到进一步夯实。

1. 银行业整体运行情况

（1）银行改革逐步深入，组织体系日趋完善。2012 年，海南省农村信用社专项票据全部兑付完毕；狮子岭信用社顺利改制为海口联合农村商业银行；临高金牌城市信用社改制重组获银监会原则同意；三亚市农村信用合作联社改制组建三亚农商银行进入筹建阶段；国有商业银行股份制改革进一步深入；中信银行海口分行、招商银行海口分行开业，民生银行三亚分行、浦发银行海口分行抓紧筹建；万宁国民村镇银行设立；由民生银行等 3 家银行共同倡导发起，33 家中小银行、保险、租赁等金融机构参与的亚洲金融合作联盟永久落户三亚。

（2）经营规模继续扩大，服务能力不断增强。2012 年末，海南省银行业金融机构资产总额同比增长 17.62%，增幅同比上升 4.43 个百分点；负债总额同比增长 17.7%，增幅同比上升 5.01 个百分点（见图 2）；银行服务密度同比增长 16.35%。

（3）居民储蓄意愿增强，存款增速加快。2012 年末，海南省银行业金融机构各项存款余额 5 109.7亿元，同比增长 13.43%，增速同比提高 6.63 个百分点。其中，储蓄存款余额 2 186.84 亿元，同比增长 15.8%，增速同比提高 3.38 个百分点；单位存款余额 2 646.75 亿元，同比增长 11.65%，增速同比回落 23.04 个百分点。

（4）贷款快速增长，投放结构不断优化。2012 年末，海南省银行业金融机构各项贷款余额 3 889.63亿元，同比增长 21.76%，高于全国同期水平 6.16 个百分点。贷款投放结构不断完善。从贷款期限看，短期贷款同比多增，中长期贷款增速小幅回落；从贷款行业看，基础设施和房地产行

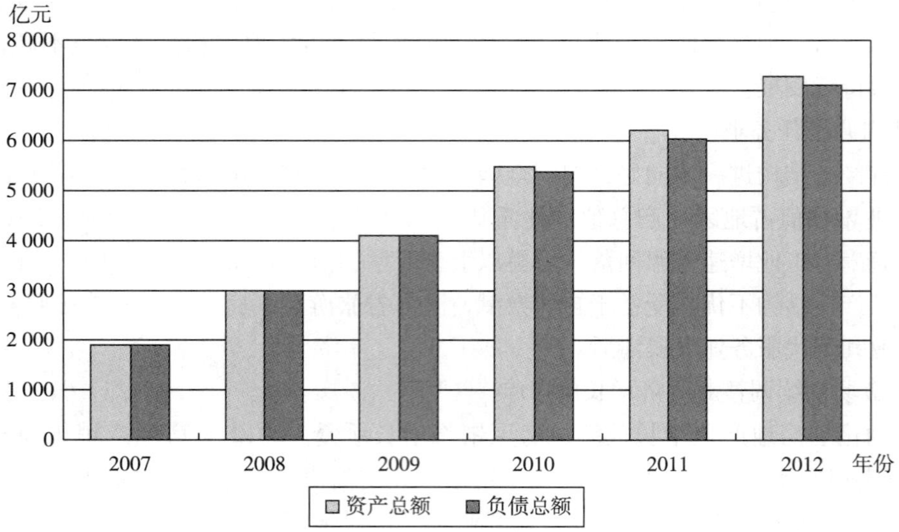

数据来源：中国人民银行海口中心支行相关资料。

图2 2007—2012 年海南省银行业资产负债总额情况

业新增贷款明显下降，服务行业新增贷款有所增加。

（5）资产质量持续改善，盈利能力进一步提高。2012 年末，海南省银行业金融机构不良贷款余额同比减少2.88 亿元；不良贷款率为 1.06% （见图 3），同比下降 0.32 个百分点。利润同比增加15.43 亿元，增长 22.82% 。

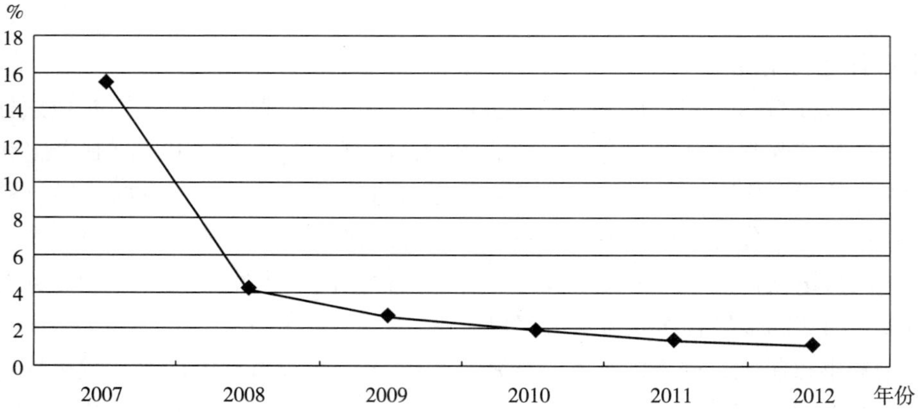

数据来源：中国人民银行海口中心支行相关资料。

图3 2007—2012 年海南省银行业不良贷款率变动情况

2. 银行业发展中需要关注的问题

（1）贷款向大客户集中。2012 年末，海南省银行业金融机构最大十家客户贷款余额占全部贷款余额的 47.46% ，不良贷款余额占全部不良贷款余额的 57.93% ，不良贷款率高出全省银行业金融机构不良贷款率 0.24 个百分点。

（2）地方法人银行业金融机构存在风险隐患。2012 年末，海南省 17 家农村信用合作联社中，5

家联社的不良贷款率高于5%，14家联社的资本充足率低于8%；各联社的单一客户授信集中度、最大十家集团客户授信集中度超过监管要求。目前，海南省村镇银行吸存难度大，存贷比高位运行，值得关注。

（3）地方政府融资平台贷款蕴含潜在风险。2012年末，海南省政府融资平台贷款余额占全省银行业金融机构贷款余额的20.8%。目前看，政府融资平台贷款风险整体可控。但同时，政府融资平台贷款项目主要是公益性质的基础设施项目，其自身收益具有不确定性；随着中央对房地产业调控力度加大，作为政府融资平台贷款项目抵押物的土地价值可能缩水，导致抵押权效力下降。

（二）证券业与金融稳定

2012年，在大盘震荡调整背景下，海南省证券业平稳发展，证券市场参与主体增多，资本市场融资功能持续发挥。

1. 证券业整体运行情况

（1）证券营业部数量稳步增加，盈利水平下滑。2012年，海南省证券营业部39家，比上年增加3家。受证券市场行情震荡调整影响，市场交易活跃度下降，海南辖区股票成交量显著下降。全省证券营业部证券交易金额同比下降31.26%，管理客户资产余额同比下降42.36%。证券营业部整体继续保持盈利，但受股票市场震荡调整等因素影响，净利润同比下降59.24%。

（2）法人证券公司资产规模扩大，盈利水平出现分化。2家法人证券公司资产总额同比增长78.3%，负债总额同比增长67.14%，净资本同比增长130.1%。金元证券获大股东增资20亿元。2家法人证券公司净利润同比增长245.39%。其中，金元证券净利润同比增长122.84%，万和证券亏损额同比扩大。

（3）期货市场发展平稳，期货经营机构代理交易额持续增长。截至2012年末，海南省共有4家期货公司（其中1家处于停业整顿阶段），13家期货营业部，比上年增加2家。辖区期货经营机构代理交易额同比增长16.6%。金元期货于2012年1月取得了投资咨询业务资格，业务范围进一步扩宽。3家期货公司均实现盈利，净利润同比增长265.19%，盈利能力进一步提升。

（4）资本市场融资功能有效发挥。2012年，海南省上市公司增至26家。尽管整体市场不景气，但海南省上市公司的融资水平依然处于高位，全年共募集资金104.32亿元。其中，首发上市1家，募集资金6亿元；定向增发3家，募集资金93.32亿元；发行公司债1家，募集资金5亿元。海南省上市公司股本总市值和总股本分别为1 444.86亿元和234.25亿股，同比分别增长17.66%和13.44%。

（5）后备上市资源培育工作稳步推进。2012年，海南省后备上市资源库企业达103家，比上年增加12家，增幅13.19%。新增后备上市企业涵盖旅游、制药、工业、渔业等行业。

2. 证券业发展中需要关注的问题

（1）证券期货经营机构竞争力不强。海南省证券机构业务收入对市场行情有较强的依赖性，综合竞争能力不强，存在因证券市场波动、走势低迷而导致经纪业务收入和利润不稳定等风险。2家证券公司仅有1家开展业务创新，期货公司也仅有1家开展业务创新，其余机构由于净资本规模小等因素制约，未达到开展创新业务的相关要求，创新业务的进展相对缓慢。1家期货公司尚处于停业整顿阶段。

（2）上市公司整体质量有待提高。2012年末，海南省上市公司数量仍较少，仅占全国上市公司

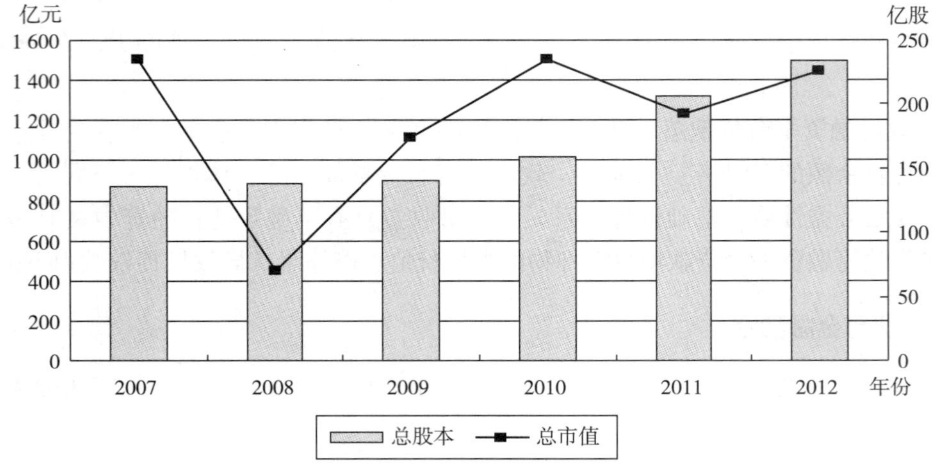

数据来源：海南证监局相关资料。

图4 2007—2012 年海南省上市公司总市值和总股本情况

总数的 1.04%，低于全国平均水平；上市公司总市值和平均市值低于全国平均水平。部分公司规模小、资产质量不高、发展后劲不足；部分公司的治理水平和内控能力亟待提高。

（三）保险业与金融稳定

2012 年，海南省保险业发展呈现稳中有进的态势，市场组织体系逐步完善，行业发展实力上升，经济补偿功能有效发挥。

1. 保险业整体运行情况

（1）市场体系建设取得新突破，行业发展实力增强。2012 年，阳光人寿保险公司落户三亚，实现了海南省保险公司法人机构零的突破，华安财险海南分公司正式开业，保险业组织体系进一步完善。同时，全行业资产规模稳步扩大，保险业渗透能力有所提升。截至 2012 年末，海南省保险公司资产总额同比增长 19.5%，保险密度同比增长 10.42%。

（2）保险业务发展稳健，经济补偿功能增强。2012 年，海南省保险公司保费收入 60.27 亿元，同比增长 12.14%。其中财产险保费收入 25.89 亿元，同比增长 15.38%；人身险保费收入 34.38 亿元，同比增长 9.81%。全行业赔付支出 18.17 亿元，同比增长 14.4%。其中，财产险赔付支出 12.45 亿元，同比增长 17.36%；人身险赔付支出 5.73 亿元，同比增长 8.5%。

2012 年，海南省信用保险实现零突破，农业保险、责任保险、旅游保险等业务发展取得较好的效果和影响。5 月，具有“广覆盖、高保险、低费率”的海南旅游意外综合保险以及旅游风险保障体系信息平台项目正式启动运行。海南省政策性农业保险试点开展顺利，开办的险种和覆盖面继续扩大，全年新增森林保险和甘蔗保险 2 个农业险种，试点险种增至 13 个。11 月，海南省遭受“山神”台风等重大自然灾害影响，海南省保险业及时查勘理赔，较好地帮助受灾企业和群众恢复生产生活，保险业功能保障作用有效发挥。

（3）财产险公司经营效益提升。2012 年，全省财产险公司承保利润创历史新高，达到 0.93 亿元，业务和管理费用率同比降低 1 个百分点，综合成本率和综合赔付率均有所降低。车险业务保费收入同比增长 15.55%，增幅同比降低 5.81 个百分点。部分非车险业务实现较快发展。责任保险保

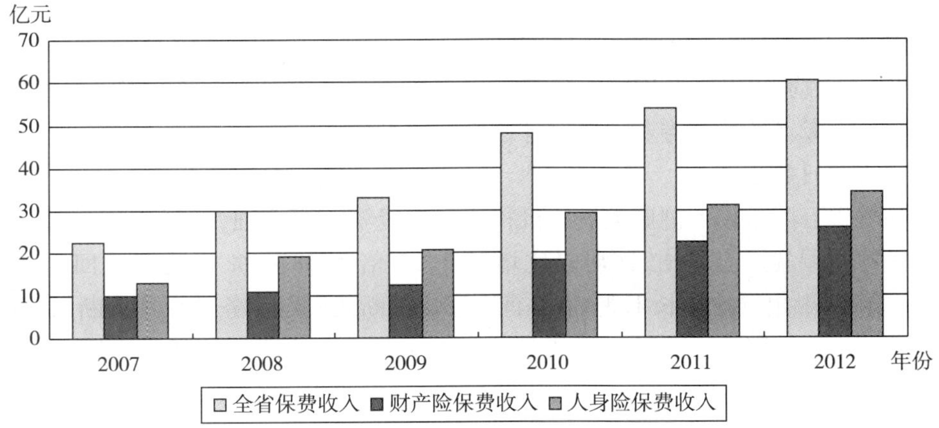

数据来源：海南保监局相关资料。

图5　2007—2012年海南省保费收入变动情况

费收入同比增长23.4%，农业保险保费收入同比增长68.45%，保证保险保费收入同比增长80.12%。

（4）寿险公司业务结构调整稳步推进，发展质量有所提升。2012年，海南省寿险公司新单业务内涵价值不断提高，标准保费折标率同比上升0.56个百分点。2012年，寿险保费收入同比增长8.43%，意外伤害险保费收入同比增长17.19%，健康险保费收入同比增长25.83%。在赔付支出中，占比较大的满期给付较为稳定，全年支出3.61亿元，与上年同期基本持平。退保金额同比增长29.3%，增速同比降低16.75个百分点。

2. 保险业发展需要关注的问题

（1）财产险市场业务发展创新动力不足，结构调整压力加大。目前，海南省财产险公司业务结构和发展模式相似，险种个性化、差异化不足。随着宏观经济增速降低，市场竞争激烈，财险公司保费收入增速有所回调，业务结构调整压力增大。2012年，海南省财产险保费收入增幅同比降低6.31个百分点；企财险保费收入同比降低26.38%，工程保险保费收入同比降低22.77%。责任保险和保证保险等险种增速也有所放缓。

（2）寿险业进入深度调整期，面临多重挑战。2012年，受银保渠道受压和经营成本上升等因素影响，寿险保费收入增速明显放缓，传统业务销售模式面临发展瓶颈，改善经营效益的难度上升。2012年，海南省寿险业务增速同比降低11.91个百分点；账面净亏损同比增亏3.42%；寿险业务中分红险占比超过90%，传统保障型业务增速放缓，健康险和意外险业务增速同比降低3.57个百分点和14.68个百分点。

三、金融市场与金融稳定

（一）金融市场运行情况

2012年，海南省金融市场稳健发展，金融市场进一步发挥在改善融资结构和优化资源配置中的基础性作用。

1. 融资结构有所优化

2012 年，海南省非金融机构通过贷款、债券、股票三种融资方式融入资金同比增长 9. 2%。银行信贷仍是实体经济融资的主要渠道，但随着金融市场的发展和资本市场融资功能的发挥，直接融资快速增长，增速达 42. 6%；债券和股票合计占比同比提高 5. 3 个百分点。

2. 货币市场交易日趋活跃

2012 年，随着银行间市场的健康发展，机构投资者投资意愿增强，银行间市场收益保持稳定增长趋势。全年现券交易融入、融出分别同比增长 1. 13 倍和 68. 41%；质押式回购融入同比减少 63. 98%，质押式回购融出同比增长 1. 31 倍。首次完成买断式回购业务，全年买断式回购融入 23. 95 亿元，买断式回购融出 1. 84 亿元。金元证券股份有限公司通过全国同业拆借市场完成信用拆入 3. 3 亿元。

3. 票据市场稳步发展

2012 年，海南省金融机构累计签发银行承兑汇票 90. 16 亿元，累计实现企业直接贴现 102. 72 亿元，买断式转入 340. 64 亿元，买断式转出 138. 12 亿元，买入返售票据 1 097. 49 亿元。

4. 实物黄金交易快速增长

2012 年，随着保管形式的多样化，省内各商业银行品牌金投资品种成为新的投资热点。实物黄金交易继续保持快速增长势头。全年全省累计销售纪念金条同比增长 18. 85%；累计完成代理上海黄金交易所原始金交易同比减少 50. 55%，实现交易金额同比增长 24. 9%。

（二）金融市场运行中应关注的问题

1. 金融市场主体单一，市场活跃度有待加强

在银行间债券交易市场，海南省目前参与银行间债券交易的只有金元证券股份有限公司和海南省农村信用联社。在黄金市场上，海南省在上海黄金交易所仅有一家成员单位，参与纸黄金业务的个人投资者数量有限，拆借市场业务量处于萎缩状态。同时，由于海南省企业 98% 以上是中小企业，大型企业为数不多。市场主体的缺乏直接影响了市场的活跃程度。

2. 金融市场创新不足

现阶段，海南省尚未开展远期结售汇、人民币与外币掉期、人民币远期利率协议等创新型产品交易。在国际旅游岛背景下，亟需增强金融市场创新能力，鼓励金融机构大力拓展金融市场，增加市场业务种类，提高创新业务的比重和效益，提供多元化金融服务。

四、金融基础设施与金融稳定

2012 年，海南省金融基础设施建设稳步推进，支付环境继续优化，社会信用体系进一步完善，反洗钱工作水平不断提升，为海南省金融体系稳健合规运行提供了有力保障。

（一）支付系统保持平稳高效运行

1. 支付系统安全、稳定运行，业务量保持较快增长

2012 年，全省支付系统处理支付业务笔数、金额同比分别增长 17. 14% 和 26. 63%。其中，大额实时支付系统处理业务笔数、金额同比分别增长 12. 04% 和 21. 11%，小额批量支付系统处理业务笔

数、金额同比分别增长53.22%和8.54%，银行业金融机构行内支付系统处理业务笔数、金额同比分别增长1.01%和38.78%，银行卡跨行支付系统处理业务笔数、金额同比分别增长22.95%和29.21%。2012年7月27日，中国工商银行西沙群岛、南沙群岛、中沙群岛支行开通了大、小额支付系统，结束了三沙市不能办理个人跨行转账汇款业务的历史。

2. 非现金支付工具业务量继续增长

全年使用非现金支付工具办理支付业务31 766.57万笔、金额49 383.23亿元，同比分别增长21.20%和8.41%。

3. 人民币银行结算账户数量延续增长态势

2012年末，全省共有各类银行结算账户2 825.67万户，同比增长13.85%。其中，单位银行结算账户占银行结算账户的0.81%，同比增长15.11%；个人银行结算账户占银行结算账户的99.19%，同比增长13.84%。

（二）征信体系建设不断完善

1. 机构信用代码工作取得突破性成果，贷款卡发放核准工作成效显著

截至2012年10月末，全省共发放机构信用代码证141 369张，占全省机构总数的98.19%，发放比率在全国36个省市中排名第7位。2012年，企业贷款卡申办数量稳步增加，全省共办新卡1 730户，同比增长20%。贷款卡年审率明显提高，全省贷款卡年审户数同比增长15%。

2. 个人征信业务量跨上新台阶，企业征信系统入库数和查询量稳步增长

截至2012年末，海南省征信数据入库自然人数同比增加8.25万人；个人信用报告查询量大幅增长，查询笔数同比增加5.15万笔。企业借款人入库户数同比增加0.19万户；查询笔数同比增加1.26万笔。

3. 积极推进中小企业和农村信用体系建设，征信宣传力度进一步加强。截至2012年末，海南省中小企业建档7 159户，组织培训及宣传2 042次，取得银行授信455户，同比均有不同幅度的增加。农村青年信用示范户推广工作稳步推进，在全省18个市县评定出180户农村青年信用示范户，加强了全省青年农户信用意识，提升了致富创富的便利性。全省已建立信用档案的农户74 016户，同比增长17.63%。深入开展征信宣传工作，开展了“珍爱信用纪录，享受幸福人生”为主题的宣传活动以及“我的信用我做主”为主题的第五次“信用记录关爱日”活动，提高全民诚信意识。

（三）反洗钱工作深入推进

2012年，人民银行海口中心支行对金融机构和支付机构严格实施反洗钱监管，积极开展反洗钱行政调查和案件协查。全省金融机构和支付机构深入履行反洗钱义务，进一步夯实全省反洗钱预防监控网络体系，有效维护了海南省金融安全和社会稳定。

1. 反洗钱监管效力明显提升

2012年，人民银行海口中心支行对全省各类金融机构的反洗钱工作开展情况进行综合性评估，全面分析各类金融机构反洗钱工作开展情况，全年共对全省80家机构进行了非现场监管评估。同时，综合运用现场检查、书面质询、专项走访、高管约谈、风险提示等多种手段，加大对金融机构和支付机构的监管力度，督促各机构全面履行各项反洗钱义务。

2. 反洗钱工作成效显著

2012 年，人民银行海口中心支行共接收重点可疑交易报告 36 份，立项开展行政调查和案件协查 13 起，开展调查工作 51 次，向公安机关移送线索 5 个，向人民银行反洗钱监测分析中心上报研判线索 4 个，指导金融机构直接向公安机关报案 9 起。配合公安连续破获两起公安部督办的毒品专案，打击涉毒洗钱犯罪工作成效显著。

五、总体评估与政策建议

（一）总体评估

2012 年，在复杂多变的国内外经济环境下，海南省经济保持平稳较快增长，结构调整扎实推进，财政对民生领域的支持力度加大，通胀压力有所缓解，为金融业发展和区域金融稳定创造了良好环境。海南省金融体系实现了稳健运行，金融“五个一”工程扎实推进，金融机构抗风险能力增强，服务水平有效提升，为经济稳健运行和维护金融稳定奠定了扎实基础。银行业改革逐步深入，组织体系日趋完善，信用风险水平稳步下降，服务能力不断增强。证券业平稳发展，资本市场融资功能有效发挥，后备上市资源培育工作稳步推进。保险业务发展稳健，行业发展实力上升，经济补偿功能有效发挥。金融市场平稳发展，金融基础设施建设稳步推进。总体上，海南省金融稳定状况良好。但是，在国际国内经济环境不确定性的情况下，仍需密切关注一些影响金融稳定的潜在风险因素。主要表现在：贷款向大客户集中，地方法人银行业金融机构存在风险隐患，地方政府融资平台贷款蕴含潜在风险，证券期货经营机构盈利模式有待改善、综合竞争力有待增强，保险市场业务发展创新动力不足、结构调整压力大等。

（二）政策建议

1. 进一步优化信贷结构，加强政府融资平台贷款风险评估

一是银行机构要改善资产负债结构，增强资产的流动性和负债来源的稳定性；完善大额授信风险识别、评估和控制机制，控制多头授信和过度授信，降低信贷集中度风险。二是大力发展中间业务，缓解银行机构信贷业务盈利压力。三是银行机构要重点关注政府融资平台贷款风险，掌握政府融资平台机构所筹资金的使用效率，做好风险监测和评估工作，加强与政府融资平台管理部门的联系和沟通，防止政府融资平台贷款项目管理、决策出现偏差以及过量融资造成的风险。

2. 深化地方法人银行机构改革，引导其切实提高风险管理和风险防范能力

地方法人银行机构应进一步深化产权改革、完善法人治理，建立效益与风险管理并重的激励机制，真正建立起相互制衡、行之有效的内部管理机制。合理设置内部职能部门，建立横向与纵向相互监督的制约关系，切实提高风险管理能力。

3. 完善资本市场体系，强化证券期货市场监督管理

一方面，着力推进证券期货经营机构规范发展，推动证券期货经营机构业务转型，完善盈利模式，加强内控制度建设，强化风险管理，促进证券期货市场深入服务实体经济。另一方面，推动多层次资本市场体系建设，着力推进企业首发上市，大力推广公司债融资，提升资本市场服务实体经济的质量和水平。

4. 财产险公司应深化结构调整，积极推进产品创新

一是大力发展非车险业务。针对非车险类不同险种特点采用不同策略发展，意外险和健康险可积极拓展多种销售渠道，企财险可通过实施差别化的产品和服务赢得市场。二是科学制定车险结构考核目标，对车险进行精细化管理，严格制定车险核保政策，改善机动车保险业务竞争手段，建立具有核心专长的客户服务体系，确保赔付渠道畅通，从而保持客户资源的持续稳定。三是积极推进保险产品创新，针对市场的现实和潜在需求，在产品、营销和管理等方面进行创新。

5. 寿险公司应重视风险控制，促进发展方式转型升级。一是重视风险控制和承保效益，科学调整业务结构，稳健审慎地实现质量效益型发展。二是应当主动调整产品结构，推广真正满足社会需求的产品，满足居民对保障、养老和健康的基本需求。三是创新保险销售模式，尝试利用多媒体技术与客户进行沟通，推介保险产品，设计出适宜网络销售的保险产品，建立网上销售模式。

6. 加强部门协调合作，切实维护区域金融稳定

一是完善金融稳定协调机制，加强信息共享，合力维护海南省金融秩序稳定。二是扎实推进金融“五个一”工程，逐步完善海南省金融服务体系。三是改善金融生态环境，严厉打击逃废金融债务行为，维护金融机构合法权益；严厉打击高利贷和非法集资、地下钱庄、非法证券等非法金融活动，开展投资者教育宣传，建立防范非法金融活动的长效机制。四是加强对当前有利条件和不利因素的分析研判，增强工作的主动性和前瞻性，识别可能出现的金融风险隐患，督促金融机构强化风险管控，积极主动适应国内外经济形势和国家宏观调控政策变化。

总　　纂：曹协和
统　　稿：鄂　锋　黄明理　黄　辉
执　　笔：陈太玉　邓启峰　符瑞武
其他参与写作人员（按姓氏拼音排序）：
郭　雁　何雁明　刘春梅　罗　琎
蓝文兴　潘文娣　郑才林　邹　炜

重庆市金融稳定报告摘要

2012年，面对更加复杂的内外部政治经济形势，重庆以结构调整为主线，扎实推进各项改革，经济金融保持协调发展的良好态势，金融与实体经济发展的融合更加紧密，对重点领域及经济发展薄弱环节的资金保障力度持续加大，金融业作为重庆支柱产业的地位进一步巩固。金融基础设施继续保持稳定高效运行，为金融业的稳健运行提供了必要保障。监管部门与金融机构通过建立共同防范金融风险工作机制，有效地消除了一些系统性、区域性风险隐患，对促进重庆经济金融健康发展以及维护辖区金融稳定发挥了重要作用。

一、区域经济运行与金融稳定

2012年，重庆进一步贯彻中央稳经济、调结构、控通胀的宏观经济调控政策，统筹推进新型工业化、城镇化和农业现代化，围绕民生抓改革，突出开放抓发展，经济发展步伐“稳中有进、快中见好”，增长的质量和效益不断增强，保持了高位平稳运行态势，为辖区金融稳定奠定了良好基础。

（一）经济运行情况

1. 经济实现平稳较快发展，第三产业的拉动作用提高

2012年，重庆实现地区生产总值11 459亿元，同比增长13.6%，较全国平均水平高5.8个百分点，增速居全国第2位，西部第1位；人均地区生产总值达到6 200美元，首次赶超全国平均水平。分产业看，第一产业增加值940.01亿元，同比增长5.3%；第二产业增加值6 172.33亿元，同比增长15.6%；第三产业增加值4 346.66亿元，同比增长12.0%。三次产业占地区生产总值的比重为8.2∶53.9∶37.9，分别拉动重庆经济增长0.48个、8.42个和4.71个百分点。其中，第二产业对经济的拉动作用有所下降，拉动力度较上年降低3.32个百分点；第三产业的拉动作用提升，拉动力度较上年提高0.53个百分点。

2. 经济结构趋于优化，发展效益进一步提升

投资、消费、区域净出口对重庆经济增长的贡献率分别为53.8%、42.9%和3.3%。投资贡献率连续四年下降，区域净出口对经济贡献上升明显，首次实现正拉动效应。全年完成固定资产投资9 380.00亿元，同比增长22.9%，比全国平均水平高2.3个百分点；实现社会消费品零售总额3 961.19亿元，同比增长16.0%，比全国平均水平高1.7个百分点；实现进出口总额532.04亿美元，同比增长82.2%，比全国平均水平高76.0个百分点。汽车产业止滑回升，信息产业进一步发展壮大，工业经济结构逐步优化。全年电子信息产品制造业同比增长60.4%，占全市工业总产值的16.7%。

3. 物价水平高位回落

物价水平呈现高位回落走势。全年居民消费价格指数（CPI）同比上涨2.6%，涨幅较2011年缩小2.7个百分点。食品和居住类价格仍是拉动重庆居民消费价格总水平上涨的主要原因。其中食品价格上涨4.7%，拉动CPI上涨1.55个百分点，对CPI影响程度为59.6%，较上年减弱21.0%。逐月看，CPI呈现前期逐月降低，8月触底后小幅回升走势。同时，上游价格也呈高位回落趋势。工业生产者出厂价格指数（PPI）同比下降0.1%，连续6个月同比负增长。

4. 房地产市场总体趋稳，刚需释放促使第四季度房市回升

全年房地产开发投资完成2 508.35亿元，同比增长24.5%。在持续宏观调控背景下，市场消费行为理性回归。全年商品房销售面积4 522.04万平方米，同比下降0.2%。逐月看，上半年需求相对稳定，10月起有所升温，商品房单月销售面积呈逐月增长态势，新建住宅价格同比上升1.3%，结束了自2011年12月以来持续11个月的负增长。

5. 企业经济效益稳步提升，居民收入结构持续改善

工业经济效益明显提升。规模以上工业企业利润总额达1 187.77亿元，同比增长19.7%，高于全国平均水平14.4个百分点。企业主营业务收入12 715.72亿元，同比增长16.8%，高于全国平均水平5.7个百分点。

城乡居民收入差距进一步缩小。城镇居民家庭人均可支配收入22 968元，同比增长13.4%；农村居民家庭人均纯收入7 383.27元，同比增长13.9%，继续保持快于城镇居民收入增长的态势。

6. 财政收入增速放缓，民生领域支出增速继续加快

全年实现地方财政收入3 137.94亿元，同比增长7.87%，较近十年平均增速低23.4个百分点。其中，一般预算收入1 703.49亿元，同比增长14.5%；基金预算收入1 434.46亿元，增长0.98%。全年财政支出4 520.02亿元，同比增长14.09%。其中，一般预算支出3 055.17亿元，同比增长19.9%。虽然财政收入增速放缓，但民生领域支出保持较快增长。全年在教育、医疗卫生、社保就业方面的财政支出共计1 039.06亿元，占全部一般性预算支出的34.0%，较上年同期增长29.9%，高于全市财政支出同比增速10个百分点。

7. 民生领域改革持续推进，经济活力不断提升

民生投资准入进一步拓宽，建立了微型企业扶持体系，非公有制经济占比由55.1%提高到62.3%；"一圈"对口帮扶"两翼"机制有效运作，"两翼"经济增速连续5年超过全市平均水平；以市场配置为主体、政府保障为补充的住房供给体系加快建成，截至2012年12月末，已建成公租房1 315万平方米，惠及58万群众，改造农村危旧房38.5万户，新建巴渝新居25.1万户。

（二）值得关注的问题

经济企稳的基础仍不牢固。当前，重庆经济企稳主要靠国有企业和政府投资拉动，民间投资尚未明显提速，民营经济特别是民营工业发展较慢，内生增长动力不足。在重庆支柱产业中，2012年除电子信息产品制造业和纺织服装、服饰制造业增长较快外，汽车制造业、材料、钢铁、能源行业的增长均较为乏力。如受宏观调控影响，钢铁行业经营环境不佳，钢材市场持续低迷，致使产品销售价格大幅下跌，钢铁企业财务状况堪忧。因此，全市经济企稳的基础尚不牢固，仍需加强政策支持与市场引导，夯实经济平稳运行的微观基础。

企业盈利的可持续性值得关注。一方面，全球经济环境仍然复杂多变，公共需求收缩，结构调

整加快，支撑笔记本电脑等出口的外部需求仍欠稳固；随着全国范围汽车购置优惠、家电以旧换新政策的退出及房地产调控的深化，汽车、家电、房地产等传统产业面临需求乏力问题。另一方面，随着近年来原材料、燃料、流通和劳动力价格的上涨，企业生产经营成本逐步走高，企业的利润空间受到进一步挤压，所面临的盈利增长不确定性进一步增大。

财政收支平衡压力加大。目前，重庆民生发展取得显著成绩。但在国内外宏观经济运行放缓、重庆经济下行压力较大的背景下，2012 年重庆市财政收入增速创十年以来最低，土地出让收入增速大幅放缓。在一段时期内，重庆财政收入重拾高增长可能性较小，地方财政尤其是区县财政收支平衡问题将逐渐凸显，这将直接影响民生建设投入的持续性，同时也导致政府性债务的偿债压力加大。

地区经济发展中一些突出的矛盾和问题依然存在。经济总量不大，经济结构不优，质量效益不高，综合实力不强。高新技术产业、战略新兴产业、现代服务业发展相对滞后，产业集群化和集中度有待提升；科技创新能力不强，民营经济发展不快，市场体制机制不够完善，内生动力与发展活力有待加强；城乡区域发展差距大，县域经济发展滞后，城镇集群发育不足；资源环境约束趋紧，节能减排任务艰巨；社会矛盾仍较突出，一些领域存在道德失范、诚信缺失现象。

二、金融业与金融稳定

2012 年，全市金融业保持稳健发展势头。金融业的支柱产业地位不断巩固，金融业增加值占地区生产总值比重达到 8%。融资水平与经济发展需求相匹配，全年社会融资规模达 4 334 亿元，同比增长 37.6%，人民币贷款在社会融资规模中占比为 49.2%，首次低于全国水平。其中，信贷等传统融资方式融资 3 543 亿元，债券、股票融资 533 亿元，其他形式融资 259 亿元。继北京、上海之后，建成所有的金融机构类型，区域性金融中心建设取得较大进展。金融业盈利水平与资产质量继续保持稳定，法人机构资本充足，改革创新持续加强，风险事件有效处置，金融业风险抵御能力进一步提升，银行业不良资产率为 0.47%，成为全国较低地区之一。

（一）银行业稳健性

2012 年，重庆银行业主要运营指标保持良好，经营机制和管理效率不断优化和提升。但受经营环境和结构调整等因素影响，体系内部累积的风险和脆弱性逐渐暴露，重点领域风险防控压力逐渐加大，体系内外的业务交叉增加，同业关联性和风险传染性增强。

1. 银行业运行分析

（1）经营规模稳步扩张，运行质量保持稳定。机构区域布局更加均衡，资产质量稳定。2012 年 12 月末，重庆银行业金融机构（分行或法人）数量达到 78 家，较上年增加 7 家（新开业 5 家村镇银行、2 家外资银行）。大中型银行网点建设布局加快，新增支行和网点 80 个。银行业资产总额 28 106.4亿元，同比增长 22.1%。不良贷款继续保持“双降”，不良贷款余额 73.6 亿元，不良率 0.47%，同比分别下降 18.6 亿元和 0.22 个百分点。全辖银行业整体拨备覆盖率持续上升，年末达 387.6%，同比上升 124.6 个百分点。

利润增速放缓。全年银行业实现税后净利润 433.3 亿元，同比增长 17.1%，增速下降 22.9 个百分点，主要受四方面因素影响。一是利率浮动区间扩大，实行下浮和基准利率的贷款比重上升，息差水平同比下降 1 ~2 个百分点。二是受不规范经营治理影响，中间业务收入增速放缓，中间业务收入比为 13.7%，下降 2.3 个百分点。三是受实体经济不景气和重点领域信贷投向控制影响，上半年有效信贷需求不足，贷款增速和投放进度放缓。四是由于市场竞争加剧，营销成本上升，业务及管理费用快速增长。

法人机构资本充足水平基本稳定。重庆银行和重庆三峡银行先后发行次级债 8 亿元和 9 亿元，资本充足率分别达 12.63% 和 13.01%。投资受业务结构调整影响，重庆农村商业银行表内风险加权资产较快增长，资本充足率同比下降 2.06 个百分点，但仍远高于监管标准 4.98 个百分点。村镇银行整体加权资本充足率为 25.3%，风险覆盖能力较好。

（2）信贷结构持续优化，表外业务发展迅速。存贷款适度增长，期限结构配置持续优化。2012 年 12 月末，各项存款余额 19 423.9 亿元，同比增加 3 298.54 亿元，增长 20.43%。各项贷款余额 15 594.18亿元，同比增加 2 401.09 亿元，增长 18.18%。存贷款期限结构有所优化。新增存款定期化趋势明显，近一半的企业闲置资金转化为定期存款；新增个人存款中定期占比达 63.7%，同比上升 24 个百分点；新增贷款中，短期贷款占比 57.1%；中长期贷款余额占比降至 70.4%。

信贷投向更加合理，促进实体经济科学发展。新增贷款主要投向实体经济、中小微企业、自主创业以及保障性住房建设等重点领域和民生领域。房地产贷款增速保持低位，房地产开发贷款同比增长 17.7%，增速下降 1 个百分点。地产开发贷款增速持续下降，非保障性一般住房开发贷款增长略有加快，保障性住房和商品房开发贷款较快增长。个人住房贷款同比增长 13.7%，增速下降 10.8 个百分点。政府融资平台贷款清理有序推进，2012 年 12 月末，全市政府融资平台贷款余额 4 340 亿元，同比增长 6.8%，法人机构基本实现“降旧控新”的监管目标。

表外业务创新发展，资金来源和运用更趋多元化。银行理财产品市场继续大幅增长，全年地方法人银行发行理财产品金额达810.5 亿元，同比多增403.7 亿元；全年金融机构代理个人理财投资同比增长近 2 倍。银行与信托、证券、私募、资产管理公司的业务合作不断升级，下半年信托贷款呈现爆发式增长态势，新增量为上半年的 9 倍，与 2011 年的负增长形成巨大反差。委托贷款较为活跃，政府融资平台委托贷款成为增长主力。下半年，全市委托贷款累计增长 164.2 亿元，为上半年累计增量的 1.5 倍。其中，政府融资平台委托贷款占比达六成，余额同比增长 277%。

（3）经营转型有序推进，风险管理持续加强。资本约束机制逐步完善，体制机制改革稳步推进。一是经济资本管理进一步加强。商业银行深化经济资本限额管理，引入存量效益性配置和结构优化配置，清理压降不合理资本占用。二是管理体制机制改革不断优化。中国农业银行重庆市分行持续完善“三农”金融事业分部体制和机制建设，积极探索可持续的“三农”金融服务模式，“惠农通”工程全面完成三年布放一万台的规划目标，惠农卡和农户贷款提前实现“广覆盖”，汽车移动金融服务正式启动，偏远地区金融渠道薄弱问题得到较好改善。

风险防控机制不断完善，风险控制手段日渐丰富。风险管理组织架构和运行机制持续完善，金融机构积极贯彻落实人民银行防范区域金融风险的指导意见，改变本机构风险防范的立足点，使重点行业和重点领域风险防范有效增强；融资性担保公司、房地产开发企业、船舶制造行业、钢贸企业联保联贷客户等突出风险隐患有效降低。个别银行利用信贷管理系统、操作风险管理系统等工具，建立信息科技风险持续监控机制，内控机制与风险控制流程有效增强。

2. 需要关注的问题

银行业信贷资产质量劣变迹象。受实体经济持续下滑影响，银行资产质量出现向下迁徙迹象。不良贷款“双升”的机构数同比明显增多，由村镇银行等小型机构向股份制银行等中型机构蔓延，部分机构逾期贷款占比明显上升。银行关注类贷款同比增长19.4%，体系外融资性担保公司代偿额增长50%。

平台贷款集中偿付压力增大，房地产信托风险显现。2012年，重庆国有土地使用权出让收入同比增速下降45个百分点，实体经济不景气导致所得税等主要税种收入连续数月同比负增长，各级财政收入增长乏力。受此影响，政府融资平台偿付压力显著增大，并通过申请调整还款计划、借助信托、债权工具等方式调剂资金缺口，一度出现了多渠道超额融资、项目贷款相互拆借挪用、拖欠承包商工程款等现象，政府融资平台风险初现端倪。房地产信托项目进入集中还款期，已有项目贷款降为次级类和关注类，兑付风险加大。房产商通过上下游材料供应商、建筑商等变相融资情况突出，下半年近四成新增信托贷款投向建筑业，房地产风险通过建筑业传导的风险加大。

银行同业资金往来频繁，资产负债关联性风险增强。在经济下行、有效信贷需求减弱背景下，部分银行机构经营行为发生转变，对表外和理财业务拉动的高成本主动型负债的依赖度上升。2012年以来，票据业务和同业代付为代表的表外业务发展迅速，拉动单位保证金存款快速增长，在新增单位存款中的占比达30.2%，同比上升12.3个百分点。同时，银行发行同业理财产品募集资金逾四成进入表内核算，转化为自营资金，导致银行体系资金在一般性存款与同业存款之间、表内表外之间、各家银行之间快速转换，加大流动性管理和成本控制压力。

跨行业合作风控意识不强，交叉性金融风险加大。一是银信合作中的信用风险和流动性风险较大。银信合作中，信托公司的“通道”作用明显，包括为存款冲时点发行大量短期高收益信托理财产品，增加信托存款或同业存款；为寻求监管套利，通过投资附加回购、第三方受让或回购选择权、买入返售债权或收益权等方式，绕开信贷规模或经济资本考核限制，为监管受限行业提供融资服务。信托资金来源和运用情况不透明，在信托计划运作周期内，银行理财资金池与信托资产池进行期限转换，潜在信用风险和流动性风险随之上升。二是在银保合作中，保险纠纷增多给双方声誉造成不良影响。银行重视保险存款、高额手续费及附加产品销售等条件，忽视产品销售过程中的责任和风险，导致销售误导及后续服务不足。三是银贷和银担合作中交易对手风险加大。小额贷款公司资金来源复杂化，股东定向借款、委托贷款、“小贷收益权凭证”等新融资渠道的扩展，增加杠杆水平，加大业务风险；担保公司逐渐偏离主业，将注册资金或客户保证金用于委托贷款、高风险投资，实际代偿能力下降。

社会突发事件频发，应急管理难度加大。当前，各领域社会矛盾和问题频繁发生，突发事件明显增多。2012年，辖区相继发生4起涉嫌抢劫银行机构营业网点案件以及万盛事件、双桥事件，影响了社会稳定，干扰了金融机构正常经营秩序。大型银行改革分流人员信访呈现联系面逐渐扩大、诉求言行更加偏激、申述时间更长等特点，并且出现通过网站、QQ群等新媒介互通信息、组织跨区联合上访等情况，金融机构信访维稳工作压力明显增大。

（二）证券业稳健性

2012年，重庆证券业整体保持平稳运行，未出现明显威胁区域金融稳定的风险。但是受A股市场持续不景气影响，投资者信心不足，成交量明显下降，股票市场直接融资额明显减少，机构“靠天吃饭”的经营特征未发生转变，不利于证券业长期稳健发展。

1. 证券业运行分析

投资者数量保持稳定，市场交易萎缩。受A股市场表现不佳影响，股票投资者数量虽继续增加，但增幅较小，股票投资者开户数198万户，同比增长3.06%，期货投资者开户数5.89万户，同比增长5.56%。市场交易额同比出现负增长。证券经营机构代理证券交易额9 874.32亿元，同比下降9.69%；期货交易保证金余额26.83亿元，同比下降7.77%；期货经营机构代理商品期货交易额62 621.92亿元，同比下降9.50%。

上市公司数量保持稳定，股票市场直接融资额显著下降。截至2012年12月末，辖区共有上市公司（境内A、B股）37家，同比增加1家。上市公司市价总值2 185.45亿元，同比增长7.76%。全年辖内股票IPO和再融资30亿元，同比减少128亿元，同比下降81.01%。其中，上交所主板市场IPO共2家，融资21亿元；定向增发1家，融资9亿元。

机构改革取得进展，市场创新初见成效。截至2012年12月末，辖区共有法人证券公司1家，证券营业部112家；法人期货公司4家，期货营业部28家；基金管理公司1家，证券投资咨询公司1家。辖区2家期货公司完成增资，1家公司正在积极推进重组，2家公司监管评级上升。2012年末，*ST朝华重大资产重组获批，初步化解了公司长达数年的退市风险。西南证券先后获得中小企业私募债承销等五项新业务试点资格，并获准证券自营和资产管理业务开展利率互换及股指期货交易。新华基金创新基金设立模式，采用发起式设立债权基金。期货公司尝试开展投资咨询业务，探索开展资产管理业务。部分券商推动分支机构向综合服务平台和财富管理中心转化，业务转型进一步加快。

投资者保护工作力度不断提升，区域风险得到有效防范。全年辖区142个证券营业网点成为投资者保护宣传点，印发宣传资料10万余份，面向投资者开办讲座近500场，发表专栏文章、新闻稿件318篇。

2. 需要关注的问题

资本市场规模仍然偏小，直接筹资功能较弱。2012年，重庆股票市场直接融资额仅占全国的0.39%，仅为同期新增人民币贷款的1.41%。上市公司数量增长缓慢，现有上市公司总数仅占全国总数的1.48%。重庆资本市场的层次不够丰富，服务型科技型中小企业偏少，中小企业通过资本市场获得资金的通道不够通畅。

上市公司质量不高，部分公司经营困难。部分上市公司规范运作水平与监管要求存在差距，一些公司在公司治理、信息披露、财务核算、内幕交易防控、资金占用等方面问题突出，在应对股价异动及媒体质疑方面的处理存在不足，部分公司对投资者回报不够重视。上市公司业绩分化明显。前三个季度，辖区上市公司平均每股收益0.18元，仅为全国平均水平的46.15%。预计2012年全年至少有3家公司亏损，部分扭亏上市公司主要依靠补贴收入、出让土地等非经常性收益，主业盈利能力不足。

证券期货经营机构综合实力不强，创新能力不足。2012年末，西南证券净资本全国排名约第18位，但净资本收益率约为第48位，综合实力仍有待增强。新华基金的基金管理规模仅占全国基金管理规模的0.32%，在全国73家基金公司中排名第45位。期货经营机构人才问题突出，缺乏有影响力的研发团队，缺少拳头产品，信息系统安全情况则参差不齐，缺乏创新基础。

区域性风险隐患影响较大，证券市场违规违法行为仍时有发生。全年有2家上市公司面临退市风险，重庆啤酒乙肝疫苗事件、毒胶囊事件波及辖区相关上市公司，以及个别证券经营机构重大信访事件等突发风险，对区域金融稳定造成较大影响。部分经营机构采用不合规手段获取市场份额，损害投资者利益，影响市场秩序。非法证券活动依然存在，非法中介、非法发行、非法证券投资咨询、非法委托理财、非法期货活动和非法证券投资基金活动时有出现，干扰了正常的行业经营秩序。

（三）保险业稳健性

2012 年，重庆保险业保持稳健运行势头，规模平稳增长，盈利继续提升，保障民生和服务经济社会发展的作用不断增强。但同时，保险产品结构单一且同质化、银邮和个人代理渠道收缩、银保合作短期行为突出、违规经营行为屡禁不止、寿险满期给付和退保压力较大等问题仍然突出。

1. 保险业运行分析

市场主体不断增加，市场运行总体平稳。2012 年，全市新增 3 家省级分公司，目前共有法人保险公司 3 家、市级保险分公司 41 家、专业保险中介法人机构 24 家、保险兼业代理机构 5 461 家，保险从业人员 8.6 万人。行业总资产 837.22 亿元，同比增长 17.03%。全年实现原保费收入 331.03 亿元，同比增长 6.16%，规模居全国第 18 位、西部第 3 位。其中，产险公司原保费收入同比增长 16.42%，增速较全国水平高出 0.71 个百分点；寿险公司原保费收入同比增长 2.16%。保险深度 2.89%，同比下降 0.21 个百分点；保险密度 1 129 元/人，同比增加 39 元。

业务结构有所优化，经营效益持续改善。从产险公司看，车险原保费收入 78.06 亿元，占比 76.68%，同比上升 0.75 个百分点，增速下降 5.54 个百分点。保证保险原保费收入占比 2.28%，同比上升 0.73 个百分点。农业保险原保费收入占比 1.87%，同比上升 0.1 个百分点。从寿险公司看，分红险原保费收入 186.49 亿元，同比增长 0.28%，增速下滑 4.33 个百分点，分红险原保费收入占比 90.1%，同比下降 0.6 个百分点。产险公司全年实现承保利润 6 亿元，承保利润率 7%，高出全国平均水平 4.2 个百分点；寿险公司短期承保利润达到 9 892 万元。

民生保障作用增强，服务经济社会能力不断提升。全年累计赔款给付 91.78 亿元，同比增长 24.1%，累计为全市社会养老、健康及财产风险保障积累保险责任准备金 954 亿元，同比增长 13%。农业保险为 49.5 万户次提供风险保障 150 亿元；农村小额人身保险为 120 万人次提供风险保障 312 亿元；城乡居民合作医疗补充保险为 744 万人提供风险保障 3 906 亿元；城乡孕产妇和新生儿保险为 130 万人提供风险保障 85 亿元；出口信用保险为 315 家在渝企业提供出口货物收汇风险保障 24.9 亿美元；责任保险承担保险责任 4 181 亿元；小额贷款保证保险覆盖 10 多个区县，为 6 000 余户小微企业等小额贷款提供风险保障。

2. 需要关注的问题

产品结构单一且同质化，承保业务盈利水平易受影响。产品结构仍不合理，分红险和车险长期“一险独大”，其他险种产品占比不高，对单一业务产品依赖性高，盈利水平易受主要产品影响，不利于业务稳健发展和保险风险分散。受汽车销量增速放缓影响，加上理赔提速、司法环境变化、修理费用和人伤案件赔偿标准上涨等作用叠加，车险保费充足率下降，个别产险公司出现经营性亏损。分红险由于保障性不强、投资收益不高，竞争力较弱，导致寿险公司保费增长乏力。

银邮和个人代理销售量下滑，寿险营销面临挑战。2012 年，受监管政策和商业银行激励机制变化等影响，银邮代理销售量下滑明显，42% 的寿险公司出现银邮代理保费收入同比下降，降幅最高达 27.98%。受人口红利逐渐消失、重庆产业结构和劳动结构变化影响，保险公司普遍出现营销增员难、主要销售渠道受限等问题，代理寿险产品同比增速较上年下降 6.23 个百分点，寿险营销渠道建设面临考验。

银保合作短期行为突出，潜藏风险隐患。银保合作中，保险公司处于相对弱势地位，保险产品代理成本过高，承保利润受到挤压。大多银保合作只签署一年期合作协议，缺乏长期合作机制。银保代理从“一对多”到“一对一”模式转变过程中，易出现前期其他保险公司客户退保及满期给付等服务接续不畅等问题，保险纠纷和投诉增加，银保双方面临较大声誉风险。保险行业社会形象不佳，发生保险纠纷时，社会舆论普遍把矛头指向保险公司和代理银行。

退保和给付金额增长较快，防范群体性事件和流动性风险压力较大。2012 年，重庆寿险公司退保金额同比增长高出同期保费收入增速 35.99 个百分点。19 家寿险公司中，13 家退保率同比增加，3 家超过了5%的警戒线。给付金额同比增长 14.52%，其中，分红型产品占比 76.52%。原因主要在于：寿险产品轻保障、重投资，同质化严重、竞争力较弱，2007 年热销的 5 年期分红险产品陆续到期，收益率偏低，加上前期销售误导等影响，退保和给付量增多。重庆綦江区曾发生一起因退保引发 40 余人围堵银行网点的群体性事件，凸显当前保险机构防范群体性事件和流动性风险的压力。

三、金融市场运行与金融稳定

2012 年，重庆金融市场运行平稳，市场流动性整体宽松，各项利率全面走低，融资规模进一步扩大，外汇交易日趋活跃。金融机构同业借款业务风险隐现，市场管理体系建设有待加强。

（一）金融市场运行情况

1. 银行间市场运行情况

银行间市场交易量大幅上涨，市场利率波动下行并趋于稳定。银行间市场累计成交 2 5872.23 亿元，同比增长 58.8%，净融入资金 4 509.35 亿元，与上年同期基本持平。同业拆借交易累计成交 1 653.4亿元，同比下降 6.9%，月加权利率 3.19%，同比下降 8 个基点；债券回购交易累计成交 20 185.26亿元，同比增长 105.9%，月加权平均利率逐月下行，年末基本维持在 2.8%左右；现券交易累计成交 4 033.58 亿元，同比减少 14.46%。

银行间市场直接债务融资参与度大幅提升，融资规模进一步扩大。自 2011 年重庆市与中国银行间市场交易商协会签订三方合作协议以来，非金融企业利用银行间市场融资步伐加快，全年共有 16 家金融机构参与非金融企业债务融资工具承销，承销参与度达 94.1%，同比上升 47 个百分点。22 家企业发行债务融资工具 38 只，融资 238.3 亿元，同比增长 39.9%。

2. 债券市场运行情况

柜台记账式国债交易大幅增长，业务网点进一步增加。辖区开办柜台记账式国债业务的 5 家银行累计成交 43 873.2 万元，是上年的 264 倍。2012 年 12 月末，记账式国债业务网点共计 1 065 家，较 2011 年末增加 9 家。

债券代理结算业务稳步回升，代理托管量和结算量实现双增。辖区债券代理结算业务累计发生额 265.58 亿元，同比增长 63.94%。截至 2012 年 12 月末，代理托管账户共 23 户，同比减少 2 户，代理托管量 70.09 亿元，同比增加 314.86%。

债券市场快速发展，首单区域集优债成功发行。全年各类企业发行企业债 252 亿元，同比多增 178 亿元；3 家公司发行公司债，融资 48.8 亿元，4 家企业发行中小企业私募债，融资 4.8 亿元。两江新区、綦江区成为率先开展区域集优债务融资试点地区，5 家中小企业参与两区首单区域集优债发行，发行额合计 3.5 亿元，实现西部地区区域集优集合票据零的突破。

3. 票据市场运行情况

票据交易保持活跃，市场利率全面走低。商业汇票累计承兑发生额4 425.79亿元，同比增长37%；2012年12月末，票据承兑余额2 146.03亿元，同比增长51.83%。票据贴现累计发生额23 469.18亿元，同比增长22.6%。其中，直贴1 505.08亿元，同比增长46.54%；转贴21 964.1亿元，同比增长21.29%。12月末，票据贴现余额382.98亿元，与上年同期基本持平。票据市场利率全面走低。12月，银行承兑汇票、商业承兑汇票贴现月加权平均利率分别为5.51%、6.44%，同比分别降低332个、296个基点；买断式转贴现、回购式转贴现月加权平均利率分别为4.81%、5.13%，同比分别降低327个、235个基点。

4. 外汇市场运行情况

银行结售汇稳步增长，外汇交易日趋活跃。银行结售汇总额324.84亿美元，同比增长39.4%；结售汇逆差2.4亿美元，为首次出现年度逆差。银行代客跨境收付汇累计发生额625.53亿美元，同比增长84.6%，收付汇顺差43.59亿美元。外汇交易增加卢布、加拿大元2个新币种，各币种外汇交易折合14.1美元，剔除2011年重庆农村商业银行境外上市募集资金调回卖出外汇16.4亿美元影响，累计交易量同比增长16.8%。

5. 黄金市场运行情况

黄金业务品种不断丰富，市场规模进一步放大。各类黄金业务累计成交220.66亿元，同比增长13.74%。业务品种涵盖实物金回购与销售、纸黄金业务、代理金交所黄金业务以及黄金租赁和黄金远期等。实物金成交7.83亿元，同比减少3.8%；纸黄金成交73亿元，同比减少27.7%；代理上海黄金交易所业务累计成交131.89亿元，同比增长58.78%；黄金租赁业务累计发生额6.75亿元，同比增长3.2倍。新增加的黄金远期业务共成交1.16亿元。

6. 要素市场运行情况

新型金融业态快速成长，市场交易量持续放大。目前，全市新型金融业态快速成长。截至2012年12月末，有小额贷款公司189家，股权投资类企业170家，融资性担保机构153家。11个金融要素市场交易总额近2 900亿元。惠普离岸结算量突破800亿美元，增长1.1倍。跨境人民币结算量突破600亿元关口，增长3.4倍。

OTC市场建设取得进展，市场容量不断增大。重庆股份转让中心运营三年多来市场化资源培育机制初显成效。现累计帮助挂牌企业融资78.9亿元，交易金额57亿元。2012年末托管企业达422家，托管股本429.1亿股，同比分别增长61.1%和25.4%。截至12月末，重庆OTC挂牌企业达90家，较年初增加40家，总股本34.76亿股，总资产101.9亿元，总市值96.3亿元。

（二）需要关注的问题

金融机构同业借款业务亟待规范。目前，商业银行与非银行机构之间的同业借款业务发展迅速，其业务运营模式主要有两种，一是银行用自有资金向非银行金融机构借出款项，二是通过发行理财产品募集资金，并运用于同业借款。但目前，金融机构同业借款缺乏明确的管理规定，有关交易对手、借款额度、借款期限以及资金用途等方面均无管控措施，易导致同业借款业务无序膨胀，对同业拆借市场造成冲击。

黄金市场管理缺乏有效的制度保障。近年来，黄金市场业务发展加快，黄金交易代理机构无序膨胀、交易主体和市场从业人员素质良莠不齐、保证金杠杆比例高以及资金汇划监管难等问题随之出现，干扰了黄金市场正常秩序。但目前，黄金市场管理方面尚未出台明确的管理规定，对交易主体准入、从业人员资格、交易合规性以及违规行为判断与处理等方面缺乏相应的制度约束，履行黄金市场管理职能依据不足。

防范要素市场业务创新风险。重庆金融要素市场点多面广，绝大部分是近几年所成立，目前正值活力不断提升的发展期，交易方式、交易产品等市场创新不断推出，有些交易机制和产品设计不符合监管规范，需防范潜藏的业务创新合作风险，避免给交易双方带来损失并由此引发市场风险。

四、金融基础设施与金融稳定

2012 年，重庆金融基础设施继续保持稳定高效运行。支付清算体系进一步完善，结算秩序有效规范，支付服务手段不断创新，农村支付服务环境持续改善。征信市场进一步规范，征信覆盖面不断扩大，征信数据库使用率显著提高，中小企业和农村信用体系建设深入推进。反洗钱立体监管架构日益完善，精细化管理稳步推进，金融机构反洗钱主动性普遍增强，反洗钱协作机制有效运行。

（一）支付清算体系

1. 支付清算体系建设及运行情况

支付清算网络覆盖面持续扩展，社会资金周转效率不断提高。同城支付清算平台功能不断优化，银行机构以服务民生为导向，在网银转账、信用卡还款、支持非金融支付机构开展便民业务等方面创新服务手段及方式，满足了社会公众日益增长的多元化支付需求。截至 2012 年 12 月末，重庆市接入大小额支付系统、支票影像交换系统的银行机构分别达到 36 家、27 家，其中，以直联模式接入系统的分别为 33 家和 17 家，占比分别达 91. 67% 和 62. 96%。大额支付系统共处理业务 1 372. 47 万笔，金额 50. 15 万亿元，同比分别增长 30. 95% 和 46. 42%；小额支付系统共处理业务 1 883. 36 万笔，金额 2 287. 77 亿元，同比分别增长 35. 76% 和 12. 41%；支票影像交换系统共处理业务 12. 27 万笔，金额 55. 82 亿元，同比分别增长 17. 9% 和 8. 23%；同城票据自动清分系统参加银行网点达 730 家，日均处理业务 2. 1 万笔，清算资金逾 50 亿元。

非金融机构支付业务管理有序推进，第三方支付服务市场健康快速发展。截至 2012 年 12 月末，重庆城市通卡有限责任公司等 4 家申请机构成功获批支付业务许可证，第三方支付牌照数居中西部省市并列第 1 位。省外法人支付机构加快落户，7 家已开展经营活动，另有 5 家正申请支付业务许可或业务备案，规模效应逐渐形成。

支付服务手段不断创新，农村支付环境建设成效显著。微企账户金融服务进一步提升。截至 2012 年 12 月末，开通微企账户的银行机构数量达到 27 家，累计开立基本存款账户 69 647 户，临时存款账户 24 819 户，同比分别增长 86. 7% 和 1. 1 倍，一般存款账户突破 1 500 户，同比增长 7. 7 倍。农村支付环境明显改善。服务农村的银行机构数量达 34 家，农村地区银行网点 3 372 个，银行网点乡镇覆盖率达 99. 5%。银行结算账户普及率明显提高。截至 12 月末，县域及农村地区共开立银行结算账户 8 803. 28 万户，同比增长 21. 61%。银行卡助农存取款服务工作成效不断显现。银行卡助农服务已覆盖所有符合开办条件的 37 个区县，累计办理助农取款交易 1. 3 万笔，金额 242. 2 万元，有效解决了农村地区小额取款、刷卡消费、转账结算不便的难题。

银行卡受理市场秩序有效规范，银行卡产业发展步伐加快。重庆银行卡产业发展制度安排进一步优化，《重庆地区 13 类特殊行业类别代码认定标准》制定出台。规范银行卡收单行为，针对银行卡违规行为督促中国银联重庆分公司启动追偿性清算机制，维护了银行卡受理市场秩序。建立银行卡业务管理指标体系，为开展银行卡市场动态监测评估奠定了基础。截至 2012 年 12 月末，全市 30 家发卡机构累计发行各类银行卡 9 851 万张，同比增长 20%；全市拥 ATM9 614 台，特约商户 6.1 万户、POS 终端 9 万台，同比分别增长 27%、89% 和 73%，特约商户和 POS 机增速分别居全国第 3 位和第 7 位。全年实现银行卡刷卡交易 3 810 亿元，同比增长 32%，增速居全国第 5 位。

2. 需要关注的问题

支付结算法规制度亟待更新完善。配套管理制度缺位或滞后等问题不同程度存在，制约了规范管理和风险控制。在改进银行账户管理体系、加强银行卡业务管理、推广使用电子票据、规范非金融机构支付服务等方面，亟需推动出台《人民币银行账户管理条例》和《银行卡条例》，修订《中华人民共和国票据法》、《票据管理实施办法》和《支付结算办法》，尽快发布银行卡收单业务、支付机构客户备付金和互联网业务等基础业务制度，进一步夯实支付体系发展的法律基础。

农村支付服务环境有待进一步改善。由于城乡二元结构突出、农村经济发展水平较低等历史原因，以及金融资源逐利性与农村支付服务环境建设部分社会公益性的矛盾，导致重庆农村支付服务环境还比较薄弱，需要建立健全农村支付服务环境建设的长效机制，畅通农村地区金融机构汇路、创新支付服务手段、普及银行卡等非现金支付工具。

（二）征信体系

1. 征信体系建设及运行情况

征信系统覆盖面不断扩大，信贷风险防范和支持实体经济的作用进一步发挥。截至 2012 年 12 月末，全市接入征信系统的机构达 85 家，涵盖银行、村镇银行、小额贷款公司、贷款公司、财务公司和金融租赁公司等，征信系统覆盖面进一步提升。接入征信系统小额贷款公司 32 家，接入数量居全国首位。征信系统累计收录企业及其他组织信息 20 万户、自然人信息 1 700 余万。全年各机构企业和个人信用查询量分别达到 109 万次和 321 万次，同比分别增长 29% 和 17%。

信用记录关注度上升，个人信用意识显著提高。全年受理个人信用报告查询 11.8 万人次，同比增长 1.3 倍。个人信用报告查询用途不断扩大，从传统的办理贷款、申请信用卡等金融业务领域，向客户资信调查、个人求职应聘、租住房屋、人大代表（政协委员）资格审查、出国签证审核、民间经济活动等其他领域扩展。

中小企业和农村信用体系建设深入推进，有效促进社会信用环境的改善。黔江区建设中小企业信用体系试验区，全面收录无贷企业信息和非银行信用信息。西南地区首个农村征信系统在巴南成功运行，评定首批信用村 17 个和信用镇 1 个。在农村青年信用示范户创建活动中，累计评定农村青年信用示范户 7.1 万人，累计发放信用贷款 1.71 亿元。截至 2012 年 12 月末，共征集中小企业信用档案 8.86 万户，同比增加 1 675 户。建立农户信用档案 625.4 万户，占农户总数的 95.2%；评定信用农户 323.9 万户，评级面达到 51.8%；累计向 388 万户已建立信用档案的农户发放贷款 462 亿元。

征信市场管理进一步规范，信用评级业务发展良好。严格市场准入退出制度，批准 1 家机构因经营不善退出重庆市场，对 2 家本地信用评级机构、信贷市场信用评级业务和银行间债券市场信用评级业务的监管持续加强。信用评级机构评级报告备案及时合规，评级市场环境较上年有明显改善。全年评级机构报备银行间债券市场信用评级进场前材料 128 份，债券信用评级报告 140 份，业务量是上年同期的1.96倍。

2. 需要关注的问题

小微放贷机构接入征信系统推进力度有待加强。近年来，村镇银行、小额贷款公司等小微放贷机构发展迅速，接入征信系统愿望迫切。但受现行接入方式制约，接入征信系统的小微放贷机构占比较低，未接入征信系统的小微型放贷机构不能直接享受征信服务，制约了风险防范能力提升。

个人征信信息保护有待加强。当前，个人信息在互联网上泄露严重，个人信息倒卖案件频发，全国人大通过《关于加强网络信息保护的决定》，对信息保护尤其是个人信息保护提出了更高的要求。征信业应以实施《征信业管理条例》为契机，进一步加强个人征信信息保护。

（三）反洗钱体系

1. 反洗钱体系建设及运行情况

反洗钱监管立体架构日益完善，风险为本的精细化管理稳步推进。内外部评价相结合、合规评价与风险评价相结合的评估体系逐步建立。反洗钱分类指导工作逐步加强，法人机构和外资银行监管工作不断强化。对新设机构与获批支付机构的指导力度加强，村镇银行工作不断规范。非现场监管和管理流程进一步规范，重点机构联系制度继续推进，跨境洗钱风险防范有效强化。走访回访工作机制不断完善，全辖反洗钱走访（回访）工作标准逐步统一。

反洗钱重点工作有序推进，工作质量和效果显著提升。中国工商银行重庆市分行大额可疑交易报告综合试点工作顺利启动，可疑报告报出率由原来集中处理前的73%下降为1.14%，“防御性”报告过多的问题有效解决，报告质量大幅提升。反洗钱部门与征信、科技等部门的协调配合加强，监测统计制度初步建立。机构信用代码的推广、运用工作全面落实。截至2012年12月末，全辖银行机构运用机构信用代码开展反洗钱客户身份识别共计32.5万次。

反洗钱协作机制有效运行，协助打击洗钱及相关犯罪活动成效显著。反洗钱部门与重庆银监局、证监局、保监局等金融监管部门的合作进一步加强，反洗钱工作在相关行业有效落实和推进，反洗钱监管合力有效形成。金融情报作用进一步发挥，开展反洗钱调查172次，向侦查机关移送涉嫌POS机套现、网络诈骗、虚假验资、偷逃税、非法集资等犯罪线索9个，协助侦查机关对45起重特大案件开展协查，支持公安机关“破案会战”专项行动和非法集资活动。全年，重庆司法机关以洗钱罪宣判案件2起，以洗钱罪起诉1起，重庆洗钱罪案例累计达到12个。

2. 需要关注的问题

反洗钱制度建设相对滞后。2006年以来，我国陆续颁布实施了以《反洗钱法》为核心的“一法四令”，但由于反洗钱工作的快速发展，反洗钱国内外形势与任务发生了很大变化，部分规定滞后于实践发展，与反洗钱国际标准存在差距。一是洗钱罪的上游犯罪范围过窄，税务犯罪等国际公认的洗钱上游犯罪未纳入我国洗钱罪上游犯罪的范围；二是对特定非金融机构反洗钱工作规定过于原则性，实践中实施难度较大；三是对网上银行、私人银行、创新型业务等高风险领域的反洗钱要求未明确，不能满足金融业务发展的现实需要。

法人监管体系有待进一步探索研究。2012年，反洗钱强调对法人机构管制度、管系统、管流程，对分支机构管落实、管实务、管操作。法人监管的改革对以往的监管模式和内容提出了挑战，如何建立一套有效的监管体系，确保在金融机构总部与分支机构之间合理分配监管资源，是今后反洗钱工作的难点。

非银行业金融机构可疑交易报告意识和质量有待提高。全辖金融机构上报的108份重点可疑交易报告中，非银行业金融机构的报送数量仅占1.9%。部分金融机构片面依靠系统筛选，没有结合客户身份、交易背景、经营性质、资金来源去向等情况开展人工甄别分析，可疑交易分析理由较为简单和格式化，在一定程度上影响了反洗钱工作的有效性。

五、总体评估与政策建议

（一）总体评估

2012年，重庆金融体系总体稳定。经济继续保持平稳较快增长，增长动力结构更趋合理，经济规模和效益双重提升。金融业支柱产业地位进一步巩固，对经济增长的贡献度稳步提升。金融机构体制机制改革平稳推进，审慎经营理念增强，稳健发展的基础更加牢固。各类金融机构经营平稳有序，业务较快发展，盈利能力提升，内在抗冲击能力增强。

辖区人民银行分支机构积极履行维护区域金融稳定的职责，推动建立多层次的防范风险协作联动平台，包括建立高层次的市级金融联席会议工作制度、在全国率先建立人民银行与金融机构共同防范金融风险的工作机制等，努力把各种冲击对关键时期、敏感地区金融稳定带来的影响减少到最低程度，促进辖区金融体系保持稳健运行的态势，坚守住了不发生系统性、区域性金融风险的底线。

当前，国际国内各种宏观风险尚未有效缓释，影响重庆金融持续稳定的风险因素不断增多。金融市场体系日益复杂，金融风险关联性增强，金融风险跨平台、跨市场、跨区域传导和扩散的可能性增大。需要高度关注银行体系资产质量波动、资金运作脱离实体经济、政府融资平台风险、证券机构违规经营行为、银保合作行为短期化、保险销售误导、民间借贷纠纷及企业资金链断裂等风险因素。

（二）政策建议

1. 加快战略转型，建立健全风险管理内控机制

一是建立健全业务发展与风险管理能力相协调的机制与流程，谨慎评估风险应对水平，全面加强风险管理和内控建设。二是增强资本节约理念，灵活运用信贷计划、内部资金价格、经济资本限额等工具，实现有效益、有质量的增长。三是加快业务结构调整，提高效能，降低成本，提升对重点领域和薄弱环节的服务能力，促进实体经济科学发展。

2. 提高系统性风险预判能力，增强风险预警有效性

金融机构应加强对重点行业及企业的风险分析，开展有关行业和领域的压力测试，有效提高对风险的预判能力；关注区域金融业发展的整体趋势和方向，在维护辖区金融体系稳定中发挥自身的作用；配合监管部门做好宏观风险监测预警工作，利用好与相关监管部门的对接联络机制，做好有关风险问题报送、化解、处置工作，最大限度降低风险处置成本，坚守住不发生区域性、系统性风险底线。

3. 完善维护区域金融稳定的工作机制，防范交叉性金融业务及跨市场风险

一方面，要立足风险多维监控，持续完善金融稳定工作机制，探索建立严密的风险监测体系，识别、监控、预警各机构与相关交叉性金融业务中潜在的风险点和风险发展趋势，督导相关金融机

构不断完善信息披露和风险揭示制度；另一方面，监管部门在对银行风险监管上要采取更加审慎的举措，进一步加强金融监管协调和信息共享，完善金融数据和信息共享机制，强化应对系统性风险的联动工作机制，有效提升系统性风险防范和处置能力。

4. 继续深化金融机构改革，夯实金融稳定微观基础

一是巩固和深化改革成果，不断完善公司治理，积极推进经营方式调整，改变以“规模偏好”和“速度情结”为表征的粗放型发展模式，增强发展的可持续性。二是积极开展金融机构经营改革评估，加强薄弱环节的风险提示，引导金融机构加强业务流程再造，提高风险管控水平。三是强化金融机构改革创新示范效应，引导金融机构加大“三农”及中小企业服务力度，切实履行好金融在服务社会经济发展过程中的核心作用。

总　　纂：温江勇
统　　稿：刘　林　李柏楼
执　　笔：刘　林　易　娟　刘科星　纪宝林　李柏楼
其他参与写作人员：王　红　王春晓　王　睿　李高亮　周玉洁
　　　　　　　　　贺　涛　廖　旭

四川省金融稳定报告摘要

2012年，四川着力推进“两化”互动、统筹城乡、投资拉动、产业支撑，地区生产总值突破2.3万亿元，增长12.6%，比全国高4.8个百分点。各金融机构结合四川实际，认真贯彻执行稳健货币政策要求，社会融资规模明显扩大，有力支持了全省经济平稳较快发展。金融业保持稳健运行。银行业资产负债较快增长，流动性保持充裕，资产质量不断改善，利润继续增加，表外业务加快发展，中小银行机构资本充足。证券期货经营机构总体经营稳健，证券公司收入小幅增长，收入结构有所优化，期货公司综合实力有所增强。四川保险业保费收入小幅增长，寿险业务下降。金融市场积极发挥改善融资结构与优化资源配置的作用。金融基础设施建设大力推进。

一、区域经济运行与金融稳定

2012年，四川经济依然保持较快增长，经济实力继续提升。金融业改革开放持续深化，金融市场运行平稳，货币市场高速发展，金融基础设施大力推进，金融体系总体保持稳健运行，经济平稳较快增长。

（一）经济平稳较快运行

2012年，四川全年实现地区生产总值2.39万亿元，增长12.6%，比上年回落2.4个百分点，较全国高4.8个百分点。分产业看，三次产业分别增长4.5%、15.4%和11.2%，产业结构为

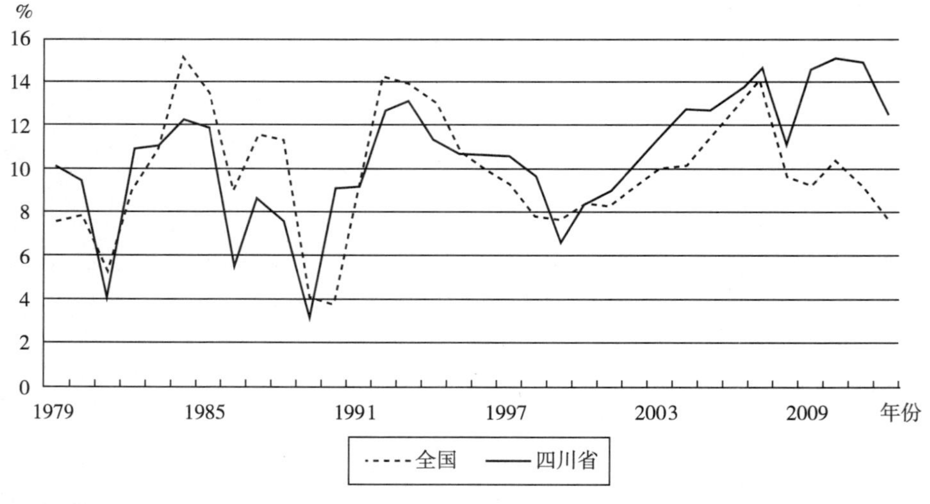

数据来源：国家统计局、四川省统计局相关资料。

图1　全国和四川省经济增长

13. 8∶52. 8∶33. 4。

2012 年，全省规模以上工业增加值增长 16. 1%，增速回落 6. 2 个百分点，分别比全国和西部地区平均水平高 6. 1 个和 3. 5 个百分点。月增速在 5 月企稳后连续 15% ~17% 区间波动，同时持续高于全国平均水平 6 个百分点。

投资规模继续扩大。四川全社会固定资产投资 1. 8 万亿元，增长 19. 3%，增速加快 1. 6 个百分点，比全国平均水平低 1. 3 个百分点。全省社会消费品零售总额累计完成 9 088 亿元，同比增长 16%，增幅较上年同期低 2. 1 个百分点，比全国平均水平高 1. 7 个百分点。

全年实现外贸进出口总额 591 亿美元，增长 23. 9%，增速比全国平均水平大幅高出 17. 7 个百分点。其中，出口 385 亿美元，增长 32. 5%；进口 207 亿美元，增长 10. 5%。

全年居民消费价格（CPI）累计同比上涨 2. 5%，较上年回落 2. 8 个百分点，其中，八大类商品及服务项目价格“六涨二跌”。工业生产者出厂价格（PPI）累计同比下降 1. 4%，而上年同期为上涨 7. 3%。工业生产者购进价格（IPI）与上年基本持平。

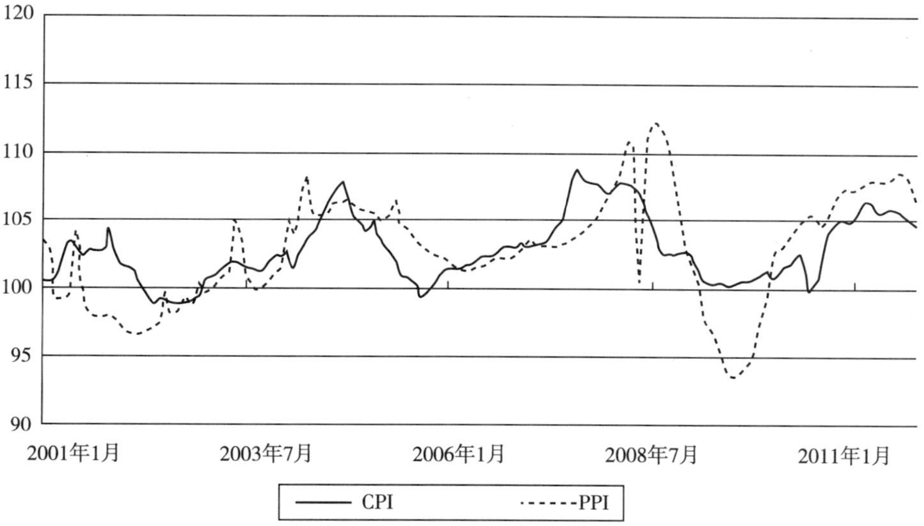

数据来源：四川省统计局相关资料。

图2 月同比物价指数

（二）2013 年经济展望

成都分行 2012 年第四季度四川省银行家问卷调查显示：银行家对未来经济增长开始持积极乐观的态度。政府主导下的投资规模将继续扩张，四川经济在成渝经济区规划和天府新区建设以及多极支撑发展战略带动下将继续保持较快增长，预计 2013 年投资完成额超过 2 万亿元。随着国内外经济形势的逐步改善，企业内生性投资意愿有所企稳。同时，投资面临要素制约的情况将会越来越突出。随着投资规模的持续扩大，无论是政府主导还是市场主导的投资，均将面临土地、资金和劳动力供给制约。

二、金融业与金融稳定

2012 年末，四川省金融业总资产 5. 47 万亿元，增长 22. 4%。金融业实现增加值 1 085 亿元，增长22.9%，占全省地区生产总值的4.6%。

（一）银行业

2012年末，四川省银行业机构资产总额5.25万亿元，增长22.4%，五大国有银行资产总额占比为41.84%。银行业机构负债总额5.1万亿元，增长22.6%，五大国有银行负债总额占比为42.44%。

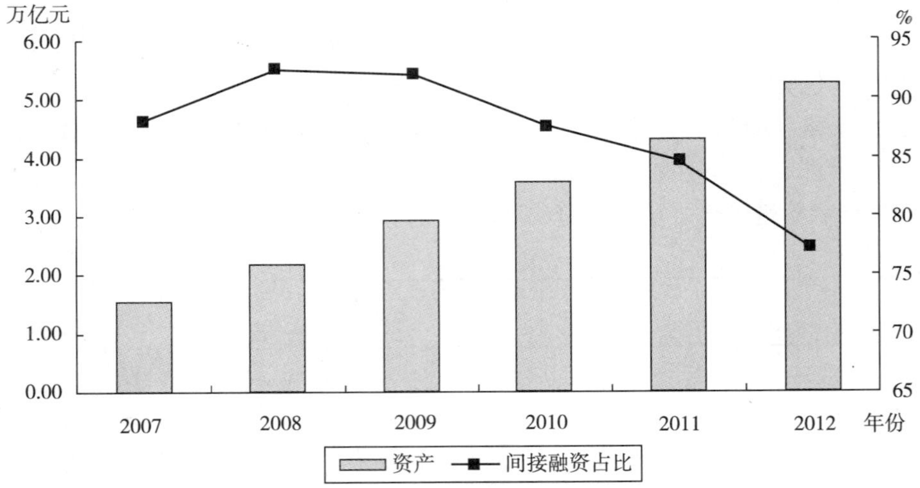

数据来源：中国人民银行成都分行、四川银监局相关资料。

图3 银行业资产及间接融资占比

存款贷款保持增长，流动性有所改善。本外币贷款余额2.62万亿元，增加3 652亿元，增长16.21%。贷款短期化趋势明显，新增短期贷款占比57%，比上年上升了22个百分点。本外币存款余额4.16万亿元，增加6 607亿元，增长18.89%。存款定期化趋势加剧，新增定期存款占比64%，比上年上升了3个百分点。

银行业机构继续加大对“三农”和小微企业的信贷支持。涉农贷款余额8 962亿元，增长21.3%，高出同期各项贷款增速4.5个百分点。大型、中型、小型、微型、小微型企业及个人经营性贷款余额分别为6 853.2亿元、6 656.8亿元、3 774.6亿元、252.8亿元、459亿元及2 604.1亿元，其中大型企业贷款仅占企业贷款总额的33%。

资产质量有所改善，重点领域风险管控仍需加强。银行业机构不良贷款持续“双降”，不良贷款余额比上年下降80.7亿元，不良贷款率比上年下降0.65个百分点，关注类贷款率持续下降。但同时，受经营环境和结构调整等因素的影响，部分产能过剩行业如光伏、钢铁行业不良贷款有所反弹。

资本充足水平稳定。中小法人银行机构继续通过多种渠道补充资本金，资本净额比上年增长29.5%；其中新增留存收益占比为51.8%。中小法人银行机构资本充足率13.9%，同比提高0.66个百分点。其中，农村合作金融机构资本充足率12.2%，同比提高1.26个百分点；非银行金融机构资本充足率40.24%，同比提高1.14个百分点；城市商业银行资本充足率14.9%，同比下降0.15个百分点。受表内外资产加速增长的影响，中小法人银行机构杠杆率为5.15%，同比下降0.62个百分点。其中，农村合作金融机构杠杆率为5.13%，同比下降0.44个百分点；城市商业银行杠杆率为4.81%，同比下降0.46个百分点。

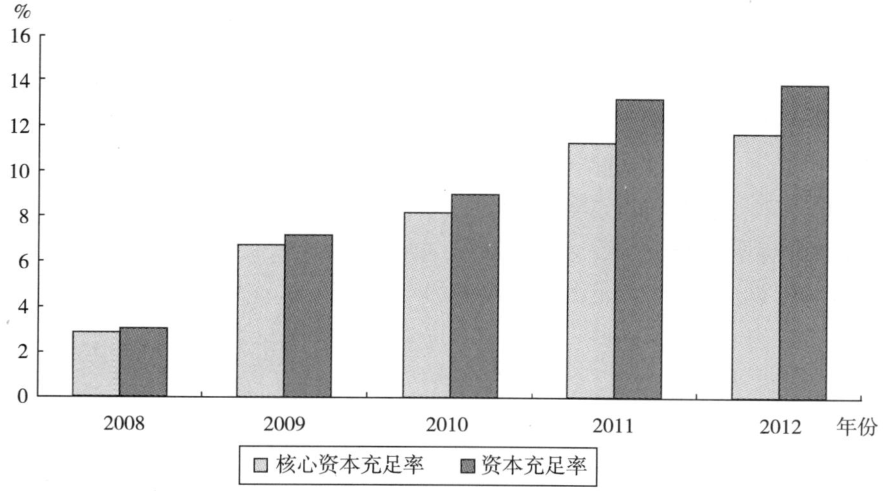

数据来源：中国人民银行成都分行、四川银监局相关资料。

图4 中小银行机构资本充足状况

2012年，四川省银行业金融机构的流动性比率为62.17%，同比上升4.04个百分点。中小法人银行机构流动性比例62.48%，同比上升4个百分点。其中，农村合作金融机构的流动比率64.73%，同比上升2.92个百分点；村镇银行流动比率81.17%，同比上升5.94个百分点；城市商业银行的流动性比率为57.17%，同比上升5.85个百分点。在整体流动性有所改善的同时，部分中小法人机构的流动性比率长期徘徊在30%左右，风险仍需重视。

表外业务加快增长，风险应予关注。2012年末，全省银行业表外业务比上年增加6 511亿元，增长1.54倍。137家银行业机构开展表外业务，占机构总数的57%。

盈利持续增长，增速难以维持。银行业机构全年实现税后净利润705亿元，增加97亿元，增长15.9%，资产利润率为1.5%，成本收入比率为42.68%，中间业务收入率为11.28%，较上年略微下降。全年实现利息净收入1 269.77亿元，手续费及佣金净收入190.63亿元，其他业务收入9.47亿元，投资收益106.22亿元，营业外净收入14.99亿元。但随着银行业经营环境日趋复杂多变，不良贷款反弹压力加大，盈利高增长的局面将越来越难以维持。

（二）证券业

2012年，四川证券期货经营机构总体经营稳健，业务创新积极推进。年末，四川有法人证券公司4家，证券营业部220家，法人期货公司3家，24家期货营业部；基金分公司11家，各类机构数量位居中西部第1位。

2012年，四川4家法人证券公司资产总额为334.53亿元，增加60.71亿元，增幅为25.5%；负债总额为188.36亿元，增加18.21亿元，增幅为10.7%；净资本合计为124.08亿元，增加38.03亿元，增幅为44.2%。3家法人期货公司资产总额为37.23亿元，增长21%；负债总额为31.02亿元，增长17%；净资本合计为5.74亿元，增长37.4%。

证券公司经营稳健，风险控制较好。四川省4家法人证券公司净资产合计为146.17亿元，净资本合计为118.34亿元，净资本与净资产的比例为81%，较上年下降2个百分点，净资本与负债的比例为62.8%，较上年增加12.2个百分点，净资产与负债的比例为77.6%，较上年增加16.7个百分点。

证券公司收入小幅增长，收入机构有所优化。2012 年，四川 4 家法人证券公司共实现营业收入 31. 88 亿元，较上年增加了 1. 94 亿元。其中，手续费及佣金收入为 21. 86 亿元，利息净收入为 4. 27 亿元、投资收益为 4. 17 亿元、公允价值变动收益为 1. 27 亿元。实现利润总额 9. 68 亿元、净利润 7. 09 亿元。2012 年 4 家法人证券公司在自营业务收入上实现了突破，占营业收入的比率从 2011 年的 2. 9% 增加到本年的 17%，优化了其收入结构。

期货公司综合实力有所增强。2012 年，四川 3 家法人期货公司资产总额 37. 23 亿元，较上年增加 6. 45 亿元，净资本合计为 5. 74 亿元，较上年增加 1. 54 亿元；全年共实现利润总额 0. 74 亿元，净利润 0. 46 亿元

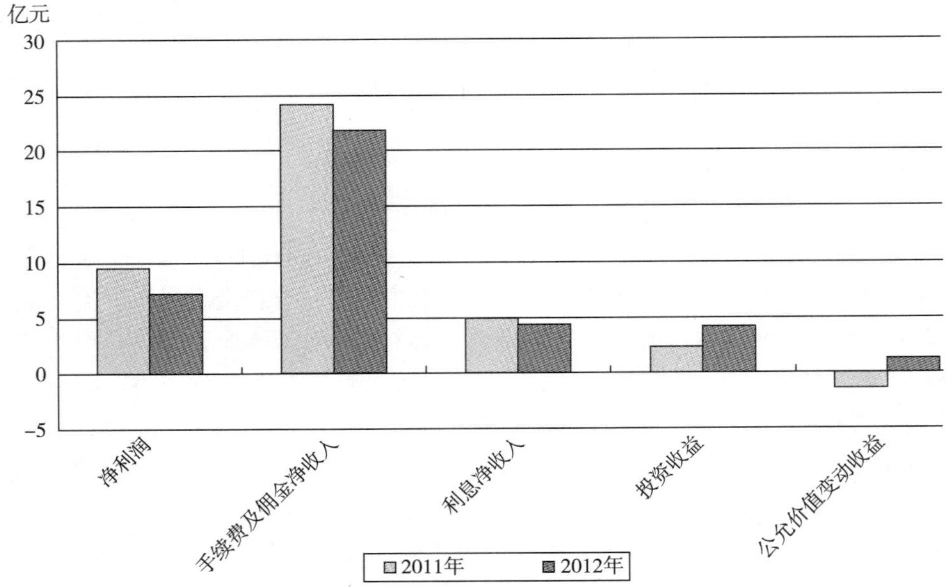

数据来源：四川证监局相关资料。

图 5　证券公司收益

（三）保险业

2012 年末，四川共有保险公司 69 家。其中，产险公司 30 家、寿险公司 34 家、养老险公司 3 家和健康险公司 2 家；按资本国别分，中资公司 55 家、外资公司 14 家。此外，3 家省级公司正在筹建。

保费收入平稳增长增速继续下滑。2012 年，四川保险公司实现原保险保费收入 819. 53 亿元，增长 5. 24%，增速下降近 4 个百分点。保费规模全国排名第 8 位，但增速仅居全国第 31 位，低于全国平均 2. 77 个百分点。全省赔付支出 232. 9 亿元，同比增长 21. 85%。

市场竞争加剧，产险市场两极分化明显。根据近五年来四川产、寿险市场所有保险公司市场占有率的赫芬达尔—赫希曼指数（HHI）来看，近两年该指数下降趋势较为明显。四川保险市场竞争程度不断提高的趋势，随着保险市场主体数量的逐步增加，四川保险市场正在加速向竞争型市场模式转变。但随着市场主体逐步增多，各公司之间竞争不断加大，大公司和中小公司差距进一步扩大，

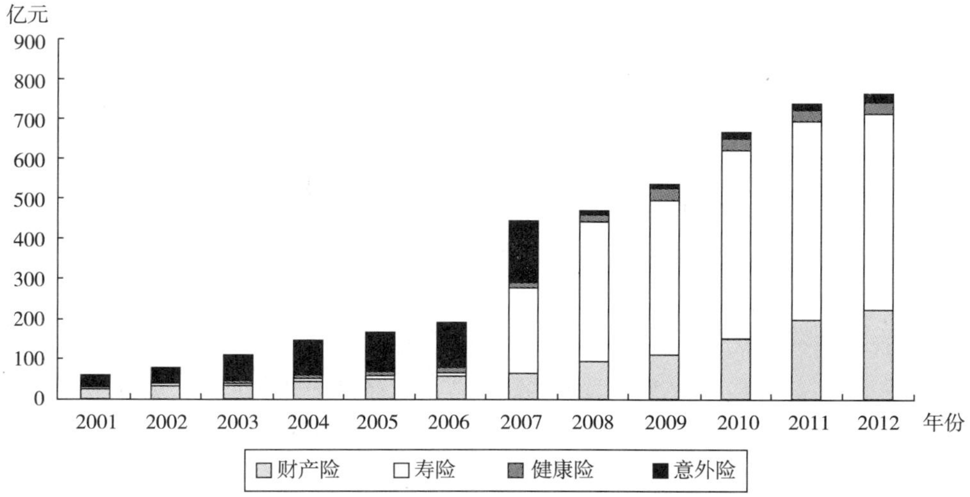

数据来源：四川保监局相关资料。

图6 保险业保费收入

产险市场表现得尤为明显。

服务地方经济社会作用增强，服务领域不断拓展。2012 年，四川省保险业承担风险总额共计 19.05 万亿元，同比增长 9.33%，为全社会提供了日益充分的保障。有效帮助了人民群众和在川企业恢复生产、减少损失，服务地方经济社会作用日益增强，尤其是服务“三农”成效显著。2012 年，全省农业保险保费规模突破 20 亿元，达到 23.18 亿元，增长 35.10%，继续居全国第 1 位。

产险公司业务较快增长，赔款增长较快。2012 年，四川产险公司实现保费收入 285.24 亿元，增长 20.46%，高于上年 3.39 个百分点，也高于全国平均水平 4.75 个百分点，增速排名第 4 位。

寿险业务负增长，结构调整稳步推进。2012 年，四川省寿险公司共实现原保险保费收入 534.28 亿元，同比下降 1.41%，业务规模全国排名第 7 位，与上年相比下降 1 位，增速全国排名仅为第 34 位，且与全国正增长的态势相背。与此同时，寿险公司业务结构改善正逐步推进。一是渠道发展进一步均衡，银邮渠道集中度明显下降。2012 年，全省银邮渠道业务占比 54.14%，比上年降低 7.49 个百分点，其余渠道占比均有不同程度提高。二是普通寿险新单稳步增长。2012 年，普通寿险新单保费 4.91 亿元，同比增长 16.02%。三是缴费结构持续改善。从缴费结构看，2012 年全省新单保费期缴率为 29.21%，比上年提高 4.96 个百分点。从缴费年限看，虽然仍以 3 年期和 5 年期为主，但 10 年期业务比重增加。

银邮渠道业务集中度较高。银邮渠道业务占比仍然排名全国第 1 位，高出全国平均水平 12.84 个百分点，退保和满期给付存有潜在风险。主要原因：一是银邮渠道多是现金价值高且返还快的分红险产品，普遍具有在较短时间内（一般是 1～2 年）即可保本的特性，投保人在保本的情况下，容易主动选择退保；二是银邮渠道产品收益大多低于客户预期，容易引发集体群诉事件。

三、金融市场运行与金融稳定

2012 年，四川各金融子市场保持平稳健康发展，银行间市场直接融资规模创历史新高，金融市场进一步发挥在改善融资结构和优化资源配置中的基础性作用。

（一）货币市场

四川货币市场全年同业拆借、债券回购和债券现券交易量突破十万亿元。累计成交 11 7237 亿元，同比增长 90.7%，累计净融入资金 19 714 亿元，而上年是净融出 10 494 亿元。其中，全年拆借交易规模 2 343.04 亿元，比上年增长 128.31%；净融入资金 1 150 亿元，比上年大幅增加 1 093 亿元。债券回购和现券买卖累计成交 114 893.98 亿元，比上年增长 86.32%；净融入资金 17 867.15 亿元，而上年是净融出资金 10 974.83 亿元。2012 年 12 月，同业拆借和债券回购利率水平分别比年初下降 54.8 个和 37.9 个基点。

银行间市场直接融资规模创下历年同期新高。2012 年，四川 47 家企业在银行间市场发行直接债务融资工具 626.5 亿元，增长 160.7%。其中，中期票据发行 406.5 亿元，短期融资券发行 220 亿元。自 2006 年四川企业开始在银行间市场发行债务融资工具以来，2012 年的发行量约相当于过去 6 年的总和。

（二）票据市场

商业承兑汇票快速增长。2012 年，四川省金融机构累计签发银行承兑汇票 7 154 亿元，同比增长 33.2%；期末余额为 3 479 亿元，同比增长 39.4%。累计签发商业承兑汇票 157 亿元，同比增长 1.61 倍，期末余额为 56.2 亿元，同比增长 73.8%。

商业承兑汇票贴现增速快于银行承兑汇票。2012 年，全省金融机构累计办理银行承兑汇票贴现 6 637 亿元，同比增长 19.7%；期末余额为 359 亿元，同比增长 69.7%。累计办理商业承兑汇票贴现 1 024 亿元，同比增长 41.2%；期末余额 26.9 亿元，同比下降 10.5%。

票据贴现、转贴现利率明显下降。2012 年 12 月末，四川省金融机构票据贴现加权利率为 6.06%，比年初最高点 9.14% 下降 308 个基点。转贴现加权平均利率为 5.10%，比年初最高点 7.28% 下降 218 个基点。

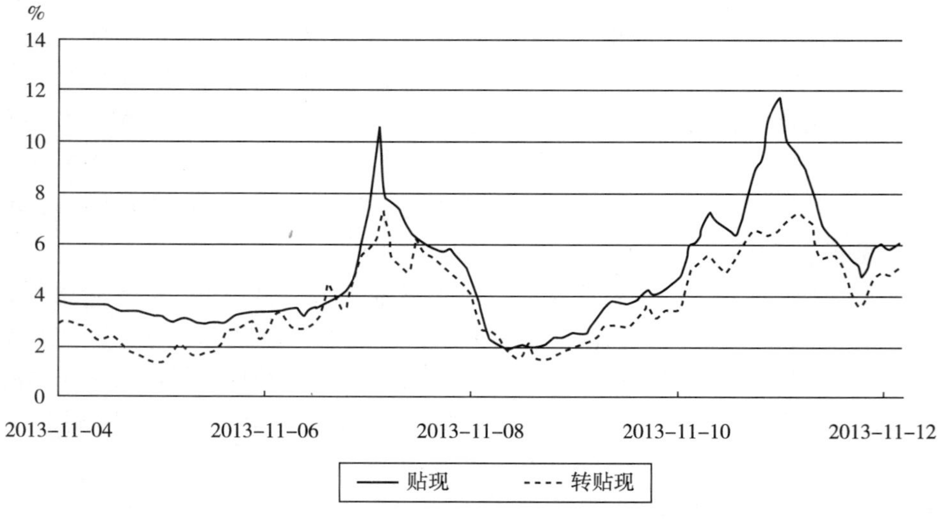

数据来源：中国人民银行成都分行相关资料。

图 7　四川票据利率

（三）股票期货市场

全年16家上市公司在股票市场筹资达252.53亿元，比上年下滑24.2%。其中，4家公司A股首发融资45.19亿元；12家公司实现再融资207.34亿元。A股上市公司数量90家，其中，主板60家，中小板23家，创业板7家，A股上市公司数居全国第7位、中西部第1位，总股本625亿股，总市值5 929亿元。股票投资者开户数为747.34万户，比上年增加19.78万户。全年证券市场交易额为2.44万亿元，同比下降27.6%。期货投资者开户数3.10万户，同比下滑14.8%，期货交易额7.7万亿元，较上年有大幅增长，增幅为54%。

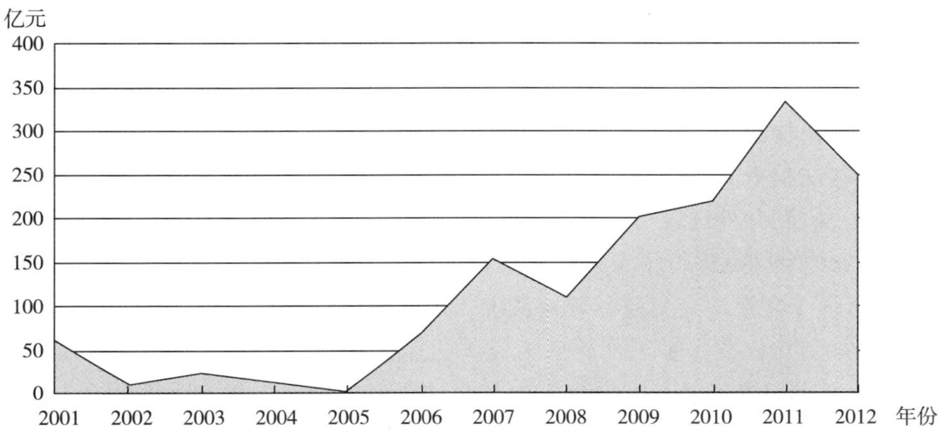

数据来源：四川证监局相关资料。

图8　上市公司股票市场融资量

（四）外汇市场

四川省银行间外汇市场全年成交8.19亿美元，同比下降21.43%，其中，买入量为1.88亿美元，同比下降19.75%，卖出量为6.31亿美元，同比下降21.92%。从交易币种看，美元成交7.24亿美元，同比下降17.32%，占成交总量的88.36%；港币成交0.76亿港元，同比下降66.97%；日元成交23.15亿日元，同比下降49.77%；欧元成交0.41亿欧元，同比下降26.58%。从会员交易情况看，东方电气财务公司交易量最大，共计3.54亿美元，占交易总量的43.27%；成都银行交易量次之，共计2.03亿美元。人民币对美元汇率双向波动、有升有贬的趋势明显，2012年12月31日，人民币对美元中间价比年初升值0.24%。人民币对日元、林吉特和卢布较年初分别升值9.93%、2.81%和4.59%；对欧元、港元、英镑、澳元和加元较年初分别贬值1.90%、0.02%、4.63%、1.98%和2.28%。

（五）黄金市场

商业银行黄金业务稳步增长。截至2012年末，四川辖内共有21家银行业金融机构开办了黄金市场业务，其中包括4家国有商业银行、11家股份制银行、5家城市商业银行和1家农村商业银行。开办的黄金市场业务集中于上海黄金交易所代理交易业务和实物黄金业务，其中代理交易的主要品种是个人黄金现货和个人黄金延期，实物黄金主要品种是代理和自营品牌金。2012年，四川金融机构累计黄金交易量为132 250.2千克，增长80.53%，黄金交易金额为445.61亿元，增长81.83%。其中，上海黄金交易所自营和代理交易84 611.5千克，交易金额285.42亿元，交易价格337.32元/克；其他境内黄金交易47 639.7千克，交易金额163.57亿元，交易价格343.35元/克。

四、金融基础设施建设与金融稳定

（一）金融法治环境建设

金融综合管理基础工作进一步夯实。进一步规范金融综合管理工作制度，修订和完善“两综合、两管理”有关工作实施细则，优化管理流程，整合内部资源，提高金融综合管理工作效能。做好对金融机构的综合评价工作，推动评价结果的运用，探索建立综合评价和综合执法工作联动机制，将评价等级较低的金融机构纳入综合执法检查范围。认真开展综合执法检查，对24家银行机构的112个网点进行了综合执法检查，对金融机构违法行为实施行政处罚金额共计64.1万元。受理银行业机构开业申请300件，收到并处理银行业机构报告重大事项1 737件，此外，人民银行四川各级机构对257家金融机构的769个网点进行了专项执法检查，其中银行机构238家，证券机构2家，保险机构17家。研究开发金融综合管理有关业务处理系统，建设信息化运行平台。在前期试点的基础上，在四川省全面推进金融消费权益保护工作，着力完善机制流程建设，强化制度执行，推动有关工作不断深化。2012年，四川省内各级人民银行机构共受理金融消费者投诉585件，已办理583件，办结率为99.7%，消费者满意率为100%。

（二）支付体系建设

支付系统安全稳定运行。2012年，大额支付系统发生业务3 366.02万笔，金额72.26万亿元，同比分别增长36.79%和44.12%；小额支付系统发生业务5 285.79万笔，同比增长43.62%，金额0.79万亿元，同比下降24.04%。支票影像系统处理业务4 403笔、金额1.86亿元，同比分别增长4.46%和24.83%。全省支付系统直接参与者达到90个，间接参与者达到4 054个，参与者总数较年初增长29.03%，支票影像交换系统直接、间接参与者分别为115家、2 376家，银行机构网点通汇率超过90%，资金周转效率有效提高。

电子商业汇票系统不断推广，签发电子商业汇票298亿元，办理承兑、贴现分别为301亿元、100亿元；全省银行卡发卡量达到2.1亿张，布放POS机具29.2万台，ATM2.1万台，发展特约商户18万户，新建63个刷卡无障碍示范街区。截至2012年末，四川已有包括成都天府通金融服务股份有限公司等5家公司在内的机构获得了支付业务许可证，包括支付宝等14家已取得支付业务许可证的省外法人支付机构在川设立分公司。

围绕“户户有银行卡、村村有POS、镇镇有ATM、县县有刷卡无障碍示范街”的“四有”目标，继续大力推动四川农村支付结算“迅通工程”建设。支付系统在农村地区的覆盖面进一步扩大，全省农村地区银行网点电子通汇率达98.15%。截至2012年末，各金融机构在农村地区发行银行卡8 028.83万张，人均1.71张，布放传统POS机具9.16万台、ATM机具0.87万台。农民工银行卡特色服务全年实现交易156.7万笔，交易金额20亿元，同比分别增长7.8%和11.1%。发展POS机助农取款服务代理点8.62个，消除支付服务空白乡镇739个、空白村3.48万个，分别占2010年末数的75.2%和83.4%，极大地改善了农村金融基础设施，满足了农村群众基础支付需求。

（三）征信体系建设

征信系统实现全覆盖，有效防范金融风险。两大征信系统已分别为四川省59.7万企业、5 586.2万自然人建立信用档案，分别同比增长2.1%和1.8%，实现全省有经济活动能力的企业和个人信用档案全覆盖和所有类型银行机构网点查询的全覆盖，分别提供查询119万次和494万次。

中小企业信用体系促进中小企业融资作用明显。建成中小企业信用信息管理系统和信用信息服务网，与25个部门建立信息采集更新联动机制，采集1万户中小企业水电气缴费、纳税、质检等27类银行关注信息；协调44个部门联合开展“金融守信红名单企业”评选，推动人银行7项履职资源和8家省级银行各项优惠措施向试验区倾斜。

农村信用体系及其试验区建设改善了农村信用环境。推动财政专项资金支持农村信用体系建设，在成都等地探索以信用档案和信用评价为基础，以金融创新和金融惠农为核心的试验区建设新模式，研发“四川农村信用信息管理系统”，采集农村经济主体信用信息100余万条。涉农金融机构为4.4万新评信用户发放信用贷款12.3亿元，余额9.2亿元。

全面完成机构信用代码配发工作。机构信用代码是各类机构的“经济身份证”，是人民银行组织建立的、以金融业务为基础的又一项重要金融基础设施。截至2012年11月末，累计发码64.9万户，配发比例达98%，清理核销4.5万久悬户，清洗更正3万户重要标识，在反洗钱、征信及政府管理等领域查询运用代码信息逾50万笔次。

（四）反洗钱

2012年，人民银行以金融机构大额和可疑交易报告综合试点为切入点，健全反洗钱核心领域制度，重塑监管体系，促使金融机构改进内控制度、再造工作流程、投入IT系统改造，推动反洗钱向风险为本转型。

加强客户身份识别和风险管理，并试用机构信用代码开展反洗钱工作，加强对银行卡、网上银行、大额现金支取等高风险业务及民间借贷尤其是高利贷活动、非法集资、地下钱庄等严重危害金融秩序的非法金融活动的监测分析，尝试开展重点可疑交易类型分析。金融机构重点可疑交易报告数量下降的同时，报案率和立案率同比大幅增长，可疑交易“防卫性”报告现象得到进一步遏制。

着力推进风险为本反洗钱监管。出台村镇银行监管意见、启动支付机构监管、加强反洗钱岗位准入培训，强化辖内法人监管。完善金融机构反洗钱监管档案，开展洗钱风险评估，在此基础上综合运用现场检查、巡查、约见谈话、风险提示等手段完善差别化监管制度。其中，全省对35家金融机构以及金融机构法人总部开展现场检查，对1家涉案机构开展倒查。推动建立成都农商银行、华西证券开展大额和可疑交易报告综合试点，探索川内法人机构大额和可疑交易报告模式。

总　　纂：李　铀
执　　笔（按姓氏笔画排序）：
文　青　王大波　王　龙　冉智泉　左　桃
何迎新　杨华强　沈丁丁　陈　鹏　郑敏闽
赵　影　席　滔　温茹春　葛康泽

贵州省金融稳定报告摘要

2012年，贵州省全省上下坚持以科学发展观为指导，紧紧抓住国务院颁布《关于进一步促进贵州经济社会又好又快发展的若干意见》（国发〔2012〕2号）的历史机遇，克服国内外经济下行压力加大带来的冲击，经济发展呈现出“总量扩大、增速加快、位次前移、持续向好”的良好态势，在科学发展、后发赶超、同步小康的进程中取得了多项新突破。贵州省生产总值增速升至全国第2位，人均地区生产总值跨入3 000美元的门槛，金融机构人民币存贷款余额分别突破1万亿元和8 000亿元。同时，贵州省金融体系保持总体稳健，金融市场平稳运行，金融基础设施不断完善，金融生态环境建设逐渐完善。

一、区域经济运行

（一）经济运行情况

1. 经济持续快速增长，产业结构继续优化

2012年，贵州省实现生产总值6 802.20亿元，较2011年增加1 100.36亿元，增长13.6%，高于全国平均水平5.8个百分点。从产业结构角度上来看，第一产业实现增加值890.02亿元，同比增长8.5%，占地区生产总值的比重为13.1%；第二产业实现增加值2 655.39亿元，同比增长16.8%，占地区生产总值的比重为39.0%；第三产业实现增加值3 256.79亿元，同比增长12.1%，占地区生产总值的比重47.9%。

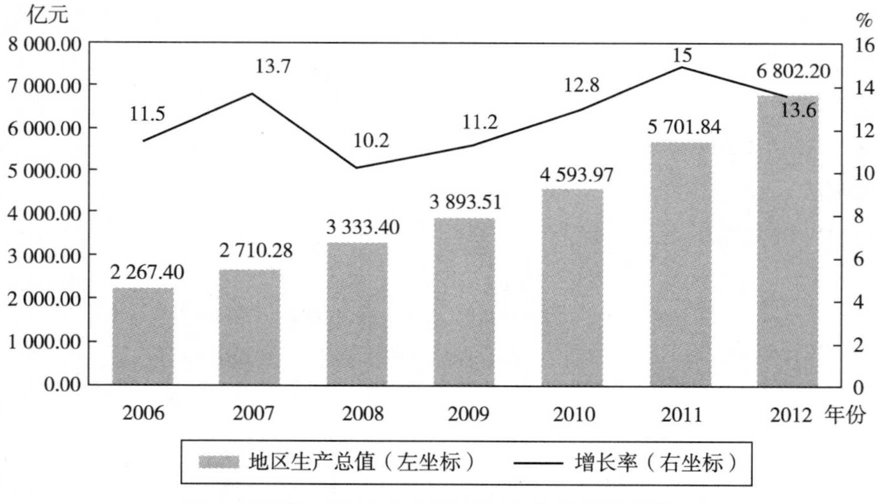

图1　2006—2012年贵州省区生产总值增长情况

2. 固定资产投资高速增长，对第三产业支持较大

2012 年，贵州省全社会固定资产投资 7 809.05 亿元，同比增长 53.1%。其中，计划总投资 50 万元及以上的城镇投资、农村非农户项目投资和房地产开发投资 7 596.19 亿元，增长 55.3%。其中，工业投资 3 126.22 亿元，增长 55.3%；房地产开发投资 1 467.60 亿元，增长 68.0%；铁路投资 264.44 亿元，增长 56.6%；公路投资 762.28 亿元，增长 37.1%。从产业结构上看，对第一、第二、第三产业投资分别占比 2.9%、32.9% 和 64.2%，对第三产业倾斜力度较大。

3. 物价涨幅总体回落，消费品市场平稳增长

2012 年，贵州省居民消费价格同比上涨 2.7%，涨幅较上年下降了 2.4 个百分点。按八大类划分看，食品、衣着、烟酒及用品价格涨幅较大，价格分别上涨 4.7%、3.8%、2.8%，交通和通信价格有所下降，降幅为 0.4%。全年工业生产者出厂价格同比上涨 1.0%，比上年回落 4.4 个百分点。全年工业生产者购进价格同比上涨 2.3%，比上年回落 12.7 个百分点。

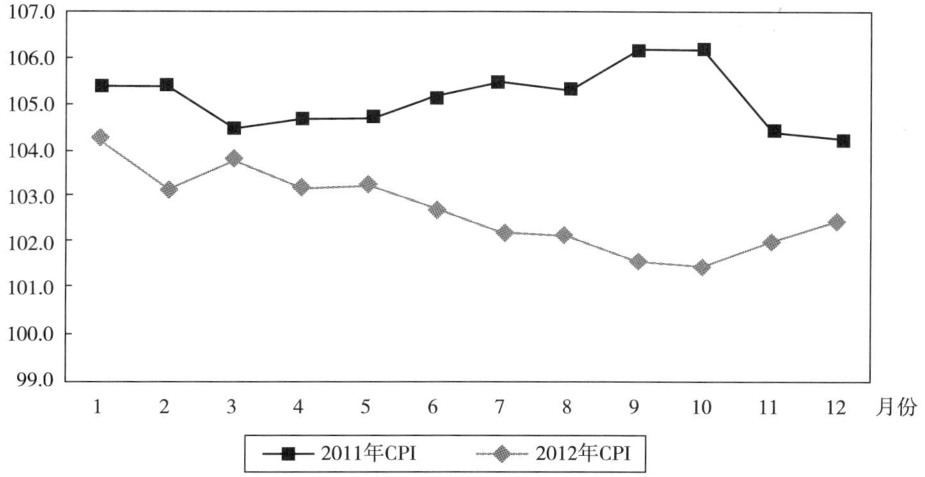

图 2　2011—2012 年贵州省 CPI 变化情况

居民收入进一步增长，省内消费需求稳步增加。2012 年，全省城镇居民人均可支配收入 18 700.51元，同比增加 2 205.50 元，名义增长 13.4%；农民人均纯收入 4 753.00 元，同比增加 607.65 元，名义增长 14.7%。全年社会消费品零售总额 2 005.25 亿元，同比增长 16.0%。按消费形态划分，餐饮收入 195.84 亿元，商品零售 1 809.40 亿元，同比分别增长 13.4%、16.2%。

4. 对外贸易加速发展，贸易顺差有所扩大

2012 年，贵州省进出口总额 66.32 亿美元，比上年增长 35.7%。其中，进口总额 16.80 亿美元，比上年下降 11.7%；出口总额 49.52 亿美元，比上年增加 65.9%，进出口相抵，贸易顺差 32.72 亿美元，较上年有所扩大。全年实际利用外资总额为 10.46 亿美元，比上年增长 55.4%。

5. 财政收入平稳增长，公共财政预算收入突破千亿元大关

2012 年，贵州省财政总收入 1 644.48 亿元，比上年增长 23.6%。其中，公共财政预算收入突破千亿元大关，达到 1 014.05 亿元，增长 31.2%。在公共财政预算收入中，税收收入 681.66 亿元，比上年增加 31.6%。

（二）2013 年贵州经济展望

在国家对贵州经济的大力支持下，2013 年贵州将面临经济发展的一系列新机遇和新挑战，发展

形势要明显好于2012年，经济社会发展的基本面进一步趋好，政策优势、后发优势、环境优势将集中显现。2013年贵州经济工作会议强调，将坚定不移地实施“稳中求进、提速转型”的总基调、总目标，落实“好中求快、快中保好、能快则快、又快又好”的总要求。在保证区域经济运行平稳的基础上，在2013年实现经济发展新突破。

一是力争全社会固定资产投资超过万亿元。在国家政策的大力支持下，贵州省固定资产投资增速远远高于全国平均水平，呈现出典型的“投资拉动型”经济特点，2013年全省经济工作会议强调，全省各地各部门要把抓投资作为第一位的工作任务，争取完成全社会固定资产投资超过10 000亿元。

二是继续坚持可持续发展路线，优化产业结构。全省将进一步合理资源配置，深化产业结构调整，打造有特色的优势产业。加快推进工业强省战略，逐步建立新的产业体系，推进工业园区规范化、集约化、特色化发展；加强农业基础建设，在确保粮食安全的前提下，以结构调整为主线，提高农业综合生产能力，进一步增强农业比较效益；大力发展服务业，进一步将服务业做新做实，突出贵州独特的区位优势，推进旅游、信息、金融、物流、动漫等现代重点服务业建设项目的发展。

三是着力加强在重点领域的科技创新力度，实施更加积极主动的开放战略。全省要通过推进改革创新不断激发经济主体的内生活力，通过扩大改革开放不断提高经济外向度。因势利导、顺势而为，紧紧抓住贵州发展的重要机遇期，继续深化行政体制、投融资体制、矿产资源配置三大改革，全面完成省属大中型企业公司制改革，并培育一批贵州本地的中小企业。要以更大的决心和气力推进改革开放，着力解决影响经济长期健康发展的体制性、结构性矛盾，在一些重点领域和关键环节取得新突破。以开放促改革、促发展、促创新，不断提高综合科技进步水平指数和科技进步贡献率。

四是切实保障和改善民生，使发展成果更多、更公平，惠及全体人民。全省要认真落实中央要求，坚持尽力而为，量力而行，切实做好民生工作。大力提高扶贫工作水平，要积极创建全国扶贫开发攻坚示范区；大力推进学前教育、义务教育、高中阶段教育和高等教育突破工程，启动实施“9+3”义务教育计划；大力提高就业水平，实行更加积极的就业政策，健全城乡公共就业服务体系；大力提高社会保障水平，统筹推进城乡社会保障体系建设，提高保障标准，扩大覆盖范围。

五是积极稳妥推进城镇化，着力提高城镇化质量和水平。全省要坚持新区先行、产城互动、典型示范、改革突破，构建合理的城市格局，进一步完善示范镇建设总体规划和专项规划，完成100个示范镇项目库建设工作，重点要把30个省级示范镇抓出特色。加快贵安新区建设，走一条集约、智能、绿色、低碳、有山区特色的新型城镇化道路。

（三）经济运行中需要关注的问题

一是经济增长下行压力仍然存在。2013年国际经济形势依然错综复杂，充满变数，世界经济低速增长态势仍将延续，潜在通胀和资产泡沫压力加大，必须保持清醒头脑，增强忧患意识。重视跟踪分析和把握发展形势的新变化，进一步加强对辖内经济金融运行的分析和监测，关注物价波动对金融运行和社会民生带来的影响。

二是企业生产创新能力不足，体制性制约因素依然存在。长期积累的体制机制性、结构性矛盾并没有从根本上解决，企业自身良性发展的内生动力尚未真正形成。工业经济资源型特征突出，新兴产业发展缓慢，附加值低，效益和质量有待提高，非公有制经济和第三产业发展缓慢，交通水利等基础民生建设相对滞后，应深入分析问题背后的原因，采取有效措施加以解决，以提升经济效益和质量为中心，实现经济稳中求进。

二、银行业

（一）运行情况

2012 年，贵州银行业金融机构以科学发展观为指导，认真贯彻落实国家宏观调控政策和国发 2 号文件精神，进一步优化信贷结构，资产负债规模稳步提升，盈利能力明显增强，银行机构改革步伐进一步加快。但同时，房地产等重点领域存在潜在风险，表外业务风险管控水平滞后于业务发展，县域中小法人银行经营风险等问题不容忽视。

1. 资产规模持续扩大

2012 年末，全省银行业金融机构资产总额 13 396. 74 亿元，同比增长 23. 34%。其中，本外币各项贷款余额 8 350. 17 亿元，同比增长 21. 37%，增速比上年同期提高 2 个百分点。

2. 负债规模稳步提升

2012 年末，全省银行业金融机构负债总额 12 972. 75 亿元，同比增长 23. 25%。其中，本外币各项存款余额 10 567. 83 亿元，同比增长 20. 49%。从存款结构上来看，单位存款和个人存款余额分别为 5 237. 26 亿元、4 857. 63 亿元，分别同比增长 21. 10%、22. 90%。

3. 盈利能力明显增强

全省银行业金融机构实现净利润 212. 80 亿元，同比增长 33. 27%。中间业务收入 50. 10 亿元，同比增加 20. 58%；资产利润率为 1. 75%，同比增加 0. 14 个百分点。

表外业务迅速发展。2012 年末，全省银行业金融机构表外业务及垫款为 606. 85 亿元，同比增长 52. 9%。其中，股份制银行增长最快，同比增长 201. 85%；其次为城市商业银行，同比增长 83. 75%；政策性银行出现负增长。

4. 地方法人银行资本充足水平不断提高

2012 年末，法人银行业金融机构资本充足率达到 13. 1%，同比增加 0. 86 个百分点。其中农村金融机构（不含村镇银行）资本充足率达标机构占 96. 47%，同比降低 1. 26 个百分点。

流动性处于合理区间。2012 年末，全省法人银行机构核心负债率为 59. 96%，同比降低 1. 17 个百分点；流动性比例为 47. 90%，同比提高 1. 12 个百分点。

5. 资产质量不断提高

全省银行业金融机构不良贷款余额为 138. 59 亿元，同比减少 1. 94 亿元，不良贷款率 1. 66%，同比减少 0. 33 个百分点。从行业来看，批发和零售业不良贷款余额最高，其次为农、林、牧、渔业和制造业。从机构类别来看，农村金融机构不良贷款率较高，80% 的农村金融机构不良率低于 5%。

（二）银行业改革与发展情况

3 家城商行合并重组设立贵州银行。2012 年 10 月 11 日，贵州银行正式挂牌成立。该行由原遵义市商业银行、六盘水市商业银行、安顺市商业银行 3 家城商行合并重组设立，注册资本 32 亿元。原有 3 家城商行全部转为贵州银行的分行机构，原有机构、网点全部进入新银行。

农村合作金融机构改革进一步加快。2012 年末，贵州省共有 2 家农村商业银行；其中新挂牌成立 1 家——兴义农村商业银行。兴义农村商业银行于 2012 年 10 月 8 日正式挂牌，该行由原兴义农村合作银行改制组建而成，为全省首家县级农村商业银行。

村镇银行加速发展。2012 年末，贵州省共有村镇银行 20 家（正式营业），同比增加 8 家。资产总额为 521 592. 64 万元，同比增长 135. 72%；负债总额为 420 794. 61 万元，同比增长 160. 27%。其中，各项存款余额为 261 487. 14 万元，同比增长 113. 51%；各项贷款余额为 209 153. 47 万元，同比增长 133. 55%。实现净利润 2 785. 83 万元。

（三）银行业发展中需要关注的问题

房地产贷款潜在风险值得关注。近年来，国务院及有关部委针对房地产市场进行持续性宏观调控，虽然 2012 年下半年出现了回暖气象，但房地产企业资金紧张的局面并未得到根本改变。目前，房企借助信托、私募、委托贷款、关联企业等渠道多头融资的现象相当普遍，房地产行业的风险仍然存在。一是房地产企业不良率较高。截至 2012 年末，全省房地产企业不良贷款余额 9. 02 亿元，不良率 1. 87%，高于全省平均水平 0. 21 个百分点。二是房地产企业关注类贷款占比较高。截至 2012 年末，全省房地产企业关注类贷款余额为 65. 4 亿元，占房地产企业全部贷款的 13. 6%，高于全省平均水平 6. 5 个百分点，关注类贷款有转化为不良贷款的可能。

市、县级融资平台还款压力较大。贵州省融资平台贷款风险主要集中在市级和县级，分别占受调查银行投融资平台贷款总额的 62. 63%、37. 36%，省级融资平台贷款较少，占比仅为 0. 01%。在当前经济增长放缓的背景下，市县级融资担保公司受其规模所限，受到的冲击相对较大，其还本付息压力明显增加，个别政府融资平台甚至可能出现资产变现价值与负债相抵后仍然存在负债缺口的情况，有一定的偿债风险。

贷款集中度风险依然存在。受经济下行压力影响，信贷投放向大企业、大项目和大客户集中的趋势比较明显，集中度较高。2012 年末，银行业金融机构投向个人贷款、交通运输、仓储和邮政业、电力、燃气及水的生产和供应业、制造业及批发和零售业等行业贷款余额共 5 537. 6 亿元，占各项贷款的 66. 4%。

表外业务迅速发展中的潜在风险不容忽视。一是表外业务风险管控滞后于业务的发展。理财产品、委托贷款、承兑汇票等表外业务发展迅速，部分表外业务承担了信用转换、期限转换和流动性转换的职能，避开了监管当局的控制体系和风险监管。二是表外业务透明度差。表外业务迅速发展的同时，现行的财务报表不能准确体现表外业务的内容和范围，且对重要的表外项目也未作详细说明和解释。

部分县域中小法人银行经营存在风险隐患。一是部分机构存贷比较高，资产负债波动较明显。全省法人银行金融机构中，存贷比高于 75% 监管标准的机构占 41. 12%，其中，以村镇银行表现较为突出，65% 的村镇银行存贷比高于 75%。部分县域法人银行年底冲规模情况较为明显，资产负债年初出现大幅下滑。二是从稳健性现场评估的结果来看，部分中小法人银行虽然已经建立了现代金融企业制度，但现有的公司治理的规定在实际操作中难以执行，法人治理结构仍然不完善，“三会一层”未有效分离和有效制衡；激励约束机制不完善，且相关制度未能积极、有效地发挥作用。三是部分机构内部管理基础薄弱，公司治理运作不规范，风险控制能力差。

融资性担保公司对银行体系带来风险隐患不容忽视。截至 2012 年末，贵州省已经出现 1 家融资性担保公司法人主体消失，1 家融资性担保公司不能正常运营的情况，融资性担保公司对银行体系可能带来的风险隐患。一是担保公司在不同银行登记备案的信息不一致，给银行的担保贷款带来较大的风险隐患；二是信息不对称，加大了银行管控风险的难度，增大了产生传染性风险和系统性风险的隐患；三是担保公司内部管理混乱，外部监管薄弱，给银行带来较大风险隐患。

（四）政策建议

进一步加强房地产等重点领域的风险管理。一是严格按照国家对房地产市场调控的相关政策要求，坚持调控力度不放松，确保国家政策实施的稳定性和连续性；加强对房地产业名单制管理和压力测试，定期开展房地产市场和房地产开发商资金来源分析，密切关注开发企业多渠道融资情况。二是建立偿付保障机制，构筑平台贷款风险的“防火墙”。建立一套行之有效的符合本地财政债务状况的风险控制标准，以监测和预防债务风险的发生。同时，建议逐步建立政府投融资平台贷款风险抵补机制，多渠道化解风险。

加强对金融创新业务的风险管控。构建完整的表外业务风险管理框架，合理地控制表外业务的发展速度和规模，使之与风险管控能力和风险吸收能力相匹配；加强表外业务的信息披露，完善财务报告中对表外业务的披露内容和披露范围，增强财务报表的可比性和相关性，促进表外业务和表内业务的信息沟通。

加强地方中小法人银行防范和控制风险的意识和能力。一是中小法人银行应进一步加强风险的全面把控能力，提高化解风险能力，建立涵盖贷前、贷中、贷后全方位立体的风险管理机制，强化贷款管理和不良贷款责任人的责任追究；二是进一步建立完备的风险监控体系，完善内部市场风险、操作风险管理及流动性风险缓释安排等制度和操作流程，定期开展流动性风险评估和压力测试，完善流动性风险监测指标体系。

三、证券业

2012 年，贵州省证券业机构经营状况总体平稳，市场有效性和规范性不断提高，未发生重大风险。各机构积极应对国内证券市场持续低迷造成的影响，寻求创新发展途径，可持续发展能力进一步增强。

（一）证券业运行概况

1. 证券市场运行平稳

2012 年，贵州省共有证券公司营业部 50 家，各证券公司营业部开户数 59.08 万户，同比增长 5%；客户资产总额 393 亿元，同比增长 26%；全年证券交易额 2 389 亿元，同比减少 9%。辖内共有期货营业部 8 家，各期货营业部开户数 7 936 户，同比增长 13%；期货成交额 3 602 亿元，同比增长 50%。

2. 上市公司质量提升

2012 年，贵州省共有沪深 A 股上市公司 21 家，比上年增加 1 家。各上市公司总市值 3 209 亿元，同比增长 10%；总股本 109 亿股，同比增长 9%；2012 年前三个季度共实现利润总额 188 亿元，同比增长 45%。

2012 年，贵州省上市公司直接融资 30. 8 亿元，其中 1 家公司首发募集资金 3 亿元，2 家公司增发募集资金 17. 8 亿元，1 家公司发行公司债募集资金 10 亿元。目前，省内 1 家公司发行公司债过会待发，2 家公司首发待审，2 家公司增发正在审核，多家企业准备申报 IPO 材料，辖区资本市场发展有望实现新的更大突破。

3. 法人机构发展稳健

华创证券公司是贵州省唯一一家证券业法人机构，面对 2012 年整体低迷的市场环境，该公司积极创新，加速转型，新业务和新产品不断涌现，整体抗风险能力保持平稳。2012 年该公司新增 4 家证券营业部，分支机构数量增至 42 家，客户累计达 35 万户，全年累计交易量超过 1 500 亿元，公司净资产 23. 25 亿元，实现营业收入 4. 68 亿元，营业利润 1 681 万元。同时，风险指标表现良好，净资本充足率 630. 82%，比上年提高了 262 个百分点，显示出了良好的发展态势，有力地促进了地方资本市场的稳定和发展。

（二）需要关注的问题

一是法人证券公司实力仍然偏弱。2012 年，华创证券公司虽取得了一系列突破，但从资产负债规模、业务量等指标上看，与行业内其他公司的平均水平仍有较大差距；盈利模式虽有所转变，但经纪业务收入仍占到了营业收入的一半以上；由于贵州地区金融生态环境的“先天”劣势，该公司的投行、资管等新业务与国内大型券商相比较为缺乏知名度和竞争力。在未来市场发展，各大券商逐步进入贵州后，将面临本土市场竞争加剧的巨大压力。

二是上市公司发展仍需加强。2012 年贵州省内仅有上市公司 21 家，上市公司数量在全国处于靠后的位置。辖内上市公司的发展状况也显示出了一定程度的不平衡，部分公司风险较高。此外，2012 年辖内上市公司直接融资规模 30. 8 亿元，与国内其他地区平均水平差距较大，间接融资比例过高，融资结构不合理的问题仍十分突出，引导企业拓宽融资渠道，改善融资结构的需求尤为迫切。

（三）政策建议

一是加强监管部门间合作，建立长效监管机制。将各监管部门间的交流合作方案推上日程，加快人民银行和证监会合作监管备忘录的建设进度，逐步形成一套合理有效的监管机制。同时，加大对证券市场各种违规行为的处罚力度，净化市场环境，保证证券业市场平稳健康运行。

二是加大机构转型力度，创新发展模式。为应对市场持续深幅度调整的影响，逐步引导各证券公司由传统业务为主的盈利模式向传统与创新并重的盈利模式转变，使机构逐渐摆脱对经纪业务的过度依赖，发挥贵州政策优势，走一条特色化、创新化的发展道路，提高综合竞争力。

三是搭建人才培养机制，完善人才储备。目前，贵州省内证券行业人才从数量和质量两方面都无法满足市场发展的需求，高端专业证券人才匮乏，掣肘整个行业的创新发展。建议实现人才培养激励政策，加强对专业化人才的培养力度，同时搭配部分补贴、税收减免等政策，提高贵州证券业人才队伍的综合实力。

四、保险业

2012 年，贵州省保险市场体系不断完善，保险发展趋于平稳，农业保险的覆盖面不断扩大，保险支农效果增强，但受银保新政及退保潮等因素影响，赔款支出增速提升。

（一）保险业运行总体状况

1. 保险市场体系逐步健全

截至2012年末，贵州省共有保险经营主体23家，其中，财产险公司14家；人身险公司9家，较年初增加1家。辖内各级保险分支机构949家，较年初增加19家。其中，财产险机构454家，较年初增加16家；人身险机构495家，较年初增加3家。

有专业保险中介机构27家（其中代理机构8家，经纪机构13家，公估机构6家），较年初增加1家经纪机构和1家代理机构；保险兼业代理机构2 736家，较年初增加237家。

2. 保险业务发展平稳

2012年，贵州省保险业实现保费收入150.22亿元，同比增长13.96%，高于全国平均增速5.95个百分点，增幅列全国第4位，较上年同期提高13位。其中，财产保险业务保费收入70.39亿元，同比增长19.24%，人身险业务保费收入79.82亿元，同比增长9.68%。保险赔付累计支出55.34亿元，同比增长40.02%，保险公司账面总资产252.58亿元，较年初增长16.3%。

3. 保险业务结构逐步优化

财产险业务中，部分非车险业务发展势头较好，实现保费收入11.02亿元，较上年同期有所增长，非车险业务多级增长格局逐步形成。车险业务持续保持较快增长，实现保费收入59.37亿元，较上年同期增长23.44%。商业车险占比有所提高，车险业务结构有所优化。人身险业务中，人身险实现保费收入79.82亿元，占保费收入的53%。其中，个人代理渠道贡献稳步增长，渠道结构有所优化。由于人身险公司更加注重长期性、储蓄性险种的发展，寿险业务期缴保费占比进一步提高。

4. 保险服务社会能力逐步增强

农业保险覆盖面逐步扩大。全年共承保能繁母猪约58万头，承保森林761.76万亩，烤烟111.3万亩，农房保险提供风险保障100亿元。积极探索农村小额人身保险和计划生育保险，为农村低收入群体建立风险保障，在7个县开展试点计划生育保险。

工业类风险保障服务逐步增强。2012年，累计承保企业财产保险1.66万件，支付赔款2.88亿元。并推动保险“进工程、进项目”，为贵州省工程项目提供风险保障约381亿元。

社会公共事务类保险逐步推广。在做好补充养老及医疗保险服务的基础上，稳步推进商业保险参与“新农合”经办管理服务。重点推进与公众利益密切相关的意外险、责任保险发展。2012年，全省意外险和责任保险共承担风险保障1.6万亿元，赔款支出达2.6亿元。

（二）存在的问题

1. 赔款支出增速提升，赔款增速大于保费收入增速

贵州保险业实现保费收入150.22亿元，同比增长13.96%；保险赔付累计支出55.34亿元，同比增长40.02%，寿险、财险赔付增速均达20%以上。其中，农业险赔款支出增速达76.73%，责任险赔款支出增速达60.61%。保费增长大于赔付增加原因有：银保新政使得保险销售渠道受阻，影响保险扩大业务；受退保潮影响，民众的投保积极性降低，惜投、慎投意识加大；2012年贵州省保监局出台一系列措施提升车险服务理赔效率，推动保险消费者权益保护站建立，加强治理销售误导等规范保险市场。

2. 寿险产品受资本市场影响较大

贵州省的寿险产品均是以投资收益为主的分红产品，易受资本市场波动影响。2012 年宏观经济增速下行，资本市场低迷带来投资收益下降，国内升息环境，市场资金面紧张，金融产品冲击，使得分红险、万能险、连投险等保险产品收益降低，退保现象时有发生。

3. 区域发展不平衡问题仍未解决

贵州省保险业务地区发展不平衡，全省 23 家保险经营主体仅有 2 家实现全省保险业务全覆盖，非常规险种更是小范围开展，中国人寿财险仅在毕节一个地区开展小额信贷保险。全省九个地区中，贵阳、遵义、六盘水三个地区的保费收入达到 99.79 亿元，占全省保费收入的 66.43%；贵阳地区保费收入 56.93 亿元，占全省比例达 37.9%；保费收入最少的安顺地区，仅占全省保费收入的 4.02%。地区发展不平衡，使真正需要保障的地区得不到基本保障，造成穷者更穷，富者更富的“马太效应”。

（三）政策建议

1. 转变经营观念，创新监管模式，营造更加有利的外部环境

保险公司要转粗放经营为集约经营，创新销售模式，改善人员流动，提高服务质量。监管机构要相互沟通及时协调，除了规范银行与保险行业的经营外，要加强联动积极支持保险业发展，解决银行独大的银保格局，规范银保合作手续费上限。

2. 探索创新保险产品

贵州省属农业省份，少数民族较多，自然灾害频发。保险公司应结合贵州省情，探索创新符合贵州实际的新保险产品。如针对自然灾害较多，为其提供灾害损失补偿的风险保障保险产品；针对农业人口较多，为其提供符合少数民族风情的保障类保险产品等。

3. 加强政府引导，扩大保险覆盖面

政府应创新支持手段，加强政策引导。通过税收优惠，提高保险公司在县级、贫困地区设立分支机构的积极性；通过财政补贴，增加农户投保积极性与主动性，吸引更多的保险公司扎根农村，拓展农村保险业务，均衡全省保险业发展。

五、金融市场

（一）债券市场规模扩大

2012 年，贵州省共有 8 家机构参与债券回购交易，债券回购成交额累计 10 282.0 亿元，同比增长 19.0%。其中，质押式回购累计成交 9 855.7 亿元，买断式回购累计成交 426.3 亿元。从资金走向上看，以资金融入为主，全年资金净融入 2 697.0 亿元，较上年同期多融入 2 032.7 亿元。

省内共有 7 家机构参与现券交易，现券交易成交额累计 8 692.0 亿元，同比增长 190.5%。其中，现券买入成交 4 228.2 亿元，卖出成交 4 463.8 亿元。从机构参与情况看，省内一级交易商贵阳银行交易占比较大，占总成交金额的 78.5%。

（二）同业拆借市场运行平稳

2012 年，因遵义市商业银行、六盘水市商业银行、安顺市商业银行合并为贵州银行，省内同业

拆借市场参与成员缩减为5家，全年累计发生信用拆借26笔，累计交易金额25.9亿元；其中拆入24.9亿元，拆出1亿元。

（三）票据市场交易活跃

2012年，贵州省承兑汇票签发、贴现都大幅度增长。各金融机构累计签发银行承兑商业汇票1 066.7亿元，同比增长53.1%；年末余额553.8亿元，同比增长66.1%。累计办理企业贴现406.6亿元，同比增加86.9亿元；贴现余额为80.2亿元，同比增加696万元。从贴现和转贴现交易对象看，贴现和转贴现业务与外省联系较大。省内金融机构企业贴现累计发生额中，有20.2%的业务针对异地企业；买断式转贴现（转入）和买断式转贴现（转出）的累计发生额中，分别有80.5%和87.3%的业务针对异地金融机构。从利率上看，全省票据市场加权利率水平总体呈现震荡走低的态势，但在年末有所回升。

（四）黄金和外汇市场有所降温

2012年，全省黄金交易量18 611.3千克，同比下降34.4%。交易金额62.9亿元，均价337.8元/克。从价格变化上看，黄金价格呈年初升、年中降、年末回升的价格走势。其中，年末纸黄金价格较2011年第四季度微涨了3.7%，实物黄金价格较2011年第四季度微涨了2.1%。

2012年，贵州省外汇市场成员外汇交易累计成交2.3亿美元，同比下降21.5%。从交易币种上看，仍然以美元为主。

表1　2012年贵州省银行间外汇市场交易情况　　单位：万元、%

交易品种	交易方向	成交额	折美元	同比
USD	卖出	14 693.8	14 693.83	-26.0
USD	买入	6 998	6 998.00	-11.8
EUR	卖出	61.8	79.88	-24.4
EUR	买入	631.4	808.51	103.2
JPY	卖出	14 165	176.32	-34.5
JPY	买入	46 581.2	579.40	-49.9
HKD	卖出	57	7.36	-45.3
HKD	买入	0	0	—
合计		—	23 343.29	-21.5

（五）银行理财产品持续升温

2012年，贵州省内理财产品的发行期数和募集资金均大幅提高。各机构累计发行了封闭式银行理财产品4 971期，累计募集资金5 964.1亿元；各产品的期限多为1个月以上，9个月以下；各产品间预期收益率相差较大，最多相差3.7个百分点。各机构累计发行了存续开放式理财产品74期，余额40.9亿元；各产品预期收益率一般为1.11%~4.53%，远高于活期存款利率。

六、金融基础设施

（一）支付结算体系

大小额支付系统平稳运行。2012 年贵州省支付系统的安全稳定运行加快了社会资金的周转速率，提高了资金的利用效率，对支持地方经济发展起到了积极作用。大额支付系统处理往来账业务 880 万笔，金额 15.6 万亿元，同比分别增长 34% 和 44%；小额支付系统处理业务 1 072.6 万笔，金额 2 056.2亿元，同比分别增长 24% 和 4%。

非现金支付工具大力推广。2012 年，贵州省实现了三星级以上酒店 100% 受理银行卡，二星级酒店 80% 受理银行卡，3A 级以上旅游景区、大中型餐饮点达到 70% 以上受理银行卡的目标。截至 2012 年 11 月末，全省银行卡受理特约商户 6.5 万户，POS 机具达到 7.5 万台，同比分别增长 21% 和 28%，ATM5 878 台，同比增长 23%。累计发行公务卡 19.25 万张，公务卡累计交易笔数达 175.8 万笔，累计交易金额达 32.4 亿元，同比分别增长 44.7%、189% 和 318%。各金融机构办理银行汇票业务 5 万笔，金额 13.3 亿元；商业汇票业务 5.88 万笔，金额 777 亿元；办理贴现业务 1.7 万笔，金额 321 亿元。

农村支付环境不断改善。逐步推广“银行卡助农服务村村通”工程，2012 年，全省已在县域行政村安装助农取款 POS 机具 10 315 台，占行政村总数近 60%。积极推进“手机支付进村寨”工程，通过了农行手机支付通模式、邮政储蓄银行汇易达贴膜卡模式、农信银手机银行模式以及银联手机支付模式，并在 5 个较边远的县先行开展试点工作。

（二）征信体系

信用评级深入农村，信用代码发放、应用成效显著。2012 年，贵州省积极搭建“农户信用信息服务系统”，完成了对试点县（兴仁县）81 个村的信息采集和农户信用评级工作，共采集了 34 959 户农户的相关信息，为 97.9% 的农户评定了信用等级。涉农金融机构合计给予评级农户 23 844 万元的授信，共有 17 334 户农户获得了贷款支持，金额合计 5 5023 万元。截至 2012 年 10 月末，共发放机构信用代码证 22.39 万个，其中存量 18.98 万个，存量机构发码率达 99.8%；新增 3.41 万个，新增机构发码率达 100%。

中小企业和农户信用档案建设逐步完善。截至 2012 年 12 月末，全省共为 1.75 万户未贷款中小企业建立了信用档案，帮助 1 831 户中小企业累计获得 483.3 亿元银行信贷支持，取得了良好的经济和社会效益。截至 2012 年第三季度，贵州省已为 674.21 万农户建立了信用档案，占应建档农户总数的 98.68%，并为其中的 632.96 万农户评定了信用等级，占建档农户的 93.88%；创评信用村（组）43 072 个，信用乡镇 240 个。

征信数据质量优良，非银行信息采集工作稳步提升。2012 年，贵州省地方性金融机构企业、个人征信数据质量综合一致率均高于全国平均水平，其中个人数据综合一致率为 99.99%，企业数据综合一致率为 98.90%。继续扩大已接入的法院、环保、拖欠工资、公积金中心等数据源的采集范围，完成了“贵州省中小企业信用信息服务系统”的搭建工作，保证已采集数据的连续性和完整性。2012 年，通过“贵州省中小企业信用信息服务系统”，成功收录了遵义市 12 559 条企业概况信息、

3 940条缴税信息、8 932 条企业信贷信息、7 522 条注册资本及构成信息、9 964 条高级管理人员信息；收录毕节地区 9 923 条企业基本信息、1 707 条纳税信息、1 608 条电力缴费信息、4236 条企业信贷信息。

（三）反洗钱

金融机构反洗钱风险等级评估工作稳步推进。2012 年陆续组织省内人民银行系统240 余人（次）组成 84 个评估小组对辖内 308 家银行机构、234 家保险机构、31 家证券机构、7 家期货机构、3 家信托财务机构、1 家支付机构及 1 家银行卡组织进行了现场评估（含预评估），全省金融机构自评面达 100%。

对金融机构实施分类监管。2012 年按照有针对性重点监管的原则，结合风险等级评估结果，全省共确定 16 家金融机构作为现场检查对象，其中，银行业金融机构 7 家（含综合执法对象 4 家），保险业金融机构 9 家。共计投入 579 个工作日，检查账户 32 205 户，检查保单 85 590 份。并根据风险等级评估的综合评分排名情况，对风险等级较高的 13 家金融机构分别约见高管，对其反洗钱工作存在的问题进行通报，对开展业务面临的洗钱风险进行提示。

反洗钱调查和案件协查工作继续加强。2012 年，人民银行贵阳中心支行上报重点可疑交易线索 2 条，涉嫌单位客户 2 个，涉嫌交易金额 13. 84 亿元。发现和接收可疑线索 20 条，涉及金额 20. 71 亿元；开展反洗钱行政调查 12 次，其中协查 4 次，涉及金额 2. 86 亿元，接受总行批准的跨辖区调查任务 2 个，线索涉及辖内金融机构 3 家，账户 5 个，交易金额 4 930. 1 万元。

七、总体评估

（一）总体评估

1. 评估方法与思路

根据人民银行上海总部《中国区域金融稳定定量评估方案》的指导，运用层次分析法、专家评分法、模糊数学法等方法对全省金融稳定状态进行了综合评价。

2. 金融稳定性评估

2012 年，贵州省金融稳定综合评价值较上年略有下调，区域金融处于基本稳定状态。

总体上来看，2012 年贵州省经济发展状况相对于 2011 年的恢复性增长而言，各项指标表现更具有可持续性和稳健性，且主要指标在全国排名实现新突破，经济发展中的结构性调整和发展方式的转变逐步显现。金融业中，银行业发展势头强劲，有力推动了区域金融的发展。

2012 年，区域经济对金融稳定的贡献度较上年略有回落，固定资产投资仍然为拉动经济增长的主力，进一步拉动就业增加，居民消费水平和消费能力稳步提高。主要表现为：固定资产投资增速在 2011 年基础上保持 2008 年以来的较高增长，城镇居民可支配收入及农村人均纯收入保持两位数增长，社会消费品零售总额稳步增长，实际利用外资额较快增长。

金融业整体对金融稳定的贡献度较上年有所提高。银行业整体稳定性增强。2012 年，银行业机构资本充足性持续增强，抵御风险能力加强，资产质量稳步提升，但资产获利能力有所下降。主要表现在：核心资本充足率保持提升，不良贷款率持续下降，流动性比例较为稳定，资产利润率同比下降0.6个百分点。证券业规模不断扩大，但经营业绩堪忧，表现在：资产、负债规模不断扩张，资本充足性进一步提高，但盈利大幅下滑，经济业务手续费收入持续下滑。保险业发展整体向好，表现在：保险密度和保险深度持续增加，寿险公司退保率增加，财险公司应收保费率和赔付率均同比增加。

（二）政策建议

1. 稳中求进，推动经济健康持续发展

一是继续保持合理的投资规模，优化投资结构和投资环境、增加就业岗位，做好项目储备，提高经济增长后劲；二是加快经济结构调整，逐步将投资增长方式从外延扩张型增长向内涵提高式增长转变，逐步从靠物质资源消耗向科技进步、劳动者素质提高、管理创新转变；三是扎实推进经济健康可持续发展，提高实体经济健康有序发展对金融稳定的积极贡献。

2. 深化改革，提高金融体系抗风险能力

一是深化中小金融机构改革，提高中小金融机构抵御风险的能力。中小金融机构应以改革为契机，提高资产质量，提升人员素质，增强自身抗风险能力。二是提高风险意识，积极防范经营风险及风险传染。金融机构在加大金融创新力度的同时，应提高风险意识，防止大量风险从表内游离于表外，从单部门扩散至多行业、多部门，有效控制风险和风险链条。三是切实服务于实体经济，合理配置金融资源。

3. 强化金融基础设施建设，优化金融生态环境

一是继续推进农村支付环境建设，提升支付服务水平；二是加强信用体系建设，培育良好的金融市场信用环境，为金融服务实体经济提供良好信用保障；三是培育良好的法制环境、投资环境、金融市场环境，优化金融生态环境。

总　　纂：蔡　湘
统　　稿：余文贵　白玉英
执　　笔：刘利红　陈　羲　岳晶晶
其他参与写作人员（按姓氏笔画排序）：
张豫众　周富玲　於康平　饶方兴　娄　燚
袁　燕　欧阳斌　郭　煜　龚宇麟　路　音

云南省金融稳定报告摘要

2012年，云南省国民经济快速发展，经济总量突破万亿元，经济运行呈现增长动力充足、效益持续提高、民生不断改善、对外开放程度进一步提高的良好态势。云南省金融业稳健运行，服务地方经济社会发展能力日益突出，银行业规模稳步扩张，风险抵御能力和经营效益不断提高；证券期货业市场融资功能持续强化，风险水平可控；保险业保持平稳发展，保障功能有效发挥；金融市场交易活跃，市场功能日趋完善；金融基础设施建设有序推进，金融生态环境持续优化，金融稳定。

一、区域经济发展

（一）产业结构继续调整优化，经济增长动力充沛

1. 产业结构继续调整优化，增长方式转型

2012年，云南省抓住国家实施新一轮西部大开发战略和建设面向西南重要“桥头堡”战略的重大发展机遇，全年实现地区生产总值10 309.8亿元，同比增长13%，高于全国平均增速5.2个百分点，增速列全国第4位；人均生产总值达22 195元，同比增长15.2%；三次产业对地区生产总值的贡献率分别达到17.19%、45.09%和37.72%。

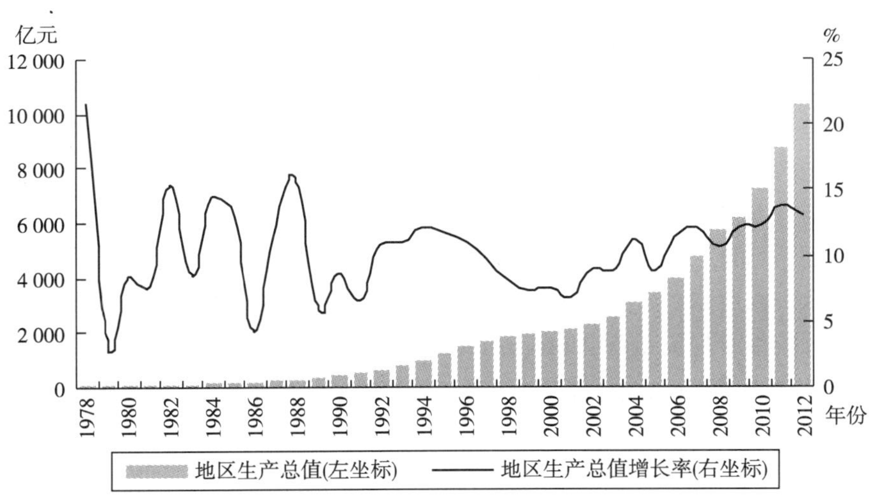

数据来源：云南省统计局相关资料。

图1 1978—2012年云南省地区生产总值及其增长率

农业增产农民增收，高原特色农业成品牌。云南省农业增加值 1 654.56 亿元，同比增长 6.7%；全年粮食总产量 1 827.8 万吨，同比增产 4.5%；农村居民人均纯收入达 5 417 元，同比增长 14.7%，增速高于全国水平。高原特色农业发展迅速，咖啡、橡胶的种植面积和产量居全国第 1 位；茶叶、甘蔗、桑蚕等产量居全国前列，高原特色农业逐渐成为品牌。全省农产品出口逆势增长，出口额超 20 亿美元，同比增长 13.0%，继续保持西部省区第 1 位。

工业生产增速稳步提高，规模以下工业较快发展。云南省工业增加值达到 3 450.72 亿元，同比增长 15.1%。其中，规模以上工业增加值同比增长 15.6%，重工业拉动 8.13 个百分点，轻工业拉动 7.44 个百分点，轻、重工业共同发力支持了全省工业经济的持续发展。同时，全省规模以下工业发展质量、效益进一步提高，同比增长 11.0%，高于全国平均水平 3.5 个百分点，增速居全国第 5 位。

服务业经济效益稳步提升，新兴服务业发展壮大。云南省以交通运输、邮政等为代表的传统服务业总量继续扩大，以现代金融业、信息服务业、物流业等为代表的新兴服务业迅速发展壮大。根据全省 11 个行业门类的 1 752 户大中小型服务业企业统计结果，全年实现营业收入增长 25.6%，营业利润增长 13.9%。其中，盈利最多的行业为金融业、信息传输、计算机服务和软件业。

2. 内需稳步增长，经济增长动力充沛

投资总量再上新台阶，房地产开发投资高位运行。云南省全社会固定资产投资跃上 7 828.51 亿元新台阶，同比增长 26.6%。受到全省保障房开发建设力度加大、城镇化建设推进以及居民住房刚性需求增加的影响，房地产开发投资仍处于高位运行，增幅达 39.2%。

消费市场平稳增长，城乡市场发展差距缩小。在全国经济增速放缓、物价上涨压力等多重因素影响下，云南省消费市场总体呈现稳步增长态势，全省社会消费品零售总额 3 541.60 亿元，同比增长 18.0%。其中，城镇市场实现消费品零售额 2 846.92 亿元，同比增长 18.3%，乡村市场实现零售额 694.68 亿元，同比增长 17.2%，城乡市场消费增幅差距比上年下降 2.8 个百分点。

（二）收入平稳较快增长，支出结构进一步优化

财政收入增长显著，资金支出对民生保障作用更加突出。2012 年，云南省财政总收入增长同比 16.2%，地方公共财政预算收入同比增长 20.4%。其中，税收收入同比增长 20.6%，非税收入同比增长 19.6%。在地方财政收入快速增长的同时，各项重点支出得到较好保障，财政支出结构进一步优化。全省地方公共财政预算支出同比增长 22%，尤其在住房保障、教育、文化体育与传媒和农业等方面的支出均实现较快增长，分别比上年增长 52.7%、39.7%、36.7% 和 26.1%，为全省经济社会又好又快发展提供了有力保障。

农民收支增幅超过城镇居民，农民生活质量进一步提升。云南省城乡居民收入稳步提高，城镇居民人均可支配收入和农村居民人均纯收入分别达到 21 075 元和 5 417 元，同比分别增长 13.5% 和 14.7%；城镇居民人均消费性支出和农村居民人均生活消费支出分别为 13 884 元和 4 561 元，同比分别增长 13.4% 和 14%。全省农民恩格尔系数较 2008 年累计下降 4 个百分点，农民生活质量进一步提升。

（三）工业品出厂价格低位徘徊，农业生产资料及工资继续上涨推高物价

受经济增长放缓影响，上游工业品需求不足，PPI 仍处于低位；农业生产资料价格继续保持上涨态势，推高农产品价格；受人工成本、物流成本、干旱气候等因素的共同影响，食品价格继续走高，

成为物价上涨的主要推手。

PPI 低位徘徊，农业生产资料价格指数上涨明显。2012 年，云南省 PPI 同比下降 2.1%，较全国水平多降 0.4 个百分点，第四季度 PPI 降幅呈现收窄趋势。与 PPI 下降趋势相比，农业生产资料价格同比上涨 4.6%，其中，化学肥料和农业生产服务价格涨幅均在 6% 以上，其他类型的农业生产资料呈现出不同幅度的上涨。

CPI 涨幅呈"U"形变动，食品价格仍是推动物价上涨的主要因素。2012 年，云南省居民消费价格总水平（CPI）同比上涨 2.7%，比全国平均水平高 0.1 个百分点。CPI 涨幅呈现"U"形变动，8 月触底回升。八大类商品呈现"七升一降"运行态势，除衣着类价格下降 1.3% 外，其余商品价格同比均出现不同幅度上涨；食品价格上涨是物价上涨的重要原因。

劳动力转移就业形势良好，工资成本增加。2012 年，云南省农村劳动力转移就业工作较快发展，确保了农民持续增收。劳动力转移任务超计划完成，全省新增转移农村劳动力 115 万人，培训农村劳动力超过 130 万人。在"农村劳动力转移就业特别行动计划"的推动下，农民工资性收入同比增长 26.1%，达到 1 436 元，成为收入增长的重要动力。云南省城镇居民人均总收入中工资性收入达到 14 408 元，同比增长 16%。

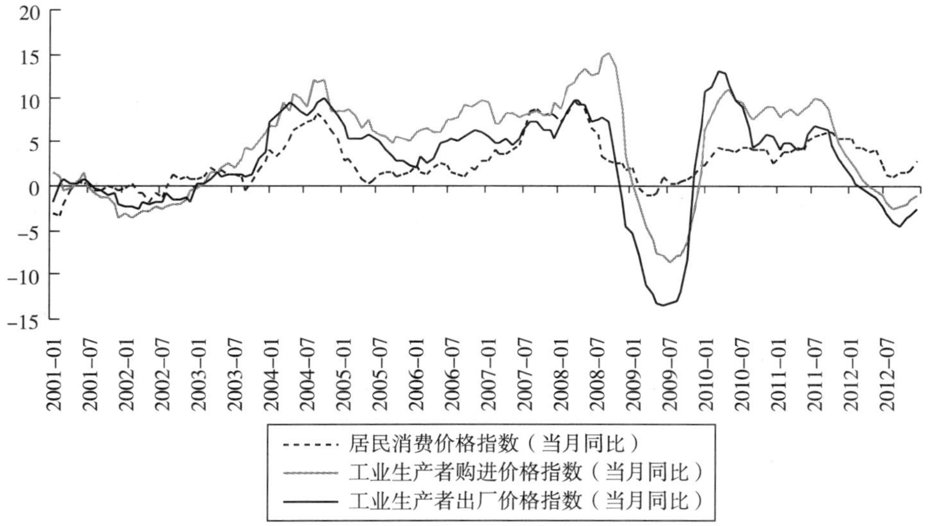

数据来源：云南省统计局相关资料。

图 2　2001—2012 年云南省居民消费价格和生产者价格变动趋势

（四）对外开放程度进一步提高，直接投资呈分化走势

1. 对外经贸增长迅速，进出口额增长走势差异明显

2012 年，云南省外贸进出口总额 210.05 亿美元，同比增长 31.04%，贸易逆差 9.69 亿元，其中进口 109.87 亿美元，同比增长 67.6%，出口 100.18 亿美元，同比增长 5.8%。受外需萎缩、关税调整和生产要素成本上升等多重因素影响，云南省出口增幅大幅下降，仅为 5.8%，低于全国平均增速 2.1 个百分点，比进口低 61.8 个百分点，六大出口产品类别中仅有农产品为增长态势，机电产品、磷化工产品、纺织服装、电力及有色金属出口全线下滑。

2. 外商直接投资下降，境外直接投资增势强劲

受国际金融危机影响，汇率波动和投资风险加大，国际资本跨境投资减少；另一方面，经济下行压力增大，市场需求收窄，对境外资本吸引力降低，云南省外商直接投资大幅减少。云南省累计办理外商投资企业外汇登记 118 家，同比下降 24.36%；投资总额 19.56 亿美元，同比下降 26.72%；注册资本 10.74 亿美元，同比下降 36.98%；外方实际外资流入 8.38 亿美元，同比下降 39.28%。同时，为扩大人民币在跨境贸易和投资中的使用，人民银行、外汇管理局先后出台多项政策，进一步便利境外投资者使用人民币来华投资。在当前汇率波动加大、汇兑风险加剧的情况下，越来越多的外国投资者选择以人民币作为出资方式。2012 年，云南省外商直接投资中，外方以人民币出资达 4.07 亿美元，占全年外资流入总额的 49%，首次超过外汇出资。

2012 年，随着国家对“走出去”战略的大力支持，在云南省“桥头堡”建设有力助推下，云南省境外直接投资迅速摆脱 2011 年的低迷状态，实现强势反弹，云南省“走出去”步伐再次迈上快速发展通道。云南省累计办理新设境外投资企业外汇登记 56 家，同比增长 155%，协议投资总额 10.06 亿美元，同比增长 9.2 倍，其中，中方协议投资总额 7.25 亿美元，同比增长 907%。境外投资外汇资金汇出 2.94 亿美元，同比增长 27%。

3. 跨境收支再创新高，边境贸易发展迅速

2012 年，云南省跨境收支总规模和结售汇总额双双创新高。跨境收支总规模 226.47 亿美元，同比增长 18.54%。银行结售汇总额达 127.41 亿美元，同比增长 0.21%。货物贸易是增长的主要动力，服务贸易作为重要补充，云南省货物贸易跨境收支和结售汇在总量中占比分别为 64.45% 和 69.19%，金额同比增长 20.23% 和 4.18%；服务贸易项下跨境收支和结售汇同比分别增长 24.78% 和 9.41%，分别达 28.79 亿美元、13.02 亿美元。

在云南省“桥头堡”建设、区域性跨境人民币金融服务中心和投融资结算中心建设等大力推动下，云南省银行与周边国家银行间结算合作渠道日趋完善和畅通，缅、老、越银行相继开立了 22 个人民币结算账户；特许兑换机构开通了人民币与缅币、越南盾、泰铢、老币等非自由兑换货币直兑业务等多项举措，助推边境贸易快速增长，边境贸易额达 15.32 亿美元。

（五）房地产市场运行平稳，保障性安居工程建设成绩显著

房地产开发投资稳定增长，房地产贷款增速趋稳回升。2012 年，云南省房地产开发投资完成 1 782.14亿元，同比增长 39.2%，增速高于全国平均水平 23 个百分点。全省房地产贷款同比增长 18.90%，增速呈现趋稳回升态势。其中，房地产开发贷款增长 40.23%，房地产开发贷款增速的快速上升与房地产企业土地购置费用的大幅增加有关；个人住房贷款增长 9.69%，中小户型信贷占比提高。全省房地产贷款不良率比年初下降 0.33 个百分点，房地产信贷资产质量进一步提高。

商品房供应较快增长，重点城市商品住房价格基本稳定。云南省商品房施工面积为 14 362.11 万平方米，同比增长 30.4%；新开工面积为 6 037.53 万平方米，同比增长 23.0%。商品房销售面积 3 237.75万平方米，同比增长 0.5%，增速较上年回落 8.4 个百分点；商品房销售额 1 362.83 亿元，同比增长 16.3%，增速较上年同期回落 9.1 个百分点。全省重点城市商品住房价格基本稳定，昆明市新建住宅和二手住宅价格同比分别上涨 1.3% 和 3.5%，大理市新建住宅和二手住宅价格同比分别下降 0.2% 和 0.6%。

云南省银行业金融机构积极支持保障性安居工程建设，全年新发放贷款 90.39 亿元，贷款余额

达 171.00 亿元。其中，向公共租赁住房和廉租住房建设发放贷款 54.72 亿元，贷款余额达 83.33 亿元，两项指标均列全国第 3 位。截至 2012 年底，云南省城镇保障性安居工程已开工 30.38 万套，占国家下达任务数的 100.2%；基本建成城镇保障性住房 19.86 万套，占国家下达计划数的 101.2%；完成投资 322.49 亿元，占上报国家年度计划投资的 129.6%，城镇保障性安居工程建设目标如期完成。

二、金融运行和发展

（一）银行业

1. 银行业运行情况

银行业规模持续扩张，整体实力稳步增强。2012 年，云南省共有全国性政策性银行、国有大型商业银行、股份制商业银行、外资银行分支机构 25 家，地方法人银行业金融机构 162 家。全省银行业金融机构共设有营业网点 5 269 个，同比增长 1.78%；从业人员 70 610 人，同比增长 7%。银行业金融机构资产总额为 23 054.69 亿元，同比增长 21.25%；负债总额为 22 357.84 亿元，同比增长 21.02%；本外币各项存款余额 18 061.48 亿元，同比增长 17.07%，较上年提高 2.54 个百分点；各项贷款余额为 14 168.99 亿元，同比增长 14.69%，增幅与上年基本持平。

贷款结构不断优化，信贷支持薄弱环节效果良好。云南省银行业金融机构贷款结构逐步优化。一是贷款期限结构持续改善，各家银行加强信贷调控，将更多资金投向周转快的短期贷款，短期贷款余额 3 764.24 亿元，同比增长 27.88%，新增 820.57 亿元，占全部新增贷款的 44.82%；中长期贷款余额 9 799.75 亿元，同比增长 8.89%，新增 800.73 亿元，占全部新增贷款的 43.74%。二是贷款机构、地区结构有所调整，一方面股份制商业银行和地方法人金融机构信贷投放占比上升，股份制银行和地方法人金融机构分别新增贷款 367.15 亿元和 482.38 亿元，分别占全部新增贷款的 20.05% 和 26.34%，贷款占全部贷款分别为 15.92% 和 20.88%，比上年分别上升 0.61 个和 0.97 个百分点；另一方面贷款区域分布有所调整，15 个州市贷款余额占全省比重为 50.48%，比上年提高 11.38 个百分点。同时，云南省银行业金融机构不断加强对薄弱环节的支持，银行业金融机构不断加大对涉农贷款的支持力度，涉农贷款本外币余额 4 914.03 亿元，比上年新增 721.37 亿元，同比增长 17.21%，占全部新增贷款的 39.4%；同时，继续加大对小微企业的信贷支持，全省小微企业贷款余额 2 445.19 亿元，占全部企业贷款的 26.35%，全年新增 365.13 亿元，占全部企业新增贷款的 34.24%。

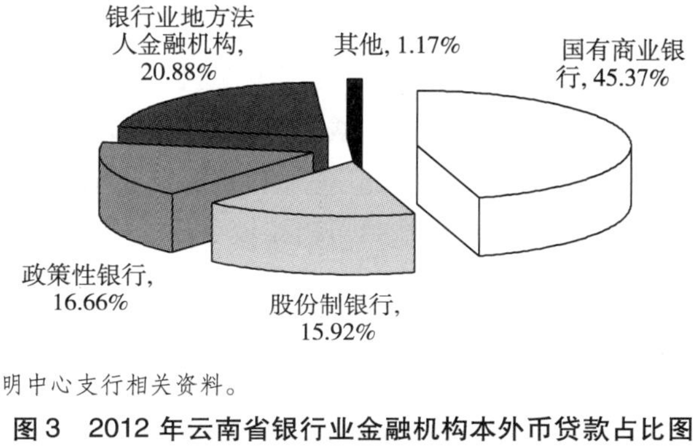

数据来源：中国人民银行昆明中心支行相关资料。

图 3　2012 年云南省银行业金融机构本外币贷款占比图

经营效益持续提升，盈利结构有所改善。2012 年，云南省银行业金融机构累计实现净利润 349.34 亿元，同比增长 25.11%；资产利润率 2.21%，比上年提高 0.08 个百分点；成本管理效率有所提升，成本收入比由 2011 年的 35.74% 降为 34.31%，下降 1.43 个百分点，经营效益的提升增强了银行业金融机构的竞争力和可持续发展能力。累计实现中间业务收入 82.96 亿元，同比增长 15.62%，中间业务收入稳步上升，盈利来源向多元化方向发展。

资产质量持续改善，抗风险能力不断增强。云南省银行业金融机构不良贷款余额和不良贷款率持续“双降”，不良贷款余额 151.34 亿元，比上年减少 34.36 亿元，同比减少 18.57%；不良贷款率 1.07%，比上年下降 0.44 个百分点；拨备覆盖率达到 201.08%，比上年提高 53.07 个百分点；存贷比 79.40%，比上年下降 2.24 个百分点。银行业整体风险抵御能力进一步提升。

地方法人银行机构发展迅速，村镇银行快速扩张。2012 年末，云南省有城市商业银行 3 家、农村合作机构 133 家、村镇银行 24 家、财务公司 1 家、信托公司 1 家，共 162 家地方法人银行金融机构；规模稳步扩张，资产总额 6 227.36 亿元，同比增长 27.61%，负债总额 5 846.7 亿元，同比增长 26.99%；抵御风险能力不断增强，不良贷款余额 58.71 亿元，比上年减少 8.27 亿元，核心资本充足率 11.37%，比上年提高 1.06 个百分点；经营效益持续向好，资本利润率为 21.06%，比上年提高 0.76 个百分点，实现净利润 70.11 亿元，同比增长 42.96%。云南省村镇银行发展迅速，新组建 14 家村镇银行，村镇银行数量达到 24 家，存款余额 66.24 亿元，同比增长 99.44%，贷款余额 41.06 亿元，同比增长 70.99%。

持续推动金融创新，加大金融支持薄弱环节力度。云南省银行业在风险可控的前提下，积极稳妥推进金融创新。一是加大体制创新力度，建立金融创新的长效机制。银行业金融机构设立专营部门负责中小企业信贷业务的管理和市场拓展；针对中小企业贷款的风险特点，制定区别于大型企业贷款的信贷管理模式；建立有利于创新的考核体系。二是加大服务方式创新力度，提升服务水平。扩大抵押担保范围，着力破解中小企业融资难题；以创新惠农支付服务为手段，改善农村支付环境，在 639 个邮政储蓄银行网点和 1 807 个农村信用社网点开通农民工银行卡业务；借助第三方支付平台，提高贷款发放效率。三是加大产品创新力度，满足实体经济个性化资金需求。加大农村金融产品创新，重点开展了“林权抵押贷款、‘贷免扶补’小额担保贷款、农户住房和宅基地使用权抵押贷款”等 14 项农村金融创新产品，14 项创新产品贷款余额合计 409.53 亿元；为中小企业开办多种金融产品服务，助力中小企业发展。

2. 银行业发展需要关注的方面

存款波动加大，存贷比仍然在高位运行。受经济下行、同业竞争、民间融资、理财产品快速发展等各方面因素影响，存款市场竞争日趋激烈，存款月末突增、月初突降，存款在月末、季末冲时点的现象较为明显，存款波动明显加大。云南省银行业金融机构存贷比比上年下降 2.24 个百分点，但仍然在 79.40% 的高位运行，部分银行资金头寸紧张，可贷资金减少。地方法人金融机构存在存款运用不足的情况，城市商业银行、农村合作金融机构和村镇银行的存贷比分别为 61.62%、58.41% 和 61.99%。实体贷款投放明显不足，资金闲置的问题比较突出，大量闲置资金对地方法人金融机构盈利能力带来负面影响。

信贷集中现象仍然存在，贷款集中度风险不容忽视。2012 年，云南省信贷集中程度有所放缓，但受产业结构和银行经营机制约束，贷款向大客户集中的现象仍然存在。银行业金融机构贷款余额前 50 户企业合计 5 180.84 亿元，占人民币贷款余额的 37.35%；前 50 户企业新增贷款合计 438.34

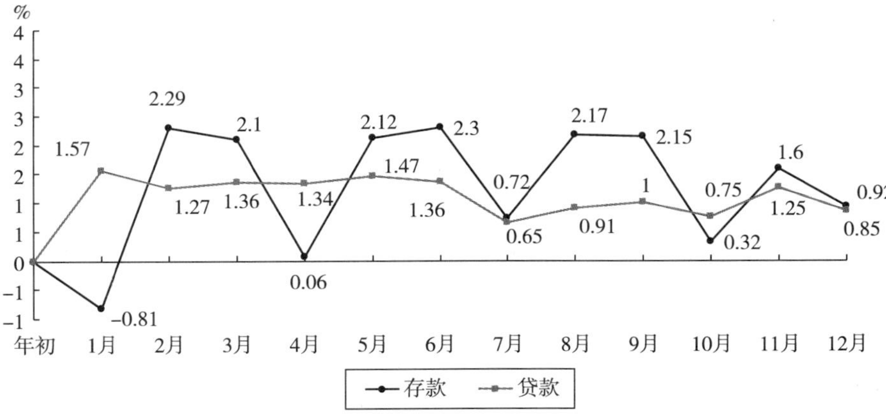

数据来源：中国人民银行昆明中心支行相关资料。

图4　2012年云南省银行业金融机构存贷款增长趋势

亿元，占新增贷款的25.29%。地方法人金融机构信贷集中的现象更为突出，160家地方法人金融机构中有61家单一客户授信集中度超过10%，有85家最大十家集团客户授信集中度高于50%。

"影子银行"体系发展不规范，蕴含风险值得关注。在稳健货币政策和市场流动性压力增加的背景下，部分社会存量资金通过理财产品、信托贷款、担保公司、小贷公司、民间借贷等渠道进入金融市场。"影子银行"的迅速发展不仅分流商业银行的存款，推高银行获得资金的成本，而且对"影子银行"体系监管较弱，发展不规范的问题较为突出，违规经营现象时有发生，其蕴含的风险不容忽视，给云南省的金融稳定带来的新挑战。

地方法人金融机构经营管理体制不完善，竞争力有待提高。一是金融创新少，业务同质化现象较为明显，竞争力不强。二是成本管理效率低，仍然是走高成本、高费用、低产出的粗放式发展道路。云南省城市商业银行、农村合作金融机构、村镇银行的成本收入比分别高达41.43%、46.44%、75.37%，远高于其他商业银行。过高的成本和费用严重制约了地方法人金融机构的竞争力和可持续发展能力。三是贷款集中度高，贷款向重点行业和大客户集中现象比较明显。四是法人治理、风险管理体系不完善，整体实力较弱，风险监管指标达标水平较低，云南省162家地方法人金融机构中有92家机构风险监管指标超标。五是盈利来源结构单一，收入来源主要依赖于利息收入，中间业务收入占比很低，云南省城市商业银行、农村合作金融机构、村镇银行利息收入占营业收入比重分别为75.43%、95.54%、99.64%，中间业务收入占营业收入的比重分别为3.38%、2.68%、0.36%。

（二）证券业

1. 证券业运行情况

证券公司市场规模持续扩张，机构网点覆盖面拓宽。2012年，云南省证券机构积极应对证券市场行情震荡下行的负面影响，资产规模进一步增长，云南省法人证券机构资产总额和负债总额分别达到127.45亿元和68.7亿元，同比分别增长16.85%和33.17%。新增A股投资者开户数9.13万户，累计A股投资者开户数达到196.86万户，同比增长4.86%。太平洋证券公司到老挝设立合资证券公司已获证监会批准，云南省证券公司"走出去"迈出实质性步伐。支持和引导证券公司在瑞丽、藏区香格里拉等云南沿边及证券市场不饱和、不发达地区增设营业网点，新增6家证券营业部。

证券市场交易低迷，整体风险可控。2012 年，受市场行情和宏观经济影响，云南省证券市场交易规模、收入水平和盈利能力均出现不同程度的下滑。A 股、基金总成交额 4 559 亿元，同比下降 26.52%；法人证券机构实现营业收入 9.16 亿元，同比下降 22.37%；资产利润率 1.62%，比上年下降 1.83 个百分点。虽然证券交易比较低迷，但法人证券机构净资产总额仍保持稳定增长，净资产总额 58.75 亿元，同比增长 2.21%，抵御风险能力增强；风险控制指标仍处安全范围，净资本充足率为 66.07%，净资本负债率为 151.35%。

企业上市步伐加快，直接融资规模进一步扩大。2012 年，云南省共新增 6 家上市辅导备案企业，完成辅导备案企业达到 20 家。鸿翔一心堂首次公开发行股票已获证监会审核通过，预计募集资金 5.3 亿元；3 家拟上市企业已报中国证监会审核。上市公司再融资也取得新的进展，新增再融资 109.5 亿元，同比增长 9.23%；4 家企业进入证监会审核程序，拟融资 152.5 亿元，3 家企业准备申报证监会，拟融资 78.8 亿元。

证券经营机构加强业务创新，盈利来源结构有所改善。2012 年，云南省证券经营机构积极探索差异化服务，融资融券、债券质押式报价回购、现金宝等新业务较快增长。红塔证券直投子公司和控股的基金公司成立，新三板主办券商业务、融资融券业务资格获批，发起设立 1 个集合资产和 3 个定向资产管理产品。太平洋证券公司直投子公司成立，资产管理业务、基金代销业务、新三板主办券商资格获批，发起设立 3 个定向资产管理产品。云南省证券经营机构的盈利模式进一步优化，经纪、自营、投行业务等收入构成均衡。法人证券公司经纪业务手续费收入 3.6 亿元，占营业收入的 39.35%，同比下降 5.94 个百分点，对经纪业务的依赖程度不断下降，盈利模式单一的情况有所改善。

上市公司质量不断提升，行业景气程度分化加重。云南省不断强化上市公司信息披露和公司治理监管，上市公司内生规范机制逐步健全；强化上市公司对股东的回报，现金分红占可供分配净利润比例等指标均优于全国平均水平。丽江旅游、昆百大等公司完成重大资产收购，云天化重大资产重组取得实质性进展，将成为具有完整产业链的化工龙头企业。2012 年，在经济下行与结构调整的过程中，不同行业的景气程度分化加重，资本市场服务经济结构调整的作用显现。前 3 个季度，云南 28 家上市公司共实现营业收入 992.25 亿元，同比增长 10.63%，净利润 11.89 亿元，同比大幅下滑 71.84%，增收不增利现象较为突出。消费驱动型的医药行业整体经营业绩保持较快增长，传统的有色金属、化工、装备制造业和受调控的房地产行业经营业绩全面下滑。

期货市场继续保持规模扩大，发展加快的良好态势。为充分发挥期货市场功能，云南省积极推动和支持优质期货公司到经济较为发达和有一定现货基础的州市新设营业网点。2012 年，云南省共有 22 家期货经营机构，4 家境外期货持证企业，新增 5 家期货营业部。期货市场代理交易额 3.37 万亿元，同比增长 114.46%；两家期货公司实现手续费收入 0.63 亿元，同比增长 21.51%，实现净利润 1 256.78 万元，同比下降 6.69%。

2. 证券业发展需要关注的方面

拟上市后备资源不足，再融资能力有待增强。除有 1 家企业过会待发行，3 家企业进入发行审核阶段，云南省处于辅导备案阶段拟上市后备企业仅有 16 家，与经济发达省份拥有上百家拟上市后备企业相比差距甚远，与云南“两强一堡”建设相关的交通、文化、物流等类上市公司尚属空白。辅导备案和在审企业过少，尚未形成梯次健全的拟上市企业队伍，企业首发上市工作滞后。上市公司再融资工作推进缓慢，部分公司提出再融资需求因环评等问题受阻，部分公司未能充分利用资本市场再融资实现新发展。

证券期货机构创新能力有待提高。云南省证券期货机构虽然加强业务创新，以经纪业务收入为主的盈利模式有所改善，但是总体来看，云南省券商创新业务仍然处于起步阶段，业务创新发展的能力和动力不足，传统业务转型升级的整体进度依然较为缓慢，没有根本改变以传统业务为主的盈利模式。

证券期货机构发展受资本金约束较大。云南省证券、期货公司资本规模和市场排名处行业中下游水平，在开展直投公司、融资融券、资产管理业务等新业务后，资本金已面临较大压力，下一步创新业务尤其是资本消耗型创新业务的开展将遭遇资本瓶颈。

市场主体盈利水平大幅下降。受宏观经济因素影响，云南省上市公司整体业绩呈现下滑趋势，2012 年前三个季度，云南省 28 家上市公司共计实现净利润 11.89 亿元，同比大幅下滑 71.84%；2012 年两家证券公司实现净利润 1.7 亿元，同比下降 45.57%。

（三）保险业

1. 保险业运行情况

保险规模稳定增长，保障功能有效发挥。2012 年，云南省保险业保持了平稳发展势头，累计实现保费收入 271.29 亿元，同比增长 12.52%，高于全国平均增速 4.51 个百分点，保费规模保持全国第 21 位，保险密度为 582.31 元/人，保险深度为 2.63%。其中，财产保险公司保费收入 129.81 亿元，同比增长 13.39%；人寿保险公司保费收入 141.49 亿元，同比增长 11.74%。云南省保险业经济补偿功能作用有效发挥，累计赔付支出 100.11 亿元，同比增长 25.30%，高于全国平均水平 5.27 个百分点。其中，财产保险公司赔付支出 67.28 亿元，同比增长 34.99%；人寿保险公司赔付支出 32.83 亿元，同比增长 9.24%。

车险业务保持稳定增长，非车险业务增长乏力。2012 年，云南省车险业务保持稳定增长，拉动了财产保险增速回升，共承保机动车 671.46 万辆，实现保费收入 99.25 亿元，同比增长 15.09%；占财产保险公司保费的 76.46%，较上年上升 1.13 个百分点。云南省财产保险公司非机动车保险业务实现保费收入 30.56 亿元，同比增长 8.22%，低于全国非车险平均增速 11.41 个百分点。在 12 个主要非机动车保险业务中，健康保险、责任保险、信用保险以及保证保险四个险种保费增速超过 20%，但工程保险、特殊风险保险保费收入下滑。

寿险业务快速增长，增速全国领先。2012 年，云南省寿险保费收入 116.24 亿元，同比增长 9.13%，是全国平均水平的 3.74 倍，其中，分红寿险业务保费收入 99.38 亿元，同比增长 10.53%，占寿险比重达 85.49%，拉动人寿保险业务增长 8.89 个百分点，分红保险业务“一家独大”的局面仍然较为突出。健康保险业务增长迅猛，特别在以基本医疗保险、新农合为主的短期健康保险团体业务方面，云南省寿险公司健康保险保费收入 18.17 亿元，同比增长 30.47%，高于全国平均水平 6.12 个百分点。其中，短期健康保险团体业务实现保费收入 9.93 亿元，同比增长 33.82%；意外伤害险保费收入 7.13 亿元，同比增长 14.67%。

2. 保险业发展需要关注的方面

深化结构调整的任务依然艰巨，稳增长、防风险压力较大。一是财产保险公司对车险业务的依赖度仍然较高，2012 年车险业务占比 76.46%，较上年上升 1.13 个百分点，非车辆保险业务推动力度需进一步加大。二是分红保险“一险独大”问题值得关注，虽然全省普通寿险业务发展较快，但分红保险保费占寿险保费比重仍高达85.49%，客观上加大保险公司资金运用的压力，长期期缴、保障功能强、能够满足消费者真实保障需求的产品发展不足；分红保险单一险种的波动，有可能造成整个人寿保险市场的大幅波动。三是银保业务在取消银保专管员“驻点销售”以及实行网点“1 + 3”后，面临销售模式和队伍转型的双重挑战。在经济下行压力加大的背景下，保险业快速发展，财产保险公司应收未收保费、人寿保险公司退保金额增长较快，给保险公司现金流带来压力。

县域保险市场监管力度不够，市场秩序有待进一步规范。目前，保险监管机构只设立到省级，州市县均未设立监管机构，县域更是监管的空白，保险行业协会约束力弱，地方政府、工商、税务对保险行业管理有限，对县域保险业务监管力度不够，导致恶性竞争严重，违法、违规经营情况时有发生。一是销售误导问题仍比较突出，包括夸大宣传、混淆概念、不当销售等。二是非理性竞争行为有所显现，部分财产保险公司市场违规行为有所抬头，通过违规降低新车购置价、虚假中介业务、虚假列支营业费用用于“贴费”等，形成新的经营风险隐患。三是一些违法违规问题仍不同程度存在。

专业中介整体实力较弱，市场发展不充分。2012年，保险专业代理和经纪保险机构实现的保费收入，仅占云南省总保费收入的4.02%，低于全国8%的平均水平。相对省外发展较发达地区而言，云南省专业保险中介资产实力小、业务规模小、经营效益差、人员变动频繁的问题仍较为突出。

（四）金融监管

中国人民银行昆明中心支行在认真总结加强金融监管、防范金融风险经验的基础上，以“两综合、两管理”作为履行监管职责的重要切入点，着力推进“两综合、两管理”工作，坚持管理与服务并重的原则，进一步加强金融管理，努力构建“两综合、两管理”长效机制，不断提高管理效能，切实增强管理公信力和影响力。

综合执法监察制度化。2012年，昆明中心支行采取多项措施推进对银行业金融机构综合执法检查工作，印发《中国人民银行昆明中心支行综合执法检查工作暂行规定》，构建综合执法检查工作长效机制，综合执法检查工作步入常态化。2012年，对全省96个银行业金融机构实施综合执法检查，并结合2011年综合执法检查发现的问题，开展“回头看”活动。通过此次综合执法检查，共发现问题897个，昆明中心支行依法对68个银行业金融机构实施了行政处罚。各银行业金融机构按照综合执法检查的通报，积极抓存在问题的整改和规范，通过银行业金融机构内部通报、扣减考核绩效等方式，对相关责任人进行了处理。在昆明中心支行组织全省的综合执法检查实施后，银行业金融机构高度重视人民银行的监管要求，依法合规经营意识显著增强，宏观调控政策的有效传导更加顺畅，创新人民银行基层行履职方式。

综合评价推动政策贯彻执行。为加强金融管理与服务，确保人民银行各项政策规定的贯彻和执行，昆明中心支行下发了《中国人民银行昆明中心支行　国家外汇管理局云南省分局关于印发〈云南省银行业金融机构执行中国人民银行政策情况综合评价办法〉的通知》，对云南省各银行业金融机构执行人民银行政策开展综合评价。2012年，各级人民银行对188家银行业金融机构实施了年度综合评价，其中，昆明中心支行对26家省级银行业金融机构、昆明地区法人银行业金融机构进行了综合评价，共评出A级8家、B级16家、C级2家。综合评价结果汇总了人民银行各地支行的综合评价结果，并结合存在问题提出了改进意见和建议。昆明中心支行向被评价的银行业金融机构及其上级主管银行通报了评价结果后，在银行业金融机构中反响较大。银行业金融机构按照人民银行的通报，认真组织整改，表示要进一步提高对人民银行政策的执行力度。综合评价工作有利于推动银行业金融机构的认真执行和落实人民银行相关政策，进一步提高人民银行的金融管理水平与服务效率。

加强金融机构监管，规范业务系统准入。一是进一步提高对云南省辖内新设银行业金融机构金融服务的水平和效率，昆明中心支行修订下发《云南省新设银行业金融机构加入人民银行业务系统管理办法》，规范了向新设银行业金融机构提供金融服务、履行金融管理职责的工作，全省共对102家银行业金融机构实施开业申报与管理服务审批。二是印发了《云南省银行业金融机构重大事项报告制度》，要求云南省银行业金融机构向人民银行报告在经营管理过程中发生的、可能影响区域金融稳定、造成重大影响的风险或事件，全省各级人民银行受理金融机构重大事项报告 1 069 件。三是为及时、准确掌握金融机构经营稳健性状况，制定了《云南省银行业机构稳健性现场评估指引》，从经营战略、资本充足水平、资产质量、流动性、盈利状况、公司治理、内控制度建设等方面对 30 家银行业金融机构实施了稳健性现场评估。四是排查风险确保稳定，完善银行业、证券业、保险业风险监测，加强对地方中小法人金融机构的风险监测工作，重点组织了对辖内城市商业银行、担保公司、小额贷款公司及其他领域金融风险和隐患的全面排查，及时掌握辖内重点领域和环节的运行状况，对潜在的风险进行分析和评估，确保云南省金融稳定。

（五）金融市场

2012 年，云南省金融市场总体运行平稳，市场成员在银行间市场累计成交 15 878. 56 亿元，同比增长 8. 8% 。

同业拆借额小幅下降，期限结构短，交易主体单一。2012 年，云南省金融机构同业拆借累计成交 1 133. 66 亿元，同比减少 2. 2% 。其中，拆入累计 1 032. 26 亿元、拆出累计 101. 4 亿元，净拆入资金 930. 86 亿元。全年拆借加权平均利率为 2. 79% ，比上年下降 46 个基点。为降低融资成本，市场成员采取短期化操作的方式开展业务，以 1 天、7 天拆借为主，1 天品种占拆借总量的 69% 。交易主体仅为城市商业银行，没有发生网下拆借业务。

银行间市场债券回购交易活跃，现券交易下降明显。2012 年，云南省银行间债券市场累计成交 14 744. 9 亿元。其中，质押式回购累计成交 9 482. 32 亿元，同比增长 25. 6% ，净融入资金 61. 7 亿元；买断式回购累计成交 4 628. 67 亿元，同比增长 2. 6 倍，净融出资金 2 740. 53 亿元；现券买卖累计成交 633. 91 亿元，同比减少 86% 。中国人民银行两次降低存款准备金率和两次降息后，市场资金面较宽松，债券市场资金流向表现为净融出资金 2 678. 83 亿元，利率表现为波动降低，从全年情况分析，1 ~5 月利率波动下降、6 ~12 月低位企稳。债券现券交易下降幅度较大，第一、第二、第三季度交易量保持平稳，第四季度逐月上升，主要原因是云南省农信社联社增加自营债券投资，买入云南地方企业发行的短期融资券，支持云南地方经济发展。

场内黄金交易量平稳增长，商业银行黄金业务有所下降。2012 年，云南省两家企业会员累计黄金交易 103 吨，同比增长 2. 3% ，交易金额 350. 2 亿元，同比增长 22. 7% 。其中，现货交易 24 吨，同比增长 20% ，占交易总量的 23. 3% ；递延交易 79 吨，同比减少 2% ，占交易总量的 76. 7% 。2012 年前 8 个月，黄金市场价格波动下降，投资者对黄金投资开始持谨慎操作态度，商业银行黄金业务交易量稳中趋降。云南省商业银行账户金、实物金和代理黄金三项业务累计成交 41. 23 吨，同比减少 28. 5% ；成交金额 140. 21 亿元，同比减少 28. 7% 。

银行结售汇逆差继续扩大，外汇市场交易发展势头良好。2012 年，云南省银行结售汇总额达

127.41 亿美元，同比增长 0.21%。其中结汇 52.44 亿美元，同比下降 24.10%；售汇 74.97 亿美元，同比增长 29.14%；结售汇逆差 22.53 亿美元。云南省银行间外汇市场成员在全国银行间外汇市场累计成交折合 15 203 万美元，同比增长 15.6%。其中，买入外汇折合 7 462 万美元，同比增长 60.5%；卖出外汇折合 7 741 万美元，同比减少 8.8%。从交易币种结构分析，美元交易额占总成交金额的 91.8%；其次为欧元、港元、泰铢。

票据市场发展迅速，票据融资成本较低。2012 年，云南省企业累计签发银行承兑汇票 2 585.17 亿元，同比增长 23.3%，未到期银行承兑汇票余额 1 219.13 亿元，同比增长 30.3%。受年内企业短期贷款环境明显改善等因素的影响，银行承兑汇票业务需求有所减弱，增速小幅回落，第四季度新增量同比少增 19.9 亿元。票据贴现大幅增长，云南省金融机构运用票据贴现调整信贷总量及结构的特征明显，累计票据贴现 4 003.95 亿元，同比增长 100%。金融机构票据贴现余额 232.82 亿元，同比增长 49.0%，比上年大幅提高 51.3 个百分点，同比多增 79.95 亿元。受货币市场利率及金融机构上半年扩张票据贴现业务而下半年压缩票据贴现资产等因素的影响，上半年票据市场利率持续走低，2012 年 7 月起票据市场利率略有回升，但仍低于上年水平。12 月末，云南省票据贴现加权平均利率为 5.73%，比上年下降 3.81 个百分点；票据转贴现加权平均利率为 5.04%，比上年下降 2.46 个百分点；票据贴现加权平均利率比同期短期贷款加权平均利率低 1.40 个百分点，企业票据融资成本较低。

三、金融基础设施

（一）信用体系建设有序推进，信用环境逐步优化

征信系统平稳运行、成效显著。2012 年，征信系统为云南省 12.87 万户企业和 1 587 万个人建立了信用档案；全年为社会公众提供个人信用报告查询服务 75 706 次，同比增长 80.83%，提供企业信用报告查询 66 747 次，同比增长 30.91%；为金融机构提供企业信用报告查询 74.27 万次，同比增长 34.5%，提供个人信用报告查询 412.79 万次，同比增长 17.94%。

探索建立失信联动惩戒机制。加强与各级政府部门的沟通协调，积极拓宽征信系统在非银行领域的采集和应用范围。目前，云南省已逐步将法院执行信息和担保公司代偿信息采集导入人民银行征信系统，并推动征信系统在云南股权投资领域及各政府部门发挥积极作用。为政府相关部门提供企业信用报告查询服务 785 次，已累计完成对 428 家（次）担保机构和 90 家（次）借款企业的信用评级。

中小企业和农村信用体系建设有序推进。以支持工业园区发展为切入点，加快中小企业信用体系试验区建设。截至 2012 年底，累计完成 2.12 万户中小企业信用档案建设工作，其中 5 576 户企业获得了信贷支持，金额达 3 397 亿元。按照云南省农村经济发展需要，选择 50 个试点县为 300.57 万户农户建立了纸质信用档案，占所辖农户数的 76.20%；评定信用农户 149.47 万户、信用村 1 245 个、信用乡镇 98 个，分别占农户信息采集数及所辖村委会数、乡镇数的 49.73%、22.53%、19.80%，“三信”评定取得实效。

征信宣传长效机制形成。全省 126 个人民银行分支机构、5 000 多个银行机构网点通过“信用记录关爱日”和“征信知识宣传月”活动，普及大众征信知识。定期举办“企业征信知识和征信成果

展示培训班”，累计已对全省 5 400 多户企业的 1 万余名高管人员进行了宣传培训，提高了企业和个人信用意识。通过农村信用体系建设试点工作，推进信用宣传培训的广度与深度，借助试点工作启动会议、推进会议和进村入镇开展信息采集录入培训，培训逾万人次；借助农户信息的上门采集模式，实现了征信宣传入村入户。通过一系列宣传教育活动，社会公众信用意识日渐提升。

（二）支付结算体系运行稳定高效，风险防范能力不断加强

支付系统建设不断完善，运行安全稳定高效。完成云南省支付结算综合业务系统的推广使用，逐步取消县辖手工同城票据交换，实现云南省辖内、同城间银行资金划转的实时到账。现代化支付系统业务量继续保持快速增长，对加快社会资金周转，支持云南省经济发展起到了积极的作用。2012 年，大额支付系统发生业务 1 379 万笔，金额 34. 43 万亿元，分别增长 34. 40%、35. 52%；小额支付系统发生业务 2 114 万笔，金额 2 310. 57 亿元，分别增长 30. 38%、34. 16%。通过开展支付清算系统安全管理检查，同城清算系统安全性评估、系统主备机应急演练及重要网络实战应急演练，提高了系统运行维护管理能力和处置突发事件的能力，促进了现代化支付清算系统安全稳定运行。

继续深入推进农村地区支付服务环境建设，各项指标明显改善。云南省在烟草、橡胶等特色产业全面推广使用电子结算方式，1 748 个烤烟收购点实现了非现金结算，占全省烤烟收购点的 96. 31%，交易金额达 245. 35 亿元，占全部烤烟收购款的 94. 33%；茶叶、甘蔗、橡胶等产业非现金收购金额占总销售金额的比例分别达到 26. 98%、56. 15%、58. 75%，总金额达到 80. 15 亿元。依托惠农支付服务延伸到乡镇和村社，全省所有财政涉农补贴、新农保、新农合等民生工程实现非现金发放，实现农村参保老人领取养老金“足不出村”。在金融机构缺失地区，开展惠农支付服务，实现了全省所有县区、乡镇的全覆盖，累计建成 10 463 个惠农支付服务点，行政村覆盖面达到 82. 91%；累计清算交易 211. 71 万笔，交易金额 8. 07 亿元。农村地区支付渠道进一步畅通，农村地区银行类金融机构网点接入行内系统 3 073 个，接入现代化支付系统 1 977 个，覆盖面分别达到 94. 5%和 60. 81%。

健全规章制度，加强监管，支付体系风险防范能力进一步提高。完善支付系统准入机制及系统参与者日常考核机制，健全系统管理制度。通过开展银行业金融机构综合执法检查及压票、压汇专项检查，严肃了支付结算纪律，督促银行业金融机构提高支付结算服务水平，确保云南省支付结算秩序的稳定。结合云南省支付服务市场发展现状，制定了《云南省支付机构监督管理办法（试行）》、《云南省支付机构备案管理办法（试行）》，严格资格审查，指导备付金存管银行履行好客户备付金管理职责，开展支付机构现场和非现场检查，完善支付机构分公司备案管理。

（三）反洗钱工作深入推进，监管效力不断提升

2012 年，云南省切实开展反洗钱工作，有效预防洗钱犯罪，维护金融稳定，取得了一些成效。合理配置监管资源，改进和充实监管手段，以银行业监管为重点，稳步推进非银行金融领域的反洗钱工作，正式开展第三方支付行业反洗钱监管工作。完成 96 家金融机构依法履行反洗钱义务情况的评估工作，改进评估指标，提升非现场监管工作的实效性。持续开展大额现金存取监测工作，深入探索以反洗钱为主要导向的大额现金管理方法，促进大额现金存取管理工作有序规范开展。切实加强反洗钱调查、协查和可疑支付交易的监测、分析工作，调查涉嫌洗钱案件 55 件。深入研究当前反洗钱工作中的新情况和新问题，重点是加强对边境地区反洗钱工作的研究。

（四）积极推进反假币整治工作，净化人民币流通环境

2012 年，云南省积极推进假币犯罪活动重点整治工作，结合假币“零容忍”目标，加强反假货币工作的领导，夯实反假货币基础工作，探索和构建反假货币长效机制，充分调动社会各方面参与反假货币工作的积极性，按照打防并举的原则，最大限度地压缩假人民币在云南省的生存空间，减少假币对社会的危害，共收缴假人民币 1 452. 62 万元。全省公安机关共立假币犯罪案件 90 起，破获 78 起，查获并捣毁了云南省首个假人民币制造窝点，有力地震慑了假币犯罪分子，维护了云南省正常经济金融秩序。

四、总体评估

运用区域金融稳定定量评估模型对云南省 2012 年区域金融稳定状况进行定量评估，基于评价指标的可比性和可获得性，从宏观经济运行、银行业、证券业、保险业和金融生态环境五个方面选取了 26 个量化指标，并运用层次分析法和专家评价法相结合的多指标综合评价法确定指标权重，对云南金融稳定状况进行量化评价。从定量评估的结果来看，2012 年，云南省金融稳定状况综合得分为 85. 57 分，较上年提高 2. 56 分，属于稳定区间。从具体指标变动来看，有 9 项指标较上年有所改善，10 项指标基本与上年持平，7 项指标较上年有所下降。从分项指标看，宏观经济方面，经济增速、社会固定资产投资和城乡居民收入合理增长，物价和就业状况保持稳定，房地产价格合理回调，得分较上年上升幅度较为明显；银行业方面，资本充足率、资产质量和盈利性水平关键性指标基本与上年持平，流动性有所改善，得分较上年略微提高；证券业受资本充足率和盈利水平下降影响，得分较上年有所减少；保险业各项指标基本与上年持平；金融生态环境方面，银行服务密度有所改善，但征信覆盖率和地方财政收入占比有所下降，得分较上年略微提高。

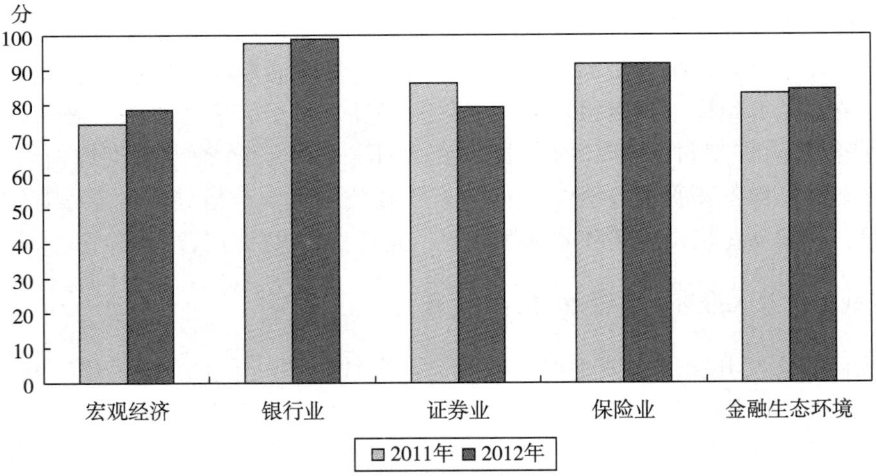

图 5　2011—2012 年云南省金融稳定评分图

2012 年，云南省金融稳定状况稳步向好。面对严峻复杂的国内外经济金融形势，云南省全面贯彻落实国家宏观调控措施，抓住国家实施新一轮西部大开发战略和建设面向西南重要“桥头堡”战略的重大发展机遇，科学准确把握经济形势，采取强有力措施，地区经济迅速增长，实现从千亿元到万亿元的突破；三次产业全面协调发展，居民收入稳步增加，对外经贸持续增长，房地产调控初见成效，经济增长平稳理性；金融业机构平稳运行，金融改革、创新不断深化，金融体系日益完善，风险抵御能力进一步提高。同时，云南省经济金融运行也还存在一些不稳定因素，如经济增速放缓与物价上涨压力并存，出口环境趋紧，对外贸易逆差扩大；工业品出产价格地位徘徊，实体经济企业盈利偏低；贷款向大客户集中趋势明显，部分领域信贷风险上升，存贷比高位运行，金融机构盈利模式有待优化，地方法人金融机构经营压力加大，上市公司利润下降，证券、保险行业发展环境有待改善。

总　纂：周振海　于　华
统　稿：李宇专　杨百昕　汪　洋
执　笔：冷若溪　张燕华　沈姗姗　王　旭　杨惠升
　　　　穆海涛　李耀玉　毛　颖　雷　波　金　辉
　　　　胡维金　董　娴　段一群

西藏自治区金融稳定报告摘要

2012 年，西藏自治区经济运行呈现出“经济总量迈上新台阶、主要指标实现新突破、落实投资取得新进展、人民生活得到新改善”的特点，全区经济保持并巩固了跨越式发展的良好势头。2012 年，全区实现生产总值 695.58 亿元，全年落实国家投资 354 亿元，再创历史新高，带动全社会固定资产投资完成 709.98 亿元。城镇居民可支配收入和农牧民人均纯收入实现大幅增长，人民生活得到大幅改善。在良好的经济发展环境下，西藏自治区金融体系实现了稳定发展。

一、区域经济运行与金融稳定

（一）区域经济运行情况

1. 经济快速增长，财政收支形势向好

2012 年，全区实现地区生产总值 695.58 亿元，增长 11.8%。其中，第一、第二、第三产业增加值分别为 80.41 亿元、241.65 亿元和 373.52 亿元，同比分别增长 3.4%、14.4% 和 12%。在全区生产总值中，第一、第二、第三产业增加值比重分别为 11.56%、34.74%、53.7%。与上年相比，第一产业比重下降 0.71 个百分点，第二产业提高 0.15 个百分点，第三产业上升 0.56 个百分点。全年实现地方财政收入 95.71 亿元，同比增长 48.32%；地方财政支出 929.74 亿元，同比增长 19.86%；财政自给率 9.56%，同比上升 2 个百分点。经济平稳较快发展，经济总量跃上新台阶。

2. 投资增长势头强劲，城乡消费稳步增加

2012 年，全区完成固定资产投资 709.98 亿元，同比增长 29.3%，增速比上年上升 10.7 个百分点。政府投资比例有所下降，全年政府财政投资完成 489.17 亿元，同比增长 16.2%，占投资总额的 68.9%，同比下降 7.7 个百分点。2012 年，西藏城乡消费稳步增加，全年社会消费品零售总额 249.11 亿元，同比增长 16.6%。城乡市场体系和商品流通网络不断完善，城乡消费齐头并进的良好态势进一步巩固。

3. 外贸总量实现新突破，外资利用额持续攀升

2012 年，西藏自治区外贸进出口总额大幅增长，达 34.24 亿美元，同比增长 152%。其中，贸易出口与贸易顺差分别为 33.55 亿美元和 32.86 亿美元，分别同比增长 183.6% 和 225.99%；进口总额为 0.69 亿美元，同比下降 60.7%。2012 年，西藏自治区继续加大引资力度，外资利用额呈现快速增长，各类形式的实际外资利用额已连续两年超过 1 亿美元。

4. 主要工业品产销两旺，企业盈利能力有所增强

2012 年，全区规模以上工业实现增加值 42.83 亿元，同比增长 15.1%。其中，轻工业实现增加

值11.32亿元，同比增长9.1%；重工业实现增加值31.51亿元，同比增长17.3%。工业销售状况持续良好，工业销售产值86.56亿元，同比增长17.1%，工业产品销售率102.2%，同比提高4.8个百分点。全年规模以上工业实现利润总额预计实现13.07亿元，增长3.4%。

5. 物价总水平基本稳定，价格上涨过快势头得到遏制

2012年，居民消费价格总水平上涨3.5%，同比下降1.5个百分点。消费品价格上涨3.9%，同比下降1.3个百分点，其中，食品价格上涨6.9%，同比下降2.2个百分点。商品零售价格上涨2.9%，同比下降0.8个百分点。农业生产资料价格上涨1.6%，同比下降1个百分点。

6. 人民生活水平不断提高，农牧区生产生活条件日益改善

2012年，西藏城镇居民人均可支配收入达20 224元，同比增长11.64%；农牧民人均纯收入5 719.15元，同比增长24.79%；全区基本养老金按时足额支付率和社会化发放率均达到100%，社会保障水平大幅提高。2012年，全区特色农牧业生产基地达到250个，带动了150万农牧民，大力实施“八到农家”工程，解决了30万农牧民的饮水安全问题、411个建制村通公路和15个乡镇通油路问题、36.9万多户住房条件较差农牧民的安居问题、52万无电人口的基本用电问题，完成了1 000个行政村的农村人居环境建设和环境综合整治工作。

7. 旅游业蓬勃发展，旅游收入和接待游客数量均创历史新高

2012年，全区旅游业发展持续升温，产业链条不断延伸，初步形成了“吃、住、行、游、购、娱”有序发展的旅游产业体系。全年共接待国内外游客达1 058.39万人次，同比增长21.7%。其中，接待国内游客1 038.89万人次，同比增长23.3%；实现旅游总收入126.48亿元，同比增长30.3%。2012年，西藏旅游总收入占全区生产总值的18.18%，同比上升2.16个百分点。

（二）区域经济运行中值得关注的问题

1. 经济发展仍依赖国家财政支持

2012年，西藏地方财政收入为95.71亿元，同比增长48.3%；地方财政支出为929.74亿元，同比增长19.9%。2012年，财政收支差额为834.03亿元。西藏财政支出中绝大部分都是靠中央财政补助支持，是典型的国家转移支付财政。然而，随着中国经济结构调整步伐加快，国家经济发展速度下调，财政收入也进入低速增长期，在西藏经济发展过多依赖国家财政支持的背景下，西藏未来经济发展缺乏足够的稳定性。

2. 西藏城乡居民收入与全国水平的差距较大

2012年，西藏地区城镇居民人均可支配收入为18 028元，比全国水平低6 537元；西藏地区农牧民人均纯收入为5 719元，比全国水平低2 198元；西藏城镇居民人均可支配收入是农牧民人均纯收入的3.3倍，高于全国平均水平0.2个百分点。尽管近年来西藏经济发展迅猛，城乡居民收入有所提高，但由于西藏物价水平较内地省市较高，西藏城乡居民收入与内地省区的差距进一步拉大。

二、金融业与金融稳定

（一）银行业与金融稳定

1. 银行业发展概况

(1) 银行体系逐步完善，金融服务覆盖面进一步扩大。一是2012年5月，首家城市商业银

行——西藏银行股份有限公司正式开业，结束了西藏无地方法人银行的历史；二是2012年8月，中国农业发展银行西藏自治区分行正式对外挂牌成立；三是2012年12月，银监会批准了民生银行在林芝筹建藏首家村镇银行，目前各项准备工作有序推进；四是各银行机构设立分支机构工作取得新进展。目前，西藏已基本形成以国有商业银行为主体，政策性银行及其他银行业金融机构并存、分工协作、互为补充的多元化、多层次的西藏银行业组织体系。

（2）资产规模稳步扩大，盈利能力不断提升。截至2012年末，西藏金融机构资产总额为2 168.89亿元，同比增加616.32亿元，负债总额为2 131.57亿元，同比增加596.23亿元。2012年实现利润14.83亿元，同比增盈2.46亿元。银行业金融机构规模继续扩大，盈利能力增强，抵御风险能力进一步提升。

（3）存、贷款增势强劲，银行业服务经济能力提升。截至2012年末，西藏金融机构本外币各项存款余额为2 054.25亿元，比年初增长23.56%。西藏金融机构本外币各项贷款余额为664.05亿元，比年初增长62.34%，增速高出同期全国水平47个百分点，贷款增幅创历史新高。同时，从贷款投放来看，贷款主要投向了农牧区、中小企业、重点建设项目等领域，信贷结构呈进一步优化的态势，信贷对区域经济的支持力度进一步加强。

（4）不良贷款余额、比例实现“双降”，银行资产质量进一步改善。截至2012年末，西藏金融机构不良贷款余额为4.31亿元，比年初减少3.34亿元，不良贷款率为0.65%，比年初下降1.24个百分点。全年累计清收不良贷款5.46亿元。从不良贷款分类看，次级类贷款明显回落，比年初减少3.26亿元，比例下降0.87个百分点；可疑类贷款比年初增加0.11亿元，比例下降0.19个百分点；损失类贷款余额比年初减少0.18亿元，比例下降0.18个百分点，不良贷款总体质量进一步改善。

2. 银行业值得关注的问题

（1）农牧区金融服务不平衡。截至2012年末，全区共有682个乡（镇），404个乡镇设有金融机构营业网点，覆盖面仅为59.2%。在设立有金融营业网点乡（镇）的农牧民群众虽可享受到一般的金融服务，但金融网点的密度、频度、产品等则相对较弱，金融服务仍以传统的存贷业务为主，以少量的中间业务为辅，金融产品比较单一的问题比较突出。

（2）银行信贷风险防控形势不容乐观。2012年，在全国银行业贷款增幅收窄的情况下，西藏银行业信贷规模不断扩大，信贷风险防控难度不断增加。一是信贷集中度风险较为突出。全年辖区向前五大行业投放贷款总量达223.10亿元，占贷款投放总额的13.43%；全年辖区向前五大客户投放贷款达93.30亿元，占贷款投放总额的5.62%。二是贷款的过快增长势必对银行业风险管理带来挑战。当前，辖区各银行机构贷款管理仍存在制度执行不严、贷后管理薄弱等问题，使辖区信贷风险防控难度进一步加大。

（3）小微企业金融服务水平仍亟待提升。2012年，西藏辖区银行业累计投放小微企业贷款98.41亿元，占企业贷款总额的18.90%，小微企业贷款余额达101.63亿元，比年初增长76.17%，小微企业金融服务工作取得新突破，但仍存在诸多不足。一是差异化的小企业金融服务措施需完善。目前西藏各银行针对小微企业金融服务，出台了相关差异化信贷政策，但该政策基本沿用各自总行的规定，没有结合区域实际，缺乏针对性、灵活性与操作性。二是与担保公司的合作存在困难。由于目前在西藏银担合作还存在代偿比例不合理、资金实力不强、担保资金小、经营管理不规范等诸多问题，银担合作进展不理想，阻碍了小微企业金融服务的提升。

（二）证券业与金融稳定

1. 机构概况

截至2012年末，西藏有1家法人证券公司即西藏同信证券有限责任公司（以下简称西藏同信证券），1家证券公司分支机构即中投证券拉萨营业部。有10家A股上市公司，1家H股上市公司。分别是ST珠峰、西藏城投、西藏矿业、梅花集团、西藏药业、西藏旅游、西藏发展、西藏天路、奇正藏药、西藏海思科药业及西藏5100。

2. 业务发展情况

（1）证券公司业务种类进一步丰富，资产负债规模继续扩大。2012年，西藏同信证券增加注册资本至6亿元。其业务种类由最初的经纪业务和自营业务扩展到投行业务、投资咨询业务和资产管理业务等，业务种类也不断丰富。同时在股市行情相对低迷的情况下，西藏证券业资产负债规模继续扩大。截至2012年末，西藏证券业总资产为30.94亿元，同比增长17.19%；总负债为21.61亿元，同比增长6.45%；资产负债率为69.84%，同比下降7.05个百分点。

（2）证券交易量下降，盈利能力有所提升。2012年，由于西藏同信证券公司将公司发展重心放在资金管理、投资顾问等新兴业务，传统经纪业务规模减小。证券业实现代理交易量753.7亿元，同比下降41.2%；全年累计实现营业收入3.2亿元，同比增长33.3%；累计实现净利润0.27亿元，同比增长35%。

（3）上市公司总体质量有所提升，盈利水平大幅提升。截至2012年第三季度末，西藏10家境内上市公司总股本为58.7亿股，同比增长7.31%；总资产合计359亿元，同比增长16.86%；净资产138亿元，同比增长8.65%；实现净利润10.2亿元，同比增长5.8%；10家上市公司总市值594亿元。

3. 证券业发展中值得关注的问题

（1）证券公司业务经营粗放，风险隐患仍存在。2012年，西藏证券业务种类由经纪业务、自营业务扩展到投行、投资咨询和资产管理等业务，业务种类进一步丰富。但是由于处在业务发展初期，新的业务制度有待进一步完善，潜在风险隐患不容忽视。如投资顾问业务风险防控制度约束和员工培训有待加强，投研总部个别人员尚无从业资质，营业部投资顾问业务和公司业务未实现融合等潜在风险隐患应予以关注。

（2）上市公司规范运作水平仍有待提高。目前，西藏上市公司已基本建立了结构较完善、制度较健全、运作较有效的治理模式，但仍存在部分执委未取得高管资格、执委会制度在防火墙管理和防范利益冲突中的作用发挥有限，公司治理框架不完善，内部管理制度不健全、信息披露滞后、公司决策机制有待进一步细化等问题，上市公司规范运作水平仍有待提高。

（3）上市公司规模及质量还有待进一步提高。目前，西藏有11家上市公司，上市公司规模有所扩大，上市公司质量有一定提升，但是与内地省市相比，还存在一定差距，主要体现在上市公司规模小、项目少，公司经营不够独立、产品或服务市场竞争力不强，再融资能力也不强，上市公司质量需进一步提高等方面。

（三）保险业与金融稳定

截至2012年末，西藏保险市场共有省级分公司5家，其中，产险分公司4家，寿险分公司1家。保险业务规模保持快速增长，总体实力增强，服务能力不断提高。

1. 保险业经营运行情况

（1）资产规模进一步扩大，总体实力显著增强。截至2012年末，西藏保险业总资产4.64亿元，较年初增长32.17%，其中产险公司总资产3.21亿元，较年初增长22.7%，人身险公司总资产1.43亿元，较年初增长59.77%。保险公司资产总额快速增长，保险业总体实力和服务能力进一步增强。

（2）保费收入稳步增长，抵御风险能力有所增强。2012年，保险业实现原保险保费收入9.54亿元，同比增长25.52%，比全国平均水平高17.51个百分点，增速居全国首位。其中，产险原保险保费收入6.52亿元，同比增长13.73%；人身险原保险保费收入3.02亿元，同比增长61.64%。主要险种业务的快速增长带动了整体保费收入的迅速增加。产险承保利润3 365.43万元，同比增长287.43%，承保利润率为5.19%，较全国平均水平高2.22个百分点。

（3）赔付能力不断提升，经济补偿功能进一步发挥。2012年，西藏保险业赔付支出共计4.05亿元，同比增长21.15%。其中，产险业务赔款支出3.36亿元，同比增长13.43%；人身险业务赔付支出6 935.85万元，同比增长80.62%。保险业总体赔付和各业务险种赔付增长速度均超过了业务发展速度，西藏保险业服务能力明显提高，保险业在地方经济社会发展中的作用得到进一步发挥。

（4）保险的社会覆盖面日益扩大，社会“稳定器”作用增强。西藏保险业金融机构不断改进和完善保险服务，扩大保险覆盖面，保险服务领域进一步拓宽。2012年，西藏保险密度为314.45元/人，同比增加63.92元/人，增长25.51%；保险深度1.37%，同比上升了0.12个百分点，保险的社会“稳定器”功能日益增强。

2. 保险业发展中值得关注的问题

（1）保险业务集中度高，市场竞争不充分。从市场主体看，西藏有4家财险公司和1家寿险公司。人保财险西藏分公司在产险市场处于绝对主导地位，市场份额达87.84%，其他保险公司仅占12.16%。从险种来看，机动车辆险仍为财险公司保费收入的第一大险种，占51.35%。从各公司市场份额、险种收入占比来看，保险业务集中度高。同时，仍存在产险市场人保财险独大，人寿独家经营寿险业务的格局，既不利于保险市场的有序竞争，也不利于保险市场体系的完善。

（2）规模总体偏小，业务发展不均衡。2012年，西藏保险业保费收入增势强劲，增速居全国第一位，但是由于保险公司较少、保费收入基数低、总额少，业务规模偏小。同时，各产险公司业务主要分布在拉萨、山南和林芝等地区，其他地区由于地域偏僻、经济相对落后，保险业仍不够发达。寿险业务集中在拉萨市，占西藏全部寿险业务的75.05%。保险业务区域不均衡特点显著。

（3）群众保险意识淡薄，保险市场有待培育。从全区看，占西藏人口80%以上的广大农牧民由于受文化、地域、经济发展水平等综合因素的影响，保险意识相对淡薄，很多领域仍然喜欢单纯依靠政府救济和投入，缺少风险分散和风险共担的意识，缺乏对保险这种风险防范手段和方式的认识。保险业市场发展的基础较薄弱，有待加强保险知识的普及和保险意识的培养，有待进一步培育保险市场体系。

三、金融基础设施与金融稳定

（一）支付清算体系建设日趋完善

2012年，西藏辖区支付体系高效、稳定运行，支付清算体系基础设施建设稳步推进，支付结算业务快速增长。2012年，全区共处理业务120.24万笔、金额16 190.21亿元，同比分别增长

30.24%和25.17%。随着方便、快捷的支付工具日益丰富，非现金支付工具应用更加广泛，在一定程度上使同城票据业务量下降。2012年，全区同城票据交换系统共处理业务4.47万笔、金额80.5亿元，同比分别下降42.91%和69.51%。

（二）征信系统建设成效显著

截至2012年末，企业征信系统共收录全区企事业单位及其他经济组织6 473户，同比增长3.9%；个人征信系统收录全区自然人约104.8万人，同比增长9.88%。2012年企业贷款卡基本信息录入和更新工作进一步拓展，全年共办理贷款卡253张，年审823张。征信信息运用范围不断扩大，全年企业征信系统累计被查询6 683次，个人征信系统累计被查询14.8万余次。截至2012年末，全区机构信用代码证发放数为22 675张。其中，基本存款账户数为21 782张，久悬账户数为883张，同时，还为全区2 374户以前未与银行建立信贷关系的中小企业建立了信用档案，解决了银行和企业之间的信息不对称问题，为企业经济交往提供服务。

（三）反洗钱职能不断加强

2012年西藏结合国际通用的审慎监管中的“依法、审慎、适度、有所区分”的原则，对14家金融机构进行了反洗钱现场检查，对4家金融机构开展了开业指导、现场走访和现场座谈等现场监管，落实了“风险为本”的监管理念。全年辖内开展反洗钱调查16次，跨省协查1次，积极协助公安机关侦办“8·30”特大涉税案及公安部督办的“6·04”组织领导传销案。积极发挥人民银行在金融工作中的监督与防范作用，为维护西藏社会的和谐稳定贡献了应有的力量。

（四）反假币工作进一步推进

2012年，西藏共开展反假宣传活动23次，发放藏汉文宣传资料6.7万余份，向反假货币宣传网络站（点）、基层农村发放藏文宣传资料1.5万余份，向4 000余人解答反假货币知识。同时，西藏辖区开展培训22次，受培训人数达520余人，280余名人员进行了反假货币上岗资格考试，向260余名考试合格人员颁发了反假货币上岗资格证书，对西藏辖内银行业金融机构22家营业网点进行了反假货币业务检查。全年西藏共收缴假币35.03万余元，同上年相比假币收缴量减少8.1万余元，下降18.7%，假币生存空间得到有效控制。

（五）国库服务水平显著提升

2012年7月，西藏人民银行系统顺利上线运行国库会计数据集中系统，实现了各级财政收入直达入库、财政支出实时到账，有效降低了政府预算收支执行成本，提高了政府对财政资金的管理能力。2012年，西藏7个地市全部上线运行财税库银横向联网系统，共有14个国库机构（含代理）、16个国税机构、9个财政机构、10个清算银行机构以及上千户纳税人通过财税库银横向联网系统实现了税收收入的电子缴库。截至2012年末，该系统入库资金达52.28亿元，同比增长3倍多。

四、总体评估与政策建议

（一）总体评估

2012年西藏自治区按照“提升一产、壮大二产、做强三产”的经济发展战略，全面贯彻落实中央第五次西藏工作座谈会精神，认真执行中央赋予西藏的特殊优惠金融政策，全区经济取得快速发展，金融业也实现了规模与效益的双重提升。

2012 年，人民银行拉萨中心支行对辖区银行业金融机构进行了非现场评估，并对中国工商银行西藏自治区分行与中国银行西藏自治区分行进行了现场评估工作。从非现场评估的情况来看，辖区银行业金融机构稳健值为 60 ~ 65 分，处于稳健区间。从两家银行的现场评估情况来看，两家商业银行在内控机制、贷前审查、贷中审批、贷后管理等信贷管理以及风险控制、资金划拨环节都有较完备的制度保证，制度的执行情况较好。

2012 年西藏自治区金融体系总体稳定。

（二）政策建议

1. 增强金融服务意识，加大对实体经济支持力度

辖区各商业银行机构要切实增强服务意识，提升服务效率。加强信贷营销队伍建设，调配充实营销人员，提高营销队伍素质；加强贷款营销管理，积极推介信贷产品和信贷模式，拓展信贷业务，积极培育优质客户和新信贷增长点。加大研发和引进成熟金融产品的力度。根据各行的特点，结合西藏实际，在积极引进内地行成熟信贷产品的同时创新信贷产品，为小微企业、农牧区等不同类型、不同规模的市场主体提供有针对性的、个性化的、符合西藏实际的金融产品和服务。同时，农业银行基层机构要集中力量、集中时间，定时、定点深入金融机构空白网点通过流动服务方式开展存取款、信贷等服务，确保金融服务逐步覆盖所有乡镇。

2. 加强窗口指导与监管，全面贯彻落实特殊优惠货币政策

进一步加强人民银行的“窗口指导”，创新指导方式，疏通货币政策传导机制，挖掘政策潜力，扩大政策效应，用好、用足、用活中央赋予西藏的特殊优惠货币政策。建立人民银行与工信厅、工商联等部门的横向信贷融资联席会议平台，共同筛选中小企业、非公经济的有效信贷需求，及时向各家商业银行机构推荐企业，对符合贷款条件的，要积极发放贷款予以支持；对暂时不符合信贷条件的中小企业要加强指导、培育，使其尽快达到银行基本贷款条件。辖区银行监管机构要不断督促银行机构加强风险防控体系建设与落实，在风险可控的前提下督促银行机构更好地改进和提升涉农、中小企业金融服务水平。辖区银行机构要认真研究金融运行中出现的新情况、新问题，做好涉农、中小企业信贷政策导向效果的自评估工作，进一步增强人民银行信贷政策的导向力。各职能部门应加强货币政策、财政政策、产业政策的协调配合，形成合力，全面落实西藏特殊优惠金融政策，促进西藏经济的持续快速健康发展。

3. 改善证券经营机构盈利模式，提升上市公司经营质量

首先，证券业应进一步完善公司法人治理结构，深化内部体制改革，健全内控机制。在不断扩大资产规模与提升盈利水平的基础上进一步扩大经营范围，拓展发展空间，改善盈利模式，进一步增强竞争能力和抵御风险能力，实现可持续发展。其次，政府相关部门应加快引导会计师事务所等中介机构来藏设立业务机构的步伐，为上市公司改善法人治理结构、规范控股股东行为提供良好的外部监督环境，从而更有利于上市公司提高经营管理水平。

4. 维护公平竞争，优化保险市场结构

鉴于目前保险市场体系不完善的局面，西藏保险监管机构应积极支持各保险主体进行机构延伸，引进新的保险机构，开办新的保险业务品种。同时应努力创造和维护一个稳定、公平的市场竞争环

境，形成辖区保险市场的良性竞争。此外，西藏保险监督机构应进一步平衡产险与寿险的比例，以保证整体保险市场结构的合理性，积极推动保险市场主体与保险消费者之间的供需平衡。为避免西藏寿险发展不平衡的情况，寿险保险机构要积极引入多种寿险产品，研发适合西藏实际的寿险产品，优化寿险产品结构，最终实现整个西藏地区的保险市场结构优化。

总　　纂：郭振海
审　　核：殷树荣
统　　稿：彭志坚
执　　笔：彭志坚　罗布参旦　尼　珍
冯　兰　唐　超

陕西省金融稳定报告摘要

2012年，面对国内外形势严峻复杂、经济下行压力加大的不利局面，陕西省认真贯彻落实中央一系列预调、微调措施，实现了“稳中求进”的发展目标。全年实现地区生产总值14 451.0亿元，较上年增长12.9%，人均生产总值首次超过全国平均水平。金融业保持良好发展态势，银行业发展实力逐步增强；证券市场融资作用日益突出；保险业风险补偿和社会保障作用不断强化；信托、财务公司市场主体地位日益突出；直接融资规模快速扩大，融资结构日益优化。金融基础设施建设有效推进，支付系统运行稳健高效，征信体系建设持续深化，反洗钱工作机制全面优化，金融法制环境建设纵深发展。总体看来，2012年陕西省宏观经济与金融发展相互促进，金融运行的稳健性不断增强。但受经济下行、金融机构自身经营管理不足以及非正规金融的潜在风险等因素制约，陕西省金融稳定依然面临一定挑战。如部分行业贷款面临潜在违约风险；证券和保险业中的经营不规范与业务不均衡等问题，将对地区金融稳定形成不利影响。受其他地区民间融资风险点爆发的影响，陕西省民间融资的波动性有所增加，非正规金融体系风险对正规金融机构的潜在影响值得关注。

一、区域经济环境与金融稳定

2012年陕西省经济总体形势好于全国，固定资产投资的稳定增长，制造、采矿、冶金等支柱行业的快速发展为陕西省金融体系稳健发展奠定了基础；居民收入、财政收入和企业利润的平稳增长提升了经济主体的财务稳健性；物价水平回落和通胀预期的减弱，为经济金融平稳发展提供了有利的外部环境。但同时，经济运行中的能源等资源性行业经济效益下滑、中小房地产企业经营风险加大等问题也可能对区域金融稳健性产生负面影响，值得关注。

（一）经济平稳发展为金融稳定提供了良好的外部环境

1. 经济增长稳中有进，发展动力持续增强

2012年陕西省全年实现地区生产总值14 451.0亿元，较上年增长12.9%，高于全国水平5.1个百分点，增速居西北五省区之首。第一、第二、第三产业同比分别增长6.0%、14.9%和11.5%，增速分别快于全国水平1.5个、6.8个和3.4个百分点。规模以上工业增加值6 641.54亿元，增长16.6%，高于全国平均水平6.6个百分点，工业总量跃居全国第13位。有色冶金工业贡献率首次超过装备制造业，成为拉动工业增长的第二支柱产业。七大战略性新兴产业投资1 468.06亿元，增长24.9%。装备制造业和有色冶金工业的快速发展以及新兴产业的兴起，有助于降低陕西经济对能源化工行业的依赖度，为陕西经济稳定增长提供了有效支撑。

2012年陕西省完成固定资产投资12 501.43亿元，增长28.9%，增速较上年同期回落0.8个百

分点；社会消费品零售总额达4 330.75亿元，增长16.0%，增速居全国第2位；进出口总额147.99亿美元，同比增长1%。总体来看，消费和外贸对区域经济增长的贡献有限，这也是陕西经济客观上受外部经济环境影响较小，经济依然能保持稳步增长的原因之一。长期来看，在各项鼓励民间投资政策的带动下，陕西省民间投资仍将持续增长，为陕西省固定资产投资的持续增长提供重要支撑，也增强了陕西经济发展的动力，为区域金融稳定提供良好的外部经济环境。

2. 企业和居民收入持续增长，地区经济主体财务总体稳健

2012年陕西省规模以上工业企业实现利润总额1 982.57亿元，较上年同期增长4.8%。城镇居民人均可支配收入20 734元，农民人均纯收入5 763元，分别增长13.6%和14.6%，增速虽较上年有所下降，但仍保持了较高的增长水平。全年实现地方一般预算收入1 600.69亿元，同比增长24.86%；财政支出3 326.91亿元，增长13.51%，增速分别较上年下降了31.64个和18.5个百分点。收入增速的下降虽可能对政府部门的偿债能力产生一定的影响，但提高增值税、个人所得税起征点等政策，切实减轻了企业和居民税负，这将有助于提高企业和家庭的财务稳健性，对区域金融稳定发挥积极作用。

3. 物价水平逐步回落，通胀预期有所减弱

2012年，陕西省消费价格总水平累计上涨2.8%，涨幅较上年同期回落2.9个百分点。工业生产者出厂价格上涨0.7%，涨幅较上年回落6.5个百分点。工业生产者购进价格与上年持平，涨幅较上年回落9.6个百分点。原材料与产品出厂价格涨幅倒挂的情况有所缓解，有助于调动企业生产积极性，提高经济活力，促进金融发展。

（二）需要关注的问题

1. 煤炭价格下跌，资源型行业盈利能力值得关注

2012年我国经济整体放缓导致能源等行业产能过剩，特别是煤炭需求减弱、价格下跌。据监测，2012年12月上旬，5 800大卡块煤价格和面煤价格分别较年初下降了50元/吨和65元/吨，煤炭由上年的卖方市场转变为买方市场，部分煤炭企业库存积压，企业生产经营恶化。煤炭等资源性行业作为支柱产业汇集了大量的信贷资源，资源型行业盈利的变化与地区经济发展和区域金融稳定状况密切相关，应高度关注此类行业的发展变化。

2. 房地产市场深度调整，中小房地产企业经营风险进一步加大

2012年陕西省房地产市场交易持续走低，商品房待售面积达258.67万平方米；按照12月底陕西省商品房均价5 156元/平米来估计，待售商品房占用资金133.37亿元。受购买力和房价预期等多因素影响，部分资质低、实力弱、抗风险能力差的中小房地产开发企业可能出现偿还能力弱化迹象，应警惕房地产市场风险向金融体系转移。

二、金融业与金融稳定

2012年，陕西省金融业稳步发展，资产质量持续改善，经营效益稳步提升，整体抗风险能力和综合实力不断提高，金融体系结构更加完善，服务经济社会发展的作用日益突出。在金融业稳健发展的同时，表外业务快速增长中存在着风险隐患，保险业发展不均衡状况等问题仍值得关注。

（一）银行业实力逐步提升，系统稳健性提高

1. 银行业稳健发展，稳定微观基础日益增强

2012 年陕西省银行业金融机构共有 155 家，其中法人机构 124 家，全年新增农村商业银行 2 家，批准筹建农村商业银行 6 家，新开业 2 家村镇银行和 1 家财务公司，银行从业人员 87 867 人。年末银行业金融机构资产余额 29 958.41 亿元，负债余额 29 272.28 亿元，分别同比增长 19.94% 和 19.56%。人民币各项贷款余额 13 865.61 亿元，同比增长 16.86%，高于全国水平 1.86 个百分点；存款余额 22 843.4 亿元，同比增长 18.1%。全省 107 家农村合作金融机构用央行票据直接置换历年挂账亏损 7.30 亿元，置换不良资产 26.73 亿元，农村合作金融机构的资产规模、盈利能力和资产质量实现了历史性飞跃。2012 年陕西银行业金融机构不良贷款余额和不良贷款率继续“双降”，不良贷款余额较年初减少 33.21 亿元，不良贷款率较年初下降 0.62 个百分点。全年银行业净利润同比增长 28.58%，拨备覆盖率较年初提高 27.97 个百分点。

2. 值得关注的问题

（1）中小机构流动性风险管理面临挑战。2012 年企业资金紧张加剧了存款市场竞争力度，银行业金融机构加大对资金的运用和管理，保持了银行体系整体流动性的稳定。但 2012 年以来，陕西省金融机构存款“冲时点”现象明显，存款总体呈现“季初回落，季末增加”的波动特征，波动幅度较往年显著增加，全年有 3 个月存款当月减少，为 2008 年以来之最。伴随着存款竞争加剧，银行对同业资金的依赖上升。此类资金期限短、稳定性差，过度依赖同业负债，加大了银行业流动性风险。此外，随着《商业银行资本管理办法（试行）》正式实施，同业债权风险权重上调会对银行流动性管理带来新的压力，作为主要资金融入方的中小银行业机构，将面临较大考验。

（2）表外业务发展迅速，运作和管理中存在风险隐患。2012 年，陕西省表外融资（含委托贷款、信托贷款、银行承兑汇票净额）规模达到 1 286.29 亿元，信托贷款成为仅次于人民币贷款的第二大融资渠道。表外业务的快速发展为商业银行提供了利差以外的多元化收入来源，但存在的问题也同样不容忽视。风险揭示不充分，个别银行信息披露滞后，不能及时反映表外业务风险敞口、经营效益等方面的定量信息等。个别银行为所承销债券提供过桥融资，用于承接企业债券到期兑付资金，一旦企业资金链断裂，将对银行资产质量造成负面影响。

（二）证券业稳步发展，市场融资功能进一步发挥

1. 证券公司经营效益有所下滑，证券市场融资功能提高

截至 2012 年末，陕西省共有 3 家法人证券公司，125 家证券营业部。受股票市场指数下行、交易萎缩的影响，全年全部证券经营机构营业收入和净利润同比分别下降 32.19% 和 26.2%。在市场持续低迷的情况下，陕西省企业上市工作仍然取得了新进展，上市公司再融资有了新突破。年内，西部证券和隆基股份发行上市，募集资金 33.15 亿元；陕国投和西安民生再融资募集资金 30.9 亿元。同年，有 3 家公司实施了重大资产重组，涉及资产 38.85 亿元，上市公司资产质量和盈利能力明显提升。

2. 期货市场稳步发展，期货经营机构盈利水平下降

全省期货经营机构期货保证金余额 24.59 亿元，代理交易量 2 983 万手，客户数量 1.6 万户，同比分别增长 35.9%、2.6% 和 26%。2012 年，陕西省新增期货营业部 7 家，使省内期货营业部达到 27 家（含 3 家在筹），从业人员 521 名，同比增长 13.02%。全年期货经营机构营业收入和交易手续

费收入，同比分别增长17.86%和4.79%。由于成交额下降、收入来源单一，期货经营机构盈利能力出现阶段性调整，净利润同比下降7.89%，为近四年首次负增长。

3. 证券业发展中值得关注的问题

（1）上市公司缺乏核心竞争力，持续发展能力不足。全省39家上市公司具有比较优势的文化、旅游、科技等公司较少，部分公司经营两级分化的情况长期存在，主营业务缺乏核心竞争力，平均收入、净利润多年来处于全国落后位置，持续发展能力明显不足。

（2）新政推出使证券公司的经营管理和风险防控能力面临挑战。2012年证券监管部门连续出台扩大券商、基金投资范围的创新举措，发布了《证券公司客户资产管理业务管理办法》等一系列新政。这些新政在扩大证券公司市场投资渠道的同时也大大推动了金融业综合经营和不同金融子行业之间的产品融合，对证券公司风险管控提出了较高的要求。陕西省证券公司长期以来以经纪业务为主，跨市场风险认识和管理经验不足，应加强这方面的风险监测，避免出现简单争抢客户的过度竞争行为。

（三）保险业经营体系日益健全，保障作用不断强化

1. 保险市场运行平稳，市场机制日益完善

截至2012年末，全省共有保险公司总公司1家，省级分公司48家。全年实现原保险保费收入365.33亿元，同比增长6.3%，增幅同比下降9.4个百分点。在经营效益方面，2012年陕西省产险公司的经营成本呈上升趋势，综合赔付率和综合费用率分别较上年同期增加0.33个百分点和1.07个百分点；承保利润率较上年同期下降1.4个百分比。全年人身险公司满期给付金额同比下降1.57%，未出现大面积集中退保事件和群访群诉事件，风险处于可控状态。

2. 需要关注的问题

（1）宏观经济因素影响保险业务的稳定增长。2012年受宏观经济放缓压力的影响，道路建设新开工项目减少，部分工程项目因资金问题停工或延期续保，使全省工程险保费收入同比下降。企业经营效益下滑，也对企财险产生不利影响。2013年国内外经济形势的不利因素对陕西经济影响的程度将进一步加大，陕西经济增长的不确定性将使保险业面临更大的挑战。

（2）行业发展方式仍需不断转变。2012年陕西省保险公司虽在业务结构调整上取得了一定的成绩，但保险市场上“一险独大”的现象仍然存在。陕西省保险市场上机车险业务占比过高，寿险业务过于依赖分红险的现象仍未得到根本转变。此外，保险销售渠道改革面临瓶颈。银行代理保险业务积极性不高，银邮费用管理、销售模式等问题一直没有得到改善，产品销售转型困难较大。受销售区域、产品、系统、成本、电话扰民等因素的影响，网销、电销、相互代理等新的销售方式业务占比仍然较小，在短期内难有规模效应。

（四）信托、财务公司市场地位日益突出

2012年陕西省非银行金融机构快速发展，市场主体增加，信托规模迅速增长、信托公司盈利上升，非银行金融机构在金融市场中的地位和作用日益突出。2012年末，陕西省共有2家法人财务公司、3家财务公司分支机构。年末财务公司资产总额293.01亿元，较年初增长17.48%；负债总额264.84亿元，较年初增长14.58%；净利润较上年下降27.64%。至2012年末，陕西省3家法人信托公司共存续信托项目1 084个，信托资产规模达3 509.52亿元，同比增加1 952.72亿元，增速达

125.43%。2012 年陕西省新增信托贷款 540.55 亿元，同比多增 597.01 亿元，信托成为仅次于人民币贷款的第二大融资渠道。

（五）民间融资活动减弱，小额贷款公司发展迅猛

2012 年，陕西省民间融资活动呈现规模缩减、利率有所下降的态势。以民间融资较为活跃的神木县为例，2012 年民间融利率较上年回落 5～10 个百分点。从形式上看，民间融资方式除传统的个人借贷、地下钱庄融资外，越来越多地通过小额贷款公司、担保公司、投资公司、典当行以及企业互助基金、农村资金互助组织等机构进行。至 2012 年 12 月末，陕西省金融办共批复设立小额贷款公司达 199 家，注册资本金 140 亿元，贷款余额 133.5 亿元。民间融资虽然能够补充正规金融体系不足，但也具有一定的盲目性和关联性。2012 年下半年鄂尔多斯高利贷风险爆发对陕西榆林市的民间融资也产生的一定影响。

三、金融市场与金融稳定

2012 年陕西省金融市场总体运行平稳，市场规模稳步增长，债券回购交易逐步替代同业拆借业务成为流动性管理的重要工具；市场利率波动下行，流动性较为充足；直接融资规模快速扩大，融资结构日益优化，金融市场在经济金融运行中发挥了日益重要的作用，成为区域金融稳定的重要支柱。

（一）金融市场稳健发展，市场功能逐步发挥

1. 市场规模稳步增长，金融市场资产管理功能增强

2012 年陕西省债券成交金额 8 993.17 亿元，同比增长 38.41%；同业拆借市场总成交金额 335.15 亿元，同比减少 39.22%；银行间现券市场全年成交金额 3 366.23 亿元，同比增长 3.31 倍。全年票据承兑累计发生额 1 625.22 亿元，同比增长 21.62%。金融机构票据贴现余额为 442.45 亿元，同比增长 5.43%。全年票据贴现累计发生额 6 502.48 亿元，同比增长 33.99%。

2. 市场利率波动下行，资金面紧张状况有所缓解

2012 年陕西省银行间同业拆借市场利率全年加权平均利率 3.2%，同比下降 21 个基点。债券回购市场利率与同业拆借利率走势基本同步，全年加权平均利率为 3.76%。现券交易收益率小幅波动，总体收益率高于上年水平，全年现券加权收益率为 5.68%，同比上升 26 个基点。票据贴现平均利率水平为 5.46%，较上年下降 0.53 个百分点。市场收益率和利率的整体下行表明资金面偏紧的状况有所缓解，市场间利率走势的同步性也表明市场的价格发现功能日益增强。

3. 直接融资规模快速增长，为降低银行体系风险发挥重要作用

2012 年陕西省企业通过直接融资工具融资 654.86 亿元，同比增长 71.4%，与当年新增贷款的比值达到 32.9%，较 2011 年提高 11.4 个百分点，直接融资在全部社会融资中的重要性明显上升。直接融资占比显著提高，有助于逐步缓解风险过度集中于银行体系的问题，对维护区域金融稳定具有重要意义。

（二）金融市场发展中需关注的问题

近年来市场业务逐步成为机构管理和配置资产，实现资产保值增值的重要手段。但同时，个别机构特别是一些中小机构对金融市场业务的风险认识不足，在风险防范和业务制衡的内部控制制度

建设方面仍存薄弱环节，机构应进一步完善金融市场业务的风险防范体系，推进金融产品的风险规避和后续监测机制建设，提高防范操作风险和市场风险的能力。

四、金融基础设施与金融稳定

（一）支付体系建设更趋完善，系统运行稳健高效

1. 支付系统覆盖面不断扩大，清算效率持续提升

截至2012年末，陕西省内人民银行支付系统直接参与者达36家（含人民银行），间接参与者达4 443家，支付清算系统覆盖率达75%以上。全年陕西省大额支付系统共处理业务1 673.78万笔，金额38.36万亿元，同比增长25%和36%；小额支付系统共处理业务2 236.28万笔，金额2 805.48亿元，同比增长27%和-0.1%。

2. 支付体系监管机制日趋完善，结算秩序更加规范

2012年人民银行西安分行对全省17家银行机构的256个营业网点开展了支付结算执法检查，促进银行机构依法合规经营。建立了人民币银行结算账户非现场监管机制，实现银行结算账户信息真实性核实。制定了《陕西省非金融支付机构备案制度》等规章制度，有效促进了非金融支付机构依法合规经营。

3. 风险管理机制不断强化，风险防控水平显著提高

2012年人民银行西安分行组织开展大小额支付系统、西安同城票据清分系统等九个支付清算系统风险排查工作，及时发现系统隐患，杜绝潜在风险。建立了支付风险提示机制及银行汇票兑付风险监控机制，定期通报支付系统、银行卡及票据风险案件，并对关联方企业的汇票签发情况进行重点监控，有效保证了支付系统的平稳安全运行。

（二）征信体系建设持续深化，地区信用环境日益改善

1. 征信系统覆盖范围持续扩大，服务水平充分发挥

截至2012年末，企业和个人征信系统已覆盖陕西省84%的企业和53%的个人信息，金融机构全年累计查询分别达58.1万次和401.8万次，分别比上年增长25.4%和9.2%，累计发放机构信用代码证434 177张，基本覆盖全省具有经济活动能力的各类社会组织，征信系统在服务经济社会中发挥着日益重要的作用。

2. 信用体系建设取得新突破，地区信用环境日益改善

截至2012年末，人民银行西安分行共对1 093户小微企业实施了信用增值计划，其中515户获取银行25.37亿元贷款，178户获得8.4亿元担保金额，69户获得2 002万元财政支持，有效缓解了小微企业融资难和融资贵的问题。将中小企业信用体系试验区建设列入《陕西省“十二五”社会信用体系建设规划》，指导全省10个试验区协调地方政府和商业银行，探索符合地方特色的中小企业信用体系建设模式。选择4个县作为全省试点开展农村信用体系试验区建设，初步形成了具有地区特点的农村信用体系建设模式。

3. 社会信用体系建设纵深发展，金融生态环境评价机制逐步优化

2012年《陕西省公共信用信息条例》正式施行，为公共信用信息的征集、使用、披露、共享提

供了法律依据。建立基层社会信用环境评价指标，对全省12个地市基层社会信用环境进行评价考核。对陕西省及辖区10市金融生态环境进行评价，探索开展县域金融生态环境评价的方式和途径，初步建立了县域金融生态环境评价指标体系。

（三）反洗钱工作机制全面优化，风险防控功能显著增强

1. 反洗钱动态评价机制不断优化，风险预警水平迅速提升

2012年，人民银行西安分行全年累计完成1 248家被监管机构的反洗钱动态评价，专项预警119家综合预警61家，采取监管措施294次，推动金融机构准确、及时化解风险。

2. 反洗钱行政调查与案件协查工作成效显著，维护社会稳定作用突出

2012年，人民银行西安分行向反洗钱监测分析中心和侦查机关移送重点可疑线索3起，开展行政调查65次，调查线索成案率达72%。利用反洗钱行政调查机制，开展反洗钱行政调查18次，协查破获案件2起。

3. 反洗钱协作机制日益完善，跨部门跨地区反洗钱工作合力显著增强

2012年，人民银行西安分行牵头与陕西保监局签订了《陕西保险业反洗钱监管合作备忘录》，构建了全方位的保险业反洗钱监管合作机制；牵头与陕西保监局制定了《陕西省保险业反洗钱工作指引》，细化了保险业金融机构关键洗钱风险防控措施和操作流程改进途径，合力推动提高了陕西省保险业反洗钱工作整体水平。

（四）金融法制环境建设纵深发展，金融消费者保护工作深入推进

1. 全力做好地方立法项目论证与法院生效判决及裁定工作

2012年，人民银行西安分行积极参与陕西省人大法工委、陕西省人民政府有关部门的重大立法项目论证工作，对《证券投资基金法（修订草案）》、《陕西省价格基金调节办法》、《陕西省反垄断与不正当竞争规范意见》等多项法律法规提出修改建议。组织全省各级行全力做好执行人民法院生效判决和裁定工作，对省内裁判未执行积案进行了多次督促、指导和沟通，实现了2012年底化解积案50%的目标。

2. 持续提升金融行政执法针对性和有效性

2012年，人民银行西安分行共开展综合执法检查26次，检查内容涉及支付管理、货币发行、货币政策、征信管理等多项业务，促进了地区金融机构的合规稳健经营。

3. 深入推进金融消费者保护工作

2012年人民银行西安分行深入推进金融消费者保护工作，积极受理和处理金融消费者投诉。牵头陕西银监局、证监局、保监局定期召开联系会议，搭建“一行三局”金融消费保护工作沟通交流平台。2012年，陕西各地市人民银行金融消费者保护中心共受理投诉361件，办结349件，办结率96.68%。陕西银监局开展了金融消费者权益保护专项治理活动。各银行业机构自查发现问题3 870笔，99%已完成纠改。此外，陕西银监局在腾讯大秦网设立专题网页，公布公司辖内所有银行机构的收费项目；组织开展“陕西银行业“3·15”公开接访活动”，29家机构286人次参加了面对面接受消费者投诉的活动。约请辖内11家银行业机构在陕西省“秦风热线”推出了12期消费者权益保护专题节目，通过开展维护消费者权益系列活动，树立了银行业良好的外部形象。

五、总体评估与政策建议

（一）定性评估

2012 年，面对复杂严峻的国际环境和国内经济运行出现的新情况新问题，陕西省努力寻找和把握机遇，保持了经济发展处于上升通道的良好势头，为地区金融稳定打下良好基础。金融机构经营水平和服务质量显著提升，行业稳健运行基础逐步夯实；金融市场整体运行平稳，融资功能和资源配置效率有效提升；金融基础设施建设继续有效推进，金融消费者权益保护工作向纵深发展，金融服务功能不断强化。

总体看，陕西金融体系发展的外部环境良好，金融体系的稳健性程度依然较高，但一些苗头性问题和风险因素已开始显现，应引起关注。如经济方面，部分企业经营困难可能对当前和未来金融稳定产生影响；房地产特别是中小房地产企业资金链紧张，将对银行体系信贷资产质量造成影响。金融机构方面，银行业机构表外业务规模迅速扩大，运作和管理中存在的风险隐患不容忽视；银行机构季末冲存款现象使中小机构流动性风险管理面临挑战；证券业和保险业发展中的业务不均衡问题仍然存在。证券、保险等行业监管新政的出台，在为相关行业提供发展机遇的同时，也推动了金融业综合经营和不同金融子行业之间的产品融合，加大了风险传递的可能性，对金融机构的风险管理能力提出了新的挑战。此外经济下行压力加大的背景下民间融资领域风险也值得关注。

（二）定量评估

在考虑陕西省经济金融实际情况的基础上，运用层次分析法（AHP）和熵权法相结合①的区域金融稳定定量评估模型②，对近年来陕西省整体和所辖十市一区的金融稳定状况进行综合评估。

2009—2012 年的金融稳定综合评价结果显示，陕西省较好地应对了复杂多变的国际国内经济金融形势，在经济下行压力不断加大的环境下，继续保持良好发展趋势。2012 年金融稳定综合得分与上年基本持平，高于 2009 年和 2010 水平。分项看，宏观经济得分自 2010 年以来波动较小，为区域金融稳定奠定良好基础；银行业和金融生态环境的得分四年内不断提升；证券业得分在经历连续三年下降后于 2012 年快速回暖，进入全新发展阶段；保险业③发展的稳定性有待巩固，亟待进一步优化业务结构，调整经营方式。

定量评估④结果显示陕西省所辖十市一区的金融稳定状况呈稳中趋升态势，其中，西安、渭南、杨凌、商洛和汉中 2012 年金融稳定综合得分较上年有所提升，如仅从经济发展和正规金融体系运行情况来看，西安、榆林和杨凌是陕西省金融稳定状况相对较好的地区。

---

① AHP 和熵权法的综合权重确定方法，提高了定性与定量分析的客观性与全面性。综合权重为 $\omega^i = \omega_H^i \omega_A^i / \sum_{i=1}^{n} \omega_H^i \omega_A^i$，其中 ω_H^i 是熵权法权重，ω_H^i 是 AHP 法权重。

② 评估框架参考了人民银行上海总部的《区域金融稳定定量评估方案》，指标框架包括宏观经济、金融机构和金融生态环境，其中金融机构又细分为银行业、证券业与保险业，共计 25 项评价指标。

③ 保险业在 2011 年由于实行新会计准则，故 2009 年、2010 年保险业评估结果和 2011 年、2012 年评估结果不具可比性。

④ 由于证券业和保险业主要集中在西安市，考虑到可比性因素，我们对指标进行了调整，目前在金融机构方面主要考察银行业的运营稳定情况。

（三）政策建议

1. 密切关注经济形势变化对区域金融稳定的影响，加强宏观风险提示

人民银行相关职能部门应密切关注宏观经济形势、国家产业政策及实体经济的运行情况，实时动态监测风险变化，积极应对市场环境变化对金融机构运行带来的影响。对重点行业和重点领域保持高度关注，切实加大监测分析的频率和力度，引导金融机构提早防范化解潜在的宏观风险隐患，防止宏观经济风险向金融体系传导。

2. 继续深化金融体系改革，加强对交叉性金融风险的监测和监督

各级人民银行应在总行的统一部署下，在巩固前期改革成果的基础上，继续关注大型商业银行和大型金融企业完善现代金融企业制度，配合总行推动农村信用社深化改革，持之以恒地通过改革完善农村金融服务体系，提高农村金融体系的稳健性。坚持推进和深化政策性金融机构改革，同时，人民银行、银监、证监、保监等部门应进一步强化对各类交叉性金融产品的风险监测和监督管理，防范跨市场金融工具可能存在的风险传递效应。加大金融消费者保护工作的宣传和实践，在促进金融创新的同时切实防范系统性风险。

3. 银行业金融机构应进一步转变经营方式，强化系统性金融风险防范理念

银行业金融机构要进一步改革完善绩效管理等内部管理体制，实现可持续发展。加强金融创新，利用市场机制化解存量金融风险。同时，银行业金融机构应树立系统性金融风险防范理念，建立资本缓冲机制。

4. 进一步强化证券经营机构内部管理和风险控制

引导证券经营机构正确把握各项证券新规，进一步完善内部风险控制和合规监督机制，建立以净资本为核心，辅以风险控制指标实时预警的动态监控体系，健全“隔离墙”制度，在促进业务发展的同时，提高风险防控能力。

5. 加强保险业风险防范，促进保险市场平稳健康发展

保险监管部门应继续按照综合治理的思路，加大检查力度，提高市场行为监管的针对性和有效性。同时，应充分发挥金融监管部门联合监管的作用。通过完善联席会议制度，加强“一行三局”的交流与沟通，对跨领域的经营和风险问题建立高效、可行的协调、磋商机制，研究相应监管对策，及时发现、化解各类风险。

总　　纂：王　钢
统　　稿：张志暹　王　敏
执　　笔（按姓氏拼音排序）：
包　琼　陈　军　郝俊香　焦少飞　刘湘勤
穆　林　秦鸿文　王汉君　王　敏　王　蓉
王　青　闫恺媛　杨　菡　张　田
其他参与写作人员：关　伟　李亚凤　梁　红　李玉辉　刘胜军
苗文龙　马维华　王　玮　温秋鹏　左　奇

青海省金融稳定报告摘要

2012 年，青海省全面贯彻落实加强和改善宏观调控的各项政策措施，经济发展的质量、效益和协调性进一步提高，带动了金融业的快速发展。但同时，由于多年积累的深层次矛盾和当前复杂环境相互交织，金融领域潜在风险仍然存在，维护区域金融稳定面临诸多挑战。

一、区域经济运行与金融稳定

2012 年，面对复杂多变的宏观经济形势，青海省全面贯彻落实中央加强和改善宏观调控的各项政策措施，全省经济保持平稳较快发展，各项社会事业取得新的进步。

（一）区域经济运行情况

1. 经济实现快速增长，结构调整有序推进

据青海省统计局初步核算，2012 年青海省生产总值 1 884. 54 亿元，按可比价格计算，比上年增长 12. 30%，高于全国增速 4. 50 个百分点。其中，第一产业增加值 176. 81 亿元，增长 5. 20%；第二产业增加值 1 091. 98 亿元，增长 14. 10%；第三产业增加值 615. 75 亿元，增长 11. 10%。

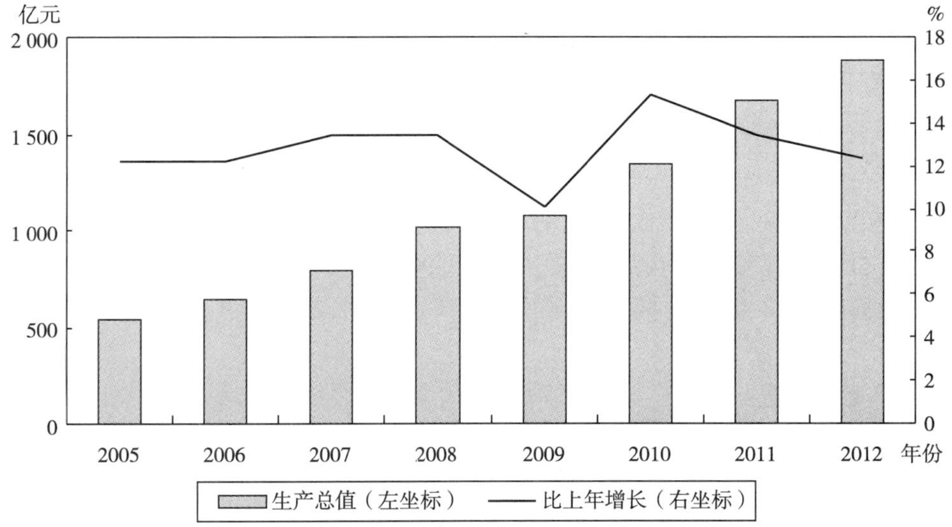

数据来源：青海省统计局相关资料。

图 1　2005—2012 年青海省生产总值及增长速度

（1）农牧业生产形势稳定。2012 年，青海省种植业生产基本平稳，畜牧业生产发展良好。全年全省粮食总产量 101.50 万吨，连续五年超过百万吨；蔬菜产量 158.75 万吨，蔬菜自给率提高至 74%；肉类总产量 30.57 万吨，同比增长 6.00%；农区规模化饲养比重达 39.00%，同比增长 3.00%。

（2）工业生产保持两位数增长。2012 年，青海省规模以上工业完成增加值 897.16 亿元，同比增长 15.00%，增幅高于全国平均水平 5 个百分点，其中十大特色优势产业完成增加值 513.74 亿元，比上年增长 12.40%，占全省规模以上工业增加值的 57.30%。

（3）服务业蓬勃发展。2012 年，青海省继续加大服务业基础设施建设，服务业增加值增速同比提高 1.40 个百分点。重点发展高原生态旅游，全年实现旅游总收入 123.75 亿元，同比增长 34.10%。

2. 三大需求协同拉动，为经济增长发挥关键作用

（1）固定资产投资快速增长。2012 年，青海省全社会固定资产投资延续 2011 年的快速增长态势，月累计增速均保持在 33% 以上。全年完成全社会固定资产投资 1 920.03 亿元，同比增长 33.90%，超额完成年初预定的实现 1 700 亿元、增长 20% 以上的目标。

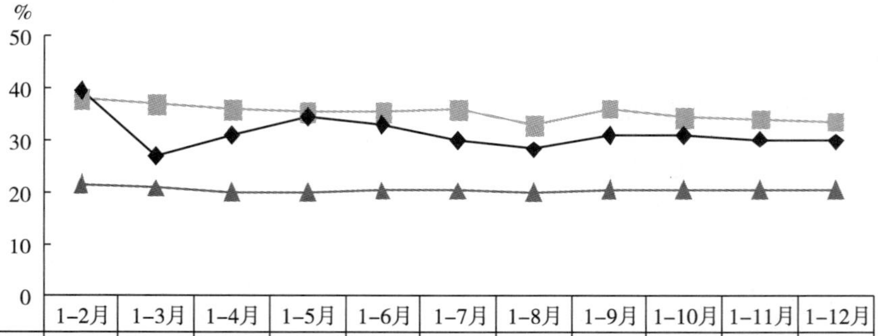

	1-2月	1-3月	1-4月	1-5月	1-6月	1-7月	1-8月	1-9月	1-10月	1-11月	1-12月
青海（全社会）	38.1	37.1	36.1	35.5	35.7	36.1	33.1	36.3	34.6	34.3	33.9
青海（不含农户）	39.8	27.3	31.2	34.8	33	30.3	28.4	31.2	31.1	30.4	29.9
全国（不含农户）	21.5	20.9	20.2	20.1	20.4	20.4	20.2	20.5	20.7	20.7	20.6

数据来源：青海省统计局相关资料。

图 2　2012 年青海省固定资产投资累计增速

（2）消费市场繁荣活跃。2012 年，青海省积极实施促进消费升级的政策措施，有效带动了消费的较快增长。全年全省实现社会消费品零售总额 469.90 亿元，同比增长 16.10%。按销售地区分，城镇消费品零售额 410.29 亿元，同比增长 16.60%；乡村消费品零售额 59.61 亿元，同比增长 12.40%。

（3）对外贸易逐步转暖。2012 年青海省海关进出口总值 11.60 亿美元，同比增长 25.60%。其中，出口总值 7.30 亿美元，同比增长 10.30%；进口总值 4.30 亿美元，同比增长 64.20%。硅铁等地区骨干产品仍是青海省出口增长的主要拉动力，对国外机电产品的需求则大幅推高了进口增幅。

3. 财政收入和居民收入稳步提高，民生投入力度持续加大

（1）地方财力不断增强。2012 年青海省公共财政预算收入 319.69 亿元，同比增长 18.20%。其中，地方公共财政预算收入 186.40 亿元，同比增长 22.80%；中央公共财政预算收入 133.29 亿元，同比增长 12.40%。

（2）城乡居民收入较快增长。2012 年青海省城镇居民人均可支配收入达到 17 566. 28 元，同比增长 12. 60%；农牧民人均纯收入 5 364. 38 元，同比增长 16. 40%；城乡居民收入比由 2011 年的 3. 39 下降为 3. 27。

（3）民生投入力度持续加大。2012 年青海省民生领域财政支出快速增长，其中教育支出增长 32. 10%、城市居民最低生活保障支出增长 23. 10%、医疗卫生支出增长 26. 70%，全年全省 24. 20 万农牧民稳定脱贫，63. 10 万城乡居民纳入低保。

4. 价格水平整体走低，物价上行压力有所缓解

（1）居民消费价格涨幅总体回落。2012 年青海省通过实施肉类补贴、投放政府平价粮油、加大蔬菜基地及冷藏储备设施建设投入等措施，切实保障市场供应，有效控制了食品类价格的过快上涨。全年居民消费价格上涨 3. 10%，比上年回落 3. 00 个百分点。

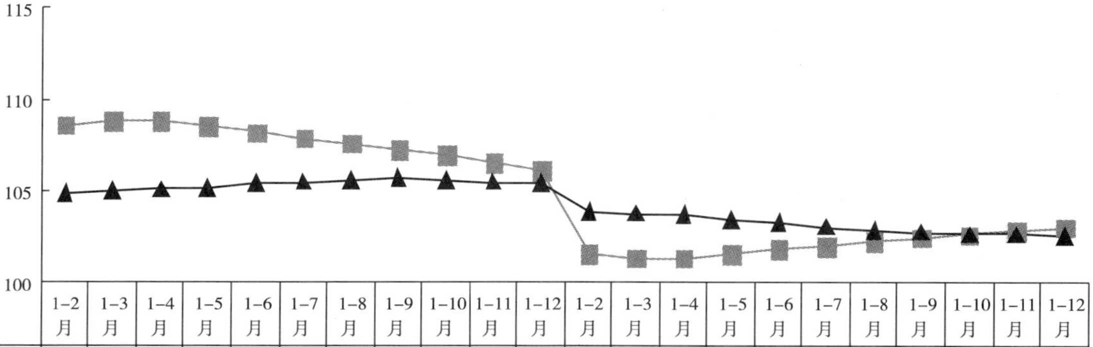

	1-2月	1-3月	1-4月	1-5月	1-6月	1-7月	1-8月	1-9月	1-10月	1-11月	1-12月	1-2月	1-3月	1-4月	1-5月	1-6月	1-7月	1-8月	1-9月	1-10月	1-11月	1-12月
青海	108.6	108.8	108.8	108.5	108.2	107.9	107.6	107.3	107.0	106.6	106.1	101.6	101.4	101.4	101.6	101.9	102.0	102.3	102.5	102.7	102.9	103.1
全国	104.9	105.0	105.1	105.2	105.4	105.5	105.6	105.7	105.6	105.5	105.4	103.9	103.8	103.7	103.5	103.3	103.1	102.9	102.8	102.7	102.7	102.6

数据来源：青海省统计局相关资料。

图 3 2011—2012 年青海省居民消费价格累计比指数（上年同期 =100）

（2）工业生产者价格“剪刀差”扩大。2012 年青海省工业生产者出厂价格同比下降 3. 10%，与上年上涨 7. 40% 相比，大幅回落 10. 50 个百分点；同期全省工业生产者购进价格同比下降 1. 40%，与上年上涨 7. 00% 相比，仅回落 8. 40 个百分点。

（3）固定资产投资价格涨幅趋缓。受钢材、水泥等主要建筑材料价格下降影响，2012 年青海省固定资产投资价格同比上涨 2. 20%，涨幅同比回落 4. 30 个百分点。

5. 房地产市场量缩价涨，保障性住房供应增加

（1）房地产开发投资增速放缓。2012 年青海省完成房地产开发投资 189. 68 亿元，同比增长 31. 00%，增速在上年回调 14. 70 个百分点的基础上再度回调 2. 80 个百分点，办公楼和商品营业用房投资均出现负增长。

（2）商品房销售萎缩。2012 年青海省商品房销售面积 262. 96 万平方米，同比下降 24. 50%，销售额 106. 46 亿元，同比下降 6. 70%。在房地产市场转冷的大背景下，省内 90 平方米以下住宅销售一枝独秀，年销售面积增幅近四成、销售额增幅逾六成，房地产调控政策效果显现。

（3）房价继续处于上升通道。全国“七十个大中城市住宅销售价格指数”显示，2012 年 12 月青海省会西宁新建住宅价格同比上涨 2. 00%，仅低于乌鲁木齐，与北京并列第 2 位，二手住宅价格同比上涨 1. 30%，涨幅亦排在全国前列。

（4）保障房建设进展顺利。2012年青海省落实中央及省级政府资金58.60亿元，安排实施了3.54万套城镇保障性住房，开工建设游牧民定居工程1.46万户，改造农村困难群众危房2.5万户，实施农村奖励性住房6万户，切实改善了城乡群众居住条件。

（二）需要关注的问题

1. 经济企稳基础尚不牢

2012年青海省规模以上工业企业实现利润152.37亿元，同比下降26.50%。受国际国内经济环境趋紧及市场需求不足影响，工业品市场难以在短期内有所好转，低迷态势仍将持续一段时间，企业生产经营困难较大，工业增长潜力不足。

2. 产业结构调整任务迫切

青海省原材料、重化工业在本轮经济下行中受到较大冲击，一些支柱行业长期过度依赖低电价优势成长，人才技术核心竞争力不强。同时，自产建材、设备难以满足省内项目需求，省外大量购入对省内市场拉动作用有限。以上矛盾在市场趋紧、经济下行时表现尤为突出，对青海省加快调整优化产业结构、培育企业核心竞争力提出了更为迫切的要求。

3. 物价反弹压力仍然存在

青海省居民消费品对外依存度较高，在国内要素成本上升趋势明显的情况下，推动物价上涨的一些基本因素没有得到根本消除。2012年6月以来，青海省居民消费价格单月涨幅开始高于全国平均涨幅，在全国31个省（市、自治区）中位居前列，并逐月攀升。从累计涨幅看，从5月起青海省居民消费价格累计涨幅开始抬头，全年累计涨幅高于全国平均涨幅0.5个百分点。

二、金融业与金融稳定

2012年，青海省继续深化金融体制改革，金融组织体系日臻完善，金融服务的广度与深度不断拓展，金融在稳增长、扩内需、调结构、惠民生中的支撑作用持续增强。

（一）银行业

1. 运行状况

截至2012年末，青海省共有银行业金融机构1 075家，其中一级分行14家，二级分行46家，法人机构37家，支行及支行营业网点978家，银行从业人员15 940人。

（1）资产负债规模快速增长。截至2012年末，青海省银行业金融机构资产总额4 831.74亿元，同比增长28.45%；负债总额4 688.19亿元，同比增长28.28%。全省银行业金融机构本外币各项存款余额3 538.40亿元，同比增长24.82%，高于全国平均增长水平10.76个百分点，增速列全国第一位；本外币各项贷款余额2 868.43亿元，同比增长28.11%，高于全国平均增长水平12.47个百分点，增速列全国第二位。

（2）信贷结构不断优化。一是涉农贷款快速增长。2012年末，青海省涉农贷款余额1 009.95亿元，同比增长21.65%，增量占到省内全部贷款新增额的三成以上，已连续三年实现同比多增。二是小微企业信贷需求得到较好满足。2012年末，全省小微企业贷款余额426.10亿元，同比增长26.41%，小型企业贷款增速高于大型企业贷款增速9.49个百分点。三是保障性住房开发贷款同比

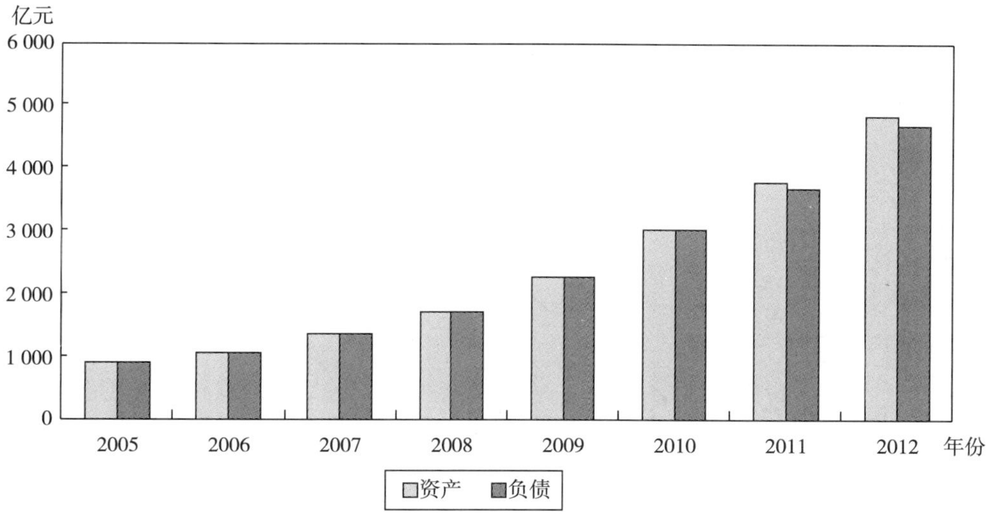

数据来源：青海银监局相关资料。

图4 2005—2012 年青海省银行业资产负债情况

多增。全省保障性住房开发贷款 36.01 亿元，同比增长 100.61%。

（3）资产质量继续提升。2012 年末，青海省银行业金融机构不良贷款整体下降，全省不良贷款余额 45.57 亿元，同比减少 2.51 亿元，不良贷款比率 1.59%，同比下降 0.55 个百分点。银行业金融机构提足拨备，风险抵补能力不断增强。2012 年末，全省银行业金融机构贷款损失准备余额 88.75 亿元，同比增加 15.29 亿元。地方法人银行业金融机构拨备余额 17.93 亿元，同比增加 3.58 亿元。

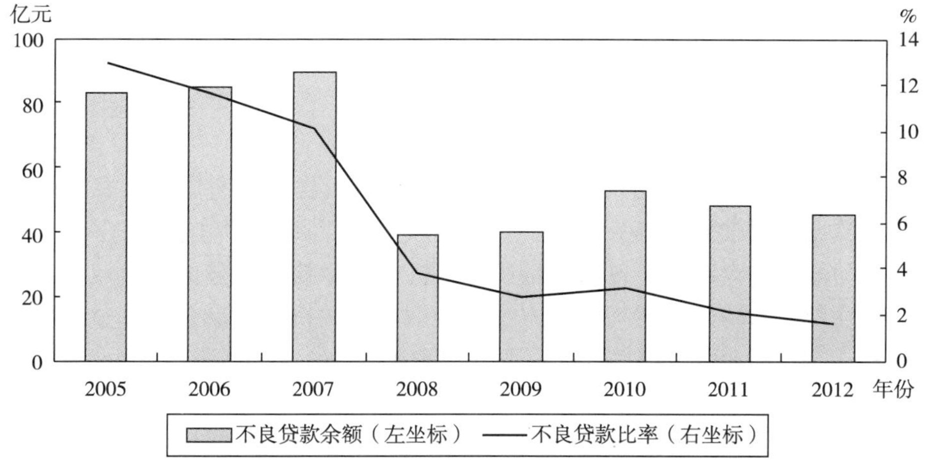

数据来源：青海银监局相关资料。

图5 2005—2012 年青海省银行业不良贷款余额及不良贷款比率变化情况

（4）经营利润持续增加。2012 年，青海省银行业金融机构实现利润 62.36 亿元，同比多盈利 23.72 亿元；资产利润率 1.46%，同比提高 0.24 个百分点。除招商银行西宁分行因开业时间较短略有亏损外，其他银行均实现盈利。银行业金融机构利润增长仍然得益于利息收入的增长，2012 年青海省银行业金融机构净息差为4.11%，同比提高0.01个百分点，利息收入比率99.09%，同比提高9.02个百分点。

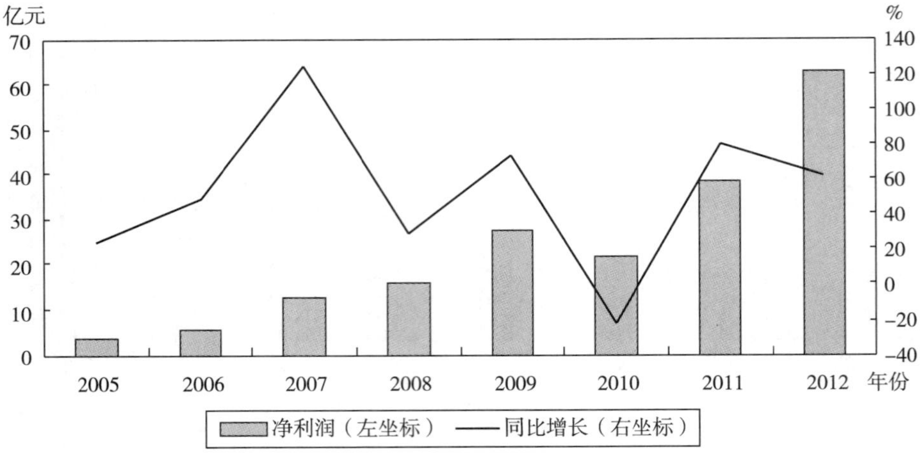

数据来源：青海银监局相关资料。

图6 2005—2012年青海省银行业盈利情况

（5）农村金融机构改革扎实推进。一是青海省农信联社开展履职改革，逐步淡化行业管理职能，强化服务职能。二是农村信用社股权改造加快推进，截至2012年末全省农村信用社投资股占比达94.10%，法人股占比达42.75%，股权结构进一步优化。三是积极推动符合条件的农信联社改制为农村商业银行，年内1家农村商业银行正式筹建、1家农村商业银行筹建申请通过银监会审核。

2. 需要关注的问题

（1）平台贷款风险不容忽视。截至2012年末，青海省地方政府融资平台贷款余额227.46亿元，较年初增加21.26亿元，占全部贷款新增额的3.43%。从监管情况看，省内平台总体负债水平呈现上升趋势，平台贷款"降旧控新"难度较大。预计未来三年青海省平台贷款会进入第一个还款高峰，将有1/3的贷款集中到期，平台偿债压力加大。此外，部分平台存在多头融资现象，银行难以估算地方政府可承受债务规模上限，贷款风险易被隐匿。

（2）流动性管理难度增加。近年来，青海省银行业金融机构中长期贷款比重一直处于75%以上的高位，但定期存款比重仅维持在20%左右，银行资产负债期限错配风险长期存在。特别是从2012年6月存款利率浮动范围扩大以来，各家银行业金融机构对存款的争夺更为激烈，存款波动变化较大，流动性管理难度增加。2012年青海省地方法人银行业金融机构流动性水平整体回落，城市商业银行、农村信用社、农村商业银行流动性缺口率分别为42.15%、-36.14%、64.92%，同比分别扩大10.73个、42.67个、6.10个百分点。

（3）房地产贷款存在潜在风险。2012年青海省房地产新开工房屋面积同比增长45.20%，但商品房销售面积和销售额却分别同比下降24.50%和6.70%，房地产市场在一定程度上存在销售不畅、存量增大等问题，部分中小房地产开发企业已经出现经营性现金流为负的情况。与此同时，房地产贷款的快速增长与房地产成交量的整体下降形成鲜明对比，2012年青海省新增房地产贷款76.92亿元，同比增长51.69%。随着房地产调控政策的持续实施，中小房地产开发企业资金链断裂风险上升，银行信用风险加大。

（4）IT风险管控存在薄弱环节。青海省银行业金融机构在科技信息管理方面不同程度地存在着信息系统落后、制度建设不完备、应急预案不完整或缺少应急演练、信息科技安全意识淡薄等问题，信息科技建设水平与业务发展水平不相匹配。部分法人银行机构和银行分支机构尚未建立计算机信息灾难备份中心，过度依赖外包服务。

（二）证券业

1. 运行状况

截至2012年末，青海省证券业金融机构包括1家法人期货公司、1家法人证券公司、14家证券营业部，证券期货从业人员635人。

（1）股票交易整体低迷。2012年A股市场跌宕起伏，受全国股票市场行情影响，年内青海省股票交易量大幅波动，月均波动幅度达30%以上。从全年交易情况来看，当年青海省辖内证券交易量为510.81亿元，同比下降8.90个百分点，已是连续第三年下降。

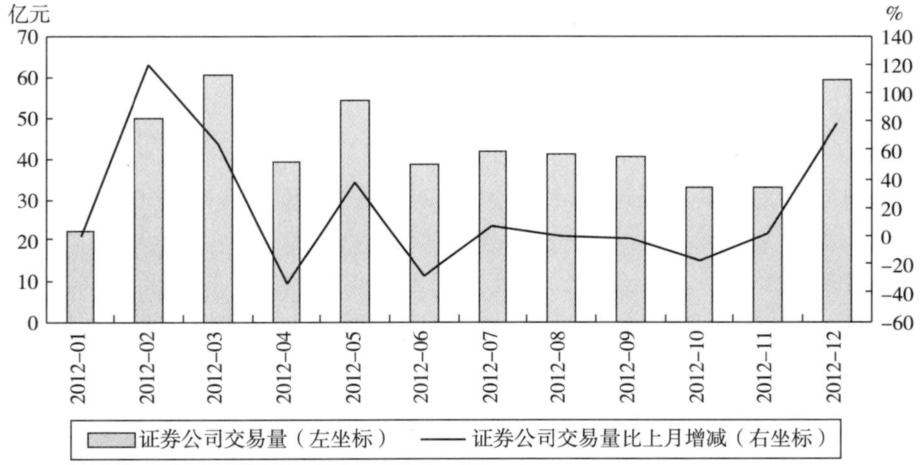

数据来源：青海证监局相关资料。

图7　2012年青海辖内证券交易情况

（2）期货机构经营稳定。截至2012年末，青海省期货公司累计期货交易额871.19亿元，期货投资者开户数373户，期货交易规模稳步攀升。省内法人期货公司总资产9.89亿元，净资本2.05亿元，当年实现利润0.08亿元，各项风险指标达到监管标准，发展稳定。

（3）上市企业培育工作取得进展。青海省上市后备企业由2011年的75家扩展至2012年的103家，其中有4家企业进入辅导程序，4家企业与保荐机构签订了辅导协议，1家企业向证监会上报了创业板股票发行申请材料。此外，2012年省内有1家地质矿业勘察企业在天津股权交易所挂牌上市。

2. 需要关注的问题

（1）证券期货机构竞争能力较弱。青海省法人证券期货公司受注册资本和净资本规模偏小影响，申请各项业务资格受限，未能形成协调发展和较为完善的盈利结构。公司在经营理念、管理水平、人员技术、服务质量等方面存在较多不足，在市场竞争中处于相对劣势的地位。

（2）上市公司规范化运作水平需进一步提高。青海省上市公司经营管理水平和质量逐年提高，但仍有部分上市公司存在“三会”运作不规范、对控股子公司管理不到位、信息披露不及时不充分、会计基础薄弱、财务核算不规范等问题，影响了自身的健康长远发展。

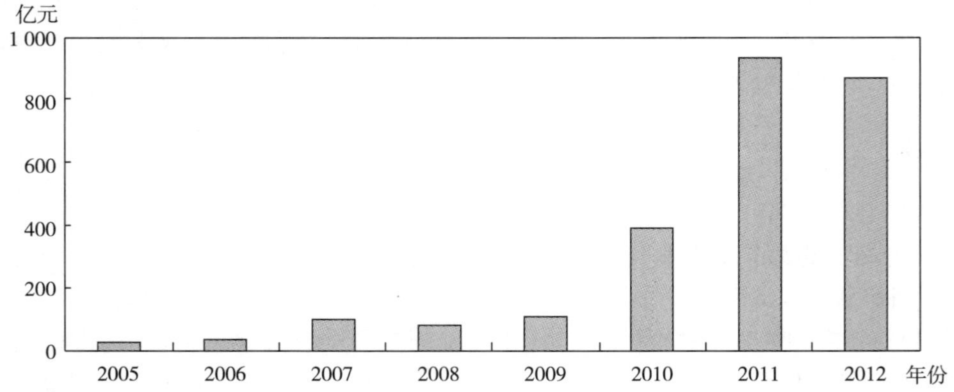

数据来源：青海证监局相关资料。

图8 2005—2012 年青海省期货年累计交易量

（三）保险业

1. 运行状况

截至 2012 年末，青海省共有保险公司分支机构 249 家，保险专业中介机构 9 家，保险从业人员 7 697 人。

（1）保险业务较快增长。2012 年青海省实现原保险保费收入 32.40 亿元，同比增长 16.16%，增速居全国第二位，高出全国平均增长水平 8.15 个百分点，高于西部地区平均增长水平 7.32 个百分点。分险种看，人身险保费收入 16.25 亿元，同比增长 14.64%；财产险保费收入 16.15 亿元，同比增长 17.73%。全省保险密度 565.29 元/人，同比增长 15.11%，保险深度 1.72%，与上年持平。

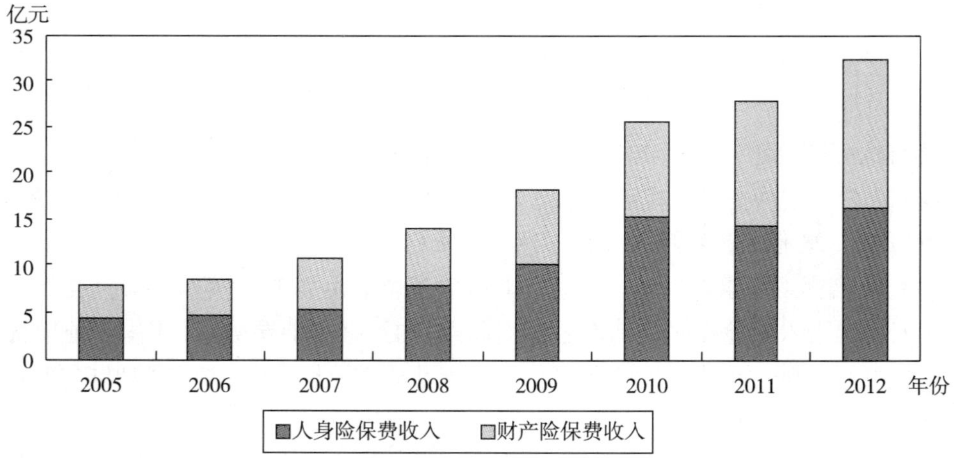

数据来源：青海保监局相关资料。

图9 2005—2012 年青海省保险业保费收入

（2）保险覆盖面继续扩大。一是县域保险机构不断增加。2012 年青海省新设县域保险机构 21 家，实现了县级区域保险机构的全覆盖。二是责任保险渗透度逐步提高。旅行社责任保险全部覆盖省内 200 多家旅行社；校方责任保险学生（幼儿）参保率达到 88%，教职工参保率达到 47.40%；

道路运输承运人责任保险实现了全省统保。三是积极参与社会保障体系建设。2012 年下半年在两个试点县域启动了商业保险机构经办城乡居民医保服务试点工作，在全省启动了城乡居民大病医疗保险工作。

（3）财产险市场秩序更加规范。青海省保险业监管部门加大监管力度，采取一系列措施有效遏制了省内财产险市场上存在的违法违规行为，财产险市场秩序日趋良好。截至 2012 年末，全省财产险公司应收保费率为 1.03%，低于全国平均水平 2.89 个百分点；财产险公司手续费率为 7.20%，低于全国平均水平 1.45 个百分点；车险手续费率为 5.02%，低于全国平均水平 3.34 个百分点。

（4）人身险业务结构不断优化。从缴费方式看，期缴业务占比进一步提高。2012 年，青海省人身险公司新单期缴业务原保险保费收入 3.13 亿元，占寿险新单保费总额的 53.28%，占比较上年同期上升 1.31 个百分点，保单内含价值和保费收入的稳定性均有增加。从险种结构看，保障型险种和健康险发展较快。截至 2012 年末，青海省人身险公司意外伤害险和健康险原保险保费收入分别占同期总保费规模的 3.39% 和 11.05%，占比同比分别增长 0.42 个百分点和 1.15 个百分点。

（5）农业保险稳步推进。2012 年，青海省农业保险承保数量和各级财政补贴金额均有大幅提高，其中马铃薯、小麦承保面积同比提高 25%，油菜承保面积同比提高 35%，青稞承保面积同比提高 629%，农业保险总计划补贴同比提高 10%。同时，加快完善农业保险服务网络，在各级乡镇新设立“三农”保险营销服务部 10 家、保险服务站（点）46 家，并根据不同区域种植业发展重点开展整村、整乡连片承保，逐步实现农业保险整县推进。

2. 需要关注的问题

（1）保险业发展面临挑战。一是宏观经济形势对青海省保险业发展带来较大影响。宏观形势的变化将通过实体经济、金融市场和消费者需求等多种渠道传导至保险业，在经济增长面临下行压力的情况下，保险市场稳定运行和风险防范的难度与压力不断增加。二是保险业可持续发展动力不足。青海省经济总量小、底子薄，近年保险机构的快速扩张使保源在短期内被广泛动员，后续挖掘保源难度较大，增长乏力。

（2）人身险市场退保形势较为严峻。2012 年，青海省寿险公司退保金额 0.69 亿元，同比增加 30.38%，退保率 1.19%，同比提高 0.06 个百分点。从市场运行情况看，引发退保增加的因素依然存在：一是在资本市场走势持续低迷、投资收益率下降的情况下，分红险收益水平低于市场消费者预期，易引起退保。二是新型人身保险产品较为复杂和专业，容易使客户对缴费年限和保险期间存在误解，并对各项费用的扣除产生不满，从而引发退保。三是市场在售的大部分产品宣传和卖点过于偏重和强调投资理财，难以满足消费者真实的保险保障需求。

（3）产险公司经营成本持续攀升。2012 年，受车辆零部件价格上涨、维修成本上涨、农险赔付较高等因素影响，青海省财产保险公司经营成本不断上升。4 月起，青海省财产保险公司综合成本率出现拐点，以月均 1 个百分点以上的速度持续攀升，至 12 月末已达到 92.02%，其中 11 月达到 92.39% 的年度峰值。预计今后几年在物价和房屋租金上涨、人工成本提高、市场竞争加剧等因素推动下，青海省财产保险公司经营成本上行的压力仍然较大。

（四）地方非金融机构

1. 运行状况

（1）融资担保机构经营良好。2012 年末，青海省获得经营许可证的融资性担保机构共 53 家

（其中法人机构52家，分支机构1家），注册资本总额57.87亿元，同比增长35.90%；全年累计提供担保总额131.26亿元，在保责任余额175.59亿元，同比增长105.10%。融资性担保机构在缓解中小微企业、个体经营者、“三农”事业等金融薄弱领域担保难、融资难问题中发挥了积极作用。

（2）小额贷款公司快速发展。2012年末，青海省共有小额贷款公司43家，注册资本总额29.95亿元，同比增长229.48%；全年累计发放贷款54.42亿元，同比增长200.17%，贷款余额28.15亿元，同比增长123.95%。其中，有两家小额贷款公司被行业协会授予“2012中国小额贷款公司竞争力100强”称号。

（3）典当拍卖行业运行平稳。截至2012年末，青海省共有典当行34家，注册资本3.79亿元，其中西宁地区①有典当行24家，全年发生业务13 188笔，实现税后利润0.12亿元；共有拍卖企业14家，全年共举行拍卖会80场次，拍卖成交金额4.65亿元，同比增长116.30%。

2. 需要关注的问题

（1）机构快速扩张可能引发风险。2012年，青海省地方非金融机构扩张速度不断加快，其中融资性担保机构数量由年初的39家增加到53家，小额贷款公司数量由年初的18家增加到43家，典当行数量由年初的19年增加到34家。若后续监管不能有效跟进，则易出现市场竞争混乱，以致形成不良贷款、担保代偿、非法集资等问题，并可能通过资金链或担保链将风险向银行体系传导。

（2）风险防控能力薄弱。青海省大部分地方非金融机构的发起人和主要股东为工商企业或自然人，金融借贷管理经验不足，公司治理结构、风险控制机制相对薄弱。同时，小额贷款公司和融资性担保机构尚未接入人民银行信贷征信系统，在办理业务时无法查询借款人身份信息、银行信用记录、社会信用记录等信息，无形中加大了风险管理难度。

（3）银担风险共担机制未完全建立。青海省很多银行在与融资性担保机构合作过程中未建立风险共担机制，担保机构承担了大部分甚至全部的信贷风险。由此可能产生以下后果：一是实际风险水平超出担保机构自身实际承受能力；二是诱发道德风险，银行在信贷审批过程中产生懈怠；三是担保机构提高反担保门槛和费率，增加被担保人的融资负担；四是担保机构风险收益不匹配，在仅靠担保收入很难做大做强的情况下易通过违规经营牟取超额利润。

三、金融市场运行与金融稳定

2012年，青海省金融市场保持平稳发展，市场活力进一步增强，有效发挥了改善融资结构和完善资源配置的基础性作用，为地区金融稳定运行提供了良好的市场环境。

（一）金融市场运行状况

1. 货币市场交易回落

受价格水平回落及债券收益率持续走低影响，2012年青海省货币市场交易较上年有所下降，全年累计发生货币市场交易1 245笔，交易量2 099.23亿元，同比下降3.40%。其中，质押式正逆回购807笔，交易金额1 695.93亿元，同比增长15.25%；现券买卖339笔，交易金额289.07亿元，同比下降15.30%；信用拆借64笔，交易金额74.88亿元，同比下降79.24%。

---

① 截至报告完成日，青海省商务厅尚未完成全省典当行数据统计，因此报告只反映西宁地区情况。

2. 票据市场发展迅猛

截至2012年末，青海省票据融资余额146.45亿元，同比增长75.22%，增幅较上年同期提高70.02个百分点。票据融资快速增长的原因主要有两点：一是在稳健的货币政策下，金融机构通过票据市场调配资金，增加收益；二是票据贴现利率呈下降趋势，企业办理票据贴现的动力增强。

3. 债券市场放量增长

2012年，青海省企业在银行间债券市场共发行27只各类型债务融资工具，累计募集资金169亿元，债务融资余额较2011年增长338.00%，应用企业从大型国有企业扩展到民营企业，融资工具从短期融资券扩展到中期票据和非公开定向融资工具。

4. 外汇市场规模萎缩

受欧债危机深化、国内外经济增速放缓的影响，2012年青海省涉外经济增长乏力，外汇净流入放缓，净结汇保持低位运行。全年全省跨境收支14.97亿美元，同比增长9.53%，增速较上年同期减少6个百分点；全年结售汇总额13.40亿美元，同比增长5.74%，增速较上年同期仅提高1个百分点。

5. 黄金市场交易活跃

2012年青海省账户金销售量10 334千克，销售金额34.98亿元，实物金交易量858.88千克，交易金额2.89亿元。黄金销售连年增长一方面映射出国际经济疲软带来的黄金避险意愿强烈，另一方面也显示出银行贵金属投资理财产品逐步得到广大居民的接受认可。

（二）需要关注的问题

票据管理亟待加强。青海省票据业务在快速发展的同时也暴露出一些问题：部分银行过度依赖购销合同和增值税发票，放松对出票人资信状况、资金来源的审查；部分银行贴现业务审查流于形式，对贴现资金真实用途缺乏有效监督；部分银行利用会计、统计制度上的漏洞规避贷款规模管理，进行监管套利。在经济增速趋缓、企业经营压力增大的情况下，票据业务的不规范操作可能会诱发银行风险。

四、金融基础设施与金融稳定

2012年，青海省金融基础设施建设稳步推进，支付清算系统稳定运行，征信系统作用得到有效发挥，反洗钱工作进一步加强，金融监管水平不断提高，金融法制环境继续优化，为全省金融业健康发展提供了有力支撑。

（一）支付体系

1. 支付清算系统安全稳定运行

2012年，青海省通过支付系统办理资金汇划410.07万笔，金额46 647.82亿元，分别实现同比36.16%、24.97%的快速增长。中央银行会计核算数据集中系统（ACS）和第二代支付系统在省内上线运行的基础工作在稳步进行之中。

2. 非现金支付工具应用逐年扩展

2012年青海省电子商业汇票业务实现交易1 375笔，金额154.75亿元，同比分别增长188.90%

和690.90%；共发生小额定期借记业务5.29万笔，金额0.86亿元，同比分别增长45.17%和91.32%。全省10家发卡机构累计发放银行卡823万张，跨行交易1 489.62万笔，金额409.09亿元，同比分别增长45.39%和64.00%。

3. 银行结算账户管理水平得到提高

截至2012年末，青海省共开立人民币银行结算账户1 132.70万户，同比增长20.97%。年内通过开展存量个人人民币银行结算账户身份信息真实性核实、建立账户远程影像核准系统、健全联网核查疑异信息反馈核实机制等工作，银行结算账户监督管理得到进一步加强。

4. 农牧区支付服务环境持续改善

截至2012年末，共设立银行卡助农取款服务点178个，少数民族地区占84.80%，其中海拔4 000米以上的服务点9个。全年全省助农取款服务点业务笔数和金额分别同比增长807.00%和1130.00%，有效破解了偏远牧区取款难的问题，并帮助新农保、新农合等惠农政策得到落实。

（二）征信体系

1. 征信系统覆盖范围不断扩大

截至2012年末，企业和个人征信系统录入了青海省1.91万户企业和358.44万自然人信用信息；全省中小企业辅助系统累计收集到6 031户中小企业的信用信息，共建立农户信用档案43.36万份，建档面达到了51.83%；公积金个人信息正式纳入个人征信系统。

2. 信用信息服务功能持续增强

2012年青海省共查询个人信用报告41.77万次，同比增长137.48%；查询企业信用报告3.91万次，基本与2011年查询量持平。全省公务活动中广泛推广使用企业和个人信用报告，审查信用报告成为干部人事制度、政府招投标、集中采购、评优表彰等活动的重要环节。

3. 信用建设组织机制更加健全

建立了青海省社会信用体系建设双牵头联席会议制度，成员单位由原来的25家增加到37家。已经在公安实名制信息查询、安全生产、工程建设、打击侵犯知识产权和制售假冒伪劣商品工作领域建立了信息共享和诚信建设机制，药品安全、社会管理综合治理等领域的信用体系建设工作正在稳步推进。

4. 农村信用体系建设深入推进

截至2012年末，青海省已评定信用户、信用村、信用乡镇数分别占农户贷款户、行政村、行政乡镇总数的53.58%、24.90%和15.73%，同比分别增长17.46个、22.15个和30.23个百分点；首次开展了信用县评定工作，评定信用县数占全省行政县总数的2.56%；各地涉农金融机构共向9.45万户信用户让利0.36亿元。

5. 中小企业信用体系建设再上台阶

选取试点地区推动开展青海藏区金融生态模范城创建工作，批准设立了中国诚信管理有限公司青海分公司和东方金诚国际信用评估有限公司甘肃分公司西宁业务部，组织28户借款企业、38户担保机构、19户小额贷款公司开展信用评级。

6. 机构信用代码应用成效初显

截至2012年末，青海省共发放机构信用代码证6.20万份，其中存量5.54万户，增量0.67万户。在反洗钱领域应用查询4.59万笔，对新客户的身份识别查询1.09万笔，持续客户身份识别共查询3.50万笔。

（三）反洗钱

1. 监管效率不断提高

一是建立了符合青海省实际的反洗钱动态评价风险预警系统。二是对省内金融机构反洗钱工作进行了综合考核与评级，并对考评等级较低的金融机构采取差别化监管措施。三是组织金融机构开展反洗钱自评估，对3家金融机构开展了现场核查评估。四是对17家金融机构开展反洗钱现场检查，对违规情节较严重的1家金融机构给予了行政处罚。

2. 调查力度继续加大

强化可疑线索举报工作，制定并向社会公布了洗钱信息举报制度。根据人民银行总行及国家安全部门协查要求，向有关金融机构发出反洗钱行政调查通知书45份，涉及可疑账户1万余户，大力预防和遏制洗钱犯罪。

3. 部门合作深入推进

充分利用青海省反洗钱工作联席会议制度平台加强相关部门及机构间的合作交流，总结、通报反洗钱工作开展情况，及时传导反洗钱监管新政策、新要求。

（四）金融监管

1. 银行业监管取得成效

2012年青海省内未发生重大企业信贷违约事件，贷款质量保持较好水平；银行案件防控成效显著，实现了“零”案件的工作目标；银行业金融机构不规范经营行为得到有效整治，社会公众投诉率明显下降；6家高风险农信联社经营状况明显改善，资本充足率全部由负转正，风险抵御能力有所提升。

2. 证券业监管有的放矢

全面开展清理整顿各类交易场所工作，青海省成为全国8个首批通过检查验收的省份之一。继续推进上市公司内部控制规范建设，对上市公司年报实施全面检查，对内幕交易、现金分红、并购重组等内容实施专项检查。加大拟上市企业培育力度，出台政策扶持企业上市融资。做好场外交易市场和区域性股权交易市场推出准备工作，为省内企业融资创造平台。

3. 保险业监管继续加强

车险理赔难问题得到治理，需提供索赔资料较治理前精简了60%，保险公司内部理赔时间缩短了36%，消费者满意度大幅提高。对保险销售误导进行整治，出台制度办法规范保险市场销售行为。对5家保险公司省级分公司开展了专项检查，对财产保险公司通过虚增营销员、虚列中介业务套取费用问题进行了认真清理。

4. 金融管理更进一步

青海省人民银行系统继续扩大“两管理、两综合”工作的社会效应和管理效能，全年制定、修改并印发相关制度7项，受理金融机构开业管理事项33件，收到金融机构重大事项报告54份，对104家银行分支机构开展了综合执法检查，对20家金融机构开展了综合评价。同时，对9家银行业金融机构开展稳健性现场评估，促进被评估机构稳健经营。

（五）金融法制环境

1. 相关制度办法接连出台

2012 年，先后制定出台了《青海省金融机构支持地方经济社会发展考核评先及表彰办法（2012 年修订版）》、《关于在公务活动中推广使用企业和个人信用报告的意见》、《关于促进全省跨境人民币结算业务发展意见》、《青海省金融机构金融管理与服务指引（试行）》等多项金融制度办法，为优化地区金融生态环境、保障金融健康运行打下了良好基础。

2. 金融消费者权益保护工作有序开展

制定了《青海省金融消费者权益保护实施方案》，全省人民银行系统共成立了 9 个金融消费者保护中心（站），受理金融消费者投诉、申述案件 8 件，对 100 余件咨询事宜给予了细致解答，投诉咨询满意率达 100%。同时，进一步加大金融知识宣传普及力度，通过多种途径和方式讲解金融法规政策，提示金融产品风险。

五、总体评估与政策建议

（一）总体评估

2012 年，青海省金融运行总体稳定。全省经济增速虽有一定回落，但仍高于全国增长水平，且经济发展的协调性和共享性明显增强，为区域金融发展创造了良好环境。金融体系整体稳健，银行业资产负债规模持续扩大，不良贷款实现“双降”，风险抵补能力不断增强；证券期货类机构稳步发展，资本市场融资功能得到进一步发挥；保险业务快速增长，服务水平明显提升。但同时，青海省金融业还面临着复杂的形势和挑战。从外部环境看，地区经济发展中不平衡、不协调、不可持续的矛盾和问题依然突出，经济增长下行与物价上涨压力并存，企业生产经营困难增多，产业结构调整任务迫切，实体经济风险可能通过多渠道向金融体系传递。从金融业自身看，金融机构经营方式总体粗放，内部控制存在薄弱环节，核心竞争力有待提高，影子银行体系对实体经济和正规金融体系的影响日益加深，金融运行中系统性、区域性潜在风险仍然存在。

（二）政策建议

1. 加大调控力度，夯实经济企稳基础

一是大力扶持工业发展，深入落实稳定工业增长的各项政策措施，加大企业培育发展力度，加强产销衔接和市场开拓，保障生产要素供给，减轻企业经营负担。二是完善价格调控长效机制，强化价格监管，保持价格总水平基本稳定。三是推进产业转型升级，推动传统行业改造提升，承接发展技术含量高、符合国家产业政策的新兴投资项目，增强经济自主增长能力。四是把握好国家政策调整的新趋势，增强调控措施的针对性、灵活性和前瞻性，强化政策协同支撑。

2. 深化金融改革，提高金融服务水平

一是继续完善金融机制体制，加快推动银行改革转型，大力发展资本市场和保险市场，构建多层次的金融市场体系和合理有效的城乡、地区金融布局。二是加快推动金融机构经营模式转型，逐步扭转以衡量规模指标为主要考核方式的粗放型管理模式，抑制盲目扩张冲动。三是鼓励审慎开展金融创新，通过金融产品及金融服务创新，满足多样化金融需求，并提高金融机构市场竞争能力。四是继续优化金融资源配置，坚持金融服务实体经济的本质要求，引导资金投向实体经济。

3. 严格金融监管，加强重点领域风险防范

银行业方面，严防融资平台、产能过剩行业、房地产等重点领域信贷风险，严控表外业务关联风险，严管影子银行、民间融资和非法集资等非正规金融体系风险向银行体系传递。证券业方面，要强化证券期货经营机构风险监测分析，做好上市公司持续监管，推进辖区资本市场规范化发展。保险业方面，应密切关注寿险退保风险，做好保险机构偿付能力影响因素监测工作，着力维护保险市场秩序，保护消费者合法利益。

4. 改善金融基础设施建设，优化金融生态环境

一是持续改善金融法制环境，进一步完善金融业运行的法制及制度基础，深入开展金融消费者权益保护工作。二是大力开展宣传教育，增加社会公众对金融知识及相关法律法规的了解，提高公众金融风险意识。三是在完善征信系统内容的基础上，不断增强征信系统的应用和服务功能，为投融资环境提供信用保障。四是建立防范非法金融活动的长效机制，严厉打击高利贷和非法集资、地下钱庄等非法金融活动。

总　　纂：曹建勋
统　　稿：潘　娟　苏中华
执　　笔：徐　静
其他参与写作人员（按姓氏笔画排序）：
马丽军　马启军　刘　涛　闫永晶　江雯雯
李生海　李丽芳　李亚奇　吴兆阳　吴俊成
张文娟　张金香　席丹丹　莫　彬　黄　砾
常家升　董梅娟

甘肃省金融稳定报告摘要

2012年，甘肃省经济发展呈现出增速跃居全国前列、投资保持高位运行、居民收入持续快速增长的良好态势，经济发展的基础进一步稳固。全省金融业呈现出整体实力提升、业务结构趋优、融资渠道趋宽、风险防控趋强、经营管理趋稳的发展态势。金融市场运行平稳有序，债券市场交易稳步增长，票据业务发展迅速，贴现利率下行企稳，黄金市场场内交易显著增加，外汇收支总体平稳增长，境外投资增长较快。金融基础设施建设稳步推进，支付体系业务量快速增长，征信体系建设迈上新台阶，反洗钱监管体系不断完善，应急管理水平不断提高，为金融业务的开展和金融体系稳定提供了必要的硬件支持。

一、区域经济运行与金融稳定

（一）区域经济运行

1. 经济保持较快增长，经济结构不断优化

2012年，全省经济继续保持平稳较快的发展势头，增速高于全国平均水平。全年实现生产总值5 650. 2亿元，同比增长12. 6%，增速比上年提高0. 1个百分点。三次产业结构由上年的13. 5:47. 4:39. 1调整为13. 8:46. 0:40. 2，与上年相比，第三产业所占比重上升1. 1个百分点，产业结构进一步优化，全年第三产业贷款余额达2 322. 90亿元，同比增长25. 57%，有力地促进了第三产业的发展。

2. 农业生产形势良好，工业增长企稳回升

2012年，全省农业生产稳定增长，粮食产量再创历史新高，全年粮食产量达到1 109. 7万吨，同比增长9. 4%。全年全省工业生产呈现出“增长—下滑—回升”的走势，全年完成工业增加值2 074. 24亿元，同比增长14. 5%。规模以上工业企业完成工业增加值1 931. 37亿元，同比增长14. 6%；实现利润总额259. 2亿元，同比增长5. 3%。石化、有色金属、电力、冶金、食品、煤炭和装备制造业等支柱产业完成工业增加值1 755. 42亿元，同比增长13. 34%，占规模以上工业的90. 89%，支柱产业对全省工业经济的带动作用明显。

3. 投资保持高速增长，项目建设全面推进

2012年，全省充分利用政策叠加优势，大力推进项目建设，投资实现高速增长，全年完成固定资产投资6 013. 42亿元，比上年增长43. 85%。新开工项目数量和投资额大幅增加，亿元以上重大项目对全省固定资产投资增长的支撑作用显著，全年新开工500万元以上项目9 764个，其中亿元以上项目1 007个，分别增加2 472个和547个。兰州新区获批为西北地区第一个国家级新区，实施招商引资项目103个，总投资838. 77亿元。在项目投资的强力带动下，全省固定资产投资快速增长，对经济发展的贡献率达到78%，基础设施条件进一步改善，经济发展基础进一步夯实。

4. 社会消费稳定增长，城乡居民收入稳步增加

2012 年，全省消费市场平稳较快增长，全年实现社会消费品零售总额 1 877.04 亿元，比上年增长 16%。服务性消费增长表现抢眼，其中，住宿业实现营业额 26.97 亿元，增长 24.4%，餐饮业实现营业额 36.23 亿元，增长 30.4%。全省城乡居民收入稳步增加，与全国的相对差距进一步缩小。全年城镇居民人均可支配收入 17 156.89 元，同比增长 14.47%，增速提高 0.87 个百分点；农村居民人均纯收入 4 506.7 元，同比增长 15.3%，增速提高 1.1 个百分点。

（二）需要关注的问题

1. 内外部经济形势复杂多变，经济发展面临一定挑战

从世界形势看，国际金融危机爆发以来，全球经济增长动力依然较弱，大多数发达经济体特别是欧洲的发达经济体，陷入了失业率高企、金融系统脆弱、主权债务风险上升、财政紧缩和低增长的恶性循环，全球经济依然充满了巨大的不确定性和下滑风险。从国内形势看，我国发展仍面临不少风险和挑战，不平衡、不协调、不可持续问题依然突出。从省内情况看，甘肃省经济结构单一，抗风险能力较差，经济发展主要依靠能源、原材料等初级产业，企业产品产业链较短，受市场的冲击和影响较大。同时，2012 年以来，企业产成品库存规模不断扩大，可能会对工业企业生产经营产生一定的不利影响，全省经济继续保持快速增长面临一定挑战。

2. 企业经营压力增大，企业间“三角债”问题有所抬头

2012 年 5 月以来，省内石化、电力、有色金属、冶金、建材等支柱行业生产成本持续升高，部分企业销售困难，库存水平持续攀高，销售价格处于低位，出现成本与市场售价严重倒挂现象，企业经营压力增大，亏损企业数量增加。部分企业特别是中小企业应收账款快速增加，资金周转紧张，支付能力下降。省内 114 户工业企业景气调查综合分析显示，第四季度企业资金周转紧张，其景气指数为 0.88%，创近 5 年来新低。企业销货款回笼景气指数和支付能力景气指数分别为 14.03% 和 14.03%，同比分别下降 3.51 个和 5.27 个百分点，企业的支付能力下降带来的企业间“三角债”问题有所抬头。

3. 影子银行业务发展迅猛，潜在风险不容忽视

近年来，随着经济社会的快速发展，各类社会主体的融资需要日益增多，且呈多元化发展的趋势，由于目前正规金融体系无法很好地满足各类社会融资需求，资金供需矛盾催生了影子银行的迅猛发展。据统计，2012 年甘肃省社会融资规模中通过影子银行进行的融资占比为 26.09%，仅次于银行贷款。由于影子银行业务的潜在客户主要是不能从正规金融体系获得融资的中小企业和个人，其潜在信用风险较高。同时，影子银行机构自身经营不够规范，游离于金融监管体系之外，而且其与正规金融机构联系紧密，一旦影子银行的资金链条断裂，影子银行体系风险极易向正规金融体系蔓延。

二、金融业与金融稳定

（一）银行业

1. 银行业运行情况

（1）资产规模进一步扩大，金融支持地方经济发展实力稳步增强。2012 年，光大银行兰州分行

和4家村镇银行在甘成立，截至年末，全省共有123家银行业金融机构。全省银行业资产总额为13 646.01亿元，同比增长22.63%；负债总额为13 232.29亿元，同比增长22.19%；全省本外币各项贷款余额7 196.6亿元，同比增长25.46%，新增贷款1 457.4亿元；本外币各项存款余额10 129.69亿元，同比增长19.72%，新增存款1 668.79亿元，金融支持地方经济发展实力稳步增强。

（2）银行业改革持续深化，金融体系更趋完善。大型国有商业银行持续巩固改革成效，金融创新能力、风险管理能力和经营稳健性稳步提升。农业银行甘肃省分行“三农”金融事业部改革取得阶段性成果，“三农”金融服务不断优化，2012年末，农业银行涉农贷款余额249.52亿元，同比增长14.65%。邮储银行甘肃省分行加强风险管理和绩效考核，稳步推进各项改革工作。兰州银行获准发行50亿元小微企业专项金融债，实现了全省金融债发行零的突破。农村合作金融机构股份制改革取得新进展，省内2家农村合作银行首次改制成立农村商业银行，标志着全省农村信用社改革迈向了新的起点。

（3）信贷结构调整明显，期限结构和行业结构进一步优化。一是期限结构不断优化。为缓解资金期限错配压力、满足企业短期流动性需要，辖内银行业金融机构有效调整信贷结构。2012年末，中长期贷款余额4 220.7亿元，占各项贷款的比例48.47%，同比下降12.74个百分点。受证券市场低迷不振、房地产市场调控、存款利率上浮等因素影响，资金大量回流银行体系，存款稳定性有所增强。年末，定期存款余额4 008.76亿元，占各项存款的39.57%，同比提高1.88个百分点，资产负债期限结构更趋合理。二是薄弱环节及民生领域信贷投放增多。2012年，全省新增中小微企业贷款470.73亿元，占企业贷款增量的56.28%，占比较上年提高14.83个百分点；涉农贷款余额2 640.3亿元，同比增长27.7%，增速较上年提高1.57个百分点。三是行业集中度有所降低。年末，贷款余额占前五位是个人贷款，制造业贷款，电力、燃气及水的生产和供应业贷款，交通运输业、仓储和邮政业贷款，采矿业贷款，合计占各项贷款的74.2%，占比较上年下降2.22个百分点。

（4）不良贷款整体“双降”，风险管理和抵御能力持续增强。全省银行业金融机构继续采取有效措施加大不良资产清收处置力度，资产质量持续改善。2012年末，全省银行业不良贷款余额147.55亿元，较上年末减少11.60亿元；不良贷款率2.05%，同比下降0.72个百分点。拨备计提力度进一步加大，资本充足水平明显提高。全省银行业金融机构拨备覆盖率136.59%，同比提高35.85

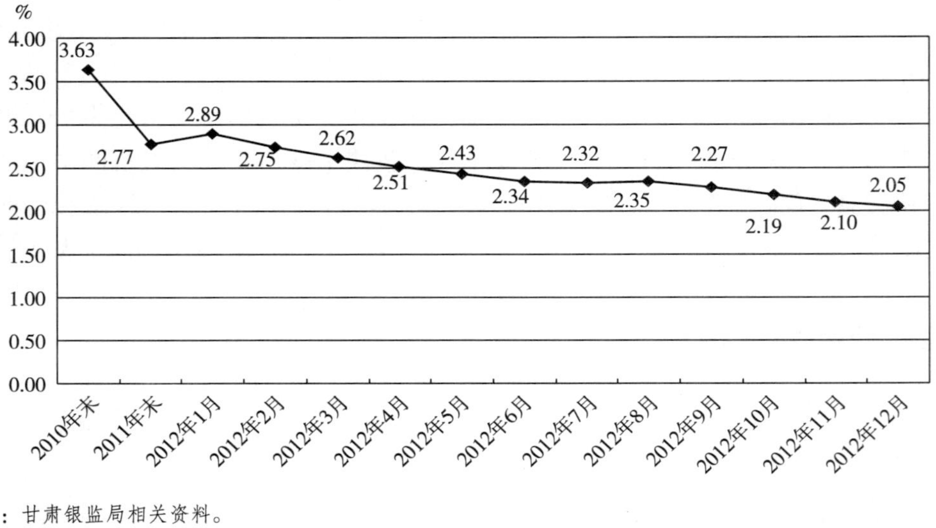

数据来源：甘肃银监局相关资料。

图1 甘肃省银行业金融机构不良贷款率变化趋势图

个百分点。其中，地方法人银行机构拨备覆盖率170.23%，同比提高52.81个百分点；资本充足率13.38%，同比提高0.32个百分点。

2. 影响银行业稳健运行的因素

（1）部分中小微企业还款能力下降导致贷款质量下降。受全球经济复苏缓慢、国内经济增速放缓、市场有效需求不足等因素影响，省内部分中小微企业出现产品销售困难、经营效益下滑、应收账款回收期拉长，现金流不足甚至资金链断裂等困难，企业还款能力下降，造成贷款逾期、贷款质量下降等问题。据调查，2012年以来多家银行的中小微型企业不良贷款呈现反弹迹象。

（2）灾后重建贷款和妇女小额担保贷款等政策性贷款风险凸显。2012年末，“5·12”灾后农房重建贷款余额33.69亿元，其中，已到期形成不良的农房重建贷款8.04亿元，不良率为23.86%。灾区农村信用社虽然采取了催收、展期等方式多策并举化解贷款风险，但因受灾农户自有资金不足、经济收入来源有限等因素制约，受灾农户还款意愿差，造成大量灾后重建贷款已形成不良。妇女小额担保贷款由于担保基金不到位，政府财政贴息不能及时拨付，也潜存一定风险。2012年末，辖内妇女小额担保贷款余额162亿元，其中，已形成不良贷款0.46亿元，不良率为0.28%。

（3）重点调控领域风险不容忽视。随着我国对政府融资平台、房地产等领域调控力度的持续加大，这些领域发展走向存在较大不确定性。一方面，由于融资困难，土地出让收入减少，政府融资类项目的债务还付能力不断萎缩，政府融资平台贷款仍潜存较大风险；另一方面，目前全省房地产市场观望情绪较强，部分房地产开发企业的房屋销售进度趋缓，资金回笼不确定性增大，由此可能导致企业现金流超出自身承受范围，潜在一定的还贷风险。

（4）部分法人银行机构超负荷经营导致流动性风险加大。受信贷需求旺盛和金融机构扩张规模追求利润因素影响，部分法人银行机构贷款增长较快，但存款却增长缓慢，个别机构在存款有限的情况下通过支农再贷款和系统内调剂资金发放贷款，存在超负荷经营情况，面临流动性短缺风险。2012年11月，全省存贷比超75%的地方法人金融机构共有43家，占全部地方法人金融机构的40.95%。12月地方法人银行机构受考核等因素影响，积极调整存贷比，但截至年末，全省存贷比超75%的地方法人银行机构仍有21家，占全部地方法人银行机构的19.81%。

（二）证券业

1. 证券业运行情况

（1）整体经营平稳，法人经营机构发展实力不断增强。2012年末，甘肃省有1家法人证券公司，2家证券分公司，62家证券营业部；1家法人期货公司，6家期货营业部。辖内法人证券公司华龙证券有限责任公司共有营业部36个，较上年增加2家，总资产96.69亿元，同比增长102.49%。2012年，华龙证券先后获批开展融资融券业务、直投业务等，综合实力和区域影响力明显增强，净资产达到28.60亿元，同比增长1.63%。辖区法人期货公司华龙期货经纪有限公司共有营业部3个，资产总额为2.90亿元，同比增长55.50%；净资本1.15亿元，同比增长1.80%，资本充足性良好，抗风险能力持续增强。

（2）证券交易低迷，经营业绩整体下滑。2012年末，全省证券营业部总资产43.03亿元，同比下降1.26%；投资者数量97.27万户，同比增长5.54%。全年累计实现证券交易额3 075.58亿元，同比下降17.39%；累计实现营业收入5.87亿元，同比下降25.51%；累计实现净利润1.82亿元，同比下降35.69%。

（3）期货交易活跃，经营业绩大幅增长。全年全省期货市场成交量379.00万手，同比增长22.60%；成交额4 327.32亿元，同比增长37.02%。期货经营机构累计实现代理手续费收入2 514.99万元，同比增长4.37%；累计实现净利润1 043.57万元，同比增长23.35%。

（4）直接融资取得新进展，上市后备资源培育又有新突破。2012年末，甘肃辖内共有24家上市公司，通过资本市场实现直接融资118.47亿元，同比增长8.65%，资本市场后发优势逐步显现，发展后劲不断增强。此外，通过长期培育，甘肃上市后备资源匮乏的状况有所改善。2012年末，甘肃共有12家拟上市公司，其中当年新增5家。

2. 影响证券业稳健运行的因素

（1）证券市场成交低迷对证券机构经营业绩影响较大。经纪业务是甘肃省证券经营机构的主要收入，证券市场行情的好坏、交易量的大小等因素都会对经纪业务收入产生决定性影响，以经纪业务为主的单一业务收入结构导致证券经营机构对证券市场依赖性较强，经营业绩随股市行情呈现明显的周期性特征，抗风险能力较弱。2012年除12月外，证券市场整体成交比较低迷，全省证券经营机构营业收入及净利润分别大幅下降25.51%、35.69%。

（2）上市公司结构分布及地域分布尚欠合理。从目前甘肃省24家上市公司的产业结构、行业和地域分布来看，存在产业结构不协调、行业分布不均匀、地域分布不平衡的特点。上市公司按照第一、第二、第三产业分布来看，其数量比例为8.3:79.2:12.5，第二产业所占比例偏大，第一、第三产业比例较小。此外，第二产业主要集中于制造业及能源化工等领域，第三产业主要集中于零售业方面，产业分布过于集中，未能实现均衡分布、全面发展。24家上市公司也主要分布于兰州市，上市公司地域分布有待进一步优化。

（3）辖区上市公司整体竞争力不强，部分上市公司持续经营能力弱。由于甘肃地处经济欠发达地区，受外部经营环境与企业经营管理水平等因素制约，上市公司整体竞争能力相对较弱，不论是规模还是盈利能力在同行业中排名普遍靠后，上市公司普遍存在产业链短、产品附加值低、科技研发能力不足，品牌意识和经营管理能力不强的问题，制约了上市公司做大做强。

（三）保险业

1. 保险业运行情况

（1）保险业务平稳发展，行业综合实力不断增强。2012年末，全省共有23家保险市场主体，其中财险主体公司12家，寿险主体公司11家；保险专业中介法人机构10家，专业中介分支机构19家，保险兼业代理机构4 770家，保险业总资产398.09亿元，同比增长17.32%。2012年，全省保险市场稳步增长，累计实现原保险保费收入158.77亿元，同比增长12.66%；累计发生赔付支出48.18亿元，同比增长26.14%，保险业经济补偿和风险分散作用持续发挥。

（2）寿险市场发展有所回暖，业务结构调整初显成效。2012年全省寿险市场平稳发展，增速有所回升。寿险公司累计实现原保险保费收入101.15亿元，同比增长8.76%。此外，随着保险业规范市场、整治销售误导及监管力度的加大，寿险公司销售渠道逐步优化，产品结构不断调整，2012年全省寿险公司直销业务增长迅速，实现原保险保费收入5.01亿元，同比增长50.52%，个人代理渠道实现原保险保费收入66.79亿元，同比增长9.88%；从产品结构看，普通寿险和分红寿险发展迅速，累计实现保费收入89.01亿元，万能险和投连险发展趋缓，分别实现保费收入1.82亿元和99.61万元，产品结构不断优化改善。

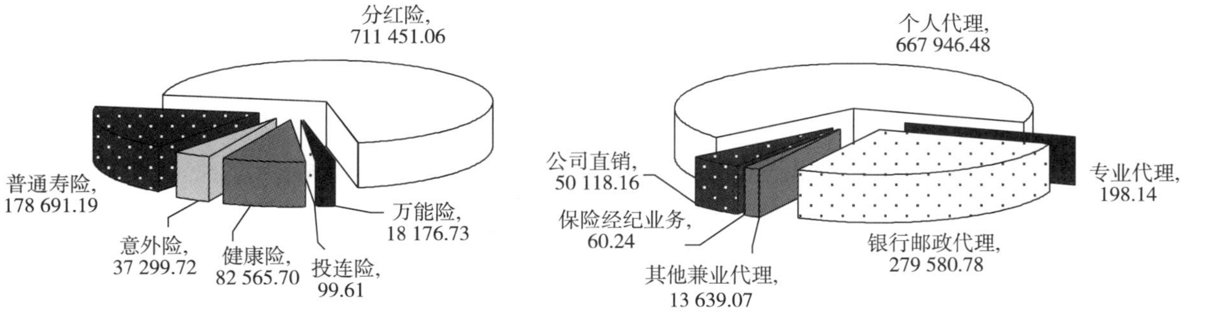

数据来源：甘肃保监局相关资料。

图2 2012年甘肃省人身险业务及销售渠道结构图（单位：万元）

（3）产险市场延续发展势头，综合效益保持良好。2012年，全省产险市场在经济下行的大环境下仍然保持了平稳较快发展的势头，累计实现原保险保费收入57.61亿元，同比增长20.22%，农业险已成为继车险、企财险之后的第三大险种，累计实现原保险保费收入3.78亿元，同比增长128.16%。产险机构实现承保利润3.8亿元，承保利润率7.9%，交强险、商业车险、货运险、企财险等主要险种均实现盈利，产险效益保持良好。

（4）保险业发展方式逐步转变，保障功能和服务作用进一步发挥。2012年全省保险业在加快发展的同时，积极推动业务转型，保险保障功能不断强化，为社会减灾防损和经济补偿发挥了重要作用。一是农业保险成效显著，累计为210.26万人次农民提供141.27亿元的风险保障，藏区农业保险实现保费收入1.19亿元，同比增长51.18%。二是新农合保险稳步推进，新农合自然灾害公众责任保险及其附加无责事故救助责任保险试点工作顺利启动，2012年该业务实现保费收入1 467.35万元，参保人数183.42万人，支付各项赔付86.80万元。农村小额人身保险试点全面推广，累计为全省163.82万人次农民提供风险保障722.74亿元，支付各类赔款4 439.74万元。三是大力支持出口贸易，信用保险支持全省外贸出口1.94亿美元，保单融资功能带动外贸企业获得银行融资约2 070.96万元人民币，对一般贸易出口的支持比重上升到6.97%。

2. 影响保险业稳健运行的因素

（1）工业企业效益下滑，非车险业务发展受阻。2012年全省出口增长大幅回落，投资和消费增长也有不同幅度下降，工业企业效益下滑，生产经营困难等问题有所凸显，对非车险业务发展带来了不利影响。全年产险非车险业务除农业险保持高速增长外，企财险、工程险、货运险三大险种市场需求出现下滑，企财险累计实现原保险保费收入3.83亿元，同比增长4.56%；工程险累计实现原保险保费收入0.78亿元，同比增长3.36%，增速较往年大幅下滑；货运险仅实现保费收入1.18亿元，同比下降3.57%。

（2）银保业务下行趋势未变，退保风险需高度关注。2012年寿险代理业务下滑趋势明显，专业代理、经纪代理和其他兼业代理渠道的保费收入较上年同期分别下降了72.53%、66.63%和22.48%；银邮渠道业务较往年的下滑局势也未能扭转，全年银邮代理业务同比仅增长3.41%。此外，寿险行业退保风险不断积聚，截至年末，全省寿险公司退保金支出7.07亿元，同比增长16.81%。

（3）业务结构不合理，保险业整体增长乏力。2012年产险公司承保新车43.93万辆，同比增长15.21%，增速较以前年度明显下降。由于车险业务在财险市场中占比较高，过度集中的险种结构使车险业务增长受阻后，产险市场整体发展动力严重不足。寿险市场中，新单保费增长明显放缓，2012 年全省寿险公司新单保费 37. 37 亿元，同比下降 2. 61%，寿险业务发展主要依靠续期业务拉动，业务结构仍不合理。

（4）保险营销员增员困难，营销体制改革面临较大压力。2012 年中国保监会发布了《关于坚定不移推进保险营销员管理体制改革的意见》，明确了保险营销体制改革基调，然而从目前的实际推动情况来看，多数寿险公司对营销体制改革依然信心不足，仍然以扩充、招募营销员来扩大保费规模，营销管理简单粗放，营销员队伍不稳定，职业素质教育难达标，销售误导、违规经营问题仍然普遍存在。此外，由于社会劳动力成本不断攀升，个险营销队伍增员难问题日益严重，已成为制约保险公司整体发展的重要因素。

（四）金融业综合经营

1. 综合经营发展情况

（1）股权融合持续推进。近年辖内一些法人金融机构通过控股、参股其他金融机构发展综合经营来壮大自身实力，谋求多元发展。华龙证券新发起设立金城资本管理公司，努力打造新型金融控股公司。兰州银行发起设立永靖县金城村镇银行、庆城县金城村镇银行和合水县金城村镇银行三家村镇银行，经营发展实力不断提高。

（2）跨市场融资活动初步发展。2011 年起华龙证券与商业银行、农信社、保险公司、基金公司、其他证券公司等各类金融机构积极开展债券市场回购业务。截至 2012 年末，该公司开展的债券市场回购业务规模达到 889. 66 亿元，同比增长 1. 35 倍。

（3）银行托管业务平稳增长。受证券市场持续低迷影响，证券交易结算资金第三方存管业务增长速度有所放缓。2012 年末，辖内银行共开立 92. 54 万个第三方存管账户，较上年同期新增开户数 4. 38 万户；账户资金余额 31. 62 亿元，同比减少 18. 3%；银行实现当年手续费收入 820. 2 万元，同比减少 22. 53%。

（4）银行代理业务出现分化。受降低股票交易费用等多项利好政策出台刺激，公众对证券市场的向好预期和投资信心有所增强，银行基金代理业务回归增势。2012 年全省银行代理销售基金 91. 6 亿元，同比增长 34. 01%。银行代理券商集合理财计划业务增长较快，2012 年全省商业银行代理销售券商集合理财计划产品 59 只，较上年同期增加 12 只；销售金额 9. 3 亿元，同比增长 32. 63%。受银保新规出台等因素影响，银行保险代理业务未改降势，但幅度较上年有所缩小，银行中间业务收益未降反增。2012 年末，全省银行累计代理销售保险产品 25. 73 亿元，同比减少 0. 83%，累计实现代理手续费收入 3. 91 亿元，同比增长 187. 21%。

（5）理财产品发行量再创新高。2012 年，全省商业银行累计发行人民币理财产品 8 864 只，较上年增加 1 988 只；销售金额 1 804. 38 亿元，同比增长 68. 13%。外币理财产品 1 770 只，较上年减少 11 只；销售金额 9 055. 29 万美元，同比增长 3. 68%。产品结构上以债券与货币市场类产品及非保本浮动收益型产品为主，期限结构上，1 年期以内的短期理财产品占 90% 以上。受近年监管部门加强规范银信理财业务影响，银信合作理财产品发行数虽有所增多，但销售金额呈减少态势。全年全省商业银行累计发行银信合作理财产品 94 只，较上年增加 20 只；销售金额 11. 62 亿元，同比减少 24. 8%。

（6）其他交叉性业务仍处于起步阶段。银保交叉类产品发展较慢，全省有 8 家保险业机构开办借款人意外伤害险，2012 年，由于省内部分农村信用社在代理销售过程中存在违规操作，相关代理业务被暂停，借款人意外伤害险业务在连续几年高速增长后首次出现负增长，全年共实现借款人意外伤害险保费收入 403. 4 万元，同比减少 53. 71%。受房地产市场调控政策影响，全省住房贷款配套保险业务规模有所减少，全年共实现保费收入 582. 33 万元，同比减少 49. 85%。保单质押贷款业务快速发展，年末余额为 1 275. 02 万元，同比增长 1. 39 倍。

2. 综合经营发展中面临的问题及潜在风险

（1）交叉性金融业务不规范潜存风险。由于机构重视程度不够、操作人员的合规性意识不强，部分金融机构在业务办理中仍然存在一些不规范问题。比如券商业务经理缺乏审核管理，存在人员管理混乱、销售经营不规范的风险隐患；营销理财产品时重收益介绍轻风险提示，向客户销售与风险评估不相匹配的产品；部分银行柜面保险销售人员未取得保险代理从业人员资格证；银行人员对保险产品理解不深，片面强调投资收益而忽略产品保障功能，导致客户的理解出现偏差等问题。一旦因上述问题特别是跨行业合作业务中出现的问题对客户权益造成损害，将会对合作双方的声誉和形象带来不利影响。

（2）交叉性金融业务面临市场投资风险。许多交叉性金融产品其收益与国内外经济环境及金融市场直接相关。由于目前国际金融市场动荡不定，国内资本市场低迷不振、净息差收窄，基金业务投资面临亏损，保险分红收益水平下降，浮动收益型理财产品收益不确定。对于具有融资性质的债券市场回购业务，当宏观经济、国家政策等因素发生变动时，债券市场需求会发生快速变化，导致部分券种收益率快速上行，质押债券的质押价值也由此大幅降低，质押式回购交易资金提供方权益无法得到充分保障。

三、金融市场与金融稳定

（一）债券市场

2012 年，甘肃省银行间债券市场成员债券回购累计成交 7 317 笔，成交金额为 21 205. 51 亿元，同比增长 52. 82%。从债券交易品种看，隔夜品种交易最为活跃，全年隔夜品种累计成交 4 715 笔，成交金额为 15 511. 07 亿元，分别占总成交笔数和总成交量的 64. 44% 和 73. 17%。银行间债券市场成员现券交易量有所下滑，全年累计成交 10 725 笔，成交金额为 10 117. 97 亿元，同比减少 3 742. 86 亿元。金融及非金融企业利用银行间债券市场累计融资 234. 3 亿元，同比增加 11. 3 亿元。债券市场的平稳发展在优化金融机构资产负债结构、拓宽企业融资渠道方面发挥了积极作用。

（二）票据市场

2012 年，甘肃省辖内商业银行累计签发银行承兑汇票 1 011. 39 亿元，同比增长 44. 98%。银行承兑汇票余额为 491. 71 亿元，同比增长 68. 93%。金融机构票据贴现量维持在较高水平，增长较为明显，全年累计发生额为 1 631. 80 亿元，同比增长 89. 7%，票据贴现余额为 234. 87 亿元，同比增长 54. 61%。票据贴现利率总体呈现下行趋势。其中，银行承兑汇票贴现加权平均利率为 5. 91%，下降了 3. 68 个百分点，商业承兑汇票贴现加权平均利率为 6. 11%，下降了 3. 18 个百分点，票据买断式转贴现加权平均利率和票据回购式转贴现加权平均利率分别下降了 2. 69 个和 2. 13 个百分点。

（三）黄金市场

2012 年，甘肃省辖内黄金交易所成员场内黄金交易量逐步增加，全年累计成交 5 548.7 公斤，同比增长 122.3%。相比场内交易，商业银行黄金业务交易量有所减少。全年累计交易量 38 980.62 公斤，同比减少 36.57%。其中，实物黄金累计交易量为 9 822.51 公斤，同比增长 8.49%，纸黄金交易量为 29 158.11 公斤，同比减少 44.35%。

（四）外汇市场

2012 年全省外汇收支总体平稳增长，跨境资金呈现净流出，银行结售汇呈现逆差，境外投资增长较快。全年全省跨境收付再创新高，总额达 138.21 亿美元，同比增长 47.43%。其中，跨境收入 40.86 亿美元，同比增长 110.02%；跨境支付 97.35 亿美元，同比增长 31.04%；跨境资金净流出 56.49 亿美元，同比增长 3.01%。为支持涉外企业发展，各商业银行积极向省内大中型涉外企业发放短期外汇贷款，贷款到期后企业购汇还贷，导致银行售汇额大幅增加，全年全省银行结售汇总额 74.75 亿美元，同比增长 8.77%。其中，结汇 15.46 亿美元，同比增长 0.36%；售汇 59.28 亿美元，同比增长 11.20%；结售汇逆差 43.82 亿美元，同比增长 15.61%。以金川公司为代表的涉外企业利用境外投融资取得产品包销权，通过协议收购、要约收购和认购新股的方式与外国企业进行合作，带动全省境外投资快速增长，全年全省境外投资总额 12.91 亿美元，同比增长 103.15%，超过前三年投资总额。

四、金融基础设施与金融稳定

（一）支付结算体系

2012 年，甘肃省支付体系保持安全平稳运行。支付系统资金快速通道的作用愈加重要，业务笔数、金额显著增长，全年共处理业务 2 063.79 万笔、金额 28.03 万亿元，同比分别增长 42.5% 和 82.3%；系统参与者准入管理严格规范，应急处置隔夜头寸拆借管理机制不断完善，支付系统流动性风险管理能力有效提高。银行卡产业快速发展，发卡量持续增长，全年共发生银行卡业务 49 725.04万笔、金额 3.72 万亿元，笔数、金额同比分别增长 26.1% 和 27.7%，促进消费和便利公众生活的功能进一步发挥。人民币银行结算账户管理不断强化，账户集中申报制和专管员制度严格执行，账户实名制工作不断深入，个人银行存款账户信息核实工作有序推进。改善农村支付服务环境工作持续开展，农村支付基础设施建设、银行卡助农取款服务、重点市场和产业的支付工具推广等工作逐步深化；截至 2012 年末，全省农村信用社共有 1 699 家网点机构加入支付系统，是 2009 年底的 3.8 倍。但同时，不按客户意愿撤销结算账户，部分银行卡收单机构违规套用商户类别码等问题时有发生，影响了正常的支付结算秩序，需要进一步加大监管力度，及时纠正银行机构的违规行为，为地方经济、金融健康发展营造良好的支付结算环境。

（二）征信体系

2012 年，甘肃省征信体系建设工作机制进一步完善，机构信用代码推广应用进展顺利，全省共发放机构信用代码 19.01 万户，各银行业金融机构在反洗钱领域积极应用机构信用代码累计查询 20.48 万次。企业和个人信用信息基础数据库覆盖面不断扩大，已录入全省 8.91 万户企事业单位和 1 471.13万自然人信用信息，企业和个人信用报告查询量合计 247.60 万次，征信系统服务经济社会发展的作用充分显现。中小企业和农村信用体系建设成效显著，累计为 2.81 万户中小企业和 355.66 万农户建立了信用档案，评定信用农户 308.04 万户，累计促进中小企业获得 830.94 亿元银行融资，促进农户获得 651.58 亿元银行融资，有效缓解了中小企业和农户贷款难问题。信贷市场信用评级业务快速发展，全省 759 家借款企业和担保机构参加了专业化外部评级。征信体系建设的持续推进，在解决信用交易中信息不对称问题、推动信贷市场发展、解决中小企业和农户融资难问题、加强金融监管和贯彻执行货币政策、促进提升社会公众诚信意识等方面都发挥着积极作用。但是，信用信息保护机制不健全、社会公众对征信认识不到位、信用中介服务体系不完善等因素依然制约着征信体系的健康发展。

（三）反洗钱

2012 年，甘肃省反洗钱监管体系日趋完善，监管手段更加灵活科学，反洗钱整体合力不断增强，为促进辖区经济金融持续健康稳定发挥了积极作用。全面开展了对辖区 68 家银行、证券期货和保险业金融机构反洗钱工作考核评估。根据考核评估结果，实施差异化监管，督促和引导金融机构正确处理好反洗钱与业务发展的关系，牢固树立依法合规经营理念。加强与公安和司法部门在打击洗钱犯罪和恐怖融资犯罪方面的合作，通过签订合作协议和备忘录，强化在政策制定、信息共享和案件查处方面的沟通协作，形成打击洗钱及上游犯罪的工作合力。全年协助省公安厅、国家安全厅、检察院等部门完成反洗钱行政调查和案件协查 21 起，涉及被调查对象 150 个，调查可疑账户 369 户，涉及可疑交易资金约 17.2 亿元。自主开发了甘肃省反洗钱监管应用系统，充分利用系统加大对现金存取业务的监测分析，深度挖掘可疑交易信息，共向省公安厅等部门移送可疑交易线索 13 起，充分发挥了反洗钱监管在预防打击洗钱及上游犯罪、维护经济金融稳定等方面的重要作用。但同时，反洗钱联席会议成员单位间协调配合亟待加强，金融机构反洗钱考核评估方法、指标体系需要进一步完善，特定非金融行业反洗钱监管相对薄弱，监管力度有待进一步加大。

（四）应急管理

2012 年，甘肃省"一行三局"结合各自业务发展情况和内外部形势变化，指导全省各类金融机构全面修订完善应急预案，初步形成了"横向到边、纵向到底、相互衔接、完整配套"的应急预案体系，实现了对全省金融业发展全面、动态和有效覆盖。此外，"一行三局"还主动加强与相关部门的沟通联系，共享突发事件信息，交流应急管理经验，推进应急管理工作规范化和应急信息获取渠道多元化，形成了金融系统应对金融突发事件的整体合力。人民银行兰州中心支行在全省广泛开展支付结算、会计核算、国库、发行基金押运、金融机构突发事件等专项应急演练，并牵头组织了庆阳市准金融机构突发事件应急演练，有效磨合了应急管理工作机制，提高了应急处置能力。全面加强金融管理，延伸基层人民银行风险管理链条，构建了以开业管理、日常管理、执法检查、综合评价为主要内容的金融管理体系，变事后被动应急处置为事前积极应急防范，为化解和处置金融风险提供了有力支持。但是，金融系统应急预案间的业务衔接性和整体联动性需要进一步强化，应急演练实战化、信息化水平有待提升，应急物资储备体系建设需要加快推进。

五、总体评估与政策建议

（一）计量分析

运用区域金融稳定定量评估模型对甘肃省金融稳定状况进行量化评估，从评估结果看，2012 年甘肃省金融稳定综合评估值为 0.695，较 2011 年小幅下降 0.07。分析金融稳定综合评估值各构成部分的变化情况，可以看出金融稳定综合评估值略有下降的主要原因是宏观经济部分评估值下降较多。此外，全省证券机构营业收入和利润大幅下降，使证券业评估值下降较多，对全省金融稳定综合评估值形成一定的负面影响。总体来看，2012 年甘肃省金融稳定评估值虽较 2010 年、2011 年有所下降，但仍远高于 2009 年的 0.617，全省金融继续保持在稳健运行区间。

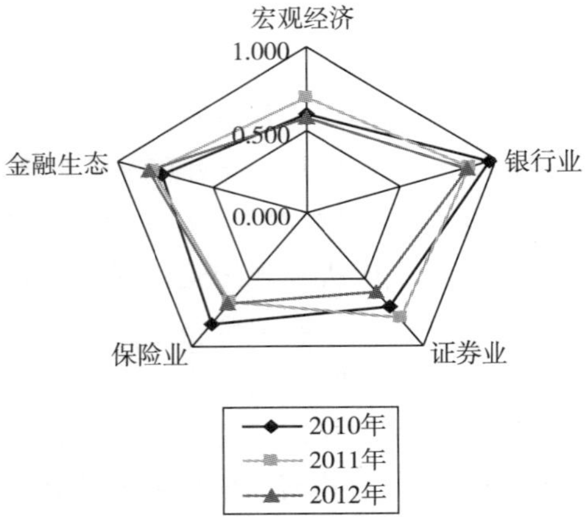

数据来源：根据相关数据计算所得。

图 3　2010—2012 年甘肃省金融稳定总体状况及组成部分的比较

（二）总体评估

2012 年，面对复杂多变的国内外经济金融形势，甘肃省深入推进转型跨越发展，加快推进经济结构调整和发展方式转变，着力解决影响发展稳定的突出问题，全省经济社会总体保持平稳较快发展的良好态势。但是经济发展中不平衡、不协调、不可持续的矛盾和问题依然突出，经济增长下行压力仍然存在，产业结构不合理，区域首位产业和特色优势产业不够突出，调结构转方式的任务依然艰巨。金融业在改革中稳步发展，金融机构数量和资产规模日益增加，经营效益稳步提升，抗风险能力和综合实力不断提高，金融体系结构更加完善，金融业总体呈现稳健发展的态势，其服务经济社会发展的作用日益突出。但同时，复杂形势下银行潜在信贷风险增加、信贷集中风险依然突出、部分金融机构潜存操作风险隐患等问题依然存在；证券业经营模式单一、市场交易低迷对经营业绩影响较大、上市公司结构分布及地域分布尚欠合理、整体竞争力不强；保险业银保业务下行趋势未变、退保风险依然较大、业务结构还需调整；跨市场交叉性金融业务的快速发展与相关法规制度建设的滞后存在较大矛盾，潜存风险对全省金融业稳健运行造成了一定影响。金融市场平稳有序运行，在拓宽融资渠道、提高资金利用效率、优化资产负债结构等方面发挥了积极作用，但是，市场的广度和深度仍然有限，市场参与主体和工具的单一局面仍未改善。金融基础设施建设稳步推进，金融运行的各种软、硬件设施不断完善，相关法律法规制度建设的滞后严重制约着金融基础设施的运行和完善，进而影响其对甘肃省金融稳定保障作用的有效发挥。总体来看，尽管存在一些不利因素，但甘肃省经济在平稳运行中加快增长，金融体系稳健运行，区域金融继续保持稳定。

（三）政策建议

1. 加快产业结构调整和经济发展方式转变，切实防范实体经济风险向金融体系传递

在产业发展方向上，既要瞄准发展高精尖产业，也要因地制宜发展自己的特色和优势产业。努力将经济发展所依托的投资增长方式从单纯的外延扩张型增长转向内涵提高式增长，积极推动经济发展方式转型。

2. 深化金融体系改革创新，完善金融运行体制机制

按照“分类指导、一行一策”的原则，继续深化政策性银行改革。密切关注辖内大型商业银行改革进展和成效，推动大型商业银行加快转变发展方式，不断完善现代金融制度。继续推进农业银行“三农”金融事业部改革，通过加强对现有管理体制和运行机制的监测、督导，不断增强其服务“三农”的功能和活力。

3. 强化重要领域的风险防控，坚决守住不发生系统性、区域性金融风险的底线

建立健全银行业、证券期货业、保险业和非银行金融机构的风险预警监测管理体系，重点关注银行业金融机构资产质量变化情况和流动性风险情况，切实防范实体经济特别是地方融资平台、房地产、产能过剩行业的风险。

4. 努力提升金融服务实体经济的质量和水平，进一步优化融资结构

银行业机构要逐步扩大服务覆盖面，合理开展金融产品和服务创新，加大对薄弱领域的金融支持，着力解决“三农”、民营企业、小微企业和社会弱势群体的融资难问题。此外，要积极推动有条件企业发行中期票据、短期融资券，以及中小企业集合票据，显著增加债券融资规模；推动符合上市条件的企业进行股改上市，加大股权融资比重；通过扩大社会融资总量，缓解信贷依赖度过高的局面，优化甘肃省融资结构。

总　　纂：罗玉冰　李文瑞
统　　稿：王宗祥　杨文彦
执　　笔：陈宇峰　王丽娟　张　乾　杨　柳
其他参与写作人员（按姓氏笔画排序）：
于加鹏　王　煜　边永平　刘永锋　刘海申
李刚锋　张　莉　张　峰　张　锋　邹　磊
赵林虓　高　立　梁丽萍　景小娟　景文宏
温万德　魏正欧

宁夏回族自治区金融稳定报告摘要

2012年，面对复杂多变的宏观经济环境，宁夏牢牢把握科学发展和“稳中求进”总基调，全力推进沿黄经济区发展和百万贫困人口扶贫攻坚战略（以下简称两大战略），抢抓内陆开放型经济试验区和银川综合保税区（以下简称两区）政策机遇，出台并落实一系列稳增长、减负惠民的政策措施，经济运行企稳回升，全区经济保持平稳较快增长，投资增势强劲，消费增速平稳，对外贸易小幅下降，物价涨幅稳步回落，居民收入稳步提高，对外开放迈出重要步伐，经济运行环境的改善为区域金融稳定奠定了坚实的基础。全区金融平稳运行，金融机构经营稳健，金融稳定的微观基础更加牢固。银行业实力不断增强，存贷总量持续扩大、信贷结构趋于优化、风险抵御能力增强、经营绩效提升。证券业稳步发展，创新业务全面开展。保费收入平稳增长，保险保障功能进一步发挥。金融基础设施建设稳步推进，金融生态环境日益改善。

一、区域经济运行与金融稳定

2012年，宁夏两区获得国家批准，两大战略稳步推进，固定资产投资快速增长，工业企业支撑力度加大，现代化农业发展进程加快。全年实现地区生产总值2 326.6亿元，同比增长11.5%，连续13年保持两位数增长。

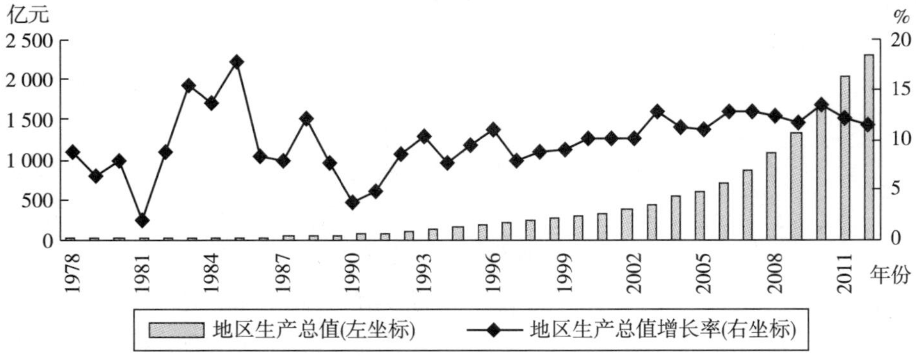

图1 1978—2012年宁夏地区生产总值及其增长率

（一）经济继续保持平稳较快发展，为金融业稳健运行奠定良好基础

1. 投资、消费较快增长，内需动力增强

一是投资快速增长。全年全社会固定资产投资2 109.5亿元，同比增长27.5%。重点项目建设加快推进，宁东能源化工基地建设、沿黄城市带建设及宁南山区大县城建设成为带动全区投资增长

的重要力量。二是消费需求稳定增长。消费品市场规模持续扩大，全区社会消费品零售总额同比增长14.9%。全年城镇居民可支配收入、农村人均纯收入分别增长12.8%和14.2%，连续七年保持两位数增长。三是对外贸易小幅下降。全年外贸实现进出口总额22.17亿美元，比上年下降3.0%。2012年，宁夏成功举办了第三届中国·阿拉伯国家经贸论坛，全年对阿拉伯国家出口额快速增长，增速为35.1%，主要出口产品包括羊绒衫、抗菌素、铁合金、涂布牛皮纸等。

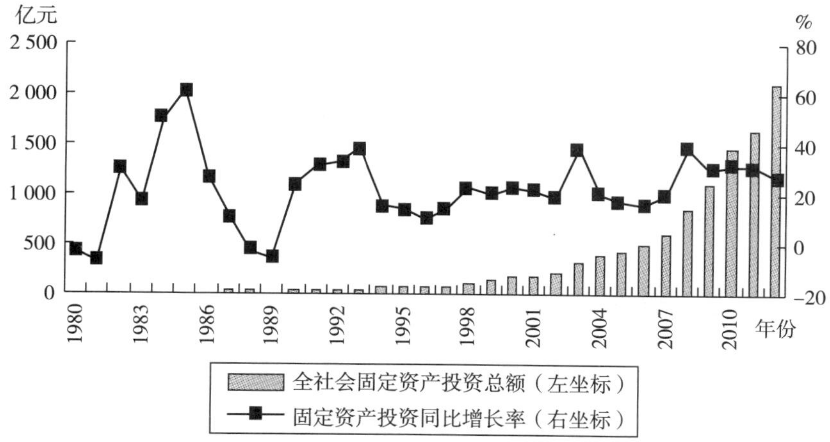

图2 1980—2012年宁夏全社会固定资产投资额及其增长率

2. 三次产业全面发展，工业支撑力度加大

一是现代化农业发展加快。全年宁夏农业增加值同比增长5.7%，粮食产量连续九年增产。黄河金岸特色农业经济带、贺兰山东麓百万亩葡萄长廊建设初见成效，成为现代农业发展新亮点。二是工业支撑作用进一步增强。全年工业增加值增长14.0%，其中重工业增加值增长14.8%，对规模以上工业增加值的贡献率为92.1%，拉动全区工业增长12.9个百分点。三是服务业规模快速提升。全年服务业增加值增长9.7%，租赁和商务服务业、居民服务和其他服务业爆发式增长，批发零售业、住宿餐饮业高速增长，商贸流通快速发展，旅游基础设施建设加快，旅游业收入同比增长23.3%。

3. 价格走势总体平稳

一是居民消费价格小幅上涨。全年居民消费价格同比上涨2.0%，八大类商品价格呈“六涨两降”态势。食品类价格同比上涨4.5%，是拉动居民消费价格总水平上涨的主要因素，而肉类价格上涨是拉动食品类价格上涨的主要动力。二是工业生产者价格持续保持回落。全年工业生产者出厂价格下降2.6%，比上年回落12.1个百分点；工业生产者购进价格下降0.5%，比上年回落13.3个百分点。三是劳动力价格稳步上升。全年城镇居民工资性收入增长12.7%，农村居民务工收入增长16.0%，连续三年保持两位数增长。

4. 财政收入增长较快

全年公共财政预算总收入同比增长23.9%，税收收入同比增长21.9%。财政支出结构进一步优化，新增支出更多向民生、社会事业发展的薄弱环节倾斜。

5. 能源消费量缓慢增长

全年受宏观经济下行压力逐步加大的影响，全区能源消费量增长放缓，单位GDP能耗、单位工业增加值能耗、单位GDP电耗等主要节能降耗指标全面下降。全年能源消费量约4 570万吨标准煤，同比增长5.9%，单位GDP能耗下降5%左右，较好完成全年降低2%的预期目标。

（二）区域经济运行中需要关注的问题

1. 经济持续加快增长的难度加大

工业经济受外部市场需求萎缩、产品价格走低、流动资金趋紧的影响较大，发展质量和效益均有待提升。

2. 经济结构调整任务艰巨

经济结构相对单一，产业发展层次普遍较低，经济增长过度依赖投资，经济体缺乏核心竞争力等问题有待解决。

3. 推进节能降耗工作的难度大

经济增长中高耗能、高耗电产业在工业中比重依然较高，全年六大高耗能工业占工业增加值比重高达57%，远高于全国平均水平。

二、金融业与金融稳定

2012 年，宁夏金融业认真贯彻国家宏观调控政策，金融机构数量和资产规模日益增加，资产质量持续改善，经营效益稳步提升，改革成效逐步显现，整体抗风险能力和综合竞争力不断提高，金融业总体保持稳健运行，金融服务实体经济发展的作用更加突出。

（一）银行业与金融稳定

2012 年，宁夏银行业金融机构认真执行稳健货币政策，资产质量持续改善，存贷总量持续扩大，信贷投向不断优化，风险抵御能力进一步增强，为地方经济发展提供了有力支持。

1. 银行业发展基本情况

（1）资产质量继续改善，经营效益进一步提升。2012 年末，全区银行业金融机构不良贷款率为 0. 88%，比 2011 年末下降 0. 38 个百分点；不良贷款余额为 30. 3 亿元，比 2011 年末减少 6. 88 亿元，实现“双降”。银行业金融机构盈利水平较好，全年累计实现净利润 91. 4 亿元，同比增长 26. 3%；资产利润率 2. 0%，同比上升 0. 07 个百分点。地方中小法人金融机构累计实现净利润 38. 6 亿元，同

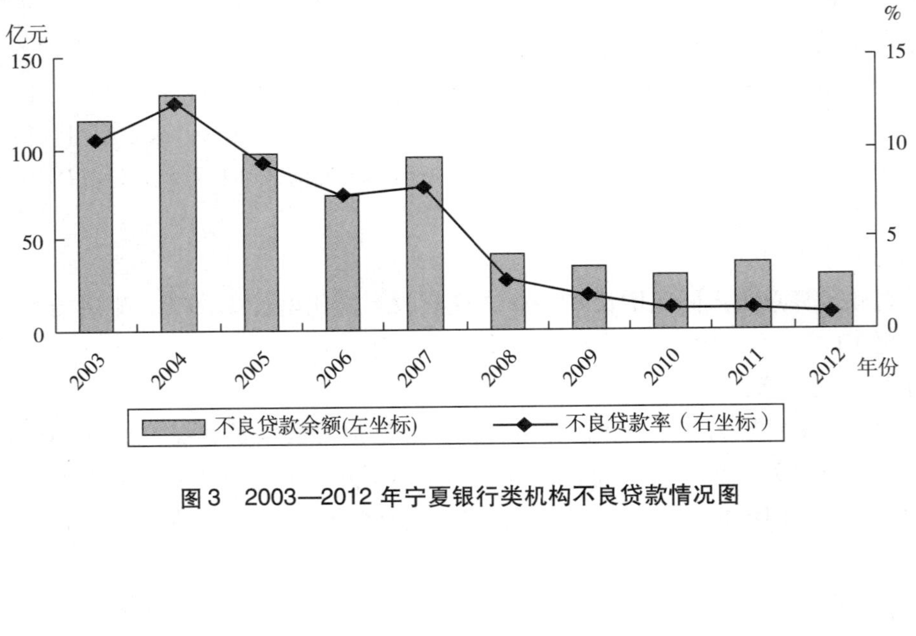

图 3　2003—2012 年宁夏银行类机构不良贷款情况图

比增长 35.8%。

（2）存款保持较快增长，结构呈定期化趋势。2012 年末，全区人民币各项存款余额 3 495 亿元，同比增长 17.8%，比 2011 年末加快 2.6 个百分点。全年新增人民币存款 534 亿元，其中储蓄存款新增 328 亿元，均创年度历史最高。存款期限结构呈现定期化态势，非金融企业存款和储蓄存款中定期存款同比分别增长 32.2% 和 28.1%，显著高于同期活期存款增速。

（3）信贷总量稳步增加，贷款投向趋于优化。2012 年末，全区人民币各项贷款余额 3 340 亿元，同比增长 16.8%，比全国平均水平高 1.8 个百分点。全年新增人民币贷款 479 亿元，比 2011 年多增 17 亿元。第一、第二、第三次产业贷款余额同比分别增长 26.7%、17.7% 和 15.9%，小微企业贷款和涉农贷款余额全年新增 135.5 亿元（含票据融资）和 211.2 亿元，同比分别增长 24.7% 和 22.3%，实现了贷款增量、增速“两个不低于”目标。

（4）贷款利率水平总体回落，利率浮动重心下移。2012 年，受基准利率连续两次下调等因素影响，全区贷款利率呈现出前高后低走势。第四季度全区银行业一般贷款加权平均利率为 8.13%，较年初下降 1.66 个百分点，较上年同期下降 0.51 个百分点。利率浮动重心有所下移，第四季度执行上浮利率的贷款占比为 70.9%，较年初下降 4.7 个百分点。

（5）外汇市场主体稳步发展，服务涉外经济功能显著增强。2012 年，宁夏外汇指定银行增至 9 家，具有结售汇业务资格的银行分支机构达到 160 家。银行业金融机构积极应对人民币汇率双向波动，融资产品及服务逐步丰富，向包含结算、融资、避险、理财、咨询等领域的综合性、方案性的贸易金融转变。外汇产品对涉外企业保值、避险作用显现，远期结汇履约额同比下降 84.2%，远期售汇履约额同比增长 159.0%。

（6）银行业组织体系不断完善，机构改革推向深入。2012 年末，全区共有银行业金融机构 41 家，银行网点 1 183 个，全年共批准新设银行业分支机构 36 家，村镇银行 2 家，在 2 个金融服务空白乡镇和 2 个劳务（生态）移民安置区设立网点，宁夏金融机构空白乡镇数量降至 14 个。农业银行宁夏分行全力推进“三农”金融管理体制机制建设，城市商业银行法人治理结构更趋完善，已改制的农村商业银行经营发展态势良好。

2. 银行业发展中需要关注的问题

（1）关注贷款增速回落过快。2012 年以来，特别是第四季度，全区贷款增速回落幅度明显快于全国。12 月末，全区贷款增速比 9 月末回落 3.2 个百分点，而同期全国信贷增速仅回落 1.3 个百分点，全区信贷增速在西北五省的排位下降至末位。

（2）关注银行业金融机构票据业务风险。近几年银行业金融机构票据业务增长加快，个别机构风险敞口扩大。2012 年末，全区银行承兑汇票余额增幅为 41.4%，垫款余额突破 1 亿元，银行票据业务风险管理能力有待提高。

（3）关注行业集中度风险。部分地方法人银行业金融机构受地域经济特点影响，贷款同质化现象较为严重，煤炭、高耗能等行业领域信贷集中度居高不下，短期内调整信贷结构难度较大。

（4）关注流动性风险。2012 年，个别地方法人银行业金融机构出现核心负债依存度不达标、存贷比超标等问题。

（二）证券业与金融稳定

2012 年，宁夏证券期货业稳步发展，服务实体经济的能力不断提升。

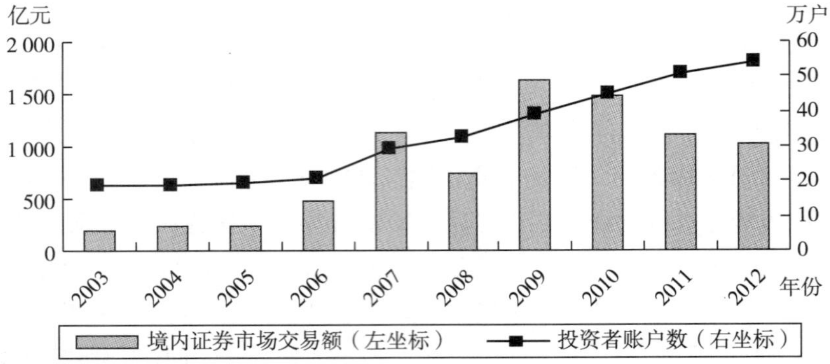

图4 2003—2012 年宁夏证券市场交易额及投资者账户数变化情况

1. 证券业发展基本情况

（1）证券营业网点建设和优化布局取得明显成效。证券经营机构总数上升为26家，有20家证券营业部获准开办期货IB业务，开放式基金代销机构增至20家，2012年末证券账户累计开户数54.06万户，资金账户累计开户数30.50万户，同比分别增加6.53%和7.37%，期货账户累计开户数0.26万户，同比增长75.20%。

（2）证券创新业务全面开展，期货交易大幅增长。2012年，宁夏各证券营业部融资融券业务、资金管理业务、期货IB业务等创新业务相继开展，有效弥补了传统经纪业务下滑的不足。全年股票交易虽略有萎缩，但基金申赎、期货交易趋于活跃，其中基金累计销售同比增长195.69%，累计赎回同比增长55.50%；期货累计成交量同比增长61.70%；累计交易额同比增长30.22%。

（3）市场环境不断改善，市场融资取得新突破。证券监管部门深入开展“资本市场宁夏行”及“诚信文化建设年”等宣传教育活动，强化上市公司信息披露管理，规范公司治理，严厉查处市场违法行为，加强中介机构管理和行业自律组织建设，市场主体诚信意识明显增强。2012年内有2家上市公司实施了股权融资，共融资23.47亿元，另有1家上市公司在全国银行间债券市场成功发行中期票据9亿元。

2. 证券业发展中需要关注的问题

（1）证券市场市值在地区经济总量中的比重不断下降。2012年，宁夏12家上市公司总股本比上年增加18.21%，但股价普遍下跌，期末平均股价8.78元，较上年末复权价下跌9.11%。年末12家上市公司总市值381.72亿元，流通市值328.69亿元，分别较上年下降0.07%和1.77%，总市值占地区生产总值的比重较上年再次下降2.13个百分点。

（2）上市公司盈利能力出现下滑，退市风险加大。2012年，宁夏上市公司生产成本不断上升，主营业务利润下滑明显。截至2012年第三季度末，12家上市公司净利润同比下降7.6%，主营业务利润同比下降49.85%。有1家上市公司已连续两年亏损，第三季度末净利润仍然为负，在第四季度如果不能完成重组并实现盈利，将面临退市的风险。

（3）股票交易持续低迷，证券经营机构持续经营能力堪忧。2012年，全国股票市场震荡整理，交易量持续萎缩。宁夏证券经营机构数量虽有增加，但股票累计交易额仍同比下降8.17%，这对于传统经纪业务占比达九成以上的各证券经营机构形成了较大的压力。新进入宁夏市场的机构因尚未形成规模优势，大多出现亏损，持续经营能力受到影响。

（三）保险业与金融稳定

2012 年，宁夏保险业保持快速发展，保险市场呈现稳中趋好的运行态势。

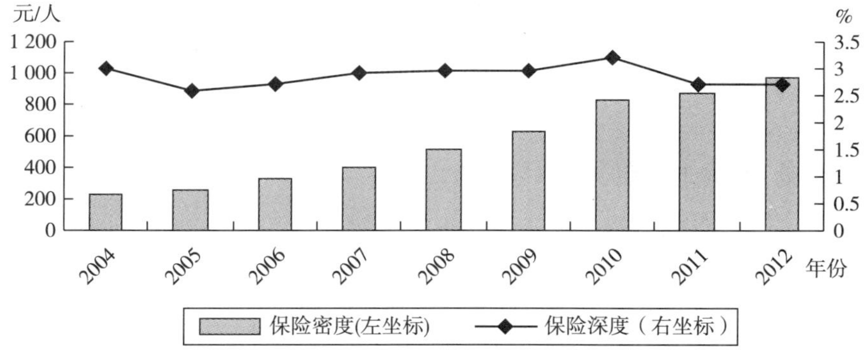

图 5　2004—2012 年宁夏保险密度及保险深度变化情况

1. 保险业发展基本情况

（1）保险业实力不断增强。保险分公司数量上升至 16 家，各级分支机构数量 367 家，较年初增加 58 家。保险业总资产 153. 48 亿元，较年初增长 20. 03%。

（2）各项业务较快发展。全年实现保费收入 62. 69 亿元，同比增长 13. 29%，高于全国平均增速 5. 28 个百分点。其中，财产险保费收入 26. 47 亿元，同比增长 21. 00%，增速排名全国第 1 位，高于全国平均增速 5. 29 个百分点；人身险保费收入 36. 21 亿元，同比增长 8. 24%，高于全国平均增速 3. 76 个百分点。年末全区保险密度 968. 62 元/人，保险深度 2. 69%，均比上年有不同程度的上升。

（3）业务结构调整稳步推进。随着保险主体的不断增多，市场集中度有所下降，市场格局趋于均衡。财产险业务中车险业务占比持续下降，非车险业务特别是农业险增长迅速，比重及贡献度均有所上升。销售渠道中直销业务大幅上升，银保代理持续萎缩。

（4）保险保障作用有效发挥。全年累计赔付支出 19. 99 亿元，同比增长 35. 52%，高于保费收入增速 22. 23 个百分点，综合赔付率 57. 96%，同比上升 0. 66 个百分点。在“7・29”暴雨灾害时，应急救援和理赔服务快速及时，较好地履行了赔付责任。

（5）市场秩序明显好转。保险监管部门以健全机制制度为抓手，切实保护保险消费者利益，车险理赔难和寿险销售误导等突出问题显著减少，保险公司依法合规经营意识不断增强，车险信访投诉占比同比下降 4. 4 个百分点，寿险公司投诉件问题发生率下降 41. 93%。

（6）保险服务经济社会的能力不断提高。农业保险在防灾减损方面的作用不断提高，农险赔款及受益农户数量成倍增加，保险机构代收代缴车船税工作全面开展，车险快处快赔覆盖面进一步扩大，医责险统保工作加速推进，出口信用保险为支持宁夏内陆开放型经济试验区的发展提供了有力保障。

2. 保险业发展需要关注的问题

（1）退保风险增大。人身险退保支出增速较快，2012 年宁夏人身险公司退保金支出同比增长 11. 89%，高于保费收入增幅 3. 4 个百分点。简单退保率 6. 87%，同比上升 0. 21 个百分点，连续两年高于 5% 的警戒水平。

（2）结构调整的压力较大。2012 年，宁夏车险业务增速放缓，但占比仍然过高。全年车险业务保费收入同比增长16.93%，增速比上年下降8.98个百分点，占财产险业务的比重为85.12%，同比下降2.97个百分点，但仍高于全国平均水平9.99个百分点。

（3）流动性风险上升。2012年，宁夏人身险业务中新单业务不断下降，全年新单业务保费收入同比下降3.71%，下降趋势从1月起一直持续，尤其是在业务占比最高的分红寿险中，这种迹象更为明显。2012年宁夏人身险公司寿险业务满期给付同比上升12.98%，在新单业务收入下降的情况下，满期给付不断上升无疑使个别公司可能面临现金流不足的风险。

三、金融市场与金融稳定

2012年，宁夏金融市场总体保持健康平稳的发展态势。银行间市场交易活跃，票据市场规模扩大，货币市场利率震荡下行，黄金、外汇市场交易有所放缓。

（一）金融市场发展基本情况

1. 拆借和债券回购市场交易活跃，市场利率震荡下行

2012年宁夏同业拆借和债券回购交易规模稳步增长，成交量同比增长41.78%。市场成员有所增加，市场容量进一步扩大。货币市场利率波动较大，总体低于上年同期水平，全区质押式回购和拆借年加权平均利率同比分别下降31个和74个基点。

2. 债券市场交易量大幅增长，预期收益率有所上涨

2012年银行间债券市场现券交易量大幅增长，交易金额同比增长60.04%。现券预期收益率继续保持上涨态势，年平均收益率较上年同期高33个基点。

3. 票据市场规模扩大，票据利率持续下行。2012年宁夏商业汇票签发量和贴现量均大幅增加，增幅分别为19.7%和62.2%。票据市场利率总体呈下降趋势，贴现和转贴现年加权平均利率分别比上年低2.61个和1.57个百分点。贴现和转贴现之间的利差较上年明显收窄，比2011年低104个基点。

4. 外汇市场交易量下降，黄金交易出现分化

2012年宁夏即期询价交易成交量有所下降，交易金额同比下降16.43%。交易币种结构仍以美元为主，新增加元和英镑两个交易品种。全区商业银行个人黄金业务交易量同比下降24.35%。受黄金价格波动较大影响，以人民币计价的“纸黄金”交易量同比下降31.62%。实物黄金交易热度不减，全年实物黄金交易量同比增长17.77%。

（二）金融市场发展需要关注的问题

1. 关注市场直接融资功能的下降

2012年宁夏非金融企业融资量为513.5亿元，同比少增44.5亿元，其中贷款融资量占融资总量的90.6%。债券融资、股票融资等直接融资规模占比下降，直接融资占融资总量的比重较上年低3.2个百分点。

2. 关注汇率波动范围扩大带来的汇率风险

随着2012年4月央行将人民币汇率中间价波动范围由原来的0.5%扩大到1%，人民币对美元汇率双向波动性进一步增强。当前全区参与外汇市场的机构仅有宁夏银行一家法人金融机构，交易以

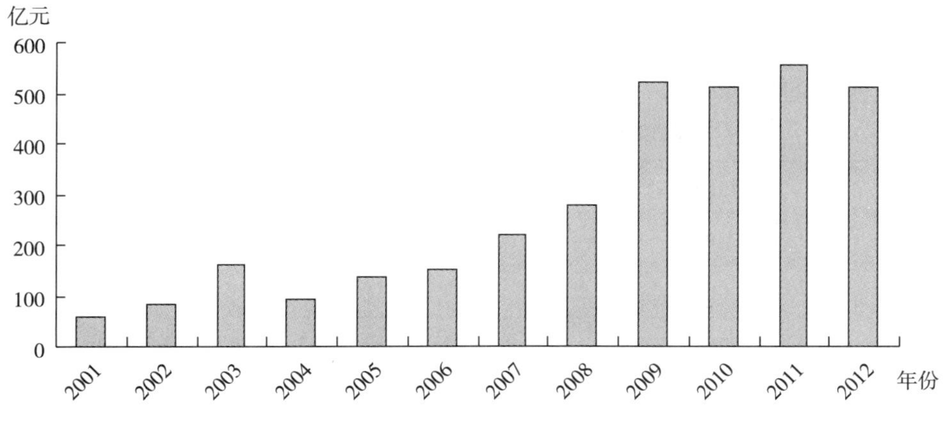

注：非金融企业融资总量指当年本外币贷款新增额、上市公司发行A股筹资额（含首发、增发和配送）、地方企业债券、可转换债券、短期融资券、中小企业集合债（包括发改委审批的中小企业集合债和交易商协会注册的中小企业集合票据）和外币债券等。

图6　2001—2012年宁夏非金融企业融资规模图

美元为主，汇率风险进一步加大。

3. 关注货币市场利率波动加大对全区金融市场的影响

从宁夏来看，2012年以来全区金融市场虽然继续保持平稳运行状态，但资金净流出、货币市场利率波动加大的问题仍然存在，加大了市场成员的流动性管理压力。

四、金融基础设施与金融稳定

2012年，宁夏金融基础设施建设有序推进，支付体系建设更加完善，征信体系建设成效不断增强，反洗钱和反假货币工作成效明显，金融管理与服务推向深入，金融生态环境持续改善，为全区金融稳定提供了重要的保障。

（一）支付体系建设更加完善

2012年，宁夏积极推进现代化支付体系建设，从服务两区建设、中国·阿拉伯国家经贸论坛的现实需要出发，进一步提升支付服务效率和质量，支付环境持续优化。全年全区各银行业金融机构通过支付系统共处理支付业务7 274万笔，金额9.5万亿元，同比分别增长36.63%和45.83%。全区使用非现金支付工具办理支付业务21 749万笔，金额4.4万亿元，同比分别增长31.2%和32.9%。全区银行卡累计发卡1 393万张，增长27.0%。银行卡消费金额755.28亿元，同比增长44.2%。

（二）征信体系建设成效不断增强

征信体系建设和服务水平加快提升，企业和个人新版信用报告、关联企业查询等产品顺利上线，机构信用代码推广应用全面开展，动产融资登记公示系统应用范围不断扩大，为金融机构和地方经济发展提供了更加丰富和优质的征信产品服务。截至2012年末，企业征信系统共收录全区各类企事业单位2.99万户，全年累计查询15万次；个人征信系统共收录全辖自然人320.5万人，全年累计查询125万次；全年共发放机构信用代码证95 046个，占全区基本存款账户数的99.74%，反洗钱部门累计查询机构信用代码信息11.2万次；动产融资登记公示系统累计登记1 740笔，为银行业金融机构提供动产登记信息查询2 340次。

表1　　2010—2012年宁夏征信系统基本情况表

系统名称	年份	入库户数（万人）	贷款余额（亿元）	日均查询次数（次）
企业征信系统	2010	2.51	1 605.1	271
	2011	2.74	1 925.2	322
	2012	2.99	2 270.2	412
个人征信系统	2010	296.28	640.8	3 305
	2011	309.08	791.6	3 230
	2012	320.51	931.19	3 425

数据来源：中国人民银行银川中心支行相关资料。

（三）反洗钱、反假货币工作成效明显

2012年，宁夏反洗钱工作的主动性、针对性和有效性持续提升。全年对224家县级以上金融机构反洗钱工作进行了综合考评，对23家金融机构开展了现场检查，并依法作出行政处罚。建立反洗钱评价预警系统和宁夏反洗钱监管档案电子库，实现反洗钱动态评价、风险预警与分类监管等工作有机结合。与自治区检察院签订《宁夏反贪污贿赂反洗钱工作协作配合暂行办法》，与自治区公安厅、工商行政管理局达成合作意向，逐步健全宁夏反洗钱合作机制。加大反洗钱培训宣传工作，全年开展反洗钱培训19次，培训人员4 800余人次，制作展板900块，发放宣传资料18万份，接受咨询800余次，宁夏金融机构反洗钱意识和风险防范措施得到增强。

2012年，宁夏反假货币工作联席会议办公室继续认真践行“打防并举，标本兼治，重在治本”的反假货币工作指导思想，延伸反假货币网络触角，将基层公安派出所反假货币工作站点辐射面扩大到89.2%。全年累计培训反假货币管理人员及一线工作人员4 419人次，不断提高从业人员业务素质。2012年，宁夏假币收缴总量较上年下降了7.47%，其中，公安部门假币收缴量较上年增长了10.15%，成功破获特大出售假币案1起，银行业金融机构柜面假币收缴量较上年下降了22.68%，净化了人民币市场流通环境。

（四）金融管理与服务推向深入

2012年，人民银行银川中心支行建立覆盖面广、体系完整、操作性强的“两管理、两综合”信息服务系统，实现了金融管理与服务工作的系统化、规范化、常态化和信息化。组织对2家国有商业银行在宁分支机构开展了综合执法检查，并针对检查发现的问题，采取约见谈话、跟踪检查等方式督促被查银行认真整改。全年共作出5件处罚，无1例诉讼、复议案件发生。稳步推进金融消费权益保护工作，全年共接受金融消费者咨询近百次，投诉12次，均全部协调解决，电话回访消费者满意率达到100%。全年受理金融机构开业申请14件，金融机构重大事项报告8件，金融机构合规经营意识显著提高。

五、总体评估与政策建议

（一）总体评估

2012 年，宁夏金融业整体稳健运行，区域金融稳定形势持续向好。运用区域金融稳定定量评估模型，从宏观经济、金融机构、金融生态环境三个方面构建指标体系，对 2012 年宁夏金融稳定状况进行量化评估。从总体评估结果看，2012 年全区金融稳定综合评估值高于上年综合评估值 0.0193，金融稳定总体形势持续向好。分析板块组成可以看出，宏观经济由于面临下行压力，综合评估值较上年下降了 0.0747。金融机构综合评估值较上年上升 0.0393，其中，银行业由于资产质量和盈利能力方面不断增强，综合评估值较上年上升 0.0575；证券业由于市场交易额增速下降，综合评估值较上年下降 0.0254；保险业由于保费收入增速相对较快，综合评估值较上年上升 0.0161。由于宁夏经济金融发展软环境得到不断优化，金融生态环境综合评估值较上年提高了 0.0531。

表 2　2010—2012 年宁夏金融稳定综合评估值表

模块名称	2010 年	2011 年	2012 年
总体评估	0.6062	0.6053	0.6246
宏观经济	0.5262	0.5217	0.4470
金融机构	0.7010	0.6641	0.7034
银行业	0.8233	0.8477	0.9052
证券业	0.1968	0.1084	0.0830
保险业	0.6396	0.3628	0.3789
金融生态环境	0.3603	0.3943	0.4474

数据来源：根据相关部门数据计算所得。

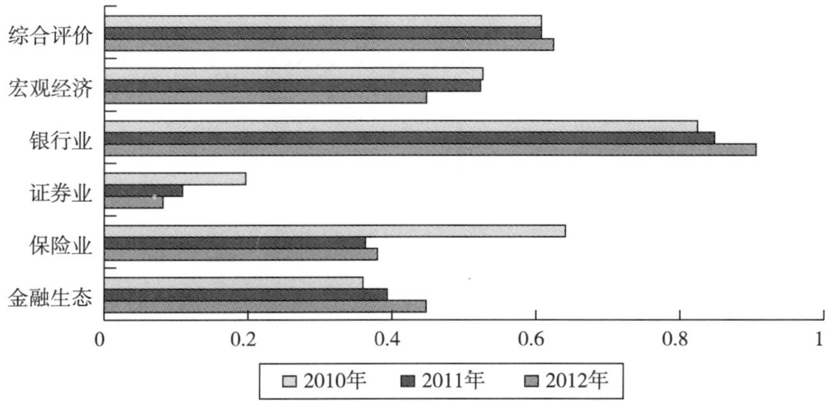

图 7　2010—2012 年宁夏金融稳定总体状况及组成部分对比图

（二）政策建议及措施

当前，国内外经济金融形势的复杂性和不确定性对维护金融体系的安全稳健运行提出了更高的要求。结合2012年宁夏经济金融运行的现实情况及存在的问题，提出相关政策建议如下。

1. 加大对实体经济的信贷投入

银行业金融机构应坚持服务实体经济的本质要求，围绕推进两大战略和两区建设，积极调整优化信贷结构，加大对重点项目、优势产业、县域、“三农”、中小微企业、民生领域的信贷投入，实现主导产业高端化，传统产业现代化，新兴产业规模化。

2. 进一步促进融资结构多元化

大力推动多层次资本市场的体系建设，拓展资本市场覆盖面和包容能力，鼓励和推动具备条件的企业通过上市融资、发行债券等方式扩大直接融资规模；优化证券期货市场的层次结构，为不同规模、不同类型、不同成长阶段的企业提供差异化的金融服务；加强市场融资产品工具的创新，引导社会资金真正服务企业发展，提升资本市场服务实体经济的质量和水平。

3. 深化金融监管合作

强化金融稳定协调机制和金融监管协调机制建设，促进金融监管信息交流共享，逐步探索建立非正规金融合作监测机制，防范非正规金融风险向金融体系传导。认真开展金融机构综合执法检查和综合评价，执行金融机构开业管理和重大事项报告制度，促进金融机构规范发展和金融业稳健运行。加强金融宣传教育合作，提升金融消费者防范风险意识，推动金融消费权益保护，保护消费者合法权益。

4. 加强金融风险防范应对体系建设

加大对区域性经济金融重点行业、金融机构重点业务领域的监测力度，及时发现异常情况和风险苗头，实现金融风险防范关口前移。认真开展稳健性现场评估和专项业务评估，及时做好相关风险的预警提示。完善金融风险应对预案体系，提升金融风险突发事件的应对处置能力，确保区域金融安全稳定。

总　　纂：李　宁
统　　稿：张　冀　夏　勇　闫广宁
执　　笔：李　斌　周　豹　杨　瑞　王奇志　行　颖
提供素材的有：中国人民银行银川中心支行金融稳定分析小组各成员部门

新疆维吾尔自治区金融稳定报告摘要

2012年，面对复杂多变的国际形势和国内经济下行压力，新疆积极围绕跨越式发展和长治久安两大历史任务，以稳中求进、进中求变为总基调，加强经济运行调控，大力推进重大基础设施、基础产业和重点民生工程建设，区域经济整体逆势上行，先于全国企稳回升向好，主要指标实现历史最好水平，经济增长的持续性、协调性明显增强，区域经济运行平稳。金融业进一步深化改革，拓展融资渠道，创新金融服务，信贷投放快速增长，金融市场规模不断扩大，风险防控能力逐年增强，整体保持稳健发展。金融基础设施持续完善，金融生态环境不断优化。新疆金融体系健康发展，金融稳定状况保持良好。

一、宏观经济环境

（一）综合经济实力大幅提升，为区域金融稳定提供良好外部环境

2012年，新疆全年实现地区生产总值7 530.32亿元，同比增长12%，高于全国4.2个百分点。三次产业对经济增长的贡献率分别为17.5%、47.3%、35.2%，拉动经济增长2.1个、5.7个、4.2个百分点。全区人均生产总值33 909元，增长10.8%。

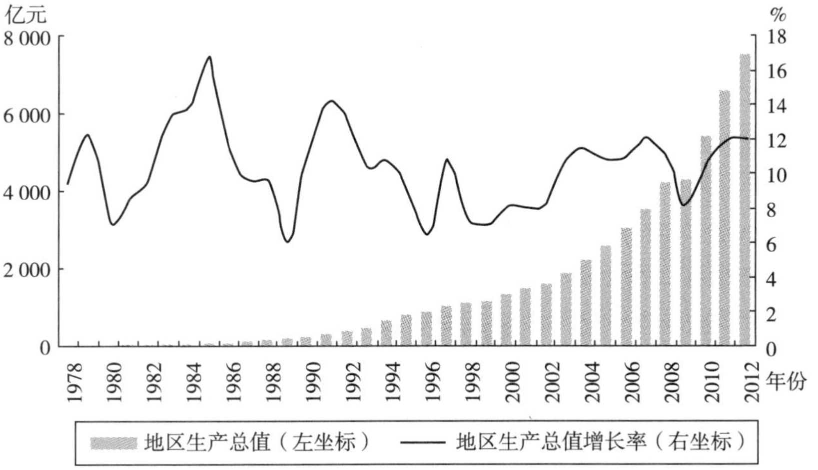

数据来源：2012年自治区统计公报。

图1 1978—2012年新疆生产总值及其增长率

1. 三次产业协调发展，产业结构进一步优化

农业生产稳步发展，现代化建设全面推进。全区积极实施以“调粮、减棉、增经、扩草”为重点的农业产业结构调整，现代农牧业基地建设、科技支撑、加工转化和市场开拓等工作取得重大进展。农牧渔业实现增加值1 320.57亿元，增长7.0%，高出全国平均水平2.5个百分点，其中，粮食生产实现“五连丰”，总产1 273万吨，增长3.6%；棉花总产量353.93万吨，增长22.2%，单产、总产量连续20年居全国首位；林果产量736.75万吨，特色农产品进入全国市场。

工业主导作用增强，结构调整趋向优化。全年工业实现增加值2 929.9亿元，增长12.7%，同比加快1.3个百分点，高于全国平均水平2.7个百分点。重工业依然是全区工业的主导。规模以上工业实现增加值2 804亿元，增长12.7%。非公有制经济增长21%，高于公有制经济增速10.3个百分点。地方工业增长22.4%，高于中央企业14.4个百分点，对经济发展带动能力逐步增强。

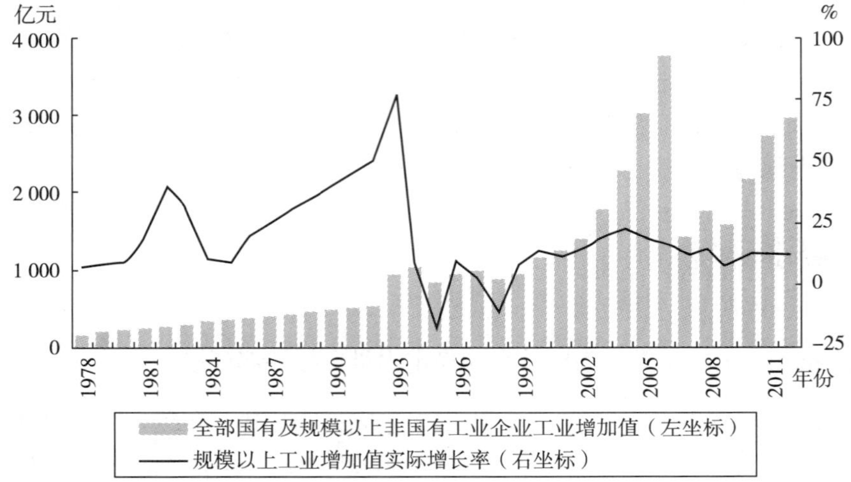

数据来源：2012年自治区统计公报、《新疆统计年鉴》相关资料。

图2 1978—2012年新疆工业增加值及其增长率

服务业迅速发展，金融旅游交通业贡献突出。全区服务业实现增加值2 608亿元，增长12.3%，较全国平均增速高4.2个百分点。其中，金融业、交通运输业等成为第三产业增长的新动力。全年金融业增加值364亿元，增长23.2%；旅游业实现总收入576亿元，增长30%；客运量增长9.8%，货运量增长19.4%。

2. 投资持续高速增长，内外需求稳步发展

固定资产投资再创新高，投资结构更趋优化。全年完成全社会固定资产投资6 258.38亿元，增长35.1%，增速居全国第1位。其中，工业投资占比为47.7%，对全区投资增长贡献率达到48%。第三产业投资占比38.4%，呈现快速发展；从投资类型看，国有和民间投资高速增长，分别增长30.8%、43.8%。民生类投资持续快速增长，占固定资产投资的22.1%。重点项目投资占全社会固定资产投资的36.1%，对投资快速增长的带动作用进一步增强。

居民收入持续增长，商品消费趋向多样化。全年城镇居民人均可支配收入17 921元，增长15.5%，农村居民人均收入6 394元，增长17.5%，城乡居民收入增速均居全国第1位。社会消费品零售总额1 798.99亿元，增长15.5%，高出全国平均水平1.2个百分点。统筹城乡协调步伐加快，城乡市场消费品零售额增幅差距逐步缩小。消费结构加快升级、衣着、家居、文化娱乐等享受型消

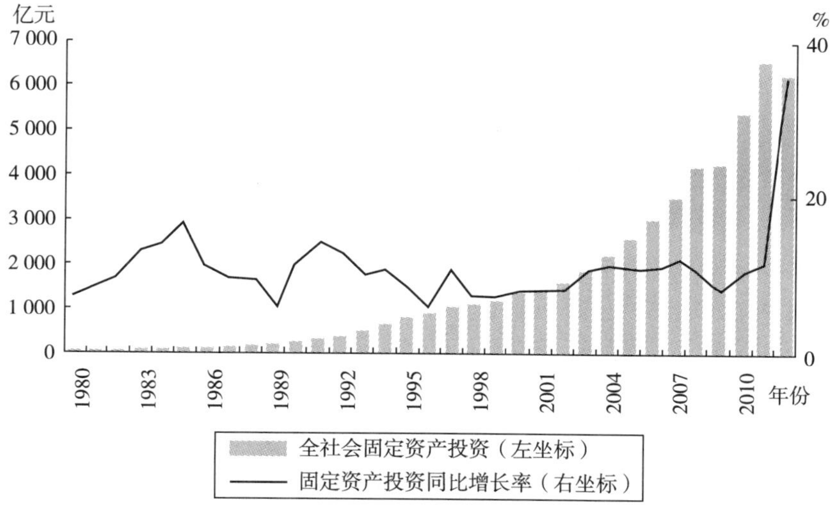

数据来源：2012 年自治区统计公报、《新疆统计年鉴》相关资料。

图3　1978—2012 年新疆固定资产投资及其增长率

费需求增加。受旅游经济带动，限额以上企业住宿和餐饮业营业额保持强劲增势。

对外贸易稳步增长，利用外资规模扩大。全年实现进出口总额 251.7 亿美元，同比增长 10.3%，规模列全国第 19 位、西部第 4 位。其中，出口 193.5 亿美元，同比增长 15%；进口 58.2 亿美元，同比下降 2.8%。实现进出口顺差 135.3 亿美元，同比增长 24.86%。利用外资规模和领域不断扩大，投资领域向金融、股权、高端制造领域拓展。全年使用外商直接投资项目 55 个，实际利用外资金额 4.08 亿美元，增长 21.8%。

跨境人民币业务稳步增长，业务领域不断拓宽。全年累计与 44 个国家和地区开展了跨境人民币业务，收付结算额 550.51 亿元，增长 2 倍。全年外商直接投资跨境人民币结算总额 20.14 亿元。外商投资企业利用跨境人民币投资资金总额，占全疆外商投资企业实际利用外资金额的 50.5%，提高了 13.8 个百分点，跨境人民币结算已成为新疆引入外资促进地方经济发展的主要结算方式。

3. 物价涨幅可控，消费品价格涨幅相对较快

居民消费价格涨幅回落，但与全国差距扩大。2012 年，新疆 CPI 同比上涨 3.8%，涨幅比上年回落 2.1 个百分点，但高于全国 1.2 个百分点，CPI 涨幅位列全国各省区第 1 位。食品、烟酒及日用品价格涨幅较大是新疆 CPI 涨幅与全国差距扩大的直接原因。乌鲁木齐市在全国 36 个大中城市居民消费价格涨幅排名第 1 位。

工业品价格小幅下降，农业生产资料价格上涨。受原材料价格上涨、劳动力成本上升、需求不足等因素影响，2012 年新疆工业生产者出厂价格和工业生产者购进价格同比分别下降 3.1% 和 2.1%，增速比上年分别回落 17.9 个和 26 个百分点。农业生产资料价格上涨 6.2%，农产品生产价格上涨 3.2%。

4. 财政收支保持稳定增长，增速有所回落

全年新疆地方级公共财政预算收入 909.1 亿元，增长 26.2%，增速回落 17.7 个百分点；但增速居西北五省首位，高于全国平均水平。地方公共财政预算支出 2 719.7 亿元，增长 19.1%，增速回落 15.4 个百分点。其中，民生领域支出比重连续两年在 70% 以上。2012 年，新疆安居富民工程、定

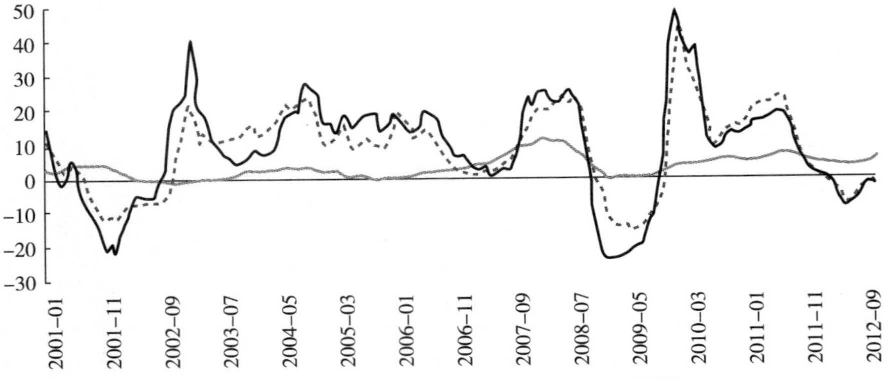

数据来源：2012 年自治区统计公报、《新疆统计年鉴》相关资料。

图 4　新疆居民消费价格和生产者价格变动趋势

居兴牧工程和定居兴牧水源工程全部竣工，南疆天然气利民工程已建成喀什—泽普、和田—泽普两条主干线，乌鲁木齐实施“煤改气”大规模清洁供热，启动“田”字路一期工程等着力解决环境污染、交通拥堵等民生问题。

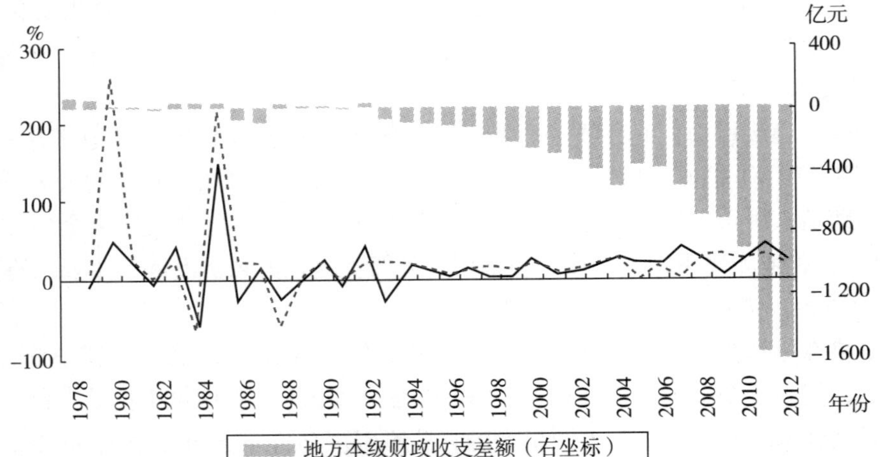

数据来源：2012 年自治区统计公报、《新疆统计年鉴》相关资料。

图 5　1978—2012 年新疆财政收支变动趋势

5. 房地产投资低位徘徊，市场交易大幅萎缩

在国家房地产宏观调控政策影响下，全区房地产开发投资增速低位徘徊，商品房成交量大幅萎缩，空置面积增加，销售价格缓慢爬升，房地产销售整体下降。2012 年，新疆房地产开发投资 606.09 亿元，增长 17.4%，超出全国增速 1.2 个百分点。全区商品房销售面积 1 430.31 万平方米，下降 17.2%，比上年回落 28.2 个百分点。商品房销售额 560.45 亿元，下降 8.6%，比上年回落 35.6

个百分点。

（二）需要关注的问题

1. 区域经济下行风险仍然存在

一是工业经济仍然不景气。受国内外市场因素等影响，全年规模以上工业利润下降7.5%，企业亏损面达28.9%；从抽样调查结果看，企业景气指数为62.1%，较上季度下降3.5个百分点，降至2009年第三季度以来最低水平。二是外贸进出口增长乏力。受外需市场疲软以及“俄白哈”关税同盟的影响，全年新疆进出口总额仅增长10.3%，低于上年22.9个百分点。三是经济结构调整任务艰巨。中央不断加大淘汰落后产能、调控房地产市场等调结构力度，对新疆经济增速的影响应密切关注。

2. 物价面临持续上涨压力

2012年，新疆CPI较年初有所回落，但依然高于全国1.2个百分点，物价持续保持高位运行。主要是农业生产资料价格持续上涨，带动食品类农产品价格全面大幅上涨，在预期推动下，农产品价格将长期向上；劳动力用工紧缺，劳动力价格上升，推动CPI上涨；固定资产投资指数持续走高，带动物价总体水平上涨。

3. 房地产市场销售低迷，对经济金融带来潜在影响

在国家“限购”、“限贷”的宏观调控政策影响下，新疆部分改善性需求被抑制，众多购房者投资置业欲望转入观望阶段，房地产交易大幅萎缩，房地产开发企业回笼资金压力增大，这些因素将直接或间接影响房地产及相关行业发展，如房地产的消费和投资，钢材、水泥、装修等关联行业，进而影响银行信贷资金安全。另一方面房地产企业负债比例过高，自有资金比重低，一旦房地产企业出现风险，绝大部分风险将转移给银行，对金融安全造成不利影响。

二、金融业与金融稳定

（一）银行业稳健发展，抗风险能力持续提高

1. 银行业运行情况

资产平稳增长，盈利能力持续提高。截至2012年末，全区银行业金融机构资产负债总额分别为16 745.99亿元、16 228.84亿元，分别增长19.17%和19.13%，增速逐年减缓。其中，地方中小法人银行资产规模增长较快，对银行业资产增长的贡献达到41.1%，国有银行、政策性银对银行业资产增长贡献为28.5%、18%；银行业金融机构实现利润210.13亿元，增长31.36%。国有银行、地方法人机构分别占利润总额的41%、34%。

存贷款再创新高，流动性整体良好。截至2012年末，新疆银行业金融机构人民币各项存款12 332.3亿元，增长18.71%，超出全国平均水平5.3个百分点，反映新疆经济总体情况及企业资金面略好于全国；人民币各项贷款7 914亿元，增长26.22%，增速居全国第2位，支持重点项目、重点行业、支柱产业、民生领域力度加大，较好地体现了国家加快新疆经济发展的政策意图。法人银行业金融机构资产流动性比例、超额备付率、存贷比分别为54.54%、11.88%、56.62%，均保持在监管范围内，流动性整体较充裕。

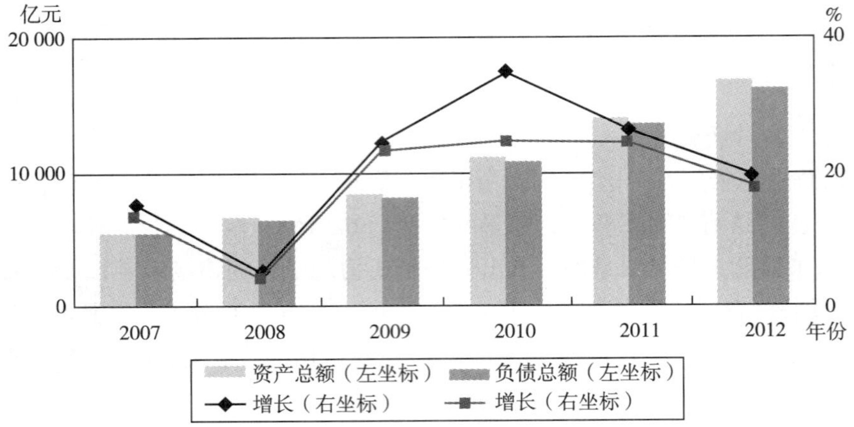

数据来源：新疆银监局相关资料。

图6　新疆银行业金融机构资产负债变动情况

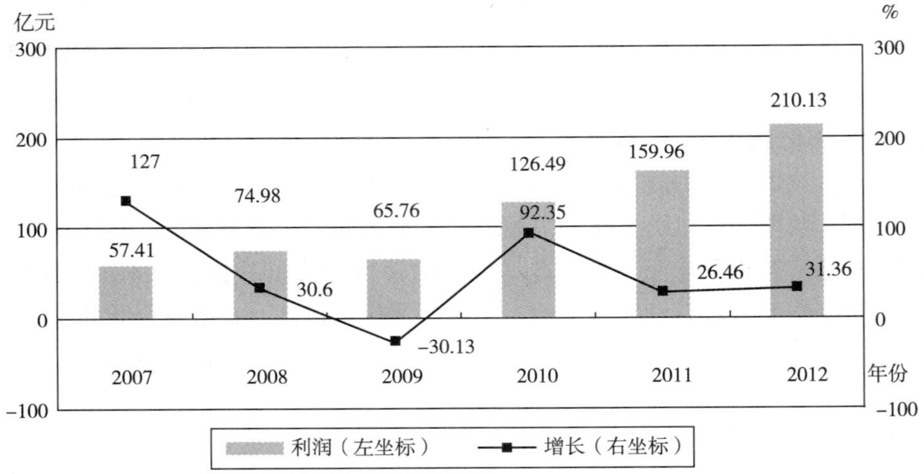

数据来源：新疆银监局相关资料。

图7　新疆银行业金融机构利润变动情况

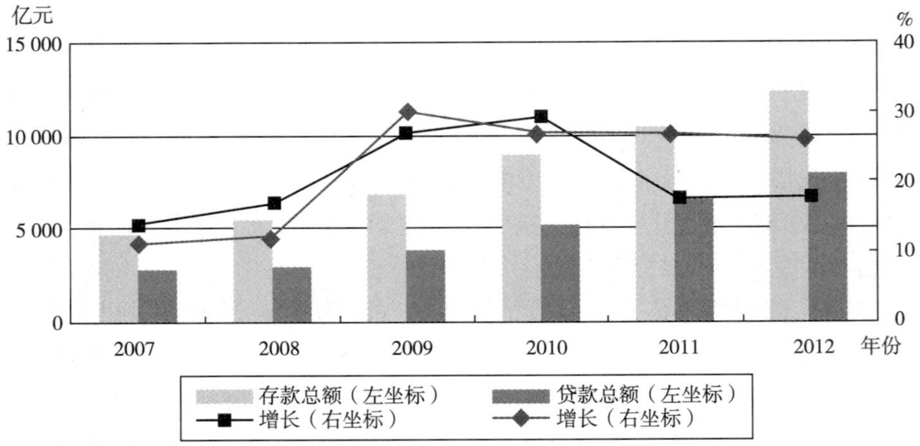

数据来源：中国人民银行乌鲁木齐中心支行信贷统计月报。

图8　新疆银行业金融机构存贷款变动情况

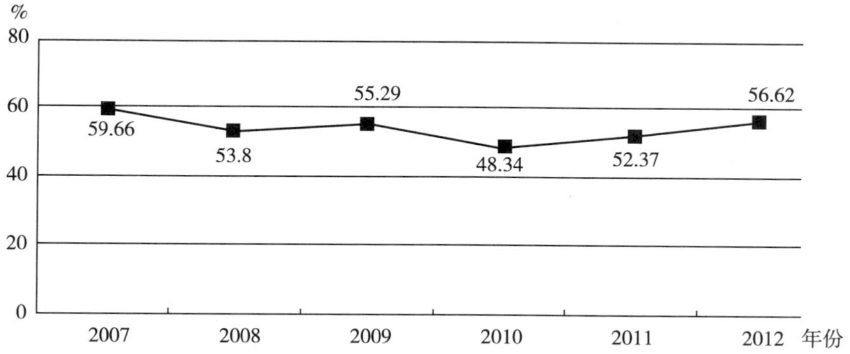

数据来源：新疆银监局相关资料。

图 9 新疆法人银行业金融机构流动性变动情况

资本充足率小幅下降，风险抵补能力有所减弱。2012 年末，新疆法人银行业金融机构资本充足率、核心资本充足率分别为 13.85%、13.08%，分别降低 1.13 个和 1.08 个百分点，但均高于监管标准。城市商业银行、农村合作金融机构、村镇银行资本充足率分别下降 3.23 个、0.75 个、0.93 个百分点。非银行金融机构资本充足率、核心资本充足率分别为 11.94%、11.01%，分别降低 5.31 个、4.71 个百分点。

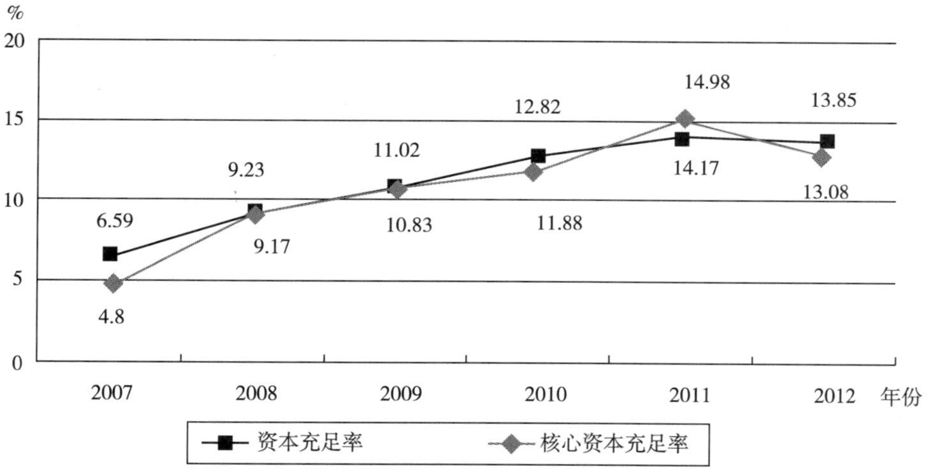

数据来源：新疆银监局相关资料。

图 10 新疆法人银行业金融机构资本充足率变动情况

不良贷款大幅增长，信贷风险有所显现。2012 年末，新疆银行业金融机构不良贷款余额增长 23.64%。不良贷款率 1.64%，降低 0.04 个百分点。地方法人银行不良贷款增加 14.2 亿元，增长 87.7%。主要是受宏观经济经济下行、企业经营效益下滑、信贷结构调整等影响，部分企业经营困难、效益下滑，直接影响信贷质量。

2. 银行业运行中需要关注的问题

信贷资金供需矛盾需要关注。2013 年新疆确定生产总值增长 11% 以上，固定资产投资增长 30% 以上，全区信贷资金需求十分旺盛。然而，新金融监管标准开始实施，银行资本考核压力加大。新

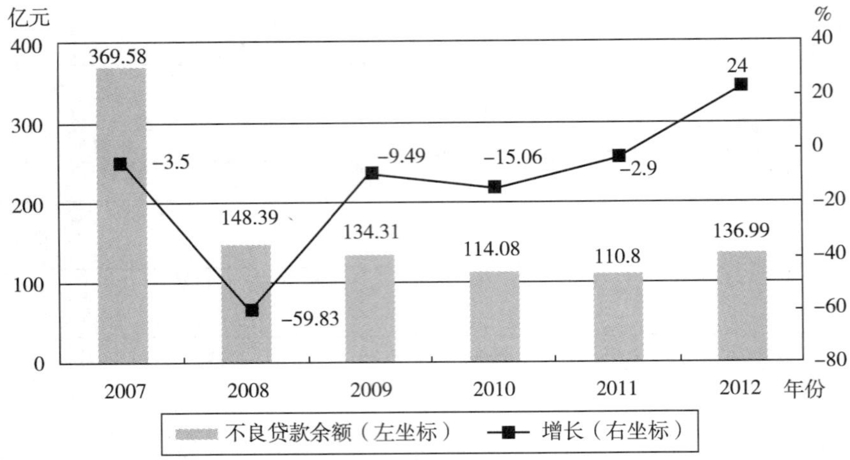

数据来源：新疆银监局相关资料。

图 11 新疆银行业金融机构不良贷款变动情况

疆存款增速连续三年低于贷款，差距不断扩大，2012 年末新增存贷比达 89.8%，高于全国 11.5 个百分点，加之存款行际分布不均衡，对贷款投放约束更加明显，银行信贷持续快速增长难度增加。

不良贷款增长较快，资产质量反弹压力大。2012 年，新疆银行业金融机构不良贷款大幅上升。法人银行机构不良贷款增长 87.7%，且连续 7 个月不良贷款增速超过 40%。部分政策性银行、国有银行不良贷款余额、不良贷款率出现大幅反弹，新增不良贷款占全区不良贷款总额的 68%。信贷资产质量向下迁徙风险需要关注。

企业资金链断裂风险影响信贷安全。2012 年以来，伴随着国内经济下行压力加大、货币政策调整，以及国外市场需求低迷等因素影响，新疆企业经营状况下滑，银行机构企业贷款不良率由 2011 年末的 1.66% 上升为 2012 年的 2% 左右。部分地区相继出现企业经营困难、资金链断裂，导致银行信贷风险加大的问题。据初步统计，2012 年，新疆有 8 家企业资金链断裂无法持续经营，受影响银行机构 12 家。

（二）证券业运行平稳，市场融资功能进一步发挥

1. 证券期货业运行情况

证券市场交易萎缩，证券机构盈利下降。2012 年末，新疆有证券公司 1 家，异地在疆证券机构 16 家，证券营业部 62 家。受股市波动低迷、市场竞争影响，证券交易和经营业绩大幅下降。全年证券交易总额 3 881.7 亿元，下降 23.22%，实现利润 3.08 亿元，下降 45.39%。法人证券机构宏源证券公司业务保持稳健增长，营业收入、净利润和每股收益分别增长 39.99%、34.71%、13.64%，综合实力在全国 109 家证券公司中排前 15 名，主要业务在全国排前 10 名。

期货交易规模下降，交易品种增加。2012 年，新疆有法人期货公司 2 家，异地在疆期货机构 2 家，期货营业部 10 家；全年期货交易下降 2%。交易总额下降 16.34%，交易数量和金额呈现“双降”。目前参与交易的 31 个期货品种中，14 个交易品种交易量下降。棉花市场份额下降最多，同比减少 17 个百分点。股指期货市场份额增加最多，同比增加 8 个百分点。

上市公司融资稳步增长，融资渠道不断拓宽。2012 年末，新疆共有 A 股上市公司 39 家，H 股上

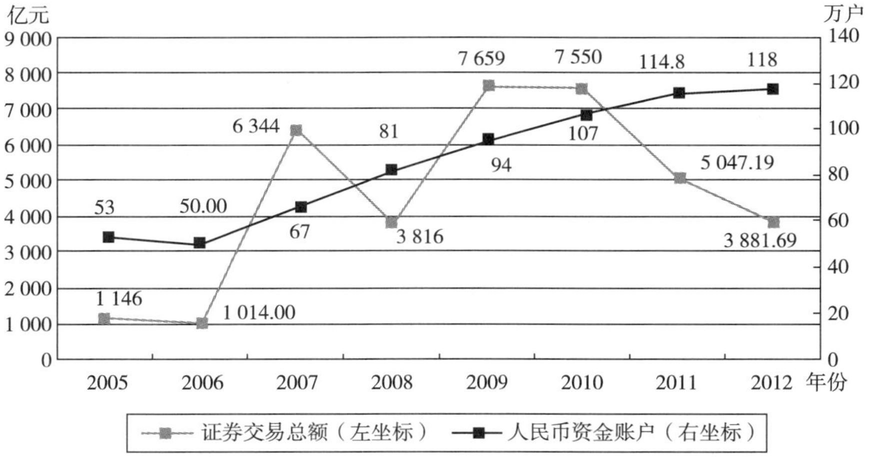

数据来源：新疆证监局、新疆证券期货协会相关资料。

图 12　2005—2012 年新疆证券交易、资金账户变化情况

市公司 3 家[①]，上市公司家数居西北五省区首位、西部 12 省市区第 2 位。A 股上市公司总股本 266. 68 亿股，增长 15. 07%；总市值 2 520. 93 亿元，增长 12. 86%。A 股上市公司境内融资 204. 29 亿元，增长 30. 32%。天山生物和新疆浩源 IPO 融资 6. 93 亿元；天山股份、青松建化、宏源证券实现增发融资 118. 56 亿元；中泰化学、金风科技、西部建设、天富热电、北新路桥、青松建化通过发行公司债融资 78. 8 亿元。

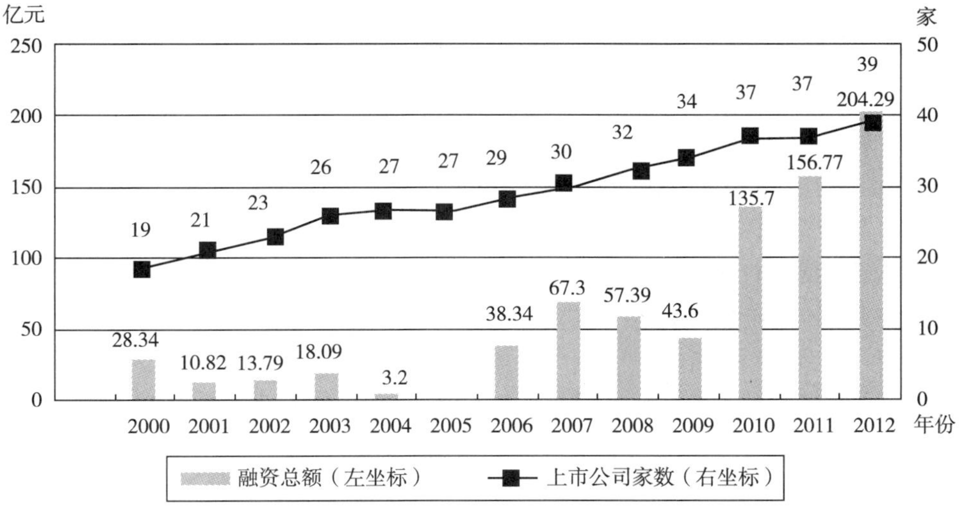

数据来源：新疆银监局相关资料。

图 13　新疆上市公司历年融资总额、上市公司家数变化情况

股权交易进一步规范完善，债券市场发债规模快速增长。自治区成立股权投资行业协会，组建新疆股权交易有限公司，加大股权投资企业培育力度。2012 年末，辖区有 366 家股权投资企业备案。

---

① 金风科技为 A + H 股。

新疆股权投资类企业已达592家，注册资本352亿元，持有市值约684.5亿元。股权投资类企业对地方实体经济投资达108亿元，税收贡献13.53亿元。全年辖区27家企业在银行间市场注册，发行债务融资工具34单、金额305.1亿元，突破300亿元大关，是2011年的1.54倍，实现新疆债务融资工具发行规模历史性突破。

2. 证券业运行中需要关注的问题

经营机构业务结构有待调整优化。证券期货经营机构服务同质化现象依然严重，"靠天吃饭"、"通道式"经营模式没有根本改变。证券经纪业务收入比重偏大，宏源证券经纪业务收入占营业收入的56.4%，多元化盈利模式尚未完全形成。期货市场依赖居间业务发展模式根深蒂固，利益分配方式短期难以根本扭转。

上市公司内控管理亟需提升和加强。上市公司规范意识不强，重大资产重组过程中信息保密工作存在较多问题，内幕交易现象时有发生。现有管理人员在履职独立性、有效性方面仍存在不足。另外是上市公司发展不均衡，个别上市公司风险较高，融资能力降低，潜在风险需要关注。

上市公司数量偏少，整体规模偏小。新疆39家A股上市公司数量占全国上市公司总数的1.56%，与内地及中部城市相差较大，与新疆政府期望的上市公司数量有较大差距；上市公司总市值占全国上市公司总市值的1.09%，明显落后于全区生产总值占全国1.45%的水平。

（三）保险业稳健发展，服务经济社会能力日益增强

1. 保险业运行情况

保险市场体系不断健全，市场竞争更加充分。2012年末，新疆保险市场共有保险主体28家，新增1家（泰康养老），其中产险公司15家，人身险公司13家。分支机构1 566家，新增53家。专业保险中介机构34家，兼业保险中介机构2 895家，城乡保险服务网络进一步建立健全。保险业资产总额494.46亿元，增长14.4%，占金融业资产比重的3%。保险深度3.13%、保险密度1 055.01元/人。

经营实力不断增强，市场结构趋于均衡。2012年，新疆保险业累计保费收入235.56亿元，增长15.69%，保费收入居全国25位，增速居全国第3位。财产险累计保费收入93.68亿元，增长19.32%；人身险累计保费收入141.88亿元，增长19.55%。财产险和人身险的市场份额比重由2011年的3:7发展为2012年的4:6，市场结构进一步优化。

服务经济社会发展能力日渐增强。全年保险业累计承担风险总额4万亿元，支付赔款和给付80.12亿元，增长39.38%。其中，财产险累计赔款支出50.35亿元，增长47.05%；人身险累计赔付29.77亿元，增长28.09%，充分发挥了经济补偿功能。

惠及民生险种发展迅速。全年农业保险保费收入19.23亿元，年增长26.16%。农业保险赔付13.09亿元，增长55.83%，理赔受益农户32.89万户。农村小额信贷保险保费收入增长46%，为39万人次农民提供风险保障，累计赔付2 500余万元。农村小额信贷保险、农业保险、农村新型合作医疗保险共同构建了新疆多层次的农村保险网。

2. 保险业运行中需要关注的问题

保险业转变发展方式日益迫切。当前，新疆保险机构经营中仍存在追求规模速度，习惯采用"设机构、增费用"外延式发展，现有的资本、人才等方面已不适应"三高一低"增长模式需求。

业务经营潜在风险加大。寿险产品销售过度集中于分红险，全年分红险保费收入占寿险业务比

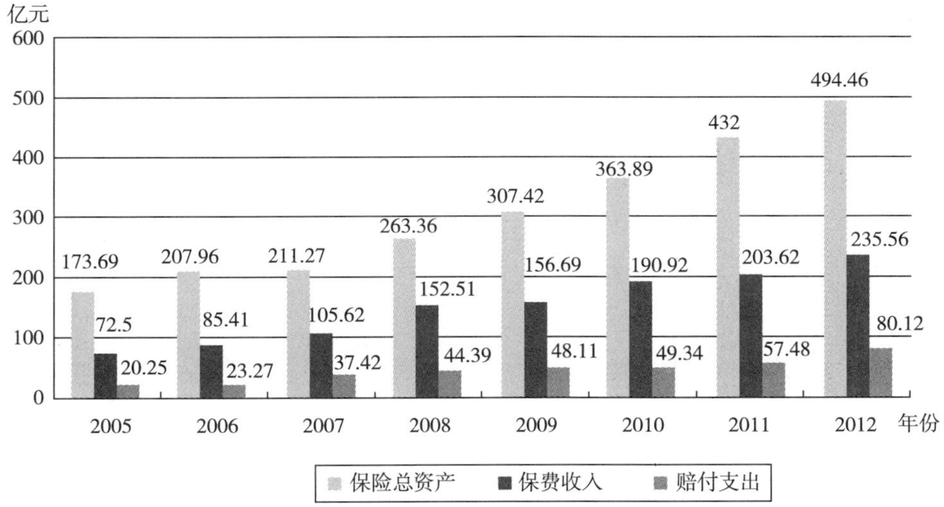

数据来源：新疆银监局相关资料。

图 14　2005—2012 年新疆保险业变化情况

重高达 80.12%，同比提高 2.03 个百分点。产险业务中车险比重过大，占产险保费收入的 64.55%，同比提高 1.81 个百分点，保持扩大趋势。保险业务结构矛盾突出，业务集中风险明显。

农业保险问题需要关注。新疆是全国农业保险重点试点省区，农业保险在快速发展、提高保障的同时，存在着定价机制设计不到位，产品老化，费率、保额等长期不变或调整幅度小等问题。目前，农险条例未对地方涉农机构的道德风险问题提出规范要求和惩处规定，农业大灾保险分散机制尚未建立，农业保险推进中遇到的问题亟待解决。

（四）金融业综合经营

2012 年，新疆银行业综合理财业务大幅下降，银证、银保的合作业务发展减缓，代理基金和年金托管业务保持快速发展，金融业综合经营稳步发展。

1. 金融业综合经营稳步推进

银行理财业务大幅下降。2012 年，新疆各银行机构共累计发行各项理财产品 4 384.12 亿元，下降 18.54%。从资金投向看，债券及货币市场、结构性等产品依然是主流。保证、保本收益类产品占全部理财产品的 64.5%。从增长情况看，有 7 家银行个人理财业务出现负增长，1 家银行暂停机构理财。

银证合作业务发展趋缓。2012 年，新疆有 11 家银行与券商开展第三方存管合作，合作客户达 95.86 万户，增长 5.5%，第三方存管业务客户资金余额 51.74 亿元，减少 14.4%。国有银行依然占据市场主导地位，市场份额达 95.3%。

银保合作业务发展减缓。2012 年，新疆有 16 家商业银行和保险公司开展业务合作，代理保险品种主要为分红寿险、企财险、意外险、交强险、综合险等，代理销售人身险保费收入 39.52 亿元，增长 1.04%，占人身险保费总收入的 29.7%，较上年减少 8.3 个百分点。实现中间业务收入 1.34 亿元，较上年减少 52%。

银基合作业务稳健发展。2012 年，各银行机构继续拓展基金代理业务，11 家银行共代理销售基金6 633只，增长3.5%。募集资金305.24亿元，增长84%，呈现稳健发展态势。

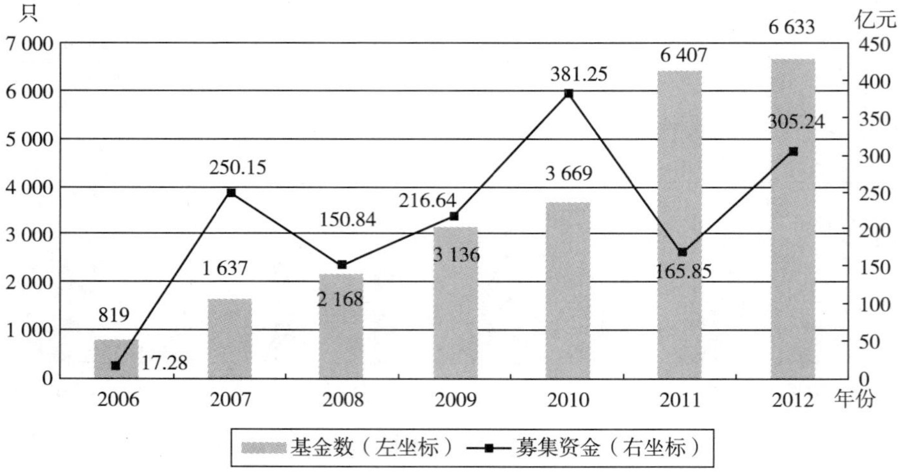

数据来源：新疆各银行机构相关资料。

图15　2006—2012年新疆基金业务变化情况

企业年金业务快速增长。2012年，新疆7家银行开办了企业年金托管业务，托管企业年金客户人数38.35万人，增长16.1%，托管年金资产24.17亿元。实现中间业务收入718.37万元，增长24.6%。

2. 需要关注的问题

理财产品存款化、表外化现象严重。目前，新疆大多数银行将理财业务纳入表外核算，部分银行甚至理财产品业务全面放入表外科目经营。加上理财产品具有较高收益，银行营销的个人客户资金较多转化为理财产品，造成理财产品表外化、存款化经营趋势明显，这不仅规避了表内业务的严格监管，而且间接削弱了央行信贷政策、准备金缴存调控政策效果。

交叉性业务风险认识和控制力不足。部分银行对交叉性业务风险的认识和控制更多停留在业务操作和开办层面，缺少全面、系统性的金融理财业务风险管控体系，缺乏交叉性业务非正常集中挤提、退保、投诉和上访等事件应对处置预案。部分银行与合作机构缺乏有效协调和客户投诉及应急补偿机制，遇到突发事件易出现权责不清、相互推诿等问题。

信息披露和风险揭示不充分。部分银行机构销售理财产品过程中过分强调投资收益，对投资风险提示较为笼统、模糊，面对客户疑问，解释较为规则、简单，产品运行期内未就产品收益变动趋势与客户及时沟通，到期低于预期收益或不能保证本金，引起客户不满或投诉，对客户权益和银行机构声誉造成损害，扰乱了市场秩序。

个别机构理财产品浮亏，潜在风险明显。从监测情况看，辖区个别地方法人机构理财产品出现浮亏，需要关注。

三、金融市场与金融稳定

2012年，新疆金融市场总体呈现较快发展态势，债券市场交易量大幅增加，银行间同业拆借市场交易渐趋活跃、交易量大幅增加，银行间外汇市场稳步发展，票据签发量稳步增长，黄金市场价格波动较大，外汇收支创历史新高。

（一）金融市场运行情况

1. 债券市场交易大幅增加

2012 年，全区银行间债券交易累计成交 3.81 万亿元，增长 74.86%。其中，质押式回购累计成交 2.28 万亿元，增长 1.3 倍，是银行间债券市场的主要融资方式；买断式回购业务累计交易金额 301.95 亿元，降低 15.38%；现券累计交易 14 942.75 亿元，增长 29.79%。

2. 同业拆借市场交易增加迅猛

全区金融机构共发生信用拆借金额 456.91 亿元，同比增加 8.51 倍，其中拆出资金 386.3 亿元；拆入资金合计 70.61 亿元。

3. 票据业务快速发展，市场利率维持低位

金融机构全年累计签发银行承兑汇票 909.2 亿元，同比增长 38%；银行承兑汇票贴现累计发生 2 172.3亿元，增长67%；商业承兑汇票贴现累计发生 34.8 亿元，增长 4.8 倍。票据市场价格维持低位。贴现加权平均利率 5.9639%，较上年回落 1.65 个百分点；转贴现加权平均利率 5.0676%，较上年回落 0.97 个百分点。

4. 黄金价格弱势震荡，交易量有所下降

新疆黄金价格在弱势震荡的基础上小幅走高，全区金融机构黄金业务交易量低于上年同期水平。2012 年，全区金融机构黄金累计交易 53 041.9 千克，同比减少 5 839.27 千克，下降 9.9%。

（二）金融市场运行中需要关注的问题

1. 直接融资规模仍需扩大

从新疆企业部门融资渠道看，银行贷款仍是其主要的资金来源，企业资金来源严重依赖银行信贷供给，但银行对中小企业贷款门槛较高，其资金很大比例来源于自筹。

2. 外汇管理难度进一步加大

2012 年以来，新疆外汇收支形势总体朝着宏观调控的预期方向发展，大额顺差状态不断改善。但受国际国内国经济增速放缓，以及人民币汇率等因素影响，新疆外汇资金双向波动明显，监测难度加大。

四、金融基础设施与金融稳定

（一）金融管理与服务工作全面推进，成效初显

2012 年，人民银行新疆各级分支机构加强组织领导，成立领导小组及办公室，明确责任部门及任务分工，健全制度体系，制定各项制度办法及实施细则，建立健全各项工作机制及工作流程，加强内外沟通，畅通联系渠道，建立横纵向、内外部沟通联系机制，“两管理、两综合”工作成效凸显。全年共受理新设金融机构及其分支机构 45 家，受理各类重大事项 424 项，对辖区 98 家银行业金融机构及其分支机构开展综合执法检查，处罚 16.7 万元。

（二）金融司法环境进一步改善

2012 年，新疆各级政府积极培育市场环境，维护金融市场秩序，组织开展相关法律制度修订完

善的论证工作，金融法制环境进一步改善；监管部门针对金融业运行中存在的问题和风险隐患，加强执法检查力度，规范执法行为，有效履行监督职责；金融机构注重个人金融信息保护工作，依法合规经营自觉性不断提高；各级司法部门积极完备法律条文，加强司法解释，优化执行环境，加大积案清理力度，司法环境进一步改善；全疆14个地州成立金融消费者权益保护机构，金融消费者权益保护工作逐渐走向正规化、制度化。

（三）支付结算体系稳健运行，农村支付环境日益优化

2012年，新疆支付结算体系进一步完善，结算服务能力进一步增强。全年共处理业务笔数1.05亿笔、金额30.55万亿元，同比分别增长6.48%和23.69%。大、小额支付系统业务量分别增长32.47%、15.19%。社保基金小额定期借记业务顺利运行。农村支付环境不断完善，全区县及县以下乡镇现代化支付系统接入率达到87.6%。预防和打击银行卡违法犯罪工作有效推进，全年银行卡违法犯罪案件立案254起，破获219起，抓获犯罪分子196人，涉案金额964.22万元，挽回经济损失528.96万元。

（四）反洗钱监管工作力度进一步加大

2012年，新疆反洗钱工作突出反恐融资，增强资金监测和反洗钱调查，有效发挥维护金融安全稳定作用。全年配合公安部门对275名涉恐嫌疑人员账户和交易开展调查，配合安全机关堵截涉恐资金转移案件1起。协助公安部门开展涉恐、涉毒、涉税等案件协查11起，协助破案2起，涉案金额1.7亿元；金融机构开展案件协查516次，冻结账户14户，涉及犯罪嫌疑人340余人。配合公安部门成功破获阿克苏亿元非法吸收公众存款案、博州重大虚开增值税专用发票案、克拉玛依非法传销案。年内发现和接收重点可疑交易线索73个，开展反洗钱调查23起，移送17起，被司法机关立案侦查4起。

（五）社会信用体系不断完善，征信系统应用稳步推进

进一步完善社会信用体系建设联席会议制度，全面落实机构信用代码推广应用工作，金融信用信息基础数据库系统应用范围不断扩大，数据质量显著提高。积极推动中小企业和农村信用体系建设，金融业统一征信平台建设取得实效。全年累计为未与银行发生信贷业务关系的2.9万户中小企业建立信用档案，促使中小企业取得银行融资258.8亿元。建立农户信用档案223.7万户，评定信用农户数185.7万户，累计发放档案农户贷款1 515亿元。推动新疆企业金融服务信息网正式上线试运行，建立新疆生产建设兵团企业信贷统计体系。加大征信宣传，创新将征信知识纳入新疆大学学分管理教育。成立兵团农牧团场征信宣传站，促进兵团加快信用工程建设。

（六）反假币工作成效显著

反假货币工作联席会议机制有效发挥，打击假币犯罪力度增大。全年共收缴假人民币960.62万元，收缴假外币2.51万元；协助公安机关立假币案件9起，破案7起，抓获犯罪嫌疑人16名；组织开展各类反假货币宣传活动200余场次，发放维、汉、哈、蒙等文字宣传资料80余万份。

五、总体评估与对策建议

（一）总体评估

2012年，新疆继续强力推进跨越式发展和长治久安两大发展任务，三大产业协调发展，产业支

撑能力不断增强，经济发展基础更加牢固。金融业保持良好发展势头，金融机构改革持续深入，银行业发展提速，信贷结构调整成效显著，证券业稳健运行，资本市场融资能力显著提升，金融市场交易活跃，融资结构进一步优化，金融生态建设继续优化，金融体系整体保持稳定。

（二）计量评估

以人民银行上海总部区域金融稳定定量评估指标体系为依据，结合新疆实际对指标进行了调整和修正，运用模糊隶属度对指标进行了标准化处理，通过调查问卷和层次分析法分别计算主客观权重，用综合赋权法计算评价目标的最终得分，再将宏观经济、银行业、证券业、保险业和金融生态环境指标评价得分加总得到金融稳定状况综合评价指数，以此计量评估新疆区域金融稳定状况。

表 1　　2007—2012 年新疆金融稳定综合评价表

年份	2007	2008	2009	2010	2011	2012
宏观经济	0.1224	0.0968	0.0885	0.1186	0.1318	0.1231
金融业	0.1467	0.2685	0.2183	0.4769	0.5186	0.4985
金融生态环境	0.1026	0.0919	0.081	0.0919	0.1014	0.1017
综合得分	0.3716	0.4572	0.3877	0.6874	0.7518	0.7233

从定量评估结果来看，2012 年新疆宏观经济、金融业指标得分较上年略有降低，金融生态环境指标较上年有所提升，金融稳定综合得分指数较上年下降 0.03。宏观经济指标和金融业指标得分下降主要是受宏观经济下行影响，利润总额、消费、对外贸易增速下降，银行机构不良贷款增加，利润增速下降等因素所致。金融生态环境指标得分较上年提高的原因是财政收入占地区生产总值的比重上升。

（三）相关政策建议

1. 加快经济结构战略性调整，推进经济金融可持续发展

大力推进新型工业化进程，加快油气、炼化及石油石化下游产品精深加工、非常规油气资源开发利用，加快清洁、节能和循环经济示范项目建设，培育一批超千亿元产业和超百亿元大企业集团，推进优势资源产业集群化发展，构建多点支撑的现代产业体系。加快园区基础设施建设投入和升级，推进信息化与工业化深度融合。落实好国家支持新疆 12 个重点产业发展差别化产业政策，推动优势产业扩大增量、优化结构、科学布局、做大做强。大力发展现代服务业，支持地方金融机构加快发展，拓宽融资渠道，加强信贷引导，保持信贷合理快速增长，保障“三化”建设和重点项目资金需求。全面实施区域发展总体战略，促进新型城镇化和区域经济协调发展。

2. 持续推进金融改革，不断提升金融实力

继续深化金融改革，增强服务理念，改进业务流程，创新金融产品和服务，推动业务发展转型，走差异化、特色化发展战略，促进金融业务和金融服务有序竞争。加快地方中小法人金融机构改革，完善公司治理，转变和完善经营机制，构建资本维持和补充长效机制。加快农村合作金融机构改制农村商业银行步伐，支持设立新疆银行，支持新设村镇银行、农村金融互助社等农村金融机构，稳步发展小额贷款公司等新型金融组织，不断完善区域金融组织体系；支持证券公司开展业务创新，拓宽收益来源，提高盈利水平。积极培育优质上市公司后备资源，推动各类企业上市融资和上市公司再融资。进一步推进债券市场发展，促进债券产品创新，增加债券融资规模；进一步规范保险市

场，促进保险业务创新，优化业务结构，扩大保险覆盖面，拓宽保险服务领域，完善保险服务体系。深入推进政策性农业保险，增强保险对“三农”的服务保障。

3. 强化风险监测预判，增强金融体系稳健性

密切关注国际国内经济运行情况，加强对地方融资平台、房地产、产能过剩行业的风险监测，关注企业资金链状况、企业主出逃事件等风险因素，切实防范银行机构不良贷款反弹风险。加强中小法人金融机构流动性风险、信用风险、操作风险等监测分析，对突出风险开展风险提示，采取有效措施，维护区域金融安全。加强跨行业、跨市场等交叉性金融风险监测评估，重点关注金融理财和银证、银保合作中的欺诈行为、销售误导和恶性竞争等扰乱市场秩序的行为，特别重视各类理财产品、商业银行表外业务、金融机构跨业经营、上市公司从事类金融业务等风险的监测与评估。加大对具有融资功能的金融组织、民间借贷等风险的监测力度，密切关注违规和异常经营行为，增强风险监测评估的有效性和前瞻性。健全风险防范机制和应急预案，对金融风险做到早发现、早报告、早处置，确保不发生系统性、区域性金融风险。

4. 推进金融基础设施建设，优化金融生态环境

进一步推进支付体系建设，加快支付结算产品创新，提高支付结算服务水平。大力推进信用体系建设，拓宽企业和个人征信系统信息覆盖面，提高企业和个人诚信意识，完善信用信息归集、共享、运用和惩戒机制，营造良好的社会信用环境。加强反洗钱、反假币工作力度，严厉打击反恐融资、洗钱、制贩假币等犯罪活动。加强金融监管协调合作，实现金融监管信息共享，提升监管合力。继续推进金融生态示范县市（团场）试点，培育良好的市场环境、法制环境，创建完善的金融生态环境，为区域金融业健康快速发展奠定良好基础。

总　　纂：尚　晓
统　　稿：庞小红　杨长伟
执　　笔：杨长伟　白文梅　赵　强
其他参与写作人员（按姓氏笔画排序）：
马晓丽　冯怀珠　任云珠　宋雪丽　李泽华
邹兴军　郑永忠　杨　涛　郭　海　梁　娟
高英瑜　梁非坤　戚　磊

大连市金融稳定报告摘要

2012年，大连市国民经济继续保持平稳快速发展，宏观调控取得预期效果，全市地区生产总值同比增长10.3%，经济运行整体呈现平稳较快增长、结构不断优化、民生持续改善、社会和谐稳定的良好局面，为区域金融稳定创造了良好的外部环境。但是在外部环境依然严峻的大背景下，大连市经济下行压力依然较大，要密切关注经济增长内生动力、外贸出口、信贷结构调整、流动性管理等方面的问题。

一、区域经济运行与金融稳定

（一）经济整体形势良好，金融稳定基础坚实

1. 经济发展稳中有增，产业结构优化步伐加快

2012年，大连市实现地区生产总值7 002.8亿元，按可比价格计算同比增长10.3%，增速同比下降3.2个百分点。上半年，受宏观经济形势不利影响，石化、电子、制造业等行业面临着外部需求萎缩和内部成本上升等困难，下行压力较大。年内大连市出台多项“稳增长”政策措施，安排2亿元资金支持企业技术改造，投入3亿元资金支持外经贸发展；大力拓展融资渠道，实现融资总额2 500亿元。奇瑞汽车、远东工具等一批重大项目落户大连，为工业经济注入新的活力，全年规模以上工业增加值增长11%。石化、装备、造船等一批千亿元级产业集群形成雏形，高新园区软件和信

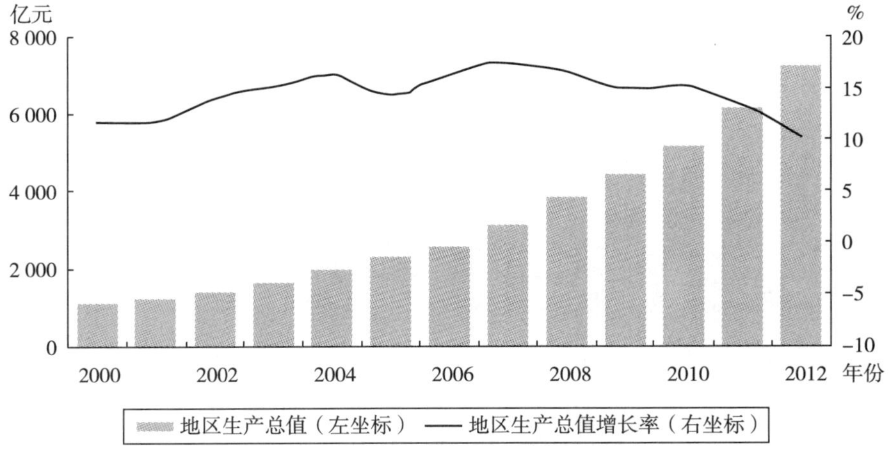

数据来源：大连市统计局相关资料。

图1　历年大连市地区生产总值增长情况图

息技术服务、大连湾装备、金州新区电子信息三个集群成为国家新型工业化产业示范基地，促进了大连市工业经济转型升级。

2. 固定资产投资稳中回升，重点项目发展提速

2012 年，大连市完成固定资产投资 5 624.4 亿元，同比增长 23.5%。其中，建设项目投资 4 227.9亿元，同比增长 22.7%，房地产开发投资 1 396.5 亿元，同比增长 26.1%。国际会议中心、大连北站等重大项目相继竣工，对投资的增长起到显著的拉动作用，150 个重点实施项目完成投资 1 400亿元。全市辽宁沿海经济带 19 个重点区域完成固定资产投资 4 339 亿元，实际使用外资 98 亿美元，分别占全市的 76% 和 80%，为支撑全市经济平稳较快发展作出了重要贡献。

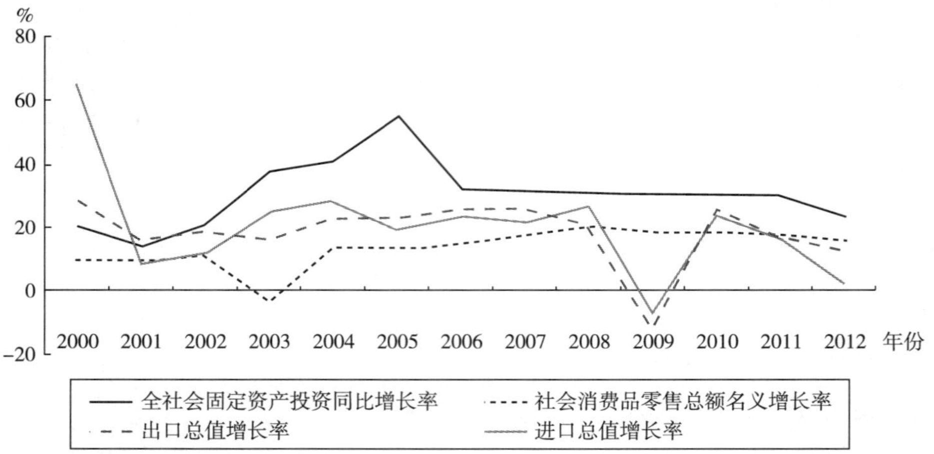

数据来源：大连市统计局相关资料。

图 2 大连市三大需求增速变动趋势图

3. 促进外贸增长政策出台，推动外贸平稳较快增长

2012 年 8 月，国家发改委下发《中国东北地区面向东北亚区域开放规划纲要（2012—2020）》，强调要充分发挥大连在东北地区对外开放的龙头作用，增强辐射带动作用，加快大连东北亚国际航

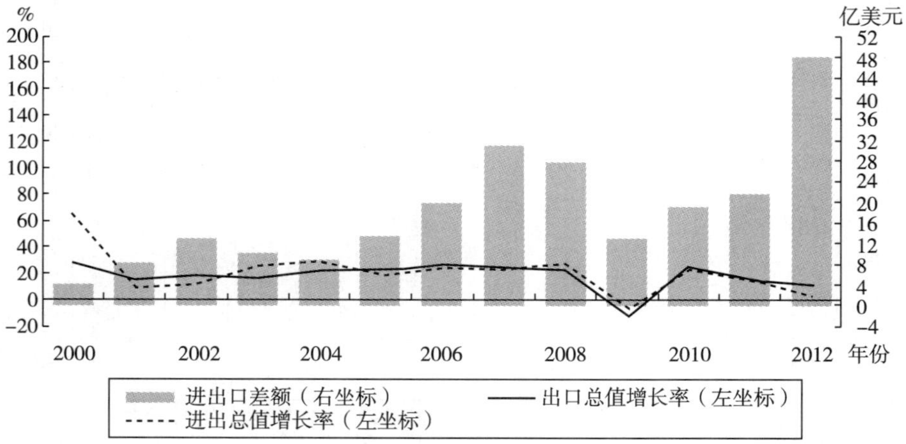

数据来源：大连市统计局相关资料。

图 3 大连市进出口变动情况图

运中心、国际物流中心、区域性金融中心和现代产业聚集区建设。大连市陆续出台支持政策，对大连市外贸产生积极的推动作用。2012 年，全市外贸自营进出口总值为 625.6 亿美元，同比增长 7.4%。其中，出口 336.9 亿美元，同比增长 12.1%；进口 288.7 亿美元，同比增长 2.5%，实现贸易顺差 48.2 亿美元。

4. 财政收支不断扩大，民生支出继续领涨

2012 年，大连市公共财政预算收入 750.1 亿元，同比增长 15.2%；全市公共财政支出 891 亿元，同比增长 21.2%。2012 年，全市财政用于教育、医疗卫生、社会保障、文化体育、城乡社区事务、公共交通运输等民生方面支出 563.3 亿元，同比增长 30.4%。其中，市本级 266.3 亿元，同比增长 37.2%，高于一般公共服务支出增速 24.4 个百分点。

5. 全市居民人均可支配收入不断提高，农村消费持续释放正能量

2012 年，大连市的城市居民人均可支配收入 27 539 元，同比增长 13.4%；农民人均纯收入达到 15 990 元，同比增长 12.5%。全市社会消费品零售总额 2 224 亿元，同比增长 15.5%。全年居民消费价格指数（CPI）同比增长 3.4%，其中，食品、非食品价格分别上涨 2.5% 和 2.8%，消费品上涨 2.9%，服务项目上涨 2.3%，食品、居住类价格同比涨幅收窄，引发 CPI 涨幅回落，实现了物价涨幅调控在 4% 的年初设定目标。

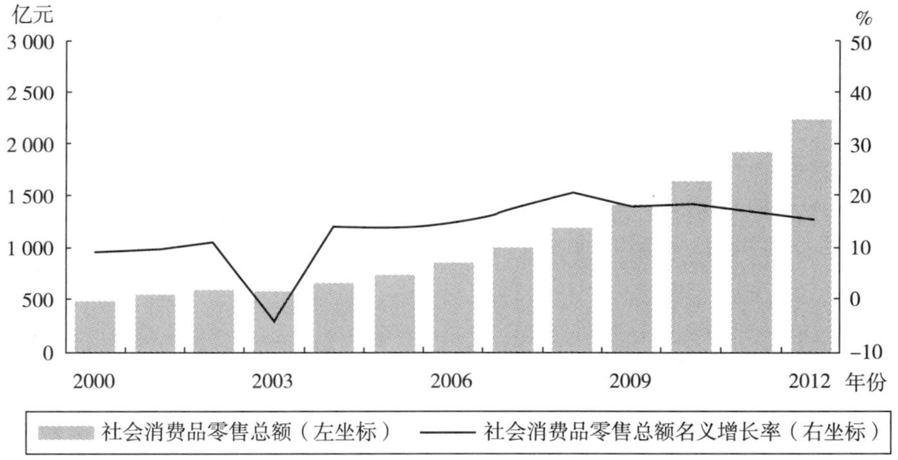

数据来源：大连市统计局相关资料。

图 4 大连市社会消费品变动情况图

（二）区域经济运行中不利于金融稳定的因素

1. 经济增长内生动力不足，结构性矛盾仍然存在

2012 年，大连市经济稳中趋缓，虽然主要经济指标保持上升态势，但从经济增长的主要驱动力来看，投资主导且靠政府驱动的特征依然明显，居民消费对经济拉动作用依然不足。此外，受欧洲债务危机持续发酵、国内经济增长趋缓、生产要素成本上升等影响，今后一段时期经济将步入低速稳定增长，增长方式将主要依靠“消费—投资”双轮驱动，因此，加快经济结构调整，实现产业转型升级成为大连市经济持续稳定发展的必由之路。

2. 外贸出口面临不利形势，行业单一易受国际市场影响

日本为大连市最主要的贸易伙伴，2012 年，大连市对日本外贸进出口占同期全市外贸进出口的 20.1%，而中日钓鱼岛问题争端前景难以明朗，大连市对日外贸充满不确定性。2012 年大连市船舶出口同比仅增长 2%，未来一段时间恐难有改观。大连市原油进口来源地多为中东等局势不太稳定的地区，给能源供应安全带来较大隐患；出口方面，受内销比例限制影响，2012 年大连市成品油出口同比下降 18.7%。大连市龙头企业行业较为单一，若受政策和国内外政治经济因素影响产生较大变动，将对大连市外贸出口形势产生较大影响，不利于大连市外贸整体协调发展。

二、金融业与金融稳定

（一）银行业运行状况及风险分析

2012 年，大连市银行业金融机构总体发展平稳，存款增速企稳回升，稳定性有所增强；贷款增长平稳，增量超过上年同期；贷款利率大幅走低，企业融资成本明显下降；不良贷款有所上升，利润水平有所下降。但同时，需持续关注经济增长率下降、信贷需求回暖、资产质量下降以及委托贷款交易活跃等问题所带来的潜在风险。

1. 银行业运行状况

（1）存款增速企稳回升，稳定性有所增强。2012 年，大连市存款增速在经历了前两个月的持续下降后，在 2 月创 4.4% 的历史低点，此后存款增速小幅回升，第四季度回升速度加快，增速下滑势头得到扭转。截至年末，大连市金融机构本外币各项存款余额 10 767.8 亿元，同比增长 14.6%，增速创 18 个月以来最高，扭转了连续 20 个月低于全国平均水平的状况；全年新增 1 374.1 亿元，同比多增 860.3 亿元，各季增量分别为 159 亿元、360 亿元、357.9 亿元和 497.2 亿元。

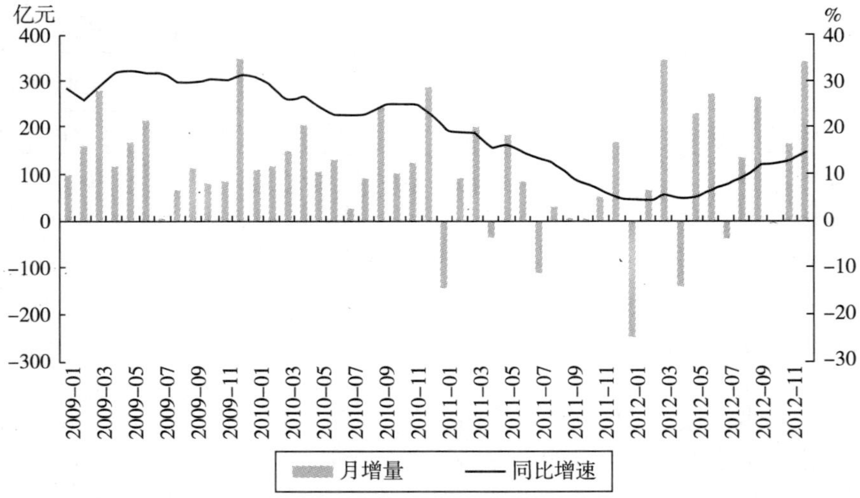

数据来源：中国人民银行大连市中心支行相关资料。

图 5 2009 年以来金融机构存款增量、增速走势图

（2）贷款增速触底反弹，增量超过上年同期水平。2012 年前期大连市贷款增速基本延续了 2011 年以来持续放缓的趋势，并在 7 月创 5 年来新低，8 月开始反弹，并在年末出现较大幅度拉升。截至年末，大连市金融机构本外币各项贷款余额 9 111. 7 亿元，同比增长 15. 1%，比年初低 1. 2 个百分点，但比第三季末高 0. 1 个百分点。全年新增贷款 1 193. 4 亿元，同比多增 82. 5 亿元，其中外币贷款增加 37. 1 亿美元，同比多增 16. 2 亿美元，人民币贷款同比少增 48. 7 亿元。

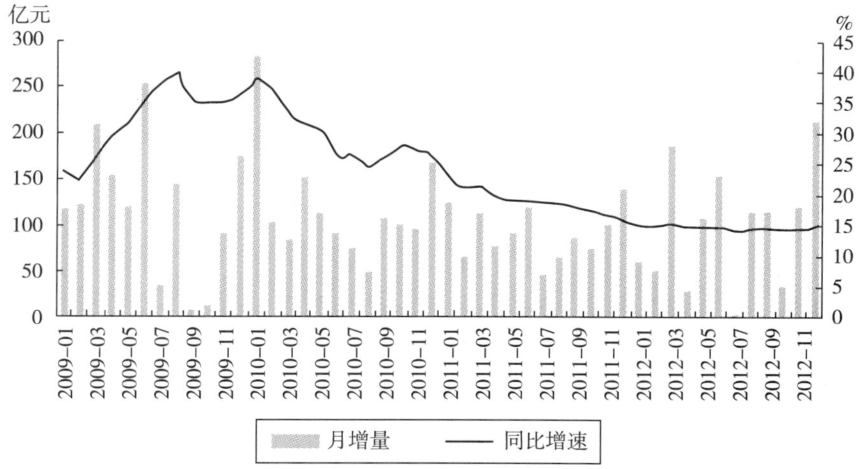

数据来源：中国人民银行大连市中心支行相关资料。

图 6　2009 年以来金融机构贷款增量、增速走势图

（3）贷款利率大幅走低，企业融资成本明显下降。2012 年第一、第二季度，大连市新发放贷款加权平均利率基本维持在上年度第四季度的水平。6 月、7 月两次降息并扩大对公贷款下浮区间后，全市金融机构贷款利率连续两个季度环比下降。第四季度全市金融机构新发放贷款加权平均利率仅为 6. 9%，环比下降 0. 3 个百分点，比上年第四季度下降 0. 7 个百分点。

（4）不良贷款有所上升。2012 年，受经济增长持续放缓，国际贸易额下降，内需不足，企业订单减少等多重因素的影响，大连市金融机构资产质量状况有所下降，自 2009 年以来的不良贷款余额、比率“双降”局面于 2012 年出现拐点，不良贷款余额、比率“双升”。年末全市银行业不良贷款余额 109 亿元，同比增加 34. 4 亿元，不良贷款率 1. 2%，同比上升 0. 3 个百分点。

（5）利润水平有所下降。2012 年，大连市金融机构实现税前利润 178. 6 亿元，同比减少 7. 5 亿元，下降 4%。具体看，实现净利息收入 340. 9 亿元，同比增加 50 亿元，增长 17. 2%，对税前利润增长的贡献度为 190. 9%；实现中间业务收入 53. 5 亿元，同比增加 4. 7 亿元，增长 9. 7%，对税前利润增长贡献度为 30%；营业支出 172. 74 亿元，同比增加 27. 21 亿元，增长 18. 7%；资产减值损失 64. 43 亿元，同比增加 44. 91 亿元，增长 230. 04%。

2. 银行业风险情况分析

（1）潜在经济增长率下降，银行经营环境面临挑战。2012 年我国经济增速 7. 8%，是 1999 年以来最低值，经济增长率的下降，使银行传统经营模式受到挑战。一方面使宏观经济增速预期目标放缓，导致产业结构加快调整，从而迫使央行调控的政策取向和工具选择发生变化；另一方面使货币供应减少，相应贷款增速放缓，银行依靠规模扩张的粗放型发展模式将难以为继。在这种背景下，大连市银行业金融机构尤其是法人机构能顺应市场变化，加快信贷结构调整、改变传统经营理念、提高服务质量，是其迅速发展的关键。

（2）信贷需求回暖，结构仍需优化。近几年大连市不断加大产业结构调整，但银行信贷资金集中于传统产业及公共领域的状况并未明显改善。2012 年，全市传统服务业批发零售业新增贷款 168.5 亿元，公共投资领域新增贷款 121 亿元，两者合计占新增贷款的 24.2%，而大力发展的信息传输、软件和信息技术服务业仅新增贷款 10 亿元。大连市银行业金融机构需进一步优化信贷结构，加大对项目建设、重点产业及优势行业的资金投入，切实提高对经济社会发展重点领域和薄弱环节的支持力度。

（3）表外业务垫款有所增加，风险不断显现。2012 年，大连市银行业表外业务垫款 8.2 亿元，较年初增加 5.1 亿元，同比多增 4.8 亿元，特别是银行浮亏理财产品账面余额 8.6 亿元，较年初增加 2.8 亿元。委托贷款风险也不容忽视，全年委托贷款余额 585.8 亿元，同比增长 32%，高于同期贷款增速 16.9 个百分点，而限于企业资金管理模式的复杂性，委托贷款的风险难以有效把控。

（4）资产质量下滑明显，金融资产风险上升。2012 年，在国内外经济增长趋缓，石化、制造等行业产能过剩问题日益突出，航运、船舶等周期性波动行业不景气，以及辖内特殊事件的影响下，大连市金融机构资产质量下滑明显。2013 年虽然经济趋于向好，但部分企业特别是出口加工贸易企业，信贷风险仍有可能上升。如果不良贷款继续增加并超过银行的消化能力，将给全市的授信总量、信用环境乃至金融稳定产生一定冲击。同时，截至 2012 年末，大连市房地产业及平台类贷款余额超过 3 000 亿元，占全部贷款余额的三成以上，这一领域的风险也应高度关注。

（5）资本充足率低位徘徊，风险覆盖指标有所下降。自 2008 年以来，大连市的贷款余额由 4 062.7亿元增加到 9 111.7 亿元，年均信贷增量在 1 200 亿元以上。这种信贷规模的急剧扩张，消耗了大量的资本，使法人机构资本充足率有所下降。在《商业银行资本管理办法（试行）》实施后，较低的资本充足率将导致银行资金供需存在一定程度的缺口。同时，2012 年末，大连市银行业贷款损失准备充足率 186.3%，较年初下降 16.3 个百分点；拨备覆盖率 176.6%，较年初下降 24.9 个百分点，显示银行业抵御风险的能力有所下降。

（二）证券业运行状况及风险分析

2012 年，大连市辖区证券交易规模和证券公司盈利水平明显下降；期货经营机构盈利水平有所下降；上市公司运行良好，后续发展潜力较大。同时，大连市证券、期货业仍然存在经营业务种类单一、行业竞争激烈、违规经营等风险。截至 2012 年末，大连市共有证券公司 1 家，证券分公司 1 家，证券营业部 56 家，期货经纪公司 4 家，期货营业部 71 家，上市公司 27 家。

1. 2012 年证券业运行情况

（1）证券行业总体运行平稳。2012 年，大连市新增证券营业部 2 家，证券市场客户资产总计 1 688.2亿元，同比下降 0.1%；沪深两市投资者资金账户 149 万户，同比增长 4.9%；累计证券交易金额 6 991.2 亿元，同比下降 7.1%。证券经营机构全年实现利润总额 3 831.4 万元，同比下降 78.8%，56 家营业部 27 家盈利，29 家亏损。

（2）法人证券公司发展良好。大连市现有大通证券 1 家法人证券公司。截至 2012 年末，大通证券资产总额为 91.8 亿元，同比增长 53.7%；负债总额为 59.6 亿元，同比增长 108.3%；净资产为 32.3 亿元，同比增长 3.6%。大通证券全年累计证券交易总额 3 034.3 亿元，同比下降 11.3%；实现营业收入 4 亿元，同比增长 24.3%；实现净利润 5 717.9 万元，同比增长 255.8%。

（3）期货经营机构盈利水平下降。截至2012年末，大连市期货经营机构客户保证金64.8亿元，期货代理交易额13.9万亿元。2012年12月1日，新《期货交易管理条例》开始实施，“五位一体”期货监管协作机制逐步完善，监管力度进一步加强，期货经营机构合规经营成本明显提高。2012年，71家期货营业部中有44家亏损，亏损面达61%。

（4）上市公司运行良好，后续发展潜力大。截至2012年末，大连市27家上市公司中A股公司24家，B股公司2家，发行A、B两种股票公司1家；上市公司总市值1 544亿元，同比下降7%，全年累计实现融资总额147亿元。总体上看，大连市辖区上市公司治理结构较为完善，运作较为规范，总体经营情况较好，没有ST等高风险公司。截至2012年末，大连市拟上市公司13家，其中已向证监会申报8家，辅导备案5家。

2. 证券期货经营机构风险分析

（1）法人证券机构主营业务盈利能力不强，核心竞争力有待提高。大通证券是大连市唯一的法人证券公司。2012年，公司营业收入主要来源为代买卖证券款业务、利息收入和投资收益，上述三项收入占营业收入比例分别为48.8%、23.2%和20.9%。而资产管理业务、投行业务和销售金融产品的收入仅分别占营业收入的2%、0.6%和1.9%。法人证券机构面临着业务结构单一、新客户开发能力较弱、创新业务领域扩展不足的困境。

（2）证券营业部竞争激烈，佣金价格战可能导致市场混乱。2012年，大连市新增证券营业部2家，在增量客户有限、整体佣金水平降低的情况下，进一步加剧了行业竞争。经纪业务始终是证券公司的基础和核心业务，由于证券公司经纪业务竞争的同质化以及竞争的不断加剧，佣金价格战已经步步升级，尤其是部分证券公司采取的佣金换市场的竞争策略，加剧了佣金率的下滑态势。佣金价格战到一定程度，必然会导致行业的不正当竞争和市场竞争秩序的混乱。

（3）融资融券等新业务的开展与系统建设滞后存在冲突。随着近几年新股扩容，交易量增大，部分证券经营机构存在信息系统建设滞后的问题，在灾备系统、机房建设、突发应急事件处理等方面存在一定隐患。融资融券业务试点后，大连市部分取得资格的分支机构已经着手开展此项业务，但由于在投资者适当性管理、风险揭示、投资者教育等环节等方面还不完善，有可能引致法律等方面风险。

（4）违规经营依旧是期货市场的重要风险源。一方面，2012年修改后的《期货交易管理条例》的实施，“五位一体”期货监管协作机制逐步的完善，使期货经营机构的合规经营成本明显提高；另一方面，大连作为交易所所在地，期货经营机构较多，由于其业务范围较窄，竞争日益激烈且同质化严重。2012年大连辖区有44家期货营业部亏损，亏损面达61%。期货经营机构在巨大的经营压力下，可能发生后台人员违规进行客户开发、违规争夺客户、盲目增加交易量、过分减少成本而降低信息技术系统安全水平甚至代理下单交易等违规行为，并产生实际法律风险。

（5）基础设施不健全，IT风险日渐凸显。由于我国期货市场发展时间尚短，现阶段期货公司信息技术管理工作中仍存在一些诸如IT治理结构不够健全、系统运维质量不高等亟待改进的问题，加之近年来期货市场创新业务不断推出，新期货品种不断上市，这对期货公司本身的信息系统容量、风险控制能力等都是巨大考验。同时在信息化时代，木马、病毒、黑客攻击事件层出不穷，客户资料、交易数据等敏感信息的保密性也对公司的IT管理水平以及数据保存策略提出了更高要求。

（三）保险业运行状况及风险分析

2012年，大连市保险业继续保持平稳健康发展，资产规模逐步扩大，保费收入稳步增长；同时也存在市场集中度较高，业务增长乏力，收入水平下滑等问题。截至2012年末，大连市保险主体45家，其中总公司3家，财产险分公司20家，人身险分公司22家，分支机构338家，专业中介机构64家，兼业代理机构1 685家。保险从业人员2.8万人。

1. 保险业基本运行情况

（1）保险业资产规模逐步扩大，保险密度进一步增加。截至2012年末，大连市保险业资产总额455.6亿元，同比增长17%，3家法人保险公司（含异地分支机构）的资产总额647.4亿元，同比增长20.9%。保险密度2 298元/人，比上年增加73元/人，保险深度2.3%，比上年下降0.1个百分点。

（2）保费收入平稳增长，增速有所回落。2012年大连市保险业保费收入160.6亿元，同比增长7.9%，增速同比回落10.5个百分点。其中，财产险保费收入57.7亿元，同比增长10.5%；人身险保费收入103亿元，同比增长6.5%。

（3）赔付支出有所增加，财产险赔付增长较快。全年保险赔付支出45.9亿元，同比增长2.7%，增速同比下降29.7个百分点。其中，财产险赔付支出26.1亿元，同比增长20.5%；人身险赔付支出19.7亿元，同比下降10.7%。由于分红险满期给付10.4亿元，同比下降32.6%，致使人身险赔付支出明显减少。

（4）法人保险机构继续保持平稳运行。大连市共有3家法人保险公司，分别是中荷人寿和百年人寿两家寿险公司，日本财险一家财产险公司。其中，中荷人寿实现保费收入17.6亿元，同比增长18.6%，赔付支出2.6亿元，同比增长95%，利润0.1亿元，同比增长13.2%；百年人寿保费收入35.3亿元，同比增长85.7%，赔付支出1.1亿元，同比增长223.8%，利润-5.5亿元，同比下降68.1%，成立以来累计亏损10.6亿元；日本财险保费收入3亿元，同比下降0.9%，赔付支出1.9亿元，同比增长45.2%，利润0.3亿元，同比下降470.6%。

2. 保险业潜在风险分析

（1）财险市场集中度依然较高。2012年，人保财险、太保财险、平安财险三家公司实现保费收入41.6亿元，同比增长10.6%，占财产险市场份额的70.7%，继续占据市场主导地位。其他中小财险公司保费收入17.2亿元，同比增长10.8%，仅占财险市场份额的29.3%。

（2）寿险业务增长乏力。2012年，大连市人身险公司实现保费收入101.8亿元，同比增长6.4%。其中寿险保费收入90.1亿元，同比增长5%，增速继续在个位数徘徊，而新单保费收入42亿元，同比下降9.3%。

（3）赔付支出大幅增长。财产保险支付各类赔款26.6亿元，同比增长20.6%。其中，车险赔付19.8亿元，同比增长16.5%；企财险赔付1.9亿元，同比增长43.9%；信用险赔款1亿元，同比增长307.9%。受台风达维、布拉万等灾害影响，农业险赔付2 899万元，同比增长436.5%。

（4）银保渠道销售收入持续下滑。2012年大连市银保渠道保费收入31.6亿元，同比下降4.8%，占保费收入的31%，同比下降3.7个百分点。银保销售产品中，分红险占比接近90%，而在目前保险产品收益率明显低于同期存款利率和银行理财产品收益率的情况下，银保渠道销售产品的难度日益增大。

（5）投资型产品退保风险和银保满期给付压力值得关注。受近几年保险投资收益率持续走低影响，大连市保险业退保金额不断增加。2012年退保6.2亿元，同比增长7.9%，简单退保率达6.1%。而2007年和2008年销售的五年期缴产品陆续到期，全年满期给付15.9亿元，绝大部分产品的收益率为1%～2%。

三、金融市场运行与金融稳定

（一）金融市场配置资源功能日趋完善

1. 同业拆借市场稳定运行

2012 年，大连市金融机构对同业拆借市场的参与程度仍然较低，大连市参与同业拆借市场交易的金融机构仅有 3 家，其中参与网上同业拆借的有 1 家，拆借交易金额为 183.7 亿元，加权平均利率 3.1%。参与网下同业拆借的有两家，交易金额 1 亿元，加权平均利率 4.7%。截至年末，大连市同业拆借余额 0.9 亿元。

2. 债券市场交易活跃

2012 年，大连市金融机构参与银行间市场债券交易的种类主要为质押式回购和现券交易，其中，质押式回购交易呈现逐渐减少的趋势，而现券交易自 5 月以来上升比较明显。全年债券回购交易累计成交金额 9 454 亿元，同比下降 22.4%；现券交易累计成交金额 12 103 亿元，同比增长 28%。从利率走势上看，现券交易与回购式交易利率水平均呈现震荡下行的趋势，债券现券交易的加权平均利率由 1 月的 4.9% 下降至 12 月的 4.1%，质押式回购式交易的加权平均利率由 1 月的 4.8% 下降至 12 月的 2.8%。债券市场交易未出现债券异常交易情形。

3. 票据业务呈上升趋势

2012 年金融机构票据签发平稳增长，累计签发商业汇票 2 978.8 亿元，同比增长 27.9%，其中银行承兑汇票 2971.5 亿元，同比增长 29%，商业承兑汇票 7.3 亿元，同比下降 72.1%。截至年末，票据签发余额 1 425.8 亿元，同比增长 24.9%。金融机构票据贴现大幅度上升，累计办理贴现 7 676.6亿元，同比增长 157.7%，其中银行承兑汇票 7 293.1 亿元，同比增长 155%，商业承兑汇票 393.6 亿元，同比增长 218.7%。截至年末，贴现余额 199.6 亿元，同比增长 31%。全年累计为 8 家银行办理再贴现 14.5 亿元。

4. 外汇市场运行平稳

2012 年，大连银行间外汇市场成交 585 笔，成交金额折合 13.8 亿美元，同比下降 31.4%。其中，卖出外汇 6.8 亿美元，同比下降 56.4%；买入外汇 7 亿美元，同比增长 57.3%，顺差绝对值 0.2 亿美元，首次呈现供小于求的格局。

5. 黄金市场交易增速放缓

商业银行代理上海黄金交易所黄金交易、账户金和实物黄金三种业务类型累计交易黄金 29 553 千克，同比下降 1.7%，成交金额 101.9 亿元，同比增长 0.5%。其中，代理上海黄金交易所场内黄金交易成交金额 30.7 亿元，同比增长 3.7%；人民币账户金成交 62.5 亿元，同比下降 2%；美元账户金成交 0.9 亿美元，同比下降 35.7%；实物黄金成交 8.7 亿元，同比增长 10.1%。

（二）金融市场运行中的风险值得关注

1. 票据贴现业务大幅波动的风险应予以关注

2012 年，金融机构票据贴现业务大幅增加，其中，转贴现业务增长显著，票据转贴现同比增长 67.9%，占票据融资余额的 56.1%，同比上升了 12.3 个百分点。由于转贴现业务只是金融机构之间的资金业务，是金融机构进行流动性支持、盈利和调剂信贷规模的手段，票据转贴现业务大幅波动并未基于实体经济的有效需求，资金大进大出容易扰乱区域金融秩序，造成资金非正常流动，可能影响宏观调控的正确判断，也容易弱化调控政策的实施效果。

2. 对商业银行黄金业务应加强监测和规范引导

2012 年黄金价继续在高位运行，居民和机构对黄金投资需求保持旺盛，商业银行黄金市场业务高速发展的同时，地下炒金活动也趋于活跃，给市场投资者带来了较大风险。在鼓励业务发展和市场创新的同时，应加强对黄金业务的监测与监督，督促商业银行不断健全黄金交易风险管理和内控制度，完善黄金业务交易管理系统。同时，加大对投资者的教育培训力度，做好黄金市场政策宣传和风险提示，引导投资者通过合法正规渠道进行黄金投资。

四、金融基础设施与金融稳定

（一）支付结算体系建设稳步推进

2012 年，人民银行大额实时支付系统、小额批量支付系统、同城票据清算系统、人民币账户管理系统、电子商业汇票系统和网上支付跨行清算系统等支付系统运行稳定。全年，大额实时支付系统处理业务 364. 3 万笔，金额 14. 2 万亿元；小额批量支付系统处理业务 457 万笔，金额 441. 1 亿元；同城票据交换完成场次 454 场，清分票据 674. 2 万笔，清算金额 1. 1 万亿元；联网核查 5 183. 6 万次，核准账户 33 303 户。2012 年大连市银行卡发卡量继续保持快速增长，交易规模迅速扩大，支付渠道日益扩展，联网通用不断深入。截至年末，全市银行卡发卡总量达 3 256. 4 万张，同比增长 9. 5%；注册商户 42 145 户，同比增长 39. 5%；POS 终端 61 680 台，同比增长 38. 7%。总清算交易量为 8 565 万笔、1 565. 1 亿元，同比分别增长 14. 3%、20. 6%；其中 POS 清算交易 5 365 万笔、1 246. 7亿元，同比分别增长 15. 6%、21%。农村支付环境建设向纵深发展，长海县银行机构加入大连市同城票据交换，实现大连市全域十个（县、市）功能区全部纳入了统一的同城票据交换网络。截至年末，大连市农村地区共设立 26 个“银行卡助农取款服务点”，为农民办理取款业务 837 笔，取款金额 53 万元，辐射区域涵盖金州新区、旅顺口区、长海县及北三市，覆盖大连地区 30% 的乡镇。

（二）反洗钱体系建设效果显著

2012 年，大连市金融机构反洗钱意识逐步提高，反洗钱内控制度不断完善，风险防范能力不断增强，大额交易和可疑交易数据上报的有效性日益提高。居民反洗钱意识显著提高，形成了良好的反洗钱社会氛围。全年人民银行共检查金融机构 3 家，其中银行业金融机构 2 家，保险业金融机构 1 家，同时对违规严重的 1 家保险公司进行了 20 万元的处罚。对辖区银行、证券、期货、保险业 200 余家金融机构全面开展反洗钱非现场评估。检查金融机构账户 4 500 余户，交易约 32 万笔。关注风险业务和产品，加强对高风险领域的监控。分行业开展 220 余家机构业务产品和种类的调研，根据行业、业务、产品等特点进行细化分类，设计了不同行业业务产品种类一览表，其中涉及业务种类 70 余项，业务品种 160 余个。强调多部门协调合作，积极配合相关部门开展案件协查和破获工作，对 2 起案件和 2 份可疑交易线索开展了反洗钱调查和协查，全年组织调查 56 次，涉及账户 50 余个、交易 2 900 余笔、金额约 35 亿元。核查并上报 4 份可疑交易研判线索，受理并移交公安机关 1 起涉嫌网络赌博线索举报。成功破获网银诈骗洗钱案，对2起案件组织了反洗钱调查23次，反洗钱协查1次，涉及金额约617万元。

五、总体评估及对策建议

对大连市金融稳定状况的总体评估，分别从宏观经济、金融机构和金融生态环境三方面分三个层次来考察金融稳定状况，通过问卷调查、层次分析法分别计算主客观权重，用综合赋权法计算评价目标的最终得分。

（一）定量评估结果

大连市近年金融稳定综合评估得分和稳定状况如表1所示。

表1 近年大连市金融稳定综合评估表

年份	2004	2005	2006	2007	2008	2009	2010	2011	2012
得分	71.50	72.01	85.09	86.50	84.16	84.44	89.94	89.29	89.92
稳定状况	较好 -	较好 -	良好 +	良好 +	良好 -	良好 -	良好 +	良好 +	良好 +
所属类别	B类地区	B类地区	A类地区	A类地区	A类地区	A类地区	A类地区	A类地区	A类地区

从中可以看到，大连市金融稳定状况从2004年到2012年逐步向好，稳定状况由“较好 -”上升到“良好 +”，所属类别由B类地区上升到A类地区。2008年，受国际金融危机影响，大连市金融稳定状况有所回落，稳定状况下降到“良好 -”。2010年，在国内、外经济形势逐渐好转的局面下，大连市金融稳定状况再次上升到“良好 +”，并保持在这一水平。

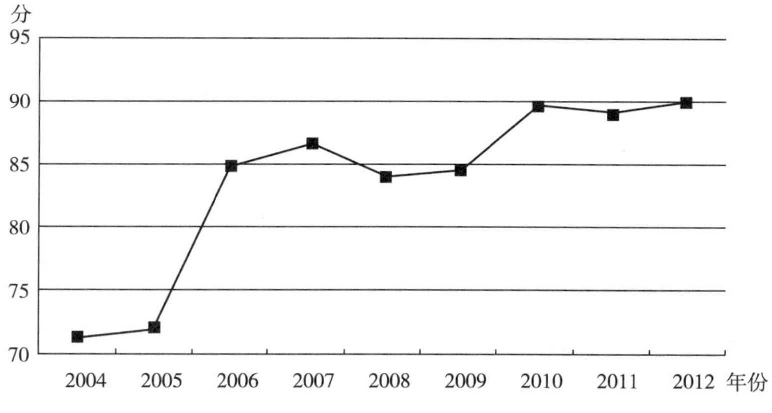

图7 近年大连市金融稳定综合评估得分趋势图

（二）定量评估结果分析

具体看宏观经济、金融机构和金融生态环境三部分，如图8所示，呈现出不同的变化趋势。三类一级指标中金融生态环境受金融危机影响很小，得分稳步提高，九年得分升幅达到24%；金融机构得分受金融机构改革影响，呈阶段式上涨，大通证券改革后，得分升幅达到10.7%，之后金融机构得分保持平稳，2011 年以来受经济回升势头减缓影响，得分有小幅下降；宏观经济得分波动较大，2007 年以前整体呈 U 形上升趋势，2008 年在国际金融危机影响下出现下降，跌幅为 7.8%，2010 年以后，在国际金融危机影响势微的形势下逐步上升，得分增幅达到 24.4%。

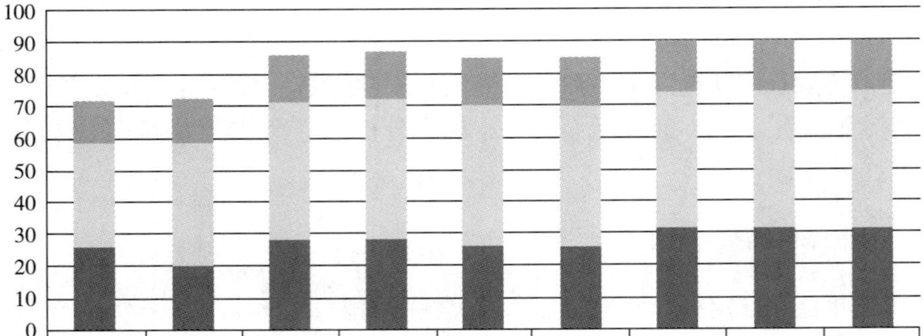

	2004	2005	2006	2007	2008	2009	2010	2011	2012
金融生态	12.81	13.39	13.56	15.11	15.28	15.69	15.85	16.06	15.88
金融机构	32.48	38.51	42.65	42.62	42.34	42.72	42.28	41.66	41.67
宏观经济	26.20	20.11	28.89	28.78	26.54	26.03	31.82	31.58	32.37

图 8　金融稳定定量评估三方面指标变化趋势图

为分析 2012 年大连市金融稳定状况变化，具体细分金融机构指标，从宏观经济、银行业、证券业、保险业和金融生态环境五方面，得到雷达图：

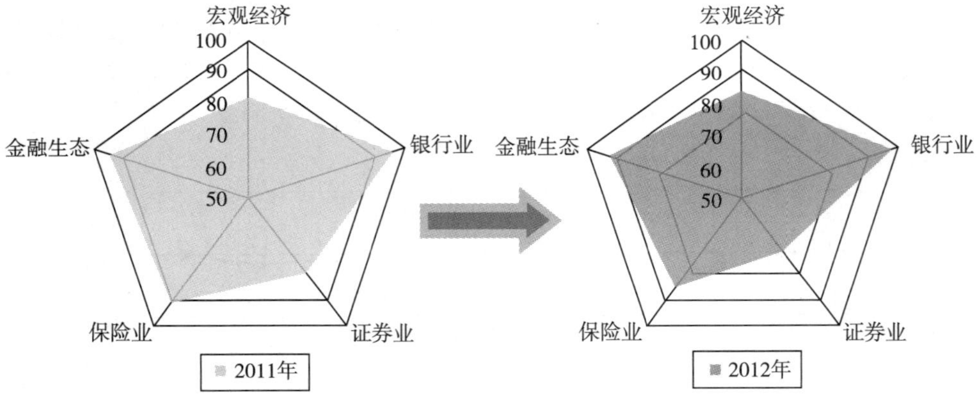

图 9　2011—2012 年大连市金融稳定定量评估雷达图

从定量评估结果来看，2012 年大连市宏观经济平稳较快发展，得分逐年提高；金融生态环境持续改善，得分渐趋稳定；但是金融机构内部发展不均衡问题持续显现，银行业、证券业、保险业之间的得分差距继续拉大。

2012 年在“稳中求进，稳中求快”的宏观政策指引下，大连市经济实现平稳较快增长、结构不断优化，为区域金融稳定提供了较好的外部环境。在宏观经济方面，除实际利用外资增长率同比上升 2. 2 个百分点以外，多数指标低于 2011 年，但宏观经济得分同比上升 2. 03 分，说明大连市宏观经济发展速度逐步归于合理区间，经济结构调整与经济质量改善取得成效。在金融生态环境方面，2012 年得分比 2011 年略有下降，银行服务密度、征信数据库覆盖率等指标得分较高，法制环境调查综合得分降低 1. 37 分，大连市总体信用环境和市场体系趋于完善。在金融业发展方面，银行业继续保持平稳较快发展，得分稳步上升，由2011年的96.9分上升到2012年的98.8分，升幅2%；保险业得分略有下降，由2011年的91.5分下降到85.2分，降幅6.7%；证券业得分下降幅度较大，由2011年的80.1分下降到71.5分，降幅10.7%。2012年，全国证券市场表现低迷，大连地区的证券交易量也持续下降，营业收入和利润水平大幅减少，证券业得分明显低于其他方面，致使2012年金融状况表现不尽均衡。

总　　纂：王晓峰
统　　稿：朱　焱　王晨姝
执　　笔：陈家宁　王成龙　安　娜　李　森　杨　洋
　　　　　张朝解　侯　英　闫宇闻
其他参与写作人员：徐　虹　李　昕　刘　洵　赵　智　吴　绪

青岛市金融稳定报告摘要

2012年，面对复杂的国内外经济形势，青岛市全面落实中央一系列宏观调控政策，以科学发展为主题，以加快转变经济发展方式为主线，全市经济实现了平稳较快发展，各项指标快速增长。金融业运行平稳，金融机构综合实力增强，金融基础设施不断完善，金融生态环境得到有效改善。

一、宏观经济环境

（一）区域经济运行情况

2012年，青岛市实现生产总值7 302亿元，比上年增长10.6%，增速同比回落1.1个百分点。其中，第一产业增加值324.41亿元，增长3.2%；第二产业增加值3 402.23亿元，增长11.5%；第三产业增加值3 575.47亿元，增长10.5%。三次产业增加值占地区生产总值的比重由2011年的4.6:47.6:47.8调整为4.4:46.6:49.0。

固定资产投资稳定增长。2012年，青岛市实现规模以上固定资产投资4 153.9亿元，同比增长22.3%，增幅同比下降1.1个百分点；完成房地产开发投资930.1亿元，增长18.8%，增速同比回落11.1个百分点。工业生产稳健运行。2012年，青岛市规模以上工业企业增加值3 081.04亿元，同比增长11.6%，增幅同比回落1.9个百分点；规模以上工业实现利润总额670.7亿元，增长9.7%。消费品市场平稳增长。2012年，全市社会消费品零售总额实现2 564.5亿元，增长14.9%。外贸进出口低位运行。2012年，青岛市外贸进出口总额732.1亿美元，增长4.2%。其中，出口408.2亿美元，增长3.6%；进口323.9亿美元，增长5%。财政收支增长较快。2012年，实现公共财政预算收入670.18亿元，增长18.4%，增速同比回落6.7个百分点；公共财政预算支出765.98亿元，增长16.3%，增速同比回落7.4个百分点。城乡居民收入不断提高。2012年，城市居民人均可支配收入32 145元，增长12.5%；农民人均纯收入13 990元，增长13.1%。

（二）宏观经济环境中影响金融稳定的风险因素

通货膨胀压力依然存在。2012年以来，CPI总体回落，前期物价形势相对平稳。但进入12月以来，农产业价格出现较快上涨，主要生产资料价格止跌回升，近期物价回升是短暂现象还是趋势变化尚难准确判断。但受劳动力、资源性产业和部分不可贸易品价格存在趋势性上涨压力等影响，当前物价对需求扩张比较敏感，扩张性政策刺激增长的效应可能下降、刺激通胀的效应可能增强，若未来经济增速回升加快，则有可能较快向PPI、CPI传导。加之全球超宽松货币政策延续或加码，原油等大宗商品价格维持高位，需求回升与外部输入因素叠加造成物价反弹。因此，为综合处理好“稳增长、调结构、控通胀、防风险”之间的关系，货币信贷投入仍需保持平稳适度增长。

外贸持续增长压力较大。当前外部形势没有明显好转，主要发达经济体经济低迷，我国经济处于转型期，内需尚没有有效扩大，国内经营成本压力较大。在内外需求不足的背景下，企业没有扩大经营规模的市场环境，尽管央行年中两次调低人民币存贷款利率，资金成本有所降低，但仍不能明显改善外贸企业的经营状况。当前外贸企业面临的主要困难有：一是外需持续疲软。国际消费市场信心不振，金融危机遗留的种种问题成为全球经济发展的巨大不确定性因素。出口企业在手订单与上年同期相比没有明显改善，短单、小单比重偏高。同时，美国推出新一轮的量化宽松政策，导致全球美元流动性加大，通货膨胀程度有所提高，致使大宗商品价格提高，使我国进口成本提高，加大了我国通货膨胀的压力。美元作为国际通用货币，量化宽松政策必然会使美元贬值，人民币升值，出口企业利润被压缩，我国出口形势日益严峻。伴随着美国量化宽松政策的出台，日本和欧洲也相继出台货币宽松政策，因此未来一段时间内，我国进出口企业将面临着严峻的考验。二是贸易环境趋紧。中国已连续多年成为全球遭遇贸易摩擦最多的国家，贸易救济调查、征收反倾销税等摩擦形式不断翻新，涉及产业不断扩大，“新贸易保护主义”形式层出不穷，发起国不断增加，体制机制性问题逐渐增多，严重影响国外进口商和中国出口企业的信心。对青岛辖内具有贸易摩擦企业的调查显示，拉美和欧盟是贸易壁垒的主要地区，制造业逐渐成为贸易摩擦“重灾区”，部分企业采取积极措施，取得一定成效，但整体上，企业应对贸易摩擦措施效果不明显。贸易环境趋紧对青岛市涉外企业也产生了一定影响。三是企业生产成本上升。用工成本上升，原材料价格不断上涨，中小微企业贷款难的问题依旧突出，能取得贷款的企业也反映融资成本较高。

“引进来”速度放缓。在欧美主权债务危机持续，主要发达经济体经济复苏缓慢的大环境下，我国虽然面临较大的内外需调整压力，但相对稳定的经济表现仍吸引一定的外资流入，但流入规模出现较大下滑。2012 年，外汇收支总额 1 154. 4 亿美元，同比增长 14. 1%，增速同比回落 17 个百分点，其中各项外汇收入 626. 6 亿美元，同比增长 6. 47%，增速同比回落 21. 8 个百分点，外汇支出 527. 8 亿美元，同比增长 24. 94%，增速同比回落 5. 4 个百分点，外汇收支顺差 98. 8 亿美元，同比下降 40. 3%。全市银行结汇 351. 8 亿美元，同比下降 0. 1%（上年同期为增长 24. 1%），银行售汇 243. 7 亿美元，同比增长 29. 6%，结售汇顺差 108. 1 亿美元，同比下降 34. 2%。2012 年，全市外商直接投资出资额合计 35. 1 亿美元，同比下降 4. 9%。其中，货币出资 27. 6 亿美元，同比下降 18. 7%，而上年同期为增长 34. 1%。2012 年，从来华直接投资国家和地区看，位居前三位的依然是中国香港、韩国、日本，但中国香港直接投资流入同比下降 26%（上年同期为增长 71. 7%）。房地产行业流入大幅下降。房地产业仍为除制造业外外资流入的主要行业，但受国家房地产调控政策影响，2012 年，直接投资流入 6. 2 亿美元，同比下降 45. 1%。

二、金融业

（一）银行业

1. 银行业基本情况

2012 年青岛市共有银行业金融机构 51 家，其中政策性银行分行 3 家，国有商业银行 4 家，股份制商业银行 10 家，外资银行 12 家，城市商业银行、农村商业银行各 1 家，城市商业银行分支机构 5 家，农村商业银行分支机构 1 家，邮政储蓄机构、信托公司、资产管理公司各 1 家，财务公司 4 家，村镇银行 7 家。

业务快速增长。2012 年末，青岛辖区金融机构本外币各项存款余额 9 818. 33 亿元，比年初增加 917. 06 亿元，同比少增 85. 54 亿元；各项贷款余额 8 632. 84 亿元，比年初增加 1 134. 89 亿元，同比少增 10. 52 亿元。年末信用总量余额 12 898. 39 亿元，比年初增加 1 872. 93 亿元，同比少增 79. 3 亿元，当年累计发生 20 384. 34 亿元，同比增加 5 056. 82 万元。

综合实力不断增强。2012 年末，青岛辖区银行机构资产总额 13 243. 13 亿元，比年初增加 1 792. 92亿元；负债总额 12 777 亿元，比年初增加 1 674. 34 亿元；全年累计实现账面利润 224. 6 亿元，同比增加 40. 4 亿元。

银行业风险抵御能力增强。2012 年，辖区银行机构贷款损失准备金持续增加，拨备覆盖率比年初有所提高。12 月末，辖区银行机构贷款损失准备金余额为 197. 0 亿元，比年初增加 35. 82 亿元，拨备覆盖率为 221. 19%，比年初上升 6. 53 个百分点。

企业直接债务融资取得新突破。2012 年，青岛市企业直接债务融资品种和融资额实现新突破。已发行各类债券 16 只，完成直接债务融资 132. 7 亿元。其中，企业债发行 4 只，发行规模 52 亿元，公司债发行 2 只，发行规模 9. 2 亿元，中期票据发行 3 只，发行规模 35 亿元，短期融资券发行 6 只，发行规模 34. 5 亿元，中小企业私募债券发行 1 只，发行规模 2 亿元。

小额贷款公司快速发展。2012 年，新增小额贷款公司 10 家，开业 7 家。截至 2012 年末，已开业的 29 家小额贷款公司注册资本共计 31. 82 亿元，全年累计发放贷款 5 405 笔，68. 34 亿元。从贷款余额来看，29 家小额贷款公司贷款余额 32. 56 亿元，实现盈利 1. 83 亿元，不良贷款率 0. 01%。

2. 银行业风险分析

存款增长相对乏力。相比增长较快的贷款而言，青岛市存款增长乏力。2012 年，青岛市贷款增速比全省高 0. 9 个百分点，但存款增速比全省低 7. 6 个百分点；存款增量连续三年回落，已从 2009 年的 1 619 亿元回落至 2012 年的 917 亿元。从存贷比方面看，2012 年金融机构增量存贷比和余额存贷比已分别高达 124% 和 88%，外汇存贷比平均也高达 179%，利用存贷比倾斜政策增加信贷发放的空间十分有限。青岛市外向型经济程度相对较高，考虑到外汇占款被动投放减小、流动性供应格局发生变化，未来存款增长仍不容乐观。

不良贷款余额和不良率由“双降”转为“双升”。2012 年以来，国际经济形势错综复杂，欧债危机仍处于高危阶段，全球经济复苏乏力状况短期内难以改变，国际大宗商品和金融市场可能持续动荡。国内经济趋稳的基础还比较脆弱，经济下行压力加大，外需明显减弱，部分行业和领域的经济风险直接折射到金融领域，银行信贷资产质量下滑趋势明显。2012 年末，辖区银行机构不良贷款余额为 89. 06 亿元，比年初增加 13. 98 亿元，不良贷款率为 1. 03%，比年初上升 0. 03 个百分点。分行业看，不良贷款余额最高的前三大行业分别为制造业、批发零售业、房地产业，不良贷款余额分别为 41. 73 亿元、23. 79 亿元和 10. 11 亿元，不良率分别为 1. 81%、1. 64% 和 1. 28%。其中，制造业和批发零售业不良贷款比年初分别增加 7. 76 亿元和 10. 76 亿元，不良率比年初分别上升 0. 10 个和 0. 35 个百分点，房地产业不良贷款余额比年初减少 2. 87 亿元，不良率比年初下降 0. 38 个百分点。2012 年，辖区共有 25 家银行机构不良贷款余额比年初出现反弹，其中 5 家机构增量超过 1. 0 亿元。从逾期贷款情况看，12 月末，辖区逾期贷款余额 88. 53 亿元，较年初增加 48. 82 亿元，增长 122.94%。

企业担保风险隐患较大。对 21 家银行机构支行企业担保链风险状况开展的典型调查显示：21 家银行机构支行全部贷款企业 1 832 家，有对外担保的企业 684 家，占全部贷款企业的 37.3%。684 户企业中，对外担保企业 5 户（含）以上的 143 户，占 20.9%；对外担保企业 10 户（含）以上的 55 户，占 8.04%。93 家典型样本企业（各行前五大担保余额企业）平均资产负债比例为 66.1%，其中 13 家企业资产负债比例超过 70%；对外担保余额 1 378.97 亿元，平均对外担保余额 2.62 亿元，对外担保企业户数 526 户；26 家企业对外担保余额占净资产的比例超过 100%，对外担保余额占净资产的平均比例为 197.51%，10 家企业这一比例超过 200%。企业过度担保、担保链条长使风险传染性增加，一旦担保链上某个环节风险暴露，极易导致担保链企业因承担代偿责任、银行压缩授信而陷入困境。

小额贷款公司向银行融资存在诸多问题。人民银行、银监会《关于小额贷款公司试点的指导意见》发布以来，青岛市有多家银行机构对小额贷款公司提供了融资，银行资金成为小额贷款公司重要资金来源。银行在较好支持小额贷款公司提升服务小微、“三农”能力的同时，也存在融资风险高、融资用途难以监控等问题。

（二）证券业

1. 证券期货业基本情况

2012 年，青岛辖区共有证券公司 1 家、证券公司分公司 3 家（当年新成立 2 家）、证券营业部 62 家（当年新成立 4 家）、期货营业部 30 家（其中具有券商背景的 14 家）、证券投资咨询机构 2 家、基金管理公司 2 家（当年新成立 1 家），上市公司 20 家（其中中小板上市公司 5 家、创业板 4 家）。

账户总数及客户资产稳步增长。2012 年末，62 家证券营业部股东账户总数 180 万户，同比增长 6.2%；资金账户总数 123.96 万户，同比增长 9.51%。客户资产合计 1 135.57 亿元，同比增长 15.7%，其中客户保证金 60.74 亿元，指定与托管证券市值 1 074.83 亿元。

辖区期货市场规模稳步发展。2012 年底，青岛辖区期货投资者有效开户数 36 499 户，同比增长 18.92%。2012 年，辖区期货经营机构累计代理成交量 4 260.39 万手，同比增长 36.05%；累计代理成交金额 4 3440.41 亿元，同比增长 18.73%，全国占比为 2.54%；交割量为 21 483 手，交割额为 25.65 亿元。年度期货市场实现营业收入 18 618.84 万元，利润总额 4 295.84 万元，营业部盈利面为 2/3。期末客户权益总额 38.81 亿元，同比增长 20.53%。

上市公司规模稳步增长。2012 年末，青岛辖内 20 家上市公司总股本 112.46 亿元，同比增长 9.16%；其中，流通股本 95.1 亿元，同比增长 10.72%。年末总市值 1 415.27 亿元，同比增长 2.06%。其中，流通市值 1 226.37 亿元，同比增长 10.67%。2012 年，辖区累计筹资额 17.88 亿元，其中增发 6.68 亿元，公司债 11.2 亿元。2012 年前三个季度，辖区上市公司资产总额 1 338.07 亿元，同比增长 14.22%，营业收入 1 249.28 亿元，同比增长 4.54%，实现归属于上市公司股东的净利润 59.47 亿元，同比下降 0.47%，纳税总额 96.58 亿元，同比增长 3.14%。

2. 存在问题

证券营业部经营状况下滑。2012 年，青岛辖区 62 家证券营业部实现交易金额 10 187.94 亿元，同比下降 8.93%。年末，客户保证金余额 60.74 亿元，同比下降 8.77%。实现利润总额 1.23 亿元，同比下降 55.6%；实现净利润 1.23 亿元，同比下降 53.8%；部均利润 198.38 万元，同比下降 56.74%。

中信万通证券公司经营状况下滑。中信万通证券公司全年累计实现股票基金交易量 4 581 亿元，同比降幅 28%，市场份额 0.72%，较 2012 年同期下降 3.3%。公司全年累计实现营业收入 6.13 亿元，同比减少 1.81 亿元，实现利润总额 1.59 亿元，同比减少 1.38 亿元；净利润 1.26 亿元，同比减少 0.86 亿元。

经纪业务收入仍过度依赖通道业务。从辖区市场发展数据分析，2012 年受市场行情影响，证券行业客户总资产仅有微涨，在储蓄存款向证券资产转化方面进展不大。证券机构业务转型虽然取得了一定进展，但是收入结构未发生根本改变，行业整体竞争力不强，经纪业务收入仍过度依赖通道交易收入。

操作风险防范需进一步提高。青岛辖区证券营业部逐年增多，营业部的操作风险主要集中在以下几方面：一是如何判断客户身份资料的真伪和资金来源，二是如何保证开户资料信息的完整性，三是市场宣传是否合规，四是应规避不符合执业条件经纪人的展业风险。

（三）保险业

1. 保险业基本情况

2012 年青岛市共有保险公司分公司 59 家（产险 30 家，寿险 29 家；中资 47 家，外资 12 家）、保险专业中介机构 53 家（全国性代理机构 1 家，区域性代理机构 34 家，保险经纪机构 9 家，保险公估机构 9 家）、外地驻青省级分支机构 23 家（代理分支 7 家，经纪分支 9 家，公估分支 7 家）、兼业代理机构 1 412 家，营销员 2.4 万人。全年共处罚保险机构 14 家次、个人 15 人次，其中，警告并处罚款 17 次，罚款金额 27.5 万元；罚款 10 次，罚款金额 96 万元；警告 1 次；吊销保险兼业代理业务许可证 1 次。

资产负债规模稳步增长。2012 年末，青岛保险公司资产总额达 372.9 亿元，较年初增长 13.8%。负债总额 425.31 亿元，同比增长 14.82%。

保险业务平稳发展。2012 年，青岛保险业累计实现保费收入 160.28 亿元，同比增长 10%；各项赔付支出 51.5 亿元，同比增长 11.1%。

保险中介业务实现保费收入占比较高。2012 年末，青岛保险专业中介机构注册资本达到 2.5 亿元，总资产达到 2.7 亿元。2012 年，保险公司通过中介渠道实现保费收入 119.1 亿元，占全部保费收入的 74.3%。

2. 存在问题

新单寿险业务呈现下滑趋势。2012 年，个人寿险业务新单保费 28.36 亿元，同比下降 17.46%，其中新单趸缴 16.26 亿元，同比下降 19.65 个百分点。

产险市场对车险业务的依赖度较高。2012 年，青岛产险公司实现车险保费收入 45.59 亿元，同比增长 13.6%，车险保费收入在财产险总保费收入中占比为 68.73%，非车险险种的发展相对较慢。2012 年，青岛交强险业务保费收入 11.9 亿元，在车险总保费中占比 26.14%，交强险赔款支出 8.44 亿元，在车险总赔款中的占比达 36.8%，车险业务中交强险保费和赔款占比均较高，商业车险业务发展相对落后。

产险赔款支出增速较高。2012 年，青岛辖区产险赔款支出 33.58 亿元，增长 15.42%，其中，机动车辆保险、责任保险、保证保险、船舶保险、货物运输保险、农业保险和意外伤害保险等险种赔款支出同比分别增长 24.42%、52.92%、98.69%、48.78%、217.02%、68.62% 和 56.49%。

寿险退保金大幅增长。2012 年，青岛辖区保险机构退保金 7.72 亿元，同比增长 11.38%，2011 年退保金同比下降 26.99 个百分点，其中个人寿险退保金 3.46 亿元，同比增长 21.26%，2011 年上半年退保金同比下降 12.62 个百分点。客户对保险期限、产品收益产生不满而中途解除合同、客户个人经济原因申请退保、客户根据当时投资市场情况退保后选择投资更高收益的其他产品、客户单方面提前终止受股市影响达不到预期收益情况的投连产品，营销过程中未对客户群体进行精确划分、未完全尽到客户提醒业务等是大量退保情况发生的主要原因。

销售违规是信访投诉的主要事项。2012 年，青岛保监局累计受理有效信访投诉 22 件次，其中保险公司违法违规的事项 16 件，保险合同纠纷事项 10 件，其他 3 件。16 件涉嫌违法违规信访事项中，销售违规 9 件，占 56.2%，主要集中于寿险领域，涉及营销人员欺诈误导、要约邀请不规范等。10 件涉嫌保险合同纠纷的事项中，理赔纠纷 5 件、退保纠纷 4 件、承保纠纷 1 件。

（四）金融业综合经营

1. 综合经营基本情况

截至 2010 年末，青岛市并无纯粹意义的金融控股公司。

资金结算业务有所下降。2012 年，青岛辖区资金结算类业务累计发生额 1 747.89 亿元，同比下降 15.2%，实现手续费收入 23 977 万元，同比下降 3.7%。

银保类产品稳步发展。2012 年，青岛辖区共有 18 家中外资银行机构代理了保险业务，代理保险公司的家数由 1 家到 27 家不等，开办代理保险业务的营业网点数达 1 077 家，代理业务金额 35.85 亿元，同比增长 2.43%，实现手续费收入 13 725.76 万元，同比增长 1.16%。

外汇衍生产品业务量大幅下降。2012 年，青岛辖区共有 7 家银行机构开办了外汇衍生产品业务，外汇衍生产品主要包括远期外汇交易、外币利率互换、货币互换、外汇期权和结构性存款等金融衍生产品。全年业务发生额为 121.31 亿元，同比下降 38.4%；余额 53.18 亿元，同比增长 149.96%，实现经营收益 661.13 万元，同比下降 46.2%。

信托投资业务快速增长。2012 年，青岛辖区只有光大银行发行了信托投资产品。2012 年该行信托代理总量 103 428 万元，实现代理手续费 1 774.80 万元；2011 年同期代理总量 72 032 万元，代理手续费 800 万元，分别增长 229.43% 和 121.85%。

企业年金业务发展缓慢。2012 年，青岛辖区光大银行、招商银行、中信银行和交通银行存在企业年金业务，共有 40 家企业年金客户，累计实现托管金额 4.8 亿元，受托人分别是平安养老保险、企业年金理事会等，投资管理人分别是平安养老保险、中信证券等。由于绝大部分企业年金的投资运营均在受托人法人机构所在地，因此青岛辖区金融机构不能充分及时掌握年金资金的投资运营情况。

2. 存在问题

产品创新落后于市场需求。由于金融产品没有专利权，创新产品极易被模仿，为了保持和扩大对客户的吸引力，商业银行就必须不断进行产品创新。目前我国的理财机构在产品策略上存在以下几方面的问题：一是由于受政策、配套环境和自身能力诸多方面的限制，理财新产品的开发无论是在速度上还是在功能上均滞后于市场需求，各商业银行推出的理财产品大多是将原有的存贷款产品及中间业务重新组合，或在服务上做一些提升，在观念和内容上有实质性突破的产品并不多。二是渠道受限，银行主要销售自己的产品，相互联系、沟通不够。三是理财服务尚未创立“品牌”，无法取得品牌竞争优势。

法律保障制度滞后于金融业务创新速度和发展规模。一是混业经营的法律禁区没有打破。对跨领域的中间区域界定不清，监管判断没有明确的法律依据，如“银证通”业务运作中，银行机构的双重代理事实，至今没有对其采取有效规定。二是监管立法的步伐滞后。不能有效监管现有金融风险，制约了金融创新。

综合性金融业务监管工作存在“盲点”。由于体制等无法克服的原因，在综合性金融业务监管上存在部分“盲点”。一是分业监管形成监管信息交流障碍。各监管部门之间的沟通成本较高，难以统一协调行动。二是分业监管导致交叉金融业务监管“真空”。由于各自监管的目的、标准、手段与方法有明显差异，对各监管对象的资本要求、风险甄别方式和风险管理手段等相去甚远。三是协调机制运行不畅，难以形成对交叉性金融工具监管的合力。

三、金融基础设施

（一）金融基础设施建设的进展情况

支付体系建设健康持续发展。截至2012年末，青岛市共有支付系统直接参与者24家，间接参与者643家，全年各银行业金融机构通过大额支付系统办理支付往来业务1 117.06万笔，清算资金268 469.09亿元，分别同比增长31.06%、39.38%；通过小额支付系统办理各类支付往来业务2 125.99万笔，清算资金2 446.45亿元，分别同比增长30.64%、38.83%；通过影像交换系统共办理支票提出、提入业务45 672笔，涉及资金28.9亿元。全市共布放POS机10.11万台、ATM5 671台，发卡3 500万张；全年实现POS跨行清算交易8 317万笔，跨行消费金额1 899亿元，同比分别增长14%和22%；实现ATM跨行取款交易2 700万笔，跨行取款金额256亿元，同比分别增长15%和21.5%。

打击金融反洗钱犯罪取得成果。人民银行青岛市中心支行立足现有监测资源，自主构建了洗钱交易监测模型，对风险突出领域开展监测，及时向全辖发布风险提示，指导金融机构堵截票据诈骗等案例13起，监测发现可疑线索18个，移送司法机关并破案7起。积极发挥反洗钱职能优势，强化与司法机关合作，配合调查案件162次，协助发起集群战役5次，协助破获黑社会犯罪、贪污腐败等案件20余起。

中小企业信用体系建设和农村信用体系建设成效显著。2012年，为25 456户未与银行发生信贷业务中小企业建立了电子信用档案，采集自来水和电业信息2万余条。评定农村信用户22万户，覆盖率达36%。与市农委继续开展重点合作社征信工作，历史性的发放以农民专业合作社为贷款主体的贷款1 300万元。将“农村青年信用示范户”工作扩大至辖内所有金融机构，切实突出示范作用，督促各机构切实落实优惠措施，截至年底已评定信用示范户1 677户。改革使用方付费信用评级模式，创造性地推行了“会员制”使用方付费信用评级模式，为全国首创。

（二）金融基础设施建设的薄弱环节

金融机构行内业务系统风险应予关注。近年来，我国支付体系建设取得重大进展。在金融市场基础设施建设方面，已经基本建成以人民银行现代化支付系统为核心的支付清算网络体系，但随着各类支付清算系统的网状连接越来越密切，系统性影响越来越突出，由于金融机构内部管理及安全防范机制参差不齐，其行内系统的潜在运行风险一定程度影响着支付清算系统的安全运行，应对其予以高度关注。

金融机构反洗钱工作有待进一步提高。从现场检查和非现场监管情况看，2012 年，辖内金融机构未发生重大违规行为，总体上青岛市洗钱风险可控。但部分金融机构未从全流程管理的角度对各项金融业务进行系统性的洗钱风险评估，对风险较高领域没有采取强化的反洗钱措施；在研发创新型金融产品过程中，未进行洗钱风险评估，难以有效控制创新型金融产品的洗钱风险；未定期开展对业务条线及分支机构的反洗钱内部审计，难以及时发现并纠正反洗钱工作中的不合规问题。

征信工作规范化水平有待进一步提高。个别银行机构征信系统管理制度执行情况较差，征信系统的信息涉及企业商业秘密和个人隐私，需要有严格内部管理制度。个别银行机构征信管理方面制度不健全，内控不规范，在查询、使用、异议处理、安全管理、用户管理等各个环节均存在问题，管理较为混乱，查询用户管理混乱、公共用户现象普遍，存在为数不少的越权查询个人信用报告的问题。

四、综合评估

根据人民银行青岛市中心支行金融稳定评估方案，从宏观经济、金融机构及金融生态环境等方面对青岛市 2012 年金融稳定状况进行综合评估。评估结果显示，青岛市金融稳定状况良好。

2012 年，面对复杂的国内外经济形势，青岛市全面落实中央一系列宏观调控政策，以科学发展为主题，以加快转变经济发展方式为主线，全市经济实现了平稳较快发展，各项指标快速增长。2012 年，青岛市实现生产总值 7 302 亿元，比上年增长 10.6%，增速同比回落 1.1 个百分点。其中，第一产业增加值 324.41 亿元，增长 3.2%；第二产业增加值 3 402.23 亿元，增长 11.5%；第三产业增加值 3 575.47 亿元，增长 10.5%。三次产业增加值占地区生产总值的比重由 2011 年的 4.6:47.6:47.8 调整为 4.4:46.6:49.0。工业生产稳健运行。规模以上工业企业增加值 3 081.04 亿元，同比增长 11.6%。市场物价上涨趋势趋缓，外贸进出口低位运行。2012 年，青岛市银行业金融机构认真贯彻落实各项宏观调控政策，积极采取有效措施，调整和优化信贷结构，保持货币信贷适度稳定增长。青岛辖区金融机构本外币各项存款余额 9 818.33 亿元，比年初增加 917.06 亿元，同比少增 85.54 亿元；各项贷款余额 8 632.84 亿元，比年初增加 1 134.89 亿元，同比少增 10.52 亿元。年末信用总量余额 12 898.39 亿元，比年初增加 1 872.93 亿元，同比少增 79.3 亿元，当年累计发生 20 384.34 亿元，同比增加 5 056.82 万元。证券业经营机构数量不断增加，期货市场规模稳步发展，保险业发展平稳，保险对经济稳定运行的保障作用进一步提升。金融基础设施不断完善，支付体系建设进程加快，反洗钱工作取得积极进展，信用体系建设日趋完善，金融生态环境进一步改善。

在经济金融平稳运行的同时，经济发展仍旧面临比较复杂的内外形势，金融业运行仍存在诸多问题，外贸持续增长的压力加大，银行存款增长乏力，信贷资产质量大幅下滑，企业担保风险隐患加大，证券市场经营状况下滑，寿险退保金大幅增长等。金融基础设施也存在诸多薄弱环节，这些问题需要进一步完善和解决。

总　　纂：顾延善
统　　稿：郝龙敬　耿　昭
执　　笔（按姓氏笔画排序）：
丁小然　安　平　安普帅　孙洪义　辛俊杰
赵国靖　徐　潇

宁波市金融稳定报告摘要

2012年，受国内外各种复杂严峻的政治经济因素影响，宁波市经济运行遭遇一定困难。全年地区生产总值增速回落，外贸进出口不景气，固定资产投资再度成为经济增长的主要拉动力。全年辖区金融业市场主体持续增加，金融基础设施建设深入推进，行业管理更为全面和规范。但同时，面临的信用风险、流动性风险和合规操作风险明显增大。定量评估结果显示，2012年宁波金融运行总体健康平稳，但稳健水平有所下降。

一、区域经济运行与金融稳定

（一）区域经济运行状况

地区生产总值增速放缓，投资依然是主要拉动力。据统计，2012年，宁波全辖实现地区生产总值6 524.7亿元，按可比价格计算，比上年增长7.8%，与全国总体增速一致，但较上年回落2.2个百分点，投资对经济的拉动作用仍最为明显。2012年宁波完成固定资产投资2 901.4亿元，比上年增长21.6%；宁波全年外贸自营进出口总额965.7亿美元，同比下降1.6%；全年社会消费品零售总额2 329.3亿元，增长15.4%，增速保持稳定，其中针织服装、通讯器材消费异军突起，分别增长39.0%和33.3%，社会商品消费的“日用”特征显著。

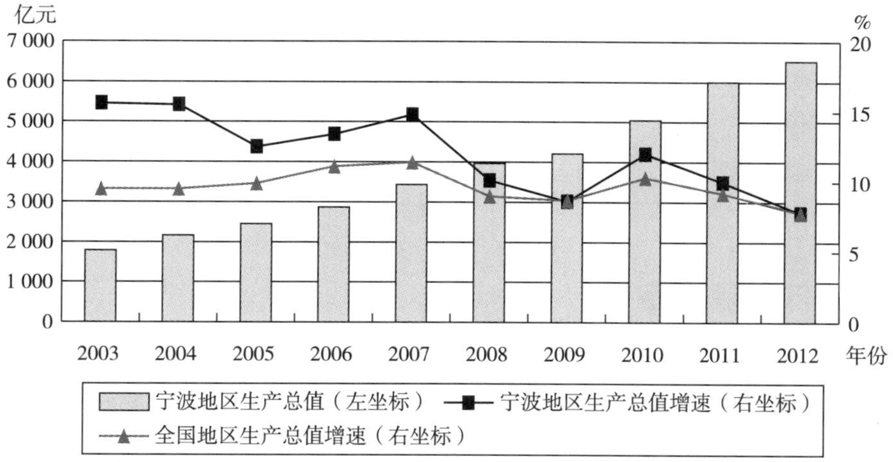

图1　2003—2012年宁波地区生产总值及与全国增速对比

进出口增长回落，跨境资本流动放缓。2012年，受外部因素的持续影响，全球主要消费市场需求放缓，国际贸易形势低迷。全年宁波出口614.4亿美元，增长1%；进口351.3亿美元，下降6%；

进出口增速分别比全国低 10. 1 个和 6. 9 个百分点，宁波外贸依存度①为 93. 43%，为近 7 年来的最低。全年宁波资本项下跨境收支分别为 49. 2 亿美元和 26. 8 亿美元，分别同比增长 7%、27. 3%，资本项目净流入 22. 4 亿美元，同比下降 13. 4%，主要原因既有对房地产业、老项目转增资的结构性依赖，也有外债还本付息流出、企业海外并购投资流出。

工业经济增速显著回落，政府与居民收入增长平稳。2012 年，全辖规模以上工业企业实现总产值 11 962. 1 亿元，比上年增长 1. 3%，增速同比下降 15. 1 个百分点，实现利润总额 520. 3 亿元，下降 15. 2%，较上年扩大 13. 2 个百分点。全年公共预算收支分别为 1 536. 5 亿元和 828. 4 亿元，较上年分别增长 7. 3% 和 10. 4%，增速同比均回落 15 个百分点。全年市区和农村居民人均收入分别为 37 902元和 18 475 元，扣除价格因素，分别实际增长 9. 4% 和 10. 0%。城乡居民收入比由 2011 年的 2. 06:1 缩小为 2012 年的 2. 05:1，收入差距持续缩小。

物价增速显著放缓，房地产市场价跌量升。2012 年，宁波居民消费价格比上年上涨 1. 7%，涨幅比上年回落 3. 6 个百分点，在全国 36 个大中城市中居末位。全年工业生产者购进价格和出厂价格均下降 2. 9%，工业品产销价格“进出倒挂”的情况得以扭转。房地产成交价格持续走低。12 月，宁波新建商品住宅和二手住宅分别同比下跌 7. 1% 和 4. 7%，但交易有所回暖：全年宁波市 6 区销售商品房面积同比增长 12. 1%。一些楼盘的促销降价，以及购房者对限购政策结束的恐慌性预期，是导致需求增长、房地产交易走出低谷的主要动力。

（二）经济运行中需关注的问题

产业经济升级转型面临较大压力。中小微民营企业是宁波经济持续快速发展重要力量，但随着国内外发展环境的变迁，产业升级转型的要求愈发迫切。一方面，传统优势的低端制造业面临竞争力减弱、可持续性不足的问题。由于全球性通胀导致原材料、劳动力成本大幅提高，降低了劳动密集型制造业的竞争力，产业面临向中西部和东南亚转移的压力；另一方面，技术含量高的新兴产业面临投资收益周期长、风险大等问题，尤其是 2011 年以来，多家光伏、LED 企业发生资金链危机，也打击了企业主的投资信心。未来如何明确产业定位、保持和发扬竞争优势，将直接影响区域经济发展的水平和速度。

企业微观经营环境持续复杂化。2011 年下半年以来，受国内外严峻经济形势的影响，辖内企业经营面诸多困难。一是“三角债”问题，随着国内外市场需求减弱，企业资金周转普遍放慢，应收应付账款明显增加，债务关系越发复杂。二是民间借贷风险的多发。随着近两年持续多发的企业关停倒闭，大量民间借贷风险浮出水面，民间集资形成过度负债，加快了企业资金链断裂和出险。三是在实业经营愈发困难的情况下，受房地产、金融业的高收益率吸引，部分企业主将资金从实体经济抽逃，引发产业“空心化”的问题。

二、金融业与金融稳定

（一）银行业稳健性评估

1. 银行业整体运行情况

行业规模快速增长，非信贷类资产占比上升。截至 2012 年末，全辖已开业的银行业金融机构

---

① 美元折算人民币的比例，按 2012 年的年平均汇率为 1:6. 3127。

（组织）共60家，较上年新增4家。银行机构种类和网点的持续增加，带动了行业服务密度的提高和资产负债规模的壮大。截至年末，银行业资产负债总额分别为17 416亿元和16 731亿元，同比分别增长19.9%和20.2%。从结构上看，信贷类资产余额占比从年初的73.5%下降至68.7%，而投资、买入返售资产等非信贷类资产同比分别增长115.1%和121.0%，机构间资金的拆借、存放大幅活跃，带动了同业往来规模的双向攀升。

存贷款增速回归同步，期限匹配有利于流动性。截至2012年末，全辖银行业本外币存贷款分别为11 980.5亿元和11 961.0亿元，同比分别增长12.40%和12.03%。全年存贷款分别新增1 321.6亿元和1 285.8亿元，增量存贷比为97.20%，较上年大幅下降42.52个百分点。从期限结构看，单位定期存款同比增长22.4%，储蓄存款增长13.9%，结构性存款增长166.9%，均高于存款增速，资金来源的稳定性增强。贷款方面，中长期贷款同比增速仅6.79%，而票据融资和短期贷款分别增长71.71%和13.71%，反映了在信贷需求不旺的情况下，银行更倾向于持有短期信贷资产，银行业整体流动性更为宽裕。

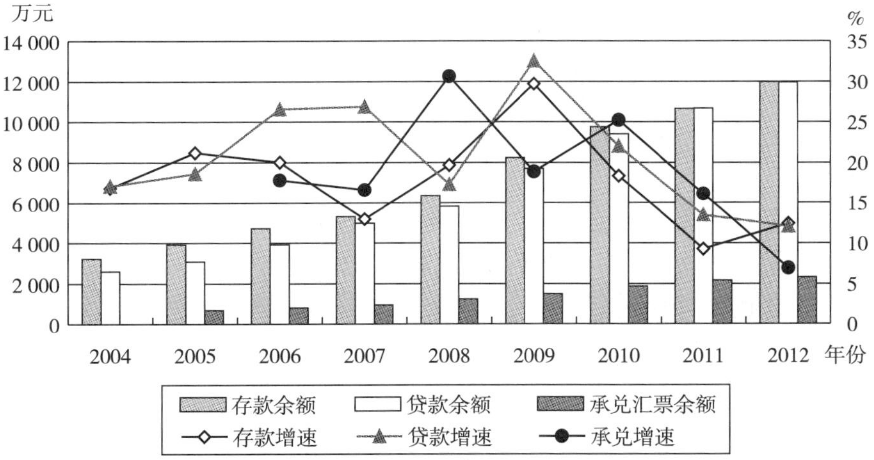

图2　2004—2012年宁波存贷款及承兑汇票变化情况

市场份额稳中趋于分化，信贷投向结构平稳。从结构上看，大型机构份额呈下降趋势。信贷方面，2012年末，5家国有大型银行（含国开行）和股份制银行信贷余额分别占49.8%和26.5%，市场份额分别较2011年分别下降1.4个和1.2个百分点；存款方面，国有、股份制银行余额占比分别为40.3%和30.5%，各类机构份额变化均在1%以内，市场格局总体稳定。信贷投向结构整体平稳、行业分布优化。其中，公共服务类贷款继续稳步增长，保证了重点领域的资金需求；年末全辖中小微型企业贷款余额7 255.0亿元，占全部企业贷款的比例达83.8%，为区域中小微型企业发展提供了有力的金融支持。

盈利增长显著回落，但管理创新有所加快。截至2012年末，辖内银行业金融机构共实现利润266.54亿元，同比增长8.1%，比上年下滑17个百分点。原因一方面是2012年实体经济有效信贷需求减弱，导致业务增长放缓；另一方面则是信贷风险的暴露，加大了银行机构计提准备金与核销坏账的负担。从结构上看，利息净收入和中间业务收入占营收比重分别为79.3%和12.5%，均较上年略有下降，而投资收益占营收的比重从2.2%提高至5.3%，主要是对公同业理财等业务的大量开展所致，说明表外业务已成为辖区银行业营收的重要组成部分。2012年，在复杂严峻的市场环境下，辖内银行业普遍加强了管理创新力度，内部的合规风险管理与外部的经营发展都得到一定提升。

2. 法人机构经营稳健性

2012 年，辖区 3 家法人机构股改重组为 2 家城商行和 1 家农商行法人机构，城信社完全退出辖区市场。宁波银行完成了财政持股的划转清理，鄞州银行持续发起村镇银行。截至 2012 年末，辖区 3 家城商行和 9 家农信机构的核心指标均符合监管要求，资本充足率和流动性充裕，但部分机构业务发展面临压力，信用风险化解存在困难。11 家村镇银行年末总体存贷比 96.86%，信贷业务呈高风险、高收益特征。农村资金互助社平稳增长，支农互助作用有效发挥。昆仑信托依托中石油平台，信托项目和固有业务规模稳步扩大。宁波港集团财务公司业务正常展开，集团内资金调剂活跃。协和银行股改没有实质进展，仍依赖资本金的存款利息维持。

3. 银行业发展需关注的问题

不良贷款快速反弹，资产质量下降明显。截至 2012 年末，辖内银行业五级分类不良贷款余额为 144.65 亿元，全年共新增 49.93 亿元，增幅达 52.7%，反弹势头超过金融危机后 2009 年。全年不良贷款和不良率呈逐渐走高、年末回落态势，不良贷款最高的时点为 10 月末，余额和不良率分别达 151.74 亿元和 1.28%，一些机构在 12 月通过核销、资产打包转让等形式处置不良贷款，使年末全辖不良率降至 1.21%。辖区银行业资产质量下降的原因，既有授信客户经营不善、投资过度、涉高利贷等问题，也有因关联担保、应收账款涉诉等引发的问题，银行不良贷款清收处置难度加大，风险演变为损失的概率明显增大。

存款竞争加剧，流动性管理难度增大。2012 年，随着利率市场化步伐的加快，商业银行对存款资源的竞争更趋白热化。全辖存款月度波动总体加大、稳定性下降。从结构上看，单位存款的波动是主因，而储蓄存款在利率调整政策出台后，季末冲高回落态势有显著收敛，但资金在机构间逐利搬家的情况仍较普遍。辖内银行业机构普遍对利率市场化形成政策预期，但在定价机制、应急管理等方面的准备并不充分，流动性管理潜存压力。

经营模式粗放，合规操作风险亟待重视。近年来随着跨区域发展的推进，银行业扩张步伐普遍加快，主要有两条路径：一是支行网点的大量增加，在局部形成潜在的恶性竞争风险；二是营销区域的延伸，一些商业银行异地营销，往往成为信贷风险的受害者。粗放式扩张也带来了经营活动中的合规操作风险：一方面，银行业扩张使对从业人员的需求增长，行业内人才流动活跃，员工稳定性下降；另一方面，监管要求强化与各行内控规范愈加细致繁杂，加大了员工掌握的难度，操作性问题层出不穷，成为机构稳健运行的重大隐患。

（二）证券业稳健性评估

1. 行业运行状况分析

市场主体保持增加，机构种类趋于丰富。截至 2012 年末，宁波证券经营机构 65 家，全年新增证券分公司和基金销售分公司各 1 家。期货营业部全年新增 4 家，年末辖内共有 1 家法人期货公司、31 家期货营业部。上市公司保持稳步增长，年末共有上市公司 55 家，包括境内上市 42 家，境外上市 13 家，分别较上年新增 4 家和 1 家。截至年末，辖区境内上市公司总股本 340.14 亿股，同比增长 7.5%；总市值 2 034.46 亿元，同比增长 7.8%。

期货业先抑后扬呈快速发展态势，市场流动性迅速增强。2012 年前 5 个月，辖区期货业延续上一年低迷态势，后 7 个月，辖区期货业呈快速发展态势，市场流动性持续增强。全年辖区期货代理交易量6 166万手，同比增长183.7%；期货代理交易金额41 992亿元，同比增长59.8%。截至年末，辖区期货投资者开户数1.91万户，增长19.4%；期货经营机构客户保证金余额29.81亿元，同比增长37.4%。期货业快速发展与期货监管政策调整、白银等期货新品种上市和股票市场行情低迷有密切关联，主要是起到了投资渠道替代作用。

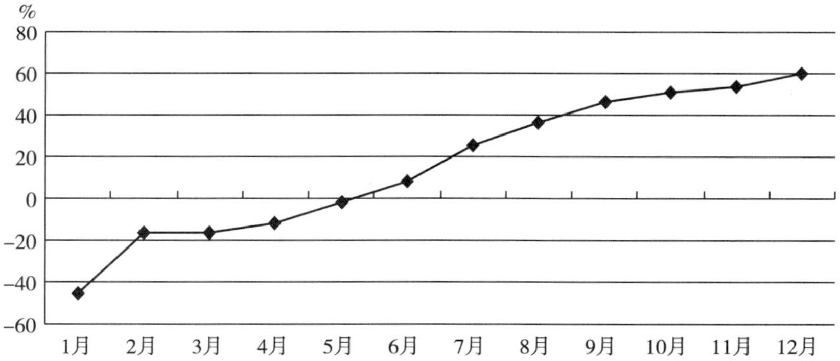

图3　2012年宁波辖区期货代理交易金额同比增幅变化

创新业务加快多元化发展，机构盈利模式逐步转型调整。辖区证券期货经营机构创新业务发展明显提速，2012年，开发了债权质押式报价回购、约定购回式证券交易、中小企业私募债、量化对冲基金等创新金融产品。创新业务快速多元化发展，对改变营业部单一经纪业务模式、调整优化收入结构产生积极影响。目前，辖区证券期货经营机构融资融券、IB、股指期货的发展已具有一定的业务规模，根据已有的统计数据，2012年，辖区股指期货代理交易总金额为13 582亿元，约占辖区期货代理交易总金额的32.3%。

上市公司金融活动程度加深，直接融资成其新增融资主渠道。2012年，辖区上市公司有关金融活动频繁，多家上市公司相继投资城商行、村镇银行和具有融资功能的影子银行机构，部分公司大量发放委托贷款或购买理财产品。2012年，辖区上市公司共计新增融资额119.91亿元，其中从资本市场融资59.45亿元，同比增长6.0%，占新增总融资额的49.6%；银行间市场融资32.2亿元，同比增长46.4%，占新增总融资额的26.8%；取得银行各类授信余额347.03亿元，新增28.26亿元，占新增总融资额的23.6%。

2. 法人机构稳健性情况

辖内法人证券业机构仅有宁波杉立期货经纪有限公司一家，2012年，该公司加强内控制度调整和风险管理，完善对公司合规情况评估审核。全年期货代理交易金额6 555亿元，同比增长13.8%。年末净资本1.17亿元，权益总额4.56亿元，流动性比例438.4%。全年该公司运行总体保持稳健。

3. 需关注的问题和风险

证券经营机构经营形势严峻，期货经营机构盈利水平尚未回升。2012年大部分时间股市低迷震荡，对证券经营机构形成显著的经营压力。一是交易持续同比减少，全年辖区证券成交总额14 495亿元，较上年减少6.9%。二是客户稳定性下降，年末辖区证券客户保证金余额69.72亿元，较上年末减少12.3%。三是证券经营机构盈利水平下降，利润同比减少44.2%，部分营业部持续亏损。期货经营机构虽然交易规模迅速增长，但2012年行业利润总额同比减少6.7%。期货经营机构盈利水平未能回升的原因，与交易所下调手续费、取消交易所返还等有关，同业竞争仍十分激烈。

上市公司业绩下滑明显，证券市场不确定因素增多。公开披露信息①显示，2012 年，辖区 42 家 A 股上市公司中，有 20 家即占 48% 的上市公司经营业绩下降甚至亏损，其中业绩下降的有 15 家，出现亏损的有 5 家。上市公司经营业绩下滑，给市场带来了诸多不确定因素。一是业绩下降导致股价接连下跌，个别公司连续破发、破净；二是业绩下降引发部分企业被迫违约；三是一些新上市公司业绩迅速变脸成行情下跌的助推器，套牢一批投资者或使投资者大幅损失离场。

机构合规及风险管理粗放，个别上市公司被监管处罚。在内控和风险管理方面，辖内部分证券期货经营机构制度执行不到位、操作风险隐患较多等问题仍较突出，不正当同业竞争依然存在。证（期）银交叉性业务发展中，存在银行机构为完成第三方存管、银期转账等业务指标，通过内部员工、无投资意愿客户开立空账户的情况，形成潜在的风险隐患。随着创新业务快速多元化发展，证券期货经营机构的业务系统有待加快建设更新。公开信息显示，全年辖区有 2 家上市公司在信息披露等方面存在违规行为。

非法证券活动影响行业稳健运行，破获的非法证券案件呈年轻化特征。从辖内情况看，一些非法证券活动打着大型券商的旗号进行非法营销甚至诈骗，主要出现在钓鱼网站、手机短信、QQ 群聊等媒介中，严重影响了证券期货经营机构正常经营活动，一些投资公司还就配资业务向辖内正规的行业经营机构进行营销。地下黄金交易及外盘等非正规交易平台对投资者所作出的获利保证、代理操盘行为，往往以榨取投资者资金为目的，对行业稳健发展产生负面影响。此外，2012 年辖内公安系统破获一起“公司化（设在四川成都）运作、以炒股咨询为名义骗取咨询费”的电信网络诈骗案。

（三）保险业稳健性评估

1. 行业运行状况分析

市场主体不断扩充，资产总额增幅明显。截至 2012 年末，宁波辖区保险市场共有机构主体 51 家，比年初增加 4 家，保险专业中介机构 26 家，比年初增加 5 家，保险兼业代理机构 3 424 家，比年初增加 311 家。年末保险从业人员共计 24 019 人，比年初增加 2 092 人，主要是寿险机构增加所致。随着市场主体的不断扩充，保险市场资产总额取得明显增幅。截至 2012 年末，宁波保险业资产总额 310. 97 亿元，较年初增长 20. 11% 。

保费收入增幅下降，产险品种增长分化。2012 年，宁波保险业保费收入 164. 7 亿元，同比增长 10. 8% ，较上年下降 5. 5 个百分点。辖区保险深度 2. 5% ，较上年下降 0. 3 个百分点，按常住人口计算，宁波保险密度为 2 138 元/人，较上年提高 261 元/人。从结构上看，2012 年，产险保费收入的 69. 8% 来自机动车险，非车险业务中的企财险、货运险、工程险出现下降。寿险中分红险占比进一步扩大。2012 年宁波分红险保费收入 62. 58 亿元，同比增长 9. 93% ，占寿险保费收入的 90. 37% ；政策性与创新型业务进一步突破，2012 年全辖政策性农业保险保费收入 9 378 万元，同比增长 39. 73% ；信用保险保费收入 4. 04 亿元，同比增长 26. 36% ；小额贷款保证保险保费收入 2 874. 4 万元，同比增长 3. 16% 。

业务渠道深入调整，新型展业渠道快速发展。2012 年全辖通过保险中介渠道实现保费收入 93. 0 亿元，占总保费收入的 56. 4% ，比上年下降 2. 7 个百分点。车险电销渠道高速发展。2012 年，宁波

① 公开披露的信息依据截至 2013 年 2 月末的数据。

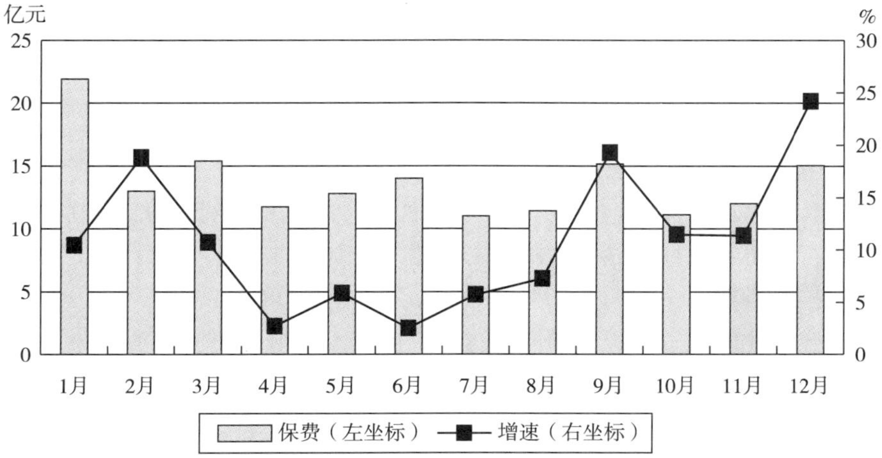

图4　2012年宁波月度保费收入及增速

车险电销保费19.37亿元，同比增长60.34%，占车险保费的31.03%，较上年提高9.3个百分点，电销逐渐成为产险机构保费增长的主要来源。个人代理保费收入仍是寿险销售第一渠道。2012年，辖区寿险公司个人代理保费收入43.7亿元，同比增长15.9%，占比57.9%，比上年提高3.1个百分点；而占比最大的是其他兼业代理渠道，主要由太保寿、平安养老、人保寿险等公司通过集团内部交叉销售实现。

2. 需关注的问题

市场竞争日益激烈，中小机构可持续发展受到挑战。随着保险市场主体的不断扩充，有限的市场容量与快速增长的机构数量之间的矛盾日益突出，市场竞争日趋激烈，中小新保险公司可持续发展受到挑战。一是营销渠道手续费率不断提高。为冲规模、抢业务，部分保险机构采取高费用政策，甚至有机构突破行业展业自律公约，这在车险代理渠道尤为明显。二是电销同质化竞争激烈，手续费、品牌效应明显，中小机构或者新设机构营销相对困难。三是保险业务人员流动频率较快。目前业务员的流动更多采取抱团形式，中小公司骨干团队的流失直接影响其存在和发展。

赔付支出增幅明显，产险市场尤为明显。2012年辖区保险业共赔款和给付64.27亿元，同比增长33.37%，增幅较上年同期上升2.63个百分点。其中，财产险赔款支出51.90亿元，增长38.53%；人身险赔付支出12.37亿元，同比增长15.37%。产险市场赔付支出快速增长的主要原因是台风“海葵”和重大火灾赔案，导致全年已决赔款分别达3.78亿元和1.05亿元。此外在保监会统一部署下，全市开展了未决赔案集中清理，共清理积压未决赔案96 533件，估损金额减少11.67亿元，分别达到年初未决案件数和未决估损金额的87.08%和75.16%。

产险公司综合赔付率增幅明显，经营效益明显下滑。2012年，宁波28家产险公司综合赔付率68.97%，同比上升8.44个百分点，综合费用率29.50%，同比下降0.42个百分点。2012年辖内产险公司承保利润同比下降82.05%，亏损的产险机构共16家，占产险机构总数的57.1%。产险公司效益明显下滑的主要原因：一是受“海葵”台风、火灾等其他重大灾害事故多发、车辆出险率及修理和事故善后成本上升等多重因素影响，二是准备金提取增加较快，高于保费增幅。

部分寿险机构退保率偏高，寿险发展形势严峻。2012年，宁波寿险公司退保金支出7.73亿元，同比下降7.36%，退保率2.41%，同比下降0.65个百分点，退保率虽然有所下降，但部分公司超过

5%警戒线。这与这些公司承保环节管控不严、产品收益不高等因素有关外，还与不正常的银保合作关系有关。

（四）金融综合化经营

1. 金融控股公司

截至2012年末，宁波辖区由非金融机构控股的法人金融机构共有5家，分别是宁波港集团财务公司、宁波通商银行、协和银行、昆仑信托和杉立期货。除宁波港股份有限公司投资了2家金融机构外，昆仑信托的控股股东——中油资产管理公司，杉立期货的控股股东——上海杉融实业都参股多种金融机构，对金融业的投资有深入倾向。这些机构在发挥财务协同效应、集团规模优势的同时，应有效防范风险在不同机构、行业间蔓延。

2. 银证保交叉业务

2012年，随着证券、保险、基金等行业参与资产管理“新政”的推出，银行业机构可以借道证券公司的“定向资产管理业务”和基金公司的“专项资产管理计划”广泛开展，这进一步活跃了银行业同业往来、跨行业交叉等业务。随着大量理财产品发行和证券、基金业资产管理业务快速膨胀，交叉业务的潜在风险值得关注。从调查情况看，宁波金融机构跨行业交叉业务品种相对集中、业务规模有限。交叉业务的主体为各银行业金融机构，业务主要集中在第三方存管、代售基金和代理保险费收缴三类业务。此外，出口信用保单项下贸易融资和小额信贷保证保险发展，已逐渐成为辖区新型融资担保模式。

三、影子银行与金融稳定

（一）小额贷款公司

2012年，宁波辖区小贷公司新增13家达到36家，注册资本总额为68.70亿元；从银行业金融机构融资余额为21.58亿元，较上年同期增长22.75%；贷款余额为96.43亿元，同比增长42.21%。2012年小贷公司的贷款加权平均年利率呈震荡下行态势，全年加权平均贷款利率为18.58%。新增贷款更多地流向农林牧渔业和服务业。值得关注的是，2012年小贷公司信用风险快速上升，年末不良贷款余额3.98亿元，较年初大幅增长327.96%，不良率4.13%，较年初增加2.76个百分点，隐形信用担保潜藏较大风险。

（二）担保机构

截至2012年末，宁波登记在册的融资性担保公司共76家，注册资本42.01亿元，担保总额227.08亿元，同比增长4.1%，受保企业11 984户，同比增长26.2%，担保笔数15 486笔，同比增长22.8%。从资本金来源看，国有资本控股参股15家，民营担保公司61家。随着企业出险情况的增加，担保公司代偿次数和金额大幅增加，代偿能力值得关注。如辖内慈溪市的21家民营担保机构，2012年代偿余额3.96亿元，较年初增长了360.9%。

（三）典当行

截至2012年末，全辖典当企业共计74户，资产总额15.82亿元。2012年下半年以来，典当业经营回升态势明显，典当余额和总额均止跌回升，全年发生典当笔数7.76万笔，同比增长5.5%，发放贷款34.13亿元，同比减少9.47%，净利润同比下降49.4%。值得注意的是，典当行业的风险控制和人员素质都有待提升。全辖典当从业人员仅600人，平均每家员工人数不到10人，具备典当行业经验的专业人才匮乏，“小、散”特征明显，风险识别控制能力较薄弱。

（四）非法集资

2012年，宁波辖区共立案侦查非法集资案件44起，涉案金额5.93亿元。其中非法吸存28起，涉案金额2.02亿元，集资诈骗16起，涉案金额3.91亿元。总体来看，非法集资案件数有所下降，经济相对较弱的南三县仍是非法集资多发地，非法吸存案件数多于集资诈骗。非法集资案件的特征表现为低收入人群成非法集资受害主力军、集资方式出现新花样，如通过金融市场交易、私募股权基金和公司加盟返利等形式集资，使打击难度增大。

四、金融市场运行

（一）同业拆借量升价跌，交易集中在隔夜拆借品种

2012年，辖内同业拆借交易量达到4 189.8亿元，较上年增长118.81亿元，增幅2.92%。从全年趋势看，交易量呈震荡上行趋势，拆借利率呈震荡下行趋势，交易品种仍主要集中在1天的短期品种，全年累计交易3 914.64亿元，占总交易量的93.43%。从交易主体看，主要集中在宁波银行、鄞州银行两家机构，其中宁波银行全年成交占94%。

（二）债券交易量上升、债务融资工具应用较快发展

2012年债券回购累计交易3.52万亿元，较上年增长60%，全年债券回购量震荡上升，回购利率震荡下行，12月回落至2.41%。从交易品种看，1天的超短期品种占总成交量的93.81%。现券交易量上升，全年累计成交3.6万亿元，较上年增长7.4%，收益率震荡下行，12月回落至的3.88%。交易品种看，国债成交量最大，占总成交量的37.68%，其次为政策性金融债，占20.43%。交易活动都集中在法人机构。

债务融资工具发行量上升。2012年辖内累计有18家企业注册短期融资券130.1亿元，实际发行90.1亿元，同比分别增长73.47%、21.76%。债务融资工具品种进一步丰富：集合票据、资产支持证券、定向工具均实现了零的突破。债务融资工具发行规模占当年新增贷款的比重达10.12%，较2011年提高4.3个百分点，融资结构发生显著优化。

（三）票据贴现大幅增长，贴现利率保持稳定

截至2012年末，全辖累计签发银行承兑汇票5 266.0亿元，同比增加348.9亿元，增长7.1%；全年银票签发量呈前高后低的态势，各股份制银行仍为市场主力。票据贴现与回购方面，全年累计办理贴现4 906亿元，同比增长93%，直贴增长尤为显著。2012年，票据市场利率自第一季度回落后，后3个季度利率基本稳定于5%～6%。主要原因：一是企业有效信贷需求不旺，导致商业银行为“填充”规模而选择持票；二是货币市场资金总体宽松，市场利率基本平稳；三是随着资产管理

业务的放宽，“腾挪”票据资产的通道趋于多样化。

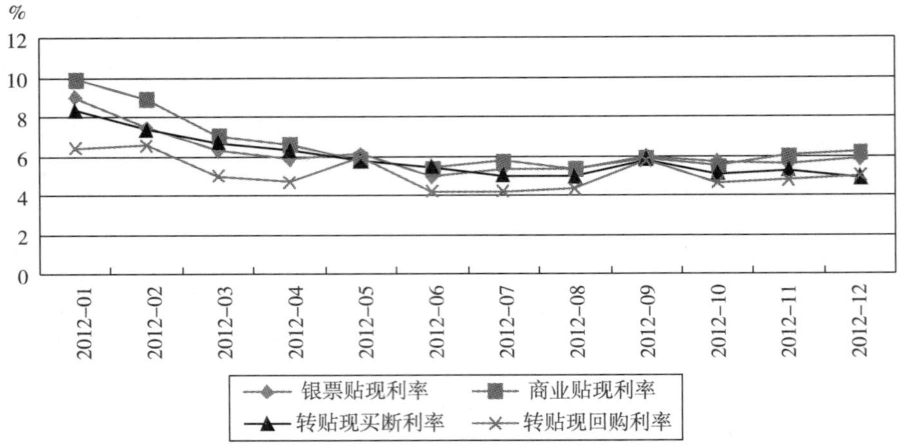

图5 2012 年贴现、转贴现、回购利率走势图

（四）外汇即期交易量回落，掉期、远期及货币对交易量上升

2012 年外汇即期交易累计折合美元 2 250. 12 亿元，较上年增长 11. 95%，其中买入总量折合 1 081. 97亿美元，同比增长9. 68%，卖出总量折合 1 168. 22 亿美元，同比增长 14. 15%；外汇远期交易成交折合美元 30. 94 亿元，同比增长 64. 12%，掉期交易折合美元 1 063. 46 亿元，同比增长 84. 54%。从交易主体看，主要是 6 家法人机构参与交易，其中宁波银行交易量占绝对主导地位，全年即期交易折合美元 2 250. 2 亿元，占总交易量的 76. 43%。

（五）黄金交易量上升，均价小幅波动

2012 年全辖累计完成各类黄金交易 30 210. 1 千克，较上年减少 12. 1%，成交金额 103. 8 亿元，较上年减少 11. 3%。增长量主要集中在实物黄金，全年累计交易 13 718. 85 千克，成交金额 47. 22 亿元，同比分别增长 4. 49%、5. 89%；账户金累计成交 16 491. 25 千克，成交金额 56. 58 亿元，同比分别减少 22. 35%、21. 90%。分机构看，全年交易量最大的为工行，各类黄金交易量总计 12 164. 91 千克，占总成交量的 40. 27%。

五、金融基础设施建设

（一）支付清算体系

2012 年，宁波市各种渠道的清算支付业务规模平稳增长，支付清算系统运行安全、稳定。主管部门加强了支付清算相关管理办法的制定、通报和督导，有效规范了结算纪律。组织开展同城系统应急演练，加强金融机构支付清算应急管理；明确了对非金融机构支付业务的管理规定；创新支付服务模式，通过优化小商户银行卡支付入网、设立助农取款服务点 POS 机缴费业务、开展手机支付试点、推广电子商业汇票竞赛等措施，提升民生服务水平。目前，支付体系中仍存在银行卡犯罪形式多样化、部分支付机构持续经营能力不确定，以及银行机构系统运行风险提高等问题，支付清算

的基础建设和执法管理仍待加强。

（二）征信体系

近年来，宁波企业和个人征信系统在不断完善中快速发展，数据质、量稳步提升。各法人银行机构向征信系统报送的数据质量据全国前列。应收账款和融资租赁两个登记系统的应用得到进一步推广，机构信用代码和征信系统的推广应用进一步扩大。信用代码证覆盖率列全国前列，信用系统的推广应用稳步扩大，目前已得到金融机构、政府和监管部门的普遍重视和多渠道运用；征信服务中小企业和农村融资效用逐步发挥，信用评级市场规模逐年扩大和成熟。需要注意的是，目前征信体系中缺乏商业信用信息，数据采集规范难以涵盖和适应创新融资业务，政府部门之间信息共享仍存在一定困难，征信体系建设依然任务艰巨。

（三）反洗钱体系

2012 年，在辖区银行业开展了“交易报告质量年”活动，提升监测交易报告质量；重点对大额现金存取和网上银行交易实施专项监测，提高金融机构反洗钱内控机制建设和洗钱风险防控能力。启动支付机构的反洗钱监管工作，开展反洗钱政策解读及培训，落实内部反洗钱专管员制度，建立联系渠道，明确监管要求。当前，辖区面临的主要洗钱风险有 POS 机套现、非法买卖银行承兑汇票类地下钱庄、非法跨境汇兑型地下钱庄三种，有鉴于此，监管部门综合采取多种监管措施，引导金融机构强化资金交易监测和业务管理，普及强化市民及从业人员的反洗钱意识，维护良好的金融秩序。

（四）货币发行与反假币

2012 年，宁波辖区全辖现金投放回笼显著增长，主要是主动回收了市场上整洁度差、不宜流通的人民币。净投放保持平稳：全年累计现金净投放 379. 8 亿元，同比增长 0. 28%。增长呈放慢迹象，这反映了辖区社会活动对现金交易的需求规模趋于稳定。全年继续加大假币犯罪打击力度，破获多起出售、使用假币案件，货币流通环境得到改善。加强了对金融机构清分送缴现金的管理，杜绝回笼券中夹杂假币的现象。同时，多渠道开展反假货币宣传活动，提高城乡居民的反假币意识和技能，净化辖区的人民币流通环境。

（五）金融消费者权益保护

2012 年，宁波辖区将金融消费权益保护作为“金融支持实体经济发展”的重要内容，创新制度建设、组织建设、权益保护、金融消费者教育“四位一体”的工作模式，基本形成了人民银行、各管理部门、金融机构“三方联动”的工作格局。目前宁波辖区已出台金融消费权益保护制度体系，建立了金融消费权益保护组织体系，构建了多元的金融消费纠纷解决机制。全辖共计处理金融消费争议 97 件，办结率 100%。不仅有效保护了金融消费者权益，也提高了金融机构经营服务的规范性，推动了宁波辖区金融生态环境提升。

（六）审慎性监管

2012 年，辖区银监部门通过实施差异化监管措施，引导银行转变理念，加大监管政策推动力度。

强化防控措施，加大对平台贷款领域的风险监管与防范力度，积极化解重大信用风险，指导银行业协会出台风险化解会商制度，强化同进同退机制，维护债权银行整体利益；有序推动统计数据质量良好标准评估、银行风险全面评估、落实分层分类监管等工作；强化监管联动，提升监管资源共享和使用效率；丰富监管手段，对承诺监管、亮底监管指标体系进行调整优化，强化监测预警机制，提升非现场监管效果。

2012 年，辖区证券行业认真开展交易场所问题和风险排查，推动深化经纪业务转型升级。辖区证监部门组织开展“创服务品牌、树证券期货业形象”活动，要求证券期货经营机构优化经营环境、服务手段和投资环境，做到投诉处理流程、咨询服务流程全面公开和理性投资教育全面实施，推动以“让市场回归理性”为主题的投资者保护宣传活动。督导上市公司加强与投资者有效沟通，规范上市公司投资者关系管理工作。辖区证券期货业协会对佣金水平作出了行业自律要求。

2012 年，辖区保监部门督导保险机构、银行代理网点开展销售误导自查自纠，部署行业自律检查，推广保险服务监督网络系统等举措，不断推进保险销售误导综合治理工作。清理专业中介机构监管制度、开展中介业务现场检查、建立保险专业中介机构和兼业代理机构档案库、修订营业保证金账户监管协议，探索建立保险公估专家库、推荐保险公估机构入选司法委托评估机构等手段，提高对保险中介市场的监管效率。对多家保险机构进行现场检查，推进消费者利益保护工作。

六、总体评估与政策建议

（一）稳定状况综合评估模型

结合辖区经济金融特点及指标数据的可得性，选取了宏观经济、金融业、非金融部门、金融生态等 6 大类、36 项指标，构建了区域金融稳定评价指标体系。并采用权重测算、层次分析法，得到各层指标的权重与综合得分。定量评估结果显示，2012 年辖区金融稳定得分为 35. 21 分，较上年显著提高，表明不稳定因素有所增加，但仍处于稳定区域。其中受整体环境发生不利变化，区域经济运行、银行业、保险业和金融生态评估有所恶化。

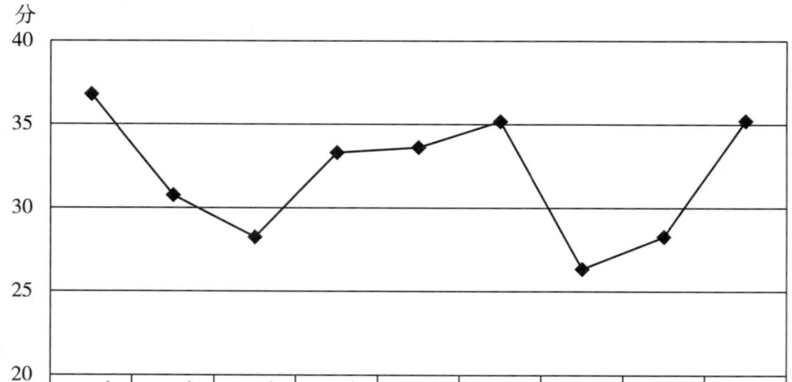

	2004年	2005年	2006年	2007年	2008年	2009年	2010年	2011年	2012年
综合得分	36.78	30.74	28.24	33.30	33.62	35.19	26.35	28.28	35.21

注：分值越小，表示风险越低，稳定状况越好。

图 6　宁波辖区 2004—2012 年金融稳定状况趋势图

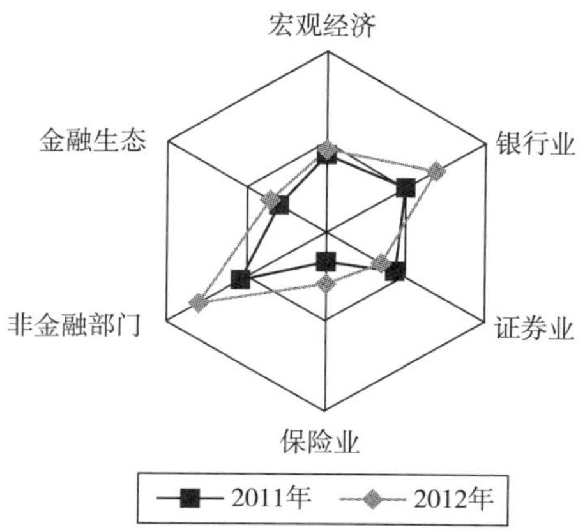

图7　宁波辖区2012年和2011年金融稳定得分雷达图

（二）政策建议

1. 加快经济结构转型升级，增强经济的抗冲击性

外部环境对区域经济的冲击影响，暴露了宁波经济结构的矛盾和问题，应在推动经济复苏过程中，注重转型升级和增强实体经济的自我恢复能力。一方面，可探索发展总部经济，积极为本地企业向中西部、东南亚转移投资做好后台服务，升级经济发展层次，提高经济附加值；另一方面，推动企业开展与自身管理能力、融资能力相匹配的经营投资活动，防止多度担保，远离高息民间借贷及赌博等违法犯罪行为，同时鼓励组建各种形式的风险互助基金、组织，提高本地企业风险合作意识。

2. 强化宏微观审慎性监管，提高金融业发展的稳健性

坚守不发生系统性、区域性金融风险底线，是实施宏微观审慎监管，维护金融业稳健运行的出发点和落脚点。银行业要审慎对待银行业机构跨区域发展问题，遏制网点粗放式扩张和低水平恶性竞争；加强行业监管的专业化水平，提高监管的权威性和有效性。证券期货业要加快证券市场改革，注重培育市场的投资功能，规范发展各类创新业务；深化新股发行制度改革，提升上市公司质量，重点打击IPO作假、违规披露信息等行为。保险业要加大行业监管力度，规范保险市场秩序，关注赔付增长情况下的经营状况，重点提高对中小型机构的核心监管指标审查要求；推进全面风险管理体制，增强保险业机构的内控与风险管理水平。

3. 加强影子银行监管与基础设施建设，改善金融生态环境

要有效开展影子银行的监测管理，认真评估影子银行体系的融资脆弱性和风险传导特征，重点关注与金融业机构业务关联大、可能引发系统性风险的机构和组织，防止其向金融业交叉传染风险。进一步完善支付结算体系，提高清算服务的安全、稳健、便利性；深化社会信用体系建设，改善诚信环境；持续开展反假币管理与宣传工作，维护合法健康的人民币流通环境；继续增强反洗钱监管的力度，维护法律和金融秩序的正当性和权威性；广泛开展金融消费者权益保护和投资者风险意识教育，创建健康和谐的市场环境。

总　　纂：周伟军
统　　稿：鲍　雯
执　　笔：蒋晓亮　邓忠斌　傅晓燕
其他参与写作人员：上官忠东　马喜中　刘良毕　陈　达
杨晓刚　黄　健　童相新　温小敏

厦门市金融稳定报告摘要

2012年，厦门市克服各种困难和挑战，保障区域经济金融平稳运行，有力地支持了实体经济发展。银行业信贷投放总体适度，信贷结构持续优化，风险管控进一步加强，盈利水平保持较好水平；证券期货业面对严峻的外部环境，积极发展创新业务，强化风险管理，总体经营稳健；保险业体系日趋健全，发展状况好于预期；厦门金融市场总体发展平稳，各种货币政策组合工具运用效果显现，外汇市场、债券市场等金融市场交易活跃，直接融资渠道进一步拓宽；金融基础设施稳步推进，对建设安全有序的金融生态环境、促进金融业稳健运行发挥了积极作用。

一、区域经济运行与金融稳定

（一）区域经济运行情况

2012年，在复杂的国内外经济形势下，厦门市积极深化海峡两岸交流合作综合配套改革试验，全面启动两岸区域性金融服务中心和厦漳泉同城化建设，全市经济持续健康发展，产业结构进一步优化。但是，区域经济运行仍存在一些不确定因素，经济发展仍存在诸多亟待解决的问题。

1. 经济运行稳中求进，产业结构有所优化

2012年厦门市实现地区生产总值2 817.07亿元，同比增长12.1%，增速比上年同期下降3.0个百分点。分季度看，经济增长企稳回升的态势较为明显。第一至第四季度地区生产总值累计增速分别为11.0%、11.4%、11.2%、12.1%。从产业结构看，2012年，厦门市第一、第二、第三产业分别增长0.4%、12.6%和11.7%，产业结构从上年的1.0:51.1:47.9调整为0.9:48.8:50.3，第二产业比例略有下降，第三产业比例持续上升，产业结构继续优化。

2. 工业生产触底回稳，呈现温和回升态势

2012年工业实现增加值1 163.93亿元，增长12.8%，占地区生产总值比重的41.3%，直接拉动地区生产总值增长5.6个百分点；工业增加值增长率（可比价）由第一季度的10.9%上升到全年的12.8%；工业的逐季回升对全市地区生产总值增长率的稳中有升起到了重要作用。区域结构方面，岛外投资力度加大，岛外四区全年规模以上工业共完成总产值2 738.20亿元，占全市规模以上工业总产值的61.8%，岛内外一体化发展取得成效。

3. 固定资产投资增速企稳回升，房地产市场明显回暖

2012年，在厦漳跨海大桥、同集路改造、海沧海底隧道接线工程等工程的带动下，厦门市完成全社会固定资产投资1 332.64亿元，同比增长18.1%。分季度看，第一至第四季度全社会固定资产投资累计增速分别为40.1%、8.9%、10.5%、18.1%，呈现企稳回升态势。房地产开发投资增速9月开始

由负转正，全年完成房地产开发投资518.88亿元，占全社会固定资产投资的38.9%，同比增长18.4%。

4. 消费市场平稳增长，主要价格指数逐步回落

2012年，厦门市实现社会消费品零售总额882.11亿元，同比增长10.2%。分季度看，第一至第四季度社会消费品零售总额累计增速分别为10.2%、10.5%、10.2%、10.2%，呈平稳增长态势。居民消费价格总指数（CPI）同比上涨2.1%，比上年减少3.1个百分点。工业品出厂价格指数（PPI）低位运行，全年PPI指数95.8，较上年回落4.4个百分点。

5. 外贸进出口增速回升，对台贸易稳步增长

2012年，厦门市外贸形势较为严峻，进出口整体增长缓慢，全年实现外贸进出口总额744.91亿美元，同比增长6.2%；贸易顺差163.13亿美元，同比增长7.8%。前3个季度外贸进出口增速逐季度下降，但随着出口促进政策的陆续出台，第四季度外贸进出口增速开始回升。

2012年，两岸经贸往来更加密切，对台贸易稳步增长，对台进出口贸易总额76.47亿美元，同比增长5.7%，其中对台出口14.66亿美元，同比增长0.2%；自台进口61.81亿美元，同比增长7.1%。

6. 居民财富积累较快，消费结构继续优化

2012年，全市城镇居民人均可支配收入37 576元，增长11.9%。在强农惠农政策的作用下，2012年全市农民人均纯收入13 455元，同比增长12.8%。年末城乡居民人民币储蓄存款余额1 680.19亿元，同比增长12.1%。

居民消费结构继续优化，全年城镇居民人均消费支出24 922元，同比增长11.7%。用于食品支出人均8 873元，占消费支出的35.6%，同比增长12.4%。教育文化娱乐服务和居住支出增长较快，分别为2 653元和2 942元，同比增长20.7%和18.5%。

（二）区域经济运行需关注的问题

1. 工业增长后劲乏力，企业投资意愿低迷

2012年，厦门市工业投资总量和占全社会固定资产投资比重大大低于福建省平均水平。因市场需求不足及前景不明朗，企业推迟了技改和增资扩产项目，使原计划当年投产的新项目大部分推迟投产，直接影响了工业经济发展的后劲。

2. 外需不足，内需拉动力不强

外需方面，厦门市经济对外依存度较高，2012年达164%，经济运行受国际市场影响较为明显。全球经济总体下行风险仍然较大，因此，制约辖区外贸稳定回升的阻力仍然较大。内需方面，2012年，厦门市实现社会消费品零售总量和增幅均居15个副省级城市末位，增幅比上年回落6.2个百分点，比第1位的深圳低6.3个百分点，低于平均增幅5.2个百分点。消费增幅显著回落，对经济的拉动作用更显不足。

二、金融业与金融稳定

（一）银行业

1. 银行业发展情况

（1）银行体系机构主体不断增加，资产负债规模再上新台阶。2012年末，厦门市共有各类银行

业金融机构 39 家，比上年增加 2 家。其中中资银行业金融机构 24 家，外资银行业金融机构 15 家（含代表处 2 家）。银行业金融机构资产总额 8 462. 57 亿元，同比增长 22. 26%；负债总额 8 148. 61 亿元，同比增长 21. 68%。

（2）存款增长缓慢波动较大，贷款结构优化增速回落。2012 年末，厦门市中外资金融机构本外币存款余额 5 472. 00 亿元，同比增长 10. 38%，增速同比回落 1. 26 个百分点。受人民币存款增长乏力以及存贷比考核压力等因素影响，存款月度波动幅度大、时点"冲高回落"现象仍然存在。2012 年末，厦门市中外资金融机构本外币贷款余额 5 107. 35 亿元，同比增长 17. 66%，增速同比提高 2. 76 个百分点。从贷款期限看，短期贷款同比少增，中长期贷款平稳增长，票据融资同比大增。从贷款行业看，新增贷款注重"稳定投资、扩大消费"，主要投向制造业、批发零售业；涉农贷款全年新增 52 亿元，同比增长 27. 7%。从贷款客户结构看，全年小微企业新增贷款 154. 25 亿元，占全部企业贷款增量的 37. 45%，同比增长 21. 45%，高出全部贷款增速 3. 8 个百分点。

（3）盈利水平总体下降，法人银行流动性风险可控。2012 年，厦门市银行业金融机构在诸多复杂因素影响下，银行盈利能力降低。全年厦门市银行业金融机构实现税后利润 115. 13 亿元，同比增长 9. 66%；资产利润率 1. 73%，同比下降 0. 25 个百分点。法人银行业金融机构资本利润率为 14. 10%，同比下降 3. 3 个百分点。

流动性风险总体可控。在稳健货币政策效应下，法人银行业金融机构平均存贷比持续走低，2012 年末为 51. 37%，同比下降 3. 80 个百分点；平均流动性比例为 70. 83%，同比小幅提高 11. 98 个百分点。

（4）深化改革转型，法人机构发展迈上新台阶。一是法人机构改革取得重大突破。厦门农联社改制农商行顺利完成，厦门信托股权顺利划转，厦门国际银行股改方案得到银监会批准，改制工作接近尾声。二是填补机构空白，增强市场活力。同安农银村镇银行和厦门海翼集团财务公司顺利开业，翔安民生村镇银行获批筹建。三是法人机构内部管理水平提高。内部审计质量和问责力度明显增强；在新监管标准框架下，开展了报表试填报和资本充足率测算；7 家法人机构全年实现稳健运营，各项核心监管指标均达到监管要求。

2. 银行业运行存在问题

（1）不良贷款快速反弹，重点领域风险管控仍需加强。受宏观经济下行以及银行自身经营管理不完善的影响，2012 年末，厦门市银行业金融机构不良贷款余额 54. 38 亿元，同比增加 27. 61 亿元；不良贷款率 1. 06%，同比提高 0. 45 个百分点。从行业结构看，不良贷款主要集中于制造业、批发和零售业，反映了实体经济经营难度较大，仍未走出困境。此外，未来融资平台贷款集中偿债压力较大。近三年有 41. 15% 的平台贷款集中到期，区级政府偿债率偏高，需要重点关注。房地产贷款风险不容忽视。目前房地产贷款和以房地产为抵押的信贷资产超过 40%，不少大型银行房地产贷款占其全部贷款的比例超过 30%。

（2）存款增长乏力，流动性管理面临较大压力。2012 年，厦门市金融机构存款增长乏力，程度历史罕见。存款增速远低于贷款增速，存贷比高位运行。存款季末冲高现象突出，这一方面造成统计数据失真，干扰金融管理部门准确判断当前经济发展形势及金融机构的经营状况；另一方面也扰乱市场竞争秩序，提高金融机构经营成本，增加流动性风险。

（3）风险抵补能力明显减弱。截至 2012 年末，厦门市银行业贷款损失准备充足率为 198. 25%，比年初下降 71. 12 个百分点；拨备覆盖率 200. 84%，比年初下降 61. 3 个百分点，银行体系损失抵补能力明显减弱。

（4）法人机构资本充足水平下降，资本补充压力加大。2012年末法人银行业金融机构整体资本充足率为12.39%，比年初降低0.74个百分点，法人银行机构资本充足率继续下降。从2013年开始，银行业监管部门执行新的资本监管办法，不仅对资本质量的要求提高，对最低资本充足率的要求也提高。辖区法人银行机构补充资本的压力进一步加大，资本补充和约束机制亟待进一步完善。

（5）利润增幅放缓，增速难以维持。受不良贷款反弹、拨备大幅提高以及利差收窄等因素影响，利润增速放缓。2012年，厦门市银行业金融机构税后利润同比仅增长9.67%，增速同比下降47.06个百分点。法人银行业金融机构资本利润率为14.10%，同比降低3.3个百分点。随着银行业改革红利逐渐消失，经营环境日趋复杂多变，近年来的盈利高增长局面将难以持续。

（6）非正规金融给银行业带来冲击。2011年底以来，厦门发生的授信企业风险事件大多与民间借贷有关。近年来民间借贷活跃，高利贷、非法集资等违法行为有所抬头，涉及人数多，资金数额大，其部分资金来源和业务运作与正规金融体系相互交叉渗透，一旦出现突发事件，可能引起区域性金融风险。此外，目前厦门多家融资性担保机构退出市场，银行提前阻断风险的法律手段相对单一，应对措施偏于滞后。

（二）证券期货业

1. 证券期货业发展情况

（1）证券期货市场经营主体持续增加，法人机构综合实力有所提升。2012年末，厦门市共有1家法人证券公司、3家证券公司分公司、52家证券营业部。证券公司分公司和证券营业部分别比2011年增加2家和3家；共有2家法人期货公司、26家非法人期货公司营业部，非法人期货公司营业部比2011年增加6家。厦门证券启动增资扩股工作，瑞达期货和国贸期货完成增资扩股，净资本均达到5亿元以上，同时瑞达期货改制上市进入辅导备案。

（2）市场体系建设取得新进展。2012年厦门火炬高新园区已有27家企业开展了进入“新三板”的前期准备工作，其中10家企业已通过券商内部审核。各类交易所清理整顿和上报验收工作顺利完成。郑州商品交易所在厦门设立新增交易品种的交割库工作正在积极推进中。

（3）证券期货业机构经营较稳健，抗风险能力增强。截至2012年末，厦门法人证券经营机构各项风控指标均呈现向好趋势，显示其流动性增强，负债水平降低，抵御市场风险能力提高。厦门法人期货经营机构各项风控指标远好于监管标准，显示其经营稳健，流动性宽裕，杠杆率较低，风险控制良好。

（4）开户数持续攀升，证券、期货市场交易量分化。2012年末，辖区证券账户总数、资金账户总数分别为144.75万户和90.33万户，较上年末分别增加了2.65%和3.31%；期货投资者户数为7.01万户，较上年末增加16.06%。证券市场交易低迷，2012年，厦门证券交易总额11 395.87亿元，同比下降4.06%。其中，A股交易总额降幅较大，同比减少27.54%；期货市场交易活跃，2012年，厦门期货交易总额73 635.38亿元，同比增长56.22%。

（5）融资方式多元化，后备上市资源不断壮大。2012年厦门上市公司累计融资43.36亿元，其中，首发融资2.99亿元，再融资40.37亿元。华懋新材等10家企业的首发申请在中国证监会审核，吉比特等14家企业在厦门证监局辅导备案。

2. 证券期货业运行存在问题

（1）证券经营机构经营压力持续加大，期货经营机构效益分化。2012 年，受股票市场市场持续低迷影响，厦门市证券经营机构经营业绩再次大幅下滑，实现营业收入 6.53 亿元，同比下降 23.41%，利润总额 1.52 亿元，同比下降 39.0%，2009 年以来新设的营业部普遍未盈利。2012 年厦门期货市场交易活跃，法人期货经营机构实现营业收入和利润总额分别为 3.26 亿元和 0.96 亿元，同比分别增长 26.81% 和 37.93%；异地期货公司在厦营业部经营状况继续恶化，营业收入总额为 3 873.98万元，同比增长 0.68%，整体亏损 1 086.97 万元，同比增长 1 874.51%。

（2）直接融资渠道有待进一步拓展。尽管近年来厦门辖区直接融资工作取得了较大进展，但绝对值仍然极低，资本市场直接融资功能的发挥有待继续强化。2012 年厦门市境内股票筹资与银行贷款增加额之比为 6.51:100，同比提高了 0.89 个百分点；境内上市公司总市值占地区生产总值的比重为 38.43%，同比降低 2.87 个百分点。

（三）保险业

1. 保险业发展情况

（1）机构体系日趋健全，市场规模日益扩大。截至 2012 年末，厦门市共有各类保险公司 37 家，比上年增加 2 家。其中，法人保险公司 2 家；财产保险公司 20 家、人身保险公司 17 家。2012 年，厦门保险市场呈现稳中有进、进中趋好的发展态势，实现保费收入 92.92 亿元，同比增长 13.3%。

（2）产险盈利能力有所下降，寿险业务质量向好。2012 年，产险公司综合费用率、综合赔付率、综合成本率分别为 36.1%、59.0% 和 95.1%，分别上升 1.9 个、5.6 个和 7.5 个百分点。综合成本率和综合赔付率分别低于全国 2.1 个和 2.2 个百分点，综合费用率高于全国 0.1 个百分点。

2012 年，寿险公司主要业务指标向好。从期限结构看，寿险业务期交率 50.2%，上升 5.7 个百分点；APE 折标率 64.0%，上升 6.4 个百分点。

（3）风险有所加大，但总体可控。2012 年产险应收保费率为 8.5%，同比上升 2.9 个百分点。寿险公司退保率为 1.7%，与上年持平，寿险市场未出现大的退保风险。产险积压赔案数较上年减少了 62.1%，寿险永久失效保单较上年减少了 21.7%。行业未积累区域性、系统性风险。

（4）服务经济社会能力进一步提升。2012 年，厦门保险公司赔款与给付 30.3 亿元，同比增长 38%。在市政府融资贴息、保费扶持等政策支持下，出口信保保费收入 2.98 亿元，提供 91 亿美元风险保障，同比增长 31%；一般贸易渗透率 33.5%，高于全国 6 个百分点。大病医疗保险保费 1.06 亿元，实现了职工、城镇居民、农村居民、大学生、未成年人等各类人群 260 多万人全覆盖。同时，补充养老保险覆盖面继续扩大，新增企业年金受托金额 1.68 亿元，累计已达 13 亿元，同比增长 18%。全民自然灾害责任险、公立医疗机构及二级以上社会医疗机构医责险、市属学校校方责任险和农房保险分别实现保费 169 万元、1056 万元、345 万元和 93 万元，实现了对所有应保人群的全覆盖。

2. 保险业运行存在问题

（1）个险销售渠道改革难度较大。厦门辖内寿险公司未来一段时期内都没有向员工制转型的计划。一方面，保险公司缺乏营销体制改革的动力；另一方面，个险渠道担负“调整业务结构”的重任，营销体制改革一定程度上影响着业务结构调整。

（2）自然灾害事故风险应对能力不足。一是承保前风险评估不足。导致了部分公司忽视保险定价的科学性和合理性，存在盲目实行低价策略、暗折暗扣等价格竞争过度的现象。二是保险公司承保后防灾防损服务不到位，既无法对客户风险采取有效防范措施，也未能通过优质服务与客户形成长期合作关系，普遍存在公司企财险经营效益易受个别重大案件影响现象。

（3）集中退保风险和群访群诉风险加大。目前，银保渠道的集中退保风险和群访群诉风险值得重点关注：一是银保渠道退保金额高，且以趸缴分红业务为主；二是分红险满期给付高峰到来，预计 2013 年全市分红险满期给付金额在 3 亿至 4 亿元，为近年来的给付高峰。

（4）业务结构调整压力较大。一是“一险独大”问题仍然突出。从市场运行情况看，车险和分红险仍是支撑产、寿险市场发展的支柱险种。同时，险种和渠道的同质化、单一性还使中小公司在市场上长期处于发展困境。二是银保产品优势锐减。寿险产品保障性特色不足，与其他金融理财产品功能趋同，再加上本身存在的成本高、收益低、销售能力相对滞后等问题，导致其在金融市场上竞争力不足。

（四）准金融业

1. 担保业

（1）行业整合持续推进，公司实力增强。随着准入标准的提高以及市场竞争的加剧，综合实力弱、经营状况差的公司逐步退出市场，生存下来的融资性担保机构整体实力增强。2012 年末，全市获得融资性担保经营许可证的担保机构共 32 家，比 2011 年末减少 13 家。其中，正常经营的共计 29 家；注册资本金为 34.39 亿元，资产总额为 46.59 亿元，负债 10.20 亿元，其中 2 家机构增加注册资本金 9 120 万元，13 家机构获取政府补助扶持资金共计 4 140 万元。

（2）融资性担保规模下滑，经营绩效下降。2012 年厦门市担保机构提供的担保总额为 212.89 亿元，同比增长 4.67%。其中，融资性担保总额 109.83 亿元，同比下降 5.64%，非融资性担保总额 103.06 亿元，同比增长 18.45%。2012 年，全市融资性担保机构实现收入 24 736 万元，同比下降 9.16%，净利润 252 万元，同比下降 94.87%。

（3）担保公司经营风险加大，不规范经营现象仍然存在。由于当前中小企业经营环境较为严峻，担保公司风险管控压力也日益加大。截至 2012 年末，全市担保公司提取担保准备金 3.96 亿元，同比增长 18.92%，拨备覆盖率为 466.46%，同比下降 18.17%，担保代偿余额为 8 488 万元，同比增长 40.65%。此外，个别担保公司仍然存在大额非正常的应收账款、股东往来款频繁、对外投资超比例、保证金管理不规范及虚报报表数据等各种违规经营情况。

2. 典当业

（1）资产负债规模稳步增长，发挥补充社会融资渠道的作用。截至 2012 年末，厦门辖区 35 家典当机构注册资金合计为 8.71 亿元；资产总额 10.76 亿元，净资产总额 9.98 亿元，同比分别增长 8.16% 和 7.93%；负债总额 0.78 亿元，同比增长 11.1%。2012 年典当业为中小微企业和小企业主分别发放贷款 563 笔和 5 037 笔，累计发放典当贷款 42.83 亿元。

（2）典当机构规模小，资金紧张。厦门市 35 家典当机构平均注册资本 2 488 万元、净资产 2 853 万元，注册资本 4 000 万元以上仅有 6 家、2 000 万元以下有 12 家。典当余额占净资产比例已达 86.27%，业务扩展空间极为有限。典当行规模小，抗风险能力弱，业务扩展面临着资金短缺的突出问题，影响着整个典当行业的健康发展。

（3）业务结构有所调整，但仍集中于房地产典当。2012 年，房产典当同比减少 4.75 亿元，下降 15.66%，占比为 58.70%，下降 6.36 个百分点。虽然房产典当的占比有所下降，但仍处于高位。随着房地产市场调控的持续，过于集中的房产典当潜在一定的风险。

（4）效益下降，运营风险增大。2012 年，厦门市运营的 35 家典当机构的营业收入 1.15 亿元，同比增长 6.34%，但净利润却同比减少 15.62%，亏损的典当机构有 4 家，占比 11.43%，亏损金额为 0.04 亿元。年末典当贷款逾期率从上年的 2.36% 上升为 8.34%，逾期贷款大幅增加。缺乏有效的风险防范制度以及业务操作规范，使典当业经营效益下降、运营风险增大。

三、金融市场与金融稳定

（一）金融市场运行情况

1. 同业市场

2012 年，厦门市法人银行业金融机构在全国银行间同业拆借市场累计成交总额 683.30 亿元，同比增长 85.4%，场内同业拆借创近年新高。同时，同业存放需求旺盛，全年厦门市同业存放市场累计成交 12 579.50 亿元，同比增长 157.0%，推动交易量再创 2009 年以来新高，同业存放量价齐升。

2. 票据市场

2012 年，厦门市票据市场交易量持续扩大。银行承兑汇票承兑累计发生额 1 626.34 亿元，同比增长 16.0%。全年回购式转贴现累计发生额 2 221.26 亿元，增长 119.92%，说明金融机构短期资金需求增加。再贴现累计发生额 35.1 亿元，同比增长 275.8%，银行业金融机构运用再贴现资金缓解流动性不足和获得利差收益的需求旺盛。

3. 债券市场

2012 年，厦门市法人银行业金融机构在全国银行间债券市场累计成交总额 23 937.60 亿元，同比增长 10.4%，再创 2006 年以来新高。年末现券交易体现为净买入 139.1 亿元，债券回购余额体现为净正回购 89.5 亿元，轧差后体现为净融出资金 49.6 亿元。国债柜台累计成交 703.3 万元，同比增长 11.1%，国债柜台交易趋暖。此外，人民银行厦门市中心支行积极推动企业拓宽直接融资渠道，企业运用直接融资工具的意识和行为不断增强。2012 年，厦门市共有 16 家企业在银行间债券市场累计发行各类债券 204.5 亿元，同比增长 99.18%。其中，短期融资券 65.0 亿元，中期票据 81.5 亿元，非公开定向债务融资工具 40.0 亿元，公司债 18.0 亿元。

4. 黄金市场

2012 年，厦门市银行业金融机构黄金业务交易总额 256.9 亿元，同比下降 25.7%。其中，代理上海黄金交易所个人黄金业务交易总额 136.9 亿元，同比下降 41.5%；个人账户黄金业务，交易总额 110.3 亿元，同比增长 5.2%；实物黄金销售业务，买卖成交总额 9.7 亿元，同比增长 40.6%。整体来看，全年黄金业务交易较为低迷。

5. 外汇市场

2012 年，经常项目顺差缩小，资本与金融账户项目由顺转逆，总体呈现“一顺一逆”格局。全年厦门市银行业金融机构结售汇总额 559 亿美元，同比增长 16%，增速较 2011 年减少近 15 个百分点。银行结售汇总体增速减缓，售汇增长较快，净结汇明显下降。

2012 年，外汇市场交易总量为68 亿美元，同比增长 5%，增速较 2011 年下降 24 个百分点。银行间外汇市场交易量增速减缓，掉期交易活跃。

6. 理财市场

2012 年，厦门市银行业金融机构累计发行理财产品 15 640 个，同比增长 32.0%，实际募集资金总额 3 646.6 亿元，同比增长 13.0%。募集资金主要投向债券市场、结构性产品、企业信贷资产（含票据）信托和其他投向等，理财市场销售平稳。理财产品到期最高收益率 24.0%，最低收益率 -39.0%，年末 8 家银行业金融机构的 40 个产品存在账面亏损。

（二）金融市场运行需关注的问题

1. 票据融资风险不容忽视

2012 年，厦门市银行业金融机构票据融资业务大幅增长，缓解了银行存、贷款增长乏力的困境，但增幅过高也带来了一定的风险隐患，若不注重交易背景审核及贷后管理，就会为伪造虚假交易或重复使用贸易合同及增值税发票，循环开票贴现以套取银行贴现资金等提供可乘之机，一旦企业资金链断裂，银行票据风险便会集中显现。

2. 民间融资活跃，违约风险有所上升

根据人民银行厦门市中心支行定点监测数据，随着经济形势趋稳，以及年末外贸出口形势好转等因素影响，厦门企业资金需求强势反弹，但个别企业出现了到期未偿还借款的现象。民间借贷市场活跃，违约风险提高。

3. 关注信托业务大规模增长背后潜藏的风险

近两三年，厦门信托业迅速增长，但信托业务受到的监管弱于银行信贷业务，且快速增长背后对风险的管控可能有所放松，2012 年全国已现多起信托计划风险事件。厦门虽尚未发生类似事件，但也应有所警惕，密切关注、提前防范兑付风险。

四、金融基础设施与金融稳定

（一）支付清算体系

2012 年，厦门市支付服务环境总体良好，服务质量持续改善。一是支付清算系统运行安全平稳，继续发挥金融基础设施作用。按照支付业务往账口径统计，通过大小额支付系统和同城资金清算系统共发起业务 1 764.09 万笔，金额 111 566.97 亿元，同比分别增长 12.38%、21.18%。二是非现金支付工具使用量继续扩大，为经济发展提供有力支撑。一方面票据业务继续保持平稳发展，2012 年厦门市共签发票据 14 415.53 亿元，同比增长 3.04%；另一方面，银行卡 ATM 跨行交易笔数 2 611.81万笔，同比上升 13.23%，金额 455.96 亿元，同比增长 19.26%；POS 跨行交易笔数 5 279 万笔，同比增长 22.18%，交易金额 1 038.83 亿元，同比增长 41.86%。全年累计发行银行卡 2 040.44万张，当年净增 75.66 万张，常住人口人均持卡 5.65 张。全年银行卡刷卡消费额（剔除信托、购房、批发、典当、政府服务类、投资性交易等）占同期社会消费品零售总额比例（银行卡渗透率）为 59.12%，继续保持全国领先水平。三是支付密码推广率保持全国领先，支付安全水平继续提升。截至2012年底，厦门市共有23.23万单位银行结算账户，支付密码推广率为85%。其中，基本存款账户13万户，支付密码推广率为87%。四是金融IC卡推广应用取得较大进展。2012年全市共有12家银行累计发行金融IC卡95.63万张，POS机、ATM等终端受理改造工作基本完成，金融IC卡在工会、交通、农贸市场等民生领域实现行业应用。五是有效规范非金融支付机构，多用途预付卡安全得到保障。截至2012年底，在厦门市开展支付业务的非金融支付机构共13家。其中，法人机构3家，已备案的支付机构分公司10家。

（二）征信体系

2012年，厦门市征信体系建设取得显著进展。一是征信系统覆盖面继续扩大。截至2012年末，企业信用信息基础数据库共收录借款企业30 532户，个人信用信息基础数据库共收录163万人，分别较上年增加2 951户、20万人。二是征信系统功能进一步发挥。2012年，人民银行厦门市中心支行直接对外提供查询个人信用报告38 574份，银行业金融机构对申请人信用报告的重视度日益增强，查询频率不断提高，全年共查询个人信用报告810 111份；同时，对中小企业信用体系平台的认同度也持续提升。三是机构信用代码推广应用工作取得初步成效，截至2012年底，厦门全辖发放机构信用代码证110 979份，占全部机构基本账户总数的89.32%。四是非银行信息采集工作不断推进。已成功将个人住房公积金缴存信息、企业拖欠工资信息、企业环保信息、法院判决信息、信贷市场第三方信用评级结果等纳入征信数据库，并且不断强化金融机构各类非银行征信信息使用的管理。四是企业信用评级体系进一步发展完善。2012年共完成借款大户评级1 512户，中小企业信用评级875户，完成担保机构信用评级37户。五是征信知识宣传广泛深入开展。从厦门实际出发，紧抓“信用关爱日”、公众媒体宣传、大学生诚信意识宣传主线，开拓机构信用代码等新的宣传领域，取得了良好的社会效果。

但是，随着征信体系建设的不断深入，现行的部分业务管理办法已经不能满足征信管理工作的需求，亟待进行修订和完善；建立和完善有关部门间的协调机制；进一步建立健全以人民银行企业和个人征信系统为基础平台的全面、完整的征信体系；大力推进评级行业发展，规范信用评级市场秩序和评级机构业务，促进评级报告整体质量的提高。

（三）反洗钱体系

2012年，人民银行厦门市中心支行反洗钱工作稳步推进。一是深入开展反洗钱执法检查。开展了对16家金融机构的反洗钱非现场监管走访和对6家金融机构的反洗钱现场检查，及时发现金融机构反洗钱日常工作存在的问题，督促金融机构整改，不断提升反洗钱工作水平。二是反洗钱调查工作有效性提升。2012年，人民银行厦门市中心支行向金融机构发出反洗钱调查通知书212份，涉及交易主体89个（家），涉及账户482个。向公安机关移送可疑交易线索3条，其中公安机关据此立案并侦破一起特大非法票据贴现案，涉案金额243亿元。三是反洗钱监管工作水平进一步提高。2012年，人民银行厦门市中心支行将辖内13家第三方支付机构纳入反洗钱监管体系，并指导瑞达期货经纪有限公司开展大额和可疑交易综合改革试点工作。

但是，反洗钱工作仍有待进一步改善。一是有关反洗钱法律法规还需要进一步完善，以适应以风险为本的工作思路转变；二是积极探索和运用金融机构反洗钱风险评估指标体系，引导辖区金融机构开展反洗钱风险自评估，推动金融机构自主建立异常交易监测指标。

（四）货币发行体系

2012 年，厦门市人民币发行体系持续健康运行，现金服务水平不断提高，反假货币长效机制日趋健全。一是从总量和结构上更好地满足社会现金需求。一方面，全市人民币发行总体平稳，现金运行延续净投放趋势；另一方面，厦门市流通中人民币券别结构更趋合理，整洁度不断提高。二是积极先行先试，不断完善现金供应和服务。三是坚持打防并举，标本兼治，扎实开展假币“零容忍”专项治理工作，有效遏制了假币非法流通。

同时，厦门市货币发行体系运行仍存在一些值得关注的问题。一是货币发行和现金供应工作的科学管理水平有待进一步提高。二是残损人民币回笼渠道仍不通畅，流通中现金尤其是小面额人民币的整洁度还不能满足公众需求。三是反假货币斗争形势依然严峻，犯罪分子造假水平不断提高，对反假货币各项工作提出新的挑战。

（五）国库体系

2012 年，厦门市国库工作以“防风险，促服务”为核心，通过落实内部管理和外部监督，优化业务流程，加强信息化和队伍建设，在切实防范国库资金风险的同时全面提升国库服务水平，促进辖区国库业务稳定发展。体现在七个方面：一是提高会计核算质量，保障政府预算顺利执行；二是成功上线国库数据集中系统（TCBS），国库信息化程度进一步提高；三是做好国债发行与兑付管理，同时重点开展国债收款单催兑工作，取得了一定成效；四是积极配合营改增试点工作，保障厦门市营改增试点顺利实施；五是加强对商业银行代理国库业务的监管，通过现场检查促进辖区国库业务规范开展；六是注重风险防范，全年开展 3 场应急演练，显著提高应急处置能力；七是以效能建设和业务培训为着力点，加强国库队伍建设，提高国库履职能力。

目前，国库体系运行总体稳定，但国库信息化水平仍需进一步提高，国库业务创新需要突破一些瓶颈制约，以增加国库直接服务民生的着力点。此外，商业银行代理国库业务仍存在一些不规范行为。通过沟通协作、联合创新，加强监管、培训，将不断提高全辖国库工作水平。

（六）司法环境

2012 年，厦门市司法环境进一步改善，审判制度、执行制度改革不断深化，为构建良好金融法制环境提供了有力保障。一是进一步强化对审判权的监管，设立专门审判管理机构，建立健全审判流程管理、案件质量评查和发回重审、改判案件通报反馈机制和全市法院参阅案例制度，发挥二审、再审纠错功能，统一法律适用和裁判尺度，促进司法公正高效。二是着力加强执行力度，对拒不执行生效裁判的被执行人通过限制出境、限制高消费、司法拘留、电视、网站公开曝光等措施，依法打击执行“老赖”，切实维护当事人合法权益。三是发挥区域优势，大力推进对台司法服务，成立全国首个涉台法庭，批准授权海沧法院集中管辖全市部分一审涉台民商事案件，率先探索涉台民事、刑事、行政案件“三审合一”集中管辖机制，邀请台胞担任调解员，妥善有效处理各类涉台案件。四是针对宏观经济形势变化对企业产生的负面影响，开展多种形式的“司法助企”行动，依法出台保护企业、服务企业的措施，主动向企业发放法律风险提示手册，慎用法律强制措施，尽可能采取调解、和解的方式化解纠纷帮助企业渡过难关，依法妥善审理“进雄”、“舫昌”等企业经营困难引发的民间借贷、劳资纠纷案件，既促进企业发展又防范金融风险，有力维护辖区社会稳定。

应引起关注的是，2011 年下半年以来，厦门地区涉贷企业资金链断裂、企业主“跑路”或涉案现象明显增加，但由于一些民间借贷手续不规范，在依法审理过程中往往缺失证据，致使在解决此类案件时难度加大。

（七）审慎监管

人民银行厦门市中心支行有效贯彻执行稳健货币政策，出台厦门市信贷投向指引和五大专项信贷指导性意见，有效引导金融机构合理分配信贷资源，提升金融服务实体经济力度。努力配合市政府推动两岸区域性金融服务中心建设，积极推动厦台两地银行人民币结算代理行清算群建设。稳步推动外汇管理体制改革，全面完善外汇管理与服务。扎实推进金融服务现代化建设，大力提升金融服务能力与水平。

2012 年，厦门市各金融监管部门立足服务地方经济社会发展大局，提高审慎监管的科学性，对经济金融的促进和支持作用日益加强，维护辖区正常金融秩序和金融安全的作用得到有效发挥。

五、总体评估与对策建议

（一）区域金融稳定总体评估

运用因子分析法构建区域金融稳定定量评估模型，对厦门市区域金融总体稳状况进行评估。结果显示，2012 年区域宏观经济、证券业的稳定性较 2011 年有所增强，银行业、保险业的稳定性下降。

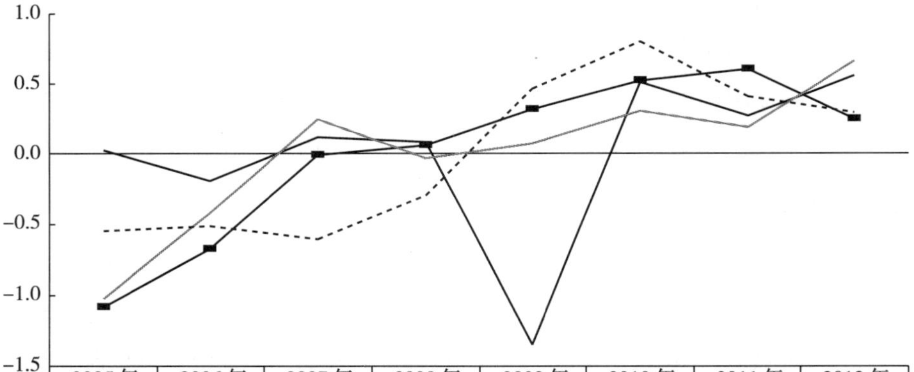

	2005 年	2006 年	2007 年	2008 年	2009 年	2010 年	2011 年	2012 年
区域宏观经济	0.032	−0.188	0.115	0.090	−1.352	0.517	0.270	0.5563336
银行业	−1.081	−0.677	−0.004	0.063	0.323	0.523	0.609	0.2451044
证券业	−1.026	−0.418	0.250	−0.035	0.072	0.303	0.185	0.6692032
保险业	−0.551	−0.518	−0.606	−0.297	0.468	0.802	0.411	0.2962724

图 1　2005—2012 年厦门市宏观经济、银行业、证券业、保险业稳定状况走势图

在对系统层进行评估的基础上，采用专家打分法与因子分析法相结合的办法，量化评估区域金融总体稳定状况。结果显示，面对复杂多变的宏观经济金融形势，厦门市区域金融经受住了考验，稳定性逐渐提高，2012 年，区域金融总体稳定状况评价值仍处于历史较高水平，且稳定性较 2011 年有所提升。

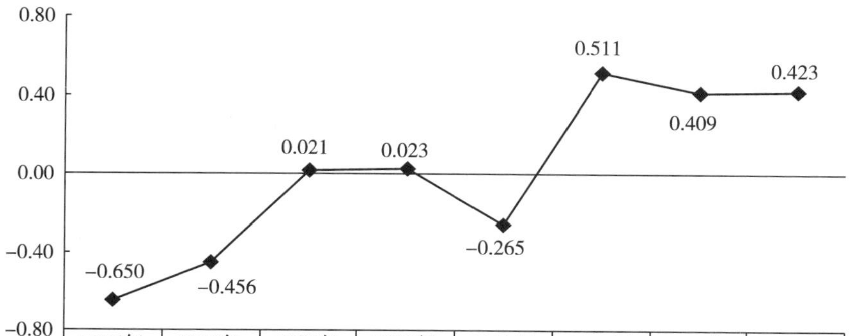

	2005年	2006年	2007年	2008年	2009年	2010年	2011年	2012年
区域金融总体稳定状况评价值	–0.650	–0.456	0.021	0.023	–0.265	0.511	0.409	0.423

图 2　2005—2012 年厦门市区域金融总体稳定状况走势图

2012 年，厦门市积极应对复杂严峻的形势，加快实施海峡两岸交流合作综合配套改革试验，全面推进跨岛发展战略，坚持稳中求进、好中求快，总体金融稳定状况稳中有升。

虽然 2012 年地区生产总值增速下降，但是仍处于较优水平，且由于经济发展方式转变，产业转型升级步伐加快，经济增长的质量效益持续提高，因此宏观经济稳定状况较 2011 年有所上升。由于盈利下降，流动性风险加大，资产质量恶化等原因，银行业稳定状况明显下降。由于资本市场表现低迷，持续低位运行，导致成交量萎缩，证券经营机构经营压力持续加大，但是法人证券经营机构运行稳健，流动性良好，资本充足水平较高，上市公司直接融资能力提升，证券业稳定性上升。保险业规模虽然持续扩大，保险密度与深度不断提升，但是财险公司承保利润率下降、应收保费率上升，风险加大，保险业的稳定性下降。

（二）区域金融稳定预测

为预测 2013 年厦门市金融稳定指数，报告利用了 ARIMA 模型对因子分析所得的区域金融总体稳定状况评分进行预测。预测结果表明，2013 年厦门区域金融稳定状况将进一步提升。

受益于稳增长、调结构的政策红利及改革红利，2013 年厦门宏观经济预计将延续 2012 年第三季度以来的趋稳复苏态势。随着跨岛发展以及同城化加速推进，固定资产投资增速将加快。美国 QE3 带动房市复苏，推动经济增长企稳，欧债危机尾部风险减小，欧元区经济将微弱复苏，这些因素将助力厦门出口企稳。随着居民收入水平的提高，消费占地区生产总值的比重将进一步增加。同时，欧美发达国家货币政策预计将持续宽松，输入型通货膨胀不容忽视。

2013 年厦门市银行业面临的经营环境仍将复杂多变，市场竞争日趋激烈，转型发展的任务将更加艰巨。宏观经济企稳回升有利于银行业资产质量的提升，但利率市场化的深入推进将进一步压缩利差，挤占银行业的利润空间。存款增长乏力的问题仍将持续，而信贷增速将会加快，这将导致银行业的流动性压力难以缓解。房地产贷款的集中度持续提高、房地产调控政策加码将使房地产贷款风险管控难度加大。银行业的稳定性仍面临严峻挑战。

2013 年是国家领导人正式换届之年，而前期一系列改革措施的效果在 2013 年也将逐步显现，低迷的资本市场可能迎来重大转机。证券经营机构的盈利状况将有所好转，业务创新将进一步推进，法人证券机构的增资扩股工作将稳步开展，证券业的稳定性将继续提高。

2013 年，农业保险、大病保险、个人税延型养老保险试点等政策措施可能释放效果，保险业可能受益于政策和改革红利。但是，保险业仍然面临效益改善难度大、防风险任务重的问题。创新能力不强、销售模式改革步履维艰将制约保险业经营效益的改善。银保渠道的退保风险加大以及分红险满期给付高峰带来的流动性冲击，将考验保险行业的风险防范和控制能力。

总　　编：李伟平
总　　纂：郑卫国
统　　稿：丘筱文
执　　笔：潘望春
其他参与写作人员：黄师今　施海松　肖　维　翁舒颖　赖民祥
盛佩红　王国新　刘雅珣　黄肇伟　王庭成
林梦秦　洪琳琳　陈玉婵　李康宁　周　超
林志伟　黄斯颖　张志杰　吴　沙　周佳亮
林晓慧　朱剑峰　林　榆

深圳市金融稳定报告摘要

2012年，世界经济增长步伐缓慢，全球金融波动震荡，国际贸易热度大幅降温，我国经济增长面临较大下行压力。面对复杂严峻的外部环境和转型升级的内在压力，深圳坚持加快转变经济发展方式，区域经济保持平稳较快增长，金融对区域经济支持作用进一步提升。金融业总体经营稳健，金融市场波动增加、交易活跃、资金充裕、运行平稳。金融基础设施建设继续加强，金融生态环境持续改善。然而，深圳经济金融发展的外部环境仍较严峻，区域经济运行的结构性问题依然存在，金融领域潜在风险不容忽视，维护深圳金融稳定仍然面临挑战。

一、区域经济运行

2012年，深圳紧紧围绕科学发展主题和加快转变经济发展方式主线，区域经济保持平稳较快增长，金融对区域经济支持进一步提升。但同时，深圳经济运行中仍存在一些突出困难和问题，深圳金融稳定的经济基础仍需进一步夯实。

（一）区域经济运行状况

经济总量保持平稳较快增长，经济结构不断优化。2012年深圳实现地区生产总值12 950.08亿元，同比增长（下同）10.0%，增速与上年持平。分产业看，第一次产业增加值5.56亿元，下降18.2%；第二次产业增加值5 737.64亿元，增长7.3%；第三次产业增加值7 206.88亿元，增长12.3%。三次产业比重为0.0:44.3:55.7，第三产业比重创历史新高。

投资保持平稳增长，消费对经济拉动作用继续增强。2012年，全社会固定资产投资2 314.43亿元，增长12.3%。2012年，全年累计实现社会消费品零售总额4 008.78亿元，增长16.5%，增速高出同期地区生产总值增速6.5个百分点。居民消费性支出26 727.68元，增长11.0%。

外贸进出口增速有所放缓，结构进一步优化。2012年，深圳进出口总额4 667.85亿美元，增长12.7%，增速下降6.7个百分点。2012年，深圳外贸结构不断优化，高新技术产品出口占外贸出口比重52.0%，同比提高1.2个百分点，服务贸易出口增长37.6%，是整体出口增速的3.5倍。

居民消费价格涨幅收窄，原材料价格和工业品价格呈下降趋势。2012年，深圳居民消费价格总体走势向下，全年累计分别上涨2.8%，涨幅下降2.6个百分点。原材料价格和工业品价格全年累计上涨0.0%和下降0.1%。

货币信贷稳步增长，资源配置和经济支持作用增强。截至2012年末，深圳市金融机构本外币存款余额29 662.4亿元，同比增长18.2%，较年初增加4 566.7亿元；本外币贷款余额21 808.3亿元，同比增长13.2%，较年初增加2 560.3亿元。2012年，深圳执行稳健货币政策效果良好，信贷投放较为均衡，对重点行业以及新兴产业的信贷支持力度有所提高。

（二）区域经济运行值得关注的方面

第二产业发展困境拖累深圳经济增长速度。近三年，深圳第二产业占地区生产总值比重均接近50%，在当前和今后相当一段时期仍是深圳经济发展的主要动力之一。然而，以工业为代表的第二产业2012年发展面临较大困境，拖累了经济增长速度。一是工业增长动力不足，二是企业经营效益下降明显，三是投资力度相对不足。

第三产业结构隐患制约深圳经济长远发展。2012年，深圳房地产业在第三产业所有行业中增速高居第一位。房地产业对深圳投资和经济的拉动作用非常明显。然而，房地产行业存在资产泡沫较高、面临调控趋严等风险，其发展的不可持续性将制约深圳经济健康长远发展。

要素资源环境和区域发展格局约束加剧。一是土地资源快速消耗，深圳将过早面临“无地可用”的发展困境。二是水、电等资源严重匮乏。三是人口规模迅速膨胀、原特区内外发展不平衡等因素，给经济持续协调发展带来巨大挑战。此外，深圳多年来城市化进程严重滞后于工业化进程，“二元结构”问题凸显，经济发展和社会管理面临挑战。

（三）重点关注：外贸进出口形势

1. 外贸进出口发展状况

货物进出口规模稳中有升，进出口增速放缓。据深圳海关统计，2012年深圳货物进出口总额4 667.85亿美元，增长12.7%，增速下降6.7个百分点。全年出口总额2 713.70亿美元，增长10.5%，增速下降9.7个百分点；进口总额1 954.15亿美元，增长15.9%，增速下降2.3个百分点；进出口顺差759.4亿美元，下降1.4%。

贸易收支和结售汇规模保持增长，增速下降明显。全年贸易外汇收支规模3 725.5亿美元，增长7.9%，增速下降约21个百分点；贸易结售汇规模1 605.6亿美元，同比增长3.9%，增速下降约27个百分点。贸易收支顺差和结售汇顺差分别为530.7亿美元和497.4亿美元，分别下降20.1%和15.3%，资金净流入规模收窄。

2. 外贸进出口值得关注的问题

一是外贸增速逐年下降趋势明显，外贸增长质量有待提升。虽然2012年深圳外贸进出口增速居全国第一位，但最近三年，深圳外贸增速逐年大幅下降。从进出口结构来看，2012年深圳海关特殊监管区域进出口增长74.3%，增长幅度较大。海关特殊监管区域进出口的过度增长对外贸持续健康发展和区域经济一体化较为不利。

二是贸易保护主义明显抬头，严重影响外贸进出口发展。2012年，全球经济复苏步伐放缓，贸易保护主义日渐抬头，针对我国的贸易摩擦出现从低端消费品向高新技术产品蔓延的迹象，深圳外贸行业深受其害。

三是外贸龙头企业产能转移，持续影响深圳出口增长形势。深圳外贸龙头企业富士康自2011年以来，逐步把部分制造业产业链转移到外国或其他地区，对深圳出口增长产生持续影响。2011年5月以来，其出口累计增速从72.6%迅速下滑至2012年9月的-27.3%，占深圳出口比重由20%下降至12.5%。

二、金融业与金融稳定

（一）银行业

1. 银行业运行状况

整体规模快速扩张。截至2012年末，银行机构总资产和总负债分别为4.58万亿元和4.46万亿元，较年初分别增长18.97%和19.73%。同期，银行机构本外币存款余额2.97万亿元，较年初增长18.20%；本外币贷款余额2.18万亿元，较年初增长13.30%。

盈利有所增长，增量大幅减少。2012年，银行机构实现营业净收入1 078.18亿元，同比增加45.02亿元，同比少增加191.2亿元；取得税前利润687.99亿元，同比增加21.99亿元，同比少增加126.26亿元。

平深整合基本完成，深圳银行业改革取得新突破。2012年，原深圳发展银行正式吸收合并原平安银行，并更名为平安银行。平深合并对探索中国银行业资源优化重组，进一步提升深圳银行业竞争力将产生深远影响。

2. 银行业稳健性评估

资本充足水平保持良好，短期资本补充压力较小。截至2012年末，招商银行、平安银行、农商行3家中资法人银行整体资本充足水平保持良好，符合监管要求。村镇银行业务处于起步阶段，规模较小，暂无资本充足压力。同期，深圳市4家外资法人银行资本充足率略有下降，但仍保持在较高水平，远超最低监管标准，短期无资本补充压力。

部分银行机构不良贷款风险上升。截至2012年末，不良贷款余额较年初增加的中资银行机构有17家，占中资银行机构家数的43.59%；不良贷款余额和不良贷款率较年初出现“双升”的中资银行机构12家。11家城商行中有5家银行不良贷款较年初“双升”。6家村镇银行普遍开业不足3年，4家银行资产质量出现不良，3家银行不良贷款较年初“双升”。

（二）证券业

1. 证券业运行状况

证券业资产规模稳步增长，券商资管规模增加4倍。截至2012年末，17家证券公司总资产、净资产分别为3 990.6亿元、1 682.0亿元，同比分别增长6.5%、3.1%。18家基金公司共管理基金344只，基金总份额9 519.25亿份、总净值8 380.19亿元，同比分别增长28.84%、15.17%和23.73%。13家期货公司总资产、净资产分别为256.7亿元、47.4亿元，同比分别增长31.1%、41.4%，其客户保证金总额为205.21亿元，同比增长31%。2012年，证券公司资产管理业务异军突起，资管规模达4 633亿元，比年初增加3 750亿元，增幅达425%。

各项风险准备不断增厚，抵御风险能力进一步增强。17家证券公司净资本总额1 056.13亿元（按证监会2012年11月调整后的净资本标准计算），各项风险准备之和为233.54亿元，同比增长8.64%。2012年第一至第四季度，深圳证券公司净资本与净资产之比分别为67%、65%、62%和63%，均远高于40%的监管标准。13家期货公司可用于应对市场风险的风险准备合计为0.51亿元，同比增长96.15%。风险准备的不断增厚，进一步提高了证券行业抵御风险的能力。

2. 证券业稳健性评估

证券成交量持续萎缩，保荐项目质量下滑。近年来，证券公司的传统业务不断萎缩。2010—2012 年，17 家证券公司全年股票和基金交易额持续下滑，分别为 22 万亿元、15 万亿元、11 万亿元。受其影响，证券公司营业收入亦逐年下降，分别为 514 亿元、393 亿元、289 亿元。2012 年，17 家证券公司营业收入合计 288.93 亿元，同比下降 26.55%。同期，17 家证券公司实现代理买卖证券业务净收入、承销业务净收入和自营业务收入，同比降幅均在 32% 以上。

证券公司管理费用持续增长，经营业绩连续三年大幅下降。在全行业经营弱势的情况下，证券公司员工费用占比仍继续大幅攀升。自 2009 年以来，深圳法人证券公司业务及管理费率（业务及管理费支出/营业收入）逐年攀升，分别为 35.68%、38.98%、47.37% 和 59.85%。2010—2012 年，17 家证券公司净利润分别为 233.56 亿元、142.96 亿元和 87.03 亿元，2012 年净利润同比降幅达 39.12%。

（三）保险业

1. 保险业运行情况

经营效益继续向好，盈利面不断扩大。2012 年，深圳产险市场共实现承保利润 8 亿元，承保利润率为 6.8%，较全国水平高出 4 个百分点，车险、货运险、责任险、信用险等超过七成的险种均实现了盈利，盈利面不断扩大。纳入净利润监测的 13 家法人保险公司中，除 3 家小幅亏损外（其中 2 家为本年度新设），其余均实现盈利，全年累计实现净利润 216.13 亿元。

法人保险公司偿付充足率均超过 150%，偿付能力整体稳定。截至 2012 年第四季度末，在纳入偿付能力监测的 13 家法人保险公司中，偿付能力充足率均在 150%（偿付能力充足Ⅱ类水平）以上。其中，民安保险公司第四季度完成 10 亿元增资，偿付能力充足率达 435%，扭转了自 2011 年上半年以来偿付能力不足的被动局面。

2. 保险业稳健性评估

保险产品种类单一，传统保险需求增长乏力，制约行业发展。2012 年，深圳保险市场以车险和分红险为主导的产寿险市场格局没有明显改善。统计显示，截至 2012 年 12 月底，深圳市保险市场车险及分红型寿险保费收入分别占产寿险保费总收入的 66.87% 和 88.07%。在深圳 20 家中资寿险分公司中，有 11 家分红型产品保费收入占比达 97% 以上，其中 7 家占比接近 100%。

保险资金运用的渠道难以拓宽，保险业盈利空间狭窄。2012 年，深圳法人保险公司在保险资金运用方面仍无新的突破。从投资结构看，资金运用主要渠道仍以金融债和企业债为主，约占投资总额的 85%。从投资收益看，前三个季度，受国内金融市场环境疲软的影响，纳入监测的 13 家法人保险公司投资收益下降幅度较大。

（四）金融业与金融稳定值得关注的方面

1. 银行业持续发展面临压力

一是资本内在补充能力不足对银行持续发展构成制约，二是信贷结构调整成效甚微，信贷集中问题仍然突出，三是商业银行流动性管理能力始终面临考验。如何在发展中平衡流动性充裕与盈利增长间的关系，如何把握信贷节奏，积极主动提高流动性管理能力，将是深圳银行业能够持续健康发展的关键因素。

2. 证券业业务创新凸显风险隐患

2012 年，证券公司资产管理业务迅猛发展，但此类资管业务在产品设计、资本约束、制度安排上存在一些缺陷，易诱发风险，甚至影响金融体系的稳定。一是资本约束过低导致激烈价格竞争，易降低其他开展相关资管业务金融机构的风险容忍度，逆向选择高风险融资项目。二是助力其他开展资产管理业务的机构规避监管规定，影响监管调控效果。三是掩盖部分资管产品真实风险，扭曲风险收益匹配机制，增加金融体系风险。

3. 保险业优势减弱，转方式、调结构迫在眉睫

与全国其他地方相比，深圳保险业在发展方式、产品结构、服务品质等方面均没有明显的创新优势。近年来保费规模增速的放缓，警示深圳保险业需要新一轮变革。深圳保险业应定位好在深圳社会总融资中的角色，深入挖掘行业创新潜力，走出深圳保险发展的特色道路。

4. 金融业操作风险频发

2012 年，深圳市中心支行金融机构重大事项报告平台检测显示，深圳金融机构发生十余起重大风险事件和案件，其中大部分是操作风险。深圳金融机构应高度重视、完善制度、加强管理、严防操作风险。

5. 影子银行风险日渐显露

深圳影子银行业务也较为发达，风险隐患值得密切关注。一是严重影响宏观调控政策的效果。影子银行对货币政策和信贷产业政策的执行和效果有着直接的干扰。二是“击鼓传花”式的流动性风险。影子银行的“期限/流动性转换”与传统信贷的“存短贷长”类似，存在期限错配问题。三是存在系统性风险隐患。目前影子银行的产品设计趋于复杂，产品链条延伸至多个行业。

三、金融市场与金融稳定

2012 年，深圳金融市场交易活跃，资金充裕，波动增加，总体运行平稳。金融市场局部性风险依然存在，银行间债券市场违约风险隐现，股票市场改革仍需深化，人民币汇率波动风险加大，跨境资金流入压力增加。

（一）金融市场运行状况

货币市场利率波动明显。2012 年，银行间货币市场资金总体宽裕，松紧交替。资金利率低位运行，震荡明显。隔夜拆借利率（月度加权）1 月冲至最高 4.2081%，5 月跌至最低 2.1306%，年末收于 3.8901%，同比下降 113 个基点。7 天 Shibor 利率 1 月升至 7.900% 的高点，5 月降至 2.1375% 的低点，年末收于 4.5800%，同比下降 175 个基点。

债券市场交易规模增长显著。2012 年，深圳金融机构在银行间债券市场交易总量为 9.10 万亿元，同比增长 15.80%，逆转了 2011 年债券交易量大幅下降的势头，呈现恢复性增长。其中，现券买入量为 4.56 万亿元，同比增长 15.74%；现券卖出量为 4.54 万亿元，同比增长 15.82%。2012 年，深圳证券交易所累计债券成交金额 23 584.79 亿元，较上年增加 17 950.14 亿元，同比增长 318.57%。

深证成指剧烈波动。2012 年，深圳证券市场表现出“全年萎缩阴跌，岁尾激速拉升”的翘尾行情。深证成指年初开盘 8 980.76 点，至 12 月初一度跌至全年最低指数位 7 660.46 点（为 2008 年金

融危机以来的第二低点），下跌 15%。自 12 月 5 日起，深证成指急剧反转至年末收盘指数位 9 116.48点，19 个交易日内上涨近 20%，翘尾行情阻止了全年的阴跌势头，带动深证成指全年微涨 2.22%。

跨境收支和银行结售汇规模有所增长，顺差同比下降。2012 年，深圳跨境收入 2 758.0 亿美元，同比增长 12.2%；支出 2 125.6 亿美元，同比增长 19.7%；跨境收支总额 4 883.36 亿美元，同比增长 15.35%；跨境收支顺收 632.4 亿美元，同比下降 7.2%。从银行结售汇看，结汇 1 217.7 亿美元，同比下降 3.4%；售汇 769.3 亿美元，同比增长 19.4%；结售汇总额 1 820.6 亿美元，同比增长 4.3%；顺差 448.4 亿美元，同比下降 27.2%。

人民币汇率呈现阶段性双向波动特征。2012 年，人民币对美元中间价最高 6.3495，最低 6.2670，波幅 825 个基点，年末收于 6.2855，同比升值 0.25%。人民币对美元交易价最高 6.3923，最低6.2218，波幅1705 个基点，年末收于6.2303，同比升值1.01%。从交易价看，人民币汇率5 月至 7 月总体走弱，8 月至 12 月逆转走强，呈现阶段性双向走势。从波幅看，自 4 月 16 日人民币对美元汇率波幅扩大后，交易价偏离中间价的幅度明显扩大，波动上轨最高达 0.98%，下轨最低达 -1%。

（二）金融市场与金融稳定值得关注的方面

银行间债券市场违约风险隐现。2012 年，银行间债券市场相继出现山东海龙、江西赛维、新疆中基及 4 起中小企业集合票据等偿债风险事件，最终均由地方政府“兜底”或债务担保机构代偿。目前，债券市场存在信息披露和保护机制不健全、信用评级失责、地方政府过多干预等扭曲市场的行为，债券信用风险易被掩盖和忽略。2013 年，债券市场审批流程进一步放宽，发债主体延伸至更多民营企业，债券违约风险将进一步显现。

股票市场改革仍需深化。2012 年，证券监管部门推行一系列股市改革措施，包括新股发行制度改革、着力培育机构投资者等，但效果仍未完全显现。一是股市在提高居民财产性收入方面有所欠缺。二是上市公司高管减持问题较为突出，直接影响股票市场筹集资金和配置资源的功能。三是创业板股票退市机制不够完善，不利于形成优胜劣汰的市场竞争机制。

人民币汇率波动风险加大。2012 年，人民币汇率阶段性双向波动特征明显，增加了市场主体境内外资产配置风险。2013 年，人民币汇率波动方向将更加难以预测，波动幅度也可能有所增加。市场交易主体应高度重视汇率风险，加强研判，适当采取衍生品交易等避险措施。监管机构应做好外汇市场宏观调控，确保境内外汇市场平稳运行。

跨境资金流入压力增加。2012 年深圳跨境资金净流入明显收窄，但年末两个月资金净流入显著恢复。11－12 月，跨境收支顺收 123.7 亿美元，同比增长 76.6%；结售汇顺差 117.5 亿美元，同比增长 5.5 倍，资金流入规模达近六年次高水平。2013 年，深圳出口形势持续趋稳、人民币汇率走强、欧美日等国实行宽松货币政策等因素将导致跨境资金流入压力继续增加。

四、金融基础设施、生态环境与金融稳定

2012 年，深圳支付结算业务量稳步提升，资金流转高效便捷。支付系统运行风险有效降低，非金融支付机构监管不断完善。值得关注的是，深圳非金融支付机构风险控制意识及能力较为薄弱，

社会信用体系和信用体制建设仍需强化，地下钱庄生存空间需进一步压缩。

（一）支付结算体系

支付清算系统基础设施得到优化，业务量稳步提升。2012 年，深圳各支付清算系统累计处理跨行支付业务 2. 06 亿笔，金额 157. 24 万亿元，分别同比增长 16. 1% 和 27. 5%；日均 82. 73 万笔，金额 6 314. 72 亿元。2012 年深圳继续推进支付清算系统建设，有利于各银行创新地方特色业务，优化内部资源，将行内业务延伸至跨行业务，拓展业务规模和客户范围。

非金融支付机构不断创新，业务快速发展。2012 年，非金融支付机构凭借快速灵活的市场反应能力，不断创新，逐步渗透至银行主导领域。如开通快捷支付，创新支付方式，将银行卡与支付账户绑定，使消费者无须登录网上银行即可完成付款，为网上购物提供了更方便、更快捷的选择。

（二）社会信用体系

制度建设取得突破，公众诚信意识明显提高。2012 年 12 月，国务院常务会议通过《征信业管理条例》（以下简称《条例》）。《条例》的出台，有利于加强征信市场管理，规范相关各方信息使用行为，进一步发挥市场机制作用，推进社会信用体系建设。

中小企业信用体系建设工作助力缓解中小企业融资困境。深圳通过“评信通”、“跨境通”等制度模式创新，不断探索缓解中小企业“融资难”问题的新途径，有力推动了深圳市中小企业信用体系建设工作。

（三）金融生态环境

人民银行不断强化金融监管职责，确保金融业稳健运行。2012 年，人民银行积极做好金融管理和服务工作，继续全面深入推进“两管理、两综合”工作，不断强化履行金融监管职责，确保深圳金融业平稳、健康发展。

积极推进货物贸易和直接投资外汇制度改革，企业外汇业务便利程度不断提升。2012 年 8 月，货物贸易外汇制度改革全面实施，深圳积极推动确保改革落到实处，贸易外汇收支便利程度不断提升。调整直接投资外汇管理政策，取消 35 项常规性业务的事前核准，简化合并 14 项行政审核，企业相关业务办理流程和耗时大幅缩减。

坚决打击支付结算犯罪活动，不断改善支付环境。一是接连破获银行卡套现犯罪等大案要案，对改善深圳市银行卡受理、支付环境起到了良好的促进作用。二是多种形式对安全受理银行卡、安全用卡进行深入细致的宣传和引导，提高广大持卡人的安全意识。三是加大对空头支票处罚力度。

深入开展外汇检查，有效打击地下钱庄等非法金融活动。一是结合外汇收支形势，开展了 8 项外汇业务专项检查，查处违规金额超过 100 万美元的案件 41 起，罚款金额超过 100 万元的案件 5 起。二是签署沪深汇警四方协作备忘录，联合打击地下钱庄外汇违法犯罪行为，破获案件 3 起，涉案金额高达 55 亿元人民币。

（四）金融基础设施、生态环境与金融稳定值得关注的方面

非金融支付机构风险控制意识及能力有待增强。一是非金融支付机构风险控制措施的疏漏容易被不法分子利用。二是非金融支付机构疏于对商户及内部从业人员的有效管理，导致近年来利用受

理终端进行的违法活动有所抬头。

社会信用体系和信用体制建设仍需强化。当前社会信用体系的硬件设施逐步完善，但信用体制建设等软环境仍有改善空间。一是法律环境有待完善，二是部分征信产品社会认可度较低，三是对信息主体合法权益的保护急需加强。

地下钱庄洗钱行为生存空间需进一步压缩。一是个人开立账户和代理开户没有数量上的限制或者限制措施容易被规避；二是网银交易这种非面对面形式加大了银行对客户身份及交易背景识别难度；三是公转私业务处理手续的简化为不法分子通过网银公转私、多账户频繁套现提供了可乘之机。

五、金融创新与金融稳定

（一）金融创新状况

以前海建设为契机，搭建金融业创新高平台。2012 年，《国务院关于支持深圳前海深港现代服务业合作区开发开放有关政策的批复》（国函〔2012〕58 号，以下简称《前海政策批复》）支持深圳前海施行先试先行的开发开放政策，涉及人民币业务创新、股权投资等多个方面金融发展政策。深圳市政府及金融各界对此高度重视，并积极推动相关政策落地。

以监管创新为引导，带动金融业创新方向。2012 年，人民银行深圳市中心支行、深圳银监局、深圳证监局、深圳保监局等机构，发挥自身优势，以监管创新带动行业创新。人民银行深圳市中心支行积极推动跨境人民业务发展创新，适时推出《前海跨境人民币贷款管理暂行办法》；深圳银监局积极推动小微企业金融服务流程创新；深圳证监局着重券商投融资及经纪方面的监管创新；深圳保监局在消费者权益保护机制建设创新上卓有成效。

服务中小微企业，成为金融创新主旋律。中小微企业融资难、融资贵是金融市场的普遍问题。2012 年，深圳金融业特别是银行业，几乎每家机构都针对小微企业的经营特点和金融服务需求，创新推出各具特色产品和服务。

推动人民币国际化，渐成金融创新热点。2012 年，随着人民币国际化进程的深入推进，跨境人民币金融服务和产品方面创新成为热点。深圳金融业不断加强与香港地区同业合作，促进了人民币国际化进程和香港人民币离岸中心建设。

（二）金融创新与金融稳定值得关注的方面

银行业方面，需要关注的有：一是前海开发和深港金融一体化的背景下，跨境人民币投融资和结算工具的创新设计；二是配合深圳经济转型升级，服务新兴产业方面的业务和产品创新；三是财富管理、信贷资产证券化、银证保合作、综合化经营等方面的产品与服务创新；四是持续针对小微企业的金融产品、服务、技术和体制机制创新等。

证券业方面，需要关注的有：一是投资业务范围内针对投资方式、跨境投资等产品服务创新；二是理财类资产管理产品开发创新；三是提升经纪业务内涵价值、拓宽金融产品销售渠道、推动营业部组织架构等方面的创新；四是场外市场建设和中小微企业私募债等融资业务创新；五是风险控制体制、业务管理流程创新等。

保险业方面，需要关注的有：一是巨灾保险制度的设立实施模式创新；二是配合医疗体制改革，逐步将商业保险、养老医疗协调配合，提高大病医疗保障水平等方面的产品服务改革创新；三是不断探索配合前海开发，设立新型保险机构；四是配合深圳经济转型升级，发挥保险社会管理功能的产品与服务创新。

六、总体评估与政策建议

（一）总体评估

深圳经济金融保持平稳、健康发展。2012 年，深圳经济总量保持平稳较快增长，经济结构不断优化。金融业总体经营稳健，金融市场波动增加但总体交易活跃，资金充裕，运行平稳。金融基础设施建设继续加强，金融生态环境持续改善。金融创新环境不断完善，创新内涵质量不断提升，为深圳质量型增长、内涵式发展提供了强有力的金融支持。

深圳经济金融运行中问题和风险依然存在。区域经济运行中，第二产业发展困境拖累深圳经济增长速度，第三产业结构隐患制约深圳经济长远发展，外贸进出口增速下滑趋势令人担忧。深圳银行业持续发展面临压力，证券业业务创新凸显风险隐患，保险业业务模式和结构有待调整。金融业操作风险频发以及影子银行风险隐患值得关注。金融市场局部性风险依然存在，银行间债券市场违约风险隐现，股票市场改革仍需深化，人民币汇率波动风险加大，跨境资金流入压力增加。深圳非金融支付机构风险控制意识及能力较为薄弱，社会信用体系和信用体制建设仍需强化，金融基础设施和生态环境仍需优化。

（二）政策建议

着力加快经济转型升级，增强创新驱动发展新动力，着力提升开放型经济水平。一是以培育优质增量引领转型升级。加快发展战略性新兴产业，带动产业结构加快升级。二是以优化存量推动转型升级。三是以高质量投资带动转型升级，促进投资稳定增长和结构优化。四是不断夯实创新基础，进一步加大科技投入，充分发挥金融支持科技创新的优势。五是积极抢占科技创新制高点。

切实推动金融机构加快转变发展方式，提高可持续发展能力。持续推动金融机构进行改革，银行机构应大力发展非资本消耗业务来提升竞争能力，拓宽经营空间。积极主动提高流动性管理能。证券机构应健全资本约束机制，加强风控体系建设，大力发展专业化、差异化的投资类财富管理业务。保险机构应设计符合深圳人口结构特征的新保险产品，走深圳保险发展的特色道路。

持续强化金融基础设施和生态环境建设，进一步发挥其金融体系基础性保障作用。进一步提高调控操作的前瞻性、针对性和灵活性，平缓利率、汇率等资金价格的波动性，保持货币市场、外汇市场和证券市场的平稳运行，充分发挥其交易投资、价格发现、资金融通等功能。高度关注、密切监测、及时防范化解银行间债券市场违约风险和跨境资金流入压力过大等问题。进一步完善非金融支付机构管理，规范银行卡收单市场。继续规范信用评级市场，深入推进中小企业信用体系建设工作。

严密监测和积极防范典型性、创新型和交叉性影子银行业务风险。随着相关政策的创新，目前深圳影子银行呈现明显的混业发展趋势，部分影子银行业务范围已从银行业、信托业延伸至证券业乃至保险业。而这类创新性和交叉性影子银行的主要特点是多处监管真空地带，融资链条复杂，风险传播能力强，容易将实体经济风险传导至金融体系内。鉴于此类影子银行业务模式和风险特征，建议建立跨部门的影子银行联合监管机制甚至是统一监管机构，实现跨产品、跨机构、跨市场、跨区域的功能性监管。

总　　纂：崔　瑜
统　　稿：余　钢　吴　燕
执　　笔：赵　灵
其他参与写作人员：蔡瑞文　吴劲军　管　高　孟　浩　范　潇
彭兆波　张冬琴　李小琪　王继权　陈　曦
李　彬　周前新　杨　丹　祝　劲　胡春冬
王翔宇　桂　蟾